High
Performance
Python

고성능 파이썬 2판

| 표지 설명 |

표지 동물은 큰창머리독사fer-de-lance다. 불어로 '창 날'을 의미하는데, 서인도 제도의 마르티니크 섬에서 주로 서식하는 종Bothrops lanceolatus이 이 이름을 사용한다. 세인트루시아 창머리독사Bothrops caribbaeus, 보통창머리독사Bothrops atrox, 테르시오펠로Bothrops asper 등 다른 창머리독사도 이 이름으로 불리기도 하는데, 모두 살모사 종류로 눈과 콧구멍 사이에 열을 감지하는 기관이 있다.

테르시오펠로와 보통창머리독사는 아메리카에 서식하는 다른 독사속Bothrops 중에서도 사람을 죽음에 이르게 할 정도로 치명적인 독을 지닌 독사의 대부분을 차지한다. 남아메리카의 커피 농장이나 바나나 농장 노동자는 보통창머리독사에 물릴까 두려워하며 뱀이 설치류로 배를 채우길 바랄 뿐이다. 중앙아메리카의 강과 하천 둑에서 발견되는 테르시오펠로는 매우 공격적이라 일광욕을 즐길 때가 아니라면 매우 위험하다.

오라일리 책의 표지에 등장하는 동물 중 다수가 멸종 위기에 처해 있다. 이들 모두가 우리 세상에 소중한 존재다. 이 동물들을 돕고 싶다면 animals.oreilly.com에 방문해보자.

표지 그림은 호세 마잔Jose Marzan이 그렸으며, 『Dover Animals』에서 가져왔다.

고성능 파이썬(2판)

파이썬 성능 잠재력을 끌어내는 실용적인 개발 전략서

초판 1쇄 발행 2016년 8월 10일
2판 1쇄 발행 2021년 5월 10일
2판 2쇄 발행 2023년 12월 25일

지은이 미샤 고렐릭, 이안 오스발트 / **옮긴이** 오현석 / **펴낸이** 전태호
펴낸곳 한빛미디어(주) / **주소** 서울시 서대문구 연희로2길 62 한빛미디어(주) IT출판2부
전화 02-325-5544 / **팩스** 02-336-7124
등록 1999년 6월 24일 제25100-2017-000058호 / **ISBN** 979-11-6224-421-0 93000

총괄 송경석 / **책임편집** 서현 / **기획** 안정민 / **편집** 김가영 / **진행** 이민혁
디자인 표지 최연희 내지 박정화 / **전산편집** 도담북스
영업 김형진, 장경환, 조유미 / **마케팅** 박상용, 한종진, 이행은, 김선아, 고광일, 성화정, 김한솔 / **제작** 박성우, 김정우

이 책에 대한 의견이나 오탈자 및 잘못된 내용에 대한 수정 정보는 한빛미디어(주)의 홈페이지나 아래 이메일로 알려주십시오. 잘못된 책은 구입하신 서점에서 교환해드립니다. 책값은 뒤표지에 표시되어 있습니다.

한빛미디어 홈페이지 www.hanbit.co.kr / 이메일 ask@hanbit.co.kr

지금 하지 않으면 할 수 없는 일이 있습니다.
책으로 펴내고 싶은 아이디어나 원고를 메일(**writer@hanbit.co.kr**)로 보내주세요.
한빛미디어(주)는 여러분의 소중한 경험과 지식을 기다리고 있습니다.

High Performance Python

고성능 파이썬 2판

O'REILLY® 한빛미디어 Hanbit Media, Inc.

지은이 · 옮긴이 소개

지은이 **미샤 고렐릭** Micha Gorelick

2033년 화성에 착륙한 최초의 인류이자 시간 여행에 기여한 공로로 2056년 노벨상을 수상했다. 그가 개발한 신기술이 악용되는 데 분노하여 2012년으로 돌아와서 시간 여행 연구를 그만두고 데이터와 사랑에 빠졌다. 그 후 머신러닝 응용 연구 실험실인 패스트 포워드 랩Fast Forward Labs을 공동 창업하고, 도덕적 컴퓨팅에 관한 논문을 여러 편 저술하고, 윌킨스버그Wilkinsburg에 포괄적 공동체 공간인 커뮤니티 포지Community Forge를 세우도록 도왔다. 2019년 도덕적 머신러닝 그룹인 프로버블 모델즈Probable Models를 공동 설립하여 대화형 몰입형 연극인 프로젝트 아멜리아Project Amelia를 만들었다. 2020년 프랑스에서는 OCCRP의 기자들이 데이터에서 기삿거리를 찾도록 도왔다. 1857년 센트럴 파크에 그의 생을 기리는 기념비가 세워졌다.

지은이 **이안 오스발트** Ian Ozsvald

수석 데이터 과학자이자 코치이다. 700명 이상이 참석하는 연례 콘퍼런스인 PyData 런던과 회원이 1만 명 이상인 월례 미팅을 공동 설립했다. 런던의 모 컨설팅 데이터 과학Mor Consulting Data Science을 운영하고, 국제 콘퍼런스에서 강사로 활동하며 종종 기조연설을 한다. 수석 데이터 과학자이자 트레이너, 팀 코치로 17년 이상 경력을 쌓았다. 취미로는 에너지 넘치는 스프링어 스파니엘과 함께 산책을 하고, 코니시Cornish 해변에서 서핑을 하며, 커피를 즐긴다. ianozsvald.com에서 그의 지난 강의와 글을 찾아볼 수 있다.

옮긴이 **오현석** enshahar@gmail.com

비사이드소프트BSIDESOFT 이사로 일하면서 매일 고객의 요청에 따라 코드를 만들고 있는 현업 개발자다. 어릴 때 처음 접한 컴퓨터에 매혹된 후 경기과학고등학교, KAIST 전산학 학사와 프로그래밍 언어 전공 석사를 취득하며 계속 컴퓨터를 사용해왔다. 직장에서는 주로 코틀린이나 자바를 사용한 서버 프로그래밍을 하고, 주말이나 빈 시간에는 번역을 하거나 공부하면서 즐거움을 찾는다. 시간이 아주 많이 남을 때는 시뮬레이션 게임을 하면서 머리를 식히며, 어떻게 하면 막둥이를 프로그래밍의 세계로 끌어들일 수 있을지 고민 중인 아빠이기도 하다.

『코어 파이썬 애플리케이션 프로그래밍』(에이콘, 2014)을 시작으로 『Kotlin in Action』(에이콘, 2017), 『배워서 바로 쓰는 스프링 프레임워크』(한빛미디어, 2020), 『한 권으로 읽는 컴퓨터 구조와 프로그래밍』(책만, 2021) 등 20권 이상의 책을 번역했다.

고성능 컴퓨팅을 상상해보자. 수많은 기계로 이뤄진 클러스터가 복잡한 기상 현상을 모델링하거나 멀리 떨어진 별에서 수집한 데이터 신호를 이해하려고 노력하는 모습을 떠올릴지도 모른다. 특별한 시스템을 만드는 사람만 코드의 성능 특성을 걱정해야 한다고 오해하기 쉽다. 이 책을 고른 독자는 고성능 코드를 작성할 때 필요한 이론과 실무에 한 걸음 다가섰다. 성능 좋은 시스템을 만드는 방법을 이해하는 것은 모든 개발자에게 도움이 된다.

아주 어려운 분야에 속하는 애플리케이션들이 있다. 성능을 최적화한 코드를 작성하지 않고는 이런 분야의 애플리케이션에 접근할 수 없다. 하지만 성능 개선은 (어려운 분야가 아니더라도) 훨씬 더 많은 애플리케이션에 도움을 준다.

우리는 종종 새로운 기술적 역량이 혁신의 원동력이라고 생각한다. 하지만 나는 기술 접근성을 수십 배 높이는 역량도 똑같이 중요하게 여긴다. 시간이나 계산 비용 측면에서 어떤 대상이 열 배 싸지면, 여러분이 취급할 수 있는 응용 분야가 상상 이상으로 넓어지기 마련이다.

10여 년 전 SNS 회사에서 일할 때 이 원칙이 내 작업에 최초로 드러났다. 당시 우리는 사람들이 SNS에서 강아지와 고양이 사진 중 어느 쪽을 더 많이 클릭하는지 알아보려고 데이터를 수 테라바이트 분석했다.

물론 답은 개였다. 고양이는 단지 브랜딩을 더 잘할 뿐이다.

이는 당시의 계산 시간과 인프라를 엄청나게 하찮은 일에 사용한 분석이었다. 기존에는 이런 기술을 사기 탐지와 같이 충분히 가치가 높은 애플리케이션에만 사용했다. 이를 사소해 보이는 문제에 적용하는 능력을 얻음으로써, 다양한 분야에 적용할 수 있는 가능성을 열었다. 우리는 이런 실험에서 배운 내용을 적용해 검색과 콘텐츠 발견에서 완전히 새로운 상품을 만들어낼 수 있었다.

여러분이 오늘날 접할 수 있는 예로, 보안 비디오 영상에서 예상치 못한 동물이나 사람을 인식하는 머신러닝 시스템을 생각해보라. 성능이 충분히 좋은 시스템이라면 이 모델을 카메라에 내장해서 프라이버시를 개선하거나, 클라우드에서 실행하더라도 계산 능력과 전력을 훨씬 덜 소비하게 해서 환경에 도움을 주고 운영 비용을 줄일 수도 있다. 이로 인해 절약한 자원을 연관된 문제를 살펴보는 데 사용하여 더 가치 있는 시스템을 만들 수 있다.

우리는 모두 효율적이고, 이해하기 쉽고, 성능 좋은 시스템을 만들고 싶어 한다. 안타깝게도 이 세 가지 중에 두 가지(또는 한 가지)만 선택해야 하는 것처럼 느껴지곤 한다. 고성능 파이썬은 이 세 가지를 모두 달성하려는 사람들을 위한 안내서다.

이 책은 성능이라는 주제를 세 가지 측면에서 다른 교과서와 다른 방식으로 다룬다. 첫째, 이 책은 코드를 작성하는 사람들을 대상으로 쓰였다. 이 책에는 여러분이 성능 개선을 기대하며 어떤 선택을 할 때 이해해야 하는 모든 맥락이 있다. 둘째, 고렐릭과 오스발트는 이 맥락을 뒷받침하는 데 필요한 이론을 훌륭히 엮어서 설명한다. 마지막으로, 2판에서는 오늘날 성능을 높이는 접근 방법을 구현하는 데 유용한 라이브러리들의 구체적인 특성을 알려준다.

이 책은 여러분이 프로그래밍 실무를 대하는 방식을 바꿔줄 것이다. 나는 여기서 제공하는 도구가 도움이 될만한 많은 사람에게 이 책을 선물했다. 여러분이 어떤 언어나 환경을 택하든, 이 책에서 탐구할 아이디어는 여러분을 더 나은 프로그래머로 만들 것이다.

모험을 즐겨라.

힐러리 메이슨 Hilary Mason
레지던스 앳 엑셀residence at accel의 데이터 과학자

머신러닝이 놀라운 결과를 쏟아내고, 데이터 과학자와 데이터 엔지니어의 몸값이 높아지면서 수많은 사람들이 머신러닝에 관심을 가지고 공부한다. 이런 현상이 벌어지면서 최근 가장 각광받는 언어가 파이썬이다.

파이썬은 고수준 언어이면서 배터리 포함이라는 개념하에 다양한 도구를 기본 제공하므로 누구나 쉽게 데이터 전처리나 데이터 분석에 사용할 수 있다. 하지만 파이썬에 능통한 프로그래머라고 해도 파이썬이 너무 고수준 언어라서 이를 실행해주는 운영체제나 컴퓨터 시스템 전반을 충분히 이해하지 못할 때가 많다.

데이터 과학에서 다루는 데이터의 양은 일반적인 개발자가 다루는 양보다 훨씬 많으므로, 대용량 자료구조를 처리하는 과정에서 병렬 처리의 어려움이나 메모리 장벽, 성능 저하 등을 더 자주 겪는다. 이럴 때는 저수준의 최적화 기법이나 시스템을 이해하면 도움이 된다.

이 책은 파이썬 프로그래머들이 간과하기 쉬운 성능이라는 측면을 다루는 귀중한 책이다. 1판에서 다뤘던 최적화, 프로파일링, 병렬 처리, 확률적 프로그래밍 등에 더해 2판에서는 최근 머신러닝에 쓰는 팬더스Pandas나 주피터 노트북, Numba, 넘파이NumPy 등의 과학기술 계산을 더 자세히 설명한다. 파이썬으로 프로그래밍에 입문했거나, 빅데이터나 머신러닝 등을 다뤄야 하는 개발자에게 이 책이 큰 도움이 될 것이다.

오현석

이 책에 대하여

파이썬은 배우기 쉽다. 아마도 여러분은 생각한 대로 코드를 작성할 수 있지만 지금보다 더 빠르게 실행하고 싶어서 이 책을 선택했을 것이다. 코드를 쉽게 수정하고 아이디어를 빠르게 확인할 수 있다는 사실은 매력적이다. **쉽게 개발하기**와 **원하는 만큼 실행 속도를 빠르게 만들기**는 반비례 관계라서 종종 한숨이 나오곤 한다. 하지만 해답은 있다.

누군가는 순차 프로세스를 빠르게 실행해야 하고, 다른 누군가는 멀티 코어 아키텍처, 클러스터, GPU를 제대로 활용하지 못해 애를 먹는다. 또 다른 누군가는 신뢰성을 잃지 않으면서도 주어진 예산 안에서 필요한 만큼의 프로세스를 사용할 수 있는 확장 가능한 시스템을 원한다. 어떤 사람은 코딩 실력이 부족함을 느끼기도 한다. 종종 다른 언어에서 차용한 기법이 예제에서 본 것만큼 자연스럽지 않기도 하다.

이 책은 이러한 파이썬의 성능 향상에 필요한 기법과 해결책을 다룬다. 성능상의 병목을 인지하여 더 빠르고 확장성이 뛰어난 해법을 구하는 실용적인 지침을 제공한다. 독자보다 먼저 문제에 직면했던 사람들이 고군분투했던 이야기를 통해 같은 문제로 힘 빼지 않도록 도와준다.

파이썬은 빠른 개발과 배포, 그리고 확장성 있는 시스템을 만드는 최적의 언어다. 파이썬 커뮤니티에는 (여러분 대신) 파이썬을 더 나은 언어로 만들고자 노력하는 사람이 많기에 여러분은 직면한 문제에 더 집중할 수 있다.

대상 독자

파이썬을 충분히 사용해보았고 특정 부분이 왜 느린지 생각해본 적이 있으며, 이를 위한 해법으로 거론되는 사이썬^{Cython}, 넘파이, PyPy 같은 기술을 들어본 독자가 대상이다. 또한 다른 언어로 프로그래밍해본 경험이 있어서 성능을 개선하는 방법이 여러 가지임을 아는 독자가 대상이다.

CPU 성능 관련 문제를 겪는 독자가 이 책의 주요 대상이지만, 데이터 전송과 메모리 관련 해법도 제시한다. 바로 과학자, 엔지니어, 금융 분석가, 연구원을 괴롭히는 문제들이다.

또한 데이터 이동 문제를 포함하여 손쉽게 성능을 높일 수 있는 JIT 컴파일러(예컨대 PyPy)와 비동기 I/O를 사용하는 방법 등 웹 개발자가 직면할 수 있는 문제도 다룬다.

C 언어(혹은 C++나 자바)를 알면 더 좋지만 필수는 아니다. 파이썬의 대표 인터프리터인 C 파이썬^Cython (명령줄에서 python을 입력했을 때 일반적으로 실행되는 표준 인터프리터)은 C 언어로 작성되었으므로 내부 구현이나 라이브러리에 C 코드가 난무한다. 그렇지만 C 언어를 몰라도 사용할 수 있는 기법 또한 다양하게 다룬다.

CPU와 메모리 구조, 데이터 버스 같은 저수준의 지식도 있으면 좋지만 필수는 아니다.

대상이 아닌 독자

이 책은 중고급 파이썬 프로그래머를 위한 책이다. 의욕이 넘치는 초보 파이썬 프로그래머도 잘 따라올 수 있겠지만, 이 책을 읽기 전에 파이썬 기초를 먼저 다지기를 추천한다.

이 책은 저장 장치 시스템 최적화를 다루지 않으므로 SQL이나 NoSQL 병목 문제에는 아마 도움이 되지 않을 것이다.

이 책에서 배울 내용

이 책의 두 저자는 연구와 현업에서 대용량 데이터를 다루는 일을 오래 해왔다. 이런 작업에는 확장성 좋은 아키텍처가 필요하고 결과를 빠르게 도출해야 한다. 그동안 우리가 저지른 실수에서 어렵게 배운 교훈을 독자들에게 전하려 한다.

각 장은 해당 장을 읽고 나면 답할 수 있는 질문으로 시작한다. 다 읽고도 여전히 답을 모르겠다면 다음 판에서 고칠 수 있게 알려주길 바란다!

이 책에서 다루는 내용은 다음과 같다.

- **컴퓨터의 저수준 동작 방식**: 내부적으로 어떤 일이 일어나는지 이해하기
- **리스트와 튜플**: 기본 자료구조인 리스트와 튜플의 미묘한 의미 차이와 속도 차이
- **사전과 셋**: 중요한 자료구조인 사전과 셋의 메모리 할당 전략과 접근 알고리즘
- **이터레이터**: 이터레이터를 통해 데이터를 스트리밍 하는 방법과 더 파이썬다운 코드를 작성하는 방법
- **순수 파이썬 방식의 접근**: 파이썬과 모듈을 효율적으로 사용하는 방법
- **행렬과 넘파이**: numpy 라이브러리를 고수처럼 사용하는 방법
- **컴파일과 JIT 컴퓨팅**: 기계어로 컴파일해 더 빠르게 처리하기, 프로파일링 결과에 따라 성능 개선 방향 정하기
- **동시성**: 데이터를 효과적으로 옮기는 방법
- **다중 처리**: 병렬 컴퓨팅과 numpy 행렬을 효율적으로 공유하기 위해 기본 라이브러리인 multiprocessing 모듈을 이용하는 다양한 방법, 프로세스 간 통신(IPC)의 비용과 장점
- **클러스터 컴퓨팅**: 연구나 프로덕션 시스템에서 다중 처리를 사용한 코드를 수정하여 로컬 또는 리모트 클러스터에서 실행하는 방법
- **메모리 아껴 쓰기**: 크고 비싼 컴퓨터를 구입하지 않고 대용량 문제를 해결하는 접근법
- **현업에서 얻은 교훈**: 현업에서 고군분투했던 문제에서 얻은 교훈을 통해 같은 문제를 겪지 않도록 예방하기

파이썬 3

파이썬 3은 2021년 현재 파이썬의 표준 버전이다. 파이썬 2.7은 10년간의 마이그레이션 과정 끝에 사용이 중단됐다. 파이썬 2.7을 계속 사용하는 일은 바람직하지 않다. 수많은 라이브러리 가 해당 파이썬 버전을 더는 지원하지 않고 시간이 지나면서 지원 비용도 더 비싸지기 때문이 다. 파이썬 3으로 옮겨서 커뮤니티에 도움을 주기 바란다. 그리고 새로운 프로젝트에서는 꼭 파이썬 3을 사용하라.

이 책에서는 64Bit 파이썬을 사용한다. 32Bit 파이썬도 지원하지만 과학기술 작업에서는 32Bit 파이썬을 거의 사용하지 않는다. 모든 라이브러리가 64Bit에서도 평소와 다름없이 작동하리라 예상할 수 있다. 하지만 수치 정밀도는 계산에 사용할 수 있는 Bit 수에 따라 달라지므로, 32Bit에서 바뀔 수 있다. 64Bit는 리눅스와 맥 등의 *nix 환경과 함께 과학기술 분야에서 가장 널리 쓰인다. 64Bit 시스템을 사용하면 더 큰 용량의 RAM 주소를 지정할 수 있다. *nix를 사용하면 잘 알려진 방법으로 설정 및 배치할 수 있고 동작을 이해하기 쉬운 애플리케이션을 만들 수 있다.

여러분이 윈도우 사용자라면 약간 긴장해야 한다. 이 책에서 소개할 내용은 대부분 잘 동작하겠지만 일부는 특정 OS에 국한되므로 윈도우에서의 해법을 스스로 찾아야 한다. 윈도우 사용자가 겪는 가장 큰 골칫거리는 모듈 설치. 스택오버플로(http://StackOverflow.com) 같은 사이트에서 해답을 구할 수 있을 것이다. 윈도우에서는 버추얼박스(https://www.VirtualBox.org) 등 가상 머신에 리눅스를 설치해서 실험해보는 게 좋다.

윈도우 사용자는 아나콘다^Anaconda, Canopy, 파이썬(x,y), Sage 같은 패키지 솔루션을 반드시 검토해보아야 한다. 이런 패키지 배포판은 리눅스와 맥 사용자에게도 유용하다.

파이썬 2.7과 달라진 점

파이썬 2.7에서 업그레이드한 독자라면 몇 가지 변경된 내용을 모를 수도 있다.

- /는 파이썬 2.7에서는 **정수** 나눗셈이지만 파이썬 3에서는 **부동소수점** 나눗셈이다.
- 파이썬 2.7에서는 str과 unicode를 사용해 텍스트를 표현했다. 파이썬 3에서는 모든 것이 str이며, str은 항상 유니코드를 사용한다. 명확성을 위해 인코딩하지 않은 바이트 시퀀스가 필요하면 bytes 타입을 사용해야 한다.

코드를 업그레이드하는 중이라면 '파이썬 2 코드를 파이썬 3으로 포팅하기(http://bit.ly/pyporting)'와 '파이썬 3 지원하기: 깊이 있는 가이드(http://python3porting.com/)'가 유용할 것이다. 아나콘다나 캐노피 같은 배포판을 사용하면 파이썬 2와 파이썬 3을 동시에 실행해서 포팅을 단순화할 수 있다.

예제 웹사이트

코드 예제와 데이터셋은 다음 깃허브 저장소에서 내려받을 수 있다.

- https://github.com/mynameisfiber/high_performance_python_2e

CONTENTS

CONTENTS

CONTENTS

CHAPTER 10 클러스터와 작업 큐

CONTENTS

CHAPTER **11 RAM 덜 사용하기**

CONTENTS

## CHAPTER 1

고성능 파이썬 이해하기

이 장에서 배울 내용

- 컴퓨터 아키텍처를 구성하는 요소
- 일반적으로 사용되는 몇 가지 컴퓨터 아키텍처
- 파이썬에서 컴퓨터 아키텍처를 추상화하는 방법
- 고성능 파이썬 코드를 작성할 때 넘어야 할 장벽
- 뛰어난 성과를 거두는 프로그래머가 되는 데 필요한 전략

컴퓨터 프로그래밍이란 특별한 방법으로 데이터를 가공해서 주고받으며 어떤 결과를 얻는 과정이다. 하지만 이런 과정에는 시간이라는 비용이 든다. **고성능 프로그래밍**은 이런 과정 중에 발생하는 부가비용을 줄이고(효과적인 코드 작성 등) 각 과정을 더 의미 있는 방법(더 적합한 알고리즘 등)으로 변경하여 시간 비용을 줄이는 행위이다.

우선 코드의 부하를 줄이는 데 집중하며 실제로 데이터를 주고받는 하드웨어를 더 깊이 이해해보자. 파이썬은 하드웨어와의 직접적인 상호작용을 추상화하므로 쉽지 않은 연습이 될 것이다. 하지만 실제 하드웨어로 데이터를 옮기는 최적의 방법과 파이썬이 추상화해서 데이터를 옮기는 방법을 이해하면 파이썬으로 고성능 프로그램을 작성하는 데 도움이 된다.

1.1 기본 컴퓨터 시스템

컴퓨터를 구성하는 요소는 크게 연산 장치, 메모리 장치, 장치들을 이어주는 연결 장치, 이 세가지로 나눌 수 있다. 그리고 각 장치에는 저마다의 속성이 있다. 연산 장치는 초당 얼마나 많이 계산할 수 있는지, 메모리 장치는 데이터를 얼마나 많이 저장할 수 있으며 얼마나 빠르게 읽고 쓸 수 있는지, 연결 장치에는 장치 간에 데이터를 얼마나 빠르게 옮길 수 있는지 알려주는 속성이 있다.

이런 기본 장치로 일반적인 워크스테이션의 복잡한 구조를 설명할 수 있다. 예를 들어 일반적인 워크스테이션은 CPU라는 연산 장치, 용량과 접근 속도가 서로 다른 RAM과 하드 드라이브라는 저장 장치, 그리고 이들을 포함한 모든 부품을 연결하는 장치인 버스bus로 생각해볼 수 있다. 하지만 더 자세히 살펴보면 CPU에도 메모리 장치가 있다. L1, L2, 때에 따라서는 L3, L4 캐시를 사용하는데 아주 작은 용량(수 킬로바이트에서 십여 메가바이트)이지만 매우 빠른 속도로 작동한다. 게다가 새로운 컴퓨터 아키텍처는 보통 새로운 구조로 출시되는데, 예를 들어 인텔의 스카이레이크 CPU는 프론트사이드 버스frontside bus(FSB)를 울트라 패스 인터커넥트 Ultra Path Interconnect(UPI)로 대체했다. 마지막으로 다른 장치에 비해서 매우 느린 연결 장치인 네트워크 연결도 워크스테이션의 구성 요소로 빼놓을 수 없다.

이런 복잡한 구성 요소의 이해를 돕기 위해 각 장치를 조금 더 자세히 알아보자.

1.1.1 연산 장치

연산 장치는 컴퓨터를 사용하는 데 가장 핵심적인 장치로, 입력된 Bit를 다른 Bit로 변환하거나 프로세스의 상태를 변경하는 기능을 제공한다. 가장 널리 쓰이는 연산 장치는 CPU지만 최근에는 GPUgraphics processing units가 보조 연산 장치로 인기를 끈다. 원래 GPU는 그래픽 처리에 사용되었으나 고유의 병렬적인 특성 때문에 많은 계산을 동시에 처리할 수 있으므로 계산 애플리케이션에서도 유용하다. 연산 장치는 종류에 관계없이 여러 Bit(예를 들면 수를 나타내는 Bit)를 입력받아 다른 Bit 조합(예를 들면 각 수의 합)으로 변환한다. 또한 정수와 실수의 산술 연산과 이진수의 Bit 연산 기능을 제공하며, 어떤 연산 장치는 A, B, C 세 수를 받아서 A * B + C의 결과를 계산하는 특수한 연산 기능도 제공한다.

연산 장치의 주요 속성은 한 사이클에 처리할 수 있는 연산의 개수와 1초에 처리할 수 있는 사이클의 횟수다. 한 사이클에 처리할 수 있는 연산의 개수는 IPC[1]$^{instructions per cycle}$로 측정하며, 초당 사이클 횟수는 클럭 속도로 측정한다. 이 두 값은 새로운 연산 장치를 만들 때마다 서로 경쟁한다. 예를 들어 인텔 코어 시리즈는 IPC 값이 높지만 클럭 속도가 상대적으로 느리고, 펜티엄 4는 그 반대다. 반면, GPU는 클럭 속도가 빠르고 IPC 값도 높지만 다른 문제가 발목을 잡는다. 이에 관한 자세한 내용은 1.1.3에서 다룰 예정이다.

클럭 속도를 높이면 초당 연산량이 증가하므로 그 연산 장치를 사용하는 모든 프로그램의 속도가 바로 개선되며, 마찬가지로 IPC 값이 높아지면 **벡터화** 수준이 증가하므로 처리 성능이 급격하게 올라간다. 벡터화는 CPU가 여러 데이터를 입력받아 한 번에 처리할 때 발생한다. 이런 종류의 CPU 명령을 SIMD$^{single instruction, multiple data}$라고 한다.

일반적으로 연산 장치는 지난 수십 년간 천천히 발전했다(그림 1-1). 클럭 속도와 IPC의 향상은 트랜지스터를 더 작게 만들어야 한다는 물리적 제약 때문에 정체되었다. 그 결과 CPU 제조사는 더 빠른 속도를 얻으려고 동시적인 다중 스레딩^{multithreading}(여러 스레드를 병렬로 동시에 실행), 비순차적 명령어 처리$^{out-of-order execution}$, 멀티 코어 아키텍처 같은 다른 방법을 모색하게 되었다.

하이퍼스레딩^{hyperthreading}은 운영체제에 가상의 두 번째 CPU를 인식시킨 다음, 똑똑한 하드웨어 로직이 단일 CPU의 실행 유닛에 두 스레드를 번갈아 가며 실행하도록 하는 기법이다. 잘만 작동하면 단일 스레드 대비 30%까지 성능을 끌어올릴 수 있다. 이 기법은 두 스레드가 서로 다른 실행 유닛을 사용할 때(예를 들어 한 스레드는 실수 연산을 하고 다른 스레드는 정수 연산을 할 때) 잘 작동한다.

비순차적 명령어 처리는 프로그램 실행 과정에서 이전 작업의 결과에 영향을 받지 않는 부분을 찾아내서 두 작업을 순서와 관계없이 실행하거나 동시에 실행하는 기법이다. 순서가 중요한 일만 순차적으로 처리한다면 나머지 작업이 어떤 순서로 실행되든 전체 프로그램은 정상적으로 동작한다. 이 기법은 한 명령이 메모리에서 데이터를 가져오는 등의 이유로 대기하는 동안 다른 명령을 실행함으로써 사용 가능한 자원을 최대한 활용할 수 있게 한다.

---

1 9장에서 살펴볼 프로세스 간 통신인 IPC(Inter-Process Communication)와 혼동하지 말자.

마지막으로 언급할 내용은 멀티 코어 아키텍처의 보급으로, 고급 개발자에게 특히 중요한 부분이다. 멀티 코어 아키텍처는 실행 유닛 하나에 CPU를 여러 개 두어 전체적인 처리량이 단일 CPU의 처리량을 능가하도록 한다. 이게 바로 요즘 단일 코어 시스템을 찾아보기 어려운 이유다. 듀얼 코어에는 물리 연산 장치 두 개가 서로 연결되어 있다. 멀티 코어 아키텍처는 초당 처리**할 수 있는** 전체 연산의 수를 늘려주지만 이를 제대로 활용하는 코드를 작성하기는 쉽지 않다.

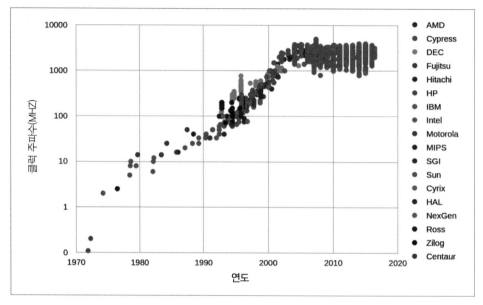

그림 1-1 출시 시기에 따른 CPU 클럭 속도의 변화(출처: CPU DB)

단순히 CPU에 코어를 더 넣는다고 해서 프로그램의 실행 시간이 무조건 단축되지는 않는다. 암달의 법칙Amdahl's law 때문이다. 암달의 법칙이란 멀티 코어에서 작동하도록 설계된 프로그램일지라도 하나의 코어에서 실행해야 하는 루틴이 존재하고, 이 루틴이 코어를 더 투입했을 때 기대할 수 있는 최대 성능 향상치의 병목으로 작용한다는 법칙이다.

예를 들어 100명을 대상으로 각 1분이 소요되는 구두 설문 조사를 한다고 가정해보자. 이때 조사원이 한 명이어서, 첫 번째 참여자에게 응답을 받은 후에 두 번째 참여자에게 질문하는 식으로 진행하면 총 100분이 소요된다. 한 번에 한 명에게만 질문하고 응답을 기다리는 방식은 순차 프로세스와 유사하다. 순차 프로세스에서는 한 번에 하나의 작업을 수행하며 다른 작업은 이전 작업이 끝날 때까지 대기한다.

하지만 조사원을 두 명 투입해 설문 조사를 병렬로 수행한다면 모든 설문을 끝내는 데 50분밖에 걸리지 않는다. 설문 조사는 각 조사원이 다른 조사원의 진행 상황을 알 필요가 없으니 동시에 진행할 수 있다. 즉 조사원 간의 의존성 없이 작업을 쉽게 나눌 수 있다.

조사원을 100명까지 늘리면 늘릴수록 설문이 더 빨리 끝난다. 100명의 조사원이 진행한다면 참여자 한 명이 응답하는 데 걸리는 시간이 1분이므로 전체 설문 조사도 1분이면 끝낼 수 있다. 이 상태에서는 조사원을 늘려도 시간 단축이 되지 않는다. 모든 참여자가 이미 설문지를 작성하고 있으므로 추가 투입된 조사원이 할 일이 없기 때문이다. 이 상황에서 전체 시간을 더 줄일 수 있는 방법은 설문 응답에 걸리는 시간을 단축하는 방법뿐이다. 이와 유사하게 CPU 역시 특정 코어가 작업을 끝내는 데 걸리는 시간이 병목이 되는 지점까지는 코어 수를 늘릴수록 성능을 더 끌어올릴 수 있다. 다시 말하면, 병렬 계산에서의 병목 지점은 흩어져 있지만 순차적으로 실행해야 하는 작은 작업들이 된다는 뜻이다.

게다가 파이썬에서는 **글로벌 인터프리터 락**Global Interpreter Lock(GIL) 때문에 코어를 여러 개 활용하기가 쉽지 않다. GIL은 현재 사용 중인 코어가 몇 개든, 한 번에 명령 하나만 실행하도록 강제한다. 즉, 파이썬에서 동시에 여러 개의 코어에 접근하더라도 한 번에 파이썬 명령 하나만 실행된다. 앞서 살펴본 설문 조사를 예로 들면, 100명의 조사원이 있더라도 한 번에 한 사람만 설문 조사를 할 수 있다는 뜻이다. 이렇게 되면 다수의 코어를 사용하는 장점이 사라진다. 최근 경향이 고성능의 단일 코어보다는 멀티 코어를 사용하는 쪽으로 흐르고 있기에 이는 꽤 골치 아픈 문제라고 할 수 있지만, 다른 표준 라이브러리인 `multiprocessing` 모듈(9장)을 사용하거나, `numpy`나 `numexpr`(6장), 사이썬(7장) 같은 기술을 이용하거나, 분산 컴퓨팅 모델(10장)을 사용하는 방법으로 해결할 수 있다.

> **NOTE_** 파이썬 3.2에서는 GIL을 대대적으로 수정했다(https://oreil.ly/W2ikf). 이로 인해 시스템이 훨씬 민첩해져서 단일 스레드 성능과 관련된 우려를 많이 덜게 됐다. GIL은 여전히 파이썬이 한 번에 명령 하나만 처리하도록 제한하지만, 이제는 명령어 사이의 전환을 보다 적은 비용으로 더 잘 처리해준다.

1.1.2 메모리 장치

컴퓨터에서 **메모리 장치**는 Bit를 저장한다. Bit는 프로그램의 변수를 나타낼 수도 있고 그림의 픽셀을 나타낼 수도 있다. 따라서 메모리 장치에는 메인보드의 레지스터나 RAM, 하드 드라이브도 포함된다. 이들 메모리 장치의 가장 큰 차이는 바로 데이터를 읽고 쓰는 속도다. 더 까다로운 문제는 읽고 쓰는 속도가 데이터를 읽는 방식에 크게 의존적이라는 점이다.

예를 들어 메모리 장치는 대부분 데이터를 조금씩 자주 읽을 때보다 한꺼번에 많이 읽을 때 훨씬 빠르게 작동한다. 전자를 **임의 접근**random access, 후자를 **순차 접근**sequential access이라 한다. 메모리 장치에 저장된 데이터를 두꺼운 책의 페이지로 생각한다면 페이지를 임의로 이리저리 넘기면서 읽고 쓰는 방식보다 순서대로 읽고 쓰는 방식이 더 빠른 것과 비슷하다. 이 현상은 모든 메모리 장치의 공통 특성이지만, 영향을 미치는 정도는 메모리 장치의 유형에 따라 매우 다르다.

읽기/쓰기 속도와 더불어 메모리 장치에는 **레이턴시**latency가 있다. 메모리 장치에서 레이턴시란 장치가 데이터를 찾기까지 걸리는 시간을 의미한다. 하드 드라이브는 물리적으로 헤드를 움직여 정확한 위치에서 데이터를 읽어야 하므로 레이턴시가 긴 편이다. 반면, RAM은 모든 데이터를 전자적으로 읽으므로 레이턴시가 짧다. 일반적인 워크스테이션에 탑재된 몇 가지 메모리 장치의 특징을 읽기/쓰기 속도에 따라 뒤에 나열해 두었다.[2]

하드디스크

컴퓨터의 전원이 꺼진 상태에서도 데이터를 오래 보관할 수 있는 저장 장치다. 물리적으로 헤드를 움직여야 하므로 읽기/쓰기 속도가 느리다. 임의 접근 성능이 떨어지지만 10TB 수준의 대용량 데이터를 저장할 수 있다.

솔리드 스테이트 드라이브(SSD)

하드디스크와 비슷하다. 하드디스크보다 읽기/쓰기 속도가 빠르지만, 용량은 작다. (요즘은 하드디스크 드라이브와 비슷한 용량의 제품도 나온다)

RAM

애플리케이션 코드나 사용 중인 변수 같은 데이터를 저장하는 데 쓴다. 읽기/쓰기 속도가 빠르며 임의 접근에도 성능 하락이 적으나, 일반적으로 용량이 64GB 단위로 제한적이다.

---

2 이 절의 속도 정보는 https://oreil.ly/pToi7에서 얻었다.

L1/L2 캐시

읽기/쓰기 속도가 매우 빠르다. CPU로 전달하는 데이터는 **항상** 이 캐시를 거쳐 간다. MB 단위로 용량이 아주 작다.

[그림 1-2]에 다양한 메모리 장치 간의 차이를 도표로 나타냈다.

읽기/쓰기 속도와 용량은 반비례하는 경향이 뚜렷하다. 즉, 빠른 속도를 원한다면 줄어드는 용량을 감수해야 한다. 이 때문에 많은 시스템은 메모리를 단계별로 운용한다. 먼저 하드 드라이브에 전체 데이터를 저장하고 일부를 RAM으로 옮긴다. 그리고 그중 매우 작은 부분을 L1/L2 캐시로 옮기는 식이다. 이렇게 메모리를 단계별로 운용하는 방식은 프로그램에서 요구하는 메모리 접근 속도에 따라 데이터를 다양한 곳에 저장할 수 있도록 도와준다. 프로그램의 메모리 사용 패턴을 최적화하려면 단순히 어떤 데이터가 어디에 저장될 것인지, 또 어떻게 저장

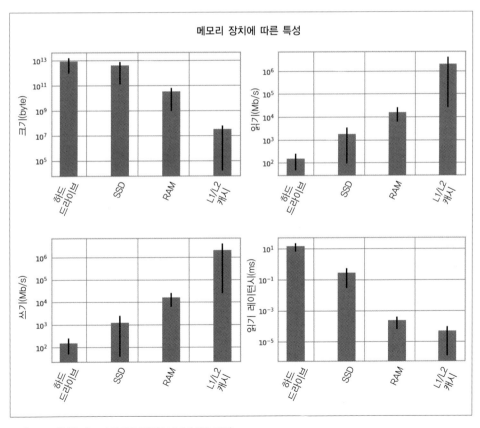

그림 1-2 다양한 메모리 장치의 특성(2014년 2월 기준)

할 것인지 (순차적인 읽기 속도를 높이려면), 그리고 몇 번이나 데이터를 옮길 것인지를 최적화하면 된다. 또한 비동기 I/O와 선점형 캐시를 사용하면 시간을 낭비하지 않고 데이터가 필요할 때 바로 읽을 수 있다. 이 모든 과정은 다른 계산을 수행 중일 때도 독립적으로 일어난다.

1.1.3 통신 계층

마지막으로, 앞서 살펴본 기초적인 구성 요소가 서로 어떻게 통신하는지 알아보자. 여러 통신 방식이 있지만 모두 **버스**의 변형이다.

예를 들어 **FSB**는 RAM과 L1/L2 캐시를 연결한다. FSB는 처리할 준비가 된 데이터를 옮겨서 프로세서가 계산할 수 있도록 하며, 계산이 완료되면 다시 돌려준다. 외부 버스 같은 다른 버스도 존재한다. CPU와 시스템 메모리가 외부 하드웨어(하드 드라이브, 네트워크 카드 등)와 통신하기 위한 버스다. 외부 버스는 보통 FSB보다 느리다.

사실 L1/L2 캐시의 장점 대부분은 빠른 버스 덕분이다. RAM과 캐시 사이의 버스는 상대적으로 느리고 캐시와 CPU 사이의 버스는 훨씬 빠르다. 따라서 계산에 필요한 데이터를 대량으로 캐시에 올려두면, 캐시에서 CPU로 데이터를 매우 빠르게 제공해서 CPU가 오래 기다리지 않고 계산을 더 많이 할 수 있다.

이와 유사하게, GPU를 사용하는 데 가장 큰 걸림돌은 바로 연결된 버스다. GPU는 주변장치이므로 일반적으로 FSB보다 훨씬 느린 PCI 버스로 연결된다. 따라서 GPU에 데이터를 보내고 받는 작업은 큰 부담을 준다. 이기종 컴퓨팅heterogeneous computing 혹은 CPU와 GPU를 FSB로 연결한 시스템은 이런 전송 비용을 줄여 많은 데이터를 전송할 때도 GPU를 사용할 수 있도록 한다.

컴퓨터 안에서의 데이터 통신과 더불어 네트워크를 통한 데이터 전송도 통신 블록의 한 요소다. 하지만 네트워크 통신은 앞서 설명한 것보다 훨씬 더 유연해서 네트워크에 연결된 저장소network attached storage, NAS 같은 메모리 장치와 바로 연결되거나, 클러스터의 컴퓨팅 노드 같은 다른 컴퓨팅 블록과 연결될 수 있다. 하지만 일반적으로 네트워크 통신은 지금까지 살펴본 다른 통신과는 비교할 수 없을 정도로 느리다. FSB로는 초당 십여 기가비트를 전송할 수 있지만 네트워크는 고작 수십 메가비트를 전송할 뿐이다.

버스의 핵심 속성은 주어진 시간 안에 얼마나 많은 데이터를 전송할 수 있는지를 나타내는 속도다. 이 속성은 한 번에 전송할 수 있는 데이터의 양을 나타내는 버스 폭width과 초당 몇 번 전송할 수 있는지를 나타내는 버스 주파수frequency로 결정된다. 한 번의 전송으로 데이터를 옮기는 과정은 순차적이다. 즉, 메모리에서 한 무더기의 데이터를 읽은 후 다른 장소로 옮긴다. 따라서 버스 속도는 이 두 가지 속성으로 나뉘며 각 속성은 다른 방식으로 계산에 영향을 미친다. 버스 폭이 넓으면 필요한 데이터를 한 번에 옮길 수 있으므로 코드를 벡터화할 수 있다. 버스 폭이 좁더라도 버스 주파수가 높다면 임의의 메모리 영역을 자주 읽을 때 도움이 된다. 재미있게도 이런 속성은 컴퓨터 설계자가 메인보드의 물리적인 구조를 변경함에 따라 바뀐다. 두 칩을 가깝게 배치하면 그 둘을 연결하는 물리적인 선의 길이가 짧아지므로 버스 속도가 빨라지고 연결하는 선의 수가 많아지면 버스 폭이 넓어진다.

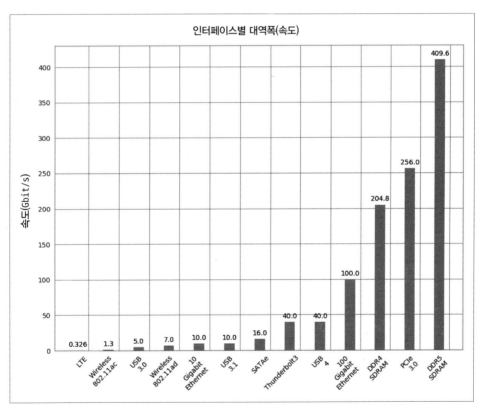

그림 1-3 다양한 인터페이스의 연결 속도[3]

----

3 데이터의 출처는 https://oreil.ly/7SC8d다.

인터페이스는 특정 애플리케이션의 용도에 적합하게 속도를 조율할 수 있으므로 종류가 수백 가지 있다고 해도 그리 놀랄 일은 아니다. [그림 1-3]은 잘 알려진 몇 가지 인터페이스의 속도를 보여준다. 이 그림에서는 데이터 요청에서 응답까지 걸리는 시간인 레이턴시는 보여주지 않는다. 레이턴시는 컴퓨터에 따라 천차만별이지만, 사용하는 인터페이스의 기본적인 제약에 영향을 받는다.

1.2 기본 요소 조합하기

컴퓨터의 기본적인 구성 요소를 잘 안다고 해도 고성능 프로그래밍에서 맞닥뜨릴 문제를 모두 이해할 수 있는 건 아니다. 이 모든 구성 요소가 함께 어우러져서 훨씬 더 복잡한 문제를 일으킨다. 이번에는 간단한 문제를 한 번 살펴보고 이상적인 해결 방법이 어떤 것인지, 또 파이썬에서는 어떤 방식으로 접근하는지를 알아보자.

시작하기 전에 미리 경고하자면, 이번 절에서 다루는 내용이 다소 암울할지라도 파이썬이 태생적으로 성능 문제를 다루기에 부족하다는 결론을 내리면 안 된다. 다음 두 가지 이유 때문이다. 첫째, 소프트웨어 성능은 프로그램 자체의 성능뿐만 아니라 전체적인 생명주기에 따라 결정되는데, 이를 좌우하는 중요한 구성 요소인 개발자를 고려하지 않았다. 파이썬이 프로그램 성능에서 약간 부족한 부분은 빠른 개발 속도로 상쇄하고도 남는다. 또한, 이 책 전반에 걸쳐 이번 절에서 소개하는 문제를 비교적 쉽게 완화할 수 있는 모듈과 철학을 소개할 것이다. 이 둘을 합치면 성능 제약을 많이 제거하면서도 파이썬의 빠른 개발 속도를 그대로 살릴 수 있다.

1.2.1 이상적인 컴퓨팅 vs. 파이썬 가상 머신

고성능 프로그래밍의 구성 요소를 더욱 잘 이해하기 위해 특정 수가 소수인지 판별하는 다음 예제 코드를 살펴보자.

```python
import math

def check_prime(number):
    sqrt_number = math.sqrt(number)
```

```
        for i in range(2, int(sqrt_number) + 1):
            if (number / i).is_integer():
                return False
        return True

    print(f"check_prime(10,000,000) = {check_prime(10_000_000)}")
    # check_prime(10,000,000) = False
    print(f"check_prime(10,000,019) = {check_prime(10_000_019)}")
    # check_prime(10,000,019) = True
```

앞서 설명한 컴퓨터의 추상 모델을 사용해서 위 코드를 분석한 다음 파이썬에서 실행했을 때 벌어지는 일과 비교해보자. 추상 모델이므로 최적화된 컴퓨터와 파이썬이 코드를 실행하는 방식의 미묘한 부분은 일단 무시하자. 알고리즘의 일반적인 구성 요소를 파악하고 해법을 위한 컴퓨팅 구성 요소들의 최적 조합을 고민하는 방식은 문제를 풀기 전에 해볼 수 있는 좋은 연습이다. 이상적인 상황과 파이썬 내부에서 실제로 어떤 일이 일어나는지를 이해한다면 파이썬 코드를 점점 최적에 가까운 상태로 끌어올릴 수 있다.

이상적인 컴퓨팅

앞의 코드를 실행하면 number가 RAM에 저장된다. sqrt_number를 계산하려면 이 값을 CPU로 보내야 한다. 이상적으로는 값을 한 번에 전송해 CPU의 L1/L2 캐시에 저장하고 CPU가 계산한 결과를 다시 RAM으로 돌려준다. 이 시나리오는 RAM에서 수를 읽어 들이는 횟수를 최소화하고 수를 RAM보다 훨씬 빠른 L1/L2 캐시에서 읽어오게 했으므로 이상적이라 할 수 있다. 또한 CPU에 직접 연결된 L1/L2 캐시를 사용해 FSB를 통하는 데이터 전송 횟수를 최소화했다.

> **TIP** 데이터를 필요한 곳에 저장하고 이동을 최소화하는 전략은 최적화에서 매우 중요한 부분이다. '무거운 데이터heavy data'라는 개념은 데이터를 옮기는 데 시간과 노력이 필요하다는 뜻이며, 이를 피해야 한다.

앞 코드의 루프에서 한 번에 i 값 하나씩만 CPU로 보내는 대신, number와 i 값 **여러 개**를 동시에 검사하도록 할 것이다. CPU의 벡터 연산은 추가 시간을 들이지 않고 동시에 여러 독립된 계산을 수행할 수 있기에 이 작업이 가능하다. 그래서 number를 CPU 캐시로 보낼 때 캐시에 담을 수 있는 만큼의 i 값을 함께 보내려고 한다. 각 number/i 쌍의 계산 결과가 정수인지 확인하고 그 결과를 되돌려 준다. 결과가 참이라면 함수를 종료하고 그렇지 않다면 다시 반복한다. 이런 식으로 매번 느린 버스를 통하지 않고 여러 i 값에 대한 결과를 한 번에 돌려주면 된다. 이는 CPU의 **벡터화** 연산, 또는 여러 데이터를 입력받는 명령을 한 클럭에 실행하는 기능의 장점을 활용한다.

이 벡터화 개념은 다음 코드로 설명할 수 있다.

```python
import math

def check_prime(number):
    sqrt_number = math.sqrt(number)
    numbers = range(2, int(sqrt_number)+1)
    for i in range(0, len(numbers), 5):
        # 아래 코드는 유효한 파이썬 코드가 아니다
        result = (number / numbers[i:(i + 5)]).is_integer()
        if any(result):
            return False
    return True
```

여기서는 한 번에 i 값 다섯 개에 나눗셈을 수행하고 그 결과가 정수인지 확인한다. 이 과정이 제대로 벡터화된다면 CPU는 i 값을 매번 하나씩 따로 계산하지 않고 한 번에 연산 다섯 개를 수행하게 된다. 이상적으로는 any(result) 연산 역시 결과를 RAM에 되돌려주는 대신 CPU 안에서 처리할 것이다. 벡터화의 자세한 내용과 동작 방식, 그리고 언제 사용하는 게 좋을지는 6장에서 살펴보기로 하자.

파이썬의 가상 머신

파이썬 인터프리터는 컴퓨터의 구성 요소를 추상화해준다. 따라서 배열을 위한 메모리 할당, 메모리 정렬, CPU로 데이터를 보내는 순서 등을 개발자가 고민할 필요가 없다. 이는 구현해야 할 알고리즘에만 집중할 수 있게 해주는 파이썬의 장점이지만, 대신 성능상의 비용을 엄청나게 지불해야 한다.

사실 파이썬은 내부적으로 잘 최적화된 명령어 집합을 실행하지만, 명령어 집합을 올바른 순서로 실행하도록 하면 성능이 더 좋아진다. 다음 예제를 보면 쉽게 확인할 수 있는데, search_fast와 search_slow는 둘 다 복잡도가 O(n)이지만 search_fast는 불필요한 계산을 건너뛰어서 루프를 일찍 끝낼 수 있으므로 search_slow보다 더 빠르다. 하지만, 파생된 타입, 특별 파이썬 메서드, 서드파티 모듈 등을 다룰 때는 문제가 복잡해진다. 예를 들어 다음 코드에서 search_unknown1과 search_unknown2 중 어떤 함수가 더 빠른지 알 수 있겠는가?

```python
def search_fast(haystack, needle):
    for item in haystack:
        if item == needle:
            return True
    return False

def search_slow(haystack, needle):
    return_value = False
    for item in haystack:
        if item == needle:
            return_value = True
    return return_value

def search_unknown1(haystack, needle):
    return any((item == needle for item in haystack))

def search_unknown2(haystack, needle):
    return any([item == needle for item in haystack])
```

프로파일링을 통해서 코드의 느린 부분을 찾아내고 같은 계산을 더 효율적인 방법으로 처리하는 작업은 이런 불필요한 명령을 찾아서 제거하는 일과 비슷하다. 최종 결과는 같지만 계산 횟수와 데이터 전송 횟수는 어마어마하게 줄어든다.

이런 추상화 계층 때문에 벡터화 개념을 사용했던 소수 찾기 예제를 바로 사용할 수 없다. 처음 살펴본 소수 루틴은 몇 번의 반복을 한 번에 처리하지 않고 i 값마다 반복하면서 계산을 수행한다. 하지만 벡터화 개념을 사용한 예제에서 사용한 코드는 실수를 리스트로 나눌 수 없으니 유효한 파이썬 코드가 아니다. 이와 같은 문제는 numpy 같은 외부 라이브러리가 지원하는 벡터화된 수학 연산을 이용하여 해결할 수 있다.

더욱이 파이썬의 추상화는 다음 계산에 사용할 데이터를 L1/L2 캐시에 유지해야 하는 최적화에 방해가 된다. 여기에는 여러 요인이 있는데, 첫 번째는 파이썬 객체가 메모리에 최적화된 형태로 저장되지 않는다는 점이다. 파이썬이 메모리를 자동으로 할당하고 해제하는 가비지 컬렉터garbage collector(GC)를 사용하기 때문이다. 이는 CPU 캐시에 데이터를 전송하는 데 영향을 미치는 메모리 단편화를 일으킨다. 게다가 어디에서도 메모리에 저장되는 자료구조를 직접 변경할 수 없으므로 버스 폭이 아주 넓더라도 한 번의 계산에 필요한 정보를 한 번에 전송할 수 없다.[4]

두 번째는 좀 더 원초적인 문제로, 파이썬이 동적 타입을 사용하며 컴파일되지 않는다는 점이다. (C 개발자라면 수년간의 경험으로 이미 알고 있겠지만) 컴파일러가 사람보다 더 똑똑할 때가 많다. 정적인 코드를 컴파일할 때, 컴파일러는 CPU가 특정 명령을 실행하는 방식을 포함한 많은 부분을 변경해서 최적화할 수 있다. 하지만 파이썬은 컴파일되지 않는 데다가 코드의 기능이 런타임에 변경되는 동적 타입 언어라 최적화 알고리즘이 제 기능을 발휘하기 어렵다. 이 문제를 극복하는 여러 방법 중 사이썬Cython이 가장 대표적이다. 사이썬은 파이썬 코드를 컴파일하고 컴파일러에게 동적인 코드가 실제로 어떻게 동작하는지 '힌트'를 줄 수 있다.

마지막은 앞에서 잠깐 언급했던 GIL로, 코드를 병렬로 실행하려고 할 때 성능을 낮춘다. 예를 들어 2부터 sqrtN까지의 수를 여러 그룹으로 나눠 여러 CPU 코어를 활용하도록 코드를 변경한다고 가정해보자. 각 코어는 할당받은 수에 대해서만 계산하고 모든 코어에서 계산이 끝나면 결과를 비교한다. 비록 루프를 일찍 끝낼 수는 없지만 코어 수가 많을수록 전체 계산 횟수가 적어지므로 괜찮은 방법처럼 보인다(코어를 M개 사용한다면 각 코어는 검사를 sqrtN / M번 수행한다). 하지만 GIL 때문에 동시에 사용할 수 있는 코어는 하나뿐이다. 즉, 결과적으로는 코드를 변경하기 전과 동일하게 작동하며 루프를 일찍 끝내지도 않는다. 이 문제는 다중 스레드 대신 다중 처리(multiprocessing 모듈을 사용)를 사용해서 회피할 수 있으며, 사이썬이나 외부 함수foreign function를 사용해도 된다.

1.3 파이썬을 쓰는 이유

파이썬은 표현력이 좋고 배우기 쉽다는 장점이 있다. 처음 시작하는 사람도 짧은 시간에 많은 것을 해볼 수 있다. 많은 파이썬 라이브러리는 타 언어로 작성된 도구를 감싸서 다른 시스템을 쉽게 호출한다. 예를 들어 사이킷런scikit-learn 머신러닝 시스템은 C로 작성된 LIBLINEAR와 LIBSVM을 사용하며, numpy 라이브러리는 BLAS와 또 다른 C와 포트란 라이브러리를 포함한

---

4 6장에서 이 부분의 제어를 다시 얻고 코드를 튜닝해서 메모리 사용 패턴을 최적화하는 방법을 살펴본다.

다. 그 결과, 해당 모듈을 활용하는 파이썬 코드는 C 코드만큼 빠르게 작동한다.

파이썬은 중요하고 안정적인 다수의 라이브러리와 도구를 기본으로 제공하여 '배터리를 포함한' 언어로 묘사되기도 한다. 다음과 같은 기본 라이브러리가 있다.

unicode와 bytes
언어 핵심에 녹아 있음

array
메모리를 효율적으로 사용하는 배열

math
간단한 통계를 포함한, 기본적인 수학 연산 모듈

sqlite3
널리 사용되는 파일 기반 데이터베이스인 SQLite3의 래퍼

collections
데크deque, 카운터, 여러 가지 사전을 포함하는 다양한 객체 집합

asyncio
async와 await 구문을 사용해 I/O 위주 작업의 동시 처리 지원

기본으로 지원하지는 않지만, 다양성을 더해주는 다음과 같은 외부 라이브러리가 있다.

넘파이NumPy
파이썬 수학 라이브러리(행렬을 사용할 때 필수 라이브러리)

사이파이scipy
높은 평가를 받는 C와 포트란 라이브러리를 감싼 과학 계산 라이브러리 모음

팬더스Pandas
R의 dataframe이나 엑셀 스프레드시트와 유사한 데이터 분석 라이브러리. scipy와 numpy를 사용

사이킷런

빠르게 머신 러닝의 기본 모듈이 되고 있음. scipy를 사용

tornado

웹 프레임워크이자 비동기 네트워크 라이브러리

파이토치PyTorch와 텐서플로TensorFlow

페이스북과 구글이 만든 딥러닝 프레임워크. 파이썬과 GPU를 강력히 지원

NLTK, SpaCy, Gensim

파이썬을 잘 지원하는 자연어 처리 라이브러리

데이터베이스 바인딩

레디스Redis, 몽고DBMongoDB, HDF5, SQL 등 실질적으로 대부분의 데이터베이스를 지원

웹 프레임워크

웹 사이트 개발을 지원하는 aiohttp, flask, django, pyramid, tornado 등

OpenCV

컴퓨터 비전을 위한 바인딩

API 바인딩

구글, 트위터, 링크드인 등 인기 서비스에서 제공하는 웹 API를 위한 바인딩

그리고 다양한 목적에 맞는 파이썬 배포판과 셸이 있다.

- 기본 배포판. http://python.org에서 내려받을 수 있음

- 간단하고 가벼우며 이식성 좋은 파이썬 환경을 제공하는 pipenv, pyenv, virtualenv

- 배포deploy와 프로덕션production에서 시작과 재현이 간편한 환경을 만들어주는 도커Docker

- 과학 계산에 초점을 맞춘 아나콘다Anaconda 사의 아나콘다 환경

- IDE를 포함하며 매트랩MATLAB과 유사한 환경을 제공하는 Sage

- 개발자와 과학자들이 많이 쓰는 대화형 파이썬 셸인 IPython

  브라우저에서 돌아가는 IPython인 주피터 노트북Jupyter Notebook. 교육과 데모용으로 많이 쓰임

파이썬의 주된 강점 하나는 빠른 프로토타이핑이다. 비록 처음부터 그럴싸하지는 않더라도 다양한 라이브러리를 활용해서 실현 가능한 아이디어인지 빠르게 검증해볼 수 있다.

수학 계산 루틴을 빠르게 만들려면 numpy를 살펴보자. 머신러닝을 해보고 싶다면 사이킷런을, 데이터를 다듬고 분석하려면 pandas를 사용해보자.

"시스템이 빨라진다면 장기적으로는 팀에 여유가 더 생기지 않을까?"라는 기대를 할 수도 있다. 충분한 인력을 투입한다면 어떻게든 시스템의 성능을 쥐어짜 낼 수 있겠지만, 제대로 이해하지 못한 채 최적화를 어설프게 시도한다면 결국 팀을 문제에 빠트리게 된다.

사이썬(7.6 '사이썬' 참고) 도입을 예로 들어보자. 사이썬은 파이썬 코드에 C와 비슷한 타입의 어노테이션을 붙여서 C 컴파일러로 컴파일할 수 있게 한다. 속도를 상당히 높여주지만(들인 노력은 적지만 C와 비슷한 속도를 내기도 한다) 코드 유지보수 비용이 늘어난다는 단점이 있다. 특히, 팀원들이 기존 파이썬 가상 머신 환경을 떠나 새로운 기술에 익숙해져야 하기 때문에 이런 새로운 모듈을 지원하기 어려울 수 있다.

1.4 뛰어난 성과를 거두는 파이썬 프로그래머가 되는 방법

장기적으로 보면 성공적인 프로젝트에서 성능 좋은 코드의 작성은 고성능을 위한 작업 중 하나일 뿐이다. 전체적인 팀의 속도가 복잡한 해법이나 코드 속도 향상보다 훨씬 더 중요하다. 좋은 구조, 문서화, 디버깅하기 쉬운 코드, 표준 공유 등 몇몇 요소가 팀의 속도를 좌우한다.

프로토타입을 만든다고 가정해보자. 개발자가 프로토타입을 제대로 테스트하지 않았고, 팀 차원에서 검토하지도 않았다. '적당히 좋아 보여서' 프로덕션에 넘겼다. 코드를 구조적으로 작성하지 않았으니 테스트도 부족하고 관련 문서도 없다. 이로 인해 갑자기 다른 누군가가 계속해서 유지보수해야 하는 코드가 생긴다. 관리자들은 이런 추가 비용을 잘 받아들이지 않는다.

이런 해법은 유지보수하기 어려우므로 사랑받지 못한다. 이 코드의 구조를 다시 잡는 사람도 없고, 리팩터링에 도움이 되는 테스트도 하지 않는다. 누구도 이 코드에 손을 대고 싶어 하지 않으니 어느 한 개발자에게 떠맡겨져서 그냥 실행되게만 유지하는 지경이 된다. 스트레스가 가해지면 이런 코드는 심각한 병목이 되고 큰 위험을 발생시킨다. 유지보수를 떠맡은 개발자가 프로젝트를 떠나버리면 어떤 일이 벌어질까?

전형적으로 이런 개발 방식은 관리팀이 유지보수하기 어려운 코드가 일으키는 지속적인 문제를 이해하지 못할 때 발생한다. 이 프로토타입 코드를 '정리할' 시간을 주도록 관리자를 설득할 때, 테스트와 문서화가 장기적인 관점에서 팀의 생산성 유지에 도움이 된다는 사실을 보여주면 도움이 된다.

연구 환경에서는 아이디어와 다른 테스트 집합을 반복 적용해보면서 잘못된 코딩 습관을 사용해 주피터 노트북을 많이 만들어내기 쉽다. 항상 다음 단계에서 "제대로 작성할 거야"하고 마음먹지만, 이런 단계는 절대 생기지 않는다. 작업 결과를 얻을 수는 있지만, 결과를 재생산하고 테스트하고 신뢰할 수 있는 인프라(하부구조)가 없다. 이럴 때도 위험 요소가 높고, 결과의 신뢰성은 낮다.

여러분에게 도움이 되는 일반적인 접근 방법은 다음과 같다.

작동하게 만들라

먼저 충분히 좋은 해법을 만들어야 한다. 프로토타입 해법으로 사용되는 '폐기한다는 가정하에 일단 만들어 보기'를 적용하고 두 번째 버전에서 더 나은 구조를 사용할 수 있을 것이라 생각하자. 코딩하기 전에 미리 계획을 세우기를 권장한다. 계획을 세우지 않으면, "오후 내내 코딩한 문제를 한 시간만 생각하면 해결할 수 있었다니."하고 회고하게 될 것이다. 다른 분야에서는 "두 번 측정하고, 한 번만 잘라라measure twice, cut once"라는 말로 더 잘 알려져 있다.

제대로 만들라

그다음으로, 강력한 테스트 스위트를 만들고 코드와 테스트를 문서로 뒷받침해야 한다. 다른 팀원이 사용할 수 있도록 명확한 재현 방법도 문서로 남긴다.

빠르게 만들라

마지막으로 프로파일링, 컴파일링, 병렬화 등에 초점을 맞추고, 기존 테스트 스위트를 사용해 새로운 빠른 해법이 여전히 예상대로 작동하는지 확인해야 한다.

1.4.1 모범적 작업 절차

문서화, 좋은 구조, 테스트가 핵심 요소이다.

몇 가지 프로젝트 최상위 수준의 문서가 깔끔한 프로젝트 구조를 유지하는 데 도움이 된다. 이런 문서는 차후 여러분과 동료들에게 유용할 것이다. 이 부분을 빼먹으면 누구도(여러분 자신도) 프로젝트를 담당한 여러분에게 감사하지 않을 것이다. 최상위 수준에 README 파일을 작성하는 작업이 좋은 출발점이다. 필요하면 나중에 docs/ 폴더를 추가하라.

프로젝트 목적, 폴더 내용, 데이터 출처, 중요한 파일 목록, 프로그램과 파일의 실행 방법, 테스트 실행 방법 등을 적어라.

저자 중 한 명인 미샤^{Micha}는 도커 사용을 권장한다. 최상위 Dockerfile은 차후 이 프로젝트를 성공적으로 실행하는 데 운영체제에서 필요한 라이브러리를 정확히 알려준다. 그리고 다른 컴퓨터나 클라우드 환경에 프로젝트를 배포할 때도 어려움 없이 프로젝트를 실행할 수 있게 해준다.

tests/ 폴더를 추가하고 단위 테스트를 만들어라. 최신 테스트 도구로 pytest를 추천한다. pytest는 파이썬 내장 unittest 모듈을 사용해 만들어졌다. 먼저 테스트를 한두 개 작성하고 점점 발전시켜라. 테스트가 코드를 몇 줄 검증했는지 알려주는 coverage 도구를 사용해 진척이 상황을 확인하라. 일부 코드를 테스트하지 않아서 발생하는 예상치 못한 문제를 예방할 수 있다.

테스트가 없는 레거시 코드가 있다면, 먼저 테스트를 추가해야 한다. 프로젝트 전체 흐름을 검사하면서 특정 입력에 대해 여러분이 지정한 출력이 나오는지를 체크하는 '통합 테스트^{integration test}'가 있어야 한다. 나중에 코드를 변경할 때 코드의 일관성을 유지하는 데 도움이 된다.

코드 어딘가가 여러분을 골치 아프게 할 때마다 테스트를 추가하라. 같은 문제에 두 번 당하면 안 된다.

코드의 모든 함수, 클래스, 모듈에 독스트링^{docstring}을 추가하면 큰 도움이 된다. 함수가 **달성하려는** 내용을 제대로 설명하려 노력하라. 가능하면 예상 출력을 보여주는 간단한 예제도 추가하자. 독스트링 작성에 참고 자료가 필요하다면 numpy와 사이킷런의 독스트링을 살펴보라.

코드가 너무 길어지면(예컨대 한 화면에 다 보이지 않는 함수) 리팩터링해 코드를 짧게 만들어라. 짧은 코드는 테스트하기 쉽고 지원하기도 쉽다.

TIP 테스트를 작성할 때는 이제부터 설명할 테스트 중심 개발 방법론을 고려해보라. 개발해야 할 내용을 명확하게 파악하고 테스트할 수 있는 예제를 먼저 만들어두면 아주 효율적이다.

코드를 테스트하고 실행해서, 실패하는 모습을 살펴보라. 그다음에 함수를 추가하고 작성한 테스트를 지원하는 데 필요한 최소한의 로직을 넣어라. 테스트가 모두 제대로 작동해야 함수 작성이 끝난다. 함수의 예상 입력과 출력을 미리 고려해서 함수 로직을 구현하면 작업이 상대적으로 단순해진다.

미리 테스트를 정의할 수 없다면, 함수가 해야 하는 일을 제대로 이해하는지 자문해봐야 한다. 함수가 할 일을 잘 모르는데 어떻게 코드를 효율적인 방식으로 작성할 수 있겠는가? 테스트 중심 개발 방법론은 창의적인 과정을 수행하거나 잘 이해하지 못하는 데이터를 연구할 땐 적합하지 않다.

항상 소스 관리source control를 사용하라. 중요한 시기에 필수적인 코드를 덮어썼다면 소스 관리를 사용한 자기 자신에게 감사하게 된다. 커밋commit을 자주(매일 아니면 10분마다)하고 매일 리포지터리repository에 작업을 푸시하라.

PEP8 코딩 표준을 지켜라. `black`(원하는 대로 설정할 수 있는 코드 정리기formatter)을 소스 컨트롤의 커밋 전 훅pre-commit hook에 추가해서 코드를 표준 형식으로 자동 정리하면 더 좋다. `flake8`을 적용해 소스 코드를 린트lint[5]해서 다른 실수를 방지하라.

운영체제와 분리된 환경을 만들면 더 코딩이 쉬워진다. 이안Ian(저자 중 한 명)은 아나콘다를, 미샤는 `pipenv`와 도커를 함께 쓰는 쪽을 선호한다. 둘 다 합리적인 해결책이며, 운영체제의 전역 파이썬 환경을 쓰는 것보다 훨씬 더 낫다.

자동화는 여러분의 친구라는 사실을 기억하라. 수동 작업을 덜 하면 오류가 끼어들 가능성도 줄어든다. 자동 빌드 시스템, 자동 테스트 스위트 실행기runner를 사용한 지속적 통합continuous integration, 자동 배포automated deployment는 지겹고 실수하기 쉬운 작업을 누구든 실행하고 지원할 수 있는 표준 절차로 바꿔준다.

마지막으로, 여러분의 영리함을 뽐내는 일보다 가독성이 더 중요하다는 사실을 기억하라. 짧지만 복잡하고 읽기 어려운 코드는 유지보수하기 어렵다. 더 길더라도 읽기 편한 함수를 작성하고 함수에 관한 유용한 문서를 작성하는 편이 바람직하다. 그리고 함수가 **실제로** 원하는 대로 작동하는지 확인하는 테스트로 이 모든 내용을 보완하라.

---

5 역자주_ 영어로는 섬유에 끼는 보푸라기를 뜻하며, 1978년 벨 연구소의 스티븐 존슨(Stephen C. Johnson)이 개발한 최초의 소스 코드 문제 분석 프로그램인 lint가 구글(google)처럼 아예 동사로 정착한 경우다.

1.4.2 주피터 노트북 잘 다루기

주피터 노트북은 시각적인 의사소통에 유용하다. 하지만 주피터 노트북을 사용하면 게으름에 빠지기 쉽다. 노트북 안에 긴 함수를 자주 남겨둔다면, 이를 별도의 파이썬 모듈로 추출하고 테스트를 추가하는 편이 좋다.

코드를 IPyhon이나 QTConsole에서 프로토타이핑하라. 이런 콘솔에서 테스트한 코드들을 노트북 함수로 분리하고, 노트북 함수 중에 자주 쓰거나 복잡한 부분은 노트북에서 추출해서 모듈로 만들면서 테스트를 보완하라. 마지막으로, 데이터 은닉data hiding이나 캡슐화encapsulation 가 유용한 경우에는 코드를 클래스로 감싸라.

assert 문을 노트북 여기저기에 자유롭게 넣어서 함수가 여러분 생각대로 작동하는지 검증하라. 노트북 안에서는 코드를 쉽게 테스트할 수 없으므로 함수를 별도 모듈로 분리해내기 전까지는 간단히 assert 검사로 어느 정도 검증을 추가하자. 모듈로 추출하고 타당한 단위 테스트를 작성하기 전까지는 코드를 신뢰할 수 없다.

코드 내부에서 데이터를 검사하는 데 assert를 사용하는 일은 피해야 한다. assert를 사용하면 데이터가 어떤 조건을 만족하는지 쉽게 검사할 수 있지만, 이는 파이썬다운 방법이 아니다. 다른 개발자들이 코드를 더 읽기 쉽게 하려면 예상하는 데이터 상태를 검사해서 문제가 있으면 적절한 예외를 발생시켜라. 함수가 예상하지 못한 입력값을 만났을 때 던질 수 있는 일반적인 예외로는 ValueError가 있다. Bulwark 라이브러리(https://oreil.ly/c6QbY)는 데이터가 정해진 제약 조건을 만족하는지 검사해주는 팬더스에 초점을 맞춘 테스트 프레임워크의 예다.

노트북의 끝에 데이터 무결성 검사를 추가하라. 무결성 검사는 노트북에서 방금 생성한 데이터가 여러분에게 필요한 데이터인지 검사하는 논리 검사와 raise, print 문을 혼합한 코드 조각이다. 이 코드를 6개월 후 다시 살펴보면 시간이 지났음에도 노트북이 제대로 작동하는지 쉽게 알아볼 수 있다는 사실에 감사하게 될 것이다!

노트북을 사용할 때 소스 컨트롤 시스템에 코드를 올리고 공유하기 어렵다는 단점이 있다. nbdime(https://oreil.ly/PfR-H)은 성장 중인 새로운 도구로, 노트북 사이의 차이diff를 알려줘서 동료들과 협업할 때 큰 도움이 된다.

1.4.3 일하는 즐거움 되찾기

삶은 복잡하다. 이 책의 초판을 쓴 뒤 저자들은 5년 동안 친구나 가족들과 함께 우울증, 이사, 사업 매각business exit의 성공과 실패, 커리어 전환 등 여러 상황을 겪었다. 이 모든 상황은 누군가가 일과 삶을 대하는 관점에 영향을 끼칠 수밖에 없다.

새로운 활동을 하면서 계속 기쁨을 찾아라. 주위를 둘러보면 항상 흥미로운 세부 사항과 요구 사항을 발견하기 마련이다. "왜 이런 결정을 내렸지?", "내가 하면 어떻게 다르게 할 수 있을까?" 같은 질문을 할 수 있고, 갑자기 상황이 어떻게 더 나아지거나 바뀌었는지에 관한 이야기를 시작하게 될 것이다.

축하할만한 일의 로그log를 작성하라. 성취했던 일을 잊고 일상에 묻혀 지내기 쉽다. 사람들은 쉴 새 없이 달리기 때문에 번아웃burn out되는 게 아니라, 자신이 얼마나 발전했는지 잊어버려서 번아웃된다.

축하할만한 일의 목록을 만들고, 각각 어떻게 축하할지 적어보아라. 이안에겐 이런 목록이 있다. 이안은 목록을 갱신할 때마다 지난해 얼마나 많은 멋진 일이 일어났는지(그리고 얼마나 많은 일을 잊었는지!) 살펴보면서 놀라고 기뻐한다. 축하할 내용은 꼭 작업 마일스톤이 아니어도 된다. 취미, 스포츠 등 여러분이 달성한 마일스톤이 모두 포함될 수 있다. 미샤는 개인적인 삶의 우선순위를 더 높여서 컴퓨터와 일에서 며칠 떨어져 기술적이지 않은 일을 하곤 한다. 여러분의 기술을 갈고닦는 일은 필수이지만, 번아웃은 불필요하다!

프로그래밍은(특히 성능이나 성취에 초점을 맞추면) 기술적인 세부 사항을 깊이 파고들려는 자발성과 호기심이 있어야 번창한다. 불행히도 번아웃이 되면 이런 호기심이 제일 먼저 사라진다. 그러니 천천히 시간을 두고 여러분의 여정을 즐기며 호기심과 즐거움을 계속 유지하라.

## CHAPTER 2

프로파일링으로 병목 지점 찾기

이 장에서 배울 내용

- 코드에서 RAM 병목 지점을 찾는 방법
- CPU와 메모리 사용량을 프로파일하는 방법
- 바람직한 프로파일링의 깊이
- 장시간 실행되는 애플리케이션의 프로파일링 방법
- C파이썬의 내부 동작
- 성능 튜닝 중 코드의 올바름을 유지하는 방법

프로파일링으로 병목 지점을 찾아 최소한의 노력으로 성능을 최대한 끌어올릴 수 있다. 큰 수고를 들이지 않고 속도를 크게 개선하고 자원을 적게 사용하고 싶지만, 현실적으로는 '충분히' 빠르고 '충분히' 유연한 코드를 목표로 삼게 된다. 프로파일링을 사용하면 최소한의 노력으로 실용적인 결정을 내릴 수 있다.

CPU뿐만 아니라 측정 가능한 자원은 모두 프로파일할 수 있다. 이 장에서는 CPU 시간과 메모리 사용량을 살펴볼 것이다. 네트워크 대역폭과 디스크 I/O 측정에도 비슷한 기법을 적용할 수 있다.

프로그램이 너무 느리거나 RAM을 많이 잡아먹는다면 문제가 되는 코드를 찾아내서 수정하고 싶을 것이다. 물론 프로파일링을 하지 않고 문제의 원인이라고 **의심되는** 코드를 수정할 수도 있다. 하지만 엉뚱한 코드를 고치는 일이 다반사임을 주의하자. 감에 의존해서 코드 구조를 변경하기 전에, 먼저 가설을 세우고 프로파일해보는 게 훨씬 합리적이다.

프로파일링이 습관 되면 삶에 여유가 생긴다. 프로파일해보면 해결해야 할 병목 지점을 빠르게 찾아낼 수 있고, 그 부분을 수정해서 성능을 원하는 만큼 끌어낼 수 있다. 프로파일하지 않고 바로 최적화를 시도하면 장기적으로 봤을 때 일의 양이 더 많아질 가능성이 높다. 항상 프로파일링 결과를 확인하고 일을 하는 습관을 들이자.

2.1 효과적으로 프로파일하기

프로파일링의 첫 번째 목표는 시스템의 어느 부분이 느린지, 어디서 RAM을 많이 쓰는지, 디스크 I/O나 네트워크 I/O를 과도하게 발생시키는 부분이 어디인지를 확인하는 것이다. 프로파일하면 보통 평소보다 10배에서 100배까지 실행 속도가 느려지는데, 최대한 실제 상황과 유사한 조건에서 테스트하려면 테스트할 부분만 따로 떼어내서 테스트하자. 코드를 작성할 때 모듈별로 미리 나눠놓는 편이 좋다.

이 장에서 처음 소개할 기본적인 프로파일링 기법은 IPython의 `%timeit` 매직 명령어와 `time.time()`, 데커레이터^{decorator}를 활용한 시간 측정이다.

그 후에 어떤 함수가 가장 오래 걸리는지를 확인할 수 있는 내장 도구인 `cProfile`을 살펴본다 (2.6절). 이 도구를 이용하면 좀 더 넓은 시각으로 문제를 바라볼 수 있으며 가장 핵심적인 함수에 집중할 수 있다.

그다음으로, 선택한 함수를 한 줄씩 프로파일하는 `line_profiler`(2.8절)를 알아본다. `line_profiler`는 각 줄을 몇 번 실행했는지, 총 소요 시간은 얼마인지를 검사한다. 이는 어느 부분이 왜 느린지를 이해할 수 있는 정보다.

`line_profiler`의 결과를 활용해 컴파일러를 사용할 부분을 결정할 수 있다(7장).

6장에서는 CPU에서 실행된 명령의 수와 CPU 캐시가 얼마나 효율적으로 활용되었는지 알아볼 수 있는 `perf stat` 사용법을 배운다. 이 정보는 매트릭스 연산을 튜닝하는 고급 기법에 활용된다. 이 장을 다 공부한 후 6장에서 [예제 6-8]을 꼭 살펴보자.

장시간 실행되는 시스템을 다루는 독자라면, `line_profiler`를 살펴본 뒤 `py-spy`를 사용해 프로세스의 내부를 들여다보는 데 관심이 생길 것이다.

RAM 사용량이 높은 이유를 알고 싶다면 `memory_profiler`를 사용하자(2.9절). `memory_profiler`를 이용하면 시간에 따른 RAM 사용 추이를 차트로 확인할 수 있다. 동료들에게 왜 특정 함수가 생각보다 RAM을 더 많이 사용하는지 설명할 때 특히 유용하다.

> **WARNING_** 어떤 방식으로 프로파일하든, 잊지 말고 단위 테스트를 충분히 작성해두자. 단위 테스트는 바보 같은 실수를 줄여주고 결과를 언제든 재현할 수 있게 해준다. 단위 테스트를 작성하지 않겠다면 위험을 각오해야 한다.
> 컴파일하거나 알고리즘을 수정하기 전에는 **반드시** 프로파일하자. 코드를 더 빠르게 실행하는 가장 효과적인 방법을 찾아줄 중요한 단서를 얻을 수 있다.

마지막으로 C파이썬 내부에 쓰이는 파이썬 바이트코드를 소개한다(2.11.1). 바이트코드를 알면 파이썬 내부를 더 잘 이해할 수 있다. 특히, 파이썬의 스택 기반 가상 머신을 이해하면 왜 특정 코딩 습관이 코드를 느리게 하는지를 알 수 있다.

이 장을 끝내기 전에 코드를 망가뜨리지 않고 최적화 작업을 할 수 있도록 프로파일링과 단위 테스트를 어떻게 통합하는지 살펴볼 것이다(2.12절).

가설을 검증하고 정확한 데이터를 수집할 수 있는 확실한 프로파일링 전략을 알아보면서 이번 장을 마친다(2.13절). 여기서는 동적 CPU 클럭 스케일링과 터보 부스트Turbo Boost 같은 기능이 프로파일링 결과에 미치는 영향과 이런 기능을 비활성화하는 방법을 알아본다.

여기까지 소개한 모든 단계를 거치려면 분석하기 쉬운 함수가 필요하다. 이제부터 소개할 줄리아 집합Julia set은 RAM과 CPU를 많이 잡아먹는 함수다. 또한, 비선형적인 특성이 있어서 결과를 쉽게 예측할 수 없으므로 실행 중에 프로파일해야 한다.

2.2 줄리아 집합

줄리아 집합(http://en.wikipedia.org/wiki/Julia_set)은 CPU를 많이 사용하는 흥미로운 문제다. 이 문제를 처음 발견한 가스통 줄리아^{Gaston Julia}의 이름을 딴 줄리아 집합은 복잡한 그림을 생성하는 프랙탈을 말한다.

여기서 살펴볼 코드는 여러분이 직접 작성하는 것보다 조금 길 것이다. 이 코드는 CPU를 많이 사용하는 컴포넌트와 매우 명쾌한 입력으로 구성된다. CPU와 RAM 사용량을 프로파일해서 코드의 어느 부분이 CPU나 RAM을 많이 쓰는지 확인하기에 충분한 구성이다. 메모리를 소모하는 부분과 느린 코드를 분석하려고 **일부러** 최적화하지 않았다. 이 장의 후반부에서 느린 부분과 메모리를 잡아먹는 부분을 수정할 것이다. 그리고 7장에서 이 함수의 전체 성능을 크게 개선할 것이다.

복소수 c가 -0.62772-0.42193j일 때의 줄리아 집합 그래프인 [그림 2-1]과 [그림 2-2]를 그리는 코드를 분석해보려 한다. 줄리아 집합의 각 픽셀은 독립적으로 계산되는데, 각 점은 데이터를 공유하지 않으므로 완전히 병렬로 계산할 수 있다.

그림 2-1 반전된 회색조 그래프로 표현한 줄리아 집합

c 값을 다르게 하면 다른 그림을 얻을 수 있다. 우리가 선택한 지점은 빠르게 계산되는 부분과 느리게 계산되는 부분이 있어 앞으로 해볼 분석에 적합하다.

이 문제는 각 픽셀을 계산하는 데 반복 횟수를 가늠하기 어려운 루프를 사용한다는 점이 흥미롭다. 반복될 때마다 이 좌푯값이 무한 루프에 빠지는지 아니면 인력이 끌어당기는지를 검사한다. 반복 횟수가 적을수록 어두운 색을 띠고 반복이 거듭될수록 밝은 색을 띤다. 하얀색 영역은 계산이 더 복잡해서 생성되는 시간도 오래 걸린다.

이제 테스트할 z 좌표의 집합을 정의하자. 이 함수는 복소수 z의 제곱에 c를 더한 값을 계산한다.

$$f(z) = z^2 + c$$

z의 절댓값이 2보다 작다면 이 함수를 계속 반복한다. z의 절댓값이 2 이상이면 루프를 빠져나가고 이 좌표에 대해서 수행한 반복 횟수를 기록한다. 종료 조건을 계속 충족하지 못하면 maxiter 만큼 반복한 후에 루프를 빠져나온다. 이 z 결괏값은 나중에 복소평면 상에 픽셀을 그리는 용도로 사용한다.

의사 코드는 다음과 같다.

```
for z in coordinates:
    for iteration in range(maxiter):  # limited iterations per point
        if abs(z) < 2.0:  # has the escape condition been broken?
            z = z*z + c
        else:
            break
    # 각 z 값에 대해서 반복 횟수를 기록하고 나중에 그린다.
```

다음 두 좌표와 함께 이 함수를 살펴보자.

먼저, 그리게 될 줄리아 집합 그래프의 왼쪽 위 코너 좌표를 –1.8-1.8j로 한다. 값을 계산하기 전에 abs(z) < 2인 조건을 만족해야 한다.

```
z = -1.8-1.8j
print(abs(z))
2.54558441227
```

보다시피 2.54 >= 2.0이라서 위 좌표의 abs(z) 값은 테스트 조건을 만족하지 못하므로 루프는 한 번도 실행되지 않고 종료된다. 따라서 z 값을 갱신하지 않는다. 이 좌표의 출력값은 0이다.

이번에는 그래프의 원점인 z = 0 + 0j의 경우를 보자.

```
c = -0.62772-0.42193j
z = 0+0j
for n in range(9):
    z = z*z + c
    print(f"{n}: z={z: .5f}, abs(z)={abs(z):0.3f}, c={c: .5f}")
```

```
0: z=-0.62772-0.42193j, abs(z)=0.756, c=-0.62772-0.42193j
1: z=-0.41171+0.10778j, abs(z)=0.426, c=-0.62772-0.42193j
2: z=-0.46983-0.51068j, abs(z)=0.694, c=-0.62772-0.42193j
3: z=-0.66777+0.05793j, abs(z)=0.670, c=-0.62772-0.42193j
4: z=-0.18516-0.49930j, abs(z)=0.533, c=-0.62772-0.42193j
5: z=-0.84274-0.23703j, abs(z)=0.875, c=-0.62772-0.42193j
6: z= 0.02630-0.02242j, abs(z)=0.035, c=-0.62772-0.42193j
7: z=-0.62753-0.42311j, abs(z)=0.757, c=-0.62772-0.42193j
8: z=-0.41295+0.10910j, abs(z)=0.427, c=-0.62772-0.42193j
```

abs(z) < 2 조건을 만족하므로 계속 z 값을 갱신한다. 이 좌표는 300번을 반복해도 테스트 조건을 만족한다. 조건을 만족하지 않을 때까지 얼마나 많이 반복해야 하는지 알 수 없고 어쩌면 무한 루프에 빠질 수도 있다. 최대 반복 횟수(maxiter)를 설정해서 무한 루프를 방지하자.

[그림 2-2]는 앞의 계산을 50번 반복한 그래프다. 0+0j에 대한 값이 8회마다 반복됨을 알 수 있지만, 7회까지는 이전 값에서 약간 편차가 있으므로, 이 시점에는 루프가 무한 루프에 빠질지, 오랫동안 실행될지, 반복 몇 번으로 끝나게 될지는 알 수 없다. 점선으로 표시된 cutoff는 +2 경계를 나타낸다.

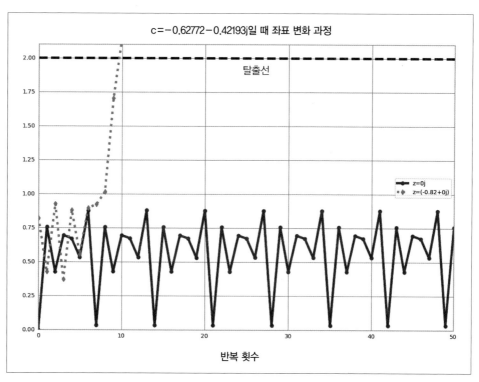

그림 2-2 줄리아 집합에서 두 좌표의 변화 과정

-0.82+0j는 그림에서 보듯 9번 반복 후에 경곗값인 +2를 넘어서고 루프를 빠져나온다.

2.3 전체 줄리아 집합 계산하기

이제 줄리아 집합을 생성하는 코드를 살펴보자. 이 장에서는 다양한 방법으로 이 코드를 분석할 것이다. [예제 2-1]에서 확인할 수 있듯이, time 모듈을 임포트하고 좌표 상수를 몇 가지 정의하며 첫 번째 프로파일링을 시작한다.

```
"""PIL기반의 이미지 생성을 제외한 줄리아 집합 생성기"""
import time

# 계산할 복소 평면 영역
x1, x2, y1, y2 = -1.8, 1.8, -1.8, 1.8
c_real, c_imag = -0.62772, -.42193
```

그래프 그리기에 필요한 입력 데이터를 담을 두 리스트, zs(복소수 z축)와 cs(복소수 초기 조건)를 생성한다. cs를 상수인 단일 c 값으로 최적화할 수 있다. 두 벌의 입력 리스트를 생성하는 이유는 나중에 RAM 사용량을 프로파일할 때 납득할 만한 데이터를 얻기 위함이다.

zs 리스트와 cs 리스트를 생성하려면 각 z 값의 좌표를 알아야 한다. [예제 2-2]에서 xcoord와 ycoord를 이용해서 이 좌표를 만들고 x_step과 y_step을 지정한다. 약간 번잡해 보일 수 있는 이 과정은 numpy나 다른 파이썬 환경으로 코드를 포팅할 때 명확한 디버깅에 도움을 준다.

예제 2-2 계산 함수에 입력으로 넘길 좌표 리스트 생성

```
def calc_pure_python(desired_width, max_iterations):
    """복소 좌표(zs)와 복소 인자(cs) 리스트를 만들고,
    줄리아 집합을 생성한다."""
    x_step = (x2 - x1) / desired_width
    y_step = (y1 - y2) / desired_width
    x = []
    y = []
    ycoord = y2
    while ycoord > y1:
        y.append(ycoord)
        ycoord += y_step
    xcoord = x1
    while xcoord < x2:
        x.append(xcoord)
        xcoord += x_step
    # 좌표 리스트와 각 셀의 초기 조건을 만든다.
    # 초기 조건은 상수이며 쉽게 제거할 수 있음에 주목하자.
    # 우리가 만든 함수의 몇몇 입력을 사용한 실제 시나리오를 시뮬레이션할 때 사용한다.
    zs = []
    cs = []
```

```
        for ycoord in y:
            for xcoord in x:
                zs.append(complex(xcoord, ycoord))
                cs.append(complex(c_real, c_imag))

    print("Length of x:", len(x))
    print("Total elements:", len(zs))
    start_time = time.time()
    output = calculate_z_serial_purepython(max_iterations, zs, cs)
    end_time = time.time()
    secs = end_time - start_time
    print(calculate_z_serial_purepython.__name__ + " took", secs, "seconds")

    # 다음 sum은 1000^2 그리드에 반복 300번을 가정한 값이다.
    # 우리가 의도한 대로 좌표가 변화하는지 확인한다.
    assert sum(output) == 33219980
```

zs와 cs 리스트를 만들어서 해당 리스트의 크기에 관한 정보를 담고 output 리스트에 calculate_z_serial_purepython 함수에서 계산한 값을 저장한다. 마지막으로 output 리스트의 값을 모두 더한 다음 assert를 사용해서 sum의 결괏값이 기댓값과 같은지 검사한다. 여기서는 예제에 아무런 에러가 없음을 확인하려고 assert를 사용했다.

코드는 결정적deterministic이므로, 계산된 값을 모두 더해서 함수가 기대하는 대로 잘 작동하는지 확인할 수 있다. 검증 코드를 추가하면 유용하다. 수치 계산을 하는 코드를 수정할 때는 우리가 변경한 내용이 알고리즘을 깨지 않았는지 검사하는 작업이 **매우** 중요하다. 이상적으로는 단위 테스트를 사용해서 문제의 여러 가능성도 테스트해야 한다.

다음 [예제 2-3]에서는 앞서 논의했던 알고리즘을 구현하는 calculate_z_serial_purepython 함수를 정의한다. 입력값을 담은 zs 및 cs 리스트와 같은 크기의 output 리스트를 미리 선언해두었다는 점을 주목하자.

예제 2-3 CPU를 집중적으로 사용하는 계산 함수

```
def calculate_z_serial_purepython(maxiter, zs, cs):
    """ 줄리아 갱신 규칙을 사용해서 output 리스트 계산하기 """
    output = [0] * len(zs)
    for i in range(len(zs)):
        n = 0
        z = zs[i]
```

```
        c = cs[i]
        while abs(z) < 2 and n < maxiter:
            z = z * z + c
            n += 1
        output[i] = n
    return output
```

[예제 2-4]에서는 계산 루틴을 호출한다. 계산을 시작하지 않고도 다른 프로파일링 도구에서 안전하게 임포트할 수 있도록 __main__ 검사 블록으로 감싼다. 이 예제에서는 그래프를 그리는 방법은 보여주지 않는다.

예제 2-4 코드의 __main__

```
if __name__ == "__main__":
    # 노트북 컴퓨터에 적절한 기본값으로 줄리아 집합을 구하는 순수 파이썬 구현
    calc_pure_python(desired_width=1000, max_iterations=300)
```

코드를 실행해보면 문제의 복잡도에 관한 결과를 얻을 수 있다.

```
# 실행 결과
Length of x: 1000
Total elements: 1000000
calculate_z_serial_purepython took 12.3479790688 seconds
```

[그림 2-1]의 반전된 회색조 그래프에서 고대비 색상은, 함수의 어떤 부분이 빠르게, 혹은 느리게 결정되는지 보여주었다. [그림 2-3]에서는 색상을 더 단순화했다. 검은 부분은 계산이 빠르게 끝났음을 나타내고, 흰 부분은 계산에 시간이 오래 걸렸음을 나타낸다.

같은 데이터의 두 가지 다른 표현을 보면, 선형 맵핑linear mapping에서는 상세 내용이 많이 누락되었음을 확인할 수 있다. 함수의 비용을 조사해야 할 때 이렇게 다양한 각도로 바라보면 종종 도움이 된다.

그림 2-3 흑백만 사용한 줄리아 그래프

2.4 시간을 측정하는 간단한 방법: print와 데커레이터

[예제 2-4]에서는 코드의 여기저기에 print 문을 추가해서 실행 결과를 살펴보았다. 이 예제는 파이썬 3.7을 사용하는 이안의 노트북에서 8초가 걸린다. 실행 시간은 항상 약간의 편차가 있음을 기억하라. 코드의 실행 시간을 반복 측정하면 정규 분포가 나와야 한다. 그렇지 않다면 단순히 무작위로 실행 시간이 달라지는 것을 보고 개선할 필요가 없는 코드를 개선할 수도 있다.

네트워크를 사용하거나 디스크나 RAM에 접근하는 등 다른 작업이 코드와 함께 실행될 수도 있으며, 이 모든 것이 프로그램의 실행 시간 편차에 영향을 준다.

이안의 노트북은 인텔 코어 I7-6700HQ CPU(2.6GHz, 6MB 캐시, 쿼드 코어, 하이퍼스레딩)를 장착한 델 9550 모델로 RAM은 32GB이고 운영체제는 리눅스 민트 19.1(우분투 18.04)이다.

[예제 2-2]의 calc_pure_python 함수에는 몇 줄의 print 문이 있다. 이는 함수 **안**에서 특정 코드의 실행 시간을 측정할 수 있는 가장 간단한 방법이다. 세련되지는 않아도 아주 기본적인 방법이며, 코드를 처음 살펴볼 때 매우 유용하다.

디버깅할 때와 마찬가지로 프로파일링에서도 print 문을 많이 사용한다. 금세 코드를 더럽히지만 잠깐 조사해야 할 때 유용하다. 작업이 끝나면 print 문을 정리해서 표준 출력이 쓸모없는 정보로 지저분해지지 않도록 하자.

데커레이터는 print 문보다 조금 더 깔끔한 방법이다. 여기서는 시간을 측정하려는 함수 위에 코드를 한 줄 추가한다. 지금은 단순히 print 문을 대체하는 용도로 데커레이터를 사용하지만 나중에 다른 기능도 살펴볼 것이다.

[예제 2-5]에서는 함수를 인자로 받는 timefn이라는 함수를 새로 정의한다. 내부에서 새로 정의한 함수 measure_time은 가변 길이 인자인 *args와 키워드 인자인 **kwargs를 받아, 실행하는 fn 함수로 넘겨준다. fn 함수를 호출하는 부분은 time.time()으로 감싸서 시간을 구하고 fn.__name__과 함께 소요된 시간을 출력한다. 이 데커레이터가 발생시키는 오버헤드는 작지만 fn을 수백만 번 호출한다면 성능 저하를 체감할 수도 있다. @wraps(fn)을 사용해서 데커레이터로 넘어온 함수 이름과 독스트링을 호출하는 함수에서 확인할 수 있도록 했다(그렇지 않으면 데커레이터로 넘어온 함수가 아니라 데커레이터 함수 그 자체의 이름과 독스트링을 보게 된다).

예제 2-5 시간 측정 자동화를 위한 데커레이터 정의

```
from functools import wraps

def timefn(fn):
    @wraps(fn)
    def measure_time(*args, **kwargs):
        t1 = time.time()
        result = fn(*args, **kwargs)
        t2 = time.time()
        print(f"@timefn: {fn.__name__} took {t2 - t1} seconds")
```

```
        return result
    return measure_time

@timefn
def calculate_z_serial_purepython(maxiter, zs, cs):
    ...
```

기존의 print 문을 그대로 둔 채 이 코드를 실행해보면, 데커레이터를 사용한 측정값이 calc_pure_python 함수에서 측정한 값보다 살짝 더 짧음을 확인할 수 있다. 이는 함수 호출에서 비롯한 오버헤드이다(그 차이는 매우 작다).

```
Length of x: 1000
Total elements: 1000000
@timefn:calculate_z_serial_purepython took 8.00485110282898 seconds
calculate_z_serial_purepython took 8.004898071289062 seconds
```

> **NOTE_** 추가 프로파일링 정보는 코드를 느리게 만든다. 어떤 프로파일링 옵션은 아주 유용한 정보를 제공하지만 속도를 심각하게 떨어트리기도 한다. 프로파일링의 수준과 실행 속도 간의 트레이드오프trade-off는 꼭 생각해봐야 한다.

timeit 모듈을 사용해서 CPU를 집중적으로 사용하는 함수의 실행 속도를 측정할 수도 있다. 일반적으로는 문제를 해결하는 방법을 실험할 때 여러 종류의 단순한 표현식에서 사용하는 시간을 측정하려고 timeit 모듈을 사용한다.

> **WARNING_** timeit 모듈은 일시적으로 GC를 비활성화한다. 이로 인해 GC가 활성화되는 일반적인 상황과는 실행 속도에서 차이가 날 수 있다. 이에 관한 자세한 내용은 파이썬 문서(http://bit.ly/timeit_doc)를 참고하자.

명령줄에서도 timeit을 사용할 수 있다.

```
python -m timeit -n 5 -r 1 -s "import julia1" \
"julia1.calc_pure_python(desired_width=1000, max_iterations=300)"
```

calc_pure_python을 모듈 안에서 정의했으므로 -s를 사용해서 그 모듈을 임포트해야 한다. timeit의 기본값은 짧은 코드에 적합하므로, 오랫동안 실행하는 함수라면 반복 횟수(r=1)와 반복당 시간 측정 횟수(n=5)를 지정하는 편이 합리적이다. 전체 반복 중에서 가장 나은 값을 결과로 출력한다. 정보를 모두 표시하는[verbose] 옵션(-v)을 켜면 반복할 때마다 루프의 누적 시간을 표시해주므로 결과가 쓸모 있는지 살펴볼 때 도움이 된다.

-n과 -r 옵션을 주지 않고 이 함수에 대해서 timeit을 사용한다면, 기본적으로 5번씩 10번을 반복 수행하며, 모두 완료되기까지 6분 정도 걸린다. 측정 결과를 빨리 얻으려면 이 기본값을 적절히 손보는 것도 괜찮은 방법이다.

다른 결과는 아마도 다른 프로세스의 영향을 받았을 테니 가장 나은 결과만 살펴보겠다.

```
5 loops, best of 1: 8.45 sec per loop
```

벤치마크를 여러 번 실행해서 결과가 계속 바뀌는지 확인해보자. 안정적으로 가장 빠른 결과를 확인하려면 반복 횟수를 늘려야 할 필요도 있다. '옳은' 설정은 존재하지 않으니 측정치의 편차가 크다면 안정적인 최종 결과를 얻을 때까지 반복 횟수를 늘려보자.

저자의 경우 calc_pure_python 함수 전체를 수행하는 데 8.45초(가장 빠른 경우)가 걸렸고, @timefn 데커레이터로 측정한 calculate_z_serial_purepython 함수 단일 호출에는 8.0초가 걸렸다. 차이는 대부분 zs와 cs 리스트를 생성하는 데서 발생했다.

IPython에서는 %timeit 매직 명령어를 같은 방식으로 사용할 수 있다. 만일 코드를 IPython이나 주피터 노트북에서 개발 중이라면, 다음과 같이 측정할 수 있다.

```
In [1]: import julia1
In [2]: %timeit julia1.calc_pure_python(desired_width=1000, max_iterations=300)
```

> **WARNING_** timeit.py를 사용할 때와 주피터나 IPython에서 %timeit을 사용할 때 '가장 나은 결과'를 계산하는 방법이 다르다는 점에 유의하라. timeit.py는 최솟값을 보여준다. IPython은 2016년부터 평균과 표준 편차를 보여주는 방식으로 바뀌었다. 두 방법 모두 단점이 있지만, 둘 다 '상당히 괜찮다'. 하지만 두 방식으로 계산한 값을 서로 비교해서는 안 된다. 두 방식을 섞어 쓰지 말라.

평범한 컴퓨터에서 확인할 수 있는 이런 CPU 부하의 편차는 한번 생각해볼 만하다. 백그라운드에서 실행 중인 다양한 작업(드롭박스, 백업 등)은 CPU와 디스크 자원에 무작위로 영향을 준다. 웹 페이지의 스크립트도 예기치 못한 자원 사용률을 보이기도 한다. [그림 2-4]는 코드의 소요 시간 측정을 시작하자 코어 하나의 사용률이 100%로 치솟는 모습을 보여준다. 다른 코어는 모두 일상적인 작업을 가볍게 수행한다.

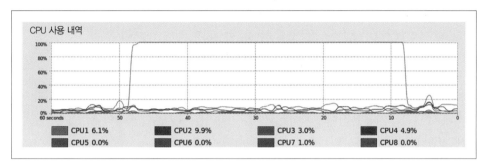

그림 2-4 예제 함수의 시간을 측정할 때 백그라운드 CPU 사용량의 편차

때로는 시스템에 일어나는 다른 일 때문에 모니터의 그래프가 치솟기도 한다. 시간 측정을 하는 동안 주요 자원(CPU, 디스크, 네트워크)을 간섭하는 요소가 없는지 계속 살펴보는 습관을 들이자.

2.5 유닉스 time 명령어를 이용한 간단한 시간 측정

잠시 파이썬을 벗어나서 유닉스 계열의 시스템에 포함된 표준 시스템 유틸리티를 사용해보자. 다음 명령은 프로그램 실행 시간에 관한 다양한 정보를 제공하며, 코드 내부 구조에 대해서는 전혀 신경 쓰지 않는다.

```
$ /usr/bin/time -p python julia1_nopil.py
Length of x: 1000
Total elements: 1000000
calculate_z_serial_purepython took 8.279886722564697 seconds
real 8.84
user 8.73
sys 0.10
```

time 대신 /usr/bin/time이라고 명시했음에 주목하자. 셸에 포함된 (단순하지만 덜 유용한 버전의) time을 실행하지 않고 시스템의 time 명령어를 사용했다. time --verbose를 실행하니 --verbose를 찾을 수 없다는 에러가 발생한다면 시스템 명령어가 아닌 셸에 포함된 time을 실행했을 가능성이 높다.

-p 옵션을 주면 다음과 같은 세 가지 결과를 얻을 수 있다.

- real 항목은 경과 시간을 기록한다.
- user 항목은 CPU가 커널 함수 외 작업을 처리하느라 소비한 시간을 기록한다.
- sys 항목은 커널 함수를 수행하는 데 소비한 시간을 기록한다.

user와 sys 항목을 추가함으로써 CPU에서 시간을 어떻게 사용했는지를 알아볼 수 있다. 이 값과 real 항목을 사용했을 때의 차이는 I/O를 기다리는 데 사용한 시간의 총량을 말해준다. 또한, 정확한 측정을 방해하는 다른 작업이 실행 중임을 알려준다.

time은 파이썬에만 국한되지 않기 때문에 유용하다. time 명령어를 이용하면 python 실행 파일이 시작되는 데 걸린 시간도 포함해 측정할 수 있다. 이는 (장시간 실행되는 단일 프로세스를 사용하지 않고) 초기에 많은 프로세스를 생성할 때 유의미한 정보다. 실행 시간이 짧은 스크립트는 초기 구동 시간이 전체 시간에서 차지하는 비중이 높으므로 time이 더 유용하다.

--verbose 플래그를 추가하면 더 자세한 결과를 확인할 수 있다.

```
$ /usr/bin/time --verbose python julia1_nopil.py
Length of x: 1000
Total elements: 1000000
calculate_z_serial_purepython took 8.477287530899048 seconds
 Command being timed: "python julia1_nopil.py"
 User time (seconds): 8.97
 System time (seconds): 0.05
 Percent of CPU this job got: 99%
 Elapsed (wall clock) time (h:mm:ss or m:ss): 0:09.03
 Average shared text size (kbytes): 0
 Average unshared data size (kbytes): 0
 Average stack size (kbytes): 0
 Average total size (kbytes): 0
 Maximum resident set size (kbytes): 98620
 Average resident set size (kbytes): 0
 Major (requiring I/O) page faults: 0
```

```
Minor (reclaiming a frame) page faults: 26645
Voluntary context switches: 1
Involuntary context switches: 27
Swaps: 0
File system inputs: 0
File system outputs: 0
Socket messages sent: 0
Socket messages received: 0
Signals delivered: 0
Page size (bytes): 4096
Exit status: 0
```

이 중에서 가장 눈여겨봐야 할 항목은 'Major (requiring I/O) page faults'다. 이 항목은 운영체제가 RAM에서 필요한 데이터를 찾을 수 없기 때문에 디스크에서 페이지를 불러왔는지 여부를 나타낸다. 이는 속도를 느리게 하는 원인이다.

우리가 살펴본 예제는 코드와 데이터의 요구사항이 적어서 페이지 폴트page fault가 발생하지 않는다. 메모리를 많이 사용하는 프로세스나 프로그램을 여럿 실행해보면, 이 항목을 보고 어느 프로그램이 디스크 접근 때문에 속도가 느려지는지를 운영체제 수준에서 확인할 수 있다. 해당 부분이 RAM에서 디스크로 스왑swap되었기 때문이다.

2.6 cProfile 모듈 사용하기

cProfile은 표준 라이브러리에 내장된 프로파일링 도구로, C파이썬의 가상 머신 안에서 확인되는 모든 함수에 시간을 측정하는 장치를 연결한다. 이는 큰 오버헤드를 유발하지만 그만큼 더 많은 정보를 제공한다. 때때로 이런 추가 정보는 작성한 코드에 대해 놀랄만한 통찰을 얻게 해준다.

표준 라이브러리에서 제공하는 프로파일러는 cProfile과 profile이 있다. profile은 순수 파이썬 기반의 프로파일러로 cProfile보다 느리다. cProfile은 profile과 같은 인터페이스를 제공하며 오버헤드를 줄이려고 C로 작성했다. 혹시 이 라이브러리의 역사가 궁금하다면 cProfile을 표준 라이브러리에 추가하기 위한 아르민 리고Armin Rigo의 2005년 요청(http://bit.ly/cProfile_request)을 참고하자.

프로파일하기 전에 프로파일하려는 코드의 기대 속도에 대한 **가설**을 세우는 습관을 들여라. 저자는 의심스러운 코드를 출력해서 메모하는 방식을 선호한다. 가설을 다듬다 보면 무엇이 잘못되었는지 확인할 수 있고, 코딩 방식에 관한 직관도 키울 수 있다.

> **WARNING_** 감으로 프로파일하는 습관은 반드시 버려라. 이런 방식은 십중팔구 실패한다. 믿어도 좋다! 프로파일하기 전에 가설을 먼저 검증하면 코드에서 느리게 동작할만한 부분을 발견할 수 있으므로 시간을 투자할 가치가 충분하다. 또한 코드를 왜 그렇게 작성했는지 뒷받침하는 근거가 되기도 한다.

항상 측정 결과를 기준으로 결정하고, 가볍게 프로파일해서 알맞은 곳을 수정했는지 꼭 확인하자. 열심히 최적화한 코드가 사실은 실제 문제를 제대로 집어내지 못했음을 몇 시간 혹은 며칠 뒤에서야 깨닫는 것만큼 멋쩍은 일은 없다.

앞 코드에서 calculate_z_serial_purepython 함수가 전체 코드 중 가장 느린 부분이라는 가설을 세워보자. 이 함수에서는 리스트의 값을 읽어서 기본적인 산술 연산을 수행하고 abs 함수를 호출하는데, 아마도 이 부분에서 CPU 자원을 가장 많이 사용할 것이다.

그럼 cProfile 모듈을 사용해서 코드를 실행해보자. 실행 결과는 좀 거칠지만 어느 부분을 분석해야 하는지 결정하는 데 도움을 준다.

cProfile의 -s cumulative 옵션은 결과를 각 함수에서 소비한 누적 시간순으로 정렬하므로 어떤 함수가 더 느린지 쉽게 확인할 수 있다. cProfile의 출력 결과는 코드의 print 문이 다 출력된 뒤에 화면에 출력된다.

```
$ python -m cProfile -s cumulative julia1_nopil.py
...
Length of x: 1000
Total elements: 1000000
calculate_z_serial_purepython took 11.498265266418457 seconds
        36221995 function calls in 12.234 seconds

  Ordered by: cumulative time

 ncalls  tottime  percall  cumtime  percall filename:lineno(function)
      1    0.000    0.000   12.234   12.234 {built-in method builtins.exec}
      1    0.038    0.038   12.234   12.234 julia1_nopil.py:1(<module>)
      1    0.571    0.571   12.197   12.197 julia1_nopil.py:23
                                            (calc_pure_python)
```

```
      1    8.369    8.369   11.498     11.498 julia1_nopil.py:9
                                              (calculate_z_serial_purepython)
34219980   3.129    0.000    3.129      0.000 {built-in method builtins.abs}
 2002000   0.121    0.000    0.121      0.000 {method 'append' of 'list' objects}
       1   0.006    0.006    0.006      0.006 {built-in method builtins.sum}
       3   0.000    0.000    0.000      0.000 {built-in method builtins.print}
       2   0.000    0.000    0.000      0.000 {built-in method time.time}
       4   0.000    0.000    0.000      0.000 {built-in method builtins.len}
       1   0.000    0.000    0.000      0.000 {method 'disable' of
                                              '_lsprof.Profiler' objects}
```

누적 소비 시간으로 정렬하면 실행 시간을 주로 소비하는 곳이 어딘지 쉽게 확인할 수 있다. 위 결과는 함수 호출이 36,221,995번 있었고 총 12초를 넘는 시간(cProfile을 사용하는 데 따른 오버헤드를 포함한 시간)을 소비했음을 알려준다. 앞서 살펴봤을 때는 실행에 8초를 소비했으니, 각 함수가 소비한 시간을 추가로 알아내는 데 4초가량을 더 사용했다고 볼 수 있다.

코드가 시작되는 julia1_nopil.py의 첫 번째 줄에서 12초를 소비했다. __main__에서 calc_pure_python을 한 번 호출했으니 ncalls는 1이며 각 행에 해당하는 코드가 한 번만 실행되었음을 의미한다.

calc_pure_python 안에서 호출한 calculate_z_serial_purepython가 11초를 소비했다. 두 함수 모두 한 번만 호출되었다. 이를 통해 CPU를 집중적으로 사용하는 calculate_z_serial_purepython 함수를 제외한 calc_pure_python의 나머지에서 약 1초를 소비했다고 볼 수 있다. 아직 **어느** 줄에서 시간이 걸렸는지를 정확히 알 수는 없지만, cProfile을 사용해서 좀 더 살펴보자.

calculate_z_serial_purepython 함수는 다른 함수를 호출을 제외한 순수 자신의 코드를 실행하는 데만 8초가 걸렸다. 이 함수는 abs를 34,219,980번 호출하며 총 3초를 쓰고 그 외의 함수들에서는 특별히 긴 시간을 소비하지 않았다.

{abs} 호출은 무엇일까? 여기서는 calculate_z_serial_purepython 함수에서 발생한 개별 abs 함수 호출을 측정했다. 호출 한 번에 걸리는 시간은 무시할 만큼(0.000초로 기록됨)이지만 34,219,980회를 호출하는 데 걸린 시간을 모두 더하면 3초가 된다. 줄리아 함수는 동적이라 예측이 불가능하므로 정확히 얼마나 많은 abs 호출이 일어날지 예측할 수 없다(바로 이 점이 재미있는 부분이기도 하다).

여기서는 1000*1000픽셀을 계산해야 하므로 최소한 백만 번 이상 호출될 것임은 알 수 있다. 1백만 픽셀을 최대 300번 반복 계산하므로 최대 3억 번 호출된다는 사실도 알 수 있다. 따라서 3,400만 번의 호출은 최악의 상황 대비 약 10% 수준이다.

[그림 2-3]의 '흑백만을 사용한 줄리아 그래프'에서 복잡하게 나타나는 흰색 가장자리 부분을 자세히 살펴보면, 전체 그림에서 약 10%를 차지한다는 사실을 짐작해볼 수 있다.

프로파일링 결과에서 다음 줄인 {method 'append' of 'list' objects}를 보면 총 2,002,000개의 리스트 아이템을 생성했음을 알 수 있다.

TIP 아이템 2,0002,000개는 어디서 왔을까? 더 읽어 내려가기 전에, 이만큼의 리스트 아이템이 어떻게 생성되었을지 잠시 생각해보자.

아이템 2,002,000개는 calc_pure_python 함수의 초기 설정 과정에서 생성되었다.

zs와 cs는 1000*1000 크기의 리스트다(아이템 1,000,000*2개 생성). 두 리스트는 1,000개의 x 좌표와 1,000개의 y 좌표에서 만들어진다(아이템 2,000개 생성). 따라서, 호출이 총 2,002,000번 일어난다.

cProfile의 결과는 부모 함수에 따라 정렬되지 않으며 실행된 코드 블록 안의 모든 함수가 소비한 시간을 요약해 보여준다. 함수 안의 각 줄의 정보가 아닌 함수 호출 자체의 정보만 얻을 수 있으므로, cProfile로 코드의 각 줄에서 일어난 일을 알아내기는 어렵다.

calculate_z_serial_purepython 함수에서는 {abs} 호출이 대략 3.1초를 소비했음을 알 수 있다. 그리고 calculate_z_serial_purepython 함수는 총 11.4초를 소비했다.

프로파일링 결과의 마지막 줄은 cProfile의 전신이라고 할 수 있는 lsprof에서 출력했다. 무시해도 된다.

통계 파일을 생성한 뒤 파이썬으로 분석해서 cProfile의 결과를 좀 더 세밀하게 살펴볼 수 있다.

```
$ python -m cProfile -o profile.stats julia1_nopil.py
```

다음과 같이 파이썬에서 통계 파일을 불러들이면 앞서 살펴본 출력과 같은 결과를 확인할 수 있다.

```
In [1]: import pstats
In [2]: p = pstats.Stats("profile.stats")
In [3]: p.sort_stats("cumulative")
Out[3]: <pstats.Stats at 0x7f77088edf28>

In [4]: p.print_stats()
Fri Jun 14 17:59:28 2019    profile.stats

        36221995 function calls in 12.169 seconds

  Ordered by: cumulative time

  ncalls  tottime  percall  cumtime  percall filename:lineno(function)
       1    0.000    0.000   12.169   12.169 {built-in method builtins.exec}
       1    0.033    0.033   12.169   12.169 julia1_nopil.py:1(<module>)
       1    0.576    0.576   12.135   12.135 julia1_nopil.py:23
                                            (calc_pure_python)
       1    8.266    8.266   11.429   11.429 julia1_nopil.py:9
                                            (calculate_z_serial_purepython)
34219980    3.163    0.000    3.163    0.000 {built-in method builtins.abs}
 2002000    0.123    0.000    0.123    0.000 {method 'append' of 'list' objects}
       1    0.006    0.006    0.006    0.006 {built-in method builtins.sum}
       3    0.000    0.000    0.000    0.000 {built-in method builtins.print}
       4    0.000    0.000    0.000    0.000 {built-in method builtins.len}
       2    0.000    0.000    0.000    0.000 {built-in method time.time}
       1    0.000    0.000    0.000    0.000 {method 'disable' of
                                            '_lsprof.Profiler' objects}
```

프로파일 중인 함수를 추적하려면 해당 함수를 호출한 측caller의 정보를 출력해보자. 다음 코드에서 calculate_z_serial_purepython이 가장 많은 시간을 잡아먹는 함수임을 확인할 수 있으며, 한 곳에서 호출되었다. 이 함수를 여러 곳에서 호출한다면 다음 출력 결과에서 가장 많은 시간을 소비한 곳을 먼저 살펴보면 된다.

```
In [5]: p.print_callers()
   Ordered by: cumulative time


Function                                       was called by...
                                           ncalls  tottime cumtime
{built-in method builtins.exec}      <-
julia1_nopil.py:1(<module>)          <-        1    0.033   12.169
                                           {built-in method builtins.exec}
julia1_nopil.py:23(calc_pure_python) <-        1    0.576   12.135
                                           :1(<module>)
julia1_nopil.py:9(...)               <-        1    8.266   11.429
                                           :23(calc_pure_python)
{built-in method builtins.abs}       <- 34219980  3.163    3.163
                                           :9(calculate_z_serial_purepython)
{method 'append' of 'list' objects}  <- 2002000   0.123    0.123
                                           :23(calc_pure_python)
{built-in method builtins.sum}       <-        1    0.006    0.006
                                           :23(calc_pure_python)
{built-in method builtins.print}     <-        3    0.000    0.000
                                           :23(calc_pure_python)
{built-in method builtins.len}       <-        2    0.000    0.000
                                           :9(calculate_z_serial_purepython)
                                               2    0.000    0.000
                                           :23(calc_pure_python)
{built-in method time.time}          <-        2    0.000    0.000
                                           :23(calc_pure_python)
```

다음 방법으로 해당 함수에서 호출하는 함수 목록도 확인할 수 있다.

```
In [6]: p.print_callees()
   Ordered by: cumulative time


Function                                       called...
                                           ncalls  tottime cumtime
{built-in method builtins.exec}      ->        1    0.033   12.169
                                           julia1_nopil.py:1(<module>)
julia1_nopil.py:1(<module>)          ->        1    0.576   12.135
                                           julia1_nopil.py:23
                                             (calc_pure_python)
julia1_nopil.py:23(calc_pure_python) ->        1    8.266   11.429
                                           julia1_nopil.py:9
```

```
                              (calculate_z_serial_purepython)
                       2     0.000     0.000
                       {built-in method builtins.len}
                       3     0.000     0.000
                       {built-in method builtins.print}
                       1     0.006     0.006
                       {built-in method builtins.sum}
                       2     0.000     0.000
                       {built-in method time.time}
               2002000     0.123     0.123
                       {method 'append' of 'list' objects}
julia1_nopil.py:9(...)      -> 34219980   3.163     3.163
                       {built-in method builtins.abs}
                       2     0.000     0.000
                       {built-in method builtins.len}
```

cProfile의 출력 내용은 약간 장황하다. 줄 바꿈 없이 깔끔하게 보고 싶다면 터미널 창을 옆으로 늘려야 한다. 하지만 cProfile은 기본 내장된 도구로, 편리하고 빠르게 병목 지점을 찾게 해주는 장점이 있다. 나중에 다룰 line_profiler, memory_profiler 같은 도구를 이용해서 더 자세히 조사하려는 코드를 살펴보면 된다.

2.7 SnakeViz로 cProfile 결과 시각화하기

snakeviz는 cProfile로 생성한 통계 정보를 시각화하는 도구다. 더 오랜 시간을 소비한 영역을 더 큰 상자로 표시하며, 기존의 runsnake 도구를 대신한다.

snakeviz를 이용하면 cProfile 통계 파일을 고차원적으로 들여다볼 수 있는데, 처음 접하는 대규모 코드를 분석해야 할 때 특히 유용하다. snakeviz가 그리는 다이어그램은 시스템의 CPU 사용을 시각화하므로, 예상치 못한 부분에서 CPU를 많이 사용하는 상황을 알려줄 수 있다.

설치하려면 $ pip install snakeviz를 실행하라.

[그림 2-5]는 python -m snakeviz profile.stats라는 명령어를 사용해, 앞서 분석한 cProfile 데이터(profile.stats)를 시각화한 모습이다. 프로그램 진입점이 다이어그램의 맨 위에 있다. 그 아래 위치한 각 계층은 위쪽 함수가 호출한 함수를 보여준다.

다이어그램의 너비는 프로그램 실행에 걸린 전체 시간이다. 네 번째 층을 보면 calculate_z_serial_purepython 함수가 대부분의 시간을 소비함을 알 수 있다. 다섯 번째 층에서는 이를 좀 더 자세히 보여준다. 오른쪽의 아무 표시가 없는 블록은, 왼쪽의 abs 함수가 소비하는 시간의 약 25%를 차지한다. 큰 블록을 살펴보면 프로그램 안에서 어떤 함수들이 시간을 많이 소비하는지 쉽게 알아볼 수 있다.

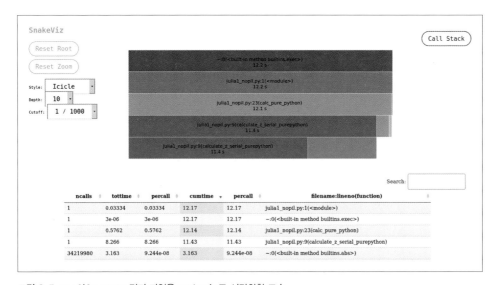

그림 2-5 profile.stats 결과 파일을 snakeviz로 시각화한 모습

그 아래 표는 우리가 살펴본 통계를 보기 편하게 출력해준다. 통계를 cumtime(누적 시간), percall(호출 당 비용), ncalls(호출 회수) 등의 지표 기준으로 정렬할 수 있다. cumtime을 기준으로 정렬하면 어떤 함수가 전체적으로 가장 많은 시간을 소모했는지 알 수 있다. 이 표는 프로그램 실행 시간을 조사하기에 좋은 시작점이다.

표를 보는 데 익숙한 사람은 cProfile의 콘솔 출력만으로 충분할 수도 있다. 하지만 다른 사람과 의사소통을 할 때는 snakeviz 출력 같은 다이어그램의 사용을 권장한다. 다른 사람들이 여러분이 말하는 내용의 요점을 빠르게 이해하도록 도와줄 것이다.

2.8 line_profiler로 한 줄씩 측정하기

이안은 로버트 컨Robert Kern의 line_profiler가 파이썬 코드에서 CPU 병목 원인을 찾아주는 가장 강력한 도구라 생각한다. line_profiler는 개별 함수를 한 줄씩 프로파일하므로, 먼저 cProfile을 사용해서 어떤 함수를 line_profiler로 자세히 살펴볼지 정하면 된다.

코드를 수정하면서 line_profiler 결과에 버전을 기록해두면 변경 사항의 성공/실패 기록을 빠르게 참고할 수 있다. 한 줄씩 코드를 수정할 때는 기억력에 의존하지 않도록 하자.

line_profiler를 설치하려면 pip install line_profiler를 입력하면 된다.

@profile 데커레이터는 선택한 함수를 표시하는 데 사용한다. kernprof 스크립트는 코드를 실행하고 선택한 함수 각 줄의 CPU 시간 등 통계를 기록하는 데 사용한다.

-l 옵션은 함수 단위가 아니라 한 줄씩 프로파일하겠다는 옵션이며, -v 옵션은 출력 결과를 자세하게 보여준다. -v 옵션을 주지 않으면 나중에 line_profiler 모듈을 이용한 분석에 사용할 수 있는 .lprof 결과를 돌려받는다. [예제 2-6]에서는 CPU를 많이 사용하는 함수를 프로파일했다.

예제 2-6 kernprof를 사용해 프로파일해서 각 줄의 CPU 비용 기록하기

```
$ kernprof -l -v julia1_lineprofiler.py
...
Wrote profile results to julia1_lineprofiler.py.lprof
Timer unit: 1e-06 s

Total time: 49.2011 s
File: julia1_lineprofiler.py
Function: calculate_z_serial_purepython at line 9

Line #      Hits     Per Hit   % Time  Line Contents
==============================================================
    9                                   @profile
   10                                   def calculate_z_serial_purepython(maxiter,
                                                                          zs, cs):
   11                                       """Calculate output list using Julia update rule"""
   12           1      3298.0      0.0       output = [0] * len(zs)
   13     1000001         0.4      0.8       for i in range(len(zs)):
   14     1000000         0.4      0.7           n = 0
   15     1000000         0.4      0.9           z = zs[i]
```

```
16    1000000       0.4       0.8             c = cs[i]
17   34219980       0.5      38.0             while abs(z) < 2 and n < maxiter:
18   33219980       0.5      30.8                 z = z * z + c
19   33219980       0.4      27.1                 n += 1
20    1000000       0.4       0.8             output[i] = n
21          1       1.0       0.0         return output
```

kernprof.py를 사용하면서 실행 시간이 더 늘어났다. calculate_z_serial_purepython은 print를 이용했을 때는 8초, cProfile을 이용했을 때는 12초가 걸렸지만, 이 예제에서는 49초가 걸렸다. 대신, 함수 각 줄이 실행되는 데 걸린 시간을 확인할 수 있다.

% Time 열이 가장 유용한데, while의 첫 번째 조건(abs(z) < 2)과 두 번째 조건(n < maxiter) 중 어느 쪽이 더 많은 시간을 사용하는지는 알 수 없지만, 전체 시간 중 38%를 while 조건 검사에 소비했음을 확인할 수 있다. 루프 안을 들여다보면 z 값을 갱신하는 데도 꽤 긴 시간이 걸렸다. n += 1도 마찬가지다. 파이썬의 동적 변수 검색은 우리가 같은 타입의 변수를 사용해도 계속 작동한다. 이는 컴파일과 타입 한정(7장)으로 크게 개선할 수 있는 부분이다. 20번째 줄의 output 리스트를 생성하고 값을 갱신하는 코드는 while 반복문보다 상대적으로 빨리 끝난다.

파이썬의 동적 시스템이 얼마나 복잡한지 생각해 본 적이 없다면, n += 1 연산에서 어떤 일이 벌어질지 생각해보라. 파이썬은 n 객체에 __add__ 함수가 있는지 확인한다(만약 함수가 없다면 상속 계층을 거슬러 올라가면서 해당 기능을 지원하는지 검사한다). 그리고 다른 객체(여기서는 1)가 전달됐는지 검사해서, __add__ 함수가 어떤 식으로 연산을 처리할지 결정한다. 다른 객체가 float일 수도 있고, __add__를 적용할 수 있거나 없는 다른 객체일 수도 있다는 점에 유의하라. 이 모든 동작은 동적으로 일어난다.

while 조건을 더 분석하려면 코드를 나눠야 한다. 파이썬 커뮤니티에서는 멀티파트, 즉 한 줄 짜리 코드에 대한 더 자세한 정보를 포함하도록 .pyc 파일을 새로 작성하는 아이디어에 관한 논의가 있었지만, line_profiler 보다 더 나은 분석을 제공하는 도구는 없다고 생각한다.

[예제 2-7]에서 while 조건문을 나눴다. 실행해야 할 코드가 늘어나므로 함수 실행 시간이 조금 더 길어지겠지만 이 부분에서 발생하는 비용을 이해하는 데 **아마** 도움이 될 것이다.

TIP 코드를 살펴보기 전에 기본 연산에 걸리는 시간을 이런 식으로 측정할 수 있는지 생각해보자. 다른 요소가 분석을 복잡하게 만들지는 않을까?

예제 2-7 while 문을 나눠서 각각의 소요 시간 측정하기

```
$ kernprof -l -v julia1_lineprofiler2.py
...
Wrote profile results to julia1_lineprofiler2.py.lprof
Timer unit: 1e-06 s

Total time: 82.88 s
File: julia1_lineprofiler2.py
Function: calculate_z_serial_purepython at line 9

Line #      Hits   Per Hit   % Time  Line Contents
================================================================
    9                                @profile
   10                                def calculate_z_serial_purepython(maxiter,
                                                                       zs, cs):
   11                                    """Calculate output list using Julia update rule"""
   12         1    3309.0      0.0        output = [0] * len(zs)
   13   1000001       0.4      0.5        for i in range(len(zs)):
   14   1000000       0.4      0.5            n = 0
   15   1000000       0.5      0.5            z = zs[i]
   16   1000000       0.4      0.5            c = cs[i]
   17   1000000       0.4      0.5            while True:
   18  34219980       0.6     23.1                not_yet_escaped = abs(z) < 2
   19  34219980       0.4     18.3                iterations_left = n < maxiter
   20  34219980       0.4     17.3                if not_yet_escaped and iterations_left:
   21  33219980       0.5     20.5                    z = z * z + c
   22  33219980       0.4     17.3                    n += 1
   23                                             else:
   24   1000000       0.4      0.5                    break
   25   1000000       0.4      0.5            output[i] = n
   26         1       0.0      0.0        return output
```

이전 버전은 실행하는 데 49초가 걸렸으나 이 코드는 82초가 걸렸다. 다른 요소가 분석을 더 복잡하게 만든 것이다. 이 버전은 새로 추가한 코드를 34,219,980회 실행해서 실행 시간이 늘어났다. 만약 이런 변경의 결과를 kernprof.py를 통해서 줄 단위로 검사해보지 않았다면, 느려진 원인을 파악할 수 있는 충분한 증거를 확보하지 못하고 잘못된 결론을 내렸을지 모른다.

이제, 먼저 살펴본 `timeit`으로 각 명령의 개별 비용을 검사해보자.

```
Python 3.7.3 (default, Mar 27 2019, 22:11:17)
Type 'copyright', 'credits', or 'license' for more information
IPython 7.5.0 -- An enhanced Interactive Python. Type '?' for help.

In [1]: z = 0+0j
In [2]: %timeit abs(z) < 2
97.6 ns ± 0.138 ns per loop (mean ± std. dev. of 7 runs, 10000000 loops each)
In [3]: n = 1
In [4]: maxiter = 300
In [5]: %timeit n < maxiter
42.1 ns ± 0.0355 ns per loop (mean ± std. dev. of 7 runs, 10000000 loops each)
```

이 간단한 분석에 따르면 n 값을 검사하는 코드가 abs를 호출하는 코드보다 거의 두 배 빠르다. 파이썬은 문장을 왼쪽에서 오른쪽으로 검사하며 기회주의적이기 때문에 빨리 끝나는 검사를 등식의 왼쪽에 두는 게 좋다. 각 좌표에 대한 n < maxiter의 301번째 검사는 항상 False이므로 and 연산자 이후 조건을 검사하지 않아도 된다.

abs(z) < 2 조건은 검사해보기 전에 False인지 아닌지 알 수 없다. 그리고 앞서 이 복소평면을 살펴봤을 때 전체 300회의 반복 중 약 10%만이 True였다. 이 부분의 시간복잡도를 확실히 이해해야 한다면 수치 해석을 해볼 수 있지만, 지금은 빠르게 개선할 수 있는지를 확인하려는 것뿐이다.

이제 "while 문의 연산 순서를 바꿔서 유의미한 속도 개선을 기대할 수 있다"는 가설을 세울 수 있다. 이 가설은 kernprof.py를 실행해서 검증**할 수도 있지만**, 이에 따른 추가 오버헤드가 테스트를 번거롭게 한다. 그 대신, while abs(z) < 2 and n < maxiter:로 작성한 이전 코드와 새롭게 작성한 while n < maxiter and abs(z) < 2:를 비교해볼 수 있다. [예제 2-8]에서 이 부분을 다룬다.

두 버전을 line_profiler **밖**에서 실행하면 비슷한 속도로 작동한다. line_profile의 오버헤드도 결과를 혼란스럽게 한다. 두 버전의 17번째 줄 결과는 비슷하다. 따라서 파이썬 3.7에서 연산 순서를 변경하면 일관된 속도 향상을 얻을 수 있다는 가정은 틀렸다. 충분한 증거가 없기 때문이다. 이안은 파이썬 2.7에서라면 이 가설을 받아들일 **수도 있었겠지만**, 파이썬 3.7에서는 그렇지 않다고 지적한다.

7장에서 소개할 사이썬이나 PyPy를 사용하면 이 문제를 해결하여 성능 향상을 기대할 수 있다.

다음과 같은 이유로 개선 결과를 확신할 수 있다.

- 쉽게 검증할 수 있는 가설을 세웠다.
- 그 가설을 검증할 수 있도록 코드를 수정했고, 한 번에 한 가지만 검사했다(두 가설을 절대 한꺼번에 검증하지 말라!)
- 결론을 뒷받침하기에 충분한 근거를 수집했다.

마지막으로 두 주요 함수에 대해 `kernprof.py`를 실행하여 최적화를 끝낸 코드의 전체 복잡도를 살펴보자.

예제 2-8 while 문의 조건 검사 순서를 바꿔 실행 속도를 약간 개선함

```
$ kernprof -l -v julia1_lineprofiler3.py
...
Wrote profile results to julia1_lineprofiler3.py.lprof
Timer unit: 1e-06 s

Total time: 48.9154 s
File: julia1_lineprofiler3.py
Function: calculate_z_serial_purepython at line 9

Line #      Hits   Per Hit  % Time  Line Contents
==============================================================
     9                                @profile
    10                                def calculate_z_serial_purepython(maxiter,
                                                                         zs, cs):
    11                                    """Calculate output list using Julia update rule"""
    12         1    3312.0     0.0      output = [0] * len(zs)
    13   1000001       0.4     0.8      for i in range(len(zs)):
    14   1000000       0.4     0.7          n = 0
    15   1000000       0.4     0.8          z = zs[i]
    16   1000000       0.4     0.8          c = cs[i]
    17  34219980       0.5    38.2          while n < maxiter and abs(z) < 2:
    18  33219980       0.5    30.7              z = z * z + c
    19  33219980       0.4    27.1              n += 1
    20   1000000       0.4     0.8          output[i] = n
    21         1       1.0     0.0      return output
```

기대한 대로 [예제 2-8]의 결과에서 calculate_z_serial_purepython 함수가 부모 함수 전체 실행 시간의 97%를 차지함을 확인할 수 있다. 리스트 생성 과정은 상대적으로 큰 비용을 차지하지 않는다.

예제 2-9 설정 코드의 비용을 줄 단위로 테스트하기

```
Total time: 88.334 s
File: julia1_lineprofiler3.py
Function: calc_pure_python at line 24

Line #      Hits   Per Hit   % Time  Line Contents
==============================================================
    24                              @profile
    25                              def calc_pure_python(draw_output,
                                                         desired_width,
                                                         max_iterations):
    26                                  """Create a list of complex...
...
    44          1       1.0      0.0      zs = []
    45          1       0.0      0.0      cs = []
    46       1001       0.7      0.0      for ycoord in y:
    47    1001000       0.6      0.7          for xcoord in x:
    48    1000000       0.9      1.0              zs.append(complex(xcoord, ycoord))
    49    1000000       0.9      1.0              cs.append(complex(c_real, c_imag))
    50
    51          1      40.0      0.0      print("Length of x:", len(x))
    52          1       7.0      0.0      print("Total elements:", len(zs))
    53          1       4.0      0.0      start_time = time.time()
    54          1 85969310.0     97.3     output = calculate_z_serial_purepython \
                                              (max_iterations, zs, cs)
    55          1       4.0      0.0      end_time = time.time()
    56          1       1.0      0.0      secs = end_time - start_time
    57          1      36.0      0.0      print(calculate_z_serial...
    58
    59          1    6345.0      0.0      assert sum(output) == 33219980
```

line_profiler는 루프나 함수 내부의 각 줄이 비용을 얼마나 사용하는지 잘 알려준다. 프로파일링은 성능을 떨어뜨리지만, 과학 계산 코드 개발자에게 큰 도움을 준다. 효과적으로 성능을 올릴 수 있는 코드를 찾으려면 대표성 있는 데이터를 사용해야 한다는 점에 유의하라.

2.9 memory_profiler로 메모리 사용량 진단하기

CPU 사용량을 측정하는 로버트 컨의 line_profiler 패키지처럼 메모리 사용량을 줄 단위로 측정해주는 memory_profiler가 있다. 파비앙 페드레고사Fabian Pedregosa와 필립 자르비Philippe Gervais가 만든 도구다. 자신이 작성한 코드의 메모리 사용 특성을 이해하고 나면 다음 질문에 스스로 답할 수 있다.

- 이 함수를 더 효과적으로 작동하게 고쳐서 RAM을 **덜** 쓸 수 있는가?
- 캐시를 두어 RAM을 조금 **더** 쓰는 대신 CPU 사이클을 아낄 수 있는가?

memory_profiler는 line_profiler와 매우 흡사하게 작동하지만 훨씬 느리다. (필수는 아니지만) 추천 패키지인 psutil 패키지를 설치하면 memory_profiler를 더 빠르게 실행할 수 있다. 메모리를 프로파일하면 코드의 실행 속도는 평소보다 10배에서 100배까지 느려진다. 보통 memory_profiler보다 line_profiler를 더 자주 사용한다.

memory_profile은 pip install memory_profiler 명령으로 설치하고, psutil은 pip install psutil 명령으로 설치한다.

앞에서 언급했듯이, memory_profiler는 line_profiler보다 느리다. 따라서 최대한 빨리 프로파일링을 마치도록 코드의 일부분만 떼어내 테스트하는 편이 좋다. 밤을 새워 전체를 돌려 유효성 검사를 할 수도 있겠지만, 문제를 빠르게 진단하고 해법에 이르는 가설을 세우려면 빠르게 여러 번 수행해 보는 쪽이 효율적이다. 저자의 노트북에서는 1,000 x 1,000 크기의 그리드를 사용하는 [예제 2-10]을 분석하는 데 2시간이 걸렸다.

> **NOTE_** line_profiler와 마찬가지로 분석을 수행할 함수를 선택하려면 데커레이터(**@profile**)를 사용해서 코드를 수정해야 하는 점이 귀찮을 수 있다. 그러나 더미 데커레이터를 만들지 않으면 단위 테스트를 망가뜨릴 수 있다. 2.12.1 '아무 일도 하지 않는 @profile 데커레이터'를 살펴보자.

메모리 할당을 다루는 일은 CPU 사용량 측정만큼 깔끔하지 않다. 일반적으로 메모리 할당은 상대적으로 비용이 많이 드는 작업이므로 필요한 양보다 더 많은 메모리를 로컬 풀에 미리 할당해두고 여유롭게 사용하는 방법이 효율적이다. 더욱이 GC는 즉시 동작하지 않으므로 더는 유효하지 않은 객체가 한동안 풀에 남아있기도 한다.

이런 연유로, 파이썬 프로그램에서 메모리의 사용과 해제를 제대로 이해하기란 쉽지 않다. **프로세스 외부에서 바라봤을 때** 메모리를 할당하는 코드에서 요청한 만큼의 메모리가 그 자리에서 할당되는 게 아닐 수도 있기 때문이다. 따라서 여러 줄에 걸친 전체적인 경향을 관찰하는 편이 코드 한 줄씩 관찰하는 것보다 효과적이다.

[예제 2-10]의 `memory_profiler`의 실행 결과를 살펴보자. 12번째 줄의 `calculate_z_serial_purepython`에서 아이템을 1백만 개 할당했고 RAM을 약 7MB 사용했다.[1] 이는 `output` 리스트 크기가 7MB라는 뜻은 아니고 해당 프로세스가 내부적으로 리스트를 할당하는 동안 메모리를 약 7MB만큼 더 사용한다는 뜻이다.

46번째 줄에서는 부모 프로세스가 **zs**와 **cs** 리스트를 할당하는 과정에서 메모리 소비가 48MB에서 125MB로 늘어났다(약 77MB가 추가). 다시 말하지만, 이는 해당 리스트의 실제 크기가 아니라 단지 해당 리스트를 생성했을 때 프로세스의 메모리 사용량의 증가분이다.

초판을 작성하던 시점에는 정상이었지만, 이 책을 쓰는 현재 `memory_usage` 모듈에는 버그가 있다. `Increment`가 `Mem usage`와 항상 같지는 않다. 깃허브GitHub에서 이 버그가 어떻게 수정되는지 살펴보라. 코드 각 줄에 대한 프로세스 크기를 정상적으로 추적해 주는 `Mem usage` 사용을 추천한다.

예제 2-10 calculate_z_serial_purepython에서 예상치 못한 메모리 사용을 보여주는 memory_profiler의 결과

```
$ python -m memory_profiler julia1_memoryprofiler.py
...

Line #    Mem usage    Increment   Line Contents
================================================
    9   126.363 MiB  126.363 MiB   @profile
   10                              def calculate_z_serial_purepython(maxiter,
                                                                     zs, cs):
   11                                  """Calculate output list using...
   12   133.973 MiB    7.609 MiB       output = [0] * len(zs)
   13   136.988 MiB    0.000 MiB       for i in range(len(zs)):
   14   136.988 MiB    0.000 MiB           n = 0
   15   136.988 MiB    0.000 MiB           z = zs[i]
```

----

1 `memory_profiler`는 국제전기표준회의(International Electrotechnical Commission)의 MiB(메비바이트, 2^{20}바이트) 단위로 메모리 사용량을 측정한다. MiB는 흔히 사용되는 모호한 단위인 MB와 조금 다르다(메가바이트는 두 가지 의미로 사용한다!). 1MiB는 1.048576MB(약 1.05MB)와 같다. 이 책에서는 아주 구체적인 양을 논하지 않는 한 이 둘을 같은 단위로 취급한다.

```
    16  136.988 MiB   0.000 MiB               c = cs[i]
    17  136.988 MiB   0.258 MiB               while n < maxiter and abs(z) < 2:
    18  136.988 MiB   0.000 MiB                   z = z * z + c
    19  136.988 MiB   0.000 MiB                   n += 1
    20  136.988 MiB   0.000 MiB               output[i] = n
    21  136.988 MiB   0.000 MiB           return output

...

Line #    Mem usage    Increment   Line Contents
================================================
    24   48.113 MiB   48.113 MiB   @profile
    25                             def calc_pure_python(draw_output,
                                                        desired_width,
                                                        max_iterations):
    26                                 """Create a list of complex...
    27   48.113 MiB    0.000 MiB       x_step = (x2 - x1) / desired_width
    28   48.113 MiB    0.000 MiB       y_step = (y1 - y2) / desired_width
    29   48.113 MiB    0.000 MiB       x = []
    30   48.113 MiB    0.000 MiB       y = []
    31   48.113 MiB    0.000 MiB       ycoord = y2
    32   48.113 MiB    0.000 MiB       while ycoord > y1:
    33   48.113 MiB    0.000 MiB           y.append(ycoord)
    34   48.113 MiB    0.000 MiB           ycoord += y_step
    35   48.113 MiB    0.000 MiB       xcoord = x1
    36   48.113 MiB    0.000 MiB       while xcoord < x2:
    37   48.113 MiB    0.000 MiB           x.append(xcoord)
    38   48.113 MiB    0.000 MiB           xcoord += x_step
    44   48.113 MiB    0.000 MiB       zs = []
    45   48.113 MiB    0.000 MiB       cs = []
    46  125.961 MiB    0.000 MiB       for ycoord in y:
    47  125.961 MiB    0.258 MiB           for xcoord in x:
    48  125.961 MiB    0.512 MiB               zs.append(complex(xcoord, ycoord))
    49  125.961 MiB    0.512 MiB               cs.append(complex(c_real, c_imag))
    50
    51  125.961 MiB    0.000 MiB       print("Length of x:", len(x))
    52  125.961 MiB    0.000 MiB       print("Total elements:", len(zs))
    53  125.961 MiB    0.000 MiB       start_time = time.time()
    54  136.609 MiB   10.648 MiB       output = calculate_z_serial...
    55  136.609 MiB    0.000 MiB       end_time = time.time()
    56  136.609 MiB    0.000 MiB       secs = end_time - start_time
    57  136.609 MiB    0.000 MiB       print(calculate_z_serial_purepython...
    58
    59  136.609 MiB    0.000 MiB       assert sum(output) == 33219980
```

메모리 사용량의 변화를 시각화하는 다른 방법은 시간에 따라 샘플링하고 그 결과를 그래프로 그려보는 것이다. memory_profiler에 포함된 mprof라는 유틸리티는 메모리 사용량을 샘플링한 다음, 그 샘플을 시각화한다. 코드의 줄 단위가 아니라 시간에 따라 샘플링하므로 코드의 실행 시간에 큰 영향을 주지 않는다.

[그림 2-6]은 mprof run julia1_memoryprofiler.py 명령으로 생성한 것이다. 이 명령을 실행하면 먼저 통계 파일을 생성하고 mprof plot 명령으로 시각화한다. 예제의 두 함수가 중괄호로 감싸진 그래프로 나타난다. 이는 해당 함수에 진입한 시점을 보여주며 실행되면서 RAM 사용량이 증가하는 모습을 볼 수 있다. calculate_z_serial_purepython 함수가 실행되는 동안 계속해서 RAM 사용량이 증가하는데, 이는 작은 객체(int 혹은 float 타입)의 생성 때문이다.

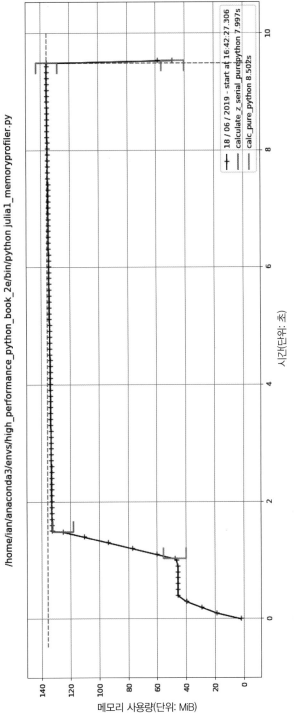

그림 2-6 mprof를 이용한 memory_profiler 리포트

함수 수준의 동작 관찰과 함께, 컨텍스트 관리자를 사용해서 라벨을 추가할 수 있다. [예제 2-11]의 코드를 사용해서 [그림 2-7]의 그래프를 생성했다. calculate_z_serial_purepython이 발생한 약 1.5초 뒤에 create_output_list 라벨이 추가되고 해당 프로세스가 더 많은 RAM을 할당했음을 확인할 수 있다. 그리고 그래프를 좀 더 쉽게 읽을 수 있도록 일부러 time.sleep(1)을 추가했다.

예제 2-11 컨텍스트 관리자를 사용해서 mprof 그래프에 라벨 추가하기

```
@profile
def calculate_z_serial_purepython(maxiter, zs, cs):
    """ 줄리아 갱신 규칙을 사용해 출력 리스트를 계산한다"""
    with profile.timestamp("create_output_list"):
        output = [0] * len(zs)
    time.sleep(1)
    with profile.timestamp("calculate_output"):
        for i in range(len(zs)):
            n = 0
            z = zs[i]
            c = cs[i]
            while n < maxiter and abs(z) < 2:
                z = z * z + c
                n += 1
            output[i] = n
    return output
```

calculate_output 블록이 가장 오래 실행되는데, RAM 사용량이 아주 천천히 증가한다. 이는 내부 반복문에서 사용하는 임싯값 때문이다. 라벨을 적절히 사용하면 메모리가 어느 시점에 소비되는지 자세히 이해할 수 있다. 흥미롭게도 '최대 RAM 사용량' 부분(10초 표시 바로 앞 수직 파선)이 프로그램이 끝나기 직전에 발생한다. calculate_output에서 사용한 임시 객체들을 GC가 재활용하기 때문인 것 같다.

코드를 단순화해서 zs와 cs 리스트 생성을 없애면 어떻게 될까? 이렇게 바꾸면 calculate_z_serial_purepython 안에서 좌표를 계산해야 하므로 작업의 양은 같다. 하지만 RAM에 리스트를 저장하지 않으니 메모리를 아낄 수 있다. 이 코드는 [예제 2-12]에 있다.

[그림 2-8]에서는 동작이 많이 바뀐 것을 알 수 있다. 전체 RAM 사용이 140MB에서 60MB로 반 이상 줄었다.

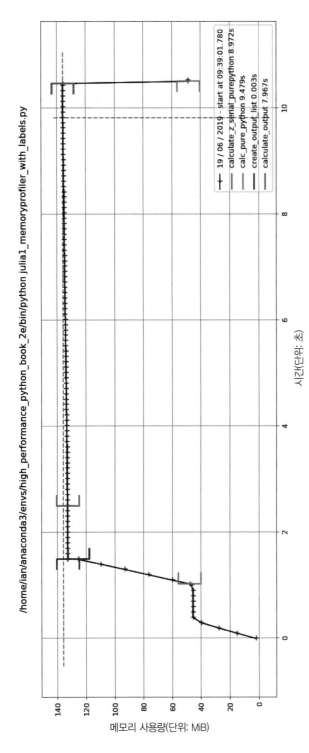

그림 2-7 라벨과 mprof를 함께 이용한 memory_profiler 리포트

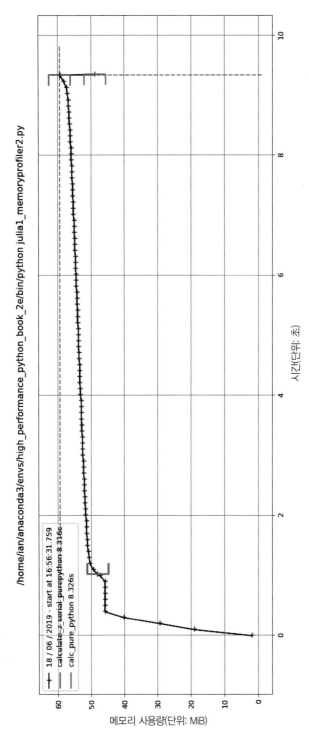

/home/ian/anaconda3/envs/high_performance_python_book_2e/bin/python julia1_memoryprofiler2.py

그림 2-8 큰 리스트를 2개 없앤 다음이 memory_profiler 리포트

```
@profile
def calculate_z_serial_purepython(maxiter, x, y):
    """ 줄리아 갱신 규칙에 따라 출력 리스트 계산 """
    output = []
    for ycoord in y:
        for xcoord in x:
            z = complex(xcoord, ycoord)
            c = complex(c_real, c_imag)
            n = 0
            while n < maxiter and abs(z) < 2:
                z = z * z + c
                n += 1
            output.append(n)
    return output
```

여러 명령의 RAM 사용량을 측정하려면 IPython의 매직 명령어인 %memit을 사용할 수 있다. %memit은 %timeit과 비슷하게 작동한다. 11장에서는 %memit을 사용해 리스트의 메모리 비용을 측정하고, RAM을 더 효율적으로 사용하는 여러 가지 방법을 살펴볼 것이다.

memory_profiler는 큰 프로세스를 디버깅에 도움이 되는 --pdb-mmem=XXX 플래그를 제공한다. pdb 디버거는 프로세스 크기가 XXXMB 이상일 때 활성화된다. 이 방법을 사용하면 메모리가 제한적인 환경에서 할당이 과도하게 이뤄지는 부분의 코드를 바로 찾을 수 있다.

2.10 PySpy로 기존 프로세스 살펴보기

py-spy는 새로운 샘플링 프로파일러sampling profiler다. 코드를 변경하는 대신, py-spy는 이미 실행 중인 파이썬 프로세스를 들여다보고 콘솔에 top과 비슷한 방식으로 상황을 표시해준다. 샘플링 프로파일러이기 때문에 코드에 실행 시점에 미치는 영향이 거의 없다. py-spy는 러스트Rust로 작성됐고, 다른 프로세스를 들여다보려면 관리자 권한이 필요하다.

이 도구는 프로덕션 환경에서 오래 실행되는 프로세스나 설치 요구사항이 복잡한 프로그램을 분석할 때 유용하다. 윈도우, 맥, 리눅스를 지원한다. pip install py-spy 명령으로 설치하라(이름에 대시(-)가 있다. pyspy는 전혀 다른 프로젝트다). 프로세스가 이미 실행 중이라면

ps로 프로세스 식별자(PID)를 알아내라. 그 후, [예제 2-13]처럼 py-spy에 PID를 넘기면 된다.

예제 2-13 명령줄에서 PySpy 실행하기

```
$ ps -A -o pid,rss,cmd ¦ ack python
...
15953 96156 python julia1_nopil.py
...
$ sudo env "PATH=$PATH" py-spy --pid 15953
```

[그림 2-9]에서 콘솔의 **top**과 비슷한 화면을 볼 수 있다. 어떤 함수가 가장 오랜 시간이 걸리는지를 매초 갱신해서 표시한다.

```
Collecting samples from 'pid: 15953' (python v3.7.3)
Total Samples 4600
GIL: 100.00%, Active: 100.00%, Threads: 1

  %Own    %Total   OwnTime   TotalTime   Function (filename:line)
 66.00%   66.00%   25.78s    25.78s      calculate_z_serial_purepython (julia1_nopil.py:16)
 22.00%   22.00%   14.11s    14.11s      calculate_z_serial_purepython (julia1_nopil.py:17)
 12.00%   12.00%    6.10s     6.10s      calculate_z_serial_purepython (julia1_nopil.py:18)
  0.00%  100.00%    0.000s   46.00s      <module> (julia1_nopil.py:62)
  0.00%    0.00%    0.010s    0.010s     calculate_z_serial_purepython (julia1_nopil.py:14)
  0.00%  100.00%    0.000s   46.00s      calc_pure_python (julia1_nopil.py:50)
```

그림 2-9 PySpy로 파이썬 프로세스 들여다보기

PySpy로 화염 그래프flame chart를 만들 수도 있다. 여기서는 $ py-spy --flame profile. svg -- python julia1_nopil.py 를 사용해 PID를 쓰지 않고 직접 코드를 실행하면서 PySpy에 이 옵션을 전달한다. [그림 2-10]에서 가로 길이는 전체 프로그램의 실행 시간이고, 각 층은 바로 위층의 함수가 호출한 함수들의 실행 시간이다.

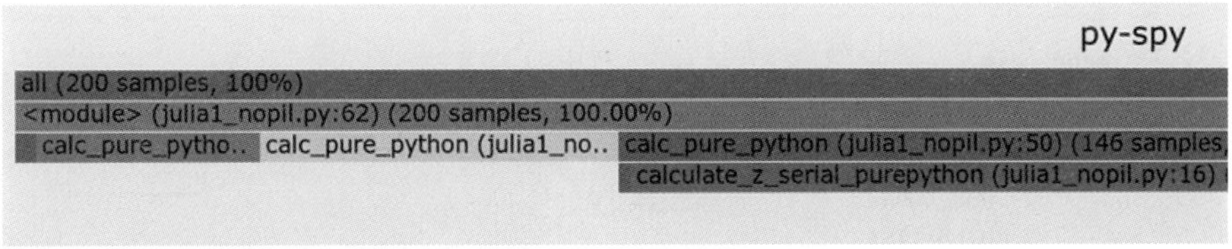

그림 2-10 PySpy 화염 그래프의 일부

2.11 바이트코드: 내부 작동

지금까지 파이썬 코드의 CPU와 RAM 사용량을 측정하는 여러 방법을 알아봤다. 파이썬의 가상 머신에서 사용하는 내부 바이트코드는 아직 살펴보지 않았는데, 밑바닥에서 벌어지는 일을 이해하면 느리게 동작하는 함수에서 벌어지는 일련의 과정을 머릿속에 그려볼 수 있고, 언제 컴파일이 필요한지를 알 수 있다. 이제부터 바이트코드를 알아보자.

2.11.1 dis 모듈로 C파이썬의 바이트코드 조사하기

dis 모듈은 스택 기반의 C파이썬 가상 머신에서 동작하는 바이트코드를 살펴보게 해준다. 파이썬 코드가 가상 머신 안에서 실제로 어떻게 동작하는지를 이해하면 왜 특정 코딩 습관이 다른 방법보다 빠른 코드를 만들어내지를 알 수 있다. 또한, 파이썬을 벗어나 C 코드를 생성해주는 사이썬 같은 도구를 언제 사용해야 좋은지도 알 수 있다.

dis는 기본 내장 모듈이다. 코드나 모듈을 넘기면 역어셈블 결과를 출력해준다. [예제 2-14] 는 우리가 작성한 함수의 역어셈블 결과다.

> **TIP** 직접 작성한 함수를 역어셈블해서 실제 코드와 어떻게 대응하는지 꼼꼼하게 살펴봐야 한다. 아래 결과와 원래 함수를 꼭 맞춰보자.

```
In [1]: import dis
In [2]: import julia1_nopil
In [3]: dis.dis(julia1_nopil.calculate_z_serial_purepython)
 11           0 LOAD_CONST               1 (0)
              2 BUILD_LIST               1
              4 LOAD_GLOBAL              0 (len)
              6 LOAD_FAST                1 (zs)
              8 CALL_FUNCTION            1
             10 BINARY_MULTIPLY
             12 STORE_FAST               3 (output)

 12          14 SETUP_LOOP              94 (to 110)
             16 LOAD_GLOBAL              1 (range)
             18 LOAD_GLOBAL              0 (len)
             20 LOAD_FAST                1 (zs)
             22 CALL_FUNCTION            1
             24 CALL_FUNCTION            1
             26 GET_ITER
       >>    28 FOR_ITER                78 (to 108)
             30 STORE_FAST               4 (i)

 13          32 LOAD_CONST               1 (0)
             34 STORE_FAST               5 (n)
...
 19    >>    98 LOAD_FAST                5 (n)
            100 LOAD_FAST                3 (output)
            102 LOAD_FAST                4 (i)
            104 STORE_SUBSCR
            106 JUMP_ABSOLUTE           28
       >>   108 POP_BLOCK

 20    >>   110 LOAD_FAST                3 (output)
            112 RETURN_VALUE
```

결과는 간결하며 꽤 직관적이다. 첫 번째 열은 원래 소스 파일의 줄 번호를 나타낸다. 두 번째 열의 >> 기호는 코드의 다른 지점에서 점프해오는 지점이다. 세 번째 열은 연산 주소, 네 번째 열은 연산 이름이다. 다섯 번째 열은 해당 연산에 전달하는 매개변수이고, 여섯 번째 열에는 이해를 도우려 원래 파이썬 코드를 같이 출력했다.

[예제 2-3]으로 돌아가서 바이트코드와 이에 상응하는 파이썬 코드를 찾아보자. 바이트코드는 상숫값 0을 스택에 집어넣고 항목이 하나인 리스트를 생성한다. 그리고 네임스페이스에서 len 함수를 찾아서 스택에 집어넣고 다시 네임스페이스에서 zs를 찾아 스택에 집어넣는다. 파이썬 12번째 줄에서 스택의 len 함수를 호출하는데, 이 함수는 스택에서 zs를 꺼내 사용한다. 그리고 마지막 두 인자(zs의 길이와 리스트)에 대해 2진 곱셈을 수행하고 결과를 output에 저장한다. 여기까지가 [예제 2-3]의 calculate_z_serial_purepython 함수 첫 번째 줄이다. 파이썬 코드의 두 번째 줄(외부 for 루프)과 바이트코드의 다음 블록을 따라가 보자.

TIP 점프 기호(>>)는 JUMP_ABSOLUTE와 POP_JUMP_IF_FALSE 연산에 대응한다. 역어셈블한 함수를 보면서 점프하는 지점과 점프 연산을 찾아보자.

바이트코드를 설명했으니 이제 같은 작업에 내장 함수를 사용할 때와 직접 함수를 작성할 때의 성능 차이를 이해했을 것이다!

2.11.2 접근 방법에 따라 달라지는 복잡도

> 어떤 일을 하는 올바른 방법은 단 하나뿐이다. 비록 그대가 너무 어리석어[2] 처음엔 그 방법을 모를 지라도...
>
> – 팀 피터스Tim Peters, 파이썬의 선(禪)

파이썬으로 아이디어를 표현하는 방법은 여러 가지다. 일반적으로 가장 합리적인 방법은 명백하지만 오래된 버전의 파이썬을 주로 사용했거나 다른 프로그래밍 언어에 익숙하다면 다른 방법이 먼저 떠오를지 모른다. 이런 접근은 실행 속도가 상대적으로 느릴 수도 있다.

성능에 너무 집중한 나머지 이해하기 어려운 코드를 작성하면 동료들이 고생하게 되므로 여러분은 속도보다 코드 가독성에 더 신경 쓸 것이다. 하지만 때로는 가독성을 포기하지 않으면서 성능을 끌어내야 한다. 이럴 때 속도 테스트가 필요하다.

[예제 2-15]의 두 코드를 살펴보자. 둘 다 같은 일을 하지만 첫 번째 코드는 더 많은 파이썬 바이트코드를 생성해서 더 느리게 작동한다.

---

2 원문에는 Dutch(네덜란드 사람)다. 파이썬을 만든 귀도 반 로섬(Guido Van Rossum)은 네덜란드 사람이며, 그가 선택한 '분명해 보이는' 일에 동의하지 않는 사람이 있다. 하지만 파이썬 커뮤니티는 전반적으로 그의 생각에 동의하는 편이다.

예제 2-15 같은 문제를 해결하는 효율적인 방법과 그렇지 않은 방법

```python
def fn_expressive(upper=1_000_000):
    total = 0
    for n in range(upper):
        total += n
    return total

def fn_terse(upper=1_000_000):
    return sum(range(upper))

assert fn_expressive() == fn_terse(), "Expect identical results from both functions"
```

두 함수 모두 정수 수열의 합을 구하는 함수다. 어림잡아도(하지만 **반드시** 프로파일링을 통해 근거를 마련하자) 더 적은 수의 바이트코드를 생성하는 내장 함수를 사용하는 편이 더 많은 바이트코드를 생성하는 함수보다 빠르게 동작할 것이다. [예제 2-16]에서 IPython의 **%timeit** 매직 함수를 사용해 최적 실행 시간을 측정해보았다. fn_terse는 fn_expressive보다 2배 더 빠르게 작동한다.

예제 2-16 %timeit으로 내장 함수를 사용한 코드가 더 빠를 것이라는 가설 검증

```
In [2]: %timeit fn_expressive()
52.4 ms ± 86.4 µs per loop (mean ± std. dev. of 7 runs, 10 loops each)

In [3]: %timeit fn_terse()
18.1 ms ± 1.38 ms per loop (mean ± std. dev. of 7 runs, 100 loops each)
```

[예제 2-17]에서 볼 수 있듯이, dis 모듈을 사용해서 각 함수를 역어셈블해보면 내장 함수를 사용한 버전은 연산을 6번 수행하지만, 직접 작성한 버전은 17번 수행해야 한다.

예제 2-17 dis 모듈로 두 함수의 바이트코드 명령어 확인하기

```
In [4]: import dis
In [5]: dis.dis(fn_expressive)
  2           0 LOAD_CONST               1 (0)
              2 STORE_FAST               1 (total)

  3           4 SETUP_LOOP              24 (to 30)
              6 LOAD_GLOBAL              0 (range)
```

```
                   8 LOAD_FAST              0 (upper)
                  10 CALL_FUNCTION          1
                  12 GET_ITER
        >>        14 FOR_ITER              12 (to 28)
                  16 STORE_FAST             2 (n)

  4               18 LOAD_FAST              1 (total)
                  20 LOAD_FAST              2 (n)
                  22 INPLACE_ADD
                  24 STORE_FAST             1 (total)
                  26 JUMP_ABSOLUTE         14
        >>        28 POP_BLOCK

  5     >>        30 LOAD_FAST              1 (total)
                  32 RETURN_VALUE

In [6]: dis.dis(fn_terse)
  8                0 LOAD_GLOBAL            0 (sum)
                   2 LOAD_GLOBAL            1 (range)
                   4 LOAD_FAST              0 (upper)
                   6 CALL_FUNCTION          1
                   8 CALL_FUNCTION          1
                  10 RETURN_VALUE
```

두 코드 블록의 차이는 두드러진다. fn_expressive()에는 지역 변수가 두 개 있으며 for 문으로 리스트를 순회한다. for 루프에서는 매번 StopIteration 예외가 발생하는지를 검사한다. 루프가 계속될 때마다 두 번째 변수인 n의 타입을 검사하는 total.__add__ 함수를 호출한다. 이런 추가적인 검사 과정에서 성능 하락이 누적된다.

fn_terse()는 최적화된 C 리스트 표현식 함수를 호출해서 중간 파이썬 객체를 생성하지 않고 최종 결과를 생성한다. 여전히 반복할 때마다 더해야 할 객체 타입을 검사하긴 하지만 훨씬 빠르다(4장에서 타입을 한정하여 반복 검사하지 않아도 되는 방법을 알아본다).

반드시 코드를 프로파일하라고 한 번 더 강조한다. 단순히 휴리스틱에만 의존한다면 언젠가는 느린 코드를 작성하게 된다. 파이썬 내장 함수를 사용해서 가독성을 해치지 않고 간결한 코드를 작성하는 방법을 배워두면 큰 도움이 된다. 이를 통해 다른 개발자가 더 쉽게 이해할 수 있으면서도 **아마** 더 빠르게 작동하는 코드를 작성할 수 있을 것이다.

2.12 최적화 중에 단위 테스트하기

아직까지 단위 테스트를 하지 않았다면 장기적으로 봤을 때 생산성을 떨어트릴 것이다. 부끄러운 고백이지만 저자는 온종일 최적화 작업을 하면서 귀찮다는 이유로 단위 테스트를 비활성화했다가 코드를 잘못 개선한 적이 있다. 여러분은 이런 실수를 하지 않길 바란다.

> **TIP** 코드에 단위 테스트를 추가하면 삶이 편해진다. 현재의 여러분과 동료에게 코드가 잘 작동한다는 믿음을 주고, 미래의 여러분이 코드를 유지보수할 때도 도움이 될 것이다. 코드에 테스트를 추가하면 장기적으로는 시간을 많이 절약할 수 있다.

단위 테스트와 더불어 coverage.py도 함께 고려하기를 강력히 추천한다. coverage.py를 사용하면 코드에서 테스트를 한 부분과 안 한 부분을 알 수 있다. 이를 통해 최적화하려는 코드가 테스트되는지를 쉽게 파악할 수 있어서 최적화 중 저지른 실수를 빠르게 알 수 있다.

2.12.1 아무 일도 하지 않는 @profile 데커레이터

line_profiler나 memory_profiler에서 @profile을 사용하면 단위 테스트에서 NameError 예외가 발생한다. 단위 테스트 프레임워크는 @profile 데커레이터를 지역 네임스페이스에 추가하지 않기 때문인데, 아무 일도 하지 않는[no-op] @profile 데커레이터를 이용하면 이 문제를 피할 수 있다. 테스트하려는 코드 블록에 추가한 뒤 테스트가 끝나고 제거하면 된다.

아무 일도 하지 않는 @profile 데커레이터를 이용하면 테스트하려는 코드를 변경하지 않고 테스트를 실행할 수 있다. 즉, 프로파일링을 통한 최적화 작업 중에도 테스트를 돌려볼 수 있으니 잘못된 최적화에 빠지는 일을 방지할 수 있다.

[예제 2-18]은 간단한 **ex.py** 모듈이다. 이 모듈에는 pytest를 위한 테스트와 line_profiler나 memory_profiler로 프로파일하는 함수가 하나씩 있다.

예제 2-18 @profile을 사용할 간단한 함수와 테스트

```
import time

def test_some_fn():
    """Check basic behaviors for our function"""
```

```
    assert some_fn(2) == 4
    assert some_fn(1) == 1
    assert some_fn(-1) == 1


@profile
def some_fn(useful_input):
    """An expensive function that we wish to both test and profile"""
    # artificial "we're doing something clever and expensive" delay
    time.sleep(1)
    return useful_input ** 2


if __name__ == "__main__":
    print(f"Example call `some_fn(2)` == {some_fn(2)}")
```

pytest를 실행하면 [예제 2-19]처럼 NameError가 발생한다.

예제 2-19 데커레이터 누락으로 테스트가 중단됨

```
$ pytest utility.py
=============== test session starts ===============
platform linux -- Python 3.7.3, pytest-4.6.2, py-1.8.0, pluggy-0.12.0
rootdir: noop_profile_decorator
plugins: cov-2.7.1
collected 0 items / 1 errors


==================== ERRORS ====================
_____ ERROR collecting utility.py _____
utility.py:20: in <module>
    @profile
E   NameError: name 'profile' is not defined
```

이 에러는 모듈의 첫 부분에 아무 일도 하지 않는 @profile 데커레이터를 추가하면 해결된다
(프로파일링이 끝나면 제거하자). line_profiler나 memory_profiler를 사용하지 않아서
네임스페이스에서 @profile 데커레이터를 찾을 수 없다면 우리가 넣은 아무 일도 하지 않는 @
profile 데커레이터가 대신 추가된다. 만일 line_profiler나 memory_profiler가 네임스
페이스에 새로운 함수를 추가했다면 아무 일도 하지 않는 버전은 그냥 무시된다.

line_profiler와 memory_profiler에는 [예제 2-20]의 코드를 추가하면 된다.

예제 2-20 네임스페이스에 아무 일도 하지 않는 @profiler 데커레이터 추가해서 단위 테스트하기

```
# 라인 프로파일링 도구나 메모리 프로파일링 도구가 주입한
# line_profiler나 memory_profiler가 로컬 영역에 있나 보자
# 이 둘을 사용하지 않는다면 가짜 @profile 데커레이터를 추가해준다
if 'line_profiler' not in dir() and 'profile' not in dir():
    def profile(func):
        return func
```

아무 일도 하지 않는 데커레이터를 추가했으니 이제 **pytest**를 제대로 실행할 수 있다. [예제 2-21]에서 확인할 수 있듯이 프로파일러도 제대로 작동한다. 코드를 추가로 변경할 필요는 없다.

예제 2-21 아무 일도 하지 않는 데커레이터 추가로 테스트가 제대로 작동하며 프로파일러도 정상 작동함

```
$ pytest utility.py
=============== test session starts ===============
platform linux -- Python 3.7.3, pytest-4.6.2, py-1.8.0, pluggy-0.12.0
rootdir: /home/ian/workspace/personal_projects/high_performance_python_book_2e/
        high-performance-python-2e/examples_ian/ian/ch02/noop_profile_decorator
plugins: cov-2.7.1
collected 1 item

utility.py .

============= 1 passed in 3.04 seconds ===========

$ kernprof -l -v utility.py
Example call `some_fn(2)` == 4
...
Line #      Hits         Time  Per Hit   % Time  Line Contents
==============================================================
    20                                           @profile
    21                                           def some_fn(useful_input):
    22                                               """An expensive function that...
    23                                               # artificial 'we're doing...
    24         1   1001345.0 1001345.0    100.0     time.sleep(1)
    25         1         7.0       7.0      0.0     return useful_input ** 2

$ python -m memory_profiler utility.py
Example call `some_fn(2)` == 4
Filename: utility.py
```

```
Line #    Mem usage    Increment   Line Contents
================================================
    20   48.277 MiB   48.277 MiB   @profile
    21                             def some_fn(useful_input):
    22                                 """An expensive function that we wish to...
    23                                 # artificial 'we're doing something clever...
    24   48.277 MiB    0.000 MiB       time.sleep(1)
    25   48.277 MiB    0.000 MiB       return useful_input ** 2
```

이 과정을 건너뛰면 몇 분을 아낄 수 있겠지만, 몇 시간 동안 고생해서 한 최적화가 코드를 망가뜨리는 상황을 한번 겪고 나면 이 과정을 항상 워크플로에 넣게 될 것이다.

2.13 성공적인 코드 프로파일링 전략

프로파일링에는 약간의 시간과 집중이 필요하다. 전체 코드에서 테스트하려는 일부 코드만 분리하면 코드를 더 잘 이해하게 될 가능성이 높다. 그리고 단위 테스트로 코드의 정확함을 유지하면서 현실적인 데이터를 바탕으로 찾고자 하는 비효율성을 실험해볼 수 있다.

결과를 헷갈리게 할 수 있으니 BIOS에서 제공하는 가속 기능은 끄도록 하자. 저자의 노트북에 탑재된 인텔 터보 부스트Intel Turbo Boost 기능은 CPU 온도가 낮으면 CPU의 속도를 일시적으로 끌어올린다. 이 말은 같은 코드라도 CPU 온도가 낮을 때 더 빠르게 작동한다는 의미다. 운영체제에서 클럭 속도를 제어하기도 한다. 노트북 컴퓨터의 배터리를 사용하면 AC 전원을 사용할 때보다 더 엄격하게 CPU 속도를 제어한다. 안정적인 벤치마킹을 하려면 다음 사항을 기억하자.

- BIOS에서 터보 부스트 기능을 끄자.

- 운영체제의 스피드스텝SpeedStep 기능을 끄자(BIOS 설정에 있다).

- 배터리가 아닌 AC 전원만 사용하자.

- 실험할 때는 백업이나 드롭박스 같은 백그라운드 작업을 중지하자.

- 안정적인 결과를 얻도록 여러 번 실험하자.

- 유닉스에서는 가능하다면 런 레벨run level 1로 부팅해서 다른 작업이 실행되지 않도록 하자.

- 재부팅 후에 한 번 더 실험해서 재확인하자.

코드의 예상 동작에 관한 가설을 먼저 세운 뒤에 프로파일링 결과를 보고 그 가설을 검증하자. 선택은 바뀌지 않더라도(프로파일링 결과를 통해서만 의사 결정을 하자) 코드를 더 잘 이해하게 되어 다음 프로젝트에서 더 나은 결정을 할 수 있다. 물론 이런 성능상의 결정을 내리기 전에 프로파일링으로 검증해야 한다.

준비 과정에 너무 인색하게 굴지 말자. 대규모 프로젝트에서 코드를 분리하지 않고 성능 검사를 시도하면 십중팔구 노력을 허사로 만드는 부작용을 겪게 된다. 세세한 변경 때문에 전체 프로젝트를 단위 테스트하기는 버거워서 금세 의지가 꺾일 수 있다. 부작용은 다른 스레드나 프로세스의 CPU와 메모리 사용량, 네트워크와 디스크 접근에 영향을 주어 결과를 엉망으로 만들 수도 있다.

여러분은 당연히 깃이나 머큐리얼Mercurial 같은 소스 관리 시스템을 사용할 것이다. 따라서 여러 브랜치에서 다양한 실험을 실행하면서 '잘 작동하는 버전'을 잃어버릴 염려가 없다. 아직 소스 코드 컨트롤을 사용하지 **않는다면**, 지금부터 사용하는 습관을 길러라.

웹서버는 dowser와 dozer로 조사하자. 이 도구를 사용해서 실시간으로 네임스페이스상의 객체를 시각화할 수 있다. 가능하다면 웹 앱에서 테스트할 코드만 따로 분리해도 좋다. 프로파일링이 훨씬 쉬워진다.

단위 테스트로 분석 중인 모든 코드를 검사하도록 하자. 테스트하지 않은 코드에서 발목을 잡는 미묘한 에러가 발생할 수도 있다. coverage.py를 사용해서 모든 코드를 테스트했는지 확인하자.

출력이 많은 복잡한 프로그램은 단위 테스트가 힘들 수 있다. 이런 경우 출력 결과를 텍스트 파일로 저장해서 diff를 돌려보거나 객체를 pickle로 저장하자. 이안은 수치 최적화 문제를 다룰 때 숫사를 텍스트 파일로 저장한 다음 diff로 질못된 반올림을 쉽게 찾아낸다.

미묘한 반올림 차이가 문제라면 반올림 전과 반올림 후로 나눠 비교해보면 좋다. 반올림 문제의 한 가지 원인은 CPU 레지스터와 메모리 간의 부동소수점 정밀도의 차이다. 코드의 실행 경로가 다르면 미묘한 반올림 에러가 발생해서 당혹스러울 때가 있는데, 이런 문제는 발견하는 즉시 살펴보는 편이 좋다.

프로파일링과 최적화 작업 중에도 당연히 버전 관리 도구를 사용해야 한다. 브랜치를 새로 만들어 아주 적은 노력으로 온전한 상태를 유지할 수 있다.

2.14 맺음말

지금까지 프로파일링 기법을 살펴보며 코드의 CPU와 RAM에 걸친 병목을 찾는 데 필요한 도구도 익혔다. 다음 장에서는 큰 데이터를 저장할 때 합리적인 선택을 할 수 있도록 파이썬의 자료구조가 어떻게 구현되었는지를 살펴보자.

리스트와 튜플

효율적인 프로그램을 작성하려면 사용하려는 자료구조를 확실히 이해해야 한다. 사실, 성능을 고려한 프로그래밍에서는 어떤 데이터를 어떻게 다룰지를 고민하고 그 상황에서 빠르게 작동하는 자료구조를 선택하는 일이 큰 비중을 차지한다. 이 장에서는 리스트와 튜플이 빠르게 작동하는 상황과 어떻게 그렇게 빠르게 작동할 수 있는지를 알아본다.

리스트와 튜플은 **배열**이라는 자료구조에 속한다. 배열은 정해진 고유의 순서에 따라 데이터를 나열해둔 것이다. 이런 유형의 자료구조에서는 항목의 순서가 항목 자체만큼 중요하다. 또한 이 순서에 관한 **선험적인** 지식priori knowledge은 굉장히 유용하다. 그 덕분에 배열 내 특정 위치의 데이터를 0(1) 시간복잡도[1]로 접근할 수 있다. 그리고 배열은 여러 방법으로 구현할 수 있는

---

[1] 0(1)은 빅오(big-O) 표기법으로, 알고리즘의 효율성을 말한다. 이 주제에 관한 설명으로는 사라 키마(Sarah Chima)의 'dev.to' 포스

데, 각각 유용한 기능과 보장하는 내용이 다르다. 파이썬은 2가지 유형의 배열, 즉 리스트와 튜플을 제공한다. **리스트**는 저장하는 데이터나 배열 크기를 변경할 수 있는 동적 배열이고, **튜플**은 내용이 고정된 변경 불가능한immutable 정적 배열이다.

방금 설명한 내용을 곱씹어 보자. 컴퓨터의 시스템 메모리는 일련번호를 붙인 바구니의 집합으로, 각 바구니에는 수를 담을 수 있다. 파이썬은 **참조**를 사용해 바구니에 데이터를 저장한다. 즉 바구니에 담긴 수는 단순히 데이터를 가리키거나 참조하는 번호일 뿐이다. 그 결과 이 바구니는 모든 타입의 데이터를 저장할 수 있다(이 점은 numpy 배열과 다르다. numpy 배열은 정적으로 타입이 정해져 있어서 다른 타입의 값을 저장할 수 없다)[2].

배열을 생성하려면 먼저 시스템 메모리 블록을 할당해야 한다. 리스트와 튜플도 마찬가지다. 이때 블록의 각 구역에는 실제 데이터를 가리키는 포인터가 저장되며, 포인터의 크기는 정수 타입integer의 크기다. 메모리 블록 할당 과정은 커널까지 내려가 **연속된** 바구니 N개를 요청한다. [그림 3-1]은 크기가 6인 배열이 시스템 메모리에 배치된 예를 보여준다.

> **NOTE_** 파이썬의 리스트는 그 크기도 저장하기 때문에 할당된 여섯 바구니 중 하나에 크기를 저장하고 나머지 다섯 개만 사용할 수 있다.

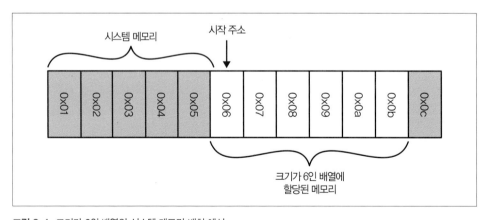

그림 3-1 크기가 6인 배열의 시스템 메모리 배치 예시

팅(https://dev.to/sarah_chima/the-big-o-notation-an-introduction-34f7)이나 토마스 H. 코멘(Thomas H. Cormen) 등이 쓴 『Introduction to Algorithms』의 소개 부분을 살펴보라.

2   64Bit 컴퓨터에서 12KB의 메모리에는 725개의 바구니가, 52GB 메모리에는 32억 5천만 개의 바구니가 있다!

리스트에서 특정 항목을 찾으려면 그 항목이 무엇인지, 또 데이터가 어느 바구니에 저장되는지만 알면 된다. 모든 데이터는 같은 크기를 점유하므로(하나의 '바구니', 더 정확히는 실제 데이터를 가리키는 정수 타입 크기의 포인터 하나) 데이터의 종류는 알 필요가 없다.

TIP 항목이 N개인 리스트가 시작되는 메모리 위치를 안다. 이 리스트에서 임의의 항목을 찾으려면 어떻게 해야 할까?

예를 들어 배열의 0번째 항목을 찾으려면 배열이 시작하는 위치에서 첫 번째 바구니(이를 M이라 하자)의 값을 읽으면 된다. 다섯 번째 항목을 읽으려면 M+5 위치에서 값을 읽으면 된다. 일반화하면 배열에서 i번째 항목을 읽으려면 M+i 위치를 읽으면 된다. 따라서 연속적인 메모리에 정렬되어 저장된 데이터는 배열의 크기와 상관없이 한 번에 읽을 수 있다. 따라서 시간복잡도는 O(1)이다.

예제 3-1 크기가 다른 리스트에서 항목을 읽는 데 걸린 시간

```
>>> %%timeit l = list(range(10))
    ...: l[5]
    ...:
30.1 ns ± 0.996 ns per loop (mean ± std. dev. of 7 runs, 10000000 loops each)

>>> %%timeit l = list(range(10_000_000))
    ...: l[100_000]
    ...:
28.9 ns ± 0.894 ns per loop (mean ± std. dev. of 7 runs, 10000000 loops each)
```

정렬되지 않은 배열에서 특정 항목을 찾으려면 어떻게 해야 할까? 정렬된 상태라면 단순히 그 특정 값을 찾으면 되지만, 그렇지 않다면 탐색 연산을 수행해야 한다. 가장 기본적인 탐색 방법은 배열의 모든 항목을 검사해서 원하는 값이 있는지 찾아내는 **선형 탐색** 기법이다. [예제 3-2]를 보라.

예제 3-2 리스트의 선형 탐색

```
def linear_search(needle, array):
    for i, item in enumerate(array):
        if item == needle:
            return i
    return -1
```

이 알고리즘은 최악의 경우 시간복잡도가 O(n)인데, 찾으려는 항목이 배열에 없는 경우다. 어떤 항목이 배열 내에 존재하지 않는지 확인하려면 모든 항목을 다 검사해야만 한다. 결국 마지막에 return -1 문을 실행한다. 이 알고리즘은 list.index()에서 사용한다.

이를 개선하려면 데이터가 메모리에 어떻게 저장되는지를 알거나, 데이터를 담은 바구니가 어떻게 정렬되는지를 이해해야 한다. 예를 들어 파이썬의 해시 테이블(4.1절 참고. 4장의 자료구조를 뒷받침하는 기본 자료구조다)은 삽입이나 읽기 시 약간의 부가비용을 추가하며 항목을 엄격하고 독특한 방법으로 정렬해서 O(1) 만에 이 문제를 해결한다. 만일 모든 데이터를 자기의 오른쪽보다 더 큰 순으로 정렬한다면 시간복잡도를 O(log n)으로 떨어트리는 탐색 알고리즘을 사용할 수도 있다. 상수 시간 알고리즘이 있는데 굳이 더 느린 알고리즘을 쓸 이유가 없어 보이겠지만, 때로는 그게 최선이기도 하다. 탐색 알고리즘이 더 유연해서 더 창의적인 탐색 방법을 사용할 수 있기 때문이다.

연습

다음 데이터에서 61의 위치를 찾는 알고리즘을 작성해보자.

[9, 18, 18, 19, 29, 42, 56, 61, 88, 95]

이 정렬된 데이터를 어떻게 더 빠르게 탐색할 수 있을까?

힌트: 배열을 반으로 나누면 왼쪽의 모든 값은 오른쪽의 모든 값보다 더 작다. 이를 이용하자!

3.1 더 효율적인 탐색

앞서 언급한 대로, 데이터를 먼저 정렬하면 탐색 성능이 향상된다. 크기 비교는 __eq__와 __lt__ 매직 함수를 이용해서 이뤄지며, 사용자 정의 객체를 사용한다면 매직 함수를 정의할 수도 있다.

핵심은 정렬 알고리즘과 탐색 알고리즘이다. 파이썬 리스트는 정렬 알고리즘을 내장하며 팀^{Tim} 정렬을 사용한다. 팀 정렬의 시간복잡도는 최적일 때 O(n), 최악일 때 O(n log n)이다. 팀 정 렬은 다양한 정렬 알고리즘을 활용하여 주어진 데이터에 어떤 알고리즘을 적용하는 것이 최선 인지를 추측하는 휴리스틱을 사용한다(더 자세히 말하자면, 삽입 정렬과 병합 정렬 알고리즘 을 조합해서 사용한다).

리스트를 정렬하고 나면 시간복잡도가 평균 O(log n)인 이진 탐색(예제 3-3)을 사용해서 항 목을 찾는다. 이진 탐색은 리스트의 가운데 값과 찾고자 하는 값을 비교한다. 가운데 값이 찾고 자 하는 값보다 작다면 찾으려는 값은 리스트의 오른쪽에 있을 것이다. 값을 찾을 때까지 이런 식으로 리스트를 작게 나누어 탐색한다. 이렇게 하면 선형 탐색 알고리즘과 달리 리스트의 일 부만 살펴봐도 된다.

예제 3-3 정렬된 리스트와 이진 탐색을 이용한 효율적인 탐색

```
def binary_search(needle, haystack):
    imin, imax = 0, len(haystack)
    while True:
        if imin > imax:
            return -1
        midpoint = (imin + imax) // 2
        if haystack[midpoint] > needle:
            imax = midpoint
        elif haystack[midpoint] < needle:
            imin = midpoint+1
        else:
            return midpoint
```

이 함수는 잠재적으로 무거울 수 있는 사전^{dictionary}에 의지하지 않고도 리스트에서 항목을 찾 을 수 있다. 특히, 처리할 리스트가 정렬된 상태라면 데이터를 사전 타입으로 바꾸는 것보다 간 단히 이진 탐색으로 데이터를 찾는 편이 더 효과적이다(사전 탐색의 시간복잡도가 O(1)이라

O(log n)인 이진 탐색보다 빠르지만, 리스트를 사전으로 변경하는 시간이 O(n)만큼 걸린다. 또한 사전은 같은 이름의 키가 중복되는 것을 허용하지 않는다).

또한 파이썬 표준 라이브러리의 bisect 모듈을 이용하면 잘 최적화된 이진 탐색 기법으로 항목을 찾을 수 있을 뿐 아니라 새로운 항목을 추가해도 정렬된 상태가 유지된다. bisect 모듈은 새로운 항목을 추가하는 함수를 제공한다. 리스트가 정렬된 상태로 유지되므로 원하는 항목을 쉽게 찾을 수 있다(관련 예제는 bisect 모듈 문서에 있다. http://bit.ly/bisect_doc). 이 기능은 비슷한 두 데이터셋을 비교할 때 특히 유용하다.

예제 3-4 bisect 모듈을 이용해서 가까운 값 찾기

```
import bisect
import random

def find_closest(haystack, needle):
    # bisect.bisect_left는 haystack에서 needle보다 크거나 같은
    # 첫 번째 값의 위치를 반환한다.
    i = bisect.bisect_left(haystack, needle)
    if i == len(haystack):
        return i - 1
    elif haystack[i] == needle:
        return i
    elif i > 0:
        j = i - 1
        # 여기서 i번째 값은 needle보다 크므로(반대로 j번째 값은 needle보다 작다)
        # i번째 값과 j번째 값 중 어떤 값이 needle에 가까운지 비교하려고
        # 절댓값을 사용할 필요가 없다.
        if haystack[i] - needle > needle - haystack[j]:
            return j
    return i

important_numbers = []
for i in range(10):
    new_number = random.randint(0, 1000)
    bisect.insort(important_numbers, new_number)

# bisect.insort를 이용해서 추가했기 때문에 important_numbers는 정렬된 상태로 추가되었다.
print(important_numbers)
# > [14, 265, 496, 661, 683, 734, 881, 892, 973, 992]

closest_index = find_closest(important_numbers, -250)
```

```
print(f"Closest value to -250: {important_numbers[closest_index]}")
# > Closest value to -250: 14

closest_index = find_closest(important_numbers, 500)
print(f"Closest value to 500: {important_numbers[closest_index]}")
# > Closest value to 500: 496

closest_index = find_closest(important_numbers, 1100)
print(f"Closest value to 1100: {important_numbers[closest_index]}")
# > Closest value to 1100: 992
```

이처럼 '올바른 자료구조를 선택하고 일관되게 사용하기'는 효율적인 코드를 작성하는 기본 법칙이기도 하다. 비록 특정 연산에는 더 효율적인 자료구조가 따로 존재할 수 있지만, 자료구조를 변환하느라 전체적인 효율성은 떨어질 수도 있다.

3.2 리스트와 튜플

리스트와 튜플이 실제로는 같은 자료구조를 사용한다면 이 둘의 차이점은 무엇일까? 요약해보면 다음과 같다.

- 리스트는 **동적인** 배열이다. 수정이 가능하며, 저장 용량을 늘리거나 줄일 수도 있다.
- 튜플은 **정적인** 배열이다. 일단 생성되면 배열의 크기뿐 아니라 그 안의 데이터도 변경할 수 없다.
- 튜플은 파이썬 런타임에서 캐시하므로 사용할 때마다 커널에 메모리를 요청하지 않아도 된다.

이런 비교를 통해 리스트와 튜플의 철학적인 차이를 알 수 있다. 튜플은 변치 않는 특정 대상의 여러 속성이며 리스트는 서로 이질적인 객체들의 모음이다. 예를 들어 전화번호의 구성 요소는 튜플이다. 따라서 튜플에 저장된 값은 변하지 않고, 다른 전화번호는 새로운 객체로 표현된다. 마찬가지로, 계수의 모음도 튜플로 표현할 수 있다. 다른 계수는 다른 다항식을 나타내기 때문이다. 반면에 현재 이 책을 읽는 독자 이름은 리스트로 표현할 수 있다. 이제 막 읽기 시작한 독자는 더하고 다 읽은 독자는 빼야 하니 데이터의 크기와 내용이 수시로 바뀌기 때문이다.

리스트와 튜플은 다른 데이터 타입을 섞어 쓸 수 있다는 점을 기억하자. 이로 인해 최적화 과정에서 약간 손해를 볼 수 있다. 이 손해는 데이터를 모두 같은 타입으로 통일하는 방법으로 제거한다. 6장에서 numpy를 사용해 메모리 사용량과 연산 오버헤드를 줄이는 방법을 설명할 것이다. 또한, 데이터가 수가 아니라면 표준 라이브러리의 array 같은 패키지를 사용해서 이런 오버헤드를 줄일 수도 있다. 여기서 앞으로 살펴볼 성능을 고려한 프로그래밍의 중요한 부분을 엿볼 수 있다. 범용적인 코드는 특정 문제에 특화된 코드보다 훨씬 느릴 수 있다는 점이다.

크기와 내용을 변경할 수 있는 리스트와 달리 튜플은 그 불변성 덕분에 자료구조가 아주 가볍다. 즉 튜플을 저장하는 데는 메모리 오버헤드가 크지 않으며 연산도 꽤 명료하게 수행할 수 있다. 앞으로 배우겠지만, 리스트는 변경할 수 있다는 점 때문에 메모리를 더 많이 사용하며 추가 연산도 필요하다.

연습

다음 데이터는 튜플과 리스트 중 어디에 저장하면 좋을까? 그 이유는 무엇일까?

1. 처음 20번째까지의 소수$^{prime number}$
2. 프로그래밍 언어의 이름
3. 사람의 나이, 몸무게, 키
4. 사람의 생일과 출생지
5. 특정 당구 경기의 결과
6. 잇단 당구 경기의 결과

정답은 다음과 같다.

1. 변하지 않는 정적 데이터이므로 튜플을 사용하자.
2. 데이터가 계속 증가할 수 있으므로 리스트를 사용하자.
3. 값을 갱신해야 하므로 리스트를 사용하자.
4. 변하지 않는 정적 데이터이므로 튜플을 사용하자.
5. 정적인 데이터이므로 튜플을 사용하자.
6. 경기를 더 많이 할 수 있으므로 리스트를 사용하자(튜플로 이루어진 리스트를 사용해도 된다. 개별 경기의 결과는 변하지 않고, 경기를 계속할수록 더 많은 경기 결과를 추가해야 하기 때문이다).

3.2.1 리스트: 동적 배열

리스트는 생성한 후에도 언제든 내용을 변경할 수 있다.

```
>>> numbers = [5, 8, 1, 3, 2, 6]
>>> numbers[2] = 2 * numbers[0]   ❶
>>> numbers
[5, 8, 10, 3, 2, 6]
```

❶ 앞서 설명했듯이, 0번째 항목과 두 번째 항목을 바로 찾을 수 있으므로 이 연산의 시간복잡
도는 $O(1)$이다.

그리고 리스트에 새로운 데이터를 추가하면 크기가 커진다.

```
>>> len(numbers)
6
>>> numbers.append(42)
>>> numbers
[5, 8, 10, 3, 2, 6, 42]
>>> len(numbers)
7
```

이는 동적 배열이 배열의 크기를 변경하는 **resize** 연산을 지원하기에 가능하다. 크기가 N인
꽉 찬 리스트에 새로운 항목을 추가하면 파이썬은 원래 항목 N개와 새로 추가한 항목까지 모두
담을 만한 크기의 새로운 리스트를 생성한다. 하지만 크기를 N+1 할당하지 않고 나중을 위한
여유분으로 N보다 큰 M만큼 메모리를 할당한다(M > N). 그리고 이전 리스트의 데이터를 모두
새로운 리스트로 복사하고 이전 리스트는 삭제한다.

크기에 여유를 두는 이유는 리스트에 값을 한 번 추가하면 그 뒤로도 여러 번 더 추가할 확률이
높으니 메모리 할당과 복사 요청 횟수를 줄이기 위함이다. 메모리 복사는 비용이 많이 들기 때
문에 리스트 크기가 계속 증가한다면 꽤 중요한 사항이다. [그림 3-2]는 파이썬 3.7에서 이런
초과 할당이 어떻게 일어나는지를 보여준다. 식으로 나타내면 [예제 3-5]와 같다.[3]

----

3 파이썬 소스 코드에서 초과 할당을 처리하는 코드는 Objects/listobject.c:list_resize(http://bit.ly/3bFR5hd)에 있다.

```
M = (N>>3) + (3 if N < 9 else 6)

N , 0 , 1-4 , 5-8 , 9-16 , 17-25 , 26-35 , 36-46 , ... , 991-1120
M , 0 , 4   , 8   , 16   , 25    , 35    , 46    , ... , 1120
```

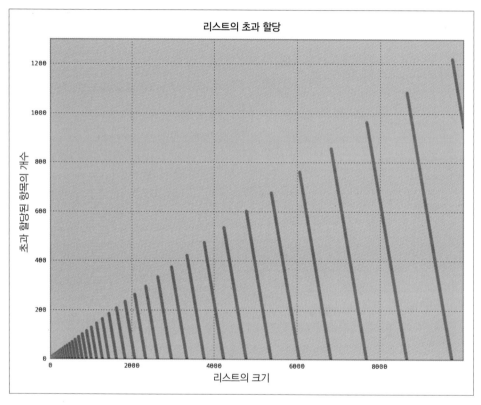

그림 3-2 리스트 크기에 따른 초과 할당 크기(예를 들어 appends를 사용해 항목이 8,000개인 리스트를 만들면 파이썬은 600개를 추가해 항목을 8,600개 담을 수 있는 공간을 할당한다)

리스트에 데이터를 추가하면 여분의 공간을 하나 차지하며 리스트의 유효 크기effective size N이 증가한다. N은 M과 같아질 때(N == M)까지 증가하며, M에 다다르면 새로운 데이터를 추가할 여유 공간이 없어서 더 큰 크기의 **새로운** 리스트를 생성한다. 새로운 리스트는 [예제 3-5]의 공식에 따라 여유 있는 크기로 생성하고 이전 데이터를 새로운 리스트로 복사한다.

[그림 3-3]이 이런 일련의 과정을 보여준다. 이 그림은 [예제 3-6]의 리스트 l에 일어나는 다양한 연산을 순서대로 묘사한다.

예제 3-6 리스트 크기 변경

```
l = [1, 2]
for i in range(3, 7):
    l.append(i)
```

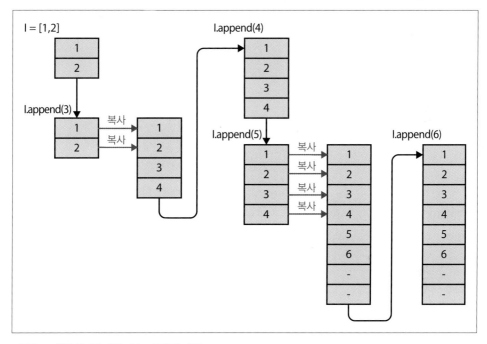

그림 3-3 항목 추가에 따른 리스트의 변경 과정

> **NOTE**_이런 초과 할당은 꽉 찬 리스트에 항목을 처음 **append**할 때 일어난다. 앞선 예제처럼 리스트를 직접 생성하면 필요한 크기만큼만 할당된다.

추가로 할당되는 공간은 크지 않지만, 개수가 많아지면 전체 크기가 꽤 커질 수 있다. [예제 3-7]에서 항목을 겨우 10만 개 저장하는데도 **append**를 사용해서 리스트를 만들면 리스트 내포list comprehension으로 만들 때보다 메모리를 2.7배 더 사용하는 모습을 볼 수 있다.

```
>>> %memit [i*i for i in range(100_000)]
peak memory: 70.50 MiB, increment: 3.02 MiB

>>> %%memit l = []
... for i in range(100_000):
...     l.append(i * 2)
...
peak memory: 67.47 MiB, increment: 8.17 MiB

>>> %timeit [i*i for i in range(100_000)]
7.99 ms ± 219 µs per loop (mean ± std. dev. of 7 runs, 100 loops each)

>>> %%timeit l = []
... for i in range(100_000):
...     l.append(i * 2)
...
12.2 ms ± 184 µs per loop (mean ± std. dev. of 7 runs, 100 loops each)
```

파이썬 문장을 추가로 실행해야 하고 메모리도 재할당해야 하므로 전체 실행 시간도 더 느리다. 이 문제는 작은 리스트를 많이 사용하거나, 아주 큰 리스트를 사용할 때 특히 두드러진다. 항목이 10개인 리스트를 1백만 개 저장하면 항목 1천만 개에 해당하는 메모리를 사용한다고 가정하기 쉽다. 하지만 실제로 append를 사용해 리스트를 만들면 항목 1천6백만 개에 해당하는 메모리를 할당한다. 그리고 항목이 1억 개 있는 리스트는 실제로 항목 112,500,007개에 해당하는 메모리를 사용한다.

3.2.2 튜플: 정적 배열

리스트와 달리, 튜플은 한번 생성되면 내용을 바꾸거나 크기를 변경할 수 없다.

```
>>> t = (1, 2, 3, 4)
>>> t[0] = 5
Traceback (most recent call last):
  File "<stdin>", line 1, in <module>
TypeError: 'tuple' object does not support item assignment
```

크기를 변경할 순 없어도 두 튜플을 하나의 새로운 튜플로 합칠 수는 있다. 리스트의 resize 연산과 비슷하지만 리스트와 달리 여유 공간을 더 할당하지는 않는다.

```
>>> t1 = (1, 2, 3, 4)
>>> t2 = (5, 6, 7, 8)
>>> t1 + t2
(1, 2, 3, 4, 5, 6, 7, 8)
```

리스트의 append에서는 이 과정이 $O(1)$만에 이루어지지만 튜플에서는 $O(n)$만큼 걸린다. 여유 공간이 부족할 때만 할당과 복사가 일어나는 리스트와 달리 튜플에서는 새로운 항목을 추가할 때마다 할당과 복사가 일어나기 때문이다. 그래서 튜플은 append 같은 연산은 지원하지 않는다. 두 튜플을 합치면 항상 새로운 튜플 하나의 메모리를 새로 할당한다.

여유 공간을 할당하지 않으면 자원을 더 적게 사용하는 장점이 있다. 크기가 1억인 리스트를 append로 생성하면 실제로는 112,500,007 크기의 메모리를 사용하는데, 튜플은 정확히 1억만큼만 사용한다. 이 때문에 데이터가 정적일 때는 튜플이 더 가볍고 좋다.

append를 **사용하지 않아** 여유 공간을 할당하지 않더라도, 리스트는 **여전히** 같은 데이터를 저장하는 튜플보다 메모리를 더 잡아먹는다. 리스트는 크기 변경을 효율적으로 하려고 상태 정보를 관리하기 때문이다. 이 추가 정보는 크지 않지만(항목 하나의 크기와 같다) 리스트를 수백만 개 사용한다면 이 역시 무시할 수 없다.

튜플이 정적이기에 얻을 수 있는 또 다른 장점은 파이썬이 내부적으로 수행하는 리소스 캐싱이다. 파이썬은 GC를 통해 더는 사용되지 않는 변수에 할당된 메모리를 반환한다. 하지만 크기가 20 이하인 튜플은 크기별로 최대 2만 개까지(즉, 2-튜플 2만 개, 3-튜플 2만 개, ..., 20-튜플 2만 개까지) 즉시 회수하지 않고 나중을 위해 저장해둔다. 이는 같은 크기의 튜플이 나중에 다시 필요해지면 운영 체제에서 메모리를 새로 할당받지 않고 기존에 할당해둔 메모리를 재사용한다는 뜻이다. 하지만 다른 측면에서 보면 파이썬 프로세스가 필요한 양보다 메모리를 약간 더 사용한다는 뜻이기도 하다.

사소해 보일지 몰라도 이는 굉장히 매력적인 장점이다. 운영 체제를 통하지 않아도 되니 튜플을 쉽고 빠르게 생성할 수 있다. 운영체제를 거치면 시간이 조금 더 걸린다. [예제 3-8]은 리스트가 튜플보다 인스턴스 생성이 5.1배 더 느리다는 사실을 보여준다. 이런 작은 차이라도 빠른 루프 안에서 누적되면 큰 차이로 벌어진다.

```
>>> %timeit l = [0, 1, 2, 3, 4, 5, 6, 7, 8, 9]
95 ns ± 1.87 ns per loop (mean ± std. dev. of 7 runs, 10000000 loops each)

>>> %timeit t = (0, 1, 2, 3, 4, 5, 6, 7, 8, 9)
12.5 ns ± 0.199 ns per loop (mean ± std. dev. of 7 runs, 100000000 loops each)
```

3.3 마치며

리스트와 튜플은 정렬된 데이터에 적합한 빠르고 오버헤드가 적은 자료구조다. 데이터가 연속된 메모리에 있으므로 특정 항목을 바로 읽어 탐색 문제를 회피할 수 있다. 정렬 방식을 미리 안다면 선형 탐색의 O(n) 시간 대신 O(1)의 시간복잡도로 항목을 찾을 수 있다.[4] 리스트를 사용할 때는 크기 변경으로 발생한 초과 할당까지 고려해서 메모리에 데이터를 저장할 수 있을지 신경 써야 한다. 반면 튜플은 빠르게 생성할 수 있고 리스트보다 메모리 부담이 적은 대신에 내용을 변경할 수 없다. 6.2절에서는 리스트를 미리 할당해서 잦은 append 호출의 부담을 더는 방법을 포함하여, 이 문제를 관리하는 최적화 기법을 몇 가지 살펴본다.

다음 장에서는 정렬되지 않은 데이터를 탐색하는 문제에 적합한 파이썬 사전 타입의 특성을 알아본다.

---

4 역자주_ 리스트 안에서 항목이 어디 있는지 색인을 상수 시간에 계산할 수 있을 때만 O(1)이다.

## CHAPTER 4

사전과 셋

이 장에서 배울 내용

- 사전과 셋의 용도
- 사전과 셋의 유사점
- 사전의 오버헤드
- 사전의 성능을 최적화하는 방법
- 파이썬에서 사전을 사용해서 네임스페이스를 유지하는 방법

셋set과 사전은 (삽입 순서를 제외하면) 미리 정해진 순서로 정렬되지 않으나, 특정 데이터를 고유하게 참조할 수 있는 별도 객체가 있는 상황에 이상적인 자료구조다. 참조하는 객체는 일반적으로 문자열이지만, 해시가 가능하다면hashable 어떤 타입이라도 상관없다. 이때 참조 객체를 '**키**', 데이터를 '**값**'이라고 한다. 사전과 셋은 거의 같지만 셋에는 값이 없다는 점이 다르다. 쉽게 말해 셋은 유일한 키를 저장하는 자료구조다. 이름에서 알 수 있듯이 셋은 집합 연산을 수행할 때 아주 유용하다.

> **NOTE_** 해시가 가능한 타입은 __hash__ 매직 함수, 그리고 __eq__ 혹은 __cmp__ 매직 함수를 구현한 타입이다. 파이썬의 내장 타입은 모두 이를 구현하며 사용자 클래스는 모두 기본값이 있다. 자세한 내용은 4.1.4 '해시 함수와 엔트로피'를 참고하자.

3장에서 정렬되지 않은 리스트와 튜플은 최적의 경우 $O(\log n)$ 시간복잡도로 값을 찾을 수 있음을 알아보았다. 반면 사전과 셋은 주어진 색인을 $O(1)$ 안에 찾아준다. 삽입 연산의 시간복잡도는 리스트/튜플과 같은 $O(1)$이다.[1] 4.1절 '사전과 셋의 동작 원리'에서 보겠지만 이 시간복잡도는 개방 주소open address 해시 테이블을 사용했을 경우다.[2]

하지만 사전과 셋도 공짜는 아니다. 먼저, 사전과 셋은 보통 메모리를 많이 사용한다. 또한 삽입/탐색 시간복잡도가 $O(1)$이긴 하지만 실제 속도는 사용하는 해시 함수에 전적으로 의존한다. 만일 해시 함수가 느리다면 사전이나 셋의 모든 연산도 마찬가지로 느릴 것이다.

예제를 살펴보자. 전화번호부의 연락처 정보를 모두 저장하려고 한다. 나중에 "홍길동의 전화번호가 무엇인가?"라는 질문에 답할 수 있는 간단한 형식으로 저장할 것이다. 리스트를 이용하면 [예제 4-1]처럼 전화번호와 이름을 연속으로 저장하고 전체 리스트를 훑어보며 필요한 전화번호를 찾아야 한다.

예제 4-1 리스트를 이용한 전화번호 검색

```python
def find_phonenumber(phonebook, name):
    for n, p in phonebook:
        if n == name:
            return p
    return None

phonebook = [
    ("John Doe", "555-555-5555"),
    ("Albert Einstein", "212-555-5555"),
]
print(f"John Doe's phone number is {find_phonenumber(phonebook, 'John Doe')}")
```

----

1 4.1.4 '해시 함수와 엔트로피'에서 살펴보겠지만 사전과 셋은 해시 함수에 매우 의존적이다. 만일 특정 타입에 대한 해시 함수가 $O(1)$이 아니라면 해당 타입을 담은 사전이나 셋은 $O(1)$을 보장하지 못한다.

2 역자주_ 해시 테이블은 처음에는 데이터가 각 버킷에 골고루 분포하더라도, 확률적으로 어느 시점에는 해시값이 충돌할 수밖에 없다(생일 문제 참조, https://ko.wikipedia.org/wiki/생일_문제). 이에 따라 충돌 해결 알고리즘이 필요한데, 충돌이 발생한 버킷의 값을 버킷마다 별도의 연결 리스트로 저장하는 체이닝(chaining) 방식과 충돌 발생 시 미리 정해진 알고리즘을 사용해 다른 버킷을 찾아서 키/값을 저장하는 개방 주소 방식이 있다. 버킷상의 항목 주소가 해시 키로 정해지지 않고 열려 있어서 개방 주소 방식이라 부르지만, 모든 항목이 버킷이 할당된 영역 안에 다 저장되기 때문에 폐쇄 해싱(closed hasing)이라 부른다. 반면, 체이닝의 경우 항목이 저장되는 버킷의 주소는 해시 함수로 정해지기 때문에 폐쇄 주소(closed address) 방식의 해싱이라고 하며, 항목이 버킷이 아닌 다른 영역 (연결 리스트)에 들어갈 수도 있기 때문에 개방 해싱(open hashing)이라고 부른다. 용어를 혼동하지 않도록 주의해야 한다.

하지만 [예제 4-2]처럼 사전을 이용하면 '색인'에서 이름을 찾아서 전화번호를 바로 얻을 수 있다. 전체 데이터를 살펴보는 대신 직접 참조를 통해 필요한 값을 간단하게 가져온다.

예제 4-2 사전을 이용한 전화번호 검색

```python
phonebook = {
    "John Doe": "555-555-5555",
    "Albert Einstein" : "212-555-5555",
}
print(f"John Doe's phone number is {phonebook['John Doe']}")
```

전화번호부는 꽤 두꺼우므로 사전의 O(1) 시간과 리스트가 제공하는 선형 탐색의 O(n) 시간 (bisect 모듈을 이용하더라도 최적의 경우 O(log n)) 차이는 어마어마하다.

반면, 전화번호부에서 유일한(중복을 제거한) 이름이 몇 개인지 알려면 셋을 이용하면 된다. 셋은 **유일한** 키의 모음이라는 점을 기억하자. 이 예제에서 키는 사람의 이름, 즉 데이터 중 지금 우리에게 필요한 속성이다. [예제 4-3]에서 볼 수 있듯이 리스트를 이용해 자료구조에서 이름 속성을 분리하려면 이름을 모두 비교해야 한다.

예제 4-3 리스트와 셋에서 유일한 이름 찾기

```python
def list_unique_names(phonebook):
    unique_names = []
    for name, phonenumber in phonebook: ❶
        first_name, last_name = name.split(" ", 1)
        for unique in unique_names: ❷
            if unique == first_name:
                break
        else:
            unique_names.append(first_name)
    return len(unique_names)
```

```python
def set_unique_names(phonebook):
    unique_names = set()
    for name, phonenumber in phonebook:  ❸
        first_name, last_name = name.split(" ", 1)
        unique_names.add(first_name)  ❹
    return len(unique_names)

phonebook = [
    ("John Doe", "555-555-5555"),
    ("Albert Einstein", "212-555-5555"),
    ("John Murphey", "202-555-5555"),
    ("Albert Rutherford", "647-555-5555"),
    ("Guido van Rossum", "301-555-5555"),
]

print("Number of unique names from set method:", set_unique_names(phonebook))
print("Number of unique names from list method:", list_unique_names(phonebook))
```

❶, ❸ 전화번호부에서 모든 항목을 훑어야 하며 $O(n)$의 시간이 걸린다.

❷ 현재 이름을 이미 찾아둔 유일한 이름들과 대조한다. 현재 이름이 유일하다면 유일한 이름 보관용 리스트에 추가한다. 그리고 리스트를 다시 검색한다. 이 과정을 전화번호부의 모든 항목에 수행한다.

❹ 셋을 이용하면 이미 찾아둔 유일한 이름을 순회하지 않고 현재 이름을 유일한 이름 보관용 셋에 추가한다. 셋 자체가 저장된 키의 유일성을 보장하기 때문에 이미 셋에 있는 이름을 추가해도 중복되는 이름은 추가되지 않는다. 이 연산은 시간복잡도가 $O(1)$이다.

리스트를 이용한 알고리즘의 내부 루프는 unique_names를 순회한다. unique_names는 처음에 비어 있다가 점점 내용이 채워진다. 중복되는 이름이 없는 최악의 상황에는 크기가 phonebook만큼 커진다. 이는 계속 커지는 리스트에서 전화번호부의 각 이름을 선형 탐색하는 작업이다. 따라서 최종 알고리즘의 시간복잡도는 $O(n^2)$이다.

반면, 셋을 이용한 알고리즘은 내부 루프가 없고 set.add 연산은 전화번호부의 크기에 상관없이 $O(1)$ 시간복잡도로 수행된다(여기에는 사소한 주의 사항이 있는데, 사전과 셋의 구현을 알아볼 때 살펴보겠다). 상수 시간에 수행되지 않는 연산은 전화번호부를 순회하는 루프뿐이므로 최종 알고리즘의 시간복잡도는 $O(n)$이다.

항목 1만 개 중 유일한 이름이 7,412개인 phonebook을 각각의 알고리즘을 사용해 돌려보면 $O(n)$과 $O(n^2)$의 차이가 얼마나 큰지 확인할 수 있다.

```
>>> %timeit list_unique_names(large_phonebook)
1.13 s ± 26.8 ms per loop (mean ± std. dev. of 7 runs, 1 loop each)

>>> %timeit set_unique_names(large_phonebook)
4.48 ms ± 177 µs per loop (mean ± std. dev. of 7 runs, 100 loops each)
```

보다시피 셋을 이용한 알고리즘이 252배나 빠르다! phonebook의 크기가 커질수록 이 차이는 더 벌어진다(전화번호 10만 개에 유일한 이름이 15,574개일 때는 557배 차이였다).

4.1 사전과 셋의 동작 원리

사전과 셋은 모두 **해시 테이블**을 사용해서 시간복잡도가 $O(1)$이다. 이는 임의의 키(문자열이나 객체)를 리스트의 색인으로 변환하는 해시 함수를 효율적으로 사용한 결과다. 이 해시 함수와 리스트는 나중에 검색을 하지 않고도 특정 데이터가 제대로 들어있는지 확인하는 용도로 사용한다. 데이터의 키를 리스트의 색인처럼 사용하도록 변환하는 작업을 하면 리스트와 같은 성능을 낸다. 또한 데이터를 가리키는 수의 색인(수로 데이터를 가리키려면 데이터에 어떤 식으로든 순서를 부여해야 한다) 대신 임의의 키를 사용해서 데이터를 참조할 수 있다.

4.1.1 삽입과 검색

해시 테이블을 처음 생성하면 배열을 사용할 때처럼 메모리부터 할당한다. 배열에서는 데이터를 추가하려면 사용하지 않은 메모리 블록을 찾아서 데이터를 추가하고 필요할 때 크기를 조정했다. 해시 테이블에서는 먼저 이 연속적인 메모리에 데이터를 나열할 방법을 생각해 봐야 한다.

새로운 데이터의 위치는 데이터의 두 가지 속성으로 결정된다. 하나는 키의 해시값이고, 다른 하나는 데이터의 값을 다른 객체와 비교하는 방법이다. 데이터를 삽입하면 먼저 키를 해시한 후 마스크 처리하여 배열의 색인으로 만들기 때문이다.[3] 마스크는 해시값이 할당된 메모리 블록의 수보다 작아지도록 조정한다. 만약에 메모리 블록을 8개 할당했고 해시값이 28975라면, 28975 & 0b111 = 7을 블록 색인으로 사용할 수 있을 것이다. 하지만 사전이 512개의 메모리 블록을 차지할 정도로 커진다면 마스크값은 0b111111111이 되고, 블록 색인은 28975 & 0b111111111이 된다.

이제 해당 블록이 사용 중인지 검사해야 한다. 빈 블록이라면 키와 값을 삽입한다. 이때 키도 함께 저장해야 탐색 시에 올바른 값을 찾았는지 확인할 수 있다. 반대로 해당 블록이 사용 중이고 저장된 값이 삽입하려는 값과 같다면(내장 함수인 cmp로 비교한다) 이미 키/값이 해시 테이블에 있으므로 그냥 반환하면 된다. 하지만 값이 다르다면 데이터를 저장할 다른 곳을 찾아야 한다.

또한, 파이썬은 키/값 데이터를 표준 배열에 덧붙이고 오직 이 배열의 **색인**만 해시 테이블에 저장한다. 이 덕분에 메모리 사용량이 30~95% 줄어든다.[4] 게다가 새로운 항목을 사전에 추가한 순서를 기록하는 흥미로운 속성이 생긴다.

새로운 색인은 단순한 선형 함수를 이용해서 계산하는데, 이를 **프로빙**probing이라고 한다. 파이썬의 프로빙 메커니즘은 원래 해시값에서 더 상위 Bit를 활용한다(앞서 메모리 블록이 8개일 때 마스킹을 사용해 하위 3Bit만 사용했음을 떠올려보자. 이때 사용한 마스크는 mask = 0b111 = bin(8 - 1)이었다). 충돌을 피하려고 상위 Bit를 사용해서 다음 위치를 찾는다.

새로운 색인을 생성하는 알고리즘에는 다양한 선택지가 있다. 하지만 데이터가 해시 테이블에 균일하게 분포되도록 가능한 모든 색인값을 고루 출력하는 알고리즘이어야 한다. 해시 테이블에 데이터가 얼마나 균등하게 분포하는지를 **로드 팩터**load factor라 하며, 해시 함수의 엔트로피와 관련이 있다. C파이썬 3.7에서 사용하는 해시 색인의 계산 과정을 [예제 4-4]에서 의사 코드로 표현했다. 이 코드는 해시 테이블의 흥미로운 점을 한 가지 더 보여준다. 해시 테이블의 저장 공간이 대부분 비어 있다는 점이다.

---

3 마스크는 수를 잘라내기 위한 2진수 값이다. 예를 들어 0b1111101 & 0b111 = 0b101 = 5는 0b1111101을 0b111로 마스킹한 것이다. 이 연산(하위 Bit n개를 1로 설정해 마스킹하는 경우)은 주어진 수에서 특정 유효 자릿수만큼만 잘라냈다고도 볼 수 있다.

4 이 개선에 관한 논의는 https://oreil.ly/Pq7Lm에서 볼 수 있다.

```python
def index_sequence(key, mask=0b111, PERTURB_SHIFT=5):
    perturb = hash(key) ❶
    i = perturb & mask
    yield i
    while True:
        perturb >>= PERTURB_SHIFT
        i = (i * 5 + perturb + 1) & mask
        yield i
```

❶ hash는 정수를 반환하며 C파이썬의 실제 C 코드는 부호가 없는unsigned 정수를 사용한다. 따라서 이 의사 코드가 C파이썬의 동작을 100% 재현하지는 못하지만 어느 정도 가늠할 수는 있다.

이 프로빙 과정은 **선형 프로빙**linear probing의 변형 버전이다. 선형 프로빙에서는 i = (5 * i + perturb + 1) & mask 값을 반환하는데, 여기서 i의 초깃값은 키의 해시값이다.[5] 여기서 중요한 내용은 선형 프로빙이 해시의 마지막 몇 Bit만 사용하고 나머지는 무시한다는 점이다(예를 들어 항목이 8개 있는 사전에서는 마스크값으로 0b111를 사용하여 하위 3Bit만 살핀다). 즉 하위 3Bit가 같은 항목들을 해싱하면 색인이 같아져서 충돌이 일어난다. 파이썬은 그 항목의 해시값에서 추가 Bit를 사용해서 이 문제를 회피한다.

특정 키로 값을 검색하는 과정도 이와 비슷하다. 키가 색인으로 변환되고 그 색인의 값을 검증한다. 만일 색인에 맞는 키가 있으면(삽입 연산 과정에서 원래 키도 함께 저장했음을 기억하자) 해당 값을 반환한다. 그렇지 않다면 앞에서 설명한 프로빙을 사용해 새로운 색인을 만들어 일치하는 키를 찾거나 빈 블록을 찾을 때까지 이 과정을 반복한다. 생성한 색인이 빈 블록을 참조한다면 해당 데이터가 해시 테이블에 존재하지 않는다는 뜻이다.

[그림 4-1]은 해시 테이블에 데이터를 추가하는 과정이다. 여기서는 간단하게 입력의 첫 글자를 사용하는 해시 함수를 만들었다. 이 함수는 파이썬의 ord 함수를 이용해서 입력의 첫 글자를 정수로 변환한다(해시 함수는 정수를 반환해야 한다). 4.1.4 '해시 함수와 엔트로피'에서 살펴보겠지만 파이썬은 대부분의 타입에 대한 해시 함수를 제공하므로 예외 상황이 아니라면 직접 해시 함수를 작성할 일은 거의 없다.

---

5 5라는 값은 난수 생성기로 사용하는 선형 합동 생성기(LCG, Linear Congruential Generator, https://ko.wikipedia.org/wiki/선형_합동_생성기)에서 가져왔다.

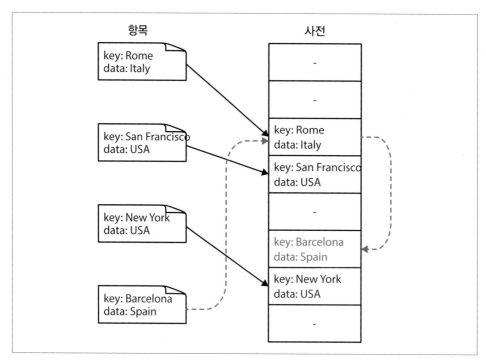

그림 4-1 데이터 삽입 도중 충돌이 발생한 해시 테이블의 동작

키가 Barcelona인 데이터를 삽입하면 충돌이 발생하고 [예제 4-4]의 방식에 따라 새로운 색인을 생성한다. 이 사전은 [예제 4-5]의 코드를 이용해서도 생성할 수 있다.

예제 4-5 사용자 정의 해시 함수

```python
class City(str):
    def __hash__(self):
        return ord(self[0])

# 임의 값의 도시 이름으로 사전을 생성한다.
data = {
    City("Rome"): 'Italy',
    City("San Francisco"): 'USA',
    City("New York"): 'USA',
    City("Barcelona"): 'Spain',
}
```

여기서는 Barcelona와 Rome의 해시가 충돌한다([그림 4-1]에서 이 과정을 볼 수 있다). 항목이 4개 있는 사전에서 마스크값으로 0b111[6]을 사용하는데, 다음과 같이 Barcelona와 Rome이 같은 색인을 만들어내기 때문이다.

```
hash("Barcelona") = ord("B") & 0b111
                  = 66 & 0b111
                  = 0b1000010 & 0b111
                  = 0b010 = 2

hash("Rome") = ord("R") & 0b111
             = 82 & 0b111
             = 0b1010010 & 0b111
             = 0b010 = 2
```

연습

해시 충돌 관련 문제를 하나 풀어보자.

1. 항목 찾기: [예제 4-5]에서 만든 사전에서 Johannesburg 키를 찾는 과정은 어떻게 되는가? 어떤 색인을 검사하는가?

2. 항목 삭제: [예제 4-5]에서 만든 사전에서 Rome 키의 삭제 과정은 어떻게 되는가? 그 후에 Rome과 Barcelona를 찾는 과정은 어떻게 되는가?

3. 해시 충돌: [예제 4-5]에서 만든 사전에서 이름의 첫 글자가 대문자인 도시 500개를 해시 테이블에 추가하면 해시 충돌이 몇 번 발생하는가? 도시 1,000개를 추가하면 해시 충돌이 몇 번 발생하는가? 충돌 횟수를 줄일 방법은 무엇인가?

도시가 500개라면 항목 약 474개(500 − 26)가 충돌하고, 각 해시에는 500 / 26 = 19.2개의 도시가 대응된다. 도시가 1,000개면 항목 974개가 충돌하고 각 해시에는 1,000 / 26 = 38.4개의 도시가 대응된다. 이는 도시 이름 첫 글자의 숫자 표현을 해시로 사용해서 고유한 해시값이 A부터 Z까지 총 26개뿐이기 때문이다. 즉 이 해시 테이블에서 정확한 값을 찾으려면 탐색을 38번 해야 한다는 뜻이다. 이를 해결하려면 도시 이름의 다른 요소를 고려하여 생성 가능한 해시값을 늘려야 한다. 기본 해시 함수는 가능한 해시값의 수가 많아지도록 문자열의 모든 글자를 고려한다. 자세한 설명은 4.1.4 '해시 함수와 엔트로피'를 살펴보자.

---

6 역자주_ 사전의 최소 항목 개수가 8개라서 마스크가 0b111이다.

4.1.2 삭제

해시 테이블에서 값을 삭제할 때 단순히 해당 메모리 블록을 `NULL`로 만드는 방법은 사용할 수 없다. `NULL`을 프로빙 시 해시 충돌을 위한 감싯값[sentinel value]으로 사용하기 때문이다. 따라서 해당 블록이 비었음을 나타내는 특수한 값을 기록해두고 나중에 해시 충돌을 해결하는 과정에서 이 값을 활용해야 한다. 예를 들어 `Rome`이 삭제된 다음에 `Barcelona`를 검색하면 처음에는 `Rome`이 들어있던 블록이 비었음을 나타내는 값이 있는 배열 항목을 먼저 만난다. 값을 찾지 못했다고 멈추는 대신, `index_sequence`함수가 반환하는 다음 색인을 검사해야 한다. 해시 테이블의 빈 슬롯은 새로운 값이 쓰이거나 해시 테이블의 크기가 변경될 때 삭제된다.

4.1.3 크기 변경

해시 테이블에 항목이 추가되면 해시 테이블의 크기도 그에 맞춰 변경되어야 한다. 해시 테이블의 2/3 이하만 채워진다면 충돌 횟수와 공간 활용 측면 모두 적절하다고 볼 수 있다. 따라서 해시 테이블이 임계 크기에 다다를 때까지 계속 사용하면 된다. 크기를 변경할 때는 충분히 큰 해시 테이블을 할당하고(더 많은 메모리를 할당하고) 그 크기에 맞게 마스크값을 조정한다. 그리고 모든 항목을 새로운 해시 테이블로 옮긴다. 이 과정에서 바뀐 마스크값 때문에 색인을 새로 계산해야 한다. 그래서 큰 해시 테이블의 크기를 변경하는 일은 꽤 비싼 작업이다! 하지만 크기 변경은 여유 공간이 아주 적을 때만 수행되므로 개별 항목 추가는 여전히 시간복잡도가 O(1)이다.[7][8]

기본적으로 사전 혹은 셋의 최소 크기는 8이다(파이썬은 값을 3개만 저장하더라도 항목 8개에 해당하는 메모리를 할당한다). 그리고 사전이 2/3만큼 찰 때마다 크기를 3배 늘린다. 따라서 빈 사전에 6번째 항목이 삽입되면 사전 크기가 항목을 18개 저장할 수 있게 커진다. 13번째 항목이 삽입되면 39개, 그다음에는 81개 등으로 매번 크기가 3배 늘어난다(사전의 크기를 계산하는 방법은 4.1.4 '해시 함수와 엔트로피'에서 설명한다). 즉, 다음과 같은 순서로 크기가 변경된다.

---

7 분할상환(amortized) 복잡도 분석은 알고리즘의 평균 복잡도를 찾는다. 이 말은 일부 삽입은 훨씬 더 비쌀 수 있지만 평균적으로는 O(1)이 걸린다는 뜻이다.

8 역자주_ 일부 삽입은 해시 테이블 크기를 키우면서 시간이 더 오래 걸리지만(최대 O(n)), 해시 테이블 크기가 커지면 그 이후의 삽입은 테이블이 꽉 차기 전까지는 대부분 O(1)에 수행된다. 가장 간단한 예로, 매번 해시 테이블 크기를 2배씩 키운다고 가정해보자. 크기를 키우는 데 2^n(n은 항목 개수)에 비례한 시간이 걸리지만, 테이블 크기가 2^{n+1}로 증가하면서 그 이후 2n번의 삽입 연산은 시간이 절약되므로 이를 정당화할 수 있다. 게다가 해시 테이블의 크기를 키워야 프로빙이 발생하는 횟수가 줄어드니 크기를 키워서 삽입뿐 아니라 검색 연산 속도를 높여라.

```
 8; 18; 39; 81; 165; 333; 669; 1,341; 2,685; 5,373; 10,749; 21,501; 43,005; ...
```

기억해야 할 점은 해시 테이블이 크기를 **줄이기도** 한다는 사실이다. 즉 해시 테이블에서 많은 항목이 삭제되면 크기가 줄어들 수 있다. 하지만 **크기 변경은 삽입 연산 중에만 발생**한다.

4.1.4 해시 함수와 엔트로피

파이썬의 객체는 이미 __hash__와 __cmp__ 함수를 구현하므로 일반적으로 해시가 가능하다. int나 float 같은 산술 타입은 간단하게 수의 Bit를 기반으로 해시값을 구한다. 튜플과 문자열은 내용을 기반으로 해시값을 구한다. 반면 리스트는 값이 변경될 수 있으므로 해시를 지원하지 않는다. 리스트의 값이 변경되면 리스트를 나타내는 해시값이 해시 테이블에서 엉뚱한 위치를 참조하게 될 수도 있다.[9]

사용자 정의 클래스에도 기본 해시 함수와 비교 함수가 있다. 기본 __hash__ 함수는 내장 함수인 id 함수를 이용해서 객체의 메모리 위치를 반환한다. __cmp__ 연산자는 객체의 메모리 위치를 산술 비교한다.

일반적으로 어떤 클래스의 두 인스턴스는 서로 다르고 해시 테이블 내에서 충돌이 발생하지 않으므로 이 내용을 받아들일 수 있다. 하지만 때에 따라서는 set이나 dict 객체가 항목의 id 차이를 인식하지 않았으면 하기도 한다. 다음 클래스 정의를 보라.

```python
class Point(object):
    def __init__(self, x, y):
        self.x, self.y = x, y
```

만일 x, y값이 동일한 Point 객체를 여러 개 생성하면 메모리에서 각 객체는 서로 다른 위치에 있으므로 해시값이 모두 다르다. 이 객체들을 모두 같은 set에 추가한다면 각각의 항목이 추가된다.

---

9 자세한 내용은 https://wiki.python.org/moin/DictionaryKeys(https://oreil.ly/g4I5-를 참고하자.

```
>>> p1 = Point(1,1)
>>> p2 = Point(1,1)
>>> set([p1, p2])
set([<__main__.Point at 0x1099bfc90>, <__main__.Point at 0x1099bfbd0>])
>>> Point(1,1) in set([p1, p2])
False
```

이 문제는 객체의 메모리 주소가 아니라 실제 내용을 기반으로 하는 사용자 정의 해시 함수를
작성해서 해결할 수 있다. 이 해시 함수는 같은 내용의 객체에 대해서는 항상 같은 결과를 반환
한다(해시 함수 엔트로피도 고려해야 하지만, 추후 논의하기로 하자). Point 클래스를 다음과
같이 변경하여 원하는 결과를 얻을 수 있다.

```
class Point(object):
    def __init__(self, x, y):
        self.x, self.y = x, y

    def __hash__(self):
        return hash((self.x, self.y))

    def __eq__(self, other):
        return self.x == other.x and self.y == other.y
```

이를 이용하면 인스턴스화한 객체의 메모리 주소가 아니라 Point 객체의 속성으로 사전이나
셋에 필요한 색인을 만들 수 있다.

```
>>> p1 = Point(1,1)
>>> p2 = Point(1,1)
>>> set([p1, p2])
set([<__main__.Point at 0x109b95910>])
>>> Point(1,1) in set([p1, p2])
True
```

앞의 노트에서 해시 충돌을 살펴볼 때 언급했듯이, 사용자 정의 해시 함수에서 충돌을 피하려
면 해시값이 균일하게 분포되도록 신경 써야 한다. 충돌이 잦으면 해시 테이블의 성능에 악영
향을 끼친다. 만약에 키가 대부분 충돌한다면 다른 값을 계속 시도해야 하고(프로빙) 사전을

상당 부분 살펴보며 적당한 키를 찾아야 한다. 사전의 모든 키가 충돌하는 최악의 상황에는 사전의 탐색 성능이 리스트와 같은 O(n)이 된다.

사전에 저장할 값이 5,000개이고 키에 적용할 해시 함수를 작성해야 한다고 가정해보자. 이 사전을 보관할 해시 테이블의 크기는 16,384[10]가 되므로 해시값 중 하위 14Bit만 색인 생성에 사용된다는 사실을 알아야 한다. 이 크기 해시 테이블의 마스크값은 bin(16384 - 1) = 0b11111111111111이다.

해시 함수가 얼마나 균일한 분포로 해시값을 만들어 내는지를 해시 함수의 **엔트로피**라고 하며, 다음과 같이 정의한다.

$$S = -\sum_i p(i) \cdot \log\left(p(i)\right)$$

p(i)는 해시 함수가 i를 출력할 확률이다. 모든 해시값의 확률이 같을 때 엔트로피가 최대가 된다. 엔트로피가 최대가 되는 해시 함수는 최소 충돌을 보장하며 **완전** 해시 함수라고 한다.

사전의 크기가 무한하다면 정수를 해시 함수로 사용하는 것이 이상적이다. 정수의 해시값은 단순히 정수 그 자체이기 때문이다! 무한히 큰 사전은 마스크값도 무한하므로 해시값의 모든 Bit를 사용한다. 따라서 서로 다른 어떤 두 수에 대해서도 해시값이 다름을 보장할 수 있다.

하지만 사전의 크기가 유한하다면 이를 보장할 수 없다. 예를 들어 항목이 4개인 사전은 마스크값으로 0b111을 사용한다. 따라서 5의 해시값은 5 & 0b111 = 5이며 501의 해시값도 501 & 0b111 = 5라서 충돌이 발생한다.

> **NOTE_** 크기가 N인 사전에서 마스크값을 구하려면, 먼저 2/3를 더 채우는 데 필요한 최소 크기(N * (2 / 3 + 1))를 구한다. 그리고 항목을 그만큼 담을 수 있는 사전의 최소 크기(8; 32; 128; 512; 2048; 등)를 찾고 이 수를 표현할 수 있는 Bit 개수를 구한다. 예를 들어 N=1,039인 경우 최소 크기는 1,731이고 2,048 크기의 사전이 필요하다. 따라서 마스크값은 bin(2048 - 1) = 0b11111111111이다.

---

10 5,000개를 저장하려면 (2/3이면 해시 크기가 커진다는 사실을 고려하면) 최소 8,333버킷이 필요하다. 이 개수를 만족하는 테이블 크기는 16,384이다.

모든 유한한 사전에서 사용할 수 있는 완벽한 해시 함수는 없다. 하지만 저장할 값의 범위와 사전의 크기가 어느 정도인지 미리 알 수 있다면 좋은 선택을 하는 데 도움이 된다. 예를 들어 사전의 키로 두 소문자의 모든 조합('aa', 'ab', 'ac' 등 총 676개)을 사용한다면 [예제 4-6]의 해시 함수가 괜찮은 선택이 될 것이다.

예제 4-6 두 소문자를 조합한 최적 해시 함수

```python
def twoletter_hash(key):
    offset = ord('a')
    k1, k2 = key
    return (ord(k2) - offset) + 26 * (ord(k1) - offset)
```

이 해시 함수는 모든 두 소문자 조합에 대해서 해시 충돌이 발생하지 않으며, 항목 676개짜리 사전에는 크기가 2,048인 해시 테이블이 사용되므로 마스크값은 bin(2048 - 1) = 0b1111111111을 사용하면 된다.

[예제 4-7]은 나쁜 해시 함수를 선택한 사용자 정의 클래스의 문제를 극명하게 보여준다. 이 예제의 나쁜 해시 함수(사실상 최악의 해시 함수다!)는 좋은 해시 함수보다 무려 41.8배나 탐색 속도가 느리다.

예제 4-7 좋은 해시 함수와 나쁜 해시 함수의 시간 차이

```python
import string
import timeit

class BadHash(str):
    def __hash__(self):
        return 42

class GoodHash(str):
    def __hash__(self):
        """
        아래는 twoletter_hash 함수를 약간 개선한 버전이다.
        """
        return ord(self[1]) + 26 * ord(self[0]) - 2619

baddict = set()
gooddict = set()
for i in string.ascii_lowercase:
```

```
        for j in string.ascii_lowercase:
            key = i + j
            baddict.add(BadHash(key))
            gooddict.add(GoodHash(key))

badtime = timeit.repeat(
    "key in baddict",
    setup = "from __main__ import baddict, BadHash; key = BadHash('zz')",
    repeat = 3,
    number = 1_000_000,
)
goodtime = timeit.repeat(
    "key in gooddict",
    setup = "from __main__ import gooddict, GoodHash; key = GoodHash('zz')",
    repeat = 3,
    number = 1_000_000,
)

print(f"Min lookup time for baddict: {min(badtime)}")
print(f"Min lookup time for gooddict: {min(goodtime)}")

# 결과:
#   Min lookup time for baddict: 17.719061855008476
#   Min lookup time for gooddict: 0.42408075400453527
```

연습

1. 무한히 큰 사전(그리고 무한히 큰 마스크값)에서 정숫값을 해시로 사용하면 충돌이 발생하지 않음을 설명해보자.

2. 크기가 1,024인 해시 테이블에 [예제 4-6]의 해시 함수가 이상적인 해시 함수임을 설명해보자. 그보다 작은 해시 테이블에서는 좋은 선택이 아닌 이유는 무엇인가?

4.2 사전과 네임스페이스

사전에서 값을 찾는 작업은 빠르다. 하지만 불필요한 탐색은 다른 쓸데없는 코드만큼이나 실행 속도를 떨어트린다. 과도한 사전 탐색 때문에 이런 문제가 불거지는 곳이 바로 파이썬의 네임스페이스 관리다.

파이썬에서 변수, 함수, 모듈이 사용될 때 그 객체를 어디서 찾을지 결정하는 계층이 있다. 가장 먼저 모든 지역 변수를 담은 locals() 배열을 찾는다. 파이썬은 지역 변수 탐색을 빨리 끝내도록 최선을 다하며, 이 과정은 사전 탐색을 하지 않는 유일한 부분이다. 만약 여기서 해당 객체를 찾을 수 없으면 globals() 사전에서 찾는다. globals()에서도 찾을 수 없다면 마지막으로 __builtin__ 객체에서 찾는다. 여기서 locals()와 globals()는 명백한 사전이지만 __builtin__은 기술적으로는 모듈 객체라는 점이 중요하다. __builtin__은 그 모듈 내부에서 locals() 사전(여기에 모듈 객체와 클래스 객체가 저장된다)을 탐색하여 특정 속성을 찾는다.[11]

더 명확히 하기 위해 다른 범위^{scope}에 정의된 함수를 호출하는 간단한 예를 살펴보자(예제 4-8). 이어서 dis 모듈로 이 함수를 역어셈블(예제 4-9)하고 네임스페이스 탐색이 어떻게 이루어지는지 이해해보자(2.11.1 'dis 모듈로 C파이썬의 바이트코드 조사하기' 참고).

예제 4-8 네임스페이스 탐색

```
import math
from math import sin

def test1(x):
    """
    >>> %timeit test1(123_456)
    162 µs ± 3.82 µs per loop (mean ± std. dev. of 7 runs, 10000 loops each)
    """
    res = 1
    for _ in range(1000):
        res += math.sin(x)
```

---

11 역자주_ 앞에서 말한 locals() 배열은 함수 호출 시 만들어지는 스택 프레임 안의 지역 변수 영역을 의미한다. 어떤 함수 안에서 자신의 지역 변수에 접근할 때는 그 변수가 스택 프레임 내의 지역 변수 영역에서 몇 번째에 있는지를 이미 알기에 색인을 사용해 빠르게 접근할 수 있다. 반면, __builtin__에서 locals() 사전에 접근할 때는 색인으로 접근할 수가 없고, 변수 이름으로 검색해야 한다. 파이썬 내부 구조에 관심이 많은 독자는 http://pgbovine.net/cpython-internals.htm에 있는 동영상을 시청하면서 파이썬 인터프리터 소스 코드를 읽어보아라.

```
        return res

    def test2(x):
        """

        >>> %timeit test2(123_456)
        124 µs ± 6.77 µs per loop (mean ± std. dev. of 7 runs, 10000 loops each)
        """

        res = 1
        for _ in range(1000):
            res += sin(x)
        return res

    def test3(x, sin=math.sin):
        """

        >>> %timeit test3(123_456)
        105 µs ± 3.35 µs per loop (mean ± std. dev. of 7 runs, 10000 loops each)
        """

        res = 1
        for _ in range(1000):
            res += sin(x)
        return res
```

예제 4-9 네임스페이스 탐색 과정의 역어셈블

```
>>> dis.dis(test1)
    ...cut..
            20 LOAD_GLOBAL            1 (math)
            22 LOAD_METHOD            2 (sin)
            24 LOAD_FAST              0 (x)
            26 CALL_METHOD            1
    ...cut..

>>> dis.dis(test2)
    ...cut...
            20 LOAD_GLOBAL            1 (sin)
            22 LOAD_FAST              0 (x)
            24 CALL_FUNCTION          1
    ...cut...

>>> dis.dis(test3)
    ...cut...
            20 LOAD_FAST              1 (sin)
            22 LOAD_FAST              0 (x)
```

```
          24 CALL_FUNCTION                1
    ...cut...
```

첫 번째 함수 **test1**은 math 라이브러리에서 명시적으로 **sin** 함수를 호출했다. 바이트코드에서도 이를 확인할 수 있다. 먼저 math 모듈을 로드하고 그다음에 이 모듈에서 **sin** 함수를 찾는다. 여기까지 사전 탐색이 두 번 발생했는데, 하나는 math 모듈을 찾고 다른 하나는 이 모듈 안에서 **sin** 함수를 찾는다.

반면 **test2**는 math 모듈에서 명시적으로 **sin** 함수를 임포트했는데, 이 **sin** 함수는 전역 네임스페이스에서 직접 접근할 수 있다. 즉 math 모듈을 찾은 다음 모듈의 속성을 탐색하는 과정을 피할 수 있다. 하지만 여전히 전역 네임스페이스에서 **sin** 함수를 찾아야 한다. 이게 바로 모듈에서 필요한 함수를 명시적으로 임포트해야 하는 이유다. 이런 습관은 외부 소스에서 정확히 어떤 기능이 필요한지 알려주어 코드를 더 읽기 쉽게 할 뿐만 아니라, 특정 함수의 구현 변경을 간단하게 해주며 속도 향상에도 도움이 된다.

마지막으로 **test3**은 **sin** 함수를 키워드 인자로 받도록 하고 기본값을 math 모듈의 **sin** 함수로 지정했다. 여전히 math 모듈 안에서 이 함수를 찾아야 하지만, **test3** 함수가 최초로 정의될 때만 찾는다. 함수가 정의되고 나면 **sin** 함수에 대한 참조는 함수 정의부에 기본 키워드 인자의 형태로 지역 변수에 저장된다. 앞서 설명했듯이 지역 변수는 아주 빠르고 군더더기 없는 배열에 저장되어 사전 탐색이 필요치 않으므로 조금이나마 더 빠르게 동작한다.

비록 지금 살펴본 파이썬의 네임스페이스 탐색 결과가 흥미롭기는 하지만 **test3**은 사실 파이썬다운 코드는 아니다. 다행히도 이런 추가 사전 탐색으로 발생한 성능 저하는 해당 함수를 엄청나게 호출하는 때(줄리아 집합 예제에서 빠르게 동작하는 루프의 가장 안쪽 블록 같은)에만 목격할 수 있다. 이를 고려해서 루프 시작 전에 전역 참조를 지역 변수에 담아 두면 좋다. 함수가 호출될 때마다 루프가 시작되기 전에 전역 네임스페이스를 한 번 탐색해야 하지만 루프 안에서는 더 빠르게 작동한다. 사전 탐색에 걸리는 시간이 수백 나노초 정도라 해도, 이를 수백만 번 수행하면 누적되어 수 분이 될 수도 있다.

NOTE_ for 루프에 작업을 추가하고 res 변수를 갱신하기 때문에 [예제 4-8]의 벤치마크 결과가 혼란스러울 수도 있다. 초판에는 이 예제에 return sin(x)만 있었다. 그 결과 세 함수 모두 실행 시간이 나노초였고 의미 없는 결과만 얻었다.

[예제 4-8]처럼 루프를 넣고 res 변수를 변경함으로써 각 함수에 더 큰 부하를 추가하니 예상대로 코드의 차이에 따른 결과를 관찰할 수 있었다. 함수 안에 더 큰 부하를 추가하면 벤치마크/시간 측정 프로세스의 부가 비용이 결과에 미치는 영향을 줄일 수 있음이 확실하다. 일반적으로 여러분이 실행한 벤치마크가 나노초 수준의 시간 차이를 보인다면, 한 발짝 물러나 앉아서 생각해보라. 실행한 실험을 옳게 설계했는지 그리고 측정한 값이 벤치마크에 필요한 기능 변경instrumentation 때문에 측정 대상과는 무관한 대상이나 잡음을 측정하지 않는지 파악해야 한다.

4.3 마치며

사전과 셋은 키로 색인할 수 있는 데이터를 저장하는 환상적인 방법이다. 이 키로 해시값을 만드는 방식이 해당 자료구조의 성능을 좌우한다. 게다가 사전은 파이썬 내부에서도 사용하므로 사전의 작동 방식을 이해하면 데이터를 어떻게 구성할지 뿐만 아니라 코드를 어떻게 구성해야 할지도 더 잘 이해할 수 있다.

다음 장에서는 메모리에 전체 데이터를 미리 저장하지 않고도 데이터 순서 제어 등을 할 수 있는 제너레이터를 살펴본다. 제너레이터를 이용하면 파이썬의 고유 자료구조를 사용할 때 겪는 많은 문제를 피할 수 있다.

## CHAPTER 5

이터레이터와 제너레이터

이 장에서 배울 내용

- 제너레이터에서 메모리를 절약하는 방법

- 제너레이터가 유용한 상황

- 복잡한 제너레이터 작업에 itertools를 사용하는 방법

- 지연 연산이 효과적인 경우와 그렇지 않은 경우

다른 프로그래밍 언어에 익숙한 사람들이 파이썬을 처음 접하면 파이썬의 **for** 루프 표기법에 놀라곤 한다. 다른 언어의 루프는 보통 다음과 같은 형태다.

```
# 다른 언어
for (i=0; i<N; i++) {
    do_work(i);
}
```

파이썬에서는 range라는 새로운 함수를 도입했다.

```
# 파이썬
for i in range(N):
    do_work(i)
```

이 파이썬 코드는 루프가 지속되는 데 필요한 모든 데이터를 만들어내는 range라는 함수를 호출하는 것처럼 보인다. 직관적으로 생각해보면, 1부터 1억까지 수를 세려고 항목이 1억 개인 배열을 만들어야 한다면 시간이 오래 걸리고 메모리도 많이 필요할 것이다. 여기서 **제너레이터** generator가 위력을 발휘한다. 제너레이터를 사용하면 이런 종류의 함수를 필요할 때마다 지연 계산lazy evaluation할 수 있어서 성능상에 영향을 주지 않고도 이런 특별한 목적의 함수가 제공하는 높은 코드 가독성을 얻을 수 있다.

여러 피보나치 수Fibonacci number를 계산하는 함수를 리스트를 채워 넣는 방식과 제너레이터를 사용하는 방식으로 구현하며 이 개념을 이해해보자.

```python
def fibonacci_list(num_items):
    numbers = []
    a, b = 0, 1
    while len(numbers) < num_items:
        numbers.append(a)
        a, b = b, a+b
    return numbers

def fibonacci_gen(num_items):
    a, b = 0, 1
    while num_items:
        yield a    ❶
        a, b = b, a+b
        num_items -= 1
```

❶ 이 함수는 값 하나를 반환하는 대신 yield 문을 이용해 여러 값을 생산한다. 이로 인해 평범해 보이는 함수가 반복해서 다음 값을 생산하는 제너레이터로 변신한다.

먼저 fibonacci_list는 원하는 개수의 모든 피보나치 수를 담는 리스트를 생성하도록 구현되었다는 점을 짚고 넘어가자. 따라서 1만 개의 피보나치 수를 구하면 numbers 리스트에 값을 1만 번 추가한 다음(3장에서 살펴봤듯이 이 과정에는 부하가 발생한다) 리스트를 반환한다.

반면 제너레이터는 값을 여러 번 반환할 수 있다. 코드가 yield를 실행하는 순간 이 함수는 그 값을 방출하고, 다른 값 요청이 들어오면 이전 상태를 유지한 채로 실행을 재개하여 새로운 값을 방출한다. 함수가 끝나면 StopIteration 예외를 발생시켜 생산할 값이 더는 남아 있지 않음을 알린다. 그 결과, 두 함수가 결국 연산을 같은 횟수만큼 수행하는데도 fibonacci_list

를 사용한 루프는 메모리를 1만 배 이상(혹은 num_items배) 더 사용한다.

이 코드를 염두에 두고 fibonacci_list와 fibonacci_gen을 사용한 for 루프를 분석해보자. 파이썬의 for 루프에는 반복할 수 있는 객체가 필요하다. 즉 루프 밖에서 이터레이터^{iterator}를 생성할 수 있어야 한다는 의미다. 대부분의 객체에서 이터레이터를 생성하려면 파이썬 내장 함수인 iter를 사용하면 된다. 이 함수는 리스트, 튜플, 사전, 셋에서 사용할 수 있으며 객체의 값이나 키에 대한 이터레이터를 반환한다. 더 복잡한 객체라면 iter는 __iter__ 프로퍼티의 결과를 반환한다. fibonacci_gen이 이미 이터레이터를 반환했으므로 fibonacci_gen에 대해서 iter를 호출할 필요는 없다(fibonacci_gen에 대해서 iter를 호출하면 그냥 원래 객체를 반환한다. type(fibonacci_gen(10) == type(iter(fibonacci_gen(10)))이다). 하지만 fibonacci_list는 리스트를 반환하므로 리스트의 모든 값을 순회하는 리스트 이터레이터 객체를 새로 만들어야 한다. 이터레이터를 생성하고 나면 그 이터레이터에 next()를 호출하기만 해도 StopIteration 예외가 발생하기 전까지 새로운 값을 얻어올 수 있다. 이를 바탕으로 [예제 5-1]처럼 for 루프를 재구성해볼 수 있다.

예제 5-1 파이썬 for 루프 재구성하기

```
# 다음 파이썬 루프는
for i in object:
    do_work(i)

# 아래 코드와 같다.
object_iterator = iter(object)
while True:
    try:
        i = next(object_iterator)
    except StopIteration:
        break
    else:
        do_work(i)
```

예제의 for 루프 코드에서 fibonacci_gen 대신 fibonacci_list를 사용했을 때 추가로 iter를 호출함을 확인할 수 있다. fibonacci_gen을 사용하면 이터레이터로 변형되는 제너레이터를 생성한다(fibonacci_gen은 원래 이터레이터다). 하지만 fibonacci_list는 새로운 리스트를 할당하고 값을 미리 계산한 다음에 이터레이터를 생성해야 한다.

더 중요한 점은 한 번에 값이 하나만 필요하더라도 `fibonacci_list` 리스트를 미리 계산하려면 전체 데이터를 저장할 수 있는 공간을 할당하고 올바른 값을 넣어야 한다는 것이다. 여기서 리스트 할당은 쓸모없는 과정이다. `fibonacci_list`는 사용할 수 있는 용량보다 더 많은 메모리 할당을 시도해서 루프 자체를 실행하지 못하게 할 수도 있다(`fibonacci_list`(100_000_000)은 3.1GB 크기의 리스트를 생성한다!). 소요 시간을 비교해보면 그 차이가 더 명확해진다.

```python
def test_fibonacci_list():
    """
    >>> %timeit test_fibonacci_list()
    332 ms ± 13.1 ms per loop (mean ± std. dev. of 7 runs, 1 loop each)

    >>> %memit test_fibonacci_list()
    peak memory: 492.82 MiB, increment: 441.75 MiB
    """
    for i in fibonacci_list(100_000):
        pass


def test_fibonacci_gen():
    """
    >>> %timeit test_fibonacci_gen()
    126 ms ± 905 μs per loop (mean ± std. dev. of 7 runs, 10 loops each)

    >>> %memit test_fibonacci_gen()
    peak memory: 51.13 MiB, increment: 0.00 MiB
    """
    for i in fibonacci_gen(100_000):
        pass
```

결과를 보면 제너레이터 버전이 두 배 더 빠르고 측정할 수 없을 정도로 메모리도 적게 사용한다. 반면 `fibonacci_list`는 메모리를 441MB 사용한다. 이 시점에서 보면 리스트를 생성할 때 항상 제너레이터를 써야 한다고 생각할 수도 있다. 하지만 그렇게 하면 여러 가지 복잡한 문제가 생긴다.

예를 들어 피보나치 수 리스트를 여러 번 참조해야 한다면 어떨까? 이런 경우 `fibonacci_list`가 미리 계산한 수 리스트를 제공할 수 있다. 하지만 `fibonacci_gen`을 사용하면 피보나치 수를 매번 계산해야 한다. 일반적으로 미리 계산한 배열 대신 제너레이터를 사용하려면 알고리즘을 제너레이터에 맞춰 수정해야 하고, 때로는 이렇게 수정한 코드를 이해하기 쉽지 않다.[1]

> **NOTE_** 코드 구조를 잡을 때는 CPU 속도와 메모리 효율성 중 어느 쪽을 최적화할지 반드시 결정해야 한다. 때로는 추가 메모리를 사용해서 미리 값을 계산해두고 나중에 참조해서 전체 속도를 높일 수 있다. 때로는 메모리 제약이 심해서 결과를 메모리에 저장하지 못하고 값을 매번 계산하는 것이 유일한 해법일 수도 있다. 문제마다 CPU/메모리 트레이드오프 고려사항이 다르다.

이 문제와 관련해서 (소스 코드에서 자주 볼 수 있는) 간단한 예를 하나 살펴보자. 제너레이터를 사용해 수 시퀀스를 만들지만, 단지 길이를 알아내는 데만 리스트 내포를 사용하는 코드이다.

```
divisible_by_three = len([n for n in fibonacci_gen(100_000) if n % 3 == 0])
```

피보나치 수열을 만들려고 여전히 `fibonacci_gen`을 제너레이터로 사용하지만, 3으로 나뉘는 값을 배열에 저장하고 해당 배열에서 길이만 알아낸 다음에 데이터를 버린다. 이 과정에서 아무 이유 없이 86MB 크기의 데이터를 소모한다.[2] 사실 충분히 긴 피보나치 수열에 이런 작업을 한다면, 계산 자체가 매우 간단하더라도 메모리가 부족해서 코드가 실행되지 않는다.

리스트 내포는 [<값> for <항목> in <배열> if <조건>] 문법으로 생성할 수 있다. 이를 통해 모든 <값>이 있는 리스트를 생성한다. 이와 비슷하게 (<값> for <항목> in <배열> if <조건>) 문법을 사용해서 <값>을 생성하는 제너레이터를 만들 수 있다([]와 ()가 다르다).

리스트 내포와 제너레이터 내포generator comprehension 문법의 작은 차이를 활용해 divisible_by_three를 만드는 코드를 최적화할 수 있다. 하지만 제너레이터에는 length 속성이 없다는 점을 기억하자. 따라서 다음과 같이 머리를 써야 한다.

```
divisible_by_three = sum(1 for n in fibonacci_gen(100_000) if n % 3 == 0)
```

----

1 일반적으로 온라인(online)이거나 단일 패스(single pass)인 알고리즘은 제너레이터에 잘 들어맞는다. 하지만 알고리즘을 제너레이터를 사용해서 변경하려면, 변경한 알고리즘이 제너레이터의 데이터를 두 번 이상 참조하지 않는다는 사실을 반드시 확인해야 한다.

2 %memit len([n for n in fibonacci_gen(100_000) if n % 3 == 0])으로 계산했다.

여기서는 3으로 나뉘는 수를 만날 때마다 1을 생산하는 제너레이터를 만들었다. 다른 변경은
없다. 이 제너레이터가 생산한 모든 항목을 더하면 리스트 내포를 사용한 버전과 같은 결과를
얻을 수 있지만, 메모리는 거의 사용하지 않는다.

> **NOTE_** 시퀀스에 적용할 수 있는 파이썬 내장 함수는 보통 그 자체가 제너레이터이다(가끔 특별한 유형의
> 제너레이터도 있다). 예를 들어 range는 지정한 범위 안에 속한 수로 이뤄진 실제 리스트 대신 제너레이터를
> 반환한다. 이와 비슷하게 map, zip, filter, reversed, enumerate_all은 모두 전체 결과를 저장하지 않
> 고 필요에 따라 연산을 수행한다. 이 말은 zip(range(100_100), range(100_100))이라는 연산이 전체
> 범위에 대한 결과를 미리 만들지 않고 항상 요청에 해당하는 두 값만 메모리에 있다는 뜻이다.

이 정도로 길이가 짧은 시퀀스에서는 이 두 버전의 성능이 거의 같지만, 메모리 사용량은 제너
레이터를 사용한 쪽이 훨씬 적다. 게다가 리스트의 값만 필요할 뿐, 값의 위치나 전/후 값 관련
정보는 필요 없으니 리스트 버전을 제너레이터를 사용하는 버전으로 간단하게 변경할 수 있다.
더 복잡한 함수도 제너레이터로 변경할 수 있지만 상태 의존적인 코드라면 작업이 어려울 수
있다.

5.1 이터레이터로 무한급수 표현하기

미리 아는 개수의 피보나치 수를 계산하는 대신, 모든 피보나치 수를 계산하려면 어떻게 해야
할까?

```python
def fibonacci():
    i, j = 0, 1
    while True:
        yield j
        i, j = j, i + j
```

이 코드는 `fibonacci_list` 코드가 할 수 없는 일을 한다. 바로 무한급수 각 항의 수를 함수로
캡슐화encapsulation하는 작업이다. 이렇게 하면 이 스트림에서 원하는 대로 값을 가져오고, 충분
히 처리가 끝나면 프로그램을 종료할 수 있다.

제너레이터를 사용하면 코드의 흐름을 숨기게 되니 너무 남발하면 안 된다. 즉, 제너레이터는 코드를 정돈하고 루프를 더 영리하게 작성하는 수단이다. 예를 들어 "5,000 이하의 피보나치 수 중에서 홀수는 몇 개인가?"를 여러 가지 방법으로 셀 수 있다.

```python
def fibonacci_naive():
    i, j = 0, 1
    count = 0
    while j <= 5000:
        if j % 2:
            count += 1
        i, j = j, i + j
    return count

def fibonacci_transform():
    count = 0
    for f in fibonacci():
        if f > 5000:
            break
        if f % 2:
            count += 1
    return count

from itertools import takewhile
def fibonacci_succinct():
    first_5000 = takewhile(lambda x: x <= 5000,
                           fibonacci())
    return sum(1 for x in first_5000
               if x % 2)
```

이상의 방법은 모두 속도와 메모리 사용량memory footprint이 비슷하다. 하지만 `fibonacci_transform` 함수가 몇 가지 면에서 유리하다. 첫째, `fibonacci_succinct`보다 더 자세히 풀어썼으므로 다른 개발자가 디버깅하거나 이해하기 쉽다. 다음 절에서 `itertools`를 사용하는 일반적인 워크플로를 살펴볼 때 다시 언급하겠지만, `fibonacci_succinct`는 `itertools`를 사용할 때 조심해야 할 방식이다. `itertools`는 이터레이터를 사용하는 단순한 작업을 아주 간단하게 해주지만 파이썬스럽지 않은 코드를 양산한다. 반대로 `fibonacci_naive`는 한 번에 여러 작업을 하므로 실제 어떤 계산을 수행하는지 알아보기 힘들다. 반면, 제너레이터 함수를 보면 다른 계산의 영향을 받지 않으면서 피보나치 수열을 순회한다는 사실을 쉽게 알 수 있다. 마지막으로 `fibonacci_transform` 함수가 더 일반화하기 쉽다. 함수 이름을 `num_odd_under_5000`으로 바꾸고 제너레이터를 인자로 받으면 어떤 수열에서도 동작하는 함수가 된다.

`fibonacci_transform`과 `fibonacci_succinct`의 또 다른 장점은 계산 과정을 데이터의 생성과 변형, 두 단계로 구분해서 생각하도록 해준다는 점이다. `fibonacci` 함수가 데이터를 생성하면 `fibonacci_transform` 함수가 이를 변경한다. 이렇게 확실히 구분해서 기능성과 명확성을 보장했다. 다른 데이터를 처리하려고 데이터를 변경하는 함수만 재사용할 수도 있고 기존 데이터에 추가 작업을 해주는 다른 함수를 더할 수도 있다. 복잡한 프로그램을 작성할 때 이런 방식은 빛을 발한다. 하지만 이 모든 장점은 제너레이터를 데이터를 생성하는 목적으로만 사용하고 생성된 데이터는 일반 함수가 처리하도록 분명히 구분할 때 얻을 수 있다.

5.2 제너레이터의 지연 계산

앞에서 잠시 언급했듯이, 현잿값만 필요한 경우에 제너레이터가 메모리 사용 측면에서 유리하다. 제너레이터를 사용한 피보나치 수열 계산에서도 현잿값만 사용할 뿐, 수열의 다른 값을 참조할 수는 없다(이런 알고리즘을 **단일 패스**single pass 또는 **온라인**online이라고 한다). 이런 특징 때문에 가끔 제너레이터를 사용하기 어려운데, 이럴 때 도움이 되는 모듈과 함수가 많다.

그중 표준 라이브러리인 `itertools`가 가장 대표적이다. `itertools`는 유용한 함수를 많이 제공하는데, 대표적인 함수는 다음과 같다.

`islice`
제너레이터에 대한 슬라이싱 기능을 제공한다.

`chain`
여러 제너레이터를 연결chaining할 수 있다.

`takewhile`
제너레이터 종료 조건을 추가할 수 있다.

`cycle`
유한한 제너레이터를 계속 반복하여 무한 제너레이터로 동작하도록 한다.

대용량 데이터 분석에 제너레이터를 사용하는 예제를 만들어보자. 초 단위로 기록한 데이터를 20년 치 분석한다면 처리해야 할 데이터의 수는 631,152,000개다. 데이터를 초 단위로 한 줄씩 기록해서 파일에 저장했다. 전체 데이터셋을 메모리에 올릴 수 없는 상황이다. 이 데이터에서 간단한 특이점을 찾아야 한다고 가정하면 리스트 할당 없이 제너레이터만으로 해결할 수 있다!

문제는 다음과 같다. '타임스탬프, 값'의 형태로 저장된 데이터 파일에서 정규 분포를 벗어나는 날짜를 찾아야 한다. 먼저 파일을 줄 단위로 읽어서 각 줄의 값을 파이썬 객체로 출력하는 코드를 작성하자. 그리고 알고리즘을 테스트할 수 있도록 가짜 데이터를 생산할 read_fake_data 제너레이터를 만들자. read_fake_data 제너레이터는 read_data 함수와 같은 시그니처signature가 되도록 filename 인자를 받지만 이 인자를 사용하지는 않는다. 이 두 함수는 [예제 5-2]에 있다. 이들은 제너레이터의 next()가 호출될 때만 실제로 파일에서 한 줄을 읽거나 가짜 데이터를 생성하는 지연 계산을 구현한다.

예제 5-2 필요할 때만 데이터 읽기

```
from random import normalvariate, randint
from itertools import count
from datetime import datetime

def read_data(filename):
    with open(filename) as fd:
        for line in fd:
            data = line.strip().split(',')
            timestamp, value = map(int, data)
            yield datetime.fromtimestamp(timestamp), value

def read_fake_data(filename):
    for timestamp in count():
        # 일주일에 한 번씩 특이한 데이터를 넣는다.
        if randint(0, 7 * 60 * 60 * 24 - 1) == 1:
            value = normalvariate(0, 1)
        else:
            value = 100
        yield datetime.fromtimestamp(timestamp), value
```

같은 날 발생한 데이터를 묶어서 반환하는 함수를 만들어보자. 이를 위해 `itertools`의 `groupby` 함수를 사용한다(예제 5-3). 이 함수는 연속적인 항목과 이 항목을 그룹으로 묶어줄 키를 인자로 받고, 튜플을 생성하는 제너레이터를 반환한다. 이 튜플에는 그룹의 키와 그룹의 항목을 생성하는 제너레이터가 담겨 있다. 데이터가 기록된 시점의 날짜를 키 함수로 사용한다. '키' 함수는 어떤 속성을 이용해서도 만들 수 있다. 그룹을 시간별로 묶거나 연도별로 묶어도 된다. 유일한 제약은 그룹으로 묶이는 데이터가 연속적이어야 한다는 점이다. 예를 들어 입력이 A A A A B B A A이고 groupby를 사용해 글자별로 묶으면 (A, [A, A, A, A]), (B, [B, B]), (A, [A, A]) 이렇게 세 그룹이 생긴다.

예제 5-3 데이터 그룹 만들기

```
from itertools import groupby

def groupby_day(iterable):
    key = lambda row: row[0].day
    for day, data_group in groupby(iterable, key):
        yield list(data_group)
```

이제 특이점을 찾는 코드를 작성해보자. [예제 5-4]에서는 날짜별 데이터가 정규 분포 (`scipy.stats.normaltest` 사용)를 따르는지를 돌려주는 함수를 만든다. 이 함수와 `itertools.filterfalse`를 사용해 테스트를 통과하지 **못한** 입력 데이터셋만 얻을 수 있다. 이 입력을 특이점으로 간주할 수 있다.

> **NOTE_** [예제 5-3]에서 **data_group**은 이터레이터로 제공되는데도 이를 **list**로 형변환casting했다. **normaltest** 함수가 배열과 비슷한 객체를 요구하기 때문이다. 하지만 '단일 패스'로 데이터를 처리하는 **normaltest**를 직접 작성할 수도 있다. '웰포드Welford의 온라인 평균 알고리즘(http://oreil.ly/p2g8Q)'을 사용해 비대칭도skew와 첨도kurtosis를 계산할 수 있다. 이렇게 하면 어떤 날짜에 관한 전체 데이터를 저장하지 않고 메모리에 데이터셋의 한 데이터만 저장하면 되므로 메모리를 더 많이 절약할 수 있다. 하지만 시간 성능의 퇴행과 개발에 걸리는 시간을 함께 고려해야 한다. 이 문제에서는 하루 치 데이터를 메모리에 저장하면 충분한지, 최적화가 더 필요한지를 생각해 봐야 한다.

```python
from scipy.stats import normaltest
from itertools import filterfalse

def is_normal(data, threshold=1e-3):
    _, values = zip(*data)
    k2, p_value = normaltest(values)
    if p_value < threshold:
        return False
    return True

def filter_anomalous_groups(data):
    yield from filterfalse(is_normal, data)
```

마지막으로, 제너레이터를 조합하여 특이점을 찾아내보자(예제 5-5).

예제 5-5 모두 함께 연결하기

```python
from itertools import islice


def filter_anomalous_data(data):
    data_group = groupby_day(data)
    yield from filter_anomalous_groups(data_group)

data = read_data(filename)
anomaly_generator = filter_anomalous_data(data)
first_five_anomalies = islice(anomaly_generator, 5)

for data_anomaly in first_five_anomalies:
    start_date = data_anomaly[0][0]
    end_date = data_anomaly[-1][0]
    print(f"Anomaly from {start_date} - {end_date}")
```

```
# 'read_fake_data'를 사용해 위 코드를 실행한 결과
Anomaly from 1970-01-10 00:00:00 - 1970-01-10 23:59:59
Anomaly from 1970-01-17 00:00:00 - 1970-01-17 23:59:59
Anomaly from 1970-01-18 00:00:00 - 1970-01-18 23:59:59
Anomaly from 1970-01-23 00:00:00 - 1970-01-23 23:59:59
Anomaly from 1970-01-29 00:00:00 - 1970-01-29 23:59:59
```

이 방법을 사용해서 전체 데이터를 한 번에 다 읽지 않고도 특이점을 간단하게 찾을 수 있다. 특이점을 5개 찾을 때까지만 데이터를 생성한다. 그리고 다음에 특이점을 더 가져와야 한다면 anomaly_generator를 계속 사용할 수 있다. 이를 **지연 계산**lazy evaluation이라고 부른다. 명시적으로 요청된 데이터에 대한 계산만 이뤄지므로, 빠른 종료 조건이 있다면 전체 실행 시간이 엄청나게 줄어든다.

이런 방식으로 분석을 시도하면 코드를 많이 고치지 않고도 대규모 분석을 쉽게 할 수 있다. 예를 들어 하루 단위가 아니라 한 시간 크기의 이동창moving window으로 계산하려면 [예제 5-3]의 groupby_day를 다음 함수로 대신하면 된다.

```python
from datetime import datetime
from itertools import islice

def groupby_window(data, window_size=3600):
    window = tuple(islice(data, window_size))
    for item in data:
        yield window
        window = window[1:] + (item,)
```

여기에서는 하루 치 데이터를 다루는 대신 한 시간 치 데이터(3,600개)만 저장하므로 메모리도 절약된다. 또한 for 루프에서 가져오는 첫 번째 항목은 window_size 번째 값이라는 점도 알 수 있다. data가 이터레이터이고, 바로 앞줄에서 window_size만큼의 값을 소비했기 때문이다.

마지막으로 groupby_window 함수에서는 계속 새로운 튜플을 만들어 데이터를 채워 넣고, 호출한 쪽에 내보냈다. collections 모듈의 deque를 사용해서 이런 과정을 최적화할 수 있다. deque를 사용하면 리스트의 시작과 끝에 항목을 추가하고 삭제하는 과정을 O(1) 시간복잡도로 처리할 수 있다. 리스트의 끝에 항목을 추가하거나 삭제할 때는 O(1)이지만 리스트의 시작 지점에 항목을 추가하거나 삭제할 때는 O(n) 시간이 걸린다. deque 객체를 사용하면 메모리를 추가로 사용하거나 O(n) 시간이 걸리는 작업을 하지 않고도 새로운 데이터를 리스트의 끝에 추가하거나 deque.popleft()로 리스트 시작 지점의 항목을 삭제할 수 있다. 하지만 deque 객체를 사용할 때는 메모리 내용을 제자리in-place에서 갱신하거나 이동창에 대한 이전 뷰를 제거해야 한다(6.4.1 '메모리 할당과 제자리 연산'에서 자세히 다룬다). 이를 해결하는 유일한 방법은 호출한 쪽에 돌려주기 전에 데이터를 튜플에 복사하는 것이다. 하지만 이 방식은 코드 변경의 모든 이점을 사라지게 한다!

5.3 마치며

이터레이터를 사용한 특이점 찾기 알고리즘을 작성하면서 메모리에 담을 수 없는 대용량 데이터를 처리하는 방법을 배웠다. 리스트를 사용했다면 실행 시간을 잡아먹는 **append** 연산 때문에 이보다 훨씬 느리게 동작했을 것이다.

이터레이터는 파이썬의 기본 타입이므로 주저하지 말고 사용해서 애플리케이션에서 이용하는 메모리를 줄이자. 지연 계산으로 필요한 데이터만 처리할 수 있고 꼭 필요할 때가 아니면 이전 상태를 저장하지 않으므로 메모리도 아낄 수 있다. 11장에서는 메모리가 문제가 되는 특정 상황에서 사용할 수 있는 새로운 방법을 소개할 것이다.

9장과 10장에서 살펴보겠지만, 이터레이터를 사용하면 여러 CPU나 여러 대의 컴퓨터를 사용해서 문제를 해결하는 코드를 작성하는 데 대비할 수도 있다. 5.1절 '이터레이터로 무한급수 표현하기'에서 살펴봤듯이 이터레이터를 작성할 때는 알고리즘이 동작하는 데 필요한 다양한 상탯값에 대해서 고민해야 한다. 알고리즘을 실행하는 데 필요한 상탯값을 어떻게 포장할지 알아내면 어디서 실행하든 문제 되지 않는다. 이에 관한 사례는 **map**과 비슷한 함수를 이용해서 병렬로 작업을 실행하는 **multiprocessing**과 **ipython** 모듈에서도 찾을 수 있다.

## CHAPTER 6

행렬과 벡터 계산

이 장에서 배울 내용

- 벡터 연산 병목 지점의 위치
- 계산 과정 중에 CPU를 효율적으로 사용하는지 알아볼 수 있는 도구
- 산술 계산에서 numpy가 순수 파이썬보다 더 빠른 이유
- 캐시 미스와 페이지 폴트
- 코드 내에서 메모리 할당을 추적하는 방법

어떤 프로그램을 작성하든 언젠가는 벡터 연산과 마주치게 된다. 벡터 연산은 컴퓨터가 계산하는 필수적인 방식이자 프로그램을 빠르게 실행하기 위한 필수 불가결한 요소다. 원초적인 수준에서 보면 컴퓨터는 단순히 수치를 계산할 수 있을 뿐이며, 한 번에 계산을 몇 번 할 수 있느냐가 프로그램 실행 속도에 영향을 미친다.

이 장에서는 비교적 간단한 수학 문제인 확산 방정식을 푸는 동안 CPU에서 일어나는 일들을 이해해봄으로써 앞의 문제를 자세히 살펴보기로 한다. 여러 파이썬 코드가 CPU에 어떤 영향을 주는지 이해하고, 이를 효과적으로 조사하기 위한 방법과 다른 문제에 접근하는 방법도 배운다.

먼저 확산 방정식을 알아본 다음 순수 파이썬을 이용한 해법을 살펴본다. 몇 가지 메모리 관련 문제를 밝혀내고 순수 파이썬을 이용해서 해결한 뒤 **numpy**가 코드 속도를 어떻게 개선하는지

알아본다. 그리고 우리의 문제를 바로 풀 수 있도록 알고리즘을 약간 특화할 것이다. 라이브러리의 일반적인 요소를 제거하면 속도를 더 개선할 수 있다. 다음으로는 이런 과정에 도움이 되는 외부 모듈을 몇 가지 소개하고 프로파일하기 전에 최적화부터 시도하면 안 되는 이유도 알아본다.

마지막으로 팬더스 라이브러리를 살펴본다. 팬더스는 numpy 위에 구축한 라이브러리로, 균일한 타입의 데이터로 이뤄진 열을 입력으로 받아서 불균일한 타입의 표로 저장한다. 팬더스는 순수 numpy 타입을 너머서 이제는 자체적으로 numpy 데이터 타입과 빠진 데이터를 함께 처리할 수 있는 타입을 혼합해 사용할 수 있다. 팬더스는 과학 계산 코드 개발자와 데이터 과학자에게 매우 유명하지만, 이를 더 빠르게 실행하는 방법에 관해서는 잘못된 정보가 많다. 우리는 이런 문제 중 일부를 다루며 성능이 뛰어나고 지원 가능한 분석 코드를 작성할 때 쓸모 있는 팁을 제공한다.

6.1 문제 소개

이 장에서는 유체 확산 예제를 반복해서 사용하며 행렬과 벡터 연산을 살펴본다. 확산은 유체가 이동하여 균일하게 섞이는 메커니즘이다.

> **NOTE_** 여기서는 이번 장에서 풀어볼 방정식을 소개한다. 이 장의 다른 절을 읽기 전에 이 내용을 반드시 이해할 필요는 없다. 만약 이 절을 건너뛰고 싶다면 [예제 6-1]과 [예제 6-2]에 소개된 알고리즘만이라도 읽어 우리가 최적화할 코드를 확실히 숙지하자.
> 이 절의 내용보다 더 자세한 설명을 원한다면 『Numerical Recipes, 3판』(캠브리지대학교 출판부, 2007)의 17장을 참고하라.

여기서는 확산 방정식의 수학적인 정의를 알아본다. 조금 복잡할 수 있지만, 이해하기 쉽도록 문제를 빠르게 단순화할 예정이므로 걱정하지 말자. 우리가 풀어볼 최종 방정식의 기본을 이해한다면 이 장을 읽는 데 도움이 될 것이다. 후속 장에서는 방정식보다 코드의 다양한 계산식에 초점을 맞추므로 필수는 아니지만, 방정식을 이해하면 코드를 최적화하는 방식에 관한 직관을 기를 수 있다. 코드가 의도하는 바와 알고리즘의 세세한 내용까지 이해하면 최적화 방식에 관한 깊은 통찰을 얻을 수 있다.

확산의 간단한 예로 물감을 물에 푸는 모습을 생각해보자. 실온의 물에 물감을 몇 방울 떨어뜨리면 물감이 천천히 퍼지면서 물과 완전히 섞일 때까지 움직인다. 물을 젓지 않았고 대류가 발생할 정도로 온도가 높지도 않으므로 두 액체가 섞이는 과정은 주로 확산으로 이루어진다. 이 방정식을 수학적으로 풀려면 [그림 6-2]처럼 초기 상태의 모습을 선택해 시간에 따라 이 상태를 변화시켜서 나중 상태를 살펴볼 수 있어야 한다.

그러려면 확산 과정의 공식을 알아야만 한다. 1차 편미분 방정식으로 나타낸 확산 방정식은 다음과 같다.

$$\frac{\partial}{\partial t} u(x, t) = D \cdot \frac{\partial^2}{\partial x^2} u(x, t)$$

이 공식에서 u는 확산하는 유체의 양을 나타내는 벡터다. 예를 들어 벡터의 값이 0이라면 순수하게 물만 존재하고 값이 1이라면 물감만 존재함을 의미한다(0과 1 사이의 값은 두 유체가 섞여 있음을 나타낸다). 일반적으로는 실제 유체를 2차원(면적)이나 3차원(부피) 행렬로 표현해서 나타낸다. 이런 방식으로 u는 컵 안에 든 유체를 나타내는 3차원 행렬이 되고, x축을 따라 2차 도함수를 적용하는 대신 모든 방향에 대해 계산을 수행한다. D는 확산 계수로, D 값이 클수록 쉽게 확산한다. 계산에는 포함했지만, 예제가 너무 복잡해지지 않도록 코드에서는 D = 1로 표현할 것이다.

> **NOTE_** 확산 방정식은 **열 방정식**이라고도 한다. 이때 u는 온도, D는 열전도율을 나타낸다. 열 방정식은 열이 전도되는 과정을 알려준다. 따라서 물에 물감이 퍼지는 과정을 계산하는 대신 CPU에서 발생한 열이 방열판으로 전도되는 과정을 계산할 수도 있다.

이제 우리는 시간과 공간상에서 연속적인 확산 방정식을 이용해서 불연속적인 공간과 시간으로 근삿값을 구하려 한다. 이때 **오일러 방법**Euler's Method을 이용한다. 오일러 방법은 도함수를 단순한 차로 기술하며, 다음과 같이 정의한다.

$$\frac{\partial}{\partial t} u(x, t) \approx \frac{u(x, t + dt) - u(x, t)}{dt}$$

여기서 dt는 상수다. 이 상수는 시간의 단위, 또는 이 방정식을 풀 시간의 정밀도를 나타낸다. 예를 들면 우리가 만들 동영상의 초당 프레임 수라 생각해도 좋다. 동영상의 초당 프레임 수가 증가하면(dt가 줄어들면) 영상이 더 또렷해진다. 사실, dt가 0에 수렴할수록 오일러 근사치는 점점 정확해진다(이론상으로는 정확해지지만 컴퓨터에서 계산할 수 있는 실수의 정밀도는 유한하므로 산술 오류 때문에 결과가 틀려진다). 이처럼 u(x, t)가 주어졌을 때 u(x, t+dt)를 계산할 수 있도록 방정식을 고쳐 쓰자. 이렇게 하는 이유는 초기 상태(컵 속에 든 물에 물감을 한 방울 막 떨어트린 시점의 상태를 나타내는 u(x, 0))에서 미래 특정 시점(u(x, dt))의 상태로 변화하는 과정을 자세히 관찰하기 위함이다. 이런 문제를 **초깃값 문제**initial value problem 또는 **코시 문제**Cauchy problem라고 한다. x를 포함하는 도함수에 유한 차분 근사법을 이용해서 다음과 같은 최종 방정식을 유도할 수 있다.

$$u(x, t + dt) = u(x, t) + dt * D * \frac{u(x + dx, t) + u(x - dx, t) - 2 \cdot u(x, t)}{d x^2}$$

dt가 초당 프레임 수를 나타낸다면 dx는 동영상의 해상도를 나타낸다고 할 수 있다. dx 값이 작아질수록 행렬의 셀 크기도 점점 작아진다. D = 1, dx = 1로 정의해서 계산을 단순화하자. 이 두 값은 정식으로 물리 시뮬레이션을 할 때는 매우 중요하지만, 우리는 단순히 확산 방정식을 풀어가는 과정을 살펴보려 하므로 크게 중요하지 않다.

이 방정식을 사용해서 대부분의 확산 문제를 풀 수 있다. 하지만 주의해야 할 사항이 몇 가지 있다. 먼저 u로 표시한 공간 색인(x 매개변수)은 행렬의 색인을 나타낸다. 그러면 x가 행렬의 시작점일 때 x-dx 값은 어떻게 구해야 하는가? 이 문제를 **경계 조건**boundary condition이라고 한다. "행렬의 경계를 벗어나는 모든 값은 0(혹은 다른 값)으로 둔다"라고 경계 조건을 정해둘 수 있다. 아니면 이를 둘러싸는 주기적 경계 조건periodic boundary conditions을 설정할 수도 있다. 예를 들어 행렬 한 차원의 크기가 N일 때 그 차원에서 색인이 -1인 값은 N-1 값이고 N 위치의 값은 색인이 0인 위치의 값과 같게 한다. 다시 말하면, i 위치의 값을 읽으려면 (i%N) 값을 읽으면 된다.

시간의 변화에 따른 u 값을 어떻게 저장할지도 고려해야 한다. 계산하려는 시점마다 행렬이 하나씩 필요하다. 유체의 상태 변화를 살펴보려면, 현재 상태와 다음 상태를 나타내는 데 최소한 행렬이 두 개 필요하다. 앞으로 살펴보겠지만 이런 특성이 성능에 미치는 영향은 어마어마하다.

자, 그러면 실제로 이 문제를 풀어보자. 방금 만든 방정식을 사용해서 문제를 풀어가는 과정을 [예제 6-1]에서 의사 코드로 표현했다.

```
# 초기 조건을 생성한다.
u = vector of length N
for i in range(N):
    u = 0 if there is water, 1 if there is dye

# 초기 조건을 변경한다.
D = 1
t = 0
dt = 0.0001
while True:
    print(f"Current time is: {t}")
    unew = vector of size N

    # 행렬의 각 셀을 갱신한다.
    for i in range(N):
        unew[i] = u[i] + D * dt * (u[(i+1)%N] + u[(i-1)%N] - 2 * u[i])
    # 갱신된 해법을 u로 옮긴다.
    u = unew

    visualize(u)
```

이 코드는 물감이 물에 퍼지는 과정을 0.0001초 간격으로 보여준다. 한 방울의 물감이 시간이 흐름에 따라 서서히 물과 섞이는 과정은 [그림 6-1]에서 확인할 수 있다. 물감 한 방울이 물에 떨어지고(t = 0) 물과 잘 섞여(t = 10500) 물감의 농도가 전체적으로 비슷해진다.

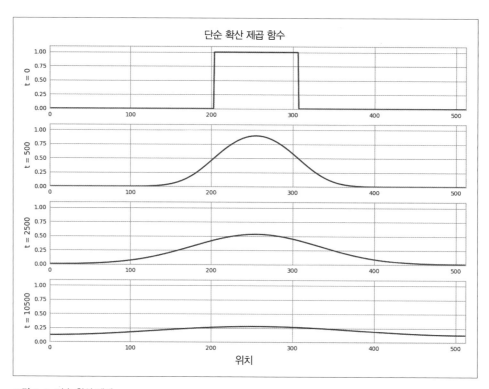

그림 6-1 단순 확산 예제

이번에는 앞서 소개한 방정식의 2차원 버전을 풀어보자. 벡터(또는 색인이 하나인 행렬)를 다루는 대신 2차원 행렬을 다뤄야 한다는 뜻이다. 방정식에서 바뀌는 부분(따라서 관련된 코드도 변경해야 하는 부분)은 x축뿐 아니라 y축에 대한 2차 도함수도 취해야 한다는 점이다. 따라서 방정식도 다음과 같이 바뀐다.

$$\frac{\partial}{\partial t} u(x,\ y,\ t) = D \cdot \left(\frac{\partial^2}{\partial x^2} u(x,\ y,\ t) + \frac{\partial^2}{\partial y^2} u(x,\ y,\ t) \right)$$

앞서 사용한 방법과 같은 방법을 사용하는 2차원 확산 방정식의 의사 코드는 [예제 6-2]에 있다.

```
for i in range(N):
    for j in range(M):
        unew[i][j] = u[i][j] + dt * (
            (u[(i + 1) % N][j] + u[(i - 1) % N][j] - 2 * u[i][j]) + # d^2 u / dx^2
            (u[i][(j + 1) % M] + u[i][(j - 1) % M] - 2 * u[i][j])   # d^2 u / dy^2
        )
```

이 모든 것을 조합하여 파이썬으로 2차원 확산을 계산하는 코드를 작성해보자. 이번 장에서는 이 코드를 기초로 벤치마크를 수행할 것이다. 코드가 조금 더 복잡해졌지만 결과는 단순 확산의 결과와 유사하다(그림 6-2).

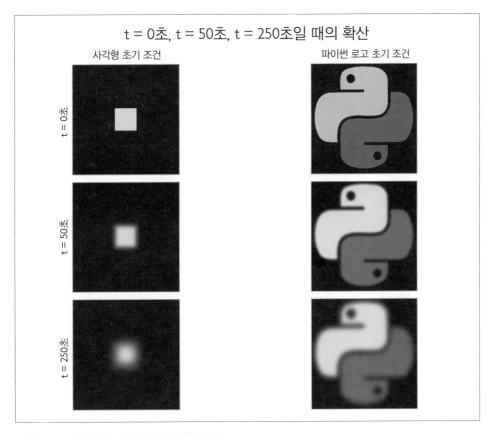

그림 6-2 두 가지 초기 조건을 사용한 2D 확산 예제

이번 절에서 다룬 확산에 대해 더 자세히 알고 싶다면 위키백과의 확산 방정식(http://bit.ly/diffusion_eq)과 S.V. 구리비치^{Gurevich}의 'Numerical methods for complex systems' 7장(http://bit.ly/Gurevich)을 참고하자.

6.2 파이썬의 리스트만으로 충분할까?

[예제 6-1]의 의사 코드를 살펴보고 실행 시간 성능 분석이 용이하도록 식을 세워보자. 먼저 행렬을 받아 변화된 상태를 반환하는 evolve 함수를 작성하자(예제 6-3).

예제 6-3 순수 파이썬으로 작성한 2차원 확산

```
grid_shape = (640, 640)


def evolve(grid, dt, D=1.0):
    xmax, ymax = grid_shape
    new_grid = [[0.0] * ymax for x in range(xmax)]
    for i in range(xmax):
        for j in range(ymax):
            grid_xx = (
                grid[(i + 1) % xmax][j] + grid[(i - 1) % xmax][j] - 2.0 * grid[i][j]
            )
            grid_yy = (
                grid[i][(j + 1) % ymax] + grid[i][(j - 1) % ymax] - 2.0 * grid[i][j]
            )
            new_grid[i][j] = grid[i][j] + D * (grid_xx + grid_yy) * dt
    return new_grid
```

> **NOTE_** new_grid 리스트를 먼저 할당하지 않고 for 루프 안에서 append로 리스트를 생성할 수도 있었다. 그 방식이 앞의 코드보다 더 빠르지만, 이 방식을 택한 이유는 바로 코드의 흐름을 이해하기 더 쉽기 때문이다.

전역 변수 grid_shape는 시뮬레이션할 공간을 위한 변수이며 앞 절에서 설명한 주기적 경계 조건(색인에 나머지 연산을 적용하는)을 사용한다. 실제로 이 코드를 사용하려면 격자를 초기화하고 여기에 evolve를 호출해야 한다. [예제 6-4]의 코드는 아주 전형적인 초기화 과정이며

이 장의 전반에 걸쳐 재사용할 것이다. 계속 호출되는 **evolve** 함수와 다르게 초기화 과정은 단한 번만 실행되므로 성능 분석에서는 제외한다.

예제 6-4 순수 파이썬으로 작성한 2차원 확산 방정식의 초기화

```python
def run_experiment(num_iterations):
    # 초기 조건을 설정한다. ❶
    xmax, ymax = grid_shape
    grid = [[0.0] * ymax for x in range(xmax)]

    # 시뮬레이션 영역의 중간에 물감이 한 방울
    # 떨어진 상태를 시뮬레이션하기 위한 초기 조건들
    block_low = int(grid_shape[0] * 0.4)
    block_high = int(grid_shape[0] * 0.5)
    for i in range(block_low, block_high):
        for j in range(block_low, block_high):
            grid[i][j] = 0.005

    # 초기 조건을 변경한다.
    start = time.time()
    for i in range(num_iterations):
        grid = evolve(grid, 0.1)
    return time.time() - start
```

❶ [그림 6–2]에서 사용한 초기 조건과 같다.

dt 값과 격자 항목은 알고리즘이 안정적으로 동작하기에 충분히 작은 값으로 선택되었다. 이 알고리즘의 수렴 특성에 관한 자세한 내용은 위키백과의 'Numerical Recipes(`https://oreil.ly/08Seo`)'를 참고하자.

6.2.1 너무 잦은 할당의 문제

line_profiler를 사용해서, 순수 파이썬으로 작성한 **evolve** 함수의 실행 속도를 느리게 만드는 원인을 밝혀보자. [예제 6–5]의 프로파일링 결과에 따르면 도함수를 계산하고 행렬의 값을 갱신하는 데 대부분의 시간이 소비됐다.[1] 이는 순전히 CPU를 많이 사용하는 문제이므로 우

---

1 [예제 6–3]은 책의 폭에 맞춰 코드를 일부 잘라냈다. 프로파일을 하려면 kernprof에 @profile 데커레이터를 사용해야 한다는 사실을 기억하자(2.8절 'line_profiler로 한 줄씩 측정하기' 참고).

리가 기대했던 결과가 나왔다. 만약 문제 해결과 직접 관련되지 않은 부분에 든 시간이 있다면 그 부분은 최적화를 해야 한다.

예제 6-5 순수 파이썬 2차원 확산 방정식 프로파일링

```
$ kernprof -lv diffusion_python.py
Wrote profile results to diffusion_python.py.lprof
Timer unit: 1e-06 s

Total time: 787.161 s
File: diffusion_python.py
Function: evolve at line 12

Line #      Hits         Time  Per Hit   % Time  Line Contents
==============================================================
    12                                           @profile
    13                                           def evolve(grid, dt, D=1.0):
    14       500        843.0      1.7      0.0       xmax, ymax = grid_shape  ❶
    15       500   24764794.0  49529.6      3.1       new_grid = [[0.0 for x in ...
    16    320500     208683.0      0.7      0.0       for i in range(xmax):  ❷
    17 205120000  128928913.0      0.6     16.4           for j in range(ymax):
    18 204800000  222422192.0      1.1     28.3               grid_xx = ...
    19 204800000  228660607.0      1.1     29.0               grid_yy = ...
    20 204800000  182174957.0      0.9     23.1               new_grid[i][j] = ...
    21       500        331.0      0.7      0.0       return new_grid  ❸
```

❶ 이 문장은 실행될 때마다 시간을 많이 잡아먹는다. `grid_shape`를 지역 네임스페이스에서 가져와야 하기 때문이다(4.2절 '사전과 네임스페이스' 참고).

❷ 이 줄은 320,500번 실행되었다. 처리하는 격자의 `xmax = 640`이고 함수를 500번 실행했기 때문이다. 횟수는 `(640 + 1) * 500`으로 계산할 수 있는데, 루프 종료 조건을 만나려고 추가로 한 번 더 실행되기 때문이다.

❸ 이 줄은 500번 실행되었다. 즉 함수를 500번 실행해 프로파일했다는 뜻이다.

15번째 줄(새 격자를 할당하는 부분)에서 `Per Hit`과 `% Time` 열의 차이가 크다는 점이 흥미롭다. 이 차이는 이 줄을 실행하는 데 시간이 꽤 걸리는 반면(`Per Hit` 필드를 보면 평균 0.0495초가 걸리는데, 다른 어떤 줄보다 훨씬 느리다), 루프 안의 다른 줄에 비해 훨씬 덜 호출되기 때문에 생긴다. 격자 크기를 줄이고 더 여러 번 반복하면(즉 루프 반복 횟수는 줄이고,

함수 호출 횟수는 늘리면), **% Time**이 증가해 실행 시간을 대부분 차지하게 된다.

new_grid의 특성은 바뀌지 않기 때문에 이는 시간 낭비다. **evolve**에 어떤 값이 들어오든 **new_grid** 리스트는 항상 모양과 크기, 저장값이 같다. 리스트를 한 번만 저장하고 재활용하는 방법으로 최적화할 수 있다. 이 방법을 쓰려면 격자 크기나 반복 횟수와 관계없이 코드를 한 번만 호출해야 한다. 이런 최적화는 반복되는 코드를 루프 밖으로 빼내는 작업과 비슷하다.

```python
from math import sin

def loop_slow(num_iterations):
    """
    >>> %timeit loop_slow(int(1e4))
    1.68 ms ± 61.3 µs per loop (mean ± std. dev. of 7 runs, 1000 loops each)
    """
    result = 0
    for i in range(num_iterations):
        result += i * sin(num_iterations)   ❶
    return result

def loop_fast(num_iterations):
    """
    >>> %timeit loop_fast(int(1e4))
    551 µs ± 23.5 µs per loop (mean ± std. dev. of 7 runs, 1000 loops each)
    """
    result = 0
    factor = sin(num_iterations)
    for i in range(num_iterations):
        result += i
    return result * factor
```

❶ 루프 안에서 **sin(num_iterations)** 값은 변경되지 않으므로 매번 계산할 필요가 없다.

우리가 작성한 확산 방정식 코드에도 [예제 6–6]과 비슷한 최적화를 할 수 있다. 이번에는 [예제 6–4]의 **new_grid**를 생성하여 **evolve** 함수로 넘긴다. **evolve** 함수는 전과 같다. **grid** 리스트의 값을 읽어 **new_grid** 리스트에 쓴다. 그런 다음 **new_grid**와 **grid**를 서로 바꾸고 다시 계속 진행한다.

```python
def evolve(grid, dt, out, D=1.0):
    xmax, ymax = grid_shape
    for i in range(xmax):
        for j in range(ymax):
            grid_xx = (
                grid[(i + 1) % xmax][j] + grid[(i - 1) % xmax][j] - 2.0 * grid[i][j]
            )
            grid_yy = (
                grid[i][(j + 1) % ymax] + grid[i][(j - 1) % ymax] - 2.0 * grid[i][j]
            )
            out[i][j] = grid[i][j] + D * (grid_xx + grid_yy) * dt


def run_experiment(num_iterations):
    # 초기 조건을 설정한다.
    xmax, ymax = grid_shape
    next_grid = [[0.0] * ymax for x in range(xmax)]
    grid = [[0.0] * ymax for x in range(xmax)]

    block_low = int(grid_shape[0] * 0.4)
    block_high = int(grid_shape[0] * 0.5)
    for i in range(block_low, block_high):
        for j in range(block_low, block_high):
            grid[i][j] = 0.005

    start = time.time()
    for i in range(num_iterations):
        # evolve modifies grid and next_grid in-place
        evolve(grid, 0.1, next_grid)
        grid, next_grid = next_grid, grid
    return time.time() - start
```

변경한 코드의 프로파일링 결과는 [예제 6-7]에서 확인할 수 있다.[2] 이 작은 변경으로 속도가 31.25% 빨라졌다. 이를 통해 메모리 할당은 비용이 많이 든다는 결론을 내릴 수 있다. 리스트의 append 연산 관련 논의(3.2.1 '리스트 : 동적 배열') 때와 비슷한 결론이다. 변수나 리스트를 저장하려고 메모리를 요청할 때마다 파이썬은 운영체제에 새로운 공간 할당을 요청해야 하고 그렇게 할당된 공간을 전부 순회하면서 초기화해야 한다.

----

2 [예제 6-7]에서 프로파일링한 코드는 [예제 6-6]이다. 책의 폭에 맞춰 코드를 일부 잘라냈다.

가능하다면 이미 할당된 공간을 재사용하는 쪽이 성능 향상에 도움이 된다. 하지만 주의할 점이 있다. 이렇게 해서 속도를 상당히 개선하더라도 그 변경이 코드 기반을 망치지 않고 여전히 정상적으로 동작하는지를 항상 프로파일해야 한다.

예제 6-7 메모리 할당을 줄인 파이썬 확산 방정식 코드의 프로파일링 결과

```
$ kernprof -lv diffusion_python_memory.py
Wrote profile results to diffusion_python_memory.py.lprof
Timer unit: 1e-06 s

Total time: 541.138 s
File: diffusion_python_memory.py
Function: evolve at line 12

Line #      Hits         Time  Per Hit   % Time  Line Contents
==============================================================
    12                                           @profile
    13                                           def evolve(grid, dt, out, D=1.0):
    14       500        503.0      1.0      0.0       xmax, ymax = grid_shape
    15    320500     131498.0      0.4      0.0       for i in range(xmax):
    16 205120000   81105090.0      0.4     15.0           for j in range(ymax):
    17 204800000  166271837.0      0.8     30.7               grid_xx = ...
    18 204800000  169216352.0      0.8     31.3               grid_yy = ...
    19 204800000  124412452.0      0.6     23.0               out[i][j] = ...
```

6.3 메모리 단편화

[예제 6-6]처럼 벡터 연산을 다루는 파이썬 코드에는 여전히 문제가 있다. 파이썬은 벡터 연산을 기본으로 제공하지 않는다. 여기에는 두 가지 이유가 있는데, 파이썬의 리스트는 실제 데이터를 가리키는 포인터를 저장한다는 점과 파이썬 바이트 코드는 벡터 연산에 최적화되지 않았다는 점이다. 따라서 for 루프는 벡터 연산을 언제 수행해야 도움이 되는지 예측할 수 없다.

파이썬 리스트가 **포인터**를 저장한다는 얘기는 리스트가 실제 데이터가 아닌 데이터의 위치를 저장한다는 의미다. 데이터 타입에 상관없이 리스트에 어떤 데이터도 저장할 수 있으므로 일반적으로 좋은 선택이다. 하지만 벡터와 행렬 연산에서 이는 큰 성능 저하의 원인이 된다.

grid 행렬에서 하나의 항목을 가져올 때마다 여러 번 탐색해야 하므로 성능 저하가 발생한다. 예를 들어 grid[5][2]를 실행하면 먼저 grid 리스트에서 5번째 항목을 찾아 반환한다. 이 값은 데이터가 실제로 저장된 위치를 가리키는 포인터다. 그리고 이렇게 반환된 객체에서 2번째 항목을 찾는다. 이 과정까지 거쳐야 실제 데이터가 저장된 위치를 알 수 있다.

TIP 리스트의 리스트(grid[x][y])로 격자를 만들지 않고 튜플로 색인이 정해지는 격자(grid[(x,y)])를 만들 수 있을까? 이 변경이 코드 성능에는 어떤 영향을 줄까?

이런 탐색으로 인한 부하는 크지 않기에 대부분 무시할 수 있다. 하지만 데이터를 연속된 메모리 블록 하나에 저장했다면 항목마다 명령을 두 번씩 수행하지 않고 **전체** 데이터를 한 번에 불러올 수 있다. 데이터 단편화 문제에서 중요한 부분인데, 만일 데이터가 단편화됐다면 전체 블록을 한 번에 읽는 대신에 데이터 조각을 하나씩 읽어야 한다. 따라서 메모리 복사 오버헤드가 더 많이 발생하고 필요한 데이터를 모두 복사할 때까지 CPU가 대기해야 한다. perf 도구로 cache-misses를 살펴볼 때 이게 얼마나 심각한 문제인지 알아보도록 하자.

CPU에 데이터가 필요할 때 즉시 공급하는 과정에서 발생하는 문제는 **폰 노이만 병목**Von Neumann bottleneck과 관련 있다. 이는 현대 컴퓨터의 구조적인 한계 때문에 메모리와 CPU 사이의 대역폭이 제한적이어서 발생하는 현상이다. 만일 우리가 데이터를 무한히 **빠른** 속도로 옮길 수 있다면 CPU는 필요한 데이터를 즉시 얻을 수 있으니 캐시가 필요 없다. 이런 상태에서는 병목이 발생하지 않는다.

하지만 데이터 전송 속도는 유한하므로 RAM에서 데이터를 미리 읽어와서 용량은 작지만 더 빠른 CPU 캐시에 보관하여, CPU에 데이터가 필요할 때 캐시에서 바로 읽어갈 수 있도록 한다. 이는 구조적으로는 매우 이상적이지만, 실제로는 어떤 데이터가 나중에 필요할지를 어떻게 알 수 있느냐는 문제가 있다. 이와 관련하여 CPU는 현재 명령을 실행하는 동안 다음에 실행할 명령을 예측해 관련 데이터를 캐시에 미리 적재해두는 **분기 예측**branch prediction과 **파이프라이닝**pipelining이라는 훌륭한 기법을 제공한다. 하지만 병목을 최소화하는 최고의 방법은 현명하게 메모리를 할당하고 계산을 수행하는 것이다.

메모리의 내용이 CPU로 얼마나 잘 이동되는지 파악하기란 쉽지 않다. 하지만 리눅스의 perf 명령으로 프로그램 실행 중에 CPU에서 일어난 일을 자세히 살펴볼 수 있다.[3] 예를 들어 perf

---

3 macOS에서는 구글의 gperftools와 Instruments 앱을 사용해 비슷한 지표를 얻을 수 있고, 윈도우에서는 Visual Studio Profiler

로 [예제 6-6]의 순수 파이썬 코드를 들여다보면 CPU를 얼마나 효율적으로 사용하는지 알 수 있다.

perf 실행 결과는 [예제 6-8]에 있다. 이 실행 결과를 포함하여 앞으로 소개할 perf 실행 결과는 책의 폭에 맞춰 일부를 잘라냈다. 잘린 내용은 여러 차례 벤치마킹을 수행하면서 측정한 각 결과의 변동폭이다. 이는 측정된 값이 다른 시스템 속성(시스템 자원을 사용하는 다른 실행 프로그램 등)과 비교하여 프로그램 자체의 성능적인 특성에 얼마나 영향을 받는지 확인할 때 유용하다.

예제 6-8 메모리 할당을 줄인 2차원 확산 파이썬 방정식 코드의 성능 측정 결과

```
$ perf stat -e cycles,instructions,\
    cache-references,cache-misses,branches,branch-misses,task-clock,faults,\
    minor-faults,cs,migrations python diffusion_python_memory.py


Performance counter stats for 'python diffusion_python_memory.py':

      415,864,974,126      cycles                    #    2.889 GHz
    1,210,522,769,388      instructions              #    2.91  insn per cycle
          656,345,027      cache-references          #    4.560 M/sec
          349,562,390      cache-misses              #   53.259 % of all cache refs
      251,537,944,600      branches                  # 1747.583 M/sec
        1,970,031,461      branch-misses             #    0.78% of all branches
       143934.730837      task-clock (msec)          #    1.000 CPUs utilized
               12,791      faults                    #    0.089 K/sec
               12,791      minor-faults              #    0.089 K/sec
                  117      cs                        #    0.001 K/sec
                    6      migrations                #    0.000 K/sec

     143.935522122 seconds time elapsed
```

6.3.1 perf 이해하기

perf가 측정한 각 지표가 어떤 의미인지, 그리고 코드와 어떻게 연관되는지 알아보자. task-clock 지표는 소비한 총 클럭 수를 나타낸다. 이는 총 실행 시간과는 다른데, 만약 CPU를 2개

를 사용할 수 있다. 다만 저자들은 이를 사용해 본 경험이 없다.

사용해서 1초가 걸렸다면 task-clock 값은 (보통 밀리초로 표현하므로) 2,000이 될 것이다. 편리하게도 perf는 얼마나 많은 CPU가 활용되었는지를 task-clock 값 옆에 'XXXX CPUs utlized' 형태로 표시해준다. 이 값은 2개의 CPU를 사용하더라도 정확히 2가 되지는 않는데, 프로세스가 때때로 다른 하위시스템에 의존(예를 들면 메모리 할당)해서 명령을 수행하기 때문이다.

한편 instructions는 코드에서 얼마나 많은 CPU 명령어가 실행됐는지를, cycles는 명령어를 실행하는 데 CPU 사이클이 얼마나 걸렸는지를 나타낸다. 이 두 수의 차이를 보면 코드의 벡터화와 파이프라이닝이 얼마나 잘 됐는지 알 수 있다. 파이프라이닝이 이뤄지면 CPU가 현재 연산을 실행하는 동안 다음 연산을 가져와서^{fetch} 준비할 수 있다.

컨텍스트 스위치$^{context\ switches}$를 나타내는 cs와 CPU-migrations 지표는 I/O 같은 커널 작업이 끝나기를 기다리거나, 다른 애플리케이션이 실행되는 동안 대기하거나, 다른 CPU 코어로 작업을 옮기려고 프로그램이 얼마나 오래 멈춰 있었는지를 알려준다. 컨텍스트 스위치가 발생하면 프로그램의 실행이 멈추고 다른 프로그램이 대신 실행된다. 이는 시간을 **아주** 많이 잡아먹는 작업이므로 최소한으로 줄이고 싶지만 그렇게 할 수 있는 방법이 많지는 않다. 다른 프로그램을 실행시킬 상황이 되면 커널이 프로그램을 전환하지만, 커널이 **우리의** 프로그램을 옮기지 못하도록 방해할 수는 있다. 일반적으로 커널은 프로그램에서 메모리, 디스크, 네트워크 읽기 같은 I/O가 발생하면, 그 프로그램을 잠시 멈춘다. 이 장의 후반부에 살펴보겠지만 비동기 루틴을 사용해서 I/O 작업이 끝나기를 기다리는 동안에도 CPU를 점유하여 컨텍스트 스위치가 발생하지 않도록 할 수 있다. 또한 프로그램의 nice 값을 조정해서 컨텍스트 스위치가 덜 발생하도록 우선순위를 높일 수도 있다.[4] CPU-migrations는 cs 지표와 비슷한데, CPU를 골고루 활용하도록 기존에 실행 중이던 CPU에서 실행을 멈췄다가 다른 CPU에서 실행이 재개된 횟수를 나타낸다. 프로그램이 잠시 멈출 뿐만 아니라 L1 캐시에 있던 내용까지 모두 버려야 하므로(CPU마다 자체 L1 캐시가 있다) 좋지 않은 컨텍스트 스위치라고 볼 수 있다.

page-fault 지표(또는 fault)는 유닉스 메모리 할당 구조의 한 부분이다. 메모리가 할당됐을 때, 커널은 메모리에 대한 참조를 프로그램에 알려줄 뿐 별다른 일을 하지 않는다. 하지만 나중에 그 메모리가 처음 사용되면 운영체제는 가벼운 페이지 폴트 인터럽트를 발생시켜 실

---

4 파이썬 프로세스를 nice 유틸리티를 통해 실행하면(nice -n -20 python 프로그램.py) 된다. -20이라는 nice 값은 가능한 다른 프로세스에 양보를 하지 말라는 뜻이다.

행 중이던 프로그램을 잠시 멈추고 실제 필요한 메모리를 할당한다. 이런 방식을 **지연 할당**lazy allocation **시스템**이라고 한다. 이 방식으로 이전 메모리 할당 시스템이 꽤 개선됐지만 가벼운 페이지 폴트는 우리가 실행한 프로그램의 영역 밖에서 일어나는 일이므로 여전히 비용이 많이 든다. 프로그램이 어떤 장치(디스크, 네트워크 등)에서 미처 읽지 못한 데이터를 요청하면 무거운 페이지 폴트가 발생한다. 이는 프로그램을 잠시 멈출 뿐만 아니라 실제 저장된 장치에서 데이터를 읽어오므로 더욱 큰 비용이 든다. 이런 종류의 페이지 폴트는 CPU를 집중적으로 사용하는 작업 중에는 잘 발생하지 않지만, 디스크나 네트워크에서 읽고 쓰는 작업을 하는 프로그램에서는 성능 문제의 원인이 된다.[5]

메모리의 데이터를 참조하면 다양한 계층(L1/L2/L3 메모리. 1.1.3 '통신 계층' 참고)을 거쳐 데이터가 이동한다. 캐시의 데이터를 참조하면 cache-references 지표가 증가하고 데이터가 캐시에 존재하지 않아서 RAM에서 읽어와야 하면 cache-miss 지표가 증가한다. 필요한 데이터가 최근에 읽었던 데이터(즉 아직 캐시에 남아 있는 데이터)거나 최근에 읽은 데이터와 **인접한** 데이터(RAM에서 캐시로 데이터를 복사할 때 인접한 데이터를 미리 복사한다)라면 캐시 미스가 발생하지 않는다. 캐시 미스는 CPU를 집중적으로 사용하는 작업에서 성능을 떨어트리는 원인이 될 수 있다. RAM에서 데이터를 읽어오기까지 기다려야 **할 뿐 아니라** 실행 파이프라인(잠시 뒤에 설명한다)의 흐름을 방해하기 때문이다. 결과적으로 배열의 데이터를 순서대로 읽으면 i번째 항목을 읽을 때 i+1번째 항목이 함께 캐시에 들어가므로 cache-reference가 늘어나지만 cache-misses는 많이 늘어나지 않는다. 하지만 배열의 데이터를 무작위로 읽거나 데이터를 메모리에 잘 모아두지 않으면, 매번 캐시에 없는 데이터를 요청할 가능성이 커진다. 이 장의 후반부에서 메모리에 데이터를 저장하는 형태를 최적화하여 이런 영향을 줄이는 방법을 알아본다.

branch는 실행 흐름이 변경된 횟수다. 이를 if ... then 문으로 생각하라. 어떤 조건의 결과에 따라 코드의 이 부분이나 저 부분을 실행할 수 있다. 이는 근본적으로 코드 실행 시 발생하는 분기와 같다. 특히 파이프라인을 고려해서 이를 최적화하려고, CPU는 분기가 어느 방향으로 일어날지 예측하고 적절한 분기에 속한 명령을 미리 읽어온다. 이 예측이 틀리면 branch-miss가 발생한다. 브랜치 미스는 혼란을 일으키기 쉽고 여러 가지 이상한 효과를 초래할 수 있다(예를 들어 어떤 루프는 정렬된 리스트를 사용할 때 브랜치 미스가 적다는 이유만으로, 정렬

---

5 https://oreil.ly/12Beq에서 이를 잘 정리한 글을 볼 수 있다.

되지 않은 리스트를 사용할 때보다 훨씬 빠르게 작동한다).[6]

perf가 추적할 수 있는 지표는 더 다양한데, 대부분은 여러분이 코드를 실행하는 CPU에 따라 다르다. perf list를 실행해서 현재 시스템에서 perf가 지원하는 지표를 살펴볼 수 있다. 예를 들어 이 책의 초판에서는 stalled-cycles-frontend와 stalled-cycles-backend를 지원하는 컴퓨터를 사용했다. 이 두 지표는 파이프라인이 채워지기까지 파이프라인의 앞단과 뒷단에서 얼마나 오래 기다려야 했는지를 보여준다. 캐시 미스, 브랜치 예측 실패, 자원 충돌 등 원인으로 이런 대기가 발생할 수 있다. 파이프라인의 앞단은 다음 명령을 메모리에서 가져와서 명령어를 디코드decode하고, 뒷단은 연산을 실제 실행한다. 이런 유형의 지표는 특정 CPU의 아키텍처에 따라 어떻게 최적화할지 결정하고 코드 성능을 튜닝할 때 도움이 된다. 하지만 항상 같은 CPU 칩셋을 사용하는 환경이 아니라면 이런 지표에 과도하게 신경 쓰지는 말아라.

> **TIP** 여기서 소개한 항목과 관련된 CPU 내부 동작에 대해서 자세한 설명이 필요하다면 거퍼 M. 프라부Gurpur M. Prabhu가 쓴 '컴퓨터 아키텍처 튜토리얼(http://bit.ly/ca_tutorial)'을 읽어보자. 이 글은 CPU 내부 동작을 저수준까지 다루므로 코드를 실행할 때 컴퓨터 안에서 어떤 일이 벌어지는지 깊게 이해할 수 있을 것이다.

6.3.2 perf 결과 반영하기

방금 배운 내용을 염두에 두고 [예제 6-8]의 성능 지표가 무엇을 의미하는지 살펴보자. CPU는 L1/L2 캐시를 총 656,345,027회 참조했는데 그중 약 53.3%인 349,562,390번의 시도는 캐시에 존재하지 않는 데이터를 요청했다. 또한, CPU 사이클 1회에 평균 2.91개의 명령어를 처리했다. 이는 파이프라이닝, 비순차적 실행out-of-order execution, 하이퍼스레딩(또는 1회의 클럭 사이클에 둘 이상의 명령어를 실행할 수 있는 CPU의 기능)으로 인한 속도 향상을 뜻한다.

단편화는 메모리에서 CPU로의 데이터 전송 횟수를 늘린다. 또한, 계산을 수행할 때 CPU 캐시에 데이터를 여러 벌 준비할 수 없으므로 계산을 벡터화할 수 없다. 1.1.3 '통신 계층'에서 설명했듯이 계산을 벡터화하려면(혹은 CPU가 여러 계산을 한꺼번에 실행할 수 있게 하려면) 필요한 데이터를 모두 CPU 캐시에 담아두어야 한다. 버스는 연속된 메모리만 옮길 수 있으므로 계산하려는 격자 데이터가 RAM에 연속으로 저장되어야 한다. 리스트는 실제 데이터가 아니라

---

6 스택오버플로우의 글(https://stackoverflow.com/questions/11227809/)이 이 효과를 잘 설명했다.

데이터를 가리키는 포인터를 저장하므로 격자의 실제 데이터는 메모리 여기저기에 흩어져 있어 한 번에 복사할 수 없다.

리스트 대신 array 모듈을 사용해서 이런 문제를 완화할 수 있다. array 객체는 데이터를 메모리에 순차적으로 저장하므로 array의 조각slice은 연속된 메모리 공간에 존재한다. 하지만 이것만으로는 문제를 완전히 해결할 수 없다. 데이터는 연속된 메모리 공간에 저장되지만 파이썬은 여전히 루프를 벡터화하는 방법을 모르기 때문이다. 루프 안에서 한 번에 배열의 한 항목만 처리하는 산술 연산을 한 번에 여러 항목을 처리하도록 바꾸고 싶지만, 앞서 설명했듯이 파이썬은 이런 종류의 바이트코드 최적화를 지원하지 않는다(언어의 동적인 특성에서 비롯한 제약이기도 하다).

> **NOTE_** 연속된 메모리에 데이터를 저장하는 것만으로 자동으로 벡터화할 수 없을까? CPU가 실행하는 기계어 코드를 들여다보면 두 행렬의 곱과 같은 벡터 연산은 CPU의 다른 부분을 사용하며 비벡터 연산과 구분되는 명령어를 사용한다. 파이썬에서 이런 특수한 명령어를 사용하려면 이런 용도로 만들어진 모듈을 사용해야 한다. 곧 살펴볼 numpy 모듈이 통해서 그에 해당한다.

또한, 구현상의 제약 때문에 array를 순회하는 속도는 list를 순회하는 속도보다 더 **느리다**. array객체는 아주 저수준의 형태로 수를 저장하므로 사용자에게 반환하기 전에 파이썬에서 호환되는 형태로 변경해야 한다. 이로 인해 array 타입의 색인을 참조할 때마다 오버헤드가 추가된다. 이런 구현 방식은 array 객체를 수학적인 용도보다는, 고정된 타입의 데이터를 메모리에 효율적으로 저장하는 용도에 더 적합하게 한다.

6.3.3 넘파이 입문

perf 도구로 확인한 단편화를 처리하려면 효율적인 벡터 연산을 제공하는 패키지가 필요하다. 다행히 numpy는 이에 필요한 기능을 다 제공한다. 데이터를 연속된 메모리 공간에 저장하며 이에 대한 벡터 연산도 지원한다. 그 결과 numpy 배열에 대해서 수행하는 산술 연산은 개별 항목을 하나씩 순회하며 처리할 필요가 없다.[7] 이로 인해 행렬 연산이 간단해질 뿐만 아니라 계산도 빨라진다. 다음 예제를 살펴보자.

----

[7] 여러 문제에 numpy를 사용하는 방법을 자세히 살펴보려면 니콜라스 P. 러프터(Nicolas P. Roughter)의 'From Python to Numpy(https://oreil.ly/KHdg_)'를 살펴보라.

```python
from array import array
import numpy


def norm_square_list(vector):
    """
    >>> vector = list(range(1_000_000))
    >>> %timeit norm_square_list(vector)
    85.5 ms ± 1.65 ms per loop (mean ± std. dev. of 7 runs, 10 loops each)
    """
    norm = 0
    for v in vector:
        norm += v * v
    return norm


def norm_square_list_comprehension(vector):
    """
    >>> vector = list(range(1_000_000))
    >>> %timeit norm_square_list_comprehension(vector)
    80.3 ms ± 1.37 ms per loop (mean ± std. dev. of 7 runs, 10 loops each)
    """
    return sum([v * v for v in vector])


def norm_square_array(vector):
    """
    >>> vector_array = array('l', range(1_000_000))
    >>> %timeit norm_square_array(vector_array)
    101 ms ± 4.69 ms per loop (mean ± std. dev. of 7 runs, 10 loops each)
    """
    norm = 0
    for v in vector:
        norm += v * v
    return norm


def norm_square_numpy(vector):
    """
    >>> vector_np = numpy.arange(1_000_000)
    >>> %timeit norm_square_numpy(vector_np)
    3.22 ms ± 136 µs per loop (mean ± std. dev. of 7 runs, 100 loops each)
    """
```

```python
        return numpy.sum(vector * vector)  ❶


def norm_square_numpy_dot(vector):
    """
    >>> vector_np = numpy.arange(1_000_000)
    >>> %timeit norm_square_numpy_dot(vector_np)
    960 μs ± 41.1 μs per loop (mean ± std. dev. of 7 runs, 1000 loops each)
    """
    return numpy.dot(vector, vector)  ❷
```

---

❶ 여기에는 vector에 대한 두 번의 루프가 내재되어 있다. 하나는 곱셈을 수행하고 다른 하나
는 덧셈을 수행한다. 이 루프는 norm_square_list_comprehension의 루프와 유사하지
만 numpy의 최적화된 계산 코드를 사용해 실행된다.

❷ 이 코드는 numpy에서 벡터화된 numpy.dot 연산을 통해 노름norm을 구하는 일반적인 방법
이다. 비교하기 편하게 덜 효과적인 norm_square_numpy 코드도 함께 두었다.

단순화한 numpy 코드는 norm_square_list보다 89배 빠르며, '최적화한' 파이썬 리스트 내포
문법을 사용한 코드보다 83.65배 빠르다. 순수 파이썬 루프와 리스트 내포 문법의 속도 차이
는, 파이썬 코드로 명시적인 계산을 수행하는 것보다 내부 구현에 맡겨두는 게 더 낫다는 사실
을 알려준다. 파이썬의 내부 구현에 계산을 맡기면 파이썬을 구현한 C 언어의 속도를 얻을 수
있다. 같은 이유로, 일반적인 목적으로 만들어진 리스트 구조 대신 수 배열을 다룬다는 특수한
목적으로 정교하게 만들어진 numpy를 사용하면 처리 속도를 훨씬 개선할 수 있다.

이런 장점과 더불어 numpy를 사용하면 산술 계산에서 특히 중요한 역할을 하는 메모리의 지역
성과 벡터화된 연산의 이점도 얻게 된다. CPU는 매우 빠르니 필요한 데이터를 더 빨리 공급하
는 것만으로도 코드를 쉽게 최적화할 수 있다. perf를 사용해서 각 함수를 실행한 결과를 보
면, array와 순수 파이썬 함수를 사용했을 때 약 10^{12}개의 명령을 수행했지만 numpy 버전은
약 10^9개의 명령을 수행했다. 또한, array와 순수 파이썬 버전은 53%의 캐시 미스가 발생했지
만 numpy 버전은 20%에 그쳤다.

norm_square_numpy 코드에서 vector * vector가 실행될 때 numpy에서 관장하는 **암시적**
루프가 포함된다. 이 루프는 다른 예제에서 vector의 매 항목에 제곱을 수행하려고 명시적으
로 사용한 루프와 같다. 하지만 파이썬 코드에서 이를 명시적으로 수행하는 대신 numpy에 맡

김으로써 최적화의 장점을 모두 얻을 수 있다. 내부적으로 numpy는 잘 최적화된 C 코드를 통해 CPU에서 지원하는 벡터화 기능의 장점을 활용한다. 또한, numpy 배열은 array 모듈의 array 객체와 마찬가지로 저수준의 형태로 연속된 메모리 공간에 수를 저장한다.

덤으로, numpy에서 지원하는 단일 연산을 사용하면 두 벡터를 곱한 다음 더할 필요 없이 쉽게 벡터의 내적을 구할 수 있다. [그림 6-3]에서 볼 수 있듯이 norm_numpy_dot의 성능은 다른 구현을 압도한다. 이 압도적인 성능 차이는 전문화된 함수를 사용한 덕분으로, vector * vector를 수행하는 과정에 임싯값을 저장할 필요가 없기 때문이다.

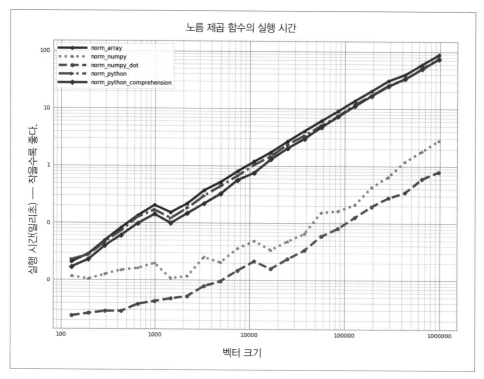

그림 6-3 크기에 따른 노름 제곱 함수의 실행 시간 비교

6.4 넘파이를 이용한 확산 방정식 해법

지금까지 배운 numpy를 이용해서 순수 파이썬 코드를 벡터화시켜보자. 추가로 numpy의 roll 함수를 소개한다. roll 함수는 파이썬 코드에서 사용한 나머지 연산을 전체 numpy 배열에 적용해준다. 요컨대 다음과 같은 재색인 과정을 벡터화한다.

```
>>> import numpy as np
>>> np.roll([1,2,3,4], 1)
array([4, 1, 2, 3])

>>> np.roll([[1,2,3],[4,5,6]], 1, axis=1)
array([[3, 1, 2],
       [6, 4, 5]])
```

roll 함수는 새로운 numpy 배열을 생성한다. 여기에는 장단점이 있다. 새로운 공간을 할당하고 올바른 데이터를 채워 넣는 시간이 필요하지만, 배열을 한번 생성하고 나면 벡터 연산을 빠르게 할 수 있으며 CPU 캐시 미스에서 벗어난다. 이는 격자 계산 속도에 큰 영향을 준다. 이 장의 후반부에서는 추가 메모리를 거듭 할당하지 않고도 같은 장점을 취할 수 있도록 코드를 수정한다.

roll 함수를 사용해서 [예제 6-6]의 파이썬 확산 방정식 코드를 수정하자. 더 단순하고 벡터 연산이 가능한 numpy 배열을 사용할 것이다. [예제 6-9]는 numpy를 사용한 파이썬 확산 방정식 코드의 최초 버전이다.

예제 6-9 numpy를 사용한 파이썬 확산 방정식 최초 버전

```
from numpy import (zeros, roll)

grid_shape = (640, 640)


def laplacian(grid):
    return (
        roll(grid, +1, 0) +
        roll(grid, -1, 0) +
        roll(grid, +1, 1) +
        roll(grid, -1, 1) -
```

```
        4 * grid
    )


def evolve(grid, dt, D=1):
    return grid + dt * D * laplacian(grid)


def run_experiment(num_iterations):
    grid = zeros(grid_shape)

    block_low = int(grid_shape[0] * 0.4)
    block_high = int(grid_shape[0] * 0.5)
    grid[block_low:block_high, block_low:block_high] = 0.005

    start = time.time()
    for i in range(num_iterations):
        grid = evolve(grid, 0.1)
    return time.time() - start
```

우선 코드가 무척 짧아졌다. 일반적으로 코드가 짧으면 더 나은 성능을 기대할 수 있다. 파이썬 인터프리터에서 수행하기 버거운 작업을 많이 들어내고 이를 해당 문제에 최적화된 특수 모듈에 맡김으로써 성능 향상을 기대할 수 있다(하지만 반드시 테스트해서 확인해야 한다!). 여기서 numpy가 메모리 관리를 더 효율적으로 해서 CPU에 필요한 데이터를 더 빠르게 전달한다는 가설을 세웠다. 하지만 이는 numpy의 실제 구현이 어떤지에 달린 문제이므로 코드를 프로파일해서 이 가설이 맞는지 확인하자. [예제 6-10]이 측정 결과다.

예제 6-10 numpy를 사용한 2차원 확산 방정식의 성능 측정(격자 크기: 640x640, 500회 반복)

```
$ perf stat -e cycles,instructions,\
    cache-references,cache-misses,branches,branch-misses,task-clock,faults,\
    minor-faults,cs,migrations python diffusion_numpy.py


  Performance counter stats for 'python diffusion_numpy.py':

    8,432,416,866    cycles                    #    2.886 GHz
    7,114,758,602    instructions              #    0.84  insn per cycle
    1,040,831,469    cache-references          #  356.176 M/sec
      216,490,683    cache-misses              #   20.800 % of all cache refs
```

```
 1,252,928,847      branches              #   428.756 M/sec
     8,174,531      branch-misses         #     0.65% of all branches
  2922.239426      task-clock (msec)      #     1.285 CPUs utilized
       403,282      faults                #     0.138 M/sec
       403,282      minor-faults          #     0.138 M/sec
            96      cs                     #     0.033 K/sec
             5      migrations            #     0.002 K/sec


  2.274377105 seconds time elapsed
```

결과를 보면 numpy를 사용한 것만으로 순수 파이썬 구현보다 메모리를 적게 사용하고도 속도가 63.3배 빨라졌다([예제 6-8]과 비교). 어떻게 이런 개선이 가능했을까?

먼저 numpy의 벡터화 연산 덕분이다. 비록 numpy를 사용한 코드가 한 사이클 당 실행한 명령의 수는 더 적지만 명령 당 하는 일은 더 많다. 말하자면 곱셈을 4번 하려고 명령을 4번 수행하는 대신 벡터화 연산 한 번으로 배열 내의 수 4개(혹은 더 많은)에 곱셈을 한 번에 수행할 수 있다. 그 결과 같은 문제를 해결하는 데 필요한 총 명령 횟수를 줄일 수 있다.

numpy를 이용한 확산 방정식이 더 적은 수의 명령으로 수행되는 이유는 이 외에도 몇 가지가 있다. 그중 하나는 순수 파이썬 구현은 모든 파이썬 API를 사용할 수 있는 데 비해 numpy 버전은 그렇지 않다는 점이다. 예를 들어 순수 파이썬에서는 순수 파이썬 격자를 추가할 수 있지만 numpy에서는 추가할 수 없다. 명시적으로 이 기능을 사용하지는 않았지만 시스템에서 이런 파이썬 기능을 사용**할 수 있게** 하려면 부가비용이 따른다. numpy는 모든 데이터를 수 형태로 저장한다고 가정하므로 산술 연산에 최적화됐다. 사용 가능한 기능을 제거해서 성능을 개선하는 방법은 사이썬을 살펴볼 때(7.6절) 다시 다룰 예정이다. 심지어 리스트 경계 검사를 제거해서 리스트 탐색 속도를 올릴 수도 있다.

일반적으로, 실행되는 명령의 개수와 속도가 항상 반비례하지는 않는다. 명령의 개수는 적지만 효율적이지 않거나 느린 명령일 수도 있다. 하지만 앞선 numpy 버전에서 명령의 개수를 줄여 비효율적인 부분인 캐시 미스를 크게 개선했음을 살펴보기도 했다(캐시 미스 비율이 53.3%에서 20.8%로 감소). 6.3절 '메모리 단편화'에서 살펴봤듯이 캐시 미스는 성능을 갉아먹는다. 이는 즉시 값을 가져올 수 있는 캐시가 아닌 상대적으로 느린 메모리에서 데이터를 가져오기까지 CPU가 기다려야 하기 때문이다. 사실, 메모리 단편화는 numpy에서 성능에 가장 큰 영향을 미치는 요인이다. numpy에서 벡터화를 빼고[8] 다른 부분을 그대로 둔 채 성능을 살펴봐도 캐시 미스 개선으로 인해 순수 파이썬 버전보다 훨씬 나은 성능을 보여준다(예제 6-11).

예제 6-11 벡터 연산 기능을 제외한 numpy 2차원 확산 방정식의 성능(격자 크기: 640x640, 500회 반복)

```
$ perf stat -e cycles,instructions,\
    cache-references,cache-misses,branches,branch-misses,task-clock,faults,\
    minor-faults,cs,migrations python diffusion_numpy.py


Performance counter stats for 'python diffusion_numpy.py':

    50,086,999,350      cycles              #    2.888 GHz
    53,611,608,977      instructions        #    1.07  insn per cycle
     1,131,742,674      cache-references    #   65.266 M/sec
       322,483,897      cache-misses        #   28.494 % of all cache refs
     4,001,923,035      branches            #  230.785 M/sec
         6,211,101      branch-misses       #    0.16% of all branches
       17340.464580     task-clock (msec)   #    1.000 CPUs utilized
           403,193      faults              #    0.023 M/sec
           403,193      minor-faults        #    0.023 M/sec
                74      cs                  #    0.004 K/sec
                 6      migrations          #    0.000 K/sec

    17.339656586 seconds time elapsed
```

결과를 보면, numpy를 사용해서 얻은 63.3배의 속도 개선은 벡터 연산 때문이라기보다 메모리 단편화의 감소와 메모리 지역성 덕분이라고 볼 수 있다. 실제로 이전 실험과 비교해보면 63.3배의 속도 개선 중에서 벡터 연산의 비중은 13%밖에 되지 않는다.[9]

메모리 문제가 코드의 실행 속도를 떨어트리는 주된 요인이라는 사실은 그리 놀랍지도 않다. 컴퓨터는 수를 곱하고 더하는 문제를 정확히 계산할 목적으로 설계되었다. CPU가 계산을 해내는 속도보다 계산하려는 수를 읽어오는 속도가 더 느리다면 그 지점에서 병목이 발생한다.

---

8 numpy를 빌드하면서 -fno-tree-vectorize 플래그를 지정하면 된다. 이 실험에서는 numpy 1.17.3을 다음 명령을 사용해 빌드했다.
$ OPT='-fno-tree-vectorize' FOPT='-fno-tree-vectorize' BLAS=None LAPACK=None ATLAS=None python setup.
py build

9 이는 사용하는 CPU에 따라 천차만별이다.

6.4.1 메모리 할당과 제자리 연산

[예제 6-6]의 numpy 코드에서 메모리 할당 횟수를 줄일 때와 같은 방법으로 메모리와 관련된 영향을 최적화해보자. 메모리 할당은 앞서 살펴본 캐시 미스보다 더 큰 영향을 준다. 필요한 데이터를 캐시에서 찾지 못하면 메모리 할당은 단순히 RAM을 찾아보는 대신 필요한 크기만큼의 데이터를 운영체제에 요청한 다음 예약해 둔다. 운영체제에 무언가를 요청할 때 발생하는 오버헤드는 캐시를 채우는 정도와는 비교가 안 될 정도로 크다. 캐시를 채우는 과정은 메인보드 수준에서 하드웨어적으로 최적화된 반면, 메모리 할당은 다른 프로세스, 즉 커널과 통신해야 한다.

[예제 6-9]에서 메모리 할당을 줄이기 위해 코드 시작 부분에 테스트용 배열을 미리 할당한 다음에 제자리in-place 연산만 사용해본다. 제자리 연산은 +=, *=처럼 입력 중 하나가 위치한 메모리에 결괏값을 다시 저장하는 연산을 말한다. 이렇게 하면 계산 결과를 저장하는 메모리 공간을 따로 할당하지 않아도 된다.

연산에 따라 numpy 배열의 id가 어떻게 변하는지를 알아보면 이 차이가 명확해진다(예제 6-12). id는 참조하는 메모리 구역을 나타내므로 이 numpy 배열을 추적하는 목적으로 안성맞춤이다. 만일 두 numpy 배열의 id가 같다면 둘은 같은 메모리 구역을 참조한다는 뜻이다.[10]

예제 6-12 메모리 할당을 줄이기 위한 제자리 연산

```
>>> import numpy as np
>>> array1 = np.random.random((10,10))
>>> array2 = np.random.random((10,10))
>>> id(array1)
140199765947424  ❶
>>> array1 += array2
>>> id(array1)
140199765947424  ❷
>>> array1 = array1 + array2
>>> id(array1)
140199765969792  ❸
```

---

10 엄격히 말하면 사실이 아니다. 같은 메모리 구역을 참조하는 두 numpy 배열이라도 건너뛰는 크기striding information를 다르게 해서 같은 데이터를 다른 방식으로 표현할 수도 있기 때문이다. 이때 두 numpy 배열의 id는 서로 다르다. numpy 배열의 id 구조는 미묘한 부분이 많지만 이 책에서 다루는 범위를 벗어난다.

❶, ❷ 제자리 연산을 수행했으므로 이 두 id가 같다. 즉 담은 데이터만 바꾸고 array1의 메모리 주소는 변하지 않았다.

❸ 여기서는 메모리 주소가 바뀌었다. array1 + array2를 수행할 때 새로운 메모리 주소가 할당된 다음 계산 결과가 채워졌다. 하지만 원래 데이터를 보존해야 한다면 (예를 들어 array3 = array1 + array2를 수행하면 array1과 array2를 계속 사용할 수 있지만, 제자리 연산은 원래 데이터를 덮어써버린다) 이 방법에 이점이 있다.

또한 제자리 연산을 사용하지 않으면 예상한 대로 실행 속도가 느려짐을 확인할 수 있다. [예제 6-13]을 확인해보면 제자리 연산 사용 시 100x100 크기 배열에서 성능이 27% 향상되었다. 배열의 크기가 커질수록 메모리 할당에 시간이 더 오래 걸리므로 이 차이는 더 벌어진다. 하지만 이 효과는 배열 크기가 CPU 캐시보다 큰 경우에만 발생한다는 점을 알아둬야 한다. 배열이 더 작아서 입력과 출력이 모두 캐시에 들어갈 수 있다면 벡터화의 이점을 누릴 수 있으므로 제자리 연산이 아닌 쪽이 속도가 더 빠르다.

예제 6-13 제자리 연산과 제자리 연산이 아닌 연산의 실행 시점 성능 차이

```
>>> import numpy as np

>>> %%timeit array1, array2 = np.random.random((2, 100, 100))  ❶ ❸
... array1 = array1 + array2
6.45 µs ± 53.3 ns per loop (mean ± std. dev. of 7 runs, 100000 loops each)

>>> %%timeit array1, array2 = np.random.random((2, 100, 100))  ❶
... array1 += array2
5.06 µs ± 78.7 ns per loop (mean ± std. dev. of 7 runs, 100000 loops each)

>>> %%timeit array1, array2 = np.random.random((2, 5, 5))  ❷
... array1 = array1 + array2
518 ns ± 4.88 ns per loop (mean ± std. dev. of 7 runs, 1000000 loops each)

>>> %%timeit array1, array2 = np.random.random((2, 5, 5))  ❷
... array1 += array2
1.18 µs ± 6 ns per loop (mean ± std. dev. of 7 runs, 1000000 loops each)
```

❶ 배열이 CPU 캐시에 들어가기에는 너무 크므로 할당과 캐시 미스가 적은 제자리 연산이 더 빠르다.

❷ 배열이 캐시에 들어맞으므로 제자리 연산이 아닌 연산이 더 빠르다.

❸ `%timeit` 대신 `%%timeit`을 사용했음에 주목하자. `%%timeit`은 실험 준비에 필요한 코드를 지정할 수 있게 해준다.

[예제 6-9]의 코드를 제자리 연산을 사용하도록 바꾸는 작업은 어렵지 않지만 코드의 가독성이 약간 떨어지는 문제가 있다. [예제 6-14]는 제자리 연산을 사용하도록 수정한 코드이다. `grid`와 `next_grid` 벡터를 생성하고 지속적으로 서로를 바꾼다. `grid`는 시스템의 현재 상태를 나타내고 `evolve`가 실행되면 `next_grid`는 갱신된 정보를 포함한다.

예제 6-14 numpy 연산을 제자리 연산으로 변경

```python
def laplacian(grid, out):
    np.copyto(out, grid)
    out *= -4
    out += np.roll(grid, +1, 0)
    out += np.roll(grid, -1, 0)
    out += np.roll(grid, +1, 1)
    out += np.roll(grid, -1, 1)


def evolve(grid, dt, out, D=1):
    laplacian(grid, out)
    out *= D * dt
    out += grid


def run_experiment(num_iterations):
    next_grid = np.zeros(grid_shape)
    grid = np.zeros(grid_shape)

    block_low = int(grid_shape[0] * 0.4)
    block_high = int(grid_shape[0] * 0.5)
    grid[block_low:block_high, block_low:block_high] = 0.005

    start = time.time()
    for i in range(num_iterations):
        evolve(grid, 0.1, next_grid)
        grid, next_grid = next_grid, grid    ❶
    return time.time() - start
```

❶ evolve의 결과는 next_grid 벡터에 저장되므로 이 두 변수를 서로 바꿔치기swap하여 다음 반복에서 grid에 갱신된 정보가 저장되도록 한다. 이 바꿔치기는 데이터를 서로 바꾸는 게 아니라 데이터에 대한 참조만 바꾸므로 부담이 없다.

> **WARNING_** 각 연산을 제자리 연산으로 바꾸기로 했으므로 벡터 연산을 할 때마다 해당 줄에서 결과를 담아야 한다. 이는 A = A * B + C처럼 단순한 코드도 꽤 복잡하게 만든다. 파이썬은 가독성을 무척 강조하므로 이렇게 바꾼 결과가 충분히 수긍할만한 성능 향상을 가져다주는지 확인해보자.

[예제 6-15]와 [예제 6-10]의 결과를 비교해보면 불필요한 할당을 제거해서 코드의 실행 속도를 30.9%가량 개선했다. 캐시 미스를 줄인 덕분이기도 하지만 대부분은 마이너 페이지 폴트minor page fault를 줄인 결과다. 마이너 페이지 폴트가 줄어든 이유는 이 코드가 이미 할당된 공간을 재활용해서 메모리 할당 횟수를 줄였기 때문이다.

마이너 폴트는 프로그램이 메모리에 새로 할당된 공간에 처음 접근할 때 발생한다. 커널은 메모리 주소를 지연 할당한다. 따라서 새로 할당된 데이터에 처음 접근하면 커널은 프로그램 실행을 일시 중지한 후 요청받은 메모리 공간이 존재하는지 확인하고 프로그램에서 사용할 수 있는 참조를 생성한다. 이렇게 추가된 장치는 상당히 실행 비용이 많이 들며, 프로그램을 상당히 느리게 만든다. 추가로 실행하는 연산에 드는 비용 외에도, 캐시에 있던 상태를 잃어버리고 명령어 파이프라이닝을 수행할 가능성도 사라진다. 결국 (마이너 폴트가 발생하면) 프로그램 밖으로 나가서 메모리를 할당받아야 하므로, 관련 최적화를 비롯해 수행 중인 모든 내용을 포기해야 한다.

예제 6-15 numpy와 제자리 메모리 연산을 사용했을 때의 성능 측정 결과 (격자 크기: 640x640, 500회 반복)

```
$ perf stat -e cycles,instructions,\
    cache-references,cache-misses,branches,branch-misses,task-clock,faults,\
    minor-faults,cs,migrations python diffusion_numpy_memory.py


Performance counter stats for 'python diffusion_numpy_memory.py':

    6,880,906,446      cycles                    #    2.886 GHz
    5,848,134,537      instructions              #    0.85  insn per cycle
    1,077,550,720      cache-references          #  452.000 M/sec
      217,974,413      cache-misses              #   20.229 % of all cache refs
    1,028,769,315      branches                  #  431.538 M/sec
```

```
    7,492,245      branch-misses           #    0.73% of all branches
 2383.962679      task-clock (msec)        #    1.373 CPUs utilized
       13,521      faults                   #    0.006 M/sec
       13,521      minor-faults             #    0.006 M/sec
          100      cs                       #    0.042 K/sec
            8      migrations               #    0.003 K/sec


 1.736322099 seconds time elapsed
```

6.4.2 선택적인 최적화: 고칠 부분 찾기

[예제 6-14]의 코드를 살펴보면 할만한 최적화는 모두 한 듯 보인다. numpy를 사용해서 CPU의 부담을 줄였고 할당 횟수도 문제를 푸는 데 꼭 필요한 만큼으로 줄였다. 하지만 항상 놓친 부분이 있기 마련이다. line_profiler로 코드를 프로파일해보면(예제 6-16) 작업이 대부분 laplacian 함수 안에서 수행됨을 확인할 수 있다. 사실 evolve 함수가 소비한 시간의 84%를 laplacian 함수가 소비한다.

예제 6-16 laplacian 함수가 시간을 과하게 소비함을 알려주는 라인 프로파일링 결과

```
Wrote profile results to diffusion_numpy_memory.py.lprof
Timer unit: 1e-06 s

Total time: 1.58502 s
File: diffusion_numpy_memory.py
Function: evolve at line 21

Line #      Hits         Time   Per Hit   % Time  Line Contents
==============================================================
    21                                             @profile
    22                                             def evolve(grid, dt, out, D=1):
    23       500    1327910.0    2655.8     83.8        laplacian(grid, out)
    24       500     100733.0     201.5      6.4        out *= D * dt
    25       500     156377.0     312.8      9.9        out += grid
```

laplacian 함수가 느린 데는 여러 가지 이유가 있지만, 주요 원인은 두 가지이다. 첫째, np.roll을 호출하면서 새로운 백터를 할당한다(해당 함수의 문서에서 이 내용을 확인할 수 있다). 즉 앞서 리팩터링으로 일곱 군데의 메모리 할당을 제거했지만 아직 네 군데의 할당 문

제는 해결하지 못했다. 또한 np.roll은 매우 범용적인 함수로, 특수한 경우를 처리하기 위한 코드를 많이 포함한다. 우리는 단순히 축을 따라 데이터를 시프트하면 되므로 이 함수를 다시 작성해서 불필요한 코드를 제거할 수 있다. 그리고 np.roll 로직과 덧셈을 합쳐서 추가 연산과 메모리 할당을 최소화한 roll_add 함수를 작성할 수도 있다.

이렇게 만든 roll_add 함수는 [예제 6-17]에서 확인할 수 있다. 이제 laplacian 함수에서 roll_add 함수를 사용하기만 하면 된다. numpy의 강력한 색인 기능 덕분에 np.roll 함수를 사용하지 않고도 어렵지 않게 이를 구현할 수 있다. 하지만 앞서 지적했듯이 이 코드는 성능이 더 높은 대신 가독성이 떨어진다.

> **WARNING_** 전체 테스트와 더불어 이해를 돕는 독스트링을 추가했음에 주목하자. 이와 같은 방식으로 최적화할 때는 코드의 가독성을 유지하기 위한 노력이 중요하다. 그렇게 해서 코드가 항상 의도한 대로 동작하게 하고, 향후 다른 개발자가 코드를 고칠 수 있게 하며, 코드가 어떻게 동작하고 언제 동작하지 않는지 알 수 있도록 하자.

예제 6-17 직접 작성한 roll_add 함수

```python
import numpy as np


def roll_add(rollee, shift, axis, out):
    """
    주어진 행렬 rollee에 대해서 다음 계산을 수행하여 결과를 out에 저장한다.

        >>> out += np.roll(rollee, shift, axis=axis)

    이 함수는 다음 가정하에 동작한다.
        * rollee는 2차원 배열이다.
        * shift는 +1 아니면 -1이다.
        * axis는 0 아니면 1이다. (rollee가 2차원 배열이므로 이를 유추할 수 있다)

    위와 같은 가정하에, numpy에서 범용적인 목적으로 구현한 roll 함수에서 불필요한
    부분을 회피하고 계산 과정을 함수 내부로 옮겨서 속도를 개선했다.
    """
    if shift == 1 and axis == 0:
        out[1:, :] += rollee[:-1, :]
        out[0, :] += rollee[-1, :]
    elif shift == -1 and axis == 0:
```

```
        out[:-1, :] += rollee[1:, :]
        out[-1, :] += rollee[0, :]
    elif shift == 1 and axis == 1:
        out[:, 1:] += rollee[:, :-1]
        out[:, 0] += rollee[:, -1]
    elif shift == -1 and axis == 1:
        out[:, :-1] += rollee[:, 1:]
        out[:, -1] += rollee[:, 0]


def test_roll_add():
    rollee = np.asarray([[1, 2], [3, 4]])
    for shift in (-1, +1):
        for axis in (0, 1):
            out = np.asarray([[6, 3], [9, 2]])
            expected_result = np.roll(rollee, shift, axis=axis) + out
            roll_add(rollee, shift, axis, out)
            assert np.all(expected_result == out)


def laplacian(grid, out):
    np.copyto(out, grid)
    out *= -4
    roll_add(grid, +1, 0, out)
    roll_add(grid, -1, 0, out)
    roll_add(grid, +1, 1, out)
    roll_add(grid, -1, 1, out)
```

이렇게 개선한 코드의 성능(예제 6-18)을 확인해보면 [예제 6-14]와 대부분 항목이 비슷함에도 불구하고 22% 더 빨라진 것을 확인할 수 있다. 가장 큰 차이는 cache-misses로, 7배 줄었다. 이런 변화는 CPU의 명령어 처리율throughput에도 영향을 주어서, 사이클 당 명령어 수가 0.85에서 0.99로 늘었다(14% 이득). 비슷하게 faults는 12.85% 줄었다. 이런 결과는 행렬을 시프트할 때 numpy에 전적으로 의존하는 대신 제자리에서 데이터를 갱신하는 함수를 작성했기 때문이다. numpy는 배열을 바로 내보내지 않고, 경계 검사나 오류 처리 등 작업에 필요한 다른 검사를 실행한 후 결과를 추가한다. 우리가 만든 함수는 한 번에 모든 작업을 처리하며 컴퓨터가 매번 캐시를 채워 넣을 필요가 없다. numpy와 파이썬의 불필요한 부분을 덜어내는 방식에 관한 일반적인 논의는 7.6절에서 사이썬을 다룰 때 더 살펴보기로 하자.

예제 6-18 numpy를 이용한 제자리 메모리 연산과 사용자 정의 laplacian 함수를 사용했을 때 성능 측정 결과 (격자 크기: 640x640, 500회 반복)

```
$ perf stat -e cycles,instructions,\
    cache-references,cache-misses,branches,branch-misses,task-clock,faults,\
    minor-faults,cs,migrations python diffusion_numpy_memory2.py


 Performance counter stats for 'python diffusion_numpy_memory2.py':

     5,971,464,515      cycles                   #     2.888 GHz
     5,893,131,049      instructions             #     0.99  insn per cycle
     1,001,582,133      cache-references         #   484.398 M/sec
        30,840,612      cache-misses             #     3.079 % of all cache refs
     1,038,649,694      branches                 #   502.325 M/sec
         7,562,009      branch-misses            #     0.73% of all branches
       2067.685884      task-clock (msec)        #     1.456 CPUs utilized
            11,981      faults                   #     0.006 M/sec
            11,981      minor-faults             #     0.006 M/sec
                95      cs                       #     0.046 K/sec
                 3      migrations               #     0.001 K/sec


       1.419869071 seconds time elapsed
```

6.5 numexpr: 제자리 연산을 더 빠르고 간편하게 쓰기

numpy의 벡터 연산 최적화는 한 번에 하나의 연산에만 적용할 수 있다는 단점이 있다. 즉 numpy 벡터로 A * B + C를 계산하면, 먼저 A * B 계산 결과를 임시 벡터에 저장한 다음에 C 를 더한다. [예제 6-14]는 이와 같은 제자리 연산을 이용한 확산 방정식 코드다.

하지만 이를 해결할 수 있는 다양한 모듈이 있다. numexpr 모듈은 계산에 사용한 전체 벡터를 취합해서 캐시 미스와 임시 공간 사용을 최소화하는 아주 효율적인 코드로 컴파일한다. 또한, 멀티 코어를 사용한다면 이를 활용할 수 있도록 최적화하며(자세한 내용은 9장을 참고하자), 여러분이 사용 중인 CPU가 지원하는 특수한 명령어를 사용해서 속도를 높일 수도 있다. 여러 코어에 연산을 병렬화해주는 OpenMP도 지원한다.

코드에서 numexpr을 사용하도록 바꾸는 작업은 간단하다. 문자열 표현으로 지역 변수를 참조하기만 하면 된다. 이 문자열 표현은 내부적으로 컴파일된 뒤 캐시에 저장되어(같은 표현이 두 번 컴파일되지 않도록 함) 최적화된 코드로 실행된다. [예제 6-19]에서 evolve 함수를 numexpr을 사용하도록 변경했다. 이 예제에서는 evaluate 함수의 out 인자를 사용하여 numexpr이 계산 결과를 반환하려고 새로운 벡터를 할당하지 않도록 했다.

예제 6-19 numexpr을 사용해서 대규모 행렬 연산 최적화하기

```
from numexpr import evaluate

def evolve(grid, dt, next_grid, D=1):
    laplacian(grid, next_grid)
    evaluate("next_grid * D * dt + grid", out=next_grid)
```

numexpr의 중요한 특징은 CPU 캐시를 고려한다는 점이다. numexpr은 데이터의 위치를 계속 옮겨 여러 CPU 캐시에 데이터가 올바르게 저장되도록 하여 캐시 미스를 최소화한다. 새로 작성한 코드에 perf를 실행시켜보면(예제 6-20) 실행 속도가 향상되었음을 확인할 수 있다. 하지만 256 × 256 크기의 작은 격자에 대한 성능을 측정해보면(표 6-2) 속도가 느려졌음을 확인할 수 있다. 이유가 뭘까?

예제 6-20 numpy의 제자리 메모리 연산, 사용자 정의 laplacian 함수, numexpr을 사용했을 때의 성능 측정 결과(격자 크기: 640x640, 500회 반복)

```
$ perf stat -e cycles,instructions,\
    cache-references,cache-misses,branches,branch-misses,task-clock,faults,\
    minor-faults,cs,migrations python diffusion_numpy_memory2_numexpr.py


 Performance counter stats for 'python diffusion_numpy_memory2_numexpr.py':

     8,856,947,179      cycles                    #    2.872 GHz
     9,354,357,453      instructions              #    1.06  insn per cycle
     1,077,518,384      cache-references          #  349.423 M/sec
        59,407,830      cache-misses              #    5.513 % of all cache refs
     1,018,525,317      branches                  #  330.292 M/sec
        11,941,430      branch-misses             #    1.17% of all branches
       3083.709890      task-clock (msec)         #    1.991 CPUs utilized
            15,820      faults                    #    0.005 M/sec
            15,820      minor-faults              #    0.005 M/sec
             8,671      cs                        #    0.003 M/sec
```

```
     2,096      migrations              #    0.680 K/sec

  1.548924090 seconds time elapsed
```

numexpr을 사용함으로써 우리가 작성한 프로그램에 캐시를 잘 활용하기 위한 연산이 추가되었다. 계산에 필요한 모든 데이터가 캐시에 저장될 만큼 격자가 작다면 numexpr을 사용해도 연산이 추가되기만 할 뿐 성능에는 도움이 되지 않는다. 또한 문자열로 표현한 벡터 연산을 컴파일하는 데 많은 오버헤드가 발생한다. 따라서 프로그램의 전체 실행 시간이 짧다면 오히려 성능을 떨어트릴 수도 있다. 하지만 격자가 크다면 numpy보다 numexpr이 캐시를 더 잘 활용함을 확인할 수 있다. 그리고 numexpr은 멀티 코어를 십분 활용하여 각 코어의 캐시를 최대로 활용한다. 격자가 작다면 멀티 코어 관리에 드는 추가 오버헤드가 계산 성능 향상치를 넘어서게 된다.

이 코드를 실행시키는 데 사용한 CPU는 인텔 코어 i7-7820HQ로, 캐시가 8,192KB다. 우리는 입력과 출력 용도로 각각 하나씩, 총 2개의 배열을 다루며 캐시에 충분히 담을 수 있는 크기다. 캐시에 담을 수 있는 격자 항목의 최대 개수는 8,192KB / 64bit = 1,024,000개이고, 총 2개의 격자를 사용하므로 이 수를 둘로 나누면 1,024,000 / 2 = 512,000개가 된다. 이 값의 제곱근으로 각 격자의 크기를 구할 수 있다. 즉 715×715 크기의 2차원 배열 2개가 캐시에 저장될 수 있는 크기다($\sqrt{8192KB / 64bit / 2} = 715.5$). 하지만 실제로는 다른 프로그램에서도 캐시를 일부 사용하므로 아마도 640×640 크기의 격자 2개를 사용할 수 있을 것이다. [표 6-1]과 [표 6-2]에서 numpy와 numexpr의 성능 차이를 확인할 수 있다. 격자 크기가 512×512에서 $1,024 \times 1,024$로 커졌을 때 numexpr의 성능이 numpy를 앞지른다.

6.6 경고: '최적화' 검증(사이파이)

이 장에서 중요한 내용은 최적화 작업을 하면서 프로파일링으로 코드가 어떻게 동작하는지 감을 잡고, 느린 부분을 개선할 수 있는 해법을 적용한 다음, 다시 프로파일해서 느린 부분을 제대로 개선했는지 확인하는 것이다. 단순 명료해 보이지만 격자 크기에 따라 결과가 달라지는 numexpr 예제에서 살펴봤듯이, 그리 간단하지만은 않다.

당연히 이 책에서 제시한 해법이 항상 기대하는 대로 동작하지는 않는다. 이 장에서 소개한 코드를 작성하면서 laplacian 함수가 가장 느리게 동작하는 것을 확인했고 scipy에서 제공하는 함수가 훨씬 빠르게 동작할 것이라는 가설을 세웠다. 라플라시안 변환은 이미지 분석에서 흔히 사용하므로 이에 최적화된 라이브러리를 사용하면 속도를 더 높일 수 있을 것이라는 기대 때문이었다. scipy에는 이미지 처리용 하위 모듈이 있으므로 분명 도움이 될 것이다!

구현은 꽤 간단하며(예제 6-21) 복잡한 주기적 경계 조건 구현을 거의 고려하지 않아도 된다.

예제 6-21 scipy의 laplace 필터 사용

```python
from scipy.ndimage.filters import laplace

def laplacian(grid, out):
    laplace(grid, out, mode="wrap")
```

구현의 용이성은 꽤 중요하기 때문에 성능이 정말 중요해지기 전까지는 이 메서드를 사용하게 될 것이다. 하지만 scipy 코드의 벤치마크 결과(예제 6-22)를 보면 [예제 6-14]를 기반으로 작성한 코드에서 얻은 속도 개선을 포기해야 한다는 사실을 알 수 있다. 사실상 격자 크기를 키울수록 이 메서드의 성능은 더 나빠진다(그림 6-4).

예제 6-22 scipy의 laplace 함수를 사용한 확산 방정식의 성능 측정 결과 (격자 크기: 640x640, 500회 반복)

```
$ perf stat -e cycles,instructions,\
    cache-references,cache-misses,branches,branch-misses,task-clock,faults,\
    minor-faults,cs,migrations python diffusion_scipy.py


 Performance counter stats for 'python diffusion_scipy.py':

    10,051,801,725      cycles                    #    2.886 GHz
    16,536,981,020      instructions              #    1.65  insn per cycle
     1,554,557,564      cache-references          #  446.405 M/sec
       126,627,735      cache-misses              #    8.146 % of all cache refs
     2,673,416,633      branches                  #  767.696 M/sec
         9,626,762      branch-misses             #    0.36% of all branches
       3482.391211      task-clock (msec)         #    1.228 CPUs utilized
            14,013      faults                    #    0.004 M/sec
            14,013      minor-faults              #    0.004 M/sec
                95      cs                        #    0.027 K/sec
                 5      migrations                #    0.001 K/sec
```

```
2.835263796 seconds time elapsed
```

scipy를 사용한 버전과 우리가 직접 작성한 laplacian 함수(예제 6-18)의 성능 측정 결과를 비교해보며 기대와 달리 성능이 개선되지 않은 이유를 파악해보자.

측정 결과에서 가장 두드러지는 지표는 instructions다. 이 지표는 우리가 직접 작성한 laplacian 코드보다 scipy 코드가 CPU에 두 배가 넘는 일을 시킴을 보여준다. sicpy의 명령이 수치적으로 더 최적화되었다 하더라도(insn per cycle 값은 CPU가 단일 클럭에 얼마나 많은 인스트럭션을 처리하는지를 나타낸다), 추가적인 최적화만으로는 늘어난 인스트럭션 수행 횟수를 뛰어넘는 성능 개선을 할 수 없다.

scipy 코드는 경계 조건이 다양한 모든 종류의 입력을 처리할 수 있도록(이를 위한 추가 코드가 필요하며 이는 곧 명령어 수가 늘게 되는 원인이다) 매우 범용적으로 작성되었으므로 이런 결과를 얻었다고 볼 수 있다. 같은 이유로 scipy 코드에서 branches 항목이 더 높은 것을 확인할 수 있다. 코드에 분기가 많으면 명령을 어떤 조건에 따라 실행한다는 뜻이다(이는 마치 if 문 안에 코드를 넣어둔 것과 같다). 문제는 조건을 검사하기 전까지는 어떤 식을 계산할지 알 수 없고, 그에 따라 벡터화나 파이프라이닝이 불가능하다는 데 있다. 분기 예측 장치가 이럴 때 도움이 될 수 있지만, 분기 예측이 완벽하지는 않다. 이 부분에서 우리가 최적화하려면 더 특화해야 할 부분이 뭔지 알 수 있다. 여러분이 해야 할 일을 반복해서 검사할 필요가 없고 구체적인 문제를 잘 안다면, 이를 훨씬 더 효율적으로 해결할 수 있다.

6.7 행렬 최적화에서 얻은 교훈

지금까지 해온 최적화 과정을 돌이켜보면 두 가지로 나눌 수 있다. 데이터가 CPU로 전달되는 시간을 줄이는 것과 CPU가 처리하는 일의 양을 줄이는 것이다. [표 6-1]과 [표 6-2]에서 지금까지 적용했던 최적화 기법과 데이터 크기에 따른 성능을 순수 파이썬 구현과 비교해두었다.

[그림 6-4]는 각각을 그래프로 표현했다. 성능 밴드는 세 가지로 나눠볼 수 있는데, 우선 바닥에 붙은 그래프는 메모리 할당을 최소화한 순수 파이썬 구현의 성능 개선치를 나타낸다. 가운데 밴드는 할당을 더 줄이려고 numpy를 사용했을 때의 성능 그래프다. 그리고 상단의 밴드는 처리하는 일을 줄였을 때의 결과를 보여준다.

[표 6-1] 격자 크기 별 evolve 함수(500회 반복) 실행 시간 비교 (단위: 초)

방법	256 x 256	512 x 512	1,024 x 1,024	2,048 x 2,048	4,096 x 4,096
파이썬	2.40	10.43	41.75	168.82	679.16
파이썬 + 메모리	2.26	9.76	38.85	157.25	632.76
numpy	0.01	0.09	0.69	3.77	14.83
numpy + 메모리	0.01	0.07	0.60	3.80	14.97
numpy + 메모리 + laplacian	0.01	0.05	0.48	1.86	7.50
numpy + 메모리 + laplacian + numexr	0.02	0.06	0.41	1.60	6.45
numpy + 메모리 + scipy	0.05	0.25	1.15	6.83	91.43

[표 6-2] 순수 파이썬 구현(예제 6-3)과 격자 크기 별 evole 함수(500회 반복)의 성능 비교

방법	256 x 256	512 x 512	1,024 x 1,024	2,048 x 2,048	4,096 x 4,096
파이썬	1.00x	1.00x	1.00x	1.00x	1.00x
파이썬 + 메모리	1.06x	1.07x	1.07x	1.07x	1.07x
numpy	170.59x	116.16x	60.49x	44.80x	45.80x
numpy + 메모리	185.97x	140.10x	69.67x	44.43x	45.36x
numpy + 메모리 + laplacian	203.66x	208.15x	86.41x	90.91x	90.53x
numpy + 메모리 + laplacian + numexr	97/41x	167.49x	102.38x	105.69x	105.25x
numpy + 메모리 + scipy	52.27x	42.00x	36.44x	24.70x	7.43x

여기서 얻은 중요한 교훈은 초기화 과정에 필요한 관리 요소를 모두 고려해야 한다는 점이다. 메모리 할당, 설정 파일을 읽는 과정, 프로그램이 실행되는 동안 필요한 값을 미리 계산하는 과정도 모두 여기에 포함된다. 이것이 중요한 이유는 두 가지다. 첫째, 이런 초기화 작업을 한 번에 완료해서 전체 실행 횟수를 줄이고 나중에 불필요한 자원이 낭비되지 않도록 한다. 둘째, 프로그램의 흐름을 방해하지 않아야 한다. 캐시에 관련 데이터만 채워지게 하고 파이프라인을 효율적으로 유지할 수 있다.

또한 데이터 지역성data locality과 데이터를 CPU에 빠르게 전달하는 일의 중요성도 알게 되었다. CPU 캐시는 꽤 복잡하므로 이를 잘 처리하도록 최적화된 다양한 메커니즘을 허용하는 편이 최선인 경우가 종종 있다. 하지만 어떻게 동작하는지 이해한다면 메모리 다루는 방법을 최적화

해서 다른 결과를 얻어낼 수도 있다. 예를 들면 캐시의 동작 방식을 이해하고 나서 성능적으로 취약한 부분을 찾을 수 있었고, 격자 전체를 L3 캐시에 채워 [그림 6-4]에서 보듯, 격자 크기에 상관없이 충분한 속도 향상을 꾀할 수 있었다. 하지만 이 지점을 지나면 폰 노이만 병목[11]을 제거하기 위해 여러 계층으로 메모리를 구성하는 접근 방식이 그리 큰 이익을 가져다주지 못한다.

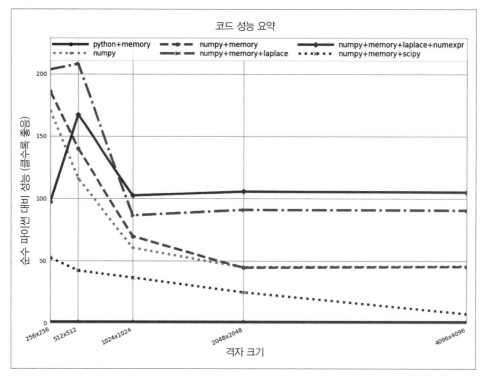

그림 6-4 이 장에서 살펴본 다양한 시도의 성능 비교

또 다른 중요한 교훈은 외부 라이브러리 사용에 관한 것이다. 파이썬은 사용이 쉽고 가독성이 높아서 코드를 빠르게 작성하고 디버깅할 수 있다. 하지만 성능을 개선할 때는 반드시 외부 라이브러리까지 고려해야 한다. 이런 외부 라이브러리는 저수준의 언어로 작성되어서 엄청나게 빠르게 동작하며 파이썬에서 쉽게 불러 쓸 수 있다. 즉 외부 라이브러리를 사용하면서도 파이썬의 장점인 빠른 코딩 속도를 유지할 수 있다.

---

11 역자주_ https://ko.wikipedia.org/wiki/폰_노이만_구조

마지막으로, 실험하기 전에 성능에 관한 가설을 세우고 성능을 측정해야 한다는 점도 배웠다. 성능을 측정하기 전에 가설을 세워서 실제로 올바른 최적화인지 확인할 수 있다. 이렇게 수정하면 실행 시간을 줄일 수 있을까? 이렇게 하면 메모리 할당 횟수를 줄일 수 있을까? 캐시 미스 횟수가 줄어들까? 때때로 최적화는 예술과도 같다. 어마어마하게 복잡한 컴퓨터 시스템을 정량적으로 측정해서 실제로 어떤 일이 벌어지는지를 이해할 수 있게 된다.

최적화에 관해 한 가지 덧붙이자면, 다른 컴퓨터에 적용하려고 일반화할 때는 특히 더 많은 신경을 써야 한다는 점이다(가정과 성능 측정 결과는 사용하는 컴퓨터 아키텍처나 모듈이 어떻게 컴파일되었는지에 따라 다를 수 있다). 또한, 최적화를 할 때는 다른 개발자들의 입장을 고려하고 코드 변경이 가독성에 어떤 영향을 줄지도 충분히 생각해야 한다. 예를 들어 [예제 6-17]에서 구현했던 해법은 잠재적으로 모호하여, 우리뿐만 아니라 다른 사람들에게도 도움이 되도록 충분히 문서화하고 테스트했다.

하지만 때로는 수치 알고리즘에 단순한 수학적 연산이 아니라 상당히 많은 데이터 랭글링과 조작이 필요하기도 하다. 이런 경우에는 팬더스가 아주 유명한 해법이다. 팬더스에는 자체 성능 특성이 있다. 이제 팬더스를 자세히 알아보면서 성능이 좋은 수치 계산 코드를 작성하는 데 어떻게 활용할 수 있을지 살펴보자.

6.8 팬더스

팬더스는 과학기술 파이썬 생태계에서 사실상 표준인 데이터 조작 도구로 표 형태의 데이터 처리에 사용한다. 팬더스는 (엑셀과 비슷하게) 균일하지 않은 데이터 유형으로 이뤄진 표(DataFrame)를 쉽게 조작하게 해주고, 시계열 연산을 강력히 지원한다. 팬더스 공개 인터페이스와 내부 장치는 2008년부터 많이 발전해왔는데, 공개 포럼에는 '문제를 푸는 빠른 방법'과 관련한 상호 충돌하는 정보가 수두룩하다. 이번 절에서 팬더스의 일반적인 용례use case에 관한 몇 가지 오해를 풀어보자.

지금부터 팬더스의 내부 모델을 살펴보고, 함수를 DataFrame에 효율적으로 적용하는 방법을 알아보며, DataFrame을 연속으로 이어 붙여 결과를 만드는 방식이 왜 나쁜지 설명하고, 문자열을 더 빠르게 처리하는 방법을 살펴볼 것이다.

6.8.1 팬더스 내부 모델

팬더스는 인메모리, 2차원, 표와 비슷한 자료구조를 사용한다. 쉽게 이해하려면 우선 엑셀 시트를 떠올려 봐도 좋다. 원래 팬더스는 넘파이의 dtype 객체(각 열에 부호가 있거나 없는 수 타입)에 초점을 맞췄다. 팬더스 라이브러리가 발전함에 따라 넘파이 타입을 넘어 확장되었으며, 이제는 파이썬 문자열과 확장 타입을 지원한다. 널이 될 수 있는 Int64 객체(첫 글자가 대문자 'I')와 IP 주소도 확장 타입이다.

DataFrame에 대한 연산은 한 열에 속한 모든 셀(또는 axis=1 인자 사용 시 한 행에 속한 모든 셀)에 적용된다. 모든 연산은 즉시 계산되며 쿼리 계획$^{query\ planning}$은 지원하지 않는다. 열에 대한 연산은 종종 임시 중간 배열을 생성해서 RAM을 소모한다. 일반적으로는 DataFrame을 다룰 때 임시 메모리 사용량을 현재 메모리 사용량의 3~5배 정도로 예상하라고 조언한다. 보통 임시결과에 사용할 RAM만 충분하다면 팬더스는 10GB 크기의 데이터 집합을 잘 처리할 수 있다.

연산은 단일 스레드로 실행되며 파이썬의 GIL 때문에 제한될 수 있다. 파이썬 내부 구현이 점차 개선되면서 GIL이 자동으로 비활성화될 수 있게 만들어, 병렬 연산이 가능해졌다. 10.6.2 'Dask로 팬더스 병렬화하기'에서 Dask를 활용한 병렬화 접근법을 살펴본다.

내부에서는 BlockManager가 같은 dtype으로 이뤄진 열을 하나로 묶는다. 이런 숨겨진 장치는 같은 타입으로 이뤄진 열에 대한 행 단위 연산을 더 빠르게 수행하게 해준다. 이런 기법은 팬더스 코드 기반을 복잡하게 만드는 숨겨진 기술적인 세부 사항에 속하지만, 이런 기법 덕분에 사용자가 직접 사용하는 고수준 연산은 더 빠르게 실행된다.[12]

한 공통 블록에 있는 데이터의 부분 집합에 대해 연산을 수행하면 보통 뷰가 생긴다. 이때 서로 다른 dtype인 여러 블록에 걸친 행의 조각을 얻는 작업을 수행하며 값을 복사하기 때문에 속도가 느려질 수 있다. 이 결과, 수로 이뤄진 열은 직접 그에 대응하는 넘파이 데이터를 참조하지만 문자열 열은 메모리 여기저기 분산되며, 결국 수치 연산과 문자열 연산의 속도가 예기치 못하게 달라질 수 있다.

팬더스는 내부적으로 넘파이의 데이터 타입과 팬더스 자신의 확장 데이터 타입을 섞어서 사용한다. 예를 들어 넘파이에서 온 타입은 int8(1바이트), int64(8바이트, 첫 글자가 소문자

---

12 데이터퀘스트(DataQuest)의 블로그 'Tutorial: Using Pandas with Large Data Sets in Python(https://oreil.ly/frZrr)'에서 자세한 내용을 볼 수 있다.

'i'), float16(2바이트), float64(8바이트), bool(1바이트) 등이 있다. 팬더스가 제공하는 추가 타입으로는 categorical과 detetimetz가 있다. 외부에서는 이 타입들이 비슷하게 작동하는 것처럼 보이지만, 내부적으로는 팬더스 코드 기반에 타입별 팬더스 코드와 코드 중복이 있다.

> **NOTE_** 팬더스는 원래 numpy 데이터 타입을 사용했지만, 발전하는 과정에서 3가 논리three-valued logic의 '없는 데이터(NaN)' 동작을 인식하는 팬더스 자체 데이터타입이 늘어났다. 그래서 numpy의 int64(NaN을 인식하지 못한다)와 팬더스 Int64(내부적으로 정수와 NaN을 표현하는 Bit 마스크로 이뤄진 2열 데이터를 사용한다)를 구분해야 한다. 참고로 numpy의 float64는 NaN을 인식한다.

넘파이의 데이터 타입을 사용해서 생긴 부작용이 있다. float은 NaN(없는 값) 상태가 있지만, int나 bool 객체는 그렇지 않다. 그래서 팬더스에서 int나 bool 수열에 NaN 값을 도입하면 이 수열이 float 타입으로 바뀐다. int를 float으로 변환하면 같은 Bit로 표현할 수 있는 수의 정밀도가 줄어들고, 가장 작은 float이 float16이라서 bool을 float으로 변환하면 데이터 크기가 2배 커진다.

널이 될 수 있는 Int64(대문자 'I')가 버전 0.24에서 팬더스 확장 타입으로 도입됐다. 내부적으로는 Int64는 값을 표현하려고 넘파이의 int64를, NaN 마스크로 bool을 사용한다. Int32와 Int8도 마찬가지 방법을 쓴다. 팬더스 버전 1.0부터는 이와 동등한 널이 될 수 있는 불리언 타입도 있다(NaN을 인식하지 못하는 numpy 불리언 타입은 bool이고 널이 될 수 있는 팬더스 dtype은 boolean이다). 향후 표준 파이썬 str보다 더 나은 성능을 제공하면서 메모리는 적게 사용할 문자열 데이터 타입으로 StringDType을 도입했다. 이 타입은 object dtype 열에 저장된다.

6.8.2 여러 데이터 행에 함수 적용하기

팬더스에서 함수를 여러 데이터 행에 적용하는 경우는 아주 흔하다. 이를 적용하는 여러 방법 중에 루프를 사용하는 전형적인 파이썬 방식이 보통 가장 느리다. 실제 세계에서 발생할 수 있는 여러 문제를 바탕으로 만들어진 예제를 통해 이 문제를 해결하는 다양한 방법을 살펴보고, 속도와 유지보수성 사이의 트레이드오프 관계를 정리한다.

일반 최소 제곱(OLS) Ordinary Least Square은 데이터 사이언스에서 데이터를 직선에 맞추는fitting 데 가장 흔히 쓰는 방법이다. OLS는 주어진 데이터 집합에 대해 m * x + c 공식의 기울기와 절편을 계산한다. 데이터의 추세, 즉 데이터가 감소하는지 증가하는지를 알고 싶을 때 이 정보는 매우 유용하다.

그 예로 통신사와 진행했던 연구를 살펴보자. 여러 잠재적인 사용자 행동 신호(예컨대 마케팅 캠페인, 여러 인구학적 통계, 지리 분포에 따라 달라지는 행동 양식)를 분석하는 연구였다. 통신사에는 고객별로 일별 사용량 정보가 있었고, 각 고객이 통화를 점점 더 많이 혹은 더 적게 하는지와 시간이 지남에 따라 사용량이 어떻게 변할지를 알고 싶어 했다.

이 문제에 접근하는 한 가지 방법은 수백만 사용자의 수년 치 데이터를 작은 데이터 창으로 나누는 것이다(예를 들어 각 창은 수년간의 데이터 중에 14일 치를 나타낸다). 창마다 고객의 사용량을 OLS로 모델링하고, 이 사용량이 늘어났는지 줄어들었는지를 기록한다.

그 결과, 주어진 14일의 기간 동안 고객별로 사용량이 일반적으로 줄었는지 늘었는지에 관한 정보가 생긴다. 하지만 이런 데이터를 얻으려면 엄청난 횟수로 OLS를 반복 계산해야 한다!

고객이 100만 명이고 2년간의 데이터를 분석한다면, 창의 개수가 730개이므로,[13] OLS를 7억 3천만 번 시행해야 한다. 이 문제를 실질적으로 해결하려면 OLS 구현이 아주 잘 튜닝되어야 한다.

작지만 대표성 있는 인공적인 데이터셋을 생성해서 여러 OLS 구현의 성능을 알아보자. 이를 통해 큰 데이터셋에서 어떤 동작이 일어날지를 알아볼 수 있다. 10만 행으로 이뤄진 데이터를 생성한다. 각 행은 인공적인 고객을 나타내며, 행마다 열이 14개 있다. 각 열은 '매일 휴대폰을 사용한 시간'을 나타내는 연속적인 변수이다.

우리는 푸아송 분포Poisson distribution (lambda==60, 단위는 분)를 그리고, 60으로 나눠서 연속적인 변수를 얻어 시간을 시뮬레이션한다. 난수 데이터의 실제 특성은 이 실험에서 중요하지 않다. 실제 세계에서 최솟값이 0이므로 최솟값이 0인 분포를 사용하면 편리할 뿐이다. 이렇게 만든 예를 [예제 6-23]에서 볼 수 있다.

---

13 슬라이딩 창을 사용한다면 statsmodels의 RollingOLS 같이 슬라이딩 창에 최적화된 함수를 사용할 수도 있다.

	0	1	2	...	12	13
0	1.016667	0.883333	1.033333	...	1.016667	0.833333
1	1.033333	1.016667	0.833333	...	1.133333	0.883333
2	0.966667	1.083333	1.183333	...	1.000000	0.950000

[그림 6-5]에서는 인공적으로 만든 14일 치 데이터 중 세 행을 볼 수 있다.

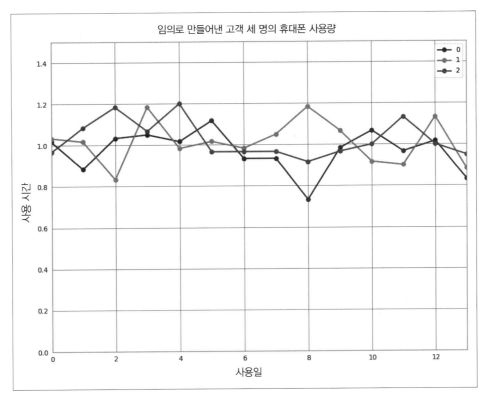

그림 6-5 최초 세 명의 14일간의 휴대폰 사용량을 보여주는 인공 데이터

데이터 10만 행을 난수만 사용해 만들어내서 얻을 수 있는 보너스는 일부 행은 '증가 카운트'를, 일부 행은 '감소 카운트'를 표현한다는 점이다. 각 점을 독립적으로 그렸기 때문에 이런 경향이 나타나는 데 기여하는 아무런 신호signal도 없다는 점에 유의하라. 단순히 아주 많은 행을 만들어냈기 때문에 우리가 계산할 직선의 최종 기울기도 아주 다양해진 것이다.

이런 데이터 구성은 아주 편리하다. 우리는 '가장 빨리 증가하는' 직선과 '가장 빨리 감소하는' 직선을 식별할 수 있고, 이를 통해 우리가 실제 세계의 문제에서 찾고 싶은 신호의 유형을 제대로 식별하는지 검증하는 데 쓸 수 있다. [그림 6-6]은 최대와 최소 기울기(m)값이 있는 임의의 데이터 트레이스 두 개를 보여준다.

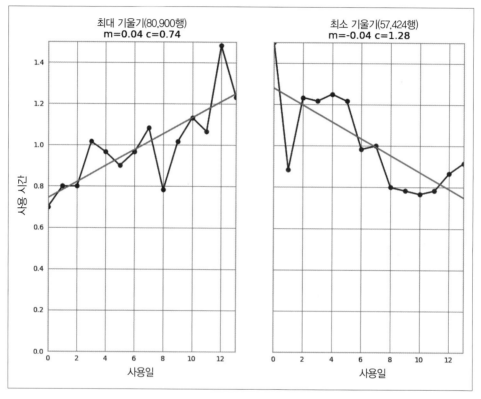

그림 6-6 난수로 생성한 데이터셋에서 '가장 빨리 증가하는' 사용량과 '가장 빨리 감소하는' 사용량

우선 사이킷런이 제공하는 **LinearRegression** 추정량estimator을 사용해 각 **m**을 계산한다. 이는 올바른 방법이지만, 다른 접근 방법보다 훨씬 더 많은 오버헤드가 발생한다.

어떤 OLS 구현을 사용해야 할까?

[예제 6-24]는 우리가 테스트해볼 세 가지 구현을 보여준다. 사이킷런 구현과 넘파이를 사용한 직접적인 선형 대수 구현을 비교해본다. 두 방법 모두 같은 일을 하고, 주어진 팬더스 열에 대해 x 범위가 늘어남(값은 [0, 1, …, 13])에 따라 대상 데이터의 기울기(m)와 절편(c)이 어떤 값인지를 계산한다.

많은 머신러닝 전문가들은 기본적으로 사이킷런을 사용하지만, 다른 분야에서 옮겨온 전문가들은 선형 대수 해법을 더 선호하기도 한다.

예제 6-24 OLS를 넘파이와 사이킷런으로 풀기

```python
def ols_sklearn(row):
    """ 사이킷런 LinearRegression 사용해 OLS 풀기"""
    est = LinearRegression()
    X = np.arange(row.shape[0]).reshape(-1, 1) # shape (14, 1)
    # LinearRegression 내에서 절편이 만들어진다
    est.fit(X, row.values)
    m = est.coef_[0] # c가 est.intercept_ 이다
    return m


def ols_lstsq(row):
    """ numpy.linalg.lstsq로 OLS 풀기"""
    # build X values for [0, 13]
    X = np.arange(row.shape[0]) # shape (14,)
    ones = np.ones(row.shape[0]) # 절편을 만들려 사용한 상수
    A = np.vstack((X, ones)).T # shape(14, 2)
    # lstsq는 계수를 반환하며, 첫번째 계수는 절편이고
    # 그 이후는 리지듀얼과 다른 요소들이다
    m, c = np.linalg.lstsq(A, row.values, rcond=-1)[0]
    return m


def ols_lstsq_raw(row):
    """ row가 numpy 배열(Series가 아님)인 `ols_lstsq` 변종"""
    X = np.arange(row.shape[0])
    ones = np.ones(row.shape[0])
    A = np.vstack((X, ones)).T
    m, c = np.linalg.lstsq(A, row, rcond=-1)[0]
    return m
```

놀랍게도 timeit 모듈을 사용해 ols_sklean을 1만 번 호출하면 최소 0.483초가 걸리는 반면, 같은 데이터에 ols_lstsq를 적용하면 0.182초가 걸린다. 인기 있는 사이킷런을 사용한 해법이 넘파이를 사용할 때보다 2배보다 더 오래 걸린다!

2.8절 'line_profiler로 한 줄씩 측정하기'에 설명한 대로 프로파일해볼 때 (주피터의 매직 인터페이스 대신) 객체 인터페이스를 사용해서 사이킷런 구현이 **왜** 더 느린지 알아볼 수 있다. [예제 6-25]에서 LineProfiler가 est.fit(사이킷런의 fit 메서드를 LinearRegression 추정량에 적용함)를 프로파일하도록 명령하면서 run에 앞서 사용한 DataFrame을 인자로 넘긴다.

몇 가지 놀라운 점이 있다. fit의 마지막 줄은 우리가 ols_lstsq에서 호출한 linalg.lstsq를 호출한다. 그렇다면 어느 부분 때문에 속도가 느려졌을까? LineProfiler는 사이킷런이 비용이 많이 드는 두 가지 메서드를 호출한다고 알려준다. 바로 check_X_y와 _preprocess_data이다.

이 두 메서드는 실수를 예방하려고 만들어졌다. 이안은 적절하지 않은 데이터(모양이 잘못된 배열이나 NaN이 들어있는 배열)를 사이킷런 추정량에 넘기는 실수를 이런 장치 덕분에 예방한 적이 있다. 이런 검사 때문에 더 많은 시간이 걸린다(더 안전하게 하면 더 느려진다). 이 경우는 개발자 시간 (그리고 데이터 무결성)을 실행 시간과 맞바꾼다.

예제 6-25 사이킷런의 LinearRegression.fit 호출 상세 분석

```
...
lp = LineProfiler(est.fit)
print("Run on a single row")
lp.run("est.fit(X, row.values)")
lp.print_stats()


Line #   % Time  Line Contents
==============================
  438             def fit(self, X, y, sample_weight=None):
...
  462     0.3         X, y = check_X_y(X, y,
                                   accept_sparse=['csr', 'csc', 'coo'],
  463    35.0                      y_numeric=True, multi_output=True)
...
  468     0.3         X, y, X_offset, y_offset, X_scale = \
```

```
                            self._preprocess_data(
    469      0.3                 X, y,
                                 fit_intercept=self.fit_intercept,
                                 normalize=self.normalize,
    470      0.2                 copy=self.copy_X,
                                 sample_weight=sample_weight,
    471     29.3                 return_mean=True)
...
    502                 self.coef_, self._residues,
                             self.rank_, self.singular_ = \
    503     29.2             linalg.lstsq(X, y)
```

내부에서 이 두 메서드는 다음을 포함하는 여러 검사를 수행한다.

- (예제에서는 꽉 찬 배열을 사용하는데도) 적절한 희소^{sparse} 넘파이 배열을 검사한다

- 입력 배열의 평균값이 0이 되게 값의 오프셋을 변경해서 더 넓은 범위의 수치적인 안정성을 유지한다.

- 2D X 배열을 넘겼는지 검사한다.

- 입력 배열에 NaN이나 Inf 값이 없는지 검사한다.

- 비어있지 않은 배열을 데이터로 제공하는지 검사한다.

일반적으로 이 검사를 모두 활성화하는 편이 좋다. 이런 검사는 개발자의 생산성을 떨어뜨리는 고통스러운 디버깅을 줄여준다. 만약 우리가 선택한 알고리즘에 적합한 데이터를 제공한다는 사실을 안다면, 이런 검사는 비용만 늘릴 뿐이다. 이런 메서드의 안전성이 여러분의 전체적인 생산성을 낮추는지를 판단하는 주체는 여러분 자신이다.

여러분이 데이터를 제대로 형성했다는 자신이 **없거나** 성능을 최적화하는 중이 **아니라면** 안전한 구현(여기서는 사이킷런)을 사용하라. 나중에 성능을 높일 수 있고, ols_lstsq의 접근 방식을 사용할 수 있다.

행 데이터에 lstsq 적용하기

다른 프로그래밍 언어를 먼저 사용하다 온 파이썬 개발자들이 시도해봄직한 접근 방법부터 살펴보자. 이는 파이썬다운 방법이 **아니고** 팬더스에서 일반적으로 사용하거나 효율적인 방법도 아니다. 하지만 아주 이해하기 쉽다는 장점이 있다. [예제 6-26]에서는 DataFrame의 색인을 0번 행부터 99,999번 행까지 증가시키며 반복한다. 각 반복에서는 iloc를 사용해 행을 얻고, 얻은 행에 대한 OLS를 계산한다.

계산 방법은 모든 메서드에서 같다. 차이가 나는 부분은 어떻게 행을 이터레이션하느냐 뿐이다. 이 메서드를 사용하면 18.6초가 걸리는데, 우리가 평가하는 여러 구현 방식 중에 가장 느린(3배 정도 더 느림) 방식이다.

내부적으로 각 역참조에는 큰 비용이 든다. `iloc`은 새 `row_idx`에서 행을 가져오려고 아주 많은 작업을 수행한다. 그 후 가져온 행을 새 Series 객체로 변환해 반환하고, 이를 row에 대입한다.

예제 6-26 가장 나쁜 구현: `iloc`를 사용해 한번에 한 행씩 가져와서 계산하기

```python
ms = []
for row_idx in range(df.shape[0]):
    row = df.iloc[row_idx]
    m = ols_lstsq(row)
    ms.append(m)
results = pd.Series(ms)
```

다음으로는 더 전형적인 파이썬다운 방법을 시도한다. [예제 6-27]을 보라. `iterrows`를 사용해 행을 이터레이션한다. 이 방법은 파이썬에서 iterable(list나 set 등)을 for 문으로 이터레이션하는 것과 비슷해 보인다. 이해하기도 쉽고 좀 더 빠르다(12.4초 걸린다).

이 방법은 위치를 그리 많이 검색하지 않으므로 조금 더 효율적이다. `iterrows`는 순차적 검색을 하지 않고도 행 사이를 오갈 수 있다. 하지만 여전히 반복마다 새로운 Series 객체를 만들어서 row에 저장한다.

예제 6-27 `iterrows`를 사용해 더 파이썬답고 효율적으로 행 연산하기

```python
ms = []
for row_idx, row in df.iterrows():
    m = ols_lstsq(row)
    ms.append(m)
results = pd.Series(ms)
```

[예제 6-28]은 수많은 팬더스 장치를 건너뛰므로 오버헤드를 많이 피할 수 있다. `apply`는 새로운 파이썬 중간 참조를 만들지 않고 `ols_listsq`를 데이터 행에 직접 넘긴다(여기서도 내부에서는 행마다 새 Series가 만들어진다). 이 방법은 6.8초가 걸린다. 속도가 많이 빨라졌고

코드도 더 간결하고 읽기 쉽다!

예제 6-28 apply를 사용해 전형적인 팬더스 함수 적용하기

```
ms = df.apply(ols_lstsq, axis=1)
results = pd.Series(ms)
```

우리의 마지막 버전(예제 6-29)은 같은 apply 호출을 사용하되 raw=True를 인자로 넘긴다. 인자로 raw=True를 사용하면 중간 Series 객체가 만들어지지 않는다. Series 객체가 없으므로 세 번째 OLS 함수인 ols_listsq_raw를 사용해야 한다. 이 함수는 내부 넘파이 배열에 직접 접근하는 변종이다.

중간 Series 객체 생성과 역참조를 피함으로써 실행 시간을 5.3초로 약간 더 줄일 수 있었다.

예제 6-29 raw=True를 사용해 중간 Series 생성 방지하기

```
ms = df.apply(ols_lstsq_raw, axis=1, raw=True)
results = pd.Series(ms)
```

인자로 raw=True를 사용하면 Numba(7.9.1 'Numba를 사용해 팬더스에서 넘파이 컴파일하기')나 사이썬을 사용해 컴파일할 수 있다. 현재 사이썬이나 Numba는 복잡한 팬더스 내부 계층을 컴파일할 수 없다.

10만 행짜리 인공 데이터에 14열짜리 단일 창을 사용할 때의 실행 시간을 [표 6-3]에 정리했다. 신규 팬더스 사용자는 iloc이나 iterrows(또는 이와 비슷한 itertuples)를 자주 사용하지만, apply가 더 바람직하다.

방금 분석한 결과를 바탕으로 1백만 행과 730개의 창으로 이뤄진 데이터 분석을 실행해야 하는 잠재적 요구사항을 고려해보자. iloc와 ols_sklearn을 사용한 첫 번째 구현은 10(실험과 실제 데이터셋의 크기 비율) * 730 * 18초 * 2(ols_lstsq보다 느려지는 정도) == 73시간이 걸린다.

만약 ols_lstsq_raw와 가장 빠른 접근 방법을 사용한다면, 같은 계산에 10 * 730 * 5.3초 == 10시간이 걸린다. 시간이 상당히 절약되며, 비슷한 유형의 연산이 적합한 다른 작업에도 적용할 수 있다. 나중에 멀티 코어에서 컴파일하고 실행할 수 있는 더 빠른 구현도 살펴볼 것이다.

표 6-3 listsq와 다양한 팬더스 행 단위 접근 방법을 사용한 경우의 실행 시간 비교

방법	시간(초)
iloc	18.6
iterrows	12.4
apply	6.8
apply raw=True	5.3

앞서 우리는 사이킷런을 사용하면 데이터에 안전망을 추가하는 연산을 수행하므로 상당한 부가비용이 들어간다는 사실을 발견했다. 이 안전망을 제거할 수는 있지만, 개발자의 디버깅 시간이 늘어날 수도 있다. 여러분이 채택한 최적화 방법이 잘 정의되고 잘 디버깅된 방법인지 테스트할 수 있도록 코드에 단위 테스트를 반드시 추가하라. 사이킷런의 LinearRegression 접근 방법과 ols_lstsq 방법을 비교하는 단위 테스트를 추가하면, 흔해 보이는 문제에 여러분이 왜 이런 해법을 선택했는지를 여러분 자신이나 동료들에게 언제든 설명할 수 있다.

실험하고 나면, 테스트가 잘된 사이킷런의 접근 방법이 제공하는 속도가 여러분의 애플리케이션에는 충분하고 다른 개발자들이 잘 아는 라이브러리를 사용하면 더 편하다는 결론을 내릴 수도 있다. 물론 이런 결론도 아주 이성적이다.

나중에 10.6.2 'Dask로 팬더스 병렬화하기'에서 Dask와 Swifter를 활용해 데이터를 여러 행의 그룹으로 나눠서 팬더스 연산을 여러 코어에 병렬적으로 실행하는 방법을 살펴본다. 7.9.1 'Numba를 사용해 팬더스에서 넘파이 컴파일하기'에서는 raw=True를 사용해 apply를 컴파일해서 속도를 여러 배 빠르게 만드는 방법을 살펴본다. 컴파일과 병렬화를 조합하면 예상 실행 시간을 10시간에서 30분으로 줄이는 엄청난 속도 향상을 얻을 수도 있다.

6.8.3 부분 결과를 이어 붙이지 않고 DataFrame과 Series 만들기

[예제 6-26]에서 원하는 Series를 점진적으로 만들지 않고, 부분 결과의 리스트를 만든 다음 Series로 변경한 이유가 궁금할 수도 있다. 앞서 보여준 접근 방법은 리스트를 만들고(리스트는 메모리 부가비용이 든다) Series를 위한 **두 번째** 자료구조를 만들어서 메모리에 두 객체가 존재한다. 이 부분에서 팬더스와 넘파이를 사용할 때 자주 저지르는 두 번째 실수가 발생한다.

일반적으로 팬더스에서 concat(그리고 넘파이에서 이에 해당하는 concatenate)을 반복 호출하는 일은 피해야 한다. [예제 6-30]에서는 중간 ms 리스트를 만들지 않고 직접 Series를 키우는 해법을 보여준다. 이 해법은 56초가 걸렸지만 앞에서 본 ([예제 6-26]의 중간 리스트를 만드는) 해법은 18.6초가 걸렸다!

예제 6-30 각 결과를 이어 붙이면 부가비용이 많이 든다 (이렇게 하지 말라!)

```
results = None
for row_idx in range(df.shape[0]):
    row = df.iloc[row_idx]
    m = ols_lstsq(row)
    if results is None:
        results = pd.Series([m])
    else:
        results = pd.concat((results, pd.Series([m])))
```

뒤에 항목을 덧붙일 때마다 **새로운** Series 객체가 새로운 메모리 위치에 생기는데, 이 새 객체는 이전 객체보다 한 행이 더 길다. 게다가 반복할 때마다 새로운 m을 저장할 새 임시 Series 객체를 만들어야 한다. 중간 결과를 모을 때는 직접 기존 Series나 DataFrame 객체에 새 값을 추가하는 대신, 리스트를 만든 다음 이 리스트에서 Series나 DataFrame을 구성할 것을 강력히 권장한다.

6.8.4 어떤 일을 하는 또 다른(게다가 더 빠른) 방법

팬더스가 진화함에 따라, 같은 작업을 수행하는 접근 방법이 여러 가지인 경우가 흔해졌다. 어떤 방법은 다른 방법보다 부가비용이 더 많이 든다. OLS DataFrame을 사용하되, 한 열을 문자열로 바꿔보자. 그 후 몇 가지 문자열 연산 수행 시간을 비교할 것이다. 이름, 제품 식별자, 코드 등 문자열을 분석할 수 있는 형태로 변형하려고 전처리preprocessing하기도 한다.

특정 열의 숫값에 숫자 9가 (있다면) 몇 번째에 위치하는지 알고 싶다고 하자. 이 연산에는 실질적인 목적이 없지만, 식별자 시퀀스에서 어떤 코드 기호를 찾거나, 이름에서 경칭을 찾는 일과 비슷하다. 이런 연산에서는 주로 strip을 사용해 불필요한 공백을 지우고, lower나 replace로 문자열을 정규화하고, find로 관심 있는 패턴을 찾는다.

[예제 6-31]에서는 먼저 0_as_str이라는 Series를 만든다. 이 Series는 난수를 눈에 보이는 문자열 형태로 변환한 0번째 Series다. 그 후 두 가지 문자열 조작 코드를 실행한다. 두 가지 모두 첫 번째 숫자와 소수점을 제거하고, 파이썬의 find로 9의 위치를 찾는다. 만약 9가 없으면 −1을 반환한다.

예제 6-31 문자열 처리에서 str Series 연산과 apply의 비교

```
In [10]: df['0_as_str'] = df[0].apply(lambda v: str(v))
Out[10]:
              0            0_as_str
0      1.016667    1.0166666666666666
1      1.033333    1.0333333333333334
2      0.966667    0.9666666666666667
...


def find_9(s):
    """'9'를 못 찾으면 -1, 그렇지 않으면 발견한 위치(위치>=0)를 돌려준다"""
    return s.split('.')[1].find('9')


In [11]: df['0_as_str'].str.split('.', expand=True)[1].str.find('9')
Out[11]:
0    -1
1    -1
2     0


In [12]: %timeit df['0_as_str'].str.split('.', expand=True)[1].str.find('9')
Out[12]: 183 ms ± 4.62 ms per loop (mean ± std. dev. of 7 runs, 10 loops each)

In [13]: %timeit df['0_as_str'].apply(find_9)
Out[13]: 51 ms ± 987 µs per loop (mean ± std. dev. of 7 runs, 10 loops each)
```

한 줄짜리 접근 방법은 팬더스의 str 연산을 사용해 파이썬의 문자열 메서드를 Series에 적용한다. split은 반환 결과를 두 열(첫 번째 열에는 소수점 앞의 숫자, 두 번째 열에는 소수점 다음에 오는 숫자가 있다)로 나누고, 열 색인 1을 선택한다. 이 결과에 find를 적용해 숫자 9의 위치를 찾는다. 두 번째 접근 방법은 apply와 find_9 함수를 사용한다. find_9 함수는 일반적인 파이썬 문자열 처리 함수처럼 보인다.

실행 시간을 검사하는 데 `%timeit`을 사용할 수 있다. 결과를 보면 두 방법의 결과는 같지만 속도 차는 3.5배라는 사실을 알 수 있다! 한 줄짜리 방법에서는 팬더스가 여러 중간 Series 객체를 만들어야만 하는데, 이런 부가비용이 모두 모이면 꽤 커진다. `find_9`에서는 중간 팬더스 객체를 만들어내지 않고 문자열 처리가 모두 한 번에 한 줄씩 처리된다.

`apply`를 사용한 접근 방법의 추가 이점은 연산을 병렬화할 수 있다는 점과(10.6.2 'Dask로 팬더스 병렬화하기'에서 Dask와 Swifter를 활용한 예를 볼 수 있다), `find_9`가 수행하는 연산이 맞는지 확인하는 단위 테스트를 간결하게 작성할 수 있다는 점이다. 간결한 단위 테스트가 있으면 가독성과 유지보수성이 높아진다.

6.8.5 효율적인 팬더스 개발을 위한 조언

선택적 의존관계인 numexpr과 bottleneck을 설치해서 성능을 더 높여라. 이들은 디폴트로 설치되지 않으므로 이 두 모듈이 설치되지 않아도 경고를 표시하지는 않는다. 코드 기반에는 bottleneck을 거의 사용하지 않지만, numexpr을 활용하면 (exec를 사용하는 몇몇 상황에서) 속도가 상당히 빨라지기도 한다. 여러분의 환경에 두 모듈이 깔려있는지는 import bottleneck과 import numexpr로 확인해보라.

코드를 너무 간략하게 작성하지 말라. 코드를 읽고 디버깅하기 쉽게 만들어서 미래의 자기 자신에게 도움이 되게 하라. 팬더스는 '메서드 체이닝' 스타일을 지원하지만, 팬더스 연산에서 너무 많은 행을 체이닝하는 일은 바람직하지 않다. 체이닝이 길어지면 디버깅할 때 문제가 생긴 코드 줄이 어디인지 알아내기 어려워지고, 결국에는 각 줄을 나눠서 분석해야 한다. 처음부터 유지보수를 고려해서 한두 가지 연산만 체이닝하고 코드를 여러 부분으로 나눠 구성하는 편이 더 낫다.

처리를 필요 이상으로 하지 말라. 계산하기 전에 데이터에 필터를 적용하는 편이 계산을 수행한 후 필터를 적용하는 것보다 낫다. 일반적으로 고성능을 달성하려면, 컴퓨터가 가능한 한 적은 계산을 수행하게 해야 한다. 데이터 중 상당 부분을 필터로 거르거나 마스크해 없앨 수 있다면, 아마도 성능상 큰 이익이 따라올 것이다. SQL 소스에서 데이터를 소비하고 나중에 팬더스에서 조인하거나 필터링해야 한다면, 먼저 SQL 수준의 필터를 적용해서 팬더스에 꼭 필요한 데이터만 가져올 수도 있다. 하지만 데이터의 품질을 조사하는 중이라면, SQL 수준의 필터링을 먼저 적용하는 것을 원하지 **않을** 수도 있다. 여러 데이터 타입에 더 단순한 관점을 유지하는 편이 더 유리하기 때문이다.

DataFrame 스키마를 변경할 때마다 bulwark 같은 도구를 사용해 스키마를 검사하라. 이런 검사를 수행하면 실행 시점에 데이터가 스키마를 만족하는지 보장할 수 있고, 코드를 리뷰하는 과정에서 여러분의 예상에 맞게 코드와 스키마가 작성됐는지를 시각적으로 확인할 수 있다. 새로운 결과를 만들 때는 열 이름을 다른 이름으로 바꿔서 DataFrame의 내용이 타당한지 살펴보라. 때로 groupby나 다른 연산이 우스꽝스러운 기본 이름을 제공할 때가 있는데, 나중에 혼동할 수도 있다. 더는 필요 없는 열은 .drop()을 사용해 제거해서 메모리 사용과 데이터 팽창을 막아라.

카디널리티가 작은 문자열(예를 들어 'yes'/'no'나 '타입1'/'타입2'/'타입3')이 있는 큰 Series는 Series dtype을 df['series_of_strings'].astype('category')으로 변환해보라. 이렇게 하면 value_counts와 groupby 같은 연산이 더 빨리 작동하고, Series도 RAM을 더 적게 사용한다.

이와 비슷하게, 8바이트 float64와 int64 타입의 열을 더 작은 크기의 타입으로 변환할 수도 있다. 더 작은 범위의 값이 필요하다면 2바이트 float16이나 1바이트 int8 등을 써서 RAM 사용량을 더 줄일 수 있다.

DataFrame을 진화시키고 새로운 복사본을 만드는 과정에서 del 키워드를 사용하면 예전의 참조를 삭제하고 메모리에서 해제할 수 있다는 사실을 기억하라. 특히 과거 데이터의 크기가 크고 메모리 공간을 낭비한다면 del이 도움이 된다. 그리고 팬더스의 drop 메서드를 이용해서 사용하지 않는 열을 삭제할 수도 있다.

처리할 데이터를 준비하는 과정에서 큰 DataFrame을 조작한다면, 해당 연산을 함수나 별도의 스크립트로 분리한 다음 to_pickle을 사용해 결과를 언제든 불러올 수 있게 준비된 상태로 디스크에 영속화할 수 있다. 이렇게 저장하고 나면 매번 처리를 거치지 않아도 DataFrame을 준비해 그 이후 작업을 수행할 수 있다.

inplace=True 연산자를 피하라. in-place 연산은 점차 라이브러리에서 삭제될 예정이다.

마지막으로, 모든 처리 코드에 단위 테스트를 꼭 추가하라. 처리 코드는 쉽게 복잡해지고 디버깅하기 점점 어려워지므로 단위 테스트가 필요하다. 테스트를 미리 개발하면 코드가 여러분의 기대대로 작동하는지 확인할 수 있고, 디버깅에 시간을 허비하는 바보 같은 실수도 막을 수 있다.

팬더스를 더 빠르게 만드는 기존 도구로는 Modin(https://pypi.org/project/modin)과 GPU에 초점을 맞춘 cuDF(https://pypi.org/project/cudf)가 있다. Modin과 cuDF는 팬더스 DataFrame과 유사한 객체들의 공통 데이터 연산을 서로 다른 방식으로 병렬화한다.

그리고 Vaex 라이브러리(https://github.com/vaexio/vaex)도 언급하고 싶다. Vaex는 팬더스와 비슷한 인터페이스를 유지하면서 지연 계산을 활용해 RAM 크기를 벗어나는 아주 큰 데이터셋을 처리하도록 설계됐다. 추가로 Vaex는 다양한 내장 시각화 도구를 제공한다. Vaex 의 설계 목표 한 가지는 병렬화가 가능할 때 추가 비용 없이 빠르게 병렬화를 제공하면서 가능한 한 많은 CPU를 활용하는 것이다.

Vaex는 큰 데이터셋과 문자열을 많이 처리하는 연산에 특화됐다. 저자들은 표준 파이썬 함수를 피하는 대신 C++로 작성된 더 빠른 Vaex 구현을 사용하려고 문자열 연산 중 상당수를 다시 작성했다. Vaex는 팬더스와 같은 방식으로 작동한다고 보장하지는 않는다. 그래서 두 라이브러리가 서로 다른 방식으로 동작하는 몇 가지 엣지 케이스edge case가 있다. 전과 마찬가지로 여러분의 코드를 단위 테스트로 뒷받침하면 같은 데이터를 팬더스와 Vaex를 사용해 처리하려 시도할 때도 자신감을 얻을 수 있을 것이다.

6.9 마치며

다음 장에서는 특정 문제를 아주 효과적으로 해결하도록 잘 다듬은 자신만의 외부 모듈을 작성하는 방법을 알아본다. 이 과정에서 빠른 프로토타이핑을 거쳐 프로그램을 작성한다. 먼저 느린 코드로 문제를 해결하고 어떤 부분이 느린지를 확인한다. 마지막으로 느린 부분을 빠르게 개선하는 방법을 찾아본다. 프로파일링을 자주 해보고 **이미 아는** 느린 부분만을 최적화하면, 시간을 아끼면서 프로그램이 최대한 빠르게 동작하도록 유지할 수 있다.

## CHAPTER 7

C 언어로 컴파일하기

이 장에서 배울 내용

- 파이썬 코드를 저수준에서 동작하도록 만드는 방법
- JIT 컴파일러와 AOT 컴파일러의 차이점
- 순수 파이썬 코드보다 컴파일된 파이썬 코드가 빠른 이유
- 타입 어노테이션이 파이썬 코드의 성능에 도움이 되는 이유
- C나 포트란으로 파이썬 모듈을 작성하는 방법
- C나 포트란으로 작성된 라이브러리를 파이썬에서 사용하는 방법

코드를 빠르게 하는 가장 쉬운 방법은 처리할 작업의 양을 줄이는 것이다. 이미 최적의 알고리즘을 사용하며 처리해야 할 데이터를 간소화했다고 가정하면, 수행할 명령의 수를 줄이는 가장 쉬운 방법은 코드를 기계어로 컴파일하는 것이다.

이를 위한 방법은 순수 C기반의 컴파일을 수행하는 사이썬, LLVM 기반의 컴파일을 제공하는 Numba, 파이썬 가상 머신을 대체하는 내장 JIT 컴파일러를 포함하는 PyPy 등 여러 가지다. 이 중 어느 방법을 사용할지 결정할 때는 팀의 코드에 해당 기법을 적용할 수 있는지 여부와 팀의 생산성을 함께 고려해야 한다.

앞에서 소개한 각 도구는 툴체인에 새로운 의존성을 더하며, 사이썬을 사용하려면 파이썬과 C 언어를 합친 새로운 언어를 익혀야 한다는 문제가 있다. C 언어를 모르는 팀원은 사이썬으로

작성한 코드를 지원할 수 없으므로 팀의 생산성이 떨어질 수 있다. 하지만 사이썬을 꼭 필요한 작은 영역에만 적용한다면 이는 작은 문제에 불과하다.

CPU와 메모리를 프로파일하다 보면 더 높은 수준의 알고리즘 최적화를 생각하게 된다. 이런 알고리즘 변경(예를 들면 계산을 피하는 로직 추가하기, 재연산을 하지 않도록 캐시 활용하기)은 코드에서 불필요한 작업을 제거한다. 파이썬의 문법적인 표현력은 이런 알고리즘 개선 대상을 쉽게 찾아내도록 도와준다. 라딤 리후렉Radim Řehůřek은 12.6절 'RadimRehurek.com의 딥러닝 플라이(Fly) 만들기'에서 파이썬 구현으로 어떻게 순수 C 구현을 능가했는지를 설명한다.

이번 장에서는 다음과 같은 내용을 살펴본다.

- 사이썬 – C 언어로 컴파일하는 데 사용하는 가장 일반적인 도구. numpy와 일반 파이썬 코드를 모두 커버한다(C 언어를 어느 정도 이해해야 한다).
- Numba – numpy 코드에 특화된 새로운 컴파일러
- PyPy – 일반 파이썬 실행환경을 대체하는 비非 numpy 코드를 위한 JIT 컴파일러

이 장의 후반부에서는 C로 작성한 외부 확장 모듈을 파이썬에서 사용하게 해주는 외부 함수 인터페이스(FFI)를 살펴본다. 파이썬의 내장 API는 `ctypes`와 `cffi`(PyPy 개발자가 만들었다)를 사용하며 포트란–파이썬 변환에는 `f2py`를 사용한다.

7.1 가능한 속도 개선의 종류

컴파일을 하면 엄청난 수준으로 성능이 개선된다. 단일 코어에서 적용할 수 있는 여러 방법을 알아본 후 멀티 코어 환경에 적용할 수 있는 OpenMP를 살펴본다.

컴파일로 빨라지는 부분은 대체로 수학적인 부분이다. 같은 연산을 무수히 반복하는 코드를 포함하기 때문이다. 이런 루프에서는 임시 객체를 많이 사용할 확률이 높다.

외부 라이브러리(정규 표현식, 문자열 연산, 데이터베이스 라이브러리 호출 등)를 호출하는 코드는 컴파일해도 속도 개선을 기대하기 어렵다. 입출력 관련 코드 역시 마찬가지다.

이와 유사하게, numpy의 벡터 연산을 집중해서 호출하는 코드도 컴파일로 속도를 개선하기 어렵다. 컴파일하는 대상이 주로 파이썬 코드이고 대부분의 코드가 루프일 때만 속도가 빨라진

다. 6장에서 살펴본 numpy 연산은 임시 객체를 많이 생성하지 않으므로 컴파일이 별로 도움이 되지 않는다.

전체적으로 보면 컴파일된 파이썬 코드가 손으로 한 땀 한 땀 작성한 C 루틴보다 더 빠르기는 어렵다. 하지만 훨씬 느리지도 않다. C 코드를 대상 아키텍처에 맞춰 튜닝할 수 있는 훌륭한 개발자가 작성한 C 코드가 아닌 이상, 여러분이 작성한 파이썬 코드를 자동으로 C로 변환한 코드도 직접 작성한 C 코드만큼이나 빠를 수 있다.

수학 계산에 초점을 맞춘 코드라면 직접 작성한 포트란 루틴이 C로 작성한 루틴보다 더 빠를 것이다. 단, 전문가 수준의 지식이 있을 때만 그렇다. 전체적으로 보면 컴파일한 결과(보통은 사이썬을 사용)는 직접 작성한 C 코드만큼의 성능을 기대할 수 있다.

프로파일링과 알고리즘 개선 작업을 할 때는 [그림 7-1]을 떠올리자. 프로파일해서 코드가 어떻게 동작하는지 이해하는 데 드는 작은 수고는, 알고리즘 수준에서 더 현명한 선택을 하도록 해준다. 그다음에 컴파일러를 어떻게 사용할지 고민하면 추가로 성능을 높일 수 있다. 알고리즘은 이후에도 계속 수정할 수 있지만, 어느 순간부터는 들이는 수고에 비해 얻게 되는 성능 개선이 작아진다. 그만둬야 할 시점을 아는 것이 중요하다.

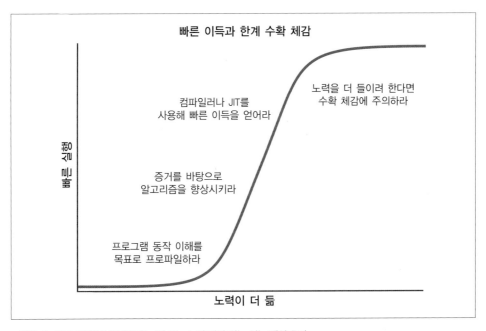

그림 7-1 프로파일링과 컴파일하는 데 드는 노력 대비 얻는 성능 개선 효과

만일 numpy 없이 파이썬 내장 라이브러리만을 사용한다면 사이썬과 PyPy가 주요 선택지일 것이다. numpy를 사용한다면 사이썬과 Numba가 옳은 선택이다. 이 도구들은 파이썬 3.6 이상을 지원한다.

다음에 살펴볼 예제들은 C 컴파일러와 C 코드를 조금 알아야 이해할 수 있다. 해당 지식이 부족하다면 더 깊게 살펴보기 전에 C 언어와 컴파일 과정을 먼저 공부해야 한다.

7.2 JIT 대 AOT 컴파일러

지금부터 살펴볼 도구들은 크게 두 가지 방식으로 나뉜다. 미리 컴파일하는 방식인 AOT^{ahead} $^{of\ time}$(사이썬)와 적절한 때에 컴파일하는 방식인 JIT$^{Just\ in\ time}$(Numba, PyPy)이다.

AOT 방식은 사용할 컴퓨터에 특화된 정적 라이브러리를 생성한다. numpy, scipy, 사이킷런 패키지를 내려받으면 사이썬을 사용해서 라이브러리의 일부를 설치하는 컴퓨터에 맞게 컴파일한다(만약 컨티넘의 아나콘다 같은 배포판을 쓴다면 미리 컴파일해둔 라이브러리를 사용하게 된다). AOT 방식은 사용하기 전에 미리 컴파일하므로 코드에서 바로 해당 라이브러리를 사용할 수 있다.

JIT 방식은 어떤 작업도 미리 하지 않고 컴파일러가 적절한 때에 컴파일을 시작한다. 즉 '콜드 스타트' 문제가 있다는 뜻이다. 프로그램 대부분이 컴파일되어야 하는데 아무것도 컴파일되지 않은 상태라면, 프로그램 실행 후에야 컴파일하느라 프로그램이 초반에 느리게 실행된다. 만약 여러 번 실행해야 하는 스크립트에서 이런 문제를 매번 겪는다면, 이 비용도 무시할 수 없다. PyPy는 이런 문제가 있으므로 짧지만 자주 실행하는 스크립트에는 사용하지 않는 편이 좋다.

현재 상황으로는 AOT 컴파일러를 이용하는 방법이 최선이지만, 직접적인 노력이 많이 든다. JIT 컴파일러를 사용하면 직접적인 노력을 거의 들이지 않고도 속도를 상당히 개선할 수 있지만, 방금 언급한 상황과 같은 문제를 만날 수 있다. 어느 쪽이 더 알맞은 접근인지는 자신의 상황에 따라 신중히 고민하자.

7.3 타입 정보가 실행 속도에 영향을 주는 이유

파이썬은 변수가 어떤 타입이라도 참조할 수 있고, 코드 어디에서든 참조하는 객체의 타입을 변경할 수 있는 동적 타입 언어다. 이런 특징 때문에 가상 머신에서 다음 연산에 사용할 기본적인 데이터 타입을 알 수 없으므로 기계어 수준의 최적화를 수행하기 어렵다. 코드를 더 추상화할수록 실행 속도는 더 느려진다.

다음 예제에서 v는 부동소수점 타입이거나 복소수를 표현하기 위한 한 쌍의 부동소수점 수다. 두 조건 모두 한 루프 안에서 다른 시간에 발생하거나 일련의 코드 실행 중에 발생할 수 있다.

```
v = -1.0
print(type(v), abs(v))
<class 'float'> 1.0

v = 1-1j
print(type(v), abs(v))
<class 'complex'> 1.4142135623730951
```

abs 함수는 타입에 따라 다르게 동작한다. 정수나 실수에 사용하면 단순히 음수를 양수로 변환하고, 복소수는 실수와 허수의 제곱의 합의 제곱근을 반환한다.

$$abs(c) = \sqrt{c.real^2 + c.imag^2}$$

complex 예제를 기계어로 번역한 코드는 더 많은 명령어가 관여하므로 실행 시간이 더 오래 걸린다. 변수를 인자로 abs를 호출하기 전에 파이썬은 먼저 해당 변수의 타입을 살펴보고 어떤 버전의 함수를 호출할지 결정하는데, 이 호출 횟수가 많을수록 오버헤드는 더욱 증가한다.

정수 같은 파이썬 기본 객체는 내부적으로 더 높은 수준의 파이썬 객체가 감싼다(예를 들어 정수는 int 타입이 감싼다). 높은 수준의 객체는 저장에 필요한 __hash__와 출력에 사용하는 __str__ 같은 추가 함수를 포함한다.

CPU를 많이 사용하는 코드의 내부에서는 변수의 타입을 잘 바꾸지 않는 편이다. 그래서 정적으로 컴파일링하고 코드를 빠르게 실행할 수 있는 여지가 있다.

만일 중간 계산 과정을 직접 수행한다면 고수준의 함수가 필요하지 않고 객체 참조 카운트 역시 필요 없다. 직접 기계어 수준으로 내려가서 기계어와 바이트를 직접 사용해 계산하면 큰 오버헤드를 초래하는 고수준의 파이썬 객체를 다루는 방식보다 훨씬 빠르게 계산을 끝낼 수 있다. 이런 작업을 할 때는 객체를 사용하기 전에 그 타입을 결정해두어야 올바른 C 코드를 생성할 수 있다.

7.4 C 컴파일러 사용하기

다음 예제에서는 GNU C 컴파일러 도구 모음의 gcc와 g++을 소개한다. 환경 설정만 올바르다면 다른 컴파일러(인텔의 icc 혹은 마이크로소프트의 cl)를 사용해도 된다. 사이썬은 gcc를 사용한다.

대부분의 플랫폼에서 gcc는 아주 좋은 선택이다. 지원도 잘 되고 꽤 앞서가는 컴파일러다. 플랫폼이나 CPU에 맞춰 튜닝한 컴파일러(인텔 장비에서는 인텔의 icc 컴파일러가 gcc보다 성능이 조금 더 나을 가능성이 있다)를 사용해서 성능을 조금 더 끌어올릴 수 있지만, 관련된 기반 지식이 더 필요하고 대체 컴파일러의 플래그를 어떻게 최적화할지 알아야 한다.

포트란 같은 언어와는 다르게, C와 C++은 외부 라이브러리가 산재해 있어 주로 정적 컴파일에 이용한다. 컴파일러와 사이썬 등 코드 변환기는 코드의 어노테이션annotation을 살펴보고 정적 최적화 과정(함수 인라이닝과 루프 펼치기 같은)을 적용할지 결정한다.

중간 단계의 추상 문법 트리를 더 적극적으로 분석하면 컴파일러(Numba나 PyPy 등)가 파이썬에서 코드를 표현하는 방법을 이해하여 더 나은 결과를 낼 기회가 주어진다.

7.5 줄리아 집합 예제 다시 보기

우리는 2장에서 줄리아 집합 생성기를 프로파일했다. 이 코드는 정수와 복소수를 이용해서 결과 이미지를 생성했는데, 이는 CPU를 많이 사용하는 작업이다.

그 코드에서 CPU를 가장 많이 사용하는 부분은 output 리스트를 계산하는 내부 루프다. 이 리스트는 정사각형 모양의 픽셀 배열로 각 값은 해당 픽셀을 계산하는 데 든 비용을 나타낸다.

[예제 7-1]은 내부 루프 코드다.

예제 7-1 줄리아 함수에서 CPU를 많이 사용하는 코드

```python
def calculate_z_serial_purepython(maxiter, zs, cs):
    """ 줄리아 update 규칙을 사용해 output 리스트를 계산한다"""
    output = [0] * len(zs)
    for i in range(len(zs)):
        n = 0
        z = zs[i]
        c = cs[i]
        while n < maxiter and abs(z) < 2:
            z = z * z + c
            n += 1
        output[i] = n
    return output
```

이안의 노트북에서 실행했을 때, C파이썬 3.7 환경에서 순수 파이썬 구현으로 크기가 1,000 × 1,000이고 `maxiter=300`인 줄리아 집합을 계산하는 과정은 대략 8초가 걸렸다.

7.6 사이썬

사이썬(http://cython.org/)은 타입을 명시한 파이썬 코드를 컴파일된 확장 모듈로 변경해주는 컴파일러다. 타입 어노테이션은 C와 유사한 형태다. 이 확장 모듈은 `import` 문을 사용해서 일반적인 파이썬 모듈처럼 사용할 수 있다. 사이썬에 입문하기는 쉽지만, 최적화 수준과 복잡도가 높아질수록 점점 더 배우기 어려워진다. 이안은 주로 계산 코드의 속도를 빠르게 할 때 이 도구를 사용한다. 다양한 사용성과 성숙도 그리고 OpenMP을 지원한다는 점 때문이다.

OpenMP 표준과 사이썬을 사용하면 한 컴퓨터의 여러 CPU에서 실행할 수 있도록 병렬 처리 문제를 다중 처리를 고려한 모듈로 변경할 수 있다. 이 스레드는 파이썬 코드 수준이 아니라 사이썬이 생성한 C 코드 수준에서 동작한다.

사이썬(2007년 발표)은 Pyrex(2002년 발표)의 파생 프로젝트로, 원래 Pyrex가 목표했던 기능을 넘어 더욱 확장된 기능을 제공한다. 사이썬을 사용하는 라이브러리로는 사이파이, 사이킷런, lxml, ZeroMQ 등이 있다.

사이썬은 setup.py 스크립트를 이용해서 모듈로 컴파일할 수 있다. 이는 IPython의 매직 명령어를 통해 대화형으로 사용할 수 있다. 자동으로 타입을 지정할 수도 있지만 보통 개발자가 어노테이션으로 직접 타입을 명시한다.

7.6.1 사이썬을 사용하여 순수 파이썬 코드 컴파일하기

컴파일된 확장 모듈을 작성하는 과정에는 세 가지 파일이 관여하는데, 줄리아 집합을 그 예로 살펴보면 다음과 같다.

- 호출하려는 파이썬 코드(앞서 작성한 줄리아 집합 코드들)
- 새로 컴파일된 .pyx 파일
- 확장 모듈을 작성하기 위해 사이썬을 호출하는 과정이 있는 setup.py 파일

이 방법을 사용하면 setup.py 스크립트에서 사이썬을 사용해서 .pyx 파일을 컴파일한다. 컴파일된 모듈은 유닉스 계열 시스템에서는 .so 파일일 가능성이 높고, 윈도우에서는 항상 (DLL과 비슷한 파이썬 라이브러리인) .pyd 파일이다.

줄리아 예제에서는 다음과 같은 파일을 사용한다.

- 입력 리스트를 생성하고 계산 함수를 호출하는 julia1.py
- CPU에 의존적인 함수가 있고 타입 어노테이션을 붙일 수 있는 cythonfn.pyx
- 빌드 과정을 담은 setup.py

setup.py를 실행하면 임포트할 수 있는 모듈이 생성된다. [예제 7-2]의 julia1.py 스크립트에서 새로 생성된 모듈을 import 하도록 코드를 살짝 수정하기만 하면 된다.

예제 7-2 새롭게 컴파일된 모듈을 메인 코드에 임포트하기

```
...
import cythonfn  # as defined in setup.py setup.py에 정의
...
def calc_pure_python(desired_width, max_iterations):
    # ...
    start_time = time.time()
    output = cythonfn.calculate_z(max_iterations, zs, cs)
    end_time = time.time()
    secs = end_time - start_time
```

```
    print(f"Took {secs:0.2f} seconds")
...
```

[예제 7-3]에서 타입을 명시하지 않은 순수 파이썬 버전부터 살펴보자.

예제 7-3 사이썬의 setup.py를 위해 이름만 변경한 순수 파이썬 코드

```
# cythonfn.pyx
def calculate_z(maxiter, zs, cs):
    """ 줄리아 update 규칙을 사용해 결과 리스트를 계산한다"""
    output = [0] * len(zs)
    for i in range(len(zs)):
        n = 0
        z = zs[i]
        c = cs[i]
        while n < maxiter and abs(z) < 2:
            z = z * z + c
            n += 1
        output[i] = n
    return output
```

[예제 7-4]는 setup.py 스크립트다. 여기서는 cythonfn.pyx를 calculate.so 파일로 변경하는 과정을 보여준다.

예제 7-4 사이썬을 이용하여 cythonfn.pyx를 C 코드로 변경하는 setup.py

```
from distutils.core import setup
from Cython.Build import cythonize

setup(ext_modules=cythonize("cythonfn.pyx",
                        compiler_directives={"language_level": "3"}))
```

setup.py 스크립트에 build_ext 옵션을 주고 실행하면 사이썬은 cythonfn.pyx 파일을 찾아 cythonfn[...].so 파일로 빌드한다(예제 7-5). language_level을 3으로 하드코딩해서 파이썬 3.x 지원을 명시한다.

> **NOTE_** 이 과정은 모두 수동이다. 만일 .pyx 파일이나 setup.py 파일을 갱신했다면 빌드 명령어를 다시
> 실행해서 임포트하려는 .so 모듈을 갱신해야 한다. 코드를 컴파일했는지 확신이 서지 않을 때는 .so 파일의
> 생성 시간을 확인해보자. 그래도 의심스럽다면 생성된 C 파일과 .so 파일을 지우고 다시 빌드하라.

예제 7-5 setup.py를 실행해서 컴파일된 모듈을 새로 빌드하기

```
$ python setup.py build_ext --inplace
Compiling cythonfn.pyx because it changed.
[1/1] Cythonizing cythonfn.pyx
running build_ext
building 'cythonfn' extension
gcc -pthread -B /home/ian/miniconda3/envs/high_performance_python_book_2e/...
gcc -pthread -shared -B /home/ian/miniconda3/envs/high_performance_python_...
```

--inplace 옵션은 컴파일된 모듈을 분리된 빌드 디렉터리가 아니라 현재 디렉터리에 생성하
도록 하는 옵션이다. 빌드가 끝나면 calculate.so 파일과 함께 cythonfn.c 파일(알아보기
어려운 파일이다)도 생성된다.

이제 컴파일된 모듈을 임포트한 julia1.py 코드를 실행해보면, 이안의 노트북에서 8.3초가
걸리던 계산이 4.7초 만에 끝났다. 노력을 거의 들이지 않고도 성능을 개선했다.

7.7 pyximport

pyximport를 통해 단순화된 빌드 시스템이 도입됐다. 여러분의 코드에 간단한 설정만 필요하
고 서드파티 모듈이 필요 없다면, setup.py를 완전히 없앨 수 있다.

pyximport를 임포트하고(예제 7-6) install을 호출하면 그 이후 임포트하는 .pyx 파일은
자동으로 컴파일된다. 여기서 .pyx 파일에는 어노테이션이 있을 수도 있고, 이 예제처럼 어노
테이션이 없는 일반 코드일 수도 있다. 결과는 이전과 마찬가지로 4.7초 만에 실행된다. 유일
한 차이는 setup.py 파일을 작성하지 않아도 된다는 점이다.

예제 7-6 setup.py 대신 pyximport 사용하기

```
import pyximport
pyximport.install(language_level=3)
import cythonfn
# 이후로는 보통 코드와 같음
```

7.7.1 코드 블록을 분석하기 위한 사이썬 어노테이션

앞의 예제에서 본 바와 같이 컴파일된 모듈을 빠르게 만들 수 있다. 이렇게만 해도 쉴 틈 없이 돌아가는 루프와 수학 계산에서 종종 성능이 개선된다. 하지만 맹목적으로 최적화하면 안 된다. 코드의 어느 부분이 느린지 파악해서 그 부분에 노력을 집중해야 한다.

사이썬에는 결과를 HTML 파일로 만들어내는 어노테이션 옵션이 있다. 이 HTML 파일을 생성하려면 `cython -a cythonfn.pyx` 명령을 실행하면 된다. 결과 파일은 `cythonfn.html`이다. 브라우저에서 이 파일을 확인해보면 [그림 7-2]와 같은 내용이 보인다. 다른 유사한 이미지는 사이썬 문서(`http://bit.ly/cythonize`)를 참고하자.

```
Generated by Cython 0.29.13

Yellow lines hint at Python interaction.
click on a line that starts with a "+" to see the C code that Cython generated for it.

Raw output: cythonfn.c

+01: def calculate_z(maxiter, zs, cs):
 02:     """Calculate output list using Julia update rule"""
+03:     output [0] * len(zs)
+04:     for i in range(len (zs)):
+05:         n = 0
+06:         z = zs[i]
+07:         c = cs[i]
+08:         while n < maxiter and abs (z) < 2:
+09:             z = z * z + c
+10:             n += 1
+11:         output[i] = n
+12:     return output
```

그림 7-2 타입 어노테이션을 붙이지 않은 함수의 사이썬 결과

코드의 각 줄을 더블클릭하면 생성된 C 코드를 확인할 수 있다. 짙은 음영은 '파이썬 가상 머신에서 더 많은 호출'이 발생함을 나타내며, 옅은 음영은 파이썬이 아닌 C 코드가 더 많다는 의미다. 코드를 가능한 한 줄여서 옅은 음영이 더 많아지도록 하는 것이 우리의 목표다.

줄이 많을수록 가상 머신에서 더 많은 호출이 발생한다는 뜻이지만, 많은 호출이 항상 코드를 느리게 만들지는 않는다. 이런 호출에는 비용이 들지만, 오랫동안 실행되는 루프 안에서 실행될 때에만 이런 비용이 유의미하다. 오랫동안 실행되는 루프 밖에서의 호출(예를 들면 함수의 시작 부분에서 output을 생성하는 코드)은 반복 계산에 드는 비용보다 상대적으로 저렴하다. 속도를 늦추지 않는 부분에 시간을 너무 많이 쏟지는 말자.

이 예제에서 파이썬 가상 머신에 가장 의존적인 부분(짙은 음영)은 4번째와 8번째 줄이다. 이전 프로파일링 결과를 떠올려보면 이 코드는 거의 3천만 번 이상 호출되므로 먼저 집중해야 할 부분이다.

9, 10, 11번째 줄 역시 짙은 음영으로, 쉴 틈 없이 돌아가는 루프 안에서 호출된다. 전체적으로 봤을 때 이 부분이 함수의 실행 시간에서 많은 비중을 차지한다. 따라서 이 부분도 먼저 살펴봐야 한다. 2.8절 'line_profiler로 한 줄씩 측정하기'로 돌아가서 이 부분에서 얼마나 긴 시간을 소비했는지를 확인해보자.

6, 7번째 줄은 옅은 음영이고 백만 번 정도 호출되므로 전체에서 차지하는 비율은 높지 않다. 따라서 이 부분은 나중에 살펴보기로 하자. 사실 이 코드는 list 객체로 속도를 높일 수 있는 여지가 많지 않다. 7.8절 '사이썬과 넘파이'에서 살펴보겠지만 이 list 객체를 numpy 배열로 변경하면 성능이 약간 개선된다.

줄을 더블클릭해서 코드를 확장해보자. [그림 7-3]을 보면 zs의 길이만큼 반복하며 파이썬 가상 머신에서 참조 카운트를 관리하는 새로운 파이썬 객체를 생성한다. 비록 이런 과정은 비용이 많이 들기는 하지만 이 함수의 실행 시간에 영향을 많이 주지는 않는다.

이 함수의 실행 시간을 개선하려면 먼저 비용이 많이 드는 내부 루프에서 해당 객체의 타입을 선언해보자. 상대적으로 큰 비용이 드는 파이썬 가상 머신에서의 호출을 줄여 시간을 아낄 수 있다.

일반적으로 CPU 시간을 많이 소모하는 코드는 다음과 같다.

- 쉴 틈 없이 바쁘게 동작하는 내부 루프
- list, array, 또는 np.array 항목에 대한 역참조
- 수학 계산

```
Generated by Cython 0.29.13

Yellow lines hint at Python interaction.
click on a line that starts with a "+" to see the C code that Cython generated for it.

Raw output: cythonfn.c

+01: def calculate_z(maxiter, zs, cs):
 02:     """Calculate output list using Julia update rule"""
+03:     output = [0] * len(zs)
     __pyx_t_1 = PyObject_Length(__pyx_v_zs); if (unlikely(__pyx_t_1 == ((Py_ssize_t)-1))) __PYX_ERR(0, 3, __pyx_L1_error)
     __pyx_t_2 = Pylist_New(1 * ((__pyx_t_1<0) ? 0:__pyx_t_1)); if (unlikely(!__pyx_t_2)) __PYX_ERR(0, 3, __pyx_L1_error)
     __pyx_GOTREF(__pyx_t_2);
     { Py_ssize_t __pyx_temp;
       for ( __pyx_temp=0; __pyx_temp < __pyx_t_1; __pyx_temp++) {
         __Pyx_INCREF(__pyx_int_o);
         __Pyx_GIVEREF(__pyx_int_0);
         PyList_SET_ITEM(__pyx_t_2, __pyx_temp, __pyx_int_0);
       }
     }
     __pyx_v_output = ((Pyobject*)__pyx_t_2);
     __pyx_t_2 = 0;
+04:     for i in range(len (zs)):
+05:         n = 0
+06:         z = zs[i]
+07:         C = cs[i]
+08:         while n < maxiter and abs (z) < 2:
+09:             z = z * Z + C
+10:             n += 1
+11:         output[i] = n
+12:     return output
```

그림 7-3 파이썬 코드에 대응하는 C 코드

TIP 코드의 어느 부분이 많이 실행되는지 잘 모르겠다면 2.8절 'line_profiler로 한 줄씩 측정하기'에서 설명한 프로파일링 도구인 line_profiler를 이용해 보라. 프로파일링은 자주 실행되고 비용이 많이 드는 코드를 짚어 주므로 속도를 개선하려면 어느 부분을 중점적으로 살펴봐야 할지 알 수 있다.

7.7.2 타입 어노테이션 추가하기

[그림 7-2]를 보면 함수의 거의 모든 줄이 파이썬 가상 머신에서 실행된다. 산술 연산 역시 추상화된 파이썬 객체를 이용하므로 파이썬 가상 머신에서 실행된다. 이 부분을 C 객체로 변환하고 계산이 끝난 후에 결과를 다시 파이썬 객체로 변환해야 한다.

[예제 7-7]에서 cdef 문법을 사용해 몇 가지 기본 타입을 지정하는 방법을 확인할 수 있다.

NOTE_ 여기서 지정한 타입은 파이썬이 **아니라** 사이썬에서 해석한다는 점을 기억하자. 사이썬은 이 타입 정보를 이용하여 파이썬 코드를 C 객체로 변환해서 파이썬 스택에서 호출되지 않도록 한다. 그 결과 더 실행 속도는 빨라지지만 프로그램의 유연성과 개발 속도의 저하는 감수해야 한다.

여기서 추가한 타입은 다음과 같다.

- 부호가 있는 정수형인 int

- 양수만 저장할 수 있는 unsigned int

- 배정밀도double-precision 복소수인 double complex

cdef 키워드를 이용하면 함수 내에서 변수를 선언할 수 있다. C 언어와 마찬가지로 함수 시작 부분에서 변수를 선언해야 한다.

예제 7-7 기본적인 C 타입을 지정하여 파이썬 가상 머신보다 C 코드로 더 많이 동작하도록 변경한 코드. 컴파일된 함수가 더 빠르다.

```
def calculate_z(int maxiter, zs, cs):
    """ 줄리아 update 규칙을 사용해 output 리스트 계산"""
    cdef unsigned int i, n
    cdef double complex z, c
    output = [0] * len(zs)
    for i in range(len(zs)):
        n = 0
        z = zs[i]
        c = cs[i]
        while n < maxiter and abs(z) < 2:
            z = z * z + c
            n += 1
        output[i] = n
    return output
```

NOTE_ 사이썬에서 타입 어노테이션을 추가할 때는 **.pyx** 파일에 파이썬 문법이 아닌 코드를 추가하게 된다. 즉 파이썬 인터프리터에서 대화식으로 개발할 수 없다. C에 익숙한 독자라면 '코드 작성 – 컴파일 – 실행 – 디버그' 개발 주기로 돌아간다고 이해하면 된다.

함수 인자로 전달하는 리스트에도 타입 어노테이션을 추가할 수 있는지 궁금할 수도 있다. list 키워드를 사용할 수 있지만, 이 예제에서는 실질적으로 아무런 효과가 없다. list 객체에서 리스트에 담긴 내용을 가져오려면 여전히 파이썬 가상 머신에 의존해야 하며, 이는 매우 느리게 동작한다.

이렇게 기본 타입의 객체에 타입 어노테이션을 붙인 결과는 [그림 7-4]에서 확인할 수 있다. 특히 11번째와 12번째 줄(이전 버전에서 가장 많이 호출되는 부분)은 파이썬 가상 머신에서 동작하지 않음을 나타내는 흰색으로 변했다. 따라서 이 코드는 이전 버전보다 훨씬 빠르게 동작할 것이다.

```
Generated by Cython 0.29.13

Yellow lines hint at Python interaction.
click on a line that starts with a "+" to see the c code that Cython generated for it.

Raw output: cythonfn.c

+01: def calculate_z(int maxiter, zs, cs):
 02:     """Calculate output list using Julia update rule"""
 03:     cdef unsigned int i, n
 04:     cdef double complex z, c
+05:     output = [0] * len (zs)
+06:     for i in range(len (zs)):
+07:         n = 0
+08:         z = zs[i]
+09:         c = cs[i]
+10:         while n < maxiter and abs (z) < 2:
+11:             z = z * z + c
+12:             n += 1
+13:         output[i] = n
+14:     return output
```

그림 7-4 첫 번째 타입 지정

컴파일한 후 확인해보면 이 버전은 0.49초가 걸린다. 함수를 조금만 변경했음에도 원래 버전보다 거의 15배나 빠르다.

이렇게 빠르게 동작하는 이유는 자주 수행되는 부분(이 예제에서는 z와 n 값을 갱신하는 코드)을 C 코드 수준에서 동작하도록 변경했기 때문이다. 즉 상대적으로 느린 파이썬 가상 머신 대신 C 컴파일러에서 이 변수들을 담은 바이트를 최적화된 방법으로 처리한다.

이 장의 앞부분에서 언급했듯이, 복소수에 대한 abs 함수는 실수부와 허수부의 제곱의 합에 대한 제곱근을 반환한다. 우리 코드에서는 결과의 제곱근이 2보다 작은지 확인한다. 비교식 전체를 제곱해서 이를 확인하는 대신에 4보다 작은지 검사하면 abs 함수에서 제곱근을 계산하는 과정을 피할 수 있다.

원래는 다음과 같은 방식으로 계산해야 하지만,

$$\sqrt{c.real^2 + c.imag^2} < \sqrt{4}$$

수식을 아래처럼 단순하게 수정했다.

$$c.real^2 + c.imag^2 < 4$$

다음 코드처럼 sqrt 연산을 그대로 유지해도 여전히 실행 속도가 개선된다. 코드 최적화의 비밀은 가능한 한 일을 줄이는 것이다. 프로그래머의 직관에 의존하는 대신, 함수의 궁극적인 목표를 고려해서 C 컴파일러가 가장 잘 처리하는 방법으로 상대적으로 비용이 많이 드는 연산을 제거한다.

같은 일을 하지만 좀 더 특화된 코드로 같은 문제를 해결하는 방법을 **강도 저감**strength reduction이라고 한다. 실행을 빠르게 하려고 유연성과 가독성을 희생하는 방법이다.

방금 살펴본 수학적으로 풀어쓴 접근 방식대로 [예제 7-8]의 코드에서는 상대적으로 계산이 오래 걸리는 abs 함수를 더 단순한 방식으로 개선했다.

예제 7-8 사이썬을 이용한 abs 함수 확장

```python
def calculate_z(int maxiter, zs, cs):
    """ 줄리아 update 규칙을 사용한 output 리스트 계산"""
    cdef unsigned int i, n
    cdef double complex z, c
    output = [0] * len(zs)
    for i in range(len(zs)):
        n = 0
        z = zs[i]
        c = cs[i]
        while n < maxiter and (z.real * z.real + z.imag * z.imag) < 4:
            z = z * z + c
            n += 1
        output[i] = n
    return output
```

코드에 타입 어노테이션을 붙이기만 해도 10번째 줄의 성능을 개선(그림 7-5)할 수 있었다. 이제는 파이썬 가상 머신으로 진입하는 호출이 많이 줄어들었다. 속도가 얼마나 빨라지는지 당장 알 수는 없지만 이 코드는 3천만 번 이상 호출되므로 적지 않은 성능 향상을 기대할 수 있다.

루프의 가장 안쪽에 위치한 파이썬 호출을 줄임으로써 괄목할만한 성능 개선을 끌어냈다. 새 버전의 실행 시간은 불과 0.19초로, 원래 버전보다 40배나 빠르다. 다시 한번 말하지만, 이 내용을 참고하되 여러분이 변경한 코드는 모두 **측정**해서 검증해야 한다.

```
Generated by Cython 0.29.13

Yellow lines hint at Python interaction.
click on a line that starts with a "+" to see the c code that Cython generated for it.

Raw output: cythonfn.c

+01: def calculate_z(int maxiter, zs, cs):
 02:     """Calculate output list using Julia update rule"""
 03:     cdef unsigned int i, n
 04:     cdef double complex z, c
+05:     output = [0] * len (zs)
+06:     for i in range(len (zs)):
+07:         n = 0
+08:         z = zs[i]
+09:         c = cs[i]
+10:         while n < maxiter and (z. real * z.real + z.imag * z.imag) < 4:
+11:             z = z * z + z
+12:             n += 1
+13:         output[i] = n
+14:     return output
```

그림 7-5 계산식을 풀어써서 성능을 개선하기

> **NOTE_** 사이썬은 C 언어로 컴파일하는 다양한 방법을 지원하며 이 중에는 지금까지 살펴본 완전한 타입 어노테이션보다 쉬운 방법도 있다. 사이썬을 더 쉽게 시작하려면 먼저 순수 파이썬 모드(https://oreil. ly/5y9_a)에 익숙해져야 하고, 동료들에게 사이썬을 쉽게 소개하려면 pyximport를 살펴보아라.

마지막으로 남은 개선 방법은 리스트의 주소를 찾을 때 경계 검사를 하지 않도록 하는 것이다. 경계 검사는 프로그램이 할당된 배열 밖의 데이터에 접근하지 않도록 막아준다. C에서는 실수로 배열 범위 밖의 메모리에 접근하기 쉬운데, 이는 예측하지 못한 결과를 초래한다(세그멘테이션 폴트가 발생할 수도 있다).

기본적으로 사이썬은 리스트의 범위를 벗어나는 주소에 접근하는 실수를 막아준다. 여기에도 CPU 시간을 약간 소비하지만, 함수의 가장 바깥의 루프에서 발생하므로 전체 실행 시간에서 차지하는 비율은 높지 않다. 일반적으로는 리스트의 크기를 벗어나지 않도록 신경 써야 하는 배열 주소를 계속 계산해야 하는 코드가 아니라면 사이썬에서 제공하는 경계 검사를 해제해도 안전하다.

사이썬은 다양한 방식으로 표현할 수 있는 여러 가지 플래그를 제공한다. pyx 파일의 첫머리에 한 줄짜리 주석을 추가해서 플래그를 쉽게 사용할 수 있다. 데커레이터(장식자)나 컴파일 플래그를 사용해서 이 설정을 변경할 수도 있다. 경계 검사를 해제하려면 .pyx 파일 첫머리에 주석으로 사이썬 구문을 추가하면 된다.

```
#cython: boundscheck=False
def calculate_z(int maxiter, zs, cs):
```

이미 언급했듯이 경계 검사는 제일 바깥쪽 루프에서 처리하는 부분이라 해제하더라도 성능 개선에는 크게 도움이 되지 않는다. 이 예제에서도 경계 검사 해제가 성능에 영향을 주지 않는다.

TIP 항목을 자주 역참조하는 CPU 위주의 코드가 루프 안에 있다면 리스트 범위 검사나 랩어라운드wraparound 검사를[1] 비활성화해 보라.

7.8 사이썬과 넘파이

list 객체(3장 참고)가 가리키는 객체는 메모리의 어디든 존재할 수 있기에, 역참조에 따른 부가비용이 든다. 반면 배열 객체는 기본 타입을 연속적인 RAM 블록에 저장하므로 주소 계산이 빠르다.

파이썬에는 array 모듈이 있다. 이 모듈은 기본 타입(정수, 부동소수점 수, 문자, 유니코드 문자열 등)에 1차원 저장소를 제공한다. 넘파이의 numpy.array 모듈을 사용하면 다차원 배열과 다양한 기본 타입(복소수 포함)을 저장할 수 있다.

array 객체를 미리 예측할 수 있는 패턴으로 이터레이션한다면, 파이썬에서 다음 주소를 요청해 받아오지 말고 직접 다음 메모리 주소를 계산해 접근하도록 컴파일러에게 지시할 수 있다. 데이터가 연속된 블록에 놓여있으므로 오프셋을 사용해 C의 다음 항목 주소를 쉽게 계산할 수 있다. 따라서 파이썬에 주소를 물어볼 필요가 없다(가상 머신을 역으로 호출해서 더 느리다).

곧 살펴볼 numpy 예제를 사이썬 어노테이션 **없이** 실행(예를 들어 일반적인 파이썬 스크립트로 실행)하면 21초가 걸림을 기억해두자. 8초가 걸리는 파이썬 list 버전보다도 훨씬 오래 걸린

---

1 역자주_ 무한정 커질 수 있는 파이썬 정수와 달리 C에서 인덱스값으로 사용하는 변수를 증가시킬 때는 C 타입에서 표현 가능한 범위를 넘어가면서 인덱스값이 0이나 음수로 바뀔 수 있다. 이를 랩어라운드라고 한다. 예를 들어 16Bit 부호 있는 정수인 short 타입의 변숫값이 +32767일 때, 1을 증가시키면 −32768이 나온다.

다. 이런 속도 저하는 numpy 리스트의 개별 항목을 역참조하는 데 드는 부가비용 때문이다. 초보자에게는 이런 방식이 직관적이라 느껴질지라도, 이런 방식을 사용하도록 설계되지 않았다. 컴파일해서 이런 부가비용을 없앨 수 있다.

사이썬에는 이를 위한 두 가지 특별한 구문이 있다. 기존 버전의 사이썬에서는 numpy 배열에 접근하는 데 사용하는 특별한 접근 타입이 있었다. 하지만 최근에는 memoryview를 통한 더 일반적인 버퍼 인터페이스 프로토콜이 도입됐다. 이를 통해 버퍼 인터페이스를 구현하는 모든 객체에 같은 방식의 저수준 접근을 할 수 있다. numpy 배열과 파이썬 배열은 버퍼 인터페이스를 구현한다.

버퍼 인터페이스의 또 다른 장점은 파이썬 객체를 다른 형태로 변환하지 않고도 메모리를 다른 C 라이브러리와 쉽게 공유할 수 있다는 점이다.

[예제 7-9]는 원래의 구현과 약간 비슷하지만, memoryview를 추가했다. 이 함수의 두 번째 인자는 double complex[:] zs로, 1차원 데이터 블록이 있는(하나의 콜론(:)으로 표시함) 버퍼 프로토콜([]로 표시함)을 사용하는 배정밀도 복소수 객체라는 뜻이다.

예제 7-9 줄리아 계산 함수의 어노테이션이 달린 numpy 버전

```
# cythonfn.pyx
import numpy as np
cimport numpy as np

def calculate_z(int maxiter, double complex[:] zs, double complex[:] cs):
    """줄리아 update 규칙을 사용해 output 배열 계산"""
    cdef unsigned int i, n
    cdef double complex z, c
    cdef int[:] output = np.empty(len(zs), dtype=np.int32)
    for i in range(len(zs)):
        n = 0
        z = zs[i]
        c = cs[i]
        while n < maxiter and (z.real * z.real + z.imag * z.imag) < 4:
            z = z * z + c
            n += 1
        output[i] = n
    return output
```

버퍼 어노테이션 구문을 사용해 입력 인자를 지정함과 더불어, empty를 통해 1차원 numpy array를 할당해서 output 변수에도 어노테이션을 달았다. empty를 호출하면 메모리 블록을 할당하지만, 메모리를 정상적인 값으로 초기화하지는 않는다. 따라서 그 블록에는 어떤 것이든 들어갈 수 있다. 안쪽 루프에서 이 배열의 내용을 덮어쓰므로 기본값을 배열에 대입할 필요가 없다. 이렇게 하면 배열을 할당하고 그 내용을 기본값으로 설정하는 쪽보다 약간 빠르다.

또한, abs를 호출한 코드 위치에 abs 함수 본문을 삽입함으로써(인라이닝inlining) 더 빠르고 명시적인 수학 버전으로 바꿨다. 이 버전은 0.18초가 걸린다(원래의 순수 파이썬 줄리아에 사이썬을 사용한 [예제 7-8]보다 약간 더 빠르다). 순수 파이썬 버전은 파이썬 복소수 객체를 역참조할 때마다 부가비용이 든다. 하지만 이런 역참조는 바깥 루프에서 일어나므로 실행 시간에 크게 영향을 주지는 않는다. 바깥 루프에서 이런 변수의 네이티브 버전을 만든 다음부터 이들은 'C 속도'로 작동한다. 이 numpy 예제나 이전 순수 파이썬 예제의 내부 루프는 같은 데이터에 같은 작업을 수행한다. 따라서 실행 시간의 차이는 출력 배열 생성과 바깥 루프의 역참조에 기인한다.

참고로, 앞의 코드를 사용하되 abs 호출을 펼치지 않으면 사이썬을 사용한 버전[2]이 0.49초 걸린다. 이 결과는 순수 파이썬 버전의 실행 시간과 같다.

7.8.1 한 컴퓨터에서 OpenMP를 사용해 병렬화하기

이 코드를 개선하는 마지막 단계로, OpenMP C++ 확장을 사용해서 완전히 병렬적인 이 문제를 병렬화하는 방법을 살펴보자. 여러분의 문제가 이런 패턴에 부합한다면 멀티 코어의 이점을 쉽게 살릴 수 있다.

OpenMPOpen Multi-Processing는 C, C++, 포트란에서 병렬 실행과 메모리 공유를 지원하는 잘 정의된 다중 플랫폼 API다. 대부분 최신 C 컴파일러에서 만들어졌으며, 적절히 작성된 C 코드가 있다면 컴파일러 수준에서 병렬화해준다. 따라서 사이썬을 사용하는 개발자는 상대적으로 적은 노력만으로 그 혜택을 누릴 수 있다.

사이썬에서는 prange(병렬 범위) 연산자를 사용하고 setup.py에 -fopenmp 컴파일러 지시

---

2 역자주_ 본문에는 설명이 없지만 julia1.py와 setup.py도 약간씩 바꿔야 컴파일과 실행이 제대로 된다. 깃허브 소스 코드를 확인하라.

자를 넣어서 OpenMP를 추가할 수 있다. prange 연산자는 GIL을 비활성화하므로 prange 상에서는 루프를 병렬로 수행할 수 있다. GIL은 파이썬 객체로의 접근을 보호하며, 여러 스레드나 프로세스가 같은 메모리에 동시에 접근해서 메모리를 오염시키는 일을 막는다. 수동으로 GIL을 비활성화하면, 우리가 자체 메모리를 오염시키지 않겠다고 선언하는 것이다. 이런 일을 할 때는 조심해야 하며, 가능한 한 코드를 단순하게 유지해서 미묘한 버그를 피해야 한다.

[예제 7-10]은 prange를 지원하도록 변경한 코드다. 이 예제에서 with nogil:은 GIL을 비활성화할 블록을 지정한다. 그 블록 안에서 prange를 사용해 OpenMP의 병렬 for 루프가 각 i를 독립적으로 계산하게 한다.

> **WARNING_** GIL을 비활성화한 상태에서 리스트 같은 일반적인 파이썬 객체에 대한 연산을 수행하지 말라. 오직 기본 객체들과 memoryview 인터페이스를 지원하는 객체에 대해서만 연산을 수행해야 한다. 일반적인 파이썬 객체에 대해 병렬로 연산을 수행하려면, GIL이 해결해주는 연관 메모리 관리 문제를 우리가 직접 풀어야만 한다. 사이썬은 일반적인 파이썬 객체에 대한 작업을 막지 않으므로, 그런 일을 저지르면 고통과 혼란이 발생할 뿐이다!

예제 7-10 prange를 추가해서 OpenMP로 병렬화하기

```python
# cythonfn.pyx
from cython.parallel import prange
import numpy as np
cimport numpy as np


def calculate_z(int maxiter, double complex[:] zs, double complex[:] cs):
    """줄리아 update 규칙을 사용해 output 배열 계산"""
    cdef unsigned int i, length
    cdef double complex z, c
    cdef int[:] output = np.empty(len(zs), dtype=np.int32)
    length = len(zs)
    with nogil:
        for i in prange(length, schedule="guided"):
            z = zs[i]
            c = cs[i]
            output[i] = 0
            while output[i] < maxiter and (z.real * z.real + z.imag * z.imag) < 4:
                z = z * z + c
                output[i] += 1
    return output
```

cythonfn.pyx를 컴파일하려면 setup.py 스크립트를 [예제 7-11]처럼 변경해야 한다. C 컴파일러가 컴파일 시 -fopenmp를 인자로 사용해서 OpenMP를 활성화하고 OpenMP 라이브러리와 링크하도록 스크립트에 명시한다.

예제 7-11 사이썬을 위한 OpenMP 컴파일러와 링커 플래그를 setup.py에 추가하기

```
#setup.py
from distutils.core import setup
from distutils.extension import Extension
import numpy as np

ext_modules = [Extension("cythonfn",
                         ["cythonfn.pyx"],
                         extra_compile_args=['-fopenmp'],
                         extra_link_args=['-fopenmp'])]

from Cython.Build import cythonize
setup(ext_modules=cythonize(ext_modules,
                            compiler_directives={"language_level": "3"},),
      include_dirs=[np.get_include()])
```

사이썬의 prange를 사용하면 스케줄링 방식을 택할 수 있다. static은 사용 가능한 CPU에 부하를 균등하게 분산한다. 일부 계산 영역은 시간 비용이 많이 들고 일부는 그렇지 않다. static을 사용해서 사이썬이 부하를 균일하게 분산하면 일부 영역은 다른 영역보다 작업이 빨리 끝나며 해당 스레드는 유휴 상태로 남는다.

dynamic과 guided 스케줄 옵션은 실행 시점에 부하를 더 작은 덩어리로 동적으로 분배함으로써 부하 계산 시간이 가변적이더라도 CPU를 더 균등하게 분배하는 방식으로 이런 문제를 완화한다. 어떤 선택이 올바른지는 부하의 특성에 따라 다르다.

OpenMP와 schedule="guided"를 도입해서 실행 시간을 거의 0.05초까지 줄였다. guided 스케줄은 동적으로 작업을 할당하므로 유휴 상태에 머무는 스레드가 줄어든다.

이 예제에 #cython: boundscheck=False를 추가해서 경계 검사도 비활성화할 수 있지만, 그렇게 해도 성능 향상은 없을 것이다.

7.9 Numba

컨티넘 애널리틱스의 Numba(`http://numba.pydata.org/`)는 numpy 코드에 특화된 JIT 컴파일러로, 코드를 실행 시점에 (앞의 예에서 사용했던 g++이나 gcc가 아니라) LLVM 컴파일러로 컴파일한다. 미리 컴파일하는 단계가 필요 없으므로, 새로운 코드를 실행할 때 마다 Numba가 여러분의 컴퓨터에 맞춰 어노테이션이 달린 각 함수를 컴파일한다. 집중 해야 하는 함수를 알려주는 데커레이터를 제공하고, Numba가 그것을 이어받는다는 장점 이 있다. Numba는 모든 표준 numpy 코드를 실행하는 것이 목표다.

이 책의 초판이 나온 이후 Numba도 빠르게 진화했다. 이제 Numba는 꽤 안정적이므로 여 러분에게 numpy 배열과 여러 항목에 반복 작업을 수행하는 벡터화하지 않은 코드가 있다면, Numba를 사용해 빠르고 편하게 성능을 개선할 수 있다. Numba는 외부 C 라이브러리와 연 동하지 못하지만(사이썬은 연동 가능), 자동으로 GPU에 대한 코드를 생성할 수는 있다(사이 썬은 생성 불가).

Numba의 단점 하나는 툴체인이다. LLVM을 사용하므로 의존관계가 복잡하다. 새 환경에 Numba를 설치하려면 시간이 오래 걸리므로, 모든 것이 포함된 컨티넘의 아나콘다 배포판을 추천한다.

[예제 7-12]에서는 지금까지 봐온 핵심 줄리아 함수에 `@jit` 데커레이터를 추가한다. 이 데커 레이터 추가만으로 충분하다. Numba를 임포트했으므로 실행 시점에 LLVM 관련 도구들이 내부적으로 실행되며 여기 있는 코드를 컴파일한다.

예제 7-12 함수에 `@jit` 데커레이터 적용하기

```
from numba import jit
...
@jit()
def calculate_z_serial_purepython(maxiter, zs, cs, output):
```

`@jit` 데커레이터를 제거하면 이 파일은 파이썬 3.7에서 실행되는 numpy 버전의 줄리아 예제 일 뿐이며, 21초가 걸린다. `@jit` 데커레이터를 추가하면 실행 시간이 0.75초로 줄어든다. 이 는 사이썬을 사용해 달성한 실행 시간과 비슷하지만, 어노테이션을 추가하는 노력을 들이지 않 고 얻어낸 결과다.

같은 함수를 같은 파이썬 세션에서 한 번 더 실행하면 심지어 더 빨라져서 0.47초가 걸린다. 인자의 타입이 같으면 두 번째 단계에서 대상 함수를 컴파일할 필요가 없기 때문이다. 두 번째 실행에서 Numba를 사용한 결과는 앞에서 사이썬과 numpy를 함께 사용해 얻었던 결과와 같다 (즉 아주 적은 작업만으로도 사이썬과 비슷하게 빨라진다는 뜻이다!). PyPy도 이와 같은 준비 단계가 필요하다.

Numba가 제공하는 다른 기능은 12.3절 'Numba'를 참고하라. 코어 개발자 발렌틴 해넬 Valentin Haenel이 @jit 데커레이터에 관해 이야기하고, 원래의 파이썬 소스를 살펴본다. 더 나아가 병렬화 옵션과 순수 파이썬의 typed List와 typed Dict을 상호 운용을 위해 컴파일하는 모습을 볼 수 있다.

사이썬과 마찬가지로 prange를 사용해 OpenMP 병렬화 지원을 추가할 수 있다. [예제 7-13]은 nopython과 parallel을 요구하도록 데커레이터를 확장한다. nopython 지정자는 Numba가 모든 코드를 컴파일할 수 없으면 실패한다는 뜻이다. 이 지정자가 없으면 Numba가 더 느린 파이썬 모드로 작동한다. 이때 코드는 정상 작동하겠지만 속도는 빨라지지 않는다. parallel을 추가하면 prange 지원을 활성화한다. 이 버전은 실행 시간을 0.47초에서 0.06초로 줄여준다. 현재 Numba는 OpenMP 스케줄링 옵션 지원이 부족하지만 (그리고 사이썬과 guided 스케줄러를 사용하면 이 문제의 실행 속도가 조금 빨라진다), 향후 버전에서는 지원이 추가될 것으로 예상한다.

예제 7-13 prange를 사용해 병렬화 추가하기

```
@jit(nopython=False, parallel=True)
def calculate_z(maxiter, zs, cs, output):
    """줄리아 update 규칙을 사용해 output 배열 계산"""
    for i in prange(len(zs)):
        n = 0
        z = zs[i]
        c = cs[i]
        while n < maxiter and (z.real*z.real + z.imag*z.imag) < 4:
            z = z * z + c
            n += 1
        output[i] = n
```

Numba를 사용해서 코드를 디버깅할 때는 Numba가 중간 표현과 함수 호출의 타입을 표시하도록 요청할 수 있음을 알아두자. [예제 7-14]에서는 calculate_z가 int64와 세 가지 array 타입을 파라미터로 받는다.

예제 7-14 추론한 타입 디버깅하기

```
print(calculate_z.inspect_types())
# calculate_z (int64, array(complex128, 1d, C),
              array(complex128, 1d, C), array(int32, 1d, C))
```

[예제 7-15]는 inspect_types를 호출한 결과다. 여기서 컴파일된 코드의 각 줄에는 타입 정보가 붙는다. 이 출력은 nopython=True로 실행한 코드가 왜 제대로 작동하지 않는지 디버깅할 때 유용한 정보다. 다음 예제를 보면 Numba가 인식하지 못하는 코드가 무엇인지 알 수 있다.

예제 7-15 Numba의 중간 표현 살펴보기

```
...
def calculate_z(maxiter, zs, cs, output):

    # --- LINE 14 ---

    """줄리아 update 규칙을 사용한 output 배열 계산"""

    # --- LINE 15 ---
    #   maxiter = arg(0, name=maxiter)  :: int64
    #   zs = arg(1, name=zs)  :: array(complex128, 1d, C)
    #   cs = arg(2, name=cs)  :: array(complex128, 1d, C)
    #   output = arg(3, name=output)  :: array(int32, 1d, C)
    #   jump 2
    # label 2
    #   $2.1 = global(range: <class 'range'>)  :: Function(<class 'range'>)
...
```

Numba는 강력한 JIT 컴파일러다. 첫 번째 시도에서 마법을 기대하지 말라. 아마도 만들어진 코드를 살펴보며 nopython 모드에서 코드를 컴파일하는 방법을 알아내야 할 것이다. 일단 이 문제를 해결하면 성능을 충분히 높일 수 있다. 현재 코드를 작게 나누고(10줄 이하) 서로 다른 함수를 분리해서 한 번에 하나씩 해결하는 접근 방법을 추천한다. Numba에 큰 함수를 던지지 말라. 개별적으로 검토할 수 있는 (서로 다르고 작은) 코드 덩어리만 있다면 좀 더 빠르게 JIT 과정을 디버깅할 수 있다.

7.9.1 Numba를 사용해 팬더스에서 넘파이 컴파일하기

6.8절 '팬더스'에서 팬더스 DataFrame과 OLS를 사용해 10만 행짜리 데이터의 기울기를 계산하는 과정을 살펴봤다. Numba를 사용하면 이 접근 방식이 몇 배 더 빨라진다.

앞에서 사용한 ols_lstsq_raw 함수를 가져온 뒤 [예제 7-16]처럼 numba.jit으로 표시해서 컴파일된 버전을 만들자. nopython=True 인자에 유의하라. Numba가 이해할 수 없는 데이터를 전달할 때, 이 인자를 사용하면 예외가 발생하는 반면 이 인자가 없으면 Numba는 조용히 순수 파이썬 모드로 돌아가서 코드를 실행한다. 실수로 팬더스 Series를 넘겼다고 가정해보자. 우리는 잘못된 데이터 타입 때문에 코드가 느리게 실행되기를 바라지 않는다. 잘못된 데이터를 넘기면 경고를 받고 싶다. 현재 버전에서 Numba는 오직 넘파이 datatype만 컴파일할 수 있고 Series 같은 팬더스 타입은 컴파일할 수 없다.

예제 7-16 팬더스 DataFrame에 numpy를 적용해 OLS 풀기

```
def ols_lstsq_raw(row):
    """각 줄을 numpy 배열(Series가 아님)로 처리하는`ols_lstsq` 변종"""
    X = np.arange(row.shape[0])
    ones = np.ones(row.shape[0])
    A = np.vstack((X, ones)).T
    m, c = np.linalg.lstsq(A, row, rcond=-1)[0]
    return m

# Numba로 컴파일한 버전을 생성
ols_lstsq_raw_values_numba = jit(ols_lstsq_raw, nopython=True)

results = df.apply(ols_lstsq_raw_values_numba, axis=1, raw=True)
```

이 함수를 처음 호출하면 함수가 컴파일되면서 짧은 지연이 발생한다. 10만 행을 처리하는 데 (컴파일하는 시간 포함) 2.3초가 걸린다. 그다음 호출부터는 10만 행을 아주 빠르게 처리한다. 컴파일하지 않은 ols_lstsq_raw는 10만 행을 처리하는 데 5.3초가 걸리는 반면 Numba로

JIT한 버전은 0.58초가 걸린다. 속도가 거의 10배 빨라진다!

7.10 PyPy

PyPy(`http://pypy.org/`)는 추적형tracing JIT 컴파일러가 있는 또 다른 파이썬 언어 구현체다. PyPy는 파이썬 3.5 이상과 호환된다. 보통 PyPy는 파이썬 최신 버전을 약간 늦게 지원한다. 2021년 1월 현재, 파이썬 3.9.1이 표준 버전이다. PyPy는 파이썬 3.6.x을 정식 지원하고 3.7.x은 베타 버전으로 지원한다.

PyPy는 C파이썬을 완전히 대체할 수 있으며 모든 내장 모듈을 제공한다. 이 프로젝트는 RPython 번역 도구와 그 도구로 만들어진 PyPy로 구성된다(RPython으로 다른 인터프리터를 만들 수도 있다). PyPy의 JIT 컴파일러는 매우 효율적이며, 그대로 사용하거나 약간의 작업만으로도 성능을 상당히 높일 수 있다. 12.9절 '성공적인 웹과 데이터 처리 시스템을 위한 PyPy'에서 대규모 PyPy 배포 성공 사례를 볼 수 있다.

순수 파이썬 줄리아 예제는 PyPy에서 수정 없이 그대로 실행된다. C파이썬에서 8초가 걸리지만 PyPy에서는 0.9초가 걸린다. 이는 **아무 노력 없이도** PyPy가 [예제 7-8]의 사이썬 예제에 필적할만한 결과를 달성한다는 뜻이다! Numba와 마찬가지로 **같은 세션**에서 계산을 다시 수행하면 이미 컴파일된 상태이므로 처음 실행할 때보다 더 빨라진다.

수학 계산을 인라이닝해서 abs 호출을 제거하면 PyPy 버전의 실행 시간이 0.2초로 떨어진다. 추가 작업 없이도 순수 파이썬과 numpy를 사용해 개선했던 버전과 같은 성능을 달성한다! 이런 결과는 numpy와 PyPy를 함께 사용하지 않을 때만 유효하다는 점에 유의하라.

PyPy가 모든 내장 모듈을 지원한다는 사실은 흥미롭다. 이는 C파이썬에서와 마찬가지로 PyPy에서도 `multiprocessing`이 작동한다는 뜻이다. 배터리 포함batteries-included 모듈과 함께 실행하거나 `multiprocessing`을 사용해 병렬 실행할 수 있는 문제가 있다면, PyPy에서 엄청난 속도 향상을 기대해봐도 좋다.

PyPy의 속도는 새로운 버전이 나올 때마다 점점 더 빨라졌다. `speed.pypy.org`에서 가져온 [그림 7-6]은 PyPy의 성숙도를 보여준다. 이런 속도 테스트는 단순히 기계적인 연산뿐 아니라 광범위한 사용 예를 반영한다. PyPy는 C파이썬보다 더 빠른 경험을 선사한다.

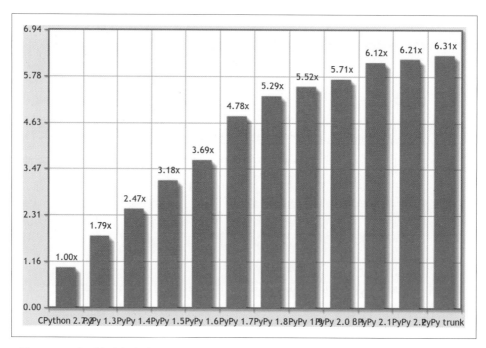

그림 7-6 PyPy는 계속해서 성능을 개선해왔다

7.10.1 가비지 컬렉션 방식의 차이

PyPy는 C파이썬과는 다른 유형의 GC를 사용하므로 코드의 동작이 미묘하게 달라질 수 있다. C파이썬은 참조 카운팅^{reference counting}을 사용하는 반면, PyPy는 사용하지 않는 객체를 (참조 카운팅보다) 훨씬 나중에 없애는 마크 앤 스윕^{mark and sweep}을 사용한다. 두 방식 모두 파이썬 명세에 적합한 올바른 구현이다. 단지 그 둘을 바꾸는 경우 코드를 일부 변경해야 할 수도 있음을 알아두면 된다.

C파이썬에는 참조 카운터의 동작을 바탕으로 구현한 부분이 있다. 특히 파일을 열어서 쓴 다음 명시적으로 닫지 않아도 파일을 플러시^{flush}하는 점이 그렇다. PyPy에서도 같은 코드가 실행되지만, 파일에 쓴 데이터는 나중에 GC가 실행되는 시점에 디스크로 플러시된다. PyPy와 C파이썬에서 모두 잘 작동하는 다른 코딩 방식은 `with`를 사용해서 파일을 열고 자동으로 닫도록 컨텍스트 관리자를 사용하는 것이다. 이런 차이는 PyPy 웹사이트의 'Differences Between PyPy and CPython(PyPy와 C파이썬의 차이)' 페이지(`http://bit.ly/PyPy_CPy_diff`)

에 자세히 나온다.

7.10.2 PyPy 실행 및 모듈 설치

C파이썬 인터프리터의 대안인 PyPy 파이썬 인터프리터를 실행해 본 적이 없다면, 다음 예제가 도움이 될 것이다. PyPy를 내려받아서 압축을 풀면 **bin** 디렉터리가 있는 폴더 구조가 만들어진다. [예제 7-17]처럼 PyPy를 실행하라.

예제 **7-17** PyPy를 실행해서 파이썬 3.6을 구현했는지 확인하기

```
...
$ pypy3
Python 3.6.1 (784b254d6699, Apr 14 2019, 10:22:42)
[PyPy 7.1.1-beta0 with GCC 6.2.0 20160901] on linux
Type "help", "copyright", "credits", or "license" for more information.
And now for something completely different
...
```

PyPy 7.1이 파이썬 3.6으로 작동한다. 이제 **pip**를 설정하고 IPython을 설치할 것이다. [예제 7-18]은 패키지 관리자나 배포판의 도움을 받지 않고 **pip**를 설치한다면 여러분이 C파이썬에서 수행했어야 하는 절차다. IPython을 실행하면 앞 예제에서 **pypy3**를 실행했을 때와 같은 파이썬 빌드 번호가 나온다.

IPython은 C파이썬과 마찬가지로 PyPy를 잘 실행한다. **%run** 구문을 사용해 IPython 안에서 줄리아 스크립트를 실행하면 0.2초가 걸린다.

예제 **7-18** IPython과 같은 써드파티 모듈을 설치하기 위해 PyPy에 pip 설치하기

```
...
$ pypy3 -m ensurepip
Collecting setuptools
Collecting pip
Installing collected packages: setuptools, pip
Successfully installed pip-9.0.1 setuptools-28.8.0

$ pip3 install ipython
Collecting ipython
```

```
$ ipython
Python 3.6.1 (784b254d6699, Apr 14 2019, 10:22:42)
Type 'copyright', 'credits', or 'license' for more information
IPython 7.8.0 -- An enhanced Interactive Python. Type '?' for help.

In [1]: %run julia1_nopil_expanded_math.py
Length of x: 1000
Total elements: 1000000
calculate_z_serial_purepython took 0.2143106460571289 seconds
Length of x: 1000
Total elements: 1000000
calculate_z_serial_purepython took 0.1965022087097168 seconds
...
```

PyPy는 C파이썬 확장과의 호환성을 제공하는 계층인 cpyext를 통해 C 바인딩이 필요한 numpy와 같은 프로젝트를 지원한다. 하지만 cpyext는 오버헤드가 4~6배라서 numpy를 느리게 만든다. 만약 여러분의 코드가 순수 파이썬에 소수의 numpy 호출만 있는 구조라면 PyPy로 상당한 속도 향상을 얻을 수도 있다. 하지만 여러분의 코드가 줄리아 예제처럼 numpy를 자주 호출한다면, 훨씬 더 느려질 것이다. 여기서 줄리아 벤치마크는 C파이썬으로 실행할 때보다 6배 더 느리다.

cpyext 호환성 모듈 덕분에 대부분의 패키지는 별문제 없이 잘 설치된다. cpyext는 근본적으로 PyPy의 python.h 버전이다. cpyext는 PyPy와 C파이썬의 메모리 관리 방식의 차이를 잘 처리한다. 하지만 cpyext가 관리하는 함수를 호출하면 보통 4~6배 느리고, 결국 numpy로 인한 속도 향상을 상쇄한다. HPy라는 새로운 프로젝트(기존 이름은 PyHandle)는 이런 오버헤드를 없애는 것을 목표로 한다. HPy는 사이썬 같은 다른 프로젝트와 공유할 수 있는 고수준의 객체 핸들(C파이썬의 구현에 얽매이지 않는 핸들)을 제공한다.

PyPy의 성능 특성을 이해하려면 vmprof 경량 샘플링 프로파일러를 살펴보라. 이 프로파일러는 스레드 안전thread-safe하며 웹 기반 사용자 인터페이스를 지원한다.

PyPy의 또 다른 약점은 RAM을 많이 사용한다는 점이다. 버전업할 때마다 점점 나아지지만, 실제로 PyPy가 C파이썬보다 RAM을 더 사용할 것이다. RAM은 저렴한 자원이니 이를 성능 향상과 맞바꾸는 것도 합리적이다. 하지만 PyPy를 이용할 때 RAM 사용량이 오히려 **적었다**는 보고도 있다. 따라서 메모리 사용량이 중요한 상황이라면 대표성 있는 데이터로 실험하라.

7.11 속도 향상 결과 정리

[표 7-1]에 앞의 결과를 정리해두었다. 순수 파이썬 수학 기반의 예제를 전혀 수정하지 않고도 PyPy는 C파이썬보다 약 9배 더 빠르다. abs를 단순화하면 속도가 더 빨라진다. 사이썬은 두 경우 모두 PyPy보다 더 빠르지만 코드에 어노테이션을 추가해야 하므로 개발과 유지보수 비용이 더 든다.

표 7-1 줄리아(numpy 미사용) 결과

	속도(단위: 초)
C파이썬	8.00
사이썬	0.49
사이썬 + 수학 확장	0.19
PyPy	0.90
PyPy + 수학 확장	0.20

numpy를 사용하는 줄리아 예제에서는 OpenMP도 분석할 수 있다. [표 7-2]를 보면 사이썬과 Numba가 numpy를 사용하지 않는 수학 확장 버전보다 속도가 더 빠르다. OpenMP를 추가하면 코드를 약간 변경했음에도 사이썬과 Numba를 통해 속도가 더 빨라진다.

표 7-2 줄리아(numpy와 수학 확장 사용) 결과

	속도(단위: 초)
C파이썬	21.00
사이썬	0.18
사이썬 + OpenMP 'guided'	0.05
Numba (두 번째 이후의 실행 결과)	0.17
Numba + OpenMP	0.06

순수 파이썬 코드에는 PyPy가, numpy 코드에는 Numba가 최선이다.

7.12 각 기술의 사용 시점

수치 계산 프로젝트를 수행 중이라면 지금까지 살펴본 기술들이 유용할 것이다. [표 7-3]에 주요 선택 사항을 정리해두었다.

표 7-3 컴파일러 선택 사항 요약

	사이썬	Numba	PyPy
성숙함	Y	Y	Y
널리 사용 중	Y	–	–
numpy 지원	Y	Y	Y
기존 코드를 깨지 않음	–	Y	Y
C 언어 지식 필요	Y	–	–
OpenMP 지원	Y	Y	–

Numba는 시간과 노력을 적게 들이고도 성능을 높이지만, 몇 가지 제약이 있어 여러분의 코드에서 잘 작동하지 않을 수 있다. 이 또한 상대적으로 새로운 프로젝트다.

사이썬은 보통 광범위한 문제에서 좋은 결과를 낸다. 하지만 더 큰 노력을 들여야 하며 파이썬과 C 어노테이션을 혼용하기에 유지보수 비용도 커진다.

numpy 등 포팅하기 어려운 C 확장을 사용하지 않는다면 PyPy를 선택하는 편이 좋다.

프로덕션 도구를 배포한다면 잘 알려진 도구를 사용하고 싶을 것이다. 사이썬이 가장 좋은 선택이며, 12.6절 'RadimRehurek.com의 딥러닝 플라이(Fly) 만들기'가 도움이 될 것이다. PyPy도 프로덕션 환경에서 사용한다(12.9절 참고).

가벼운 수치 계산을 할 때는 사이썬의 버퍼 인터페이스가 array.array 행렬을 받아들일 수 있다는 사실을 기억하라. 이 방식을 사용하면 numpy를 프로젝트 의존성에 추가하지 않고도 데이터 블록을 사이썬에 보내서 수치 계산을 빠르게 할 수 있다.

전체적으로, Numba는 성숙하고 있으며 앞날이 밝다. 반면 사이썬은 매우 성숙한 프로젝트다. PyPy는 이제 상당히 성숙했다고 평가받으며, 장시간 실행되어야 하는 프로세스에서 반드시 고려해야 한다.

저자가 열었던 강의에서 한 학생이 줄리아 알고리즘을 C로 구현했는데, 자신의 사이썬 코드보다 더 느려서 실망한 적이 있다. 나중에 그가 64Bit 컴퓨터에서 32Bit 을 사용했음이 밝혀졌다. 64Bit 컴퓨터에서는 64Bit **double**보다 32Bit **float**이 더 느리다. 그 학생은 좋은 C 프로그래머였지만, 이런 차이가 속도를 떨어뜨릴 수 있음을 알지 못했다. 그가 코드를 다시 변경하자, C 버전(자동으로 생성된 사이썬 버전보다 코드가 훨씬 짧았다)이 사이썬 버전과 거의 비슷한 속도로 실행됐다. 순수 C 버전을 작성하고, 속도를 비교하고, 속도가 왜 느린지 밝혀내서 수정하는 작업에 걸린 시간은 맨 처음 사이썬 버전을 사용하는 데 걸렸던 시간보다 길었다.

이는 하나의 일화일 뿐, 사이썬이 가장 좋은 코드를 만든다는 뜻이 아니다. 아마도 유능한 C 프로그래머라면 자신의 코드가 사이썬이 생성한 코드보다 더 빠르게 작동하도록 만드는 방법을 찾아낼 수 있을 것이다. 하지만 "직접 손으로 작성한 C 코드가 변환된 파이썬 코드보다 더 빠를 것이다"라는 가정이 항상 옳지만은 않다는 사실을 알아두자. 언제나 벤치마킹을 해서 증거를 바탕으로 결정해야 한다. C 컴파일러는 코드를 상당히 효율적인 기계어로 변환할 수 있고, 파이썬은 여러분의 문제를 이해하기 쉬운 언어로 표현해준다. 이 둘의 능력을 적절히 조합하라.

7.12.1 떠오르는 다른 프로젝트들

PyData 컴파일러 페이지(`http://compilers.pydata.org/`)에 고성능 및 컴파일러 도구 목록이 있다.

Pythran(`https://oreil.ly/Zi4r5`)은 **numpy**를 사용 중인 과학자를 위한 AOT 컴파일러다. 소수의 어노테이션만 사용해서 파이선 수치 계산 코드를 더 빠른 바이너리 코드로 컴파일할 수 있다. Pythran은 사이썬과 거의 비슷한 수준으로 속도를 높이지만, 해야 할 일은 훨씬 더 적다. Pythran은 GIL을 항상 해제하며 SIMD 명령어와 OpenMP를 모두 활용한다. Numba와 마찬가지로 Pythran은 클래스를 지원하지 않는다. 여러분이 넘파이로 작성한 코드에 지역적으로 한정된 루프가 있다면 Pythran 사용을 고려해보라. 이와 연관된 FluidPython은 Pythran을 더 쉽게 만들고 JIT 기능을 제공하는 프로젝트다.

Transonic(`https://oreil.ly/tT4Sf`)은 사이썬, Pythran, Numba 등의 컴파일러를 통일한 단일 인터페이스를 제공하려 한다. 이를 통해 코드를 재작성하지 않고도 여러 컴파일러를 빠르게 평가할 수 있다.

ShedSkin(`https://oreil.ly/BePH-`)은 과학 계산이 아닌 순수 파이썬 코드를 목표로 만들어진 AOT 컴파일러다. ShedSkin은 numpy를 지원하지 않는다. 하지만 여러분의 코드가 순수 파이썬이라면 ShedSkin도 (numpy를 사용하지 않는) PyPy와 비슷한 속도 향상을 보여준다. ShedSkin은 파이썬 2.7과 파이썬 3.x 일부를 지원한다.

PyCUDA(`https://oreil.ly/Lg4H3`)와 PyOpenCL(`https://oreil.ly/8e30A`)은 CUDA와 OpenCL 바인딩을 파이썬에 제공하여 직접 GPU에 접근할 수 있게 해준다. 두 라이브러리 모두 성숙됐으며, 파이썬 3.4 이상을 지원한다.

Nuitka(`http://nuitka.net/pages/overview.html`)는 일반적인 C파이썬 인터프리터의 대안으로 개발된 파이썬 컴파일러로, 컴파일한 실행 파일을 만드는 옵션을 제공한다. 이 프로젝트는 파이썬 3.7의 모든 기능을 지원하지만, 우리의 파이썬 수치 계산 예제에서 눈에 띌 만한 속도 향상을 보이지 않았다.

파이썬 커뮤니티는 다양한 컴파일 옵션이 있다는 점에서 복을 받았다. 각각 장단점이 있지만 다양한 기능을 제공하므로 복잡한 프로젝트에서 CPU와 멀티 코어 아키텍처의 모든 기능을 활용할 수 있다.

7.13 GPU

GPU는 산술 연산이 많은 작업의 속도를 높이는 수단으로 굉장히 유명해졌다. GPU는 원래 3D 그래픽의 선형 대수 계산량을 감당하는 목적으로 설계됐지만, 쉽게 병렬화할 수 있는 문제를 풀기에도 매우 적합하다.

흥미롭게도 클럭 속도만 보면 GPU가 대부분의 CPU보다 느리다. 이는 직관에 반하는 것처럼 보이겠지만, 클럭 속도는 하드웨어의 계산 능력을 측정하는 한 가지 지표에 불과하다(1.1.1 '연산 장치' 참고). GPU에는 수많은 계산 코어가 들어있으므로 대규모의 병렬 작업을 탁월하게 처리한다. CPU에는 보통 코어가 12개 내외 들어가는 반면, 최신 GPU에는 코어가 수천 개 들어간다. 이번 절에 사용할 벤치마크를 실행한 컴퓨터를 예로 들어보면, AMD 라이젠^{Ryzen} 7 1700 CPU에는 3.2GHz에서 실행되는 코어가 8개 있지만, NVIDIA RTX 2080 TI GPU에

는 1.35 GHz에서 실행되는 코어가 4,352개 있다.[3]

이 엄청난 양의 병렬화 덕분에 많은 수치 계산 작업의 속도가 획기적으로 빨라진다. 하지만 이런 장치를 사용하는 프로그래밍은 몹시 어렵다. 병렬화 수준이 높아서 데이터 지역성을 꼭 고려해야 하고, 지역성이 속도 향상의 성패를 좌우한다. CuPy등 파이썬으로 네이티브 GPU(kernel이라고도 부름) 코드를 작성할 수 있는 여러 가지 도구가 있다. 하지만 최신 딥러닝 알고리즘의 필요성이 커지면서 쉽고 직관적으로 사용할 수 있는 GPU 인터페이스가 필요해졌다.

쉽게 사용할 수 있는 GPU 수학 라이브러리의 선두주자는 텐서플로와 파이토치다.[4]

7.13.1 동적 그래프: 파이토치

파이토치(https://pytorch.org/)는 정적 계산 그래프 텐서tensor 라이브러리로, 특히 numpy에 익숙한 사용자가 이용하기 쉬우며 API도 아주 직관적이다. 또한 파이토치는 텐서 라이브러리이므로 numpy와 같은 기능을 제공하며, 자체 정적 계산 그래프를 통해 함수를 만들고 이런 함수의 도함수를 autograd라는 메커니즘을 통해 계산해주는 기능을 추가로 제공한다.

> NOTE_ 파이토치의 autograd 기능은 이 책의 주제와 관계가 없으므로 자세히 살펴보지 않는다. 하지만 autograd는 굉장히 유용한 모듈로, 파이토치 연산으로 구성된 임의 함수의 도함수를 구할 수 있다. autograd는 어떤 값에 대해서도 즉석에서 도함수를 계산할 수 있다. 과거에는 복잡한 함수의 도함수를 얻는 일이 박사 학위 논문감이었다. 하지만 이제는 굉장히 쉽고 효율적으로 도함수를 얻을 수 있다. 여러분의 작업에서 이런 내용이 별로 중요하지 않을 수도 있다. 그러나 autograd는 수치 계산에 놀라운 발전을 가져다주었기에, 자동 미분과 autograd를 배워둘 것을 권장한다.

정적 계산 그래프는 파이토치 객체에 대한 연산을 수행하면 백그라운드에서 GPU 코드로 컴파일될 수 있는 프로그램의 동적인 정의를 만들어낸다는 뜻이다(이는 7.2절 'JIT 대 AOT 컴파일러'에서 설명한 JIT에 해당한다). 동적이므로 파이썬 코드를 변경하면 자동으로 GPU 코드에 반영되며, 별도의 컴파일 단계가 필요치 않다. 이 덕분에 텐서플로 같은 정적 그래프 라이브러리보다 디버깅이 쉽고 상호작용성이 늘었다.

---

3 RTX 2080 TI에는 544개의 텐서 코어도 있다. 이 코어는 특히 딥러닝에 유용한 수학 연산에 도움을 준다.
4 텐서플로와 파이토치 성능 비교는 https://oreil.ly/8NOJW와 https://oreil.ly/4BKM5에서 볼 수 있다.

텐서플로와 같은 정적 그래프에서는 먼저 계산을 설정한 다음 컴파일해야 한다. 그 후에는 계산이 돌에 새겨진 것처럼 고정되며, 전체를 다시 컴파일해야만 계산을 변경할 수 있다. 파이토치 같이 동적인 그래프에서는 계산 그래프를 조건에 따라 바꾸고 점진적으로 구축해나갈 수 있다. 따라서 코드를 조건에 따라 디버깅할 수도 있고, IPython의 대화식 세션에서 GPU에서 코드를 실행해볼 수도 있다. 유연하게 GPU를 제어하는 능력은 복잡한 GPU 기반의 부하를 처리할 때 완벽한 게임 체인저game changer다.

파이토치를 얼마나 쉽게 쓸 수 있고 실행 속도는 얼마나 빠른지 알아보자(예제 7-19). [예제 6-9]의 numpy 코드를 파이토치를 사용해 GPU에서 실행되도록 바꾼다.

예제 7-19 파이토치 2차원 확산

```python
import torch
from torch import (roll, zeros)   ❶

grid_shape = (640, 640)

def laplacian(grid):
    return (
        roll(grid, +1, 0)
        + roll(grid, -1, 0)
        + roll(grid, +1, 1)
        + roll(grid, -1, 1)
        - 4 * grid
    )

def evolve(grid, dt, D=1):
    return grid + dt * D * laplacian(grid)

def run_experiment(num_iterations):
    grid = zeros(grid_shape)

    block_low = int(grid_shape[0] * 0.4)
    block_high = int(grid_shape[0] * 0.5)
    grid[block_low:block_high, block_low:block_high] = 0.005

    grid = grid.cuda()   ❷
    for i in range(num_iterations):
        grid = evolve(grid, 0.1)
    return grid
```

❶, ❷ 이 부분만 수정하면 된다.

작업은 대부분 numpy 대신 torch를 임포트하도록 수정한 임포트 문에서 이뤄진다. 단순히 최적화한 코드를 CPU에서 실행하려면 이렇게만 변경해도 된다.[5] GPU를 사용하려면 데이터를 GPU로 옮기면 된다. 이렇게만 하면 torch가 자동으로 GPU 데이터에 대한 모든 계산을 GPU 코드로 컴파일해준다.

코드를 약간 변경했을 뿐이지만 [그림 7-7]에서 보는 바와 같이 속도가 엄청나게 빨라진다.[6] 512 × 512 격자는 속도가 5.3배 빨라지고, 4,096 × 4,096 격자는 102배 빨라진다! numpy 코드와 달리 GPU 코드의 실행 속도는 격자 크기에 크게 영향을 받지 않는다는 점도 흥미롭다.

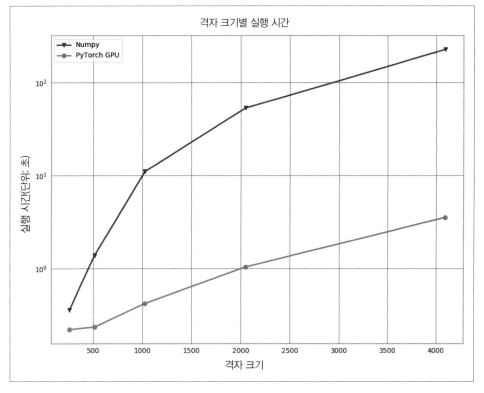

그림 7-7 파이토치와 numpy 성능 비교

---

5 소스 코드에서 설치하지 않았다면 파이토치의 CPU 성능은 그렇게 훌륭하지 않다. 소스 코드를 사용해 실행하면 최적화된 선형 대수 라이브러리를 사용해서 넘파이에 필적할만한 속도 향상을 얻을 수 있다.

6 JIT와 마찬가지로 처음 함수를 호출하면 코드 컴파일 때문에 부가비용이 약간 든다. [예제 7-19]를 프로파일할 때는 함수를 여러 번 프로파일하면서 실행 속도만 측정하려고 첫 번째 결과를 무시했다.

이 속도 향상은 확산 문제가 병렬화 가능한 정도에 따른 결과다. 앞에서 말한 것처럼, 여기서 사용한 GPU에는 4,362개의 독립적인 계산 코어가 있다. 확산 문제를 병렬화해도 이런 GPU 코어 중 어느 하나도 완전히 활용하지 못하는 것처럼 보인다.

> **WARNING_** GPU 코드의 성능을 측정할 때는 환경 변수 CUDA_LAUNCH_BLOCKING=1을 설정해야 한다. 디폴트로 GPU 연산은 비동기적으로 이뤄져서 더 많은 연산이 함께 파이프라인되어 GPU의 전체 활용도를 최소화하고 병렬화율을 높인다. 비동기 동작을 활성화하면 데이터가 복사되거나 torch.cuda.synchronize() 명령을 호출하기 전까지는 계산이 이뤄지지 않는다. 앞에서 말한 환경 변수를 활성화하면 계산이 요청될 때 바로 수행되게 만들어서, 실제 계산 시간을 측정할 수 있다.

7.13.2 기본 GPU 프로파일링

GPU를 얼마나 활용하는지 정확히 검증하는 한 가지 방법은 nvidia-smi 명령을 사용해 GPU의 자원 활용도를 살펴보는 것이다. 가장 관심을 가져야 할 두 값은 소비 전력power usage과 GPU 사용률utilization이다.

```
$ nvidia-smi
+-----------------------------------------------------------------------------+
| NVIDIA-SMI 440.44       Driver Version: 440.44       CUDA Version: 10.2      |
|-------------------------------+----------------------+----------------------+
| GPU  Name        Persistence-M| Bus-Id        Disp.A | Volatile Uncorr. ECC |
| Fan  Temp  Perf  Pwr:Usage/Cap|         Memory-Usage | GPU-Util  Compute M. |
|===============================+======================+======================|
|   0  GeForce RTX 208...  Off  | 00000000:06:00.0 Off |                  N/A |
| 30%   58C    P2    96W / 260W |   1200MiB / 11018MiB |     95%      Default |
+-------------------------------+----------------------+----------------------+

+-----------------------------------------------------------------------------+
| Processes:                                                       GPU Memory |
|  GPU       PID   Type   Process name                             Usage      |
|=============================================================================|
|    0     26329      C   .../.pyenv/versions/3.7.2/bin/python        1189MiB |
+-----------------------------------------------------------------------------+
```

여기서 95%를 보이는 GPU 사용률은 이름을 잘못 지은 지표다. 이 지표는 마지막 1초의 몇 %

가 최소 한 커널이라도 계산을 수행했는지 알려준다. 따라서 이 지표는 GPU의 전체 계산 능력 중 몇 %를 사용했는지 알려주는 대신, GPU가 얼마나 많은 시간을 유휴 상태로 보내지 **않았는 지**를 알려준다. 이 지표는 CPU가 GPU에 충분한 작업을 전송하는지 확인하거나 메모리 전송 문제를 디버깅할 때 도움이 된다.

반면 소비 전력은 GPU의 계산 능력을 얼마나 사용했는지 살펴보기 좋은 대체지표^{proxy}다. 일반적으로 GPU가 더 많은 전력을 소비한다면 더 많은 계산을 수행한다는 의미다. GPU가 CPU에서 보내는 데이터를 기다리거나, 가용 코어 중 절반만 사용한다면 소비 전력이 최대치보다 낮을 것이다.

gpustat(https://oreil.ly/3Sa1r)도 유용한 도구다. 이 프로젝트는 nvidia-smi보다 더 쉬운 인터페이스를 통해 NVIDIA의 상태를 멋지게 보여준다.

파이토치 코드를 느리게 하는 요인을 구체적으로 이해하고 싶다면, 파이토치 프로젝트에서 제공하는 특별한 프로파일링 도구를 이용해 보라. 코드를 python -m torch.utils. bottleneck으로 실행하면 CPU와 GPU 실행 시간 통계를 볼 수 있다. 이는 CPU와 GPU 관련 최적화 여지가 있는 코드를 찾는 데 도움이 된다.

7.13.3 GPU 사용 시 성능상 고려할 점

GPU는 컴퓨터에서 완전히 보조적인 하드웨어이고, CPU와 비교될 만큼 자체적인 구조를 가지므로 GPU에만 해당하는 성능상 고려 사항이 많다.

GPU 속도에서 가장 고려해야 할 점은 시스템 메모리에서 GPU 메모리로 데이터를 전송하는 데 걸리는 시간이다. tensor.to(DEVICE)를 사용하면 GPU로 보내는 데이터 전송을 트리거하는데, 이에 걸리는 시간은 GPU 버스의 속도와 전송할 데이터의 양에 따라 달라진다.

다른 연산도 데이터 전송을 트리거할 수 있다. 특히 tensor.items()나 tensor.tolist()를 디버깅 목적으로 코드에 넣을 때 자주 문제가 생긴다. 실제 tensor.numpy()를 실행해 파이토치의 텐서를 numpy 배열로 변환하려면 GPU에서 명시적으로 데이터를 복사해 와야 한다. 이 사실을 알면 이런 작업이 왜 성능에 악영향을 끼치는지 이해할 수 있을 것이다.

예를 들어 확산 코드의 풀이 루프 안에 grid.cpu() 호출을 추가해보자.

```
grid = grid.to(device)
    for i in range(num_iterations):
        grid = evolve(grid, 0.1)
        grid.cpu()
```

제어 코드에서 `torch.cuda.synchronize()`를 호출해서 데이터를 CPU에서 GPU로 복사하는 데 걸리는 시간만 측정해서 공정하게 비교하는지 확인하자. 이 호출을 추가하면 GPU에서 시스템 메모리로 데이터를 전송하느라 시간이 걸리고, 데이터 전송이 끝날 때까지 GPU가 백그라운드의 코드 실행을 일시 중지해서 코드가 더 느려진다.

코드를 2,048x2,048 격자를 다루게 변경하면 2.54배 더 느려진다! GPU의 대역폭은 616.0 GB/s라고 광고하지만, 데이터 전송에 따른 오버헤드를 모두 더하면 아주 커질 수 있다. 또한 메모리 복사와 관련한 오버헤드도 추가된다.

먼저 전체를 하드 스톱hard stop해서 모든 코드 실행 파이프라이닝을 없앤다. 이렇게 하면, 더는 파이프라이닝이 없으므로 GPU의 데이터와 개별 CUDA 코어의 메모리가 서로 동기화된다. 마지막으로 GPU에서 새 데이터를 받을 시스템 메모리 공간을 준비해야 한다.

코드를 이런 식으로 바꾸는 일은 조금 불합리해 보이지만, 이런 작업은 항상 일어난다. 실제로 딥러닝에서 파이토치 코드를 느리게 하는 가장 큰 원인은 훈련 데이터를 호스트에서 GPU로 복사하는 작업이다. 훈련 데이터가 너무 커서 GPU 메모리에 맞지 않을 수도 있고, 이런 지속적인 데이터 전송은 피할 수 없는 비용이기도 하다.

문제를 CPU에서 GPU로 가져가면서 이런 데이터 전송이 불가피하게 일어날 때 발생하는 오버헤드를 완화하는 방법이 있다. 우선, `tensor.pin_memory()` 메서드를 호출해서 메모리 영역을 `pinned`로 표시할 수 있다. `pin_memory()`는 '페이지가 고정된' 메모리 영역에 복사한 CPU 텐서 복사본을 반환한다. 이렇게 페이지가 고정된 영역은 훨씬 더 빠르게 GPU로 복사되며, GPU가 수행하는 계산을 방해하지 않으면서 비동기적으로 복사된다. 딥러닝 모델을 훈련하는 과정에서 일반적으로 데이터 적재는 `DataLoader` 클래스로 이뤄진다. 편리하게도 이 클래스는 자동으로 훈련 데이터의 메모리를 고정하는 `pin_memory` 파라미터를 제공한다.[7]

----

7 DataLoader 객체는 여러 작업자를 사용한 실행도 제공한다. 데이터를 디스크에서 가져온다면 여러 작업자를 사용해서 I/O 시간을 최소화하기를 권장한다.

가장 중요한 단계는 7.13.2 '기본 GPU 프로파일링'에서 설명한 도구로 코드를 프로파일하는 것이다. 코드가 대부분의 시간을 데이터 전송에 소비한다면, 전력 소모가 적고, GPU 사용률이 줄어들며(nvidia-smi로 확인), 시간이 대부분 to 함수에 소비됨을 알 수 있다(bottleneck으로 확인). 이상적인 경우에는 GPU를 100% 활용하며 지원하는 최대 전력을 사용할 것이다. 전송할 데이터가 크더라도 이런 현상을 관찰할 수 있다. 수많은 이미지로 이뤄진 딥러닝 모델을 훈련할 때도 마찬가지다!

> **WARNING_** GPU는 여러 작업을 동시에 실행하는 일에는 뛰어나지 않다. GPU를 많이 사용하는 작업을 시작할 때는 nvidia-smi를 실행해서 다른 작업이 GPU를 활용하지 않는다는 사실을 확인해야 한다. 하지만 그래픽 환경을 실행 중이라면 데스크톱과 GPU 코드가 GPU를 동시에 사용하는 일을 막을 수 없다.

7.13.4 GPU 사용 시점

우리는 GPU가 엄청나게 빠르다는 사실을 확인했다. 하지만, 실행 시점에 메모리 관련 고려 사항이 너무 많아서 힘들 수 있다. 작업이 주로 선형 대수와 행렬(행렬곱, 행렬 덧셈, 푸리에 변환 등)로 이뤄졌다면 GPU가 굉장히 유용하다. 특히 계산 결과를 시스템 메모리로 돌려주기 전에 GPU가 일정 시간 동안 인터럽트^{interrupt}되지 않고 계산을 수행할 수 있을 때 더 그렇다.

수많은 분기가 필요한 작업의 예로, 계산의 각 단계에 이전 단계의 결과가 필요한 코드를 살펴보자. [예제 7-20]을 파이토치와 넘파이로 실행해보면, 넘파이 쪽이 항상 더 빠르다는 사실을 알 수 있다(이 예제에서는 98% 더 빠르다). GPU 구조를 고려하면 이런 동작이 이해된다. GPU는 CPU보다 더 많은 일을 한 번에 할 수 있지만, 각 작업은 CPU보다 GPU에서 더 느리게 실행된다. 이 예제는 계산을 한 번에 하나씩밖에 실행하지 못하므로 계산 코어가 여럿이라도 전혀 도움이 되지 않는다. 아주 빠른 코어가 하나 있는 편이 더 낫다.

예제 7-20 분기가 많은 작업

```
import torch

def task(A, target):
    """
    길이가 N이고 값이 (0,N]에 속하는 int 배열과 target 값을 입력으로 받아,
    배열을 이터레이션하면서 현재 값에 따라 다음에 살펴볼 배열 항목을
    결정한다. 살펴본 값의 합계가 target 이상이 되면 검색을 종료한다.
```

```
    값에 도달하기까지 얼마나 많은 이터레이션이 이뤄졌는지를 반환한다.
    """
    result = 0
    i = 0
    N = 0
    while result < target:
        r = A[i]
        result += r
        i = A[i]
        N += 1
    return N

if __name__ == "__main__":
    N = 1000

    A_py = (torch.rand(N) * N).type(torch.int).to('cuda:0')
    A_np = A_py.cpu().numpy()

    task(A_py, 500)
    task(A_np, 500)
```

게다가 GPU 메모리도 한계가 있으니 처리해야 할 데이터가 아주 크거나, 조건에 따라 데이터를 조작해야 하거나, 데이터를 변경해야 하는 작업에서는 GPU를 사용하기 어렵다. GPU는 대부분 12GB 정도의 데이터를 다루는 계산 작업용으로 만들어졌으므로 '대량의 데이터'를 처리하기에는 부족하다. 하지만 기술이 발전함에 따라 GPU 메모리 크기도 증가하므로 미래에는 이런 제한이 줄어들 것이다.

GPU 사용 여부를 결정하는 방법은 보통 다음 단계로 이뤄진다.

1 문제의 메모리 사용량이 GPU에 적합한지 확인한다(2.9절 'memory_profiler로 메모리 사용량 진단하기'에서 메모리 사용량을 프로파일하는 방법을 살펴봤다).

2 알고리즘이 벡터화된 연산을 사용하는지, 조건에 따른 분기를 많이 사용하는지 평가한다. 일반적으로 numpy 함수는 아주 잘 벡터화되므로, 알고리즘이 numpy 호출 위주로 이뤄졌다면 여러분의 코드도 잘 벡터화될 것이다! 그리고 perf를 실행해서 branches 지표를 살펴볼 수도 있다(6.3.1 'perf 이해하기' 참고).

3 GPU와 CPU 사이에 얼마나 많은 데이터가 오갈지 검토하라. 이때 "결과를 저장하거나 그래프로 표시하기 전에 계산이 얼마나 필요한가?"와 "내 코드의 데이터를 GPU와 호환되지 않는 라이브러리에서 실행하려고 복사해야 할 때가 있는가?"라는 질문을 염두에 두어라.

4 파이토치가 여러분이 사용하려는 연산을 지원하는지 확인하라! 파이토치는 numpy API 중 상당 부분을 구현하므로 이는 큰 문제가 아니다. 대부분의 API가 완전히 같으므로 여러분의 코드를 전혀 바꿀 필요가 없다. 하지만 파이토치가 연산을 지원하지 않거나(복소수 처리 등), API가 약간 다른 경우(난수 생성 등)도 있다.

7.14 외부 함수 인터페이스

때로는 자동적인 해법이 도움이 되지 않아서 포트란이나 C 코드를 직접 작성해야 한다. 이는 컴파일러가 최적화할 부분을 발견하지 못했거나, 파이썬에서 사용할 수 없는 라이브러리나 특정 언어가 주는 이점을 활용하고 싶기 때문일 수 있다. 이런 상황에서는 다른 언어로 작성하고 컴파일한 코드에 접근하게 해주는 외부 함수 인터페이스Foreign Function Interfaces, FFI를 사용해야 한다.

이번 장의 나머지에서는 외부 라이브러리를 사용해서 6장과 같은 방법으로 2D 확산 공식을 풀어볼 것이다.[8] [예제 7-21]의 라이브러리 코드는 여러분이 작성한 코드나 설치한 라이브러리를 대표한다고 생각할 수 있다. 우리가 살펴볼 방법은 코드의 작은 부분을 정해서 다른 언어로 옮길 때 아주 유용하다. 이렇게 코드를 옮기는 이유는 대상 언어에 따라 정해진 구체적인 최적화를 수행하기 위해서다.

예제 7-21 2D 확산 문제를 풀기 위한 C 코드의 예

```c
void evolve(double in[][512], double out[][512], double D, double dt) {
    int i, j;
    double laplacian;
    for (i=1; i<511; i++) {
        for (j=1; j<511; j++) {
            laplacian = in[i+1][j] + in[i-1][j] + in[i][j+1] + in[i][j-1] \
                        - 4 * in[i][j];
            out[i][j] = in[i][j] + D * dt * laplacian;
        }
    }
}
```

---

8 단순화를 위해 경계 조건을 구현하지는 않을 것이다.

> **NOTE_** 격자 크기를 512x512로 고정해서 예제 코드를 단순화했다. 임의의 격자 크기를 받으려면 in과 out 파라미터를 double에 포인터로 전달하고, 격자의 실제 크기를 함수가 인자로 받게 만들면 된다.

이 코드를 사용하려면 .so 파일을 만들어내는 공유 모듈로 컴파일해야 한다. 이를 gcc(또는 다른 C 컴파일러)를 사용해 다음과 같은 단계를 거쳐 만들 수 있다.

```
$ gcc -O3 -std=gnu11 -c diffusion.c
$ gcc -shared -o diffusion.so diffusion.o
```

이렇게 만든 공유 라이브러리 파일은 파이썬 코드가 접근할 수 있는 위치에 두면 된다. 표준적인 유닉스 계열에서는 공유 라이브러리를 /usr/lib이나 /usr/local/lib에 넣는다.

7.14.1 ctypes

C파이썬에서 가장 기본적인 외부 함수 인터페이스[9]는 ctypes 모듈을 통한다. 이 모듈은 기본적인 뼈대만 제공하므로 코딩이 그리 매끄럽지 못할 수도 있다. 여러분이 모든 것을 직접 만들어야 하며, 코드가 제대로 작동하는지 확인하는 데에도 상당히 긴 시간이 필요하다. [예제 7-22]의 ctypes 확산 코드를 보면 확연히 복잡해진 모습을 한눈에 알 수 있다.

예제 7-22 ctypes 2D 확산 코드

```python
import ctypes

grid_shape = (512, 512)
_diffusion = ctypes.CDLL("diffusion.so")  ❶

# 이후 작성할 코드를 단순하게 만들기 위해 C 타입에 대한 참조를 만든다
TYPE_INT = ctypes.c_int
TYPE_DOUBLE = ctypes.c_double
TYPE_DOUBLE_SS = ctypes.POINTER(ctypes.POINTER(ctypes.c_double))

# evolve 함수의 시그니처를 다음과 같이 초기화한다
# void evolve(int, int, double**, double**, double, double)
_diffusion.evolve.argtypes = [TYPE_DOUBLE_SS, TYPE_DOUBLE_SS, TYPE_DOUBLE,
```

---

9 이는 C파이썬에만 해당한다. 다른 버전의 파이썬에는 다른 방식으로 작동하는, ctypes의 자체 버전이 있을 것이다.

```
                              TYPE_DOUBLE]
    _diffusion.evolve.restype = None


    def evolve(grid, out, dt, D=1.0):
        # 우선 파이썬 타입을 그에 맞는 C 타입으로 변환한다
        assert grid.shape == (512, 512)
        cdt = TYPE_DOUBLE(dt)
        cD = TYPE_DOUBLE(D)
        pointer_grid = grid.ctypes.data_as(TYPE_DOUBLE_SS)   ❷
        pointer_out = out.ctypes.data_as(TYPE_DOUBLE_SS)

        # 이제 C 언어 evolve 함수를 호출할 수 있다
        _diffusion.evolve(pointer_grid, pointer_out, cD, cdt)   ❸
```

❶ 이 부분은 diffusion.so 라이브러리를 임포트하는 것과 비슷하다. 이 파일은 표준 시스템 공유 라이브러리 경로 안에 있어야 한다. 원한다면 절대 경로를 지정할 수도 있다.

❷ grid와 out은 모두 numpy 배열이다.

❸ 필요한 설정이 모두 끝났다. 드디어 C 함수를 직접 호출할 수 있다.

첫 번째로 할 일은 공유 라이브러리를 '임포트'하는 것이다. ctypes.CDLL을 호출하면 된다. 그 줄에서 우리는 파이썬이 접근하려는 공유 라이브러리를 모두 지정할 수 있다(예를 들어 ctypes-opencv 모듈은 libcv.so 라이브러리를 적재한다). 이 라이브러리에서 _diffusion 객체를 얻는다. 이 객체는 공유 라이브러리에 들어있는 모든 멤버를 포함한다. 이 예제에서 diffusion.so에는 evolve라는 함수 하나만 들어있는데, 이 함수는 _diffusion 객체의 프로퍼티다. diffusion.so에 더 많은 함수나 속성이 있다면 이들을 모두 _diffusion 객체를 통해 접근할 수 있다.

_diffusion 객체에 evolve 함수가 들어있더라도 파이썬은 이를 어떻게 사용해야 하는지 모른다. C는 타입이 정적으로 정해지며, 함수마다 아주 구체적인 시그니처가 있다. evolve 함수를 제대로 사용하려면, 인자와 반환 타입을 명시해야 한다. 이런 과정은 파이썬 인터페이스와 라이브러리를 동시에 개발하거나 빨리 변경되는 라이브러리를 처리할 때 꽤 지겨운 일이 될 수 있다. 더 나아가, 여러분이 올바른 타입을 지정하지 않더라도 ctypes가 그 사실을 인지하지 못하기 때문에, 코드를 작성 중 실수를 하면 여러분의 코드는 조용히 실패하거나 세그멘테이션

폴트^{segfault}가 나면서 종료될 것이다!

함수 객체의 인자와 반환 타입을 명시하는 일과 더불어, 함수에서 사용할 데이터 타입도 변환해야 한다(이를 **캐스팅**^{casting}이라 한다). 함수에 보낼 모든 인자를 네이티브 C 타입으로 변환해야 한다. 파이썬은 변수의 타입에 대한 제약이 상당히 느슨해서 이 작업이 꽤 까다로울 수도 있다. 예를 들어 num1 = 1e5의 값은 파이썬의 float이므로 ctypes.c_float을 사용해야 한다. 반면 num2 = 1e300은 표준 C float에서 오버플로가 발생하므로 ctypes.c_double을 사용해야 할 수도 있다.

이런 이유로 numpy는 ctypes와의 연결을 편하게 해주는 .ctypes 속성을 배열에 제공한다. numpy가 이런 기능을 제공하지 않았더라면, 올바른 타입으로 ctypes 배열을 초기화하고, 원래 데이터의 위치를 찾아서 새 ctypes 객체가 그 위치를 가리키도록 만들어야만 했을 것이다.

> **WARNING_** 여러분이 ctypes 객체로 변환하려는 객체가 (array 모듈, numpy 배열, io.StringIO 등과 같이) 버퍼를 구현하지 않는다면, 데이터가 새 객체로 복사될 것이다. int를 float로 캐스팅할 때는 이런 복사가 성능을 크게 낮추지 않는다. 하지만 아주 긴 파이썬 리스트를 캐스팅한다면 성능에 상당한 부담이 된다! 이런 경우에는 array 모듈이나 numpy 배열을 사용하거나, struct 모듈을 통해 직접 버퍼를 제공하는 객체를 만들면 도움이 된다. 하지만 이런 객체들은 대응하는 파이썬 자체 타입보다 덜 유연하므로 코드 가독성을 떨어뜨린다.

라이브러리에 복잡한 자료구조를 보내야 한다면 이런 메모리 관리가 훨씬 더 복잡해지기도 한다. 예를 들어 여러분이 사용하는 라이브러리가 x와 y라는 속성이 있는 공간상의 지점을 표현하는 C struct를 취해야 한다면, 다음과 같이 정의할 수 있을 것이다.

```
from ctypes import Structure

class cPoint(Structure):
    _fields_ = ("x", c_int), ("y", c_int)
```

이 시점에 여러분은 cPoint 객체를 초기화함으로써 C와 호환되는 객체를 만들기 시작할 수도 있다(예를 들어 point = cPoint(10,5)). 작업량이 엄청나지는 않지만, 이런 과정이 지겨워지다 보면 취약한 코드를 만들어낼 수도 있다. 만약 라이브러리의 새 버전에서 이 자료구조를 약간 변경하면 어떻게 될까? 이로 인해 코드 유지보수가 어려워지고 코드가 정체되어서, 개발자들이 현재 사용 중인 라이브러리를 절대 업그레이드하지 않게 된다.

이런 이유로, 여러분이 C를 잘 이해하며 인터페이스의 모든 부분을 제어하고 싶다면 ctypes 모듈을 사용하는 편이 좋다. 기본 라이브러리에 속해있으므로 ctypes는 이식성이 뛰어나며 간단한 작업에는 손쉬운 해법을 제공해준다. 다만 ctypes로 만든 해법(그리고 그와 유사한 저수준의 해법들)이 관리할 수 없을 정도로 복잡해지기도 하니 조심해야 한다.

7.14.2 cffi

ctypes는 종종 사용하기 번거롭지만 cffi는 프로그래머가 사용해야 하는 표준적인 연산 대부분을 간소화하려고 노력한다. 이런 간소화는 함수와 구조체 정의를 이해할 수 있는 내부 C 파서를 통해 이루어진다.

그 결과, 사용하려는 라이브러리의 구조를 정의하는 C 코드만 작성하면 우리 대신 cffi가 힘든 일을 해준다. cffi는 모듈을 임포트하고 결과를 만드는 함수의 타입을 제대로 지정했는지 검사한다. 사실 헤더 파일(.h로 끝나는 파일)에 우리에게 필요한 정의가 모두 들어있으므로, 라이브러리의 소스 코드가 있다면 이런 작업은 그리 대수롭지 않은 일이다. [예제 7-23]은 2D 확산 코드의 cffi 버전이다.

예제 7-23 cffi 2D 확산 코드

```
from cffi import FFI, verifier

grid_shape = (512, 512)

ffi = FFI()
ffi.cdef(
    "void evolve(double **in, double **out, double D, double dt);"   ❶
)
lib = ffi.dlopen("../diffusion.so")


def evolve(grid, dt, out, D=1.0):
    pointer_grid = ffi.cast("double**", grid.ctypes.data)   ❷
    pointer_out = ffi.cast("double**", out.ctypes.data)
    lib.evolve(pointer_grid, pointer_out, D, dt)
```

❶ 이런 정의의 내용은 보통 여러분이 사용하려는 라이브러리의 매뉴얼이나 라이브러리 헤더 파일에서 얻을 수 있다.

❷ 파이썬 고유 객체가 아닌 객체를 C 모듈에서 사용하려면 여전히 캐스팅이 필요하지만, C를 다뤄본 개발자라면 이 캐스팅 문법이 익숙할 것이다.

앞의 코드에서 cffi 초기화를 두 단계로 나눠볼 수 있다. 첫 번째 단계에서는 FFI 객체를 만들고 필요한 전역 C 선언을 객체에 넘긴다. 이 선언에는 함수 시그니처와 데이터 타입이 들어간다. 이런 시그니처에는 코드가 들어가지 않는다. 단지 코드의 모양을 알려줄 뿐이다. 그다음 dlopen을 사용해 시그니처에 해당하는 구현이 들어있는 공유 라이브러리를 FFI의 자식 네임스페이스로 임포트한다. 이는 FFI에게 함수 시그니처를 전달한 다음, 서로 다른 방식으로 구현된 여러 evolve 함수를 적재해서 각각을 다른 객체에 넣을 수 있다는 뜻이다(이는 디버깅이나 프로파일할 때 환상적이다!).

cffi는 공유 C 라이브러리를 쉽게 임포트할 뿐만 아니라, verify를 통해 여러분이 작성한 코드를 동적으로 컴파일한다. 이로 인한 직접적인 이익은 다양하다. 별도의 C 라이브러리를 호출하지 않고도 코드 일부를 쉽게 C로 작성할 수 있다. 또는 여러분이 사용하려는 라이브러리와의 인터페이스가 잘 작동하게 돕는 접착제 코드glue code를 C로 작성해야 한다면, [예제 7-24]처럼 그 코드를 한 곳에 몰아서 cffi 코드에 집어넣기만 하면 된다. 게다가 그 코드가 동적으로 컴파일되므로, 컴파일해야 하는 코드 덩어리마다 컴파일 관련 지시 사항을 동적으로 지정할 수도 있다. 하지만 verify 함수가 실행되면서 실제 컴파일을 수행하는 시점에 한 번씩 약간의 비용이 발생한다는 점에 유의하라.

예제 7-24 인라이닝한 2D 확산 코드를 cffi로 처리하기

```
ffi = FFI()
ffi.cdef(
    "void evolve(double **in, double **out, double D, double dt);"
)
lib = ffi.verify(
    r"""
void evolve(double in[][512], double out[][512], double D, double dt) {
    int i, j;
    double laplacian;
    for (i=1; i<511; i++) {
        for (j=1; j<511; j++) {
```

```
            laplacian = in[i+1][j] + in[i-1][j] + in[i][j+1] + in[i][j-1] \
                        - 4 * in[i][j];
            out[i][j] = in[i][j] + D * dt * laplacian;
        }
    }
}
""",
    extra_compile_args=["-O3"],   ❶
)
```

❶ 이 코드를 JIT 컴파일하므로 적절한 컴파일 관련 플래그를 설정할 수도 있다.

cdef 명령과 매우 잘 어우러져 작동한다는 점도 verify의 이점이다. 예를 들어 아주 복잡한 구조의 라이브러리 일부만 필요하다면 부분적인 구조체 정의를 사용할 수도 있다. 이를 위해서는 ffi.cdef의 구조체 정의에 …를 추가하고, 나중에 verify에서는 관련 헤더 파일을 #include 하면 된다.

예를 들어 다음과 같은 구조체가 들어있는 compilcated.h 헤더를 제공하는 라이브러리를 다룬다고 생각해 보자.

```
struct Point {
    double x;
    double y;
    bool isActive;
    char *id;
    int num_times_visited;
}
```

우리가 x와 y 속성에만 관심 있다면, 해당 값만 취급하는 간단한 cffi 코드를 다음과 같이 작성할 수 있다.

```
from cffi import FFI

ffi = FFI()
ffi.cdef(r"""
    struct Point {
        double x;
```

```
        double y;
        ...;
    };
    struct Point do_calculation();
""")
lib = ffi.verify(r"""
    #include <complicated.h>
""")
```

---

complicated.h 라이브러리의 do_calculation 함수를 실행해서 Point 객체를 돌려받아 x
와 y 속성을 사용할 수 있다. 이는 이식성을 놀랄 만큼 높여준다. 그 안에 x와 y 속성이 있는 한,
Point를 다르게 구현한 시스템이나 새로운 complicated.h에서도 이 코드가 잘 작동하기 때
문이다.

이런 이점들로 인해 여러분이 파이썬에서 C 코드를 다룰 때 cffi가 유용한 도구가 될 수 있
다. cffi는 ctypes보다 훨씬 간단하지만, 외부 함수 인터페이스를 직접 다뤄야 할 때 여전히
ctypes와 같은 수준으로 세밀히 제어하게 해준다.

7.14.3 f2py

많은 과학 계산 애플리케이션에서 포트란은 여전히 확고한 표준이다. 범용 프로그래밍 언어
로서의 생명은 끝났지만, 벡터 연산을 작성하기 쉽고 매우 빠르다는 장점은 여전하다. 게다
가 포트란으로 작성된 고성능 수학 라이브러리가 많다. LAPACK(http://www.netlib.org/
lapack/), BLAS(http://www.netlib.org/blas/) 등이 있다. 이들은 사이파이 같은 라이
브러리의 기반이고, 파이썬 코드에서 높은 성능을 얻으려면 꼭 사용해야 할 수도 있다.

이런 상황에서는 f2py(http://bit.ly/f2py_mod)가 포트란 코드를 파이썬으로 매우 간단하
게 임포트한다. 이 모듈이 간단한 이유는 포트란에서 타입이 명확하기 때문이다. 구문분석해서
타입을 쉽게 이해할 수 있으므로, f2py는 C 내부의 외부 함수 인터페이스를 쓰는 C파이썬 모
듈을 쉽게 만들어서 포트란 코드를 사용할 수 있다. 즉 f2py가 포트란 코드를 사용하는 C 모듈
을 자동으로 생성한다는 뜻이다! 그 결과, ctypes나 cffi를 사용한 방식에서 발생하는 수많은
혼란을 겪지 않아도 된다.

[예제 7-25]에서는 확산 공식을 푸는 간단한 **f2py** 호환 코드를 볼 수 있다. 사실 네이티브 포트란 코드는 모두 **f2py**와 호환된다. 하지만 함수 인자에 대한 어노테이션(!f2py로 시작하는 문장)은 만들어지는 파이썬 모듈을 단순화해주고, 더 사용하기 쉬운 인터페이스를 만들어준다. 이런 어노테이션은 어떤 인자를 오직 출력이나 입력으로만 쓰거나, 제자리에서 변경하거나, 완전히 감춰야 한다는 의도를 **f2py**에 암시적으로 알려준다. 감춰진 타입(hidden으로 표시)은 특히 벡터의 크기에 유용하다. 포트란은 이런 값을 명시적으로 전달받아야 할 수도 있지만, 파이썬 코드는 이미 그런 정보를 안다. 타입을 '감춰진'으로 설정하면 **f2py**가 우리 대신 그 값을 자동으로 채워주며, 최종 파이썬 인터페이스에 드러내지 않고 감춰준다.

예제 7-25 f2py 어노테이션을 붙인 포트란 2D 확산 코드

```
SUBROUTINE evolve(grid, next_grid, D, dt, N, M)
    !f2py threadsafe
    !f2py intent(in) grid
    !f2py intent(inplace) next_grid
    !f2py intent(in) D
    !f2py intent(in) dt
    !f2py intent(hide) N
    !f2py intent(hide) M
    INTEGER :: N, M
    DOUBLE PRECISION, DIMENSION(N,M) :: grid, next_grid
    DOUBLE PRECISION, DIMENSION(N-2, M-2) :: laplacian
    DOUBLE PRECISION :: D, dt

    laplacian = grid(3:N, 2:M-1) + grid(1:N-2, 2:M-1) + &
                grid(2:N-1, 3:M) + grid(2:N-1, 1:M-2) - 4 * grid(2:N-1, 2:M-1)
    next_grid(2:N-1, 2:M-1) = grid(2:N-1, 2:M-1) + D * dt * laplacian
END SUBROUTINE evolve
```

이 코드를 파이썬 모듈로 만들려면 다음 명령을 실행하라.

```
$ f2py -c -m diffusion --fcompiler=gfortran --opt='-O3' diffusion.f90
```

TIP 앞에서 f2py를 호출할 때 gfortran을 사용했다. 여러분의 시스템에 gfortran이 설치됐는지와 포트란 컴파일러를 사용하도록 해당 인자를 변경했는지 확인하라.

앞의 명령을 실행하면 여러분의 파이썬 버전과 운영 체제에 따라 파이썬에서 직접 임포트할 수 있는 파일이 생겨난다(저자들의 경우 `diffusion.cpython-37m-x86_64-linux-gnu.so`이 생겼다).

이렇게 만들어진 모듈로 파이썬 인터프리터에서 이런저런 실험을 대화식으로 해보면, 우리가 작성한 어노테이션과 포트란 코드를 분석할 수 있는 능력 덕분에 f2py가 제공하는 여러 이점을 확인할 수 있다.

```
>>> import diffusion

>>> diffusion?
Type:         module
String form: <module 'diffusion' from '[..]cpython-37m-x86_64-linux-gnu.so'>
File:         [..cut..]/diffusion.cpython-37m-x86_64-linux-gnu.so
Docstring:
This module 'diffusion' is auto-generated with f2py (version:2).
Functions:
  evolve(grid,scratch,d,dt)
.

>>> diffusion.evolve?
Call signature: diffusion.evolve(*args, **kwargs)
Type:         fortran
String form:   <fortran object>
Docstring:
evolve(grid,scratch,d,dt)

Wrapper for ``evolve``.

Parameters
grid : input rank-2 array('d') with bounds (n,m)
scratch :  rank-2 array('d') with bounds (n,m)
d : input float
dt : input float
```

이 코드는 f2py가 생성한 결과가 자동으로 문서화되고 인터페이스가 상당히 단순해진다는 점을 알려준다. 예를 들어 벡터의 크기를 뽑아내는 대신 f2py는 그 정보를 자동으로 찾아내는 방법을 알아내고 결과 인터페이스에서는 크기를 감춘다. 이렇게 만들어진 evolve 함수는 [예제

6-14]에서 작성한 순수 파이썬 버전과 같은 시그니처를 보여준다.

한 가지 주의할 점은 메모리상의 numpy 배열 순서다. numpy와 파이썬에서 수행하는 대부분의 작업은 C에서 파생한 코드에 초점이 맞춰졌으므로 메모리상의 데이터 순서는 항상 C의 관례(**행 우선 순서**row-major ordering)를 따른다. 포트란은 다른 방식(**열 우선 순서**column-major ordering)을 따르므로 포트란에 사용할 벡터도 반드시 이 순서를 따라야 한다. 이런 용어는 단순히 메모리에서 2D 배열의 행이 연속으로 위치할지 열이 연속으로 위치할지를 뜻한다.[10] 다행히 우리는 numpy에서 벡터를 선언할 때 order='F' 매개변수만 지정해주면 된다.

> **WARNING_** 행 우선 순서와 열 우선 순서의 차이는 다차원 배열을 순회하는 루프의 순서를 뒤집어야 한다는 점뿐이다. 파이썬과 C에서 array[X][Y]라는 배열을 정의하면 바깥쪽 루프가 X를 순회하고 안쪽 루프가 Y를 순회한다. 반대로 포트란에서는 바깥쪽 루프가 Y를 순회하고 안쪽 루프가 X를 순회한다. 루프 순서를 잘못 사용하면 cash-miss가 늘어나면서 성능이 현저하게 떨어진다(6.3절 '메모리 단편화' 참고).

그렇기 때문에 포트란 서브루틴을 사용하려면 다음과 같은 코드가 필요하다. 이 코드는 f2py가 만들어낸 라이브러리를 사용하고, 포트란의 데이터 배열 순서를 따르도록 명시했다는 점을 제외하면 [예제 6-14]에서 사용한 것과 똑같다.

```python
from diffusion import evolve

def run_experiment(num_iterations):
    scratch = np.zeros(grid_shape, dtype=np.double, order="F")  ❶
    grid = np.zeros(grid_shape, dtype=np.double, order="F")

    initialize_grid(grid)

    for i in range(num_iterations):
        evolve(grid, scratch, 1.0, 0.1)
        grid, scratch = scratch, grid
```

❶ 포트란은 메모리에 수를 저장하는 순서가 다르다. 따라서 numpy 배열이 포트란의 표준 순서를 지키도록 설정해야 한다.

---

10 자세한 정보는 위키피디아(http://bit.ly/row-major_order)를 참고하라.

7.14.4 C파이썬 모듈

마침내 직접 C파이썬 API 수준으로 내려가서 C파이썬 모듈을 작성할 수 있다. 그렇게 하려면 C파이썬을 개발한 방식과 동일하게 코드를 작성하고, 우리가 작성한 코드와 C파이썬 구현 사이의 모든 상호작용을 신경 써야 한다.

이런 방식은 파이썬 버전에만 의존적이며, 이식성이 매우 뛰어나다는 장점이 있다. 외부 모듈이나 라이브러리가 필요 없고, 오직 C 컴파일러와 파이썬만 있으면 된다! 하지만 이런 방식은 새로운 파이썬 버전에는 잘 맞지 않는다. 예를 들어 파이썬 2.7 용으로 작성한 C파이썬 모듈은 파이썬 3에서는 잘 작동하지 않으며, 그 반대의 경우도 마찬가지다.

> **NOTE_** 사실 이런 변경의 어려움이 파이썬 3의 출시를 늦췄다. C파이썬 모듈을 만들 때는 실제 C파이썬 구현과 상당히 밀접히 결합되므로coupled, 언어를 크게 변경하면(예컨대 2.7에서 3으로 변경) C파이썬 모듈도 많이 수정해야 한다.

이런 이식성에는 큰 대가가 따른다. 파이썬 코드와 모듈 간 인터페이스의 모든 측면을 여러분이 책임져야만 한다. 이로 인해 아주 단순한 작업일지라도 수십 줄의 코드를 작성해야 한다. 예를 들어 [예제 7-21]의 확산 라이브러리와 연결하려면 함수의 인자를 읽고 분석하는 데만 28줄이나 되는 코드를 작성해야만 한다(예제 7-26). 물론, 이는 우리가 할 일을 아주 세밀하게 제어할 수 있다는 뜻이기도 하다. 심지어는 수동으로 파이썬 GC의 참조 카운트를 변경할 수도 있다(이렇게 하면 C파이썬 모듈로 파이썬 네이티브 타입을 처리할 때 골치 아파질 수 있다). 이로 인해 결과 코드는 다른 FFI 방법보다 몇 분 더 빨라진다.

> **WARNING_** 결국 이 방법은 최후의 수단으로 남겨둬야 한다. C파이썬 모듈을 작성하면 상당히 많은 정보를 제공하지만, 결과 코드는 다른 방식만큼 재사용하거나 유지보수하기 쉽지 않다. 모듈을 살짝 바꾸려 해도 종종 전체를 재작업해야 한다. 실제로 이런 일이 발생할 수 있음을 경고하려고 모듈 코드와 컴파일에 필요한 setup.py를 포함했다(예제 7-27).

예제 7-26 2D 확산 라이브러리와 연결하기 위한 C파이썬 모듈

```
// python_interface.c
// - cpython module interface for diffusion.c

#define NPY_NO_DEPRECATED_API    NPY_1_7_API_VERSION
```

```c
#include <Python.h>
#include <numpy/arrayobject.h>
#include "diffusion.h"

/* Docstrings */
static char module_docstring[] =
    "확산 방정식을 풀기 위한 최적화된 메서드를 제공한다";
static char cdiffusion_evolve_docstring[] =
    "확산 방정식을 사용해 2D 격자를 변화시킨다";

PyArrayObject *py_evolve(PyObject *, PyObject *);

/* 모듈 명세*/
static PyMethodDef module_methods[] =
{
    /* { 메서드이름 , C 함수           ,    인자 타입, 독스트링                } */
    { "evolve", (PyCFunction)py_evolve, METH_VARARGS, cdiffusion_evolve_docstring },
    { NULL,     NULL,                                  0, NULL                      }
};

static struct PyModuleDef cdiffusionmodule =
{
    PyModuleDef_HEAD_INIT,
    "cdiffusion",      /* 모듈 이름 */
    module_docstring,  /* 모듈 독스트링. NULL일 수도 있음 */
    -1,                /* 모듈의 인터프리터별 상태의 크기,
                        * 모듈이 전역 변수에 상태를 지정할 경우 -1 */
    module_methods
};

PyArrayObject *py_evolve(PyObject *self, PyObject *args)
{
    PyArrayObject *data;
    PyArrayObject *next_grid;
    double        dt, D = 1.0;

    /* "evolve" 함수 시그니처는 다음과 같다:
     *     evolve(data, next_grid, dt, D=1)
     */
    if (!PyArg_ParseTuple(args, "OOd¦d", &data, &next_grid, &dt, &D))
    {
        PyErr_SetString(PyExc_RuntimeError, "Invalid arguments");
        return(NULL);
```

```
}

/* numpy 배열이 메모리에 연속으로 위치했는지 확인한다  */
if (!PyArray_Check(data) || !PyArray_ISCONTIGUOUS(data))
{
   PyErr_SetString(PyExc_RuntimeError, "data is not a contiguous array.");
   return(NULL);
}
if (!PyArray_Check(next_grid) || !PyArray_ISCONTIGUOUS(next_grid))
{
   PyErr_SetString(PyExc_RuntimeError, "next_grid is not a contiguous array.");
   return(NULL);
}


/* grid와 next_grid가 같은 타입과 차원, 같은 크기인지 확인한다
*/
if (PyArray_TYPE(data) != PyArray_TYPE(next_grid))
{
   PyErr_SetString(PyExc_RuntimeError,
                  "next_grid and data should have same type.");
   return(NULL);
}
if (PyArray_NDIM(data) != 2)
{
   PyErr_SetString(PyExc_RuntimeError, "data should be two dimensional");
   return(NULL);
}
if (PyArray_NDIM(next_grid) != 2)
{
   PyErr_SetString(PyExc_RuntimeError, "next_grid should be two dimensional");
   return(NULL);
}
if ((PyArray_DIM(data, 0) != PyArray_DIM(next_grid, 0)) ||
    (PyArray_DIM(data, 1) != PyArray_DIM(next_grid, 1)))
{
   PyErr_SetString(PyExc_RuntimeError,
                  "data and next_grid must have the same dimensions");
   return(NULL);
}

evolve(
   PyArray_DATA(data),
   PyArray_DATA(next_grid),
   D,
```

```
            dt
        );

    Py_XINCREF(next_grid);
    return(next_grid);
}

/* 모듈을 초기화한다 */
PyMODINIT_FUNC
PyInit_cdiffusion(void)
{
    PyObject *m;

    m = PyModule_Create(&cdiffusionmodule);
    if (m == NULL)
    {
        return(NULL);
    }

    /* `numpy` 기능을 적재한다 */
    import_array();

    return(m);
}
```

이 코드를 빌드하려면 setup.py 스크립트를 만들어야 한다(예제 7-27). 이 스크립트는 distutils 모듈을 사용해서 파이썬과 호환되도록 코드를 빌드하는 방법을 알아낸다. 표준 distutils 모듈과 더불어, numpy도 여러분이 작성한 C파이썬 모듈을 numpy와 통합하는 데 도움이 되는 자체 모듈을 제공한다.

예제 7-27 C파이썬 모듈의 확산 인터페이스를 위한 설정 파일

```
"""
cpython 확산 모듈을 위한 setup.py. 다음과 같이 빌드할 수 있다.

    $ python setup.py build_ext --inplace

이 명령은 __cdiffusion.so__ 파일을 생성한다. 이 파일을 파이썬에서 직접 임포트할 수 있다.
"""

from distutils.core import setup, Extension
```

```
import numpy.distutils.misc_util

__version__ = "0.1"

cdiffusion = Extension(
    'cdiffusion',
    sources = ['cdiffusion/cdiffusion.c', 'cdiffusion/python_interface.c'],
    extra_compile_args = ["-O3", "-std=c11", "-Wall", "-p", "-pg", ],
    extra_link_args = ["-lc"],
)

setup (
    name = 'diffusion',
    version = __version__,
    ext_modules = [cdiffusion,],
    packages = ["diffusion", ],
    include_dirs = numpy.distutils.misc_util.get_numpy_include_dirs(),
)
```

실행 결과로 cdiffusion.so 파일이 만들어진다. 이 파일은 파이썬에서 직접 임포트해서 쉽게 쓸 수 있다. 만들어지는 함수의 시그니처를 완전히 제어할 수 있고 작성한 C 코드가 라이브러리와 어떻게 상호작용하는지 정확히 알기에, 사용하기 쉬운 모듈을 (약간의 힘든 작업을 통해) 만들 수 있었다.

```
from cdiffusion import evolve

def run_experiment(num_iterations):
    next_grid = np.zeros(grid_shape, dtype=np.double)
    grid = np.zeros(grid_shape, dtype=np.double)

    # ... 표준적인 초기화 ...

    for i in range(num_iterations):
        evolve(grid, next_grid, 1.0, 0.1)
        grid, next_grid = next_grid, grid
```

7.15 마치며

이번 장에서 다룬 여러 전략을 사용하면 CPU가 실행하는 명령의 수를 줄이고 효율을 높이기 위해 코드를 다양한 수준으로 특화할 수 있다. 때로는 그런 작업을 알고리즘을 통해 할 수도 있지만, 수동으로 해야 할 때도 있다(7.2절 'JIT 대 AOT 컴파일러' 참고). 더 나아가 다른 언어로 작성된 라이브러리를 사용하려면 이런 방법 중 일부를 꼭 채택해야 할 때도 있다. 동기가 무엇이든지, 파이썬을 사용하면 다른 언어가 제공하는 속도 향상의 이점을 누리면서도 여전히 필요할 때 유연성과 상세함을 유지할 수 있다.

그리고 특정 목적을 위해 만들어진 GPU를 사용해서 CPU만 사용할 때보다 빨리 문제를 해결하는 방법을 살펴봤다. GPU는 아주 구체적인 목적에 맞춰 만들어졌으므로 전통적인 고성능 프로그래밍과는 다른 성능상의 고려 사항이 존재한다. 하지만 파이토치 등의 새로운 라이브러리가 그 어느 때보다도 더 GPU를 쉽게 평가할 수 있게 도와준다.

하지만 이런 최적화 기법들은 CPU 명령어의 효율성을 최적화하는 데만 사용한다는 점을 기억하라. CPU 위주의 문제와 I/O 위주의 프로세스가 함께 엮였다면, 코드를 컴파일하는 작업만으로는 기대한 만큼 속도가 빨라지지 않는다. 이때는 해법을 다시 생각하고, 여러 다른 작업을 동시에 실행할 수 있도록 병렬성을 사용할 수는 없는지 검토해 봐야 한다.

## CHAPTER 8

비동기 I/O

이 장에서 배울 내용

- 동시성의 정의와 유용성
- 동시성과 병렬성의 차이
- 동시에 처리할 수 있는 작업과 그렇지 못한 작업
- 동시성의 여러 패러다임
- 동시성의 이점을 살리기에 적합한 시점
- 동시성을 사용해 프로그램의 속도를 빠르게 하는 방법

지금까지는 프로그램이 주어진 시간에 수행할 수 있는 계산 사이클의 수를 늘려서 속도를 높이는 방법에 집중했다. 하지만 빅데이터의 세계에서는 실제 코드 자체보다는 코드에 필요한 데이터를 얻어오는 작업이 병목이 될 수도 있다. 이런 경우, 프로그램이 **I/O 위주**I/O bound라고 한다. 이는 I/O 효율이 속도를 제한한다는 뜻이다.

I/O는 프로그램의 흐름에 큰 짐이 될 수 있다. 파일이나 네트워크 소켓에서 데이터를 읽을 때마다 잠시 실행을 멈추고 커널에 연산을 수행하도록 요청한 다음, 그 작업이 끝날 때까지 기다려야 한다. 이는 실제 읽기 연산을 하는 주체가 여러분의 프로그램이 아니라 커널이기 때문이다. 오직 커널만이 하드웨어와의 상호작용을 관리할 수 있다. 메모리를 할당할 때도 매번 이와

비슷한 연산이 일어난다는 사실을 알고 나면, 이 과정이 절망적으로 느껴지지는 않을 것이다. 하지만 [그림 1-3]을 다시 살펴보면, 우리가 수행하는 I/O 연산 대부분이 CPU보다 수십 배 이상 느린 장치에서 이뤄지는 일임을 알 수 있다. 따라서 커널과의 통신이 빨라도, 커널이 장치에서 결과를 가져와서 우리에게 전달하기까지는 상당한 시간이 걸린다.

예를 들어 네트워크 소켓에 데이터를 쓰는 연산은 보통 1ms가 걸리는데, 2.4GHz CPU에서는 같은 시간에 명령어를 240만 개 처리할 수 있다. 이 1ms 중 대부분은 프로그램이 아무 일도 하지 않고 일시 정지된 채로 쓰기 연산이 완료됐음을 알려주는 신호를 기다린다는 점이 더 암울하다. 이렇게 일시 정지된 상태를 일컬어 **I/O 대기**I/O wait라 한다.

비동기 I/O를 사용하면 I/O 연산이 완료되기를 기다리는 동안 다른 연산을 수행하여 이런 유휴 시간을 활용할 수 있다. 예를 들어 [그림 8-1]은 세 가지 작업을 수행하는 프로그램을 보여준다. 모든 작업에 I/O 대기 시간이 있다. 이 세 작업을 순차적으로 실행한다면, I/O에 따른 지연을 세 번 감수해야 한다. 하지만 이 세 작업을 동시에 실행한다면 한 작업이 대기할 동안 다른 작업을 수행함으로써 대기 시간을 감출 수 있다. 단일 스레드에서 한 번에 한 CPU만을 사용하는 작업에서도 마찬가지 효과를 얻을 수 있다는 사실을 알아두어라.

이런 일이 가능한 이유는 프로그램이 I/O 대기 상태일 때, 커널이 데이터를 읽어달라고 요청받은 장치(하드 드라이브, 네트워크 어댑터, GPU 등)를 기다렸다가 데이터가 준비되면 신호를 보내기 때문이다. 기다리는 대신, 데이터에 대한 요청을 꺼낼dispatch 수 있는 메커니즘(이벤트 루프event loop)을 만들고, 연산을 계속 수행하며, 읽을 데이터가 준비되면 통지notification를 받게 할 수 있다. 이는 다중 처리/다중 스레드(9장) 패러다임과는 반대되는 접근 방법이다. 다중 처리/다중 스레드에서는 I/O 대기 중인 프로세스(또는 스레드)가 있더라도 최신 CPU가 제공하는 다중 작업multi-tasking 특성을 사용해 주 프로세스를 계속 진행할 수 있다. 하지만 이 두 메커니즘은 종종 함께 사용된다. 이런 때는 여러 프로세스를 실행하고 각 프로세스는 효율적으로 비동기 I/O를 활용해서 컴퓨터 자원을 최대한 활용한다.

> **NOTE_** 동시성 프로그램은 단일 스레드에서 실행하기에, 전통적인 다중 스레드 프로그램보다 작성과 관리가 쉽다. 동시성 함수는 모두 같은 메모리 공간을 공유하므로 이런 함수 간에 데이터를 공유할 때는 일반적인 (변수를 통한) 방법을 사용해도 예상대로 작동한다. 하지만 언제 어느 줄의 코드가 메모리 공간을 사용할지 알수 없으므로 경쟁 상태race condition를 조심해야 한다.

프로그램을 이렇게 이벤트 중심event-driven으로 모델링함으로써, I/O 대기를 활용하여 단일 스레드에서 전보다 더 많은 연산을 처리할 수 있다.

그림 8-1 동시성 프로그램과 순차적 프로그램의 비교

8.1 비동기 프로그래밍 소개

일반적으로 프로그램이 I/O 대기에 들어가면, 실행이 멈추고 커널이 I/O 요청과 관련한 저수준 연산을 처리하며(이를 **컨텍스트 스위칭**이라 한다), I/O 연산이 끝날 때까지 프로그램은 재개되지 않는다. 컨텍스트 스위칭은 상당히 비싼 연산이다. 프로그램의 상태를 저장해야 하고 (CPU 수준에서는 캐시에 저장해둔 데이터를 모두 잃어버리게 된다), CPU 사용을 포기해야 한다. 나중에 다시 실행을 허락받으면 마더보드에서 프로그램을 다시 초기화하고 재개를 위한 준비 작업을 수행해야 한다(물론, 이런 모든 작업은 사용자에게는 보이지 않는다).

반면에 동시성 프로그램은 보통 실행할 대상과 시점을 관리하는 **이벤트 루프**를 사용한다. 근본적으로 이벤트 루프는 실행할 함수의 목록에 지나지 않는다. 목록 맨 앞의 함수가 실행되고, 그 다음에 두 번째 함수가 실행되는 식이다. [예제 8-1]은 간단한 이벤트 루프를 보여준다.

예제 8-1 간단한 이벤트 루프

```python
from queue import Queue
from functools import partial

eventloop = None

class EventLoop(Queue):
```

```python
    def start(self):
        while True:
            function = self.get()
            function()

def do_hello():
    global eventloop
    print("Hello")
    eventloop.put(do_world)

def do_world():
    global eventloop
    print("world")
    eventloop.put(do_hello)

if __name__ == "__main__":
    eventloop = EventLoop()
    eventloop.put(do_hello)
    eventloop.start()
```

이런 변경이 그리 대단해 보이지 않을 수도 있다. 하지만 이벤트 루프를 비동기 I/O 연산과 결합하면 I/O 작업을 수행할 때 엄청난 성능 향상을 얻을 수 있다. 이 예제에서 eventloop.put(do_world) 호출은 do_world 함수에 대한 비동기 호출을 대략적으로 보여준다. 이 연산은 nonblocking이라고 부른다. 즉, 즉시 반환되지만 나중에 do_world 함수를 호출함을 보장한다는 말이다. 비슷하게 비동기 함수 안에 네트워크 쓰기 연산이 있으면 실제 쓰기가 끝나지 않았어도 함수는 즉시 반환된다. 문자열 쓰기가 끝나면 이벤트가 발생해서 프로그램이 이를 알 수 있다.

이벤트 루프와 비동기 I/O라는 두 개념을 한데 모으면, 요청한 I/O 연산이 끝나기를 기다리는 동안 다른 함수를 실행하는 프로그램을 만들 수 있다. 그 결과, 이런 기능이 없었다면 I/O 대기 상태에서 낭비해야만 했을 시간에 의미 있는 계산을 수행할 수 있다.

> **NOTE_** 함수에서 함수로 전환하는 작업도 비용이 든다. 커널이 실행할 함수를 메모리에 준비해야 하고, 캐시의 상태도 원래 예측과 달라질 것이다. 따라서 프로그램에 I/O 대기가 많을 때 동시성에서 얻는 이익이 가장 커진다. 컨텍스트 스위칭에 비용이 들지만, I/O 대기 시간을 활용해서 얻는 이익이 훨씬 크기 때문이다.

이벤트 루프를 사용하는 프로그래밍에는 콜백callback과 퓨처future라는 두 가지의 형태가 있다. 콜백 패러다임에서는 각 함수를 호출할 때 **콜백**이라는 인자를 넘긴다. 함수가 값을 반환하는 대신, 그 값을 인자로 실어 콜백 함수를 호출한다. 이 구조에서는 호출한 함수의 결과를 받는 함수가 더해지고, 다시 그 함수의 결과를 받는 또 다른 함수가 더해지면서 함수의 사슬이 만들어진다(이런 식으로 콜백 깊이가 깊어지는 상황을 '콜백 지옥'이라고 부른다). [예제 8-2]는 콜백 패러다임의 한 예를 보여준다.

예제 8-2 콜백 예제

```
from functools import partial
from some_database_library import save_results_to_db

def save_value(value, callback):
    print(f"Saving {value} to database")
    save_result_to_db(result, callback)  ❶

def print_response(db_response):
    print("Response from database: {db_response}")

if __name__ == "__main__":
    eventloop.put(partial(save_value, "Hello World", print_response))
```

❶ save_result_to_db는 비동기 함수다. 이 함수가 즉시 반환되면서 함수가 종료되고 다른 코드를 실행할 수 있다. 하지만 결과 데이터가 준비되면 print_response가 호출될 것이다.

파이썬 3.4 이전에는 콜백 패러다임이 꽤 인기 있었다. 하지만 asyncio 표준 라이브러리 모듈과 PEP492가 퓨처 메커니즘을 파이썬 네이티브로 만들었다. 이 과정은 비동기 I/O를 처리하는 표준 API를 만들고 await와 async 키워드를 도입함으로써 이뤄졌다. await와 async는 비동기 함수를 정의하고 결과를 기다릴 수 있게 해준다.

이 패러다임에서 비동기 함수는 실제 결과가 아니라 퓨처를 반환한다. 퓨처는 미래에 얻을 결과를 담은 프라미스promise(약속)다. 이로 인해 우리는 이런 비동기 함수가 반환하는 퓨처가 완료되어 필요한 값이 채워지기를 기다려야 한다(이런 기다림은 퓨처에 대해 await를 수행하거나, 값이 준비될 때까지 기다리는 다른 함수를 호출하는 방식으로 이뤄진다). 하지만 이는 호출한 쪽의 컨텍스트에서 결과를 사용할 수 있는 반면 콜백 패러다임에서는 콜백 함수에서만 결과를 사용할 수 있다는 뜻이다. 퓨처 객체에 요청한 데이터가 들어오기를 기다리는 동안 다른 계산을 수행할 수 있다. 이 개념을 제네레이터(실행을 잠시 중단했다가 나중에 재개할 수 있는 함수)라는 개념과 짝지으면, 다음과 같이 순차적인 코드와 형태가 매우 비슷한 비동기적 코드를 작성할 수 있다.

```
from some_async_database_library import save_results_to_db

async def save_value(value):
    print(f"Saving {value} to database")
    db_response = await save_result_to_db(result)    ❶
    print("Response from database: {db_response}")

if __name__ == "__main__":
    eventloop.put(
        partial(save_value, "Hello World", print)
    )
```

❶ 여기서 save_reresult_to_db는 Future 타입의 값을 반환한다. 그 값을 await하면 퓨처의 값이 준비될 때까지 save_value의 실행을 잠시 멈출 수 있다. 값이 준비되면 save_value가 재개되어 연산을 마무리한다.

여기서 save_result_to_db가 반환하는 Future 객체에는 Future 결과에 대한 **프라미스**가 있을 뿐, 결과 자체는 없으며, 심지어 save_result_to_db 코드 중 어느 부분도 호출하지 않는다는 사실에 유의하라. 실제로 db_response_future = save_result_to_db(result)라고 쓰면 이 문장은 즉시 완료되고 Future 객체로 다른 일을 할 수 있다. 예를 들어 퓨처를 리스트에 모아서 모든 퓨처를 한꺼번에 기다릴 수도 있다.

8.2 async/await의 동작 방식

async 함수(async def로 정의함)는 **코루틴**^{coroutine}이라 불린다. 파이썬에서 코루틴은 제너레이터와 같은 철학으로 구현된다. 제너레이터에 이미 실행을 일시 중단하고 나중에 계속 실행할 수 있는 장치가 있으므로 구현이 편리하다. 이 패러다임을 사용하면 await 문은 함수의 yield 문과 기능 면에서 비슷해진다. 현재 함수의 실행을 일시 중단하고 다른 코드를 실행하기 때문이다. await나 yield가 발생시킨 데이터를 처리하고 나면 함수가 재개된다. 따라서 앞의 예제에서 save_result_to_db는 Future 객체가 결과를 포함하게 될 때까지 일시 중단된다. 이벤트 루프는 이 Future가 결과를 반환할 준비가 되면 save_value를 재개할 일정을 잡는다.

퓨처 기반의 동시성을 파이썬 2.7에서 구현할 때는 코루틴을 실제 함수로 사용하려고 시도하면 코드가 약간 이상해졌다. 제너레이터는 값을 반환할 수 없다는 점을 기억하라. 따라서 라이브러리들은 이 문제를 여러 방법으로 처리해야 했다. 파이썬 3.4에서는 새로운 장치를 도입해서 쉽게 코루틴을 만들고 반환값도 제공할 수 있다. 하지만 파이썬 2.7부터 만들어진 많은 비동기 라이브러리에는 이런 어색한 전환을 처리하는 레거시 코드가 있다(특히 tornado의 gen 모듈이 그렇다).

동시성 코드를 실행할 때 이벤트 루프에 의존한다는 사실을 깨달아야 한다. 일반적으로 이벤트 루프를 사용하면 대부분의 완전한 동시성 코드의 주 진입점은 이벤트 루프를 설정하는 코드로 구성된다. 하지만 이는 전체 프로그램이 동시성이라고 가정하는 것이다. 다른 경우 몇 가지 퓨처를 프로그램 안에서 생성하고, 임시 이벤트 루프를 시작해 생성한 퓨처를 관리하다가, 이벤트 루프가 끝나면 프로그램을 일반적인 방식으로 계속 실행한다. 이런 구조는 보통 asyncio.loop 모듈의 loop.run_until_complete(coro)나 loop.run_forever() 메서드를 사용해 이뤄진다. 하지만 asyncio 모듈도 이런 과정을 단순화해주는 편의 함수(asyncio.run(coro))를 제공한다.

이 장에서는 약간의 레이턴시가 발생하는 HTTP 서버에서 데이터를 가져오는 웹 크롤러crawler를 분석할 것이다. 이는 I/O를 처리할 때마다 발생하는 일반적인 응답 레이턴시를 대표한다. 우리는 먼저 이 문제에 대한 순수 파이썬 해법인 순차적인 크롤러를 만든다. 그 후 gevent와 tornado를 살펴본 뒤 완전한 aiohttp 해법을 구축한다. 마지막으로 I/O로 소비하는 시간을 효과적으로 감추기 위해 비동기 I/O 작업과 CPU 작업을 조합하는 방법을 살펴본다.

> **NOTE_** 우리가 구현한 웹 서버뿐만 아니라 I/O 작업을 동반하는 대부분의 서비스는 한 번에 여러 연결을 처리한다. 대부분의 데이터베이스는 한 번에 여러 요청을 처리하고, 대부분의 웹 서버는 1만 개 이상의 동시 연결을 지원한다. 하지만 한 번에 하나의 연결만 처리하는 서버와 상호작용을 하면, 순차적인 경우와 같은 성능을 발휘한다.

8.2.1 순차적 크롤러

실험의 동시성을 제어하기 위해 URL 목록을 받아 각각에서 데이터를 가져온 후 각 웹 페이지의 콘텐츠 길이를 합산하는 순차 웹 크롤러 (혹은 스크래퍼^{scraper})를 작성할 것이다. name과 delay라는 두 매개변수를 받는 HTTP 서버를 사용하려 한다. delay 필드는 응답하기 전에 서버가 얼마나 오래 기다려야 하는지를 밀리초 단위로 나타내며, name 필드는 단지 로그에 표시하기 위해 사용하는 이름이다.

delay 매개변수를 제어하면 서버가 쿼리에 응답하는 데 걸리는 시간을 시뮬레이션할 수 있다. 현실에서는 느린 웹 서버, 처리하기 어려운 데이터베이스 호출, 오래 걸리는 I/O 호출이 이런 경우다. 순차적인 경우 이는 우리 프로그램이 I/O 대기 상태에 더 오래 머문다는 뜻이지만, 나중에 다룰 동시성 예제에서는 프로그램이 다른 작업을 수행할 시간이 더 많아진다는 의미가 된다.

[예제 8-3]에서는 requests 모듈을 사용해서 HTTP 호출을 한다. 단순한 모듈이기에 이를 선택했다. 이번 절에서 HTTP를 사용하는 이유도 HTTP가 간단하면서 상당히 쉽게 수행할 수 있는 I/O이기 때문이다. 일반적으로 HTTP 라이브러리에 대한 요청은 다른 어떤 형태의 I/O로든 바꿀 수 있다.

예제 8-3 순차적인 HTTP 크롤러

```python
import random
import string

import requests

def generate_urls(base_url, num_urls):
    """
    URL 맨 뒤에 임의로 문자를 추가해서 requests 라이브러리나 서버의 캐시 메커니즘을
    무력화시킨다
    """
    for i in range(num_urls):
        yield base_url + "".join(random.sample(string.ascii_lowercase, 10))

def run_experiment(base_url, num_iter=1000):
    response_size = 0
    for url in generate_urls(base_url, num_iter):
        response = requests.get(url)
```

```
        response_size += len(response.text)
    return response_size

if __name__ == "__main__":
    import time

    delay = 100
    num_iter = 1000
    base_url = f"http://127.0.0.1:8080/add?name=serial&delay={delay}&"

    start = time.time()
    result = run_experiment(base_url, num_iter)
    end = time.time()
    print(f"Result: {result}, Time: {end - start}")
```

이 코드를 실행할 때 주목해야 할 지표는 각 요청의 시작과 종료 시간으로, HTTP 서버에서 볼 수 있다. 이 시간은 우리 코드가 I/O 대기 상태에서 얼마나 효율적이었는지를 알려준다. 우리가 처리하는 작업이 단순히 HTTP 요청을 보내고 반환한 문자의 개수를 합하는 것이기에, 응답을 기다리는 동안에 더 많은 HTTP 요청을 보내고 돌아오는 응답을 처리할 수 있어야 한다.

[그림 8-2]를 보면 예상한 대로 요청과 요청 사이에 겹치는 구간이 전혀 없다. 우리는 한 번에 하나의 요청을 보내고, 그 요청이 다 끝날 때까지 기다렸다가 다음 요청을 보낸다. 각 요청에 0.1초(서버의 **delay** 매개변수로 지정한 값)가 걸리고, 요청을 1,000번 보내므로 전체 요청을 처리하는 데 100초가 걸리리라 예상할 수 있다. 실제 순차적 프로세스의 전체 실행 시간은 그 예상과 들어맞는다.

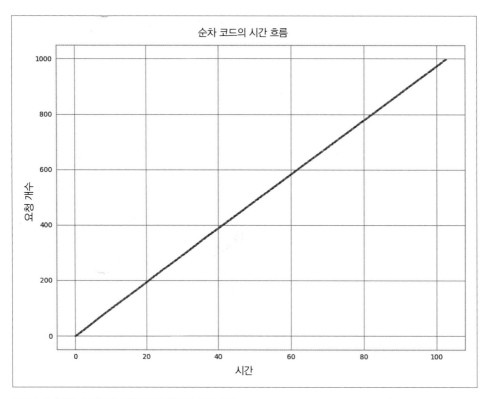

그림 8-2 [예제 8-3]의 HTTP 요청의 시간에 따른 흐름

8.2.2 gevent

gevent는 굉장히 단순한 비동기 라이브러리다. 이 라이브러리는 비동기 함수가 퓨처를 반환한다는 패러다임을 따른다. 즉 코드의 로직 대부분을 동시에 실행할 수 있다는 뜻이다. 또한, gevent는 표준 I/O 함수를 몽키패치monkey patch해서 비동기적으로 만든다. 따라서 보통 표준 I/O 패키지를 사용하기만 해도 비동기적 동작의 이점을 살릴 수 있다.

gevent는 비동기 프로그래밍을 위해 두 가지 메커니즘을 제공한다. 조금 전에 언급한 것처럼 표준 라이브러리를 비동기 I/O 함수로 변경하며, 동시 실행을 위해 사용할 수 있는 Greenlet 객체를 제공한다. **그린렛**greenlet은 코루틴의 일종으로 스레드와 같다고 생각할 수 있다(스레드는 9장에서 자세히 다룬다). 하지만 모든 그린렛은 같은 물리 스레드에서 실행된다. 여러 CPU가 모든 그린렛을 실행하는 대신, gevent는 한 CPU에서 실행되는 이벤트 루프를 사용해 I/O

를 대기하는 동안 그린렛의 실행을 전환해준다. gevent는 가능하면 wait 함수를 사용해 이벤트 루프의 실행을 투명하게 처리하도록 노력한다. wait 함수는 이벤트 루프를 시작하고, 그 루프를 그린렛이 모두 끝날 때까지 계속 실행한다. 이로 인해 여러분의 gevent 코드는 순차적으로 실행된다. 그래서 어느 시점이 되면 동시성 작업을 실행하기 위해 다양한 그린렛을 설정하고, wait 함수를 사용해 이벤트 루프를 시작해야 한다. wait 함수가 실행되는 동안, 큐에 들어간 작업은 각각 완료될 때까지(또는 어떤 중단 조건에 이를 때까지) 실행된 다음 코드가 다시 순차적으로 실행된다.

퓨처는 gevent.spawn을 사용해 생성된다. gevent.spawn은 함수와 인자를 받아서 그 함수를 실행하는 그린렛을 시작한다. 여러분이 지정한 함수가 완료되고 나면 함수의 반환값이 그린렛의 value 필드에 들어가므로 그린렛을 일종의 퓨처로 생각할 수 있다.

이렇게 파이썬 표준 모듈을 패치하면 어떤 비동기 함수를 언제 실행하는지를 제어하기가 더 어려워진다. 예를 들어 비동기 I/O를 사용할 때 동시에 너무 많은 파일을 열거나 너무 많은 연결을 맺지 않아야 한다. 원격 서버에 과도한 부하를 주거나 과다한 연산 때문에 컨텍스트 스위칭이 자주 일어나서 처리 속도가 느려질 수 있다.

세마포어를 사용해 한 번에 최대 100개의 그린렛이 HTTP GET 요청을 보내도록 제한할 수 있다. 세마포어는 한 번에 특정 개수의 코루틴만 컨텍스트 블록에 들어가도록 제한한다. 그 결과 URL을 가져오는 그린렛을 모두 동시에 시작하더라도, 항상 최대 100개의 HTTP 연결만 만들게 된다. 세마포어는 락ᵒᶜᵏ 매커니즘의 한 종류로, 다양한 병렬 코드의 흐름 제어에 주로 사용한다. 락과 다양한 규칙을 사용해 코드 진행을 제한하여 프로그램의 한 부분이 다른 부분과 서로 간섭하지 않도록 한다.

모든 퓨처를 설정하고 락 메커니즘으로 그린렛의 흐름을 제어했으니, 이제 우리는 gevent.iwait 함수를 사용해 결과를 기다릴 수 있다. gevent.iwait 함수는 퓨처의 시퀀스를 받아서 이터레이터를 돌며 준비된 퓨처들에 접근할 수 있게 해준다. 반대로, 모든 요청이 완료될 때까지 프로그램을 블록시키는 gevent.wait를 사용할 수도 있다.

이벤트 루프에 과도한 부하를 걸면 성능이 떨어질 수 있으니(이는 모든 비동기 프로그래밍에서 발생할 수 있는 문제다), 번거롭더라도 요청을 한꺼번에 보내지 않고 일정한 개수로 묶어서 보낼 것이다. 게다가 우리가 통신할 서버도 동시에 응답할 수 있는 요청의 수에 한계가 있다.

실험을 통해 응답 시간이 약 50밀리초라면 한 번에 100개 정도의 연결을 사용하는 것이 최적임을 알았다(그림 8-3). 연결이 이보다 적으면 I/O 대기 시간을 충분히 활용하지 못한다. 더 많이 연결했다면 이벤트 루프에서 컨텍스트 스위칭이 자주 발생해서 프로그램에 불필요한 오버헤드가 생긴다. 50밀리초 요청에서는 요청을 400개 정도 동시에 시도하면 이런 효과가 나타난다. 여기서 100이라는 수는 여러 요소에 따라 달라진다. 코드를 실행하는 컴퓨터, 이벤트 루프의 구현, 원격 호스트의 특성, 원격 서버의 응답 시간 등의 요소가 최적값에 영향을 준다. 따라서 실험을 통해 값을 결정할 것을 권장한다.

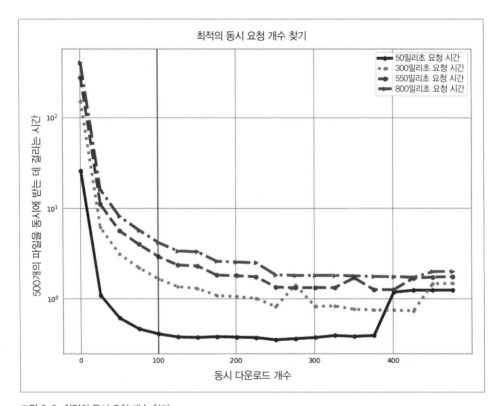

그림 8-3 최적의 동시 요청 개수 찾기

[예제 8-4]에서 세마포어를 사용해 한 번에 요청을 100개만 보내는 gevent 크롤러를 구현했다.

```python
import random
import string
import urllib.error
import urllib.parse
import urllib.request
from contextlib import closing

import gevent
from gevent import monkey
from gevent.lock import Semaphore

monkey.patch_socket()

def generate_urls(base_url, num_urls):
    for i in range(num_urls):
        yield base_url + "".join(random.sample(string.ascii_lowercase, 10))

def download(url, semaphore):
    with semaphore:       ❷
        with closing(urllib.request.urlopen(url)) as data:
            return data.read()

def chunked_requests(urls, chunk_size=100):
    """
    URL이 들어있는 이터러블에 대해 이 함수는 각 URL의 내용을 돌려준다.
    세마포어를 사용해 요청을 chukn_size 만큼 나눠서 한꺼번에 처리한다.
    """
    semaphore = Semaphore(chunk_size)      ❶
    requests = [gevent.spawn(download, u, semaphore) for u in urls]   ❸
    for response in gevent.iwait(requests):
        yield response

def run_experiment(base_url, num_iter=1000):
    urls = generate_urls(base_url, num_iter)
    response_futures = chunked_requests(urls, 100)      ❹
    response_size = sum(len(r.value) for r in response_futures)
    return response_size

if __name__ == "__main__":
    import time

    delay = 100
```

```
num_iter = 1000
base_url = f"http://127.0.0.1:8080/add?name=gevent&delay={delay}&"

start = time.time()
result = run_experiment(base_url, num_iter)
end = time.time()
print(f"Result: {result}, Time: {end - start}")
```

❶ chunk_size 개를 동시에 내려받는 세마포어를 만든다.

❷ 세마포어를 컨텍스트 관리자로 사용해서 한 번에 chunk_size만큼의 그린렛만 본문을 컨텍스트 안에서 실행한다.

❸ wait나 iwait를 사용해 이벤트 루프를 시작하기 전에는 어떤 그린렛도 실행되지 않음을 알기에, 안심하고 필요한 그린렛을 모두 큐에 넣어 둔다.

❹ 이제 response_futures는 완료된 퓨처의 제너레이터를 저장한다. 제너레이터 안의 각 퓨처의 .value 속성에는 우리에게 필요한 데이터가 있다.

gevent를 사용해 I/O 요청을 비동기적으로 만들었지만, I/O 대기 상태에서는 어떤 비非I/O 계산도 수행하지 않는다는 점이 중요하다. 그럼에도 [그림 8-4]는 상당한 속도 향상을 보여준다(표 8-1). 이전 응답이 끝나기를 기다리는 동안 더 많은 요청을 보냄으로써 속도가 90배 빨라졌다. 각 요청을 나타내는 수평 막대가 각각 어떻게 겹치는지를 살펴보면 이전 요청이 끝나기 전에 새로운 요청이 나가는 방식을 확인할 수 있다. 이는 순차적 크롤러(그림 8-2)와 명확히 대비되는 부분이다. 순차적 크롤러에서는 이전 요청을 나타내는 가로줄이 끝나야만 새로운 가로줄이 시작된다.

더 나아가 [그림 8-4]에서 gevent 요청의 타임라인을 살펴보면 더 재미있는 현상을 볼 수 있다. 예를 들어 앞에서 100번째 요청 근처에는 새로운 요청이 시작되지 않는 구간이 있다. 이는 처음에는 세마포어에서 항상 락을 할 수 있으니 새로운 요청을 바로 시작할 수 있지만, 세마포어가 가득 차면 이전 요청이 끝나 세마포어가 해제되기 전에는 새로운 요청을 시작할 수 없어서 생기는 현상이다.

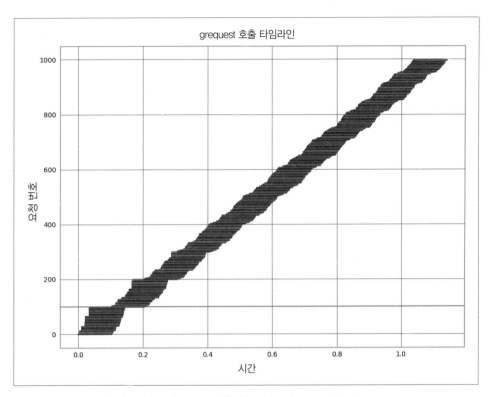

그림 8-4 gevent 크롤러의 요청 시간: 100번째 요청(점선)에서 잠시 처리가 중단된다

8.2.3 tornado

tornado도 파이썬 비동기 I/O에 자주 사용한다. 이는 HTTP 클라이언트와 서버를 위해 페이스북에서 개발한 패키지다. tornado는 async/await가 도입된 파이썬 3.5 이전부터 있었으며, 처음에는 콜백을 사용해 비동기적 동작을 수행했다. 하지만 최근 프로젝트 메인테이너들이 코루틴을 사용하기로 결정했으며, asyncio 모듈의 구조를 잡을 때 tornado 메인테이너들이 중요한 역할을 했다.

현재 tornado는 파이썬 표준 async/await 구문이나 파이썬 tornado.gen 모듈을 통해 쓸 수 있다. tornado.gen 모듈은 파이썬 네이티브 코루틴을 도입하기 전에 코루틴과 비슷한 기능을 제공했다. tornado.gen은 메서드를 코루틴으로 변환하는 데커레이터(즉 async def로 함수를 정의할 때와 같은 효과를 얻는 방법)와 코루틴 실행 시점을 제어하는 여러 유틸리티 함수를 제공한다. 현재 이런 데커레이터 방식은 파이썬 3.5보다 낮은 버전을 지원[1]할 때가 아니라면 불필요하다.

TIP tornado를 사용할 때 pycurl도 설치하라. pycurl은 필수 백엔드는 아니지만, 기본 백엔드보다 (특히 DNS 요청 시) 성능이 좋다.

[예제 8-5]는 gevent 예제와 같은 웹 크롤러를 구현한다. 다만 여기서는 tornado I/O 루프 (tornado에서 제공하는 이벤트 루프)와 HTTP 클라이언트를 사용한다. 이는 요청을 쌓거나 코드의 더 저수준 측면을 직접 다뤄야 하는 노력을 줄여준다.

예제 8-5 tornado HTTP 크롤러

```
import asyncio
import random
import string
from functools import partial

from tornado.httpclient import AsyncHTTPClient

AsyncHTTPClient.configure(
    "tornado.curl_httpclient.CurlAsyncHTTPClient",
    max_clients=100    ❶
)

def generate_urls(base_url, num_urls):
    for i in range(num_urls):
        yield base_url + "".join(random.sample(string.ascii_lowercase, 10))

async def run_experiment(base_url, num_iter=1000):
    http_client = AsyncHTTPClient()
    urls = generate_urls(base_url, num_iter)
    response_sum = 0
    tasks = [http_client.fetch(url) for url in urls]    ❷
    for task in asyncio.as_completed(tasks):    ❸
        response = await task    ❹
        response_sum += len(response.body)
    return response_sum

if __name__ == "__main__":
```

----

1 물론 여러분이 이런 짓을 하지는 않으리라 확신한다!

```python
import time

delay = 100
num_iter = 1000
run_func = partial(
    run_experiment,
    f"http://127.0.0.1:8080/add?name=tornado&delay={delay}&",
    num_iter,
)

start = time.time()
result = asyncio.run(run_func)    ❺
end = time.time()
print(f"Result: {result}, Time: {end - start}")
```

❶ HTTP 클라이언트를 설정하고, 사용할 백엔드 라이브러리와 한꺼번에 처리할 요청의 개수를 선택한다. tornado는 기본적으로 동시 요청을 최대 10개 사용한다.

❷ Future를 여러 개 만들어 URL 내용을 얻는 작업을 큐에 넣는다.

❸ 이 코드는 tasks 리스트에 넣은 코루틴을 모두 실행하고, 완료되면 yield한다

❹ 코루틴이 이미 완료됐으므로 이 await 문은 가장 빨리 완료된 작업의 결과를 즉시 반환한다.

❺ ioloop.run_sync는 지정한 함수가 실행되는 동안만 실행되는 IOLoop를 시작한다. 반면 ioloop.start()는 수동으로 종료해야만 하는 IOLoop를 시작한다.

[예제 8-5]의 tornado 코드와 [예제 8-4]의 gevent 코드의 가장 중요한 차이는 이벤트 루프가 실행되는 시점이다. gevent의 이벤트 루프는 iwait 함수가 실행되는 동안에만 실행된다. 반면 tornado의 이벤트 루프는 항상 실행 중으로, 비동기 I/O 부분뿐 아니라 프로그램의 전체 실행 흐름을 제어한다.

따라서 tornado는 (전체는 아닐지라도) 대부분이 비동기적이어야만 하는 I/O 위주의 애플리케이션에 가장 적합하다. 이는 tornado가 가장 잘 한다고 자부하는 고성능 웹서버 분야와 같다. 실제로 미샤는 I/O 위주의 자료구조와 데이터베이스를 tornado를 기반으로 많이 작성했다.[2] 반면 gevent는 여러분의 프로그램에 특별한 요구를 하지 않으므로, 주로 CPU를 사용하

---

2 예를 들어 fuggetaboutit에는 tornado의 IOLoop를 사용해 시간과 관련 있는 작업을 스케줄링하는 특별한 유형의 확률적 자료구조가 있다(11.9절 참고).

고 가끔 무거운 I/O를 할 때(예를 들어 계산을 많이 하면서 결과를 때로 데이터베이스에 쓸 때) 적합하다. 대부분의 데이터베이스가 간단한 HTTP API를 제공하여 이런 일이 더 단순해졌다. 이런 경우에는 grequests를 사용하면 되기 때문이다.

gevent와 tornado의 또 다른 차이점은 요청 호출 그래프를 내부적으로 변경하는 방식이다. [그림 8-5]와 [그림 8-4]를 비교해 보자. gevent의 호출 그래프(그림 8-4)에서는 세마포어를 사용할 수 있으면 바로 새 요청이 발생하는 아주 균일한 호출 그래프를 볼 수 있다. 반대로 tornado의 호출 그래프는 전형적인 멈췄다 시작하는stop-and-go 형태다. 이 말은 열린 연결의 수를 제한하는 내부 메커니즘이 끝나는 연결을 빠르게 처리하지 못한다는 뜻이다. 이런 영역은 호출 그래프에서 더 두껍거나 가는 줄로 나타나며, 두 경우 모두 이벤트 루프가 최적으로 작동하지 못함을 의미한다. 자원을 과도하게 활용하거나 낭비한다는 말이다.

> **NOTE_** asyncio를 이용하여 이벤트 루프를 실행하는 모든 라이브러리는 사용 중인 백엔드 라이브러리를 변경할 수 있다. 예를 들어 uvloop(https://oreil.ly/Qvgq6) 프로젝트는 asyncio의 이벤트 루프를 그대로 대신할 수 있고, 훨씬 더 빠르다고 알려져 있다. 이런 성능 개선은 주로 서버 측에서 나타나므로 이번 장에서 보여줄 클라이언트 측 예제에서는 성능이 약간 향상된다. 하지만 코드에 두 줄만 추가하면 이 빠른 이벤트 루프를 사용할 수 있으니, 한번 적용해보자.

지금까지 배운 내용에 비춰보면 이런 속도 저하를 이해할 수 있다. 일반화한 코드는 모든 문제를 잘 해결하기 때문에 유용하지만, 개별 문제를 완벽히 해결해 주지는 못한다. 열린 연결을 100개로 제한하는 메커니즘은 큰 웹 앱이나 여러 곳으로 HTTP 요청을 보내는 코드 기반에 유용하다. 한 가지 간단한 설정만으로 정의된 개수 이상의 연결이 열리지 못하게 한다. 하지만 우리의 상황에서는 연결을 처리하는 방법을 (gevent에서 했던 것처럼) 구체적으로 정함으로써 성능을 더 높일 수 있다..

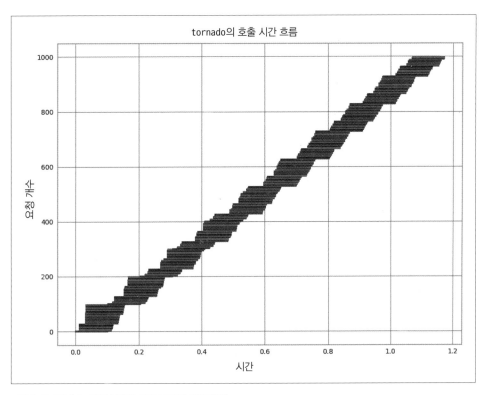

그림 8-5 [예제 8-5]의 시간에 따른 HTTP 요청 진행

8.2.4 aiohttp

I/O가 많은 시스템을 다루는 데 비동기 기능을 많이 사용하게 되면서, 파이썬 3.4 버전부터 기존 asyncio 표준 라이브러리 모듈을 개선했다. 하지만 당시 이 모듈은 아주 저수준이었고, 쉽게 사용할 수 있는 비동기 서드파티 라이브러리를 만들 수 있는 저수준 메커니즘을 모두 제공했다. aiohttp는 이 새로운 asyncio 라이브러리에 전적으로 의존해 만들어진 첫 번째 유명한 라이브러리다. aiohttp는 HTTP 클라이언트와 서버 기능을 모두 제공하며, tornado와 비슷한 API를 사용한다. 전체 프로젝트인 aio-libs(https://github.com/aio-libs)는 다양한 용도의 네이티브 비동기 라이브러리를 제공한다. [예제 8-6]에서는 aiohttp로 어떻게 asyncio 크롤러를 구현하는지 살펴본다.

```python
import asyncio
import random
import string

import aiohttp

def generate_urls(base_url, num_urls):
    for i in range(num_urls):
        yield base_url + "".join(random.sample(string.ascii_lowercase, 10))

def chunked_http_client(num_chunks):
    """
    URL의 컨텐트를 가져오는 함수를 반환한다. 이 함수는
    동시에 최대 "num_chunks" 만큼만 연결을 연다.
    """
    semaphore = asyncio.Semaphore(num_chunks)         ❶

    async def http_get(url, client_session):          ❷
        nonlocal semaphore
        async with semaphore:
            async with client_session.request("GET", url) as response:
                return await response.content.read()

    return http_get

async def run_experiment(base_url, num_iter=1000):
    urls = generate_urls(base_url, num_iter)
    http_client = chunked_http_client(100)
    responses_sum = 0
    async with aiohttp.ClientSession() as client_session:
        tasks = [http_client(url, client_session) for url in urls]   ❸
        for future in asyncio.as_completed(tasks):      ❹
            data = await future
            responses_sum += len(data)
    return responses_sum

if __name__ == "__main__":
    import time

    loop = asyncio.get_event_loop()
    delay = 100
    num_iter = 1000
```

```
start = time.time()
result = loop.run_until_complete(
    run_experiment(
        f"http://127.0.0.1:8080/add?name=asyncio&delay={delay}&", num_iter
    )
)
end = time.time()
print(f"Result: {result}, Time: {end - start}")
```

❶ gevent 예제와 마찬가지로 세마포어를 사용해 요청 개수를 제한한다.

❷ 비동기적으로 파일을 다운로드하고 세마포어 락을 준수하는 새로운 코루틴을 반환한다.

❸ http_client 함수는 퓨처를 반환한다. 퓨처를 리스트에 저장해서 진행 상황을 추적한다.

❹ gevent와 마찬가지로 퓨처에서 결과가 준비될 때까지 기다린 다음, 결과를 이터레이션한다.

이 코드에서 눈에 띄는 점은 async with, async def, await 호출이 아주 많다는 것이다. http_get 정의에서는 공유 자원의 동시성을 잘 처리할 수 있도록 비동기 컨텍스트 관리자를 사용한다. 즉 async with를 사용하면 우리가 요청한 자원을 획득하려고 기다리는 동안 다른 코루틴을 실행할 수 있다는 뜻이다. 그 결과, 열린 세마포어 슬롯을 공유하거나 이미 호스트와 연결된 열린 연결을 공유하는 등의 일이 tornado에서보다 더 효율적으로 진행된다.

[그림 8-6]의 호출 그래프는 [그림 8-4]의 gevent 그래프보다 더 부드러운 전환을 보여준다. 또한, 각 요청에 걸리는 시간이 약간 더 긴데도 불구하고 asyncio 코드(1.10초)는 전체적으로 gevent 코드(1.14초)보다 더 빠르다(표 8-1). 이런 현상은 세마포어 때문에 일시 중단되거나 HTTP 클라이언트를 기다리는 코루틴을 더 빠르게 소비했다는 말로밖에 설명할 수 없다.

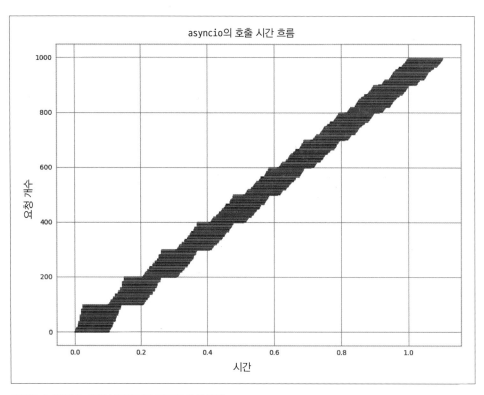

그림 8-6 [예제 8-6]의 시간에 따른 HTTP 요청 진행

이 코드는 aiohttp와 tornado의 큰 차이를 보여준다. aiohttp는 우리가 만든 요청의 세부 요소와 이벤트 루프를 잘 제어한다. 예를 들어 클라이언트 세션을 수동으로 얻으며 이때 열린 연결을 캐시한다. 그리고 연결에서 데이터를 직접 읽는다. 원한다면 연결을 캐시하는 시점을 바꿀 수도 있고, 서버에 요청을 보내기만 하고 서버가 응답한 결과를 읽지는 않을 수도 있다.

간단한 예제에는 이런 제어가 너무 과하지만, 현업에서 쓰는 애플리케이션은 이런 방식으로 성능을 튜닝하기도 한다. 결과를 기다리지 않고 작업을 쉽게 큐에 넣을 수 있고, 작업의 실행 시간을 제한하도록 타임아웃을 쉽게 추가할 수 있다. 심지어 작업이 완료되면 자동으로 호출할 함수를 추가할 수도 있다. 이를 통해 I/O 대기 시 코드를 실행하며 얻은 시간을 최대한 활용하는 복잡한 실행 시점 패턴을 만들 수 있다. 특히 웹 서비스(요청이 들어올 때마다 계산 작업을 하는 API 등)를 실행한다면 이런 제어를 통해 새로운 요청이 들어올 때 다른 작업에 어떻게 시간을 분배할지 결정하는 '방어적인' 코드를 작성할 수 있다. 8.3.3 '완전한 비동기 처리'에서 이를 더 자세히 설명한다.

표 8-1 크롤러 전체 실행 시간 비교

	순차	Gevent	tornado	aiohttp
실행 시간(초)	102.684	1.142	1.171	1.101

8.3 CPU 공유: I/O 부하

앞서 살펴본 내용을 더 구체적으로 파악하기 위해 데이터베이스와 자주 통신하며 결과를 저장하는 CPU 위주의 새 예제를 살펴보자. CPU 부하는 무엇이든 될 수 있다. 여기서는 점점 더 큰 부하 요소를 적용해 임의 문자열의 `bcrypt` 해시를 계산하여 CPU 위주 작업의 크기를 늘린다(해시 계산 시간에 '난이도' 파라미터가 미치는 영향은 [표 8-2]에서 볼 수 있다). 이 문제는 여러분의 프로그램이 상당한 양의 계산을 진행하면서, 계산의 결과를 데이터베이스에 저장할 때 발생하는 I/O 부하가 성능을 저하할 가능성이 있는 상황을 표현한다. 우리가 데이터베이스에 바라는 (얼마 안 되는) 요구사항은 다음과 같다.

- 데이터베이스가 HTTP API를 제공한다. 따라서 앞에서 봤던 것과 비슷한 코드를 사용할 수 있다.[3]
- 응답 시간은 100밀리초 정도다.
- 데이터베이스는 한 번에 여러 요청을 처리할 수 있다.[4]

이 '데이터베이스'의 응답 시간은 우리 문제의 전환점을 과장해서 보여주기 위해 높게 잡았다. 전환점은 어느 CPU 작업을 처리하는 데 걸리는 시간이 한 I/O 작업보다 더 오래 걸리기 시작하는 지점이다. 간단한 값만 저장하는 데이터베이스라면 10밀리초 이상의 응답 시간은 느린 것으로 간주할 수 있다!

표 8-2 단일 해시 계산에 걸리는 시간

난이도 파라미터	8	10	11	12
한 이터레이션에 걸리는 시간	0.0156	0.0623	0.1244	0.2487

---

3 이런 API가 꼭 필요한 것은 아니다. 하지만 이런 성질을 활용하면 코드를 단순화할 수 있다.

4 포스트그레스(Postgres), 몽고DB(MongoDB), 리약(Riak) 등 여러 유명한 데이터베이스나 모든 분산 데이터베이스가 이런 기능을 제공한다.

8.3.1 순차 처리

먼저 문자열의 bcrypt 해시를 계산하고 계산이 끝나면 데이터베이스에 HTTP API 요청으로 결과를 전송하는 간단한 코드부터 시작해보자.

```python
import random
import string

import bcrypt
import requests

def do_task(difficulty):
    """
    지정한 difficulty(난이도) 정도에 따라 bcrypt로
    10글자짜리 문자열에 대한 해시를 계산한다
    """
    passwd = ("".join(random.sample(string.ascii_lowercase, 10))  ❶
                .encode("utf8"))
    salt = bcrypt.gensalt(difficulty)  ❷
    result = bcrypt.hashpw(passwd, salt)
    return result.decode("utf8")

def save_result_serial(result):
    url = f"http://127.0.0.1:8080/add"
    response = requests.post(url, data=result)
    return response.json()

def calculate_task_serial(num_iter, task_difficulty):
    for i in range(num_iter):
        result = do_task(task_difficulty)
        save_number_serial(result)
```

❶ 임의의 10글자짜리 바이트 배열을 만든다.

❷ difficulty 파라미터는 해시 알고리즘의 CPU와 메모리 요구량을 늘리면서 암호를 생성하는 난이도를 조정한다.

순차적 예제(예제 8-3)처럼 이 코드도 데이터베이스에 저장하는 요청 시간(100밀리초)은 누적되며, 결과를 얻을 때마다 이 비용을 치러야 한다. 난이도를 8로 지정해 600번 반복하면 71초가 걸리는데, 순차 요청이 동작하는 방식 때문에 이 중 최소 40초를 I/O에 쓴다. 프로그램

실행 시간의 56%를 I/O에 사용함은 물론이고, 'I/O 대기'를 하면서 다른 일을 할 수 있는 시간을 날려버렸다는 뜻이다!

물론 CPU 문제가 점점 더 많은 시간을 소비함에 따라, 순차적으로 I/O를 수행해서 느려지는 시간의 비율은 줄어든다. 계산을 수행하는 데 더 긴 시간이 걸리므로 결과 하나당 100밀리초는 상대적으로 짧게 느껴지기 때문이다([그림 8-7] 참고). 이는 어떤 최적화를 수행할지 선택하기 전에 부하를 이해해야 한다는 사실을 잘 보여준다. 실행에 한 시간이 걸리는 CPU 작업과 1초 걸리는 I/O 작업이 있다면, I/O 작업의 속도를 높이려 노력해도 여러분이 원하는 수준의 속도 향상을 얻기는 힘들다.

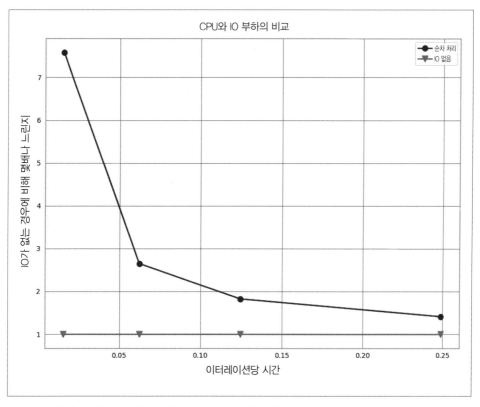

그림 8-7 I/O 작업이 없는 코드와 순차 방식 코드의 CPU 위주 작업 처리 시간 비교

8.3.2 일괄 처리

완전한 비동기 해법을 살펴보기 전에 한 가지 즉각적인 해법을 시도해보자. 데이터베이스에 결과를 바로 넣을 필요가 없다면, 결과를 한 묶음batch으로 모아서 데이터베이스에 비동기적으로 한 번에 넣을 수 있다. 이를 위해 AsyncBatcher라는 클래스를 만들어서 우리가 보낸 일괄 요청을 사용해 비동기로 조금씩 몰아서 요청을 던지게 한다. 이렇게 해도 프로그램이 CPU 작업을 수행하지 않고 멈춘 채 I/O 대기에 들어가지만, 이 시간 동안 한 번에 하나가 아니라 여러 요청을 보낼 수 있다.

```python
import asyncio
import aiohttp

class AsyncBatcher(object):
    def __init__(self, batch_size):
        self.batch_size = batch_size
        self.batch = []
        self.client_session = None
        self.url = f"http://127.0.0.1:8080/add"

    def __enter__(self):
        return self

    def __exit__(self, *args, **kwargs):
        self.flush()

    def save(self, result):
        self.batch.append(result)
        if len(self.batch) == self.batch_size:
            self.flush()

    def flush(self):
        """
        IOLoop를 시작해 비동기 flush 함수를 실행하는 동기적 flush 함수
        """
        loop = asyncio.get_event_loop()
        loop.run_until_complete(self.__aflush())    ❶

    async def __aflush(self):    ❷
        async with aiohttp.ClientSession() as session:
            tasks = [self.fetch(result, session) for result in self.batch]
            for task in asyncio.as_completed(tasks):
```

```
        await task
    self.batch.clear()

async def fetch(self, result, session):
    async with session.post(self.url, data=result) as response:
        return await response.json()
```

❶ 비동기 함수 하나만 실행하려고 이벤트 루프를 시작할 수도 있다. 이벤트 루프는 비동기 함수가 끝날 때까지 실행되고, 이후의 코드는 일반적인 코드처럼 계속 실행된다.

❷ 이 함수는 [예제 8-6]의 함수와 거의 같다.

이제 이전과 비슷한 방식으로 계속 진행할 수 있다. 유일한 큰 차이는 결과를 AsyncBatcher에 추가해서 요청을 언제 보낼지는 AsyncBatcher 클래스가 신경 쓰도록 한 점이다. 추가로 AsyncBatcher를 컨텍스트 관리자로 만들어서, 일괄 처리할 만큼 많은 결과가 모이지 않았더라도 마지막에는 반드시 쌓여 있는 결과 리스트를 flush()로 전송해야 한다.

```
def calculate_task_batch(num_iter, task_difficulty):
    with AsyncBatcher(100) as batcher:   ❶
        for i in range(num_iter):
            result = do_task(i, task_difficulty)
            batcher.save(result)
```

❶ [그림 8-3]에서 살펴봤던 것과 비슷한 이유로, 요청 100개를 한 묶음으로 일괄 처리한다.

이렇게 변경하면 난이도가 8일 때 실행 시간을 10.21초로 줄일 수 있다. 코드를 그리 많이 고치지 않았는데도 속도가 6.95배 빨라졌다. 실시간 데이터 파이프라인과 같은 한정적인 환경에서라면 이런 추가 속도 향상이 요청을 처리할 수 있는 시스템과 요청을 따라잡지 못하고 뒤처지는 시스템을 구분 짓는 결정적 요인이 되기도 한다(후자는 큐가 필요하다. 이에 관해서는 10장에서 배울 것이다).

실행 시간이 왜 단축되었는지 이해하려면, 일괄처리 방식의 실행 시간에 영향을 끼치는 변수를 고려해보아야 한다. 만약 데이터베이스 처리율이 무제한이라면(즉 성능에 영향을 주지 않고 데이터베이스에 무한한 요청을 동시에 보낼 수 있다면), AsyncBatcher가 꽉 차서 flush할 때 단지 100밀리초의 시간만 필요할 것이다. 이때는 데이터베이스에 보낼 모든 요청을 저장했다가 계산이 끝나자마자 한꺼번에 보내면 최고의 성능을 얻을 수 있다.

하지만 실제 데이터베이스에는 처리할 수 있는 동시 요청을 제한하는 최대 처리율이 존재한다. 우리 서버는 초당 100개 요청을 처리할 수 있다. 즉 결과가 100개 모일 때마다 결과를 서버에 한꺼번에 전송하고 시간을 100밀리초 소모한다는 뜻이다. 100밀리초가 걸리는 이유는 AsyncBatcher가 순차 코드와 마찬가지로 여전히 프로그램의 실행을 잠시 중단하기 때문이다. 하지만 이 중단 시간 동안 요청을 하나만 보내지 않고 여러 요청을 한꺼번에 보낸다.

모든 결과를 끝까지 저장한 뒤 서버에 한꺼번에 보내는 상황을 가정해보자. 서버는 한 번에 100만 **처리할 수 있으므로** 데이터베이스에 과부하를 주는 동시에 이 모든 요청을 한 번에 만들어내는 부가비용도 든다. 결국 온갖 종류의 예상할 수 없는 속도 저하가 일어나게 된다.

반대로 서버 처리율이 형편없어서 한 번에 한 요청만 처리할 수 있다면, 순차적인 방식과 같은 성능이 나올 것이다. 코드는 요청을 100개 단위로 일괄 처리하더라도, 서버가 한 번에 한 요청에만 응답하기에 사실상 일괄 처리의 효과가 사라진다.

이런 식으로 결과를 일괄 처리하는 방식을 **파이프라이닝**이라 하며, I/O 작업의 부하를 낮추고 싶을 때 큰 도움이 된다([그림 8-8] 참고). 파이프라이닝은 비동기 I/O의 속도와 순차 프로그램의 작성 용이성을 잘 절충한 방식이다. 하지만 파이프라이닝 시 사용할 적절한 묶음의 크기는 상황에 따라 달라지므로 최선의 결과를 얻으려면 프로파일링과 튜닝이 필요하다.

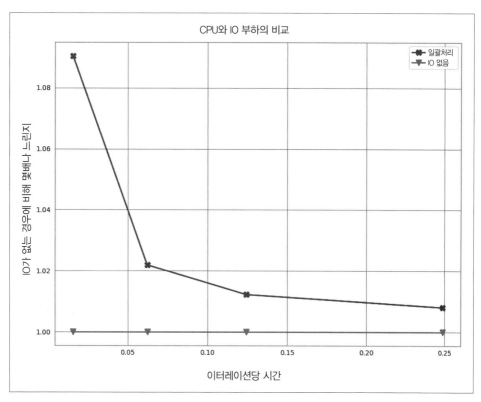

그림 8-8 I/O 작업이 없는 경우와 일괄처리 방식 코드의 CPU 위주 작업 처리 시간 비교

8.3.3 완전한 비동기 처리

때로는 완전한 비동기 해법을 구현해야 한다. HTTP 서버처럼 큰 I/O 위주 프로그램에 CPU 작업이 포함됐다면 완전한 비동기 해법이 필요할 수 있다. 일부 끝점endpoint에서 많은 계산을 해야 하는 API 서비스가 있다고 가정해보자. 우리는 API가 동시에 여러 연결을 효율적으로 처리하는 동시에 CPU 작업도 빠르게 실행되길 원한다.

[예제 8-7]의 해법은 [예제 8-6]과 비슷하다.

```
def save_result_aiohttp(client_session):
    sem = asyncio.Semaphore(100)

    async def saver(result):
        nonlocal sem, client_session
        url = f"http://127.0.0.1:8080/add"
        async with sem:
            async with client_session.post(url, data=result) as response:
                return await response.json()

    return saver

async def calculate_task_aiohttp(num_iter, task_difficulty):
    tasks = []
    async with aiohttp.ClientSession() as client_session:
        saver = save_result_aiohttp(client_session)
        for i in range(num_iter):
            result = do_task(i, task_difficulty)
            task = asyncio.create_task(saver(result))    ❶
            tasks.append(task)
            await asyncio.sleep(0)    ❷
        await asyncio.wait(tasks)    ❸
```

❶ 데이터베이스 저장을 즉시 await하는 대신, asyncio.create_task를 사용해 이벤트 루프에 데이터베이스 저장 요청을 넣고 함수가 끝나기 전에 작업이 완료됐는지 확인한다.

❷ 이 함수에서 가장 중요한 부분이다. 이벤트 루프가 실행을 기다리는 작업을 처리할 수 있도록 주 함수를 일시 중단한다. 이 부분이 없으면 큐에 들어간 작업은 프로그램이 끝날 때까지 실행되지 않는다.

❸ 완료되지 않은 작업을 기다린다. 만약 for 루프 안에서 asyncio.sleep을 하지 않았다면 여기서 모든 저장이 이루어졌을 것이다.

이 코드의 성능 특성을 살펴보기 전에 먼저 asyncio.sleep(0) 문의 중요성부터 살펴보자. 0초 동안 잠든다는 표현이 이상해 보일 수도 있지만 실제 이 문장은 함수가 실행을 이벤트 루프에 넘겨서 다른 작업을 실행하라고 양보하는 문장이다. 일반적으로 비동기적인 코드에서는 await 문이 실행될 때마다 이런 양보가 일어난다. CPU 위주의 코드에서는 보통 await를 하지 않으므로 강제로 한 번씩 양보해주는 일이 아주 중요하다. 이런 일을 하지 않으면 CPU 위주의 작업이 끝나기 전까지 아무 작업도 실행되지 않을 것이다. 이 예제에 sleep 문이 없다면 asyncio.wait 문에 도달할 때까지 모든 HTTP 요청이 일시 중단되고, 모든 요청이 한꺼번에 전달될 것이다. 이는 우리가 원하는 방식이 아니다!

이런 제어의 장점은 이벤트 루프에 실행을 넘길 최적의 시점을 우리가 정할 수 있다는 점이다. 이 시점을 결정할 때는 고려할 부분이 많다. 실행을 넘기면 프로그램의 실행 상태가 바뀌므로 계산 중간에 이런 일을 하면 CPU 캐시가 바뀔 수도 있다. 게다가 이벤트 루프에 실행을 넘기는 일도 부가비용이므로 너무 자주 하면 안 된다. 하지만 CPU 작업을 처리하는 중에는 어떤 I/O 작업도 할 수 없다. 따라서 전체 애플리케이션이 API로 이뤄져 있다면, CPU 위주 작업을 실행하는 동안은 아무 요청도 처리할 수 없다.

일반적으로는 50~100밀리초 정도마다 반복하리라 예상되는 루프에서 asyncio.sleep(0)을 호출하기를 권장한다. 일부 애플리케이션은 time.perf_counter를 사용해 강제로 sleep을 호출하기 전에 일정 시간 CPU 작업을 수행하도록 한다. 하지만 이런 상황에는 CPU와 I/O 작업의 개수를 제어할 수 있으므로, sleep을 호출하는 시간 간격이 미실행 I/O 작업을 완료하기에 충분한지만 확실히 확인하면 된다.

완전한 비동기 해법의 이점은 CPU 작업을 하는 **도중에** I/O 작업도 할 수 있다는 점이다. 이는 전체 실행 시간에서 CPU 위주의 작업을 수행하는 데 걸린 시간을 상쇄해버리는 효과가 있다 ([그림 8-9]에서 회색 선과 검은 선이 겹쳐지는 부분을 보라). 이벤트 루프의 부하 때문에 전체 비용을 다 상쇄하지는 못하지만, 거의 다 상쇄할 수는 있다. 실제로 난이도 8인 작업을 600번 반복할 때 완전한 비동기 코드는 순차 코드보다 7.3배 빠르게 실행되고, 일괄 처리 코드보다 I/O 부하를 2배 더 빠르게 처리한다(그리고 일괄 처리 코드는 묶음을 한꺼번에 플러시하려고 CPU 작업을 일시 중단시킬 때마다 시간을 소모한다. 따라서 일괄 처리와 비교 시 속도 개선은 계산 작업을 반복할수록 커진다).

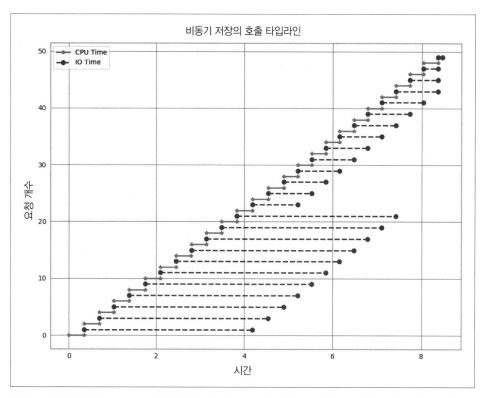

그림 8-9 완전한 비동기 aiohttp 해법을 난이도가 8인 CPU 위주 부하에 적용한 25 반복 호출 그래프: 회색 선은 CPU 작업에 소비한 시간이고 검은 선은 서버에 요청을 보내는 데 소비한 시간이다.

호출 타임라인을 보면 무슨 일이 벌어지는지 확인할 수 있다. CPU와 I/O 작업을 25번 실행하면서 각 작업의 시작과 끝을 이 그래프에 표시했다. 초반의 몇몇 I/O 작업이 가장 느린데, 서버에 처음 연결해야 하기 때문이다. aiohttp의 ClientSession을 사용하므로 연결이 캐시되어서 연결된 서버에 다시 접속하는 요청은 더 빠르게 처리된다.

여기서 검은 선에만 초점을 맞추면 CPU 작업으로 인한 일시 중단이 없이 규칙적으로 I/O 작업을 수행하는 것처럼 보인다. 실제 작업과 작업 사이의 HTTP 요청에서 100밀리초의 지연을 볼 수 없다. 그 대신 CPU 작업이 끝나자마자 HTTP 요청이 발생하고, 나중에는 다른 CPU 작업이 끝나자마자 HTTP 요청이 완료됨으로 표시되는 모습을 볼 수 있다.[5]

----

[5] 역자주_ I/O 작업은 요청을 보내고 이벤트 루프에 실행을 돌려주고, 요청이 준비되면 이벤트 루프로의 호출을 받아서 돌려받은 결과를 처리하는 식으로 이뤄진다는 점을 기억하자. 예를 들어 아래부터 첫 번째 검은 선을 보면 첫 번째 회색 선이 끝나자마자 점이 찍혀있고 (요청 전송), 이 검은 선이 끝난 시점은 중간쯤 있는 13번째 CPU 작업이 끝나자마자이다(응답 처리).

하지만 개별 I/O 작업은 서버의 100밀리초 응답 시간보다 더 오래 걸렸다는 사실도 알 수 있다. 이 시간은 `asyncio.sleep(0)` 문을 호출하는 시간 간격과(각 I/O 작업은 3번 `await`를 하는 반면, 각 CPU 작업은 1번 `await`한다) 이벤트 루프가 다음에 어떤 작업을 실행할지 결정하는 방법에 따라 달라진다. I/O 작업은 실행 중인 CPU 작업을 방해하지 못하므로 이런 추가 대기 시간이 발생해도 문제가 없다. 실제로 이 실행 결과의 마지막 부분에서는 최종 I/O 작업이 끝날 때까지 걸린 시간이 점점 짧아진다. 이 마지막 검은 선은 `asyncio.wait` 문 때문에 발생하며 매우 빠르게 실행된다. 이 작업이 이벤트 루프 큐에 남은 유일한 작업이고 다른 작업에 실행을 양보할 필요가 없기 때문이다.

[그림 8-10]과 [그림 8-11]은 각 방식이 부하량에 따라 코드의 실행 시간에 어떤 영향을 주는지를 보여준다. 비록 CPU만 사용해서 문제를 해결하여 달성할 수 있는 속도와는 큰 격차가 있지만, 비동기 코드는 순차적 코드보다 월등히 빠르다. 이런 문제를 완전히 해결하려면 `multiprocessing` 같은 모듈을 사용해서 I/O 작업을 별도의 프로세스로 완전히 분리하여 CPU 작업의 성능이 떨어지지 않도록 해야 한다.

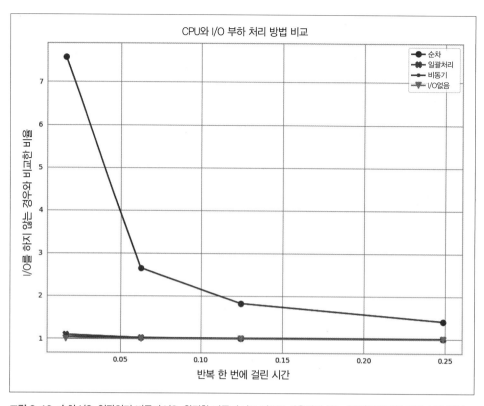

그림 8-10 순차 I/O, 일괄처리 비동기 I/O, 완전한 비동기 I/O, I/O를 사용하지 않는 경우(통제군)의 처리 시간 차이

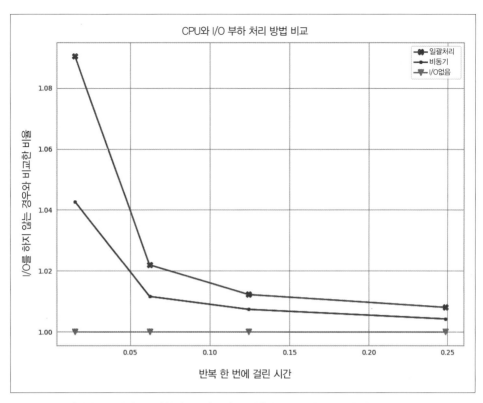

그림 8-11 일괄처리 비동기 I/O, 완전한 비동기 I/O, I/O를 사용하지 않는 경우의 처리 시간 차이

8.4 마치며

실제 현장이나 프로덕션 시스템에서는 외부와 통신해야 할 때가 많다. 이런 외부의 대상은 다른 서버의 데이터베이스, 다른 작업 컴퓨터, 처리할 데이터를 제공하는 데이터 서비스 등이다. 이때 여러분의 문제는 곧장 I/O 위주로 바뀌곤 한다. 즉 실행 시간 대부분이 입력/출력을 처리하는 데 소요된다.

동시성을 사용하면 여러 I/O 연산 사이에 계산을 끼워 넣음으로써 I/O 위주의 문제를 해결할 수 있다. 동시성은 I/O와 CPU 연산 사이의 근본적인 차이를 공략해 전체 실행 시간을 줄여 준다.

앞서 살펴본 것처럼, gevent는 비동기 I/O를 위한 가장 높은 수준의 인터페이스를 제공한다. 반면 tornado와 aiohttp를 사용하면 비동기 I/O 스택을 직접 제어할 수 있다. 서로 다른 수준의 추상화와 더불어, 각 라이브러리는 서로 다른 문법 패러다임을 사용한다. 하지만 asyncio는 비동기 해법을 하나로 묶는 접착제이며, 이 모두를 제어할 수 있는 토대를 제공한다.

그리고 CPU와 I/O 작업을 함께 엮는 방법과 각각의 성능 특성을 고려해 문제에 잘 맞는 해법을 도출하는 방법도 살펴봤다. 완전한 비동기 처리를 즉시 도입하는 편이 좋아 보이지만, 때로는 중간 단계의 해법이 (큰 노력을 기울이지 않고도) 완전한 비동기 처리만큼이나 잘 작동한다.

다음 장에서는 계산과 I/O 위주의 문제를 서로 교차시킨다는 개념을 CPU 위주의 문제에 적용할 것이다. 이 새로운 기능을 활용하면 한 번에 여러 I/O 작업뿐 아니라, 여러 계산을 동시에 할 수도 있다. 이런 능력이 있으면 문제의 일부를 처리하는 컴퓨터 자원을 추가하는 단순한 방법으로 성능을 높일 수 있는, 완전한 규모 확장성을 제공하는 프로그램을 만들 수 있을 것이다.

multiprocessing 모듈

이 장에서 배울 내용

- multiprocessing 모듈이 제공하는 기능

- 프로세스와 스레드의 차이

- 프로세스 풀의 적절한 크기를 정하는 방법

- 작업 처리를 위해 영속적이지 않은 큐를 사용하는 방법

- 프로세스 간 통신의 비용과 효과

- 여러 CPU를 사용해 numpy 데이터를 처리하는 방법

- Joblib을 사용해 병렬화하고 캐시된 과학 계산 작업을 단순화하는 방법

- 데이터 손실을 막기 위해 락을 사용해야 하는 이유

C파이썬은 기본적으로 여러 CPU를 사용하지 않는다. 이는 파이썬이 단일 코어 시대에 설계되었고, 병렬 처리를 효율적으로 실행하기가 어렵기 때문이다. 파이썬은 병렬 처리에 유용한 도구를 다양하게 제공하고 우리는 그중 어느 도구를 사용할지 선택할 수 있다. 하지만 멀티 코어 컴퓨터의 한 CPU에서만 오래 실행되는 프로세스를 보면 화가 나기 마련이다. 따라서 이번 장에서는 모든 코어를 한꺼번에 사용하는 방법을 살펴볼 것이다.

우리는 멀티 코어 세상에 산다. 대부분의 노트북은 4 코어이며, 32 코어 데스크톱을 구매할 수도 있다. 큰 노력을 기울이지 **않고도** 여러분의 작업을 여러 CPU에 나눠서 실행할 수 있다면 그 방법을 고려해 보는 것이 현명할 것이다.

문제를 여러 CPU로 병렬화한다면, n 코어 시스템에서 **최대** n배의 속도 향상을 기대할 수 있다. 쿼드 코어 컴퓨터의 네 코어를 여러분의 작업에 사용할 수 있다면 실행 시간은 원래의 4분의 1로 줄어들 것이다. 속도가 그보다 더 빨라지기는 어렵고, 실제로는 3~4배 빨라진다.

프로세스를 추가하면 통신에 따른 부가비용이 늘어나며, 사용할 수 있는 RAM은 줄어든다. 따라서 실제로 속도가 완전히 n배 빨라지는 일은 드물다. 해결하려는 문제에 따라서는 통신 부가비용이 너무 커서 속도가 엄청나게 느려질 수도 있다. 어떤 종류의 병렬 프로그래밍에서도 그런 문제가 발생할 수 있으며, 그런 경우에는 보통 알고리즘을 변경해야만 한다. 이로 인해 병렬 프로그래밍은 종종 예술로 간주되곤 한다.

암달의 법칙(https://en.wikipedia.org/wiki/Amdahl's_law)에 익숙하지 않다면 몇 가지 배경 자료를 읽어보아라. 이 법칙은 여러분의 코드 중 일부만 병렬화할 수 있다면, 그 부분에 얼마나 많은 CPU를 할당하느냐는 중요하지 않다는 사실을 알려준다. 결과적으로 병렬화한 프로그램도 그리 빠르게 동작하지 않을 것이다. 여러분의 프로그램 중 상당 부분을 병렬화할 수 있다 할지라도 CPU를 더 추가해서 얻는 성능 향상이 점차 줄어들기에, 전체 프로세스를 더 빠르게 실행하는 데 효과적으로 사용할 수 있는 CPU의 개수는 한정된다.

multiprocessing 모듈은 프로세스와 스레드 기반의 병렬 처리를 사용해서 작업을 대기열에 분산시키고 프로세스 간에 데이터를 공유할 수 있도록 한다. 이 모듈은 주로 단일 컴퓨터의 멀티 코어 병렬 처리에 초점이 맞춰져 있다(여러 컴퓨터를 사용한 병렬 처리에는 더 나은 대안이 있다). 가장 일반적인 사용법은 CPU 위주의 작업을 여러 프로세스로 병렬화하는 것이다. 또한 I/O 위주의 문제를 병렬화하는 데 OpenMP 모듈을 사용할 수도 있다. 하지만 8장에서 살펴본 것처럼, 그런 목적을 위한 더 좋은 도구가 존재한다(예를 들어 파이썬 3의 새로운 asyncio 모듈과 tornado가 있다).

NOTE_ OpenMP는 멀티 코어를 활용하기 위한 저수준 인터페이스다. 아마 `multiprocessing` 대신 OpenMP에 집중해야 하지 않나 궁금한 독자도 있을 것이다. 7장에서는 사이썬과 Pythran을 소개했지만, 이번 장에서 OpenMP를 다루지는 않을 것이다. `multiprocessing`은 더 고수준에서 동작하며, 파이썬 자료 구조를 공유한다. 반면 OpenMP는 일단 컴파일하고 나면 C 원시 객체(즉 정수^{int}나 실수^{float} 등)를 사용해 작동한다. 여러분의 코드를 컴파일하는 경우에만 OpenMP를 사용하는 것이 유용하다. 컴파일하지 않는 경우라면(예를 들어 효율적인 numpy 코드를 사용하며, 이를 여러 코어에서 실행하려는 경우) `multiprocessing`을 계속 사용하는 것이 아마 더 나은 결정일 것이다.

작업을 병렬화하려면 순차적 프로세스를 작성하는 일반적인 방식과는 약간 다르게 생각해야만 한다. 병렬화한 작업을 디버깅하는 것이 **더 어렵다**는 사실을 받아들여야만 한다. 이는 때로 좌절감을 느끼게 한다. 개발 속도를 높게 유지하려면 병렬성을 가능한 한 단순하게 (컴퓨터의 성능을 모조리 짜내지 못하더라도) 유지하기를 권장한다.

병렬 시스템에서 상태를 공유하는 일은 특히 어려운 주제다. 상태 공유가 쉬울 것 같지만, 사실 상태 공유에는 상당한 부가비용이 들어가며 제대로 하기도 힘들다. 쓰임새마다 트레이드오프가 서로 달라서 모든 상황에 잘 맞는 하나의 해법은 절대로 없다. 9.5절 '프로세스 간 통신을 사용해 소수 검증하기'에서는 동기화의 비용에 초점을 맞춰서 상태 공유를 살펴볼 것이다. 상태 공유를 피하면 여러분의 코딩 생활이 훨씬 편해진다.

사실, 어떤 알고리즘이 상태를 얼마나 공유하는지만 살펴봐도 그 알고리즘이 병렬 환경에서 얼마나 잘 작동할지를 알 수 있다. 예를 들어 서로 통신하지 않고 문제를 독립적으로 푸는 여러 파이썬 프로세스가 있다면(이런 경우를 **당황스러울 정도로 병렬적**$^{embarrassingly\ parallel}$이라고 한다), 별 손해 없이 새로운 파이썬 프로세스를 추가할 수 있다.

반대로, 각 프로세스가 다른 파이썬 프로세스와 통신해야만 한다면 통신에 따른 부가비용이 점차 처리 비용을 능가하고 전체 진행을 느리게 만들 것이다. 이는 파이썬 프로세스를 더 많이 추가할수록 전체 성능이 더 낮아진다는 의미이다.

그 결과, 문제를 병렬 방식을 사용해서 효율적으로 처리하려면 때때로 직관에 반대되는 방향으로 알고리즘을 바꿔야 한다. 예를 들어 확산 방정식(6장)을 병렬적으로 푼다면, 각 프로세스는 실제로 다른 프로세스의 작업을 일부 중복해서 수행하게 된다. 이런 중복은 통신해야 할 상황을 줄여줘서 전체적인 계산 속도를 오히려 높인다!

다음은 multiprocessing 모듈로 처리할 수 있는 전형적인 작업의 예다.

- CPU 위주의 작업을 Process나 Pool 객체를 사용해 병렬화한다.
- (이름이 이상하지만) dummy 모듈을 사용해서 I/O 위주의 작업을 스레드를 사용하는 Pool로 병렬화한다.
- Queue를 통해 피클링pickling한 결과를 공유한다.
- 병렬화한 작업자 사이에서 바이트, 원시 데이터 타입, 사전, 리스트 등의 상태를 공유한다.

CPU 위주의 작업에 스레드를 사용하는 언어(C++, 자바 등)를 사용해 본 독자라면, 파이썬 스레드가 OS의 네이티브 스레드이며(즉 파이썬 스레드는 실제 운영체제가 실행하는 스레드로, 에뮬레이션된 것이 아니다), GIL에 의해 제한되며, 한 번에 오직 한 스레드만 파이썬 객체들과 상호작용할 수 있음을 알아야만 한다.

프로세스를 사용하여 여러 파이썬 인터프리터를 병렬로 실행할 수 있고, 각각의 인터프리터는 독립된 메모리 공간과 GIL을 가지며, 각각 순차적으로 실행된다(따라서 각각의 GIL을 두고 경쟁하지 않는다). 이것이 파이썬에서 CPU 위주의 작업의 속도를 높이는 가장 쉬운 방법이다. 상태를 공유해야 한다면 약간의 통신 부가비용이 들어가야 한다. 이는 9.5절 '프로세스 간 통신을 사용해 소수 검증하기'에서 다룰 것이다.

numpy 배열을 사용해 작업한다면, 더 커다란 배열(즉 더 큰 2차원 행렬)을 만들어서 각 프로세스가 그 배열의 여러 부분에 병렬로 작업하게 만들 수 있는지 궁금할 것이다. 그렇게 할 수는 있지만, 시행착오를 거치지 않고는 그 방법을 찾아낼 수가 없다. 따라서 9.6절 'multiprocessing과 넘파이 데이터 공유하기'에서는 25GB의 numpy 배열을 CPU 4개가 공유하는 방법을 보여줄 것이다. 데이터의 일부를 복사해서 보내는 대신(그렇게 하면 작업에 필요한 RAM 용량이 적어도 2배로 늘어나며, 통신 부가비용도 상당히 증가한다), 여러 프로세스가 기저의 바이트 배열을 공유한다. 이는 한 컴퓨터의 지역적인 작업자 사이에서 큰 배열을 공유하는 이상적인 접근 방법이다.

이번 장에서는 Joblib(https://oreil.ly/RqQXD) 라이브러리도 소개한다. 이는 multiprofcessing 라이브러리 위에 만들어졌으며, 여러 플랫폼 간 호환성을 높여주고, 병렬화를 위한 간단한 API를 제공하며, 캐시된 결과를 편리하게 영속화하게 해준다. Joblib은 과학기술 계산용으로 만들어졌으며, 여러분이 한 번쯤 검토해보기를 강력히 권장한다.

여기서부터는 이안의 노트북에 장착된 물리 코어의 개수에 맞춰서 프로세스의 개수를 하드코딩해 고정한다(`NUM_PROCESSES=4`). 기본적으로 **multiprocessing**은 가능한 한 많은 코어를 활용할 것이다(이안의 노트북에는 4개의 CPU와 4개의 하이퍼스레드가 있어 총 8개로 인식한다). 특별히 자원을 구체적으로 관리하려는 의도가 아니라면, 일반적으로 프로세스의 수를 하드코딩하지 말아야 한다.

9.1 multiprocessing 모듈 소개

multiprocessing 모듈은 프로세스와 스레드 기반의 병렬화를 위한 저수준 인터페이스를 제공한다. 이 모듈의 주 구성 요소는 다음과 같다.

프로세스^{Process}

현재 프로세스를 포크^{fork}한 복사본이다. 이렇게 하면 새로운 프로세스 식별자가 부여되며 운영체제상에서 별도의 자식 프로세스로 작업을 실행한다. **Process**를 시작하고 상태를 쿼리할 수 있으며, 실행할 **target** 메서드를 지정할 수 있다.

풀 Pool

Process나 **threading.Thread** API를 감싸서 사용하기 편한 작업자 풀^{worker pool}로 만든다. 이는 작업을 공유하고 합쳐진 결과를 반환한다.

큐^{Queue}

여러 생산자^{producer}와 소비자^{consumer}가 사용할 수 있는 FIFO^{선입선출} 대기열이다.

파이프^{Pipe}

두 프로세스 사이의 단방향 또는 양방향 통신 채널이다.

관리자^{Manager}

프로세스 간에 파이썬 객체를 공유하는 고수준의 관리된 인터페이스다.

ctypes

프로세스를 포크한 다음 여러 프로세스가 원시 데이터 타입(예: 정수, 실수, 바이트)을 공유하게 해준다.

동기화 도구들

프로세스 간의 제어 흐름을 동기화하는 락과 세마포어들이다.

> **NOTE_** 파이썬 3.2부터 concurrent.futures 모듈을 도입했다(PEP 3148, http://legacy.python.org/dev/peps/pep-3148/). 이 모듈은 multiprocessing의 핵심 기능을 자바의 java.util.concurrent에 기반한 더 단순한 인터페이스를 통해 제공한다. 이전 버전의 파이썬에도 이 모듈이 역포팅됐다(https://oreil.ly/G9e5e). 앞으로도 CPU 위주의 작업에서는 multiprocessing을 선호하겠지만, I/O 위주의 작업에서는 concurrent.futures를 더 많이 쓰게 될 수도 있다.

이 장의 나머지 부분에서는 multiprocessing 모듈을 사용하는 일반적인 방법을 보여주는 여러 예제를 소개한다.

먼저 프로세스나 스레드 풀을 활용하는 몬테 카를로 방식을 사용해 원주율(π)을 추정할 것이다. 이때 일반 파이썬과 numpy를 사용한다. 이 문제는 단순하며 복잡도도 잘 알려져 있으므로 병렬화가 쉽다. 또한, numpy를 사용할 때 예기치 못한 결과를 볼 수 있을 것이다. 그다음에는 같은 Pool 방식을 사용해서 소수를 찾는다. 소수를 찾는 과정의 예측 불가능한 복잡성을 살펴보고, 어떻게 해야 부하를 효율적으로(또는 비효율적으로!) 분산시켜서 계산 자원을 가장 잘 활용할 수 있는지 알아본다. 큐를 다루면서 소수 검색을 마칠 것이다. 그 과정에서 Pool 대신 Process 객체를 사용하고, 작업 목록과 포이즌 필^{poison pill}을 활용해서 각 작업자의 생명 주기를 조정해보자.

다음으로, 소수일 가능성이 있는 수의 집합을 검증하는 과정에서 프로세스 간 통신(IPC)을 다룬다. 각 수의 부하를 여러 CPU에 분산하고 어떤 수의 약수를 발견하면 IPC를 사용해 검색을 빨리 중단해서, 단일 CPU를 사용하는 프로세스보다 같은 작업을 훨씬 빠르게 할 수 있다. 그리고 파이썬 객체의 공유, 운영체제가 제공하는 기본 요소들, 레디스 서버를 살펴보고, 각 접근 방식의 복잡도와 성능의 트레이트 오프 관계를 검토한다.

25GB의 numpy 배열을 네 CPU 사이에 공유하고, 데이터 복사 **없이** 큰 부하를 분리할 수 있다. 병렬화할 수 있는 연산과 커다란 배열이 있다면, 이 기법으로 성능을 크게 높일 수 있다. RAM 을 덜 할당하고 데이터를 더 적게 복사해도 되기 때문이다. 마지막으로 여러 프로세스가 데이 터 오염이 없이 파일이나 변수(**Value**로서)로의 접근을 동기화하는 방법을 살펴보며, 공유 상 태에 락을 제대로 거는 방법을 설명할 것이다.

> **NOTE_** 7장에서 설명한 PyPy는 **multiprocessing** 라이브러리를 완전히 지원하며, 이제부터 다룰 C파 이썬 예제들은 모두 PyPy에서 훨씬 더 빠르게 실행된다(다만 이 책을 쓰는 현재 numpy 예제는 불가능하다). (C 확장이나 더 복잡한 라이브러리를 사용하지 않고) 병렬 처리에 C파이썬 코드만을 사용한다면, PyPy로 빠 르게 성능을 개선할 수 있다.

9.2 몬테 카를로 방식을 사용해 원주율 추정하기

반지름이 1인 단위원unit circle으로 표현되는 '다트 판'에 가상의 다트를 수천 번 던져서 원주율을 추정할 수 있다. 원주와 그 내부에 떨어진 다트의 개수 사이의 관계를 사용해서 원주율을 추산 한다.

이는 이상적으로 여러 프로세스에 전체 부하를 균등하게 나눌 수 있는 첫 번째 문제다. 각 프로 세스는 별도의 CPU에서 작동한다. 부하가 같으니 모든 프로세스는 같은 시간에 끝날 것이다. 따라서 이 문제에 새로운 CPU나 하이퍼스레드를 추가하면 속도가 빨라진다.

[그림 9-1]은 단위 정사각형 안에 다트를 1만 번 던진 것과, 그려진 단위 사분원 내부에 떨어 진 다트의 비율을 보여준다. 그 결과는 나쁜 편이다. 다트를 1만 번 던져도 소수점 이하 세 자 리까지의 값을 안정적으로 얻지 못한다. 여러분이 이 코드를 직접 실행해보면 결괏값이 매번 3.0~3.2 범위에서 변할 것이다.

소수점 이하 세 자리까지의 값을 확실히 구하려면 가상 다트를 1천만 번 임의로 던져 야 한다.[1] 굉장히 비효율적이지만(그리고 원주율을 추정하는 더 좋은 방법이 있지만), **multiprocessing**을 사용한 병렬화의 이점을 보여주기에는 상당히 편한 예제다.

---

[1] 이 방법에 관해 브렛 포스터(Brett Poster)의 발표(http://math.missouristate.edu/assets/Math/brett.pptx)를 보라.

몬테 카를로 방식을 사용할 때 피타고라스의 정리(`https://oreil.ly/toFkX`)로 다트가 사분원 안에 들어있는지 검사할 수 있다.

$$x^2 + y^2 \leq 1^2 = 1$$

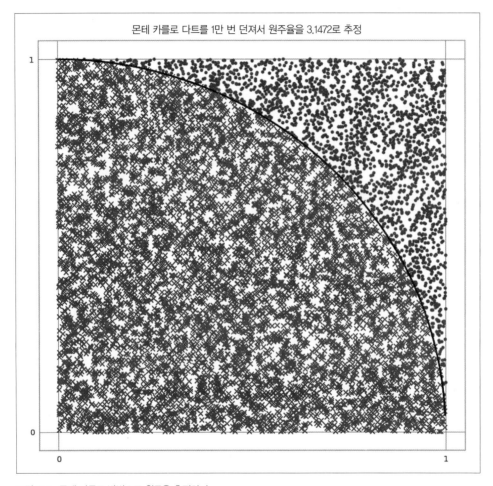

그림 9-1 몬테 카를로 방법으로 원주율 추정하기

[예제 9-1]는 이 과정의 루프 버전이다. 이를 먼저 일반적인 파이썬으로 구현하고 나중에 numpy로 구현할 것이다. 그리고 스레드와 프로세스를 모두 사용해 이 문제를 병렬화해 본다.

9.3 프로세스와 스레드를 사용해 원주율 추정하기

먼저 부동소수점 수 객체와 루프를 사용하는 일반적인 파이썬 구현부터 시작해보자. 이쪽이 이해하기 더 쉽기 때문이다. 그 구현을 프로세스를 사용해 병렬화해서 모든 가용 CPU를 사용하도록 만들고, 사용하는 CPU가 늘어나면서 컴퓨터의 상태가 어떻게 바뀌는지 시각화한다.

9.3.1 파이썬 객체 사용하기

파이썬 구현은 읽기 쉽지만, 각각의 파이썬 부동소수점 수 객체를 순서대로 관리하고 참조하며 동기화해야 하는 부가비용이 든다. 이런 부가비용이 속도를 늦추지만, 구현하기는 쉬우니 일단 구현한 다음 생각할 시간을 벌 수 있다. 이 버전을 병렬화하면 아주 적은 작업만으로도 속도가 빨라진다.

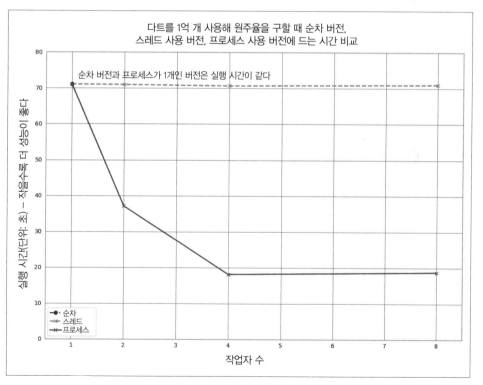

그림 9-2 순차 버전, 스레드 사용 버전, 프로세스 사용 버전의 비교

[그림 9-2]는 이 파이썬 예제의 다음 세 가지 구현을 보여준다.

- **multiprocessing을 사용하지 않은 버전('순차' 버전)**: 메인 프로세스당 for 루프 하나
- 스레드를 사용한 버전
- 프로세스를 사용한 버전

둘 이상의 스레드나 프로세스를 사용할 때도 다트를 던지는 총횟수는 같지만, 파이썬이 작업자 사이에 작업을 고르게 나눠서 진행하도록 만든다. 우리의 파이썬 구현에서 다트를 총 1억 번 던져야 하고 작업자가 둘이라면, 각 작업자 프로세스나 스레드는 다트 던지기를 5천만 번 시뮬레이션한다.

스레드를 하나만 사용하면 시간이 약 71초 걸리고, 스레드가 둘 이상이어도 속도가 빨라지지 않는다. 프로세스를 둘 이상 사용하면 실행 시간을 **더 짧게** 만들 수 있다. 프로세스나 스레드를 사용하지 않을 때의 비용(순차 구현)은 프로세스를 하나 사용할 때와 같다.

이안의 노트북에서 프로세스를 사용하면 2개나 4개의 코어를 활용할 때 선형적인 속도 향상을 얻었다. 작업자가 8개라면 인텔의 하이퍼스레딩 기술을 사용한다. 즉 이안의 노트북에는 물리적 코어가 4개밖에 없으므로 프로세스를 8개 사용하더라도 추가로 얻는 속도 향상은 거의 없다.

[예제 9-1]은 파이썬으로 만든 원주율 추정 프로그램이다. 스레드를 사용하면 각 명령은 GIL 때문에 제약이 걸린다. 따라서 각 스레드를 별도의 CPU에 실행할 수 있음에도 불구하고, 다른 스레드가 실행 중이지 않을 때만 실행한다. 프로세스를 사용하는 버전은 이런 제약이 없다. 각 프로세스가 단일 스레드를 실행하는 별도의 파이썬 인터프리터이니 공유 객체로 인한 GIL 경쟁이 없다. 이 예제에서는 파이썬의 내장 난수 발생기를 사용하는데, 9.3.3 '병렬 시스템의 난수'에서 병렬화한 난수 수열을 사용할 때의 위험성도 살펴보기를 바란다.

예제 9-1 파이썬에서 루프를 사용해 원주율 추정하기

```
def estimate_nbr_points_in_quarter_circle(nbr_estimates):
    """순수 파이썬을 사용해 단위 4분원 안에 들어간
        점 개수를 세는 몬테 카를로 추정"""
    print(f"Executing estimate_nbr_points_in_quarter_circle \
            with {nbr_estimates:,} on pid {os.getpid()}")
    nbr_trials_in_quarter_unit_circle = 0
    for step in range(int(nbr_estimates)):
```

```
        x = random.uniform(0, 1)
        y = random.uniform(0, 1)
        is_in_unit_circle = x * x + y * y <= 1.0
        nbr_trials_in_quarter_unit_circle += is_in_unit_circle

    return nbr_trials_in_quarter_unit_circle
```

[예제 9-2]는 __main__ 블록을 보여준다. 타이머를 시작하기 전에 Pool을 만들었다는 점에 유의하라. 스레드의 시작은 프로세스의 생성에 비해 순식간에 벌어진다. 프로세스를 새로 시작하려면 포크해야 하고, 여기에 몇 분의 1초 정도를 소모한다. 전체 실행 시간에 비하면 아주 작은 부분이니 [그림 9-2]에서는 이런 오버헤드를 무시했다.

예제 9-2 루프를 사용해 원주율을 추정하는 프로그램의 주 함수

```
from multiprocessing import Pool
...

if __name__ == "__main__":
    nbr_samples_in_total = 1e8
    nbr_parallel_blocks = 4
    pool = Pool(processes=nbr_parallel_blocks)
    nbr_samples_per_worker = nbr_samples_in_total / nbr_parallel_blocks
    print("Making {:,} samples per {} worker".format(nbr_samples_per_worker,
                                                     nbr_parallel_blocks))
    nbr_trials_per_process = [nbr_samples_per_worker] * nbr_parallel_blocks
    t1 = time.time()
    nbr_in_quarter_unit_circles = pool.map(estimate_nbr_points_in_quarter_circle,
                                           nbr_trials_per_process)
    pi_estimate = sum(nbr_in_quarter_unit_circles) * 4 / float(nbr_samples_in_total)
    print("Estimated pi", pi_estimate)
    print("Delta:", time.time() - t1)
```

nbr_estimates를 작업자의 수로 나눈 길이의 리스트를 만든다. 이렇게 새로 만든 인자를 각 작업자에 넘긴다. 실행이 끝나고 나면 같은 개수의 결과를 돌려받는다. 그 결과를 모두 더해서 단위 원 안에 들어간 다트의 개수를 추정한다.

multiprocessing에서 프로세스 기반의 Pool을 임포트한다. from multiprocessing. dummy import Pool을 사용해 스레드를 사용한 버전을 얻을 수도 있다. 여기서 'dummy'

라는 이름에 혼동의 여지가 있지만(왜 그런 이름이 붙었는지는 우리도 모른다), 이는 threading 모듈을 감싸서 프로세스 기반의 Pool과 같은 인터페이스를 제공하는 단순한 래퍼에 불과하다.

> **WARNING_** 우리가 만든 각 프로세스가 시스템의 RAM을 약간 소비한다는 사실을 알아두어야 한다. 표준 라이브러리를 사용하는 프로세스는 대략 RAM을 10~20MB 사용하리라 예상할 수 있다. 사용하는 데이터와 라이브러리가 많다면, 포크를 통해 만들어진 각 프로세스가 수백MB를 사용할 것이다. RAM이 부족한 시스템에서 이는 중요한 문제. RAM을 다 써서 시스템이 디스크의 스왑 공간swap space을 사용하기 시작한다면, RAM을 디스크에 페이지-아웃했다가 다시 페이지-인하는 느린 과정이 병렬화의 이점을 엄청나게 갉아먹을 것이다!

다음 그림들은 물리 코어가 4개이고, 각 코어에 대응하는 하이퍼스레드가 4개인 이안의 노트북의 CPU 사용률이다(각 하이퍼스레드는 유휴 상태인 물리 코어에서 실행된다). 이런 그림을 그리려고 수집한 데이터에는 첫 번째 파이썬 프로세스를 시작하는 데 걸린 시간과 하위 프로세스를 시작하는 데 든 비용이 **포함**된다. CPU 표본은 (이 작업이 사용한 CPU 시간이 아니라) 노트북의 전체 상태를 보여준다.

다음 그림들은 [그림 9-2]보다 느린 표본 추출 간격으로 만들었다. 따라서 전체 실행 시간도 조금 더 길다.

풀에 프로세스가 하나(부모 프로세스 제외)뿐인 [그림 9-3]의 실행 동작을 살펴보면, 풀을 생성할 때 처음 몇 초간 약간의 오버헤드가 있고 그 후 프로그램이 실행되는 동안 거의 100%에 가까운 CPU 사용률을 보인다. 프로세스가 하나로 코어 하나를 효율적으로 사용한다.

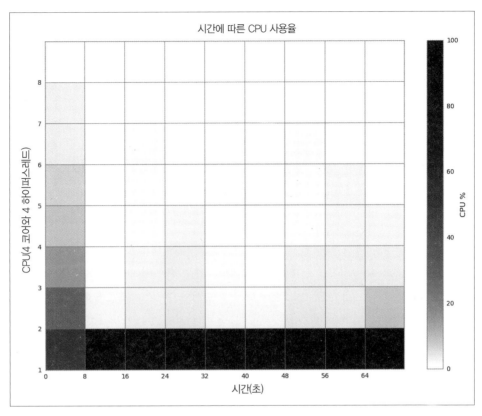

그림 9-3 파이썬 객체와 프로세스 하나를 사용해 원주율 추정하기

다음으로 Pool(processes=2)로 두 번째 프로세스를 추가한다. [그림 9-4]에서 볼 수 있는 것처럼, 두 번째 프로세스를 추가하면 실행 시간이 거의 절반인 37초로 줄어들고 두 CPU를 완전히 사용한다. 이는 우리가 예측할 수 있는 가장 최선의 결과다. 즉 새로운 계산 자원을 거의 다 효율적으로 사용하며 통신, 디스크로의 페이징, CPU를 사용하려는 다른 프로세스와의 경쟁 등의 오버헤드로 속도가 느려지지 않는다.

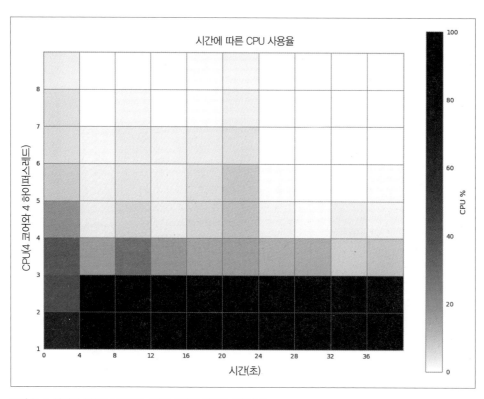

그림 9-4 파이썬 객체와 프로세스 2개를 사용해 원주율 추정하기

[그림 9-5]는 물리 코어 4개를 모두 사용한 결과다. 여기에서 해당 노트북의 원래의 계산 자원을 모두 사용한다. 실행 시간은 단일 프로세스 버전의 약 1/4인 19초다.

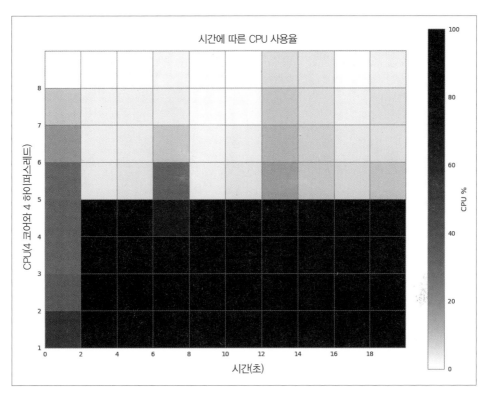

그림 9-5 파이썬 객체와 프로세스 4개를 사용해 원주율 추정하기

프로세스를 8개 사용하면 4개 사용한 버전보다 아주 미미하게 속도가 빨라진다(그림 9-6). 이미 물리 코어 4개를 거의 최대한 활용하기에 하이퍼스레드 4개가 유휴 코어에서 뽑아낼 수 있는 계산 능력이 아주 조금뿐이기 때문이다.

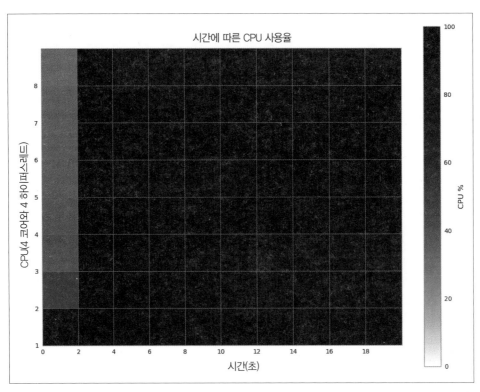

그림 9-6 파이썬 객체와 프로세스 8개를 사용해 원주율 추정하기(추가 성능 향상이 미미함)

이런 다이어그램은 각 단계에서 더 많은 가용 CPU 자원을 효율적으로 사용할 수 있으며, 하이퍼스레드 자원은 그리 큰 도움이 되지 못한다는 사실을 알려준다. C파이썬에서 하이퍼스레드를 사용할 때의 가장 큰 문제점은 RAM을 많이 소모한다는 점이다. 하이퍼스레딩은 캐시를 잘 활용하지 못해서 각 CPU 칩의 유휴 자원을 아주 비효율적으로 사용한다. 이런 자원에는 **numpy**를 사용하면 더 효율적인데, 이는 다음 절에서 다룰 것이다.

> **NOTE_** 경험상 유휴 계산 자원이 **충분하다면** 하이퍼스레딩 사용 시 성능이 30%까지 높아진다. 예를 들어 이 예제는 부동소수점 수만 계산하지만, 정수 연산과 부동소수점 수 연산이 섞여 있으면 하이퍼스레딩이 더 잘 작동할 것이다. 자원 요구사항을 다양화하면 하이퍼스레딩이 CPU에서 더 많은 기능 블록이 동시에 작동하도록 스케줄링할 수 있다. 일반적으로는 하이퍼스레딩을 보너스로 생각해야 하며, 최적화 대상이 될 자원이라 여기면 안 된다. CPU를 추가하는 일이 코드를 최적화하는 작업(유지보수 오버헤드가 들어간다)보다 보통 더 경제적이기 때문이다.

이제 여러 프로세스를 사용하는 대신, 한 프로세스에서 여러 스레드를 사용하는 쪽으로 방향을 바꿔보자.

[그림 9-7]은 [그림 9-5]를 그릴 때 사용한 코드를 사용하되 프로세스 대신 스레드를 사용한 결과다. 여러 CPU를 사용했지만 각 CPU가 부하를 조금씩만 나눠 받는다. 만약 각 스레드를 GIL 없이 실행한다면 네 CPU에서 100% 사용률을 보일 것이다. 하지만 (GIL로 인해) 실제로는 CPU의 일부만 사용한다.

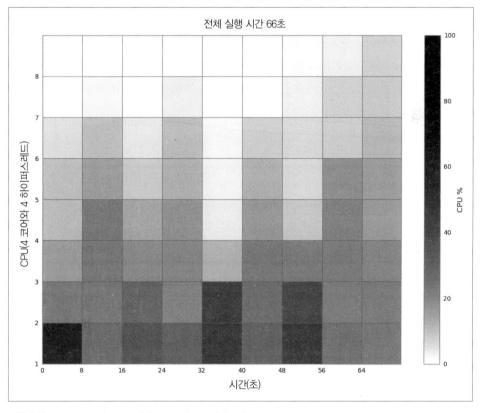

그림 9-7 파이썬 객체와 스레드 4개를 사용해 원주율 추정하기

9.3.2 multiprocessing을 Joblib으로 바꾸기

Joblib은 multiprocessing을 개선한 모듈로 경량 파이프라이닝을 활성화하면서 병렬 계산을 쉽게 하고, 결과를 쉽게 디스크 기반의 캐시로 사용할 수 있게 해준다. Joblib은 넘파이 배열을 과학기술 계산에 쓰는 것에 초점을 맞춘다. 다음과 같은 경우 Joblib을 사용하면 쉽게 성능을 높일 수 있다.

- 당황스러울 정도로 병렬적인 루프를 처리하는 데 순수 파이썬을 사용 중이다(넘파이 사용 여부는 상관 없다).
- 출력을 디스크에 저장해 세션과 세션 사이에 결과를 캐시할 수 있는데도, 부작용 없이[2] 비용이 많이 드는 함수를 호출한다.
- 프로세스 사이에 넘파이를 공유할 수 있지만 어떻게 하는지를 모른다(여러분도 9.6절 'multiprocessing과 넘파이 데이터 공유하기'를 아직 읽지 않았다).

Joblib은 Loky 라이브러리 위에 만들어졌고(Locky는 파이썬 concurrent.futures를 개선한 라이브러리다) cloudpickle을 사용해 상호작용 영역에서 정의된 함수를 피클링할 수 있다. 이를 통해 내장 multiprocessing 라이브러리를 사용할 때 흔히 경험하는 몇몇 문제를 해결할 수 있다.

병렬 계산에는 Parallel 클래스와 delayed 데커레이터가 필요하다. Parallel 클래스는 앞 절에서 사용한 multiprocessing의 pool과 비슷한 프로세스 풀을 만든다. delayed 데커레이터는 대상 함수를 감싸서 함수가 이터레이터를 통해 인스턴스화된 Parallel 객체에 접근할 수 있게 한다.

프로그램 구문을 보면 약간 혼동될 수 있다. [예제 9-3]의 호출은 한 줄로 이루어지고, 이 호출 안에는 대상 함수인 estimate_nbr_points_in_quarter_circle과 이터레이터 (delated(...)(nbr_samples_per_worker) for sample_idx in range(nbr_parallel_blocks))가 있다. 이를 자세히 살펴보자.

---

2 역자주_ 원래는 함수의 출력이 입력에 따라서만 결정되고, 다른 어떤 상태에 따라서도 결정되지 않으며, 함수가 출력값을 반환하는 행위 이외에 외부에 영향을 끼치는 다른 행위를 하지 않는다는 경우에 이 함수를 부작용이 없는 함수라고 부른다.

```
...
from joblib import Parallel, delayed

if __name__ == "__main__":
    ...
    nbr_in_quarter_unit_circles = Parallel(n_jobs=nbr_parallel_blocks, verbose=1) \
        (delayed(estimate_nbr_points_in_quarter_circle)(nbr_samples_per_worker) \
        for sample_idx in range(nbr_parallel_blocks))
    ...
```

Parallel은 클래스다. 프로세스 실행 개수를 지정하는 n_jobs 같은 매개변수와 디버깅 정보를 표시하는 verbose 같은 선택 인자를 설정할 수 있다. 다른 인자로는 타임아웃 설정, 스레드와 프로세스 간 변경, 백엔드 변경(특정 백엔드가 성능을 발휘하는 엣지 케이스도 있다), 메모리 매핑 구성을 할 수 있다.

Parallel에는 이터러블을 매개변수로 받는 __call__ 호출 가능 메서드가 있다. 다음 괄호 안에 이터러블을 넘긴다(... for sample_idx in range(...)). 호출 가능 메서드는 각 delayed(estimate_nbr_points_in_quarter_circle) 함수를 반복하면서, 함수 실행을 인자에 묶음으로 넘긴다(이 예제에서는 nbr_samples_per_worker). 이안은 인자가 없는 함수로 시작해서 필요에 따라 인자를 만들어가며 한 번에 한 단계씩 병렬화 호출을 만들어보면 도움이 된다는 사실을 알게 되었다. 이렇게 하면 빠진 단계를 훨씬 쉽게 진단할 수 있다.

nbr_in_quarter_unit_circles는 이전과 마찬가지로 매번 호출될 때마다 양수의 개수가 들어있는 리스트가 된다. [예제 9-4]는 병렬 블록 8개의 콘솔 출력이다. 각 프로세스 ID[PID]는 매번 새로 만들어지며, 출력의 맨 뒤에는 진행 막대기 형태로 요약을 출력한다. 전체 실행에 19초가 걸렸는데, 이는 앞 절에서 직접 만든 Pool 예제와 같은 결과다.

TIP 큰 구조를 넘기지 말라. 피클된 큰 객체를 각 프로세스에 넘기면 비용이 많이 들 수 있다. 이안은 사전 객체에 미리 만들어진 팬더스 DataFrame 캐시를 사용한 적이 있다. 이를 Pickle 모듈로 직렬화하는 데 든 비용이 병렬화로 얻은 이익을 상쇄하여 실제로는 순차 실행 버전이 더 빨랐다. 이때는 파이썬 내장 shelve 모듈(https://oreil.ly/e9dJs)을 사용해 사전을 파일에 넣으면 해결된다. 호출할 때마다 DataFrame이 하나씩 적재돼 대상 함수로 전달된다. 함수에는 거의 아무것도 전달할 필요가 없고, Joblib의 병렬화의 이점을 확실히 누릴 수 있다.

```
Making 12,500,000 samples per 8 worker
[Parallel(n_jobs=8)]: Using backend LokyBackend with 8 concurrent workers.
Executing estimate_nbr_points_in_quarter_circle with 12,500,000 on pid 10313
Executing estimate_nbr_points_in_quarter_circle with 12,500,000 on pid 10315
Executing estimate_nbr_points_in_quarter_circle with 12,500,000 on pid 10311
Executing estimate_nbr_points_in_quarter_circle with 12,500,000 on pid 10316
Executing estimate_nbr_points_in_quarter_circle with 12,500,000 on pid 10312
Executing estimate_nbr_points_in_quarter_circle with 12,500,000 on pid 10314
Executing estimate_nbr_points_in_quarter_circle with 12,500,000 on pid 10317
Executing estimate_nbr_points_in_quarter_circle with 12,500,000 on pid 10318
[Parallel(n_jobs=8)]: Done    2 out of   8 | elapsed:   18.9s remaining:   56.6s
[Parallel(n_jobs=8)]: Done    8 out of   8 | elapsed:   19.3s finished
Estimated pi 3.14157744
Delta: 19.32842755317688
```

> **NOTE_** n_jobs=1로 설정하면 디버깅을 단순화할 수 있다. 이렇게 하면 병렬화 코드가 사라진다. 코드를 더 수정할 필요는 없고, 함수 안에서 breakpoint()를 호출해서 코드를 쉽게 디버깅할 수 있다.

함수 호출 결과를 똑똑하게 캐시하기

Joblib의 Memory 캐시는 유용한 기능이다. Memory는 함수 결과를 입력 인자에 따라 디스크 캐시로 저장하는 데커레이터다. 이 캐시는 파이썬 세션 간에 영속적으로 유지되므로, 컴퓨터를 껐다가 다음날 켜서 같은 코드를 다시 실행해도 캐시에 저장한 결과를 사용할 수 있다.

이와 관련해서 원주율 예제는 작은 문제가 있다. estimate_nbr_points_in_quarter_circle에는 서로 구분할 수 있는 인잣값을 전달하지 않는다. 따라서 nbr_estimates를 호출할 때마다 호출 시그니처가 같으니 항상 같은 결과를 얻게 된다. 하지만 우리는 다른 결과를 얻고 싶다.

이런 상황에서는 일단 첫 번째 호출을 완료하면(약 19초가 걸림), 그 후에는 같은 인자로 같은 함수를 호출할 때 캐시에서 결과를 가져온다. 코드를 두 번째 호출하면 즉시 완료된다는 말이다. 하지만 이 결과는 각 호출의 결과로 샘플 8개 중 단 하나만을 사용한다. 이는 몬테 카를로 샘플링 원칙을 따르지 않는 결과다! 마지막 프로세스가 사분원에서 9815738개의 점을 결과로 얻었다면, (캐시가 적용된 경우) 이 함수를 호출할 때 항상 이 답을 반환한다. 이 호출을 8번 반복하면 8개의 서로 다른 추정을 내놓는 대신에 [9815738, 9815738, 9815738, 9815738, 9815738, 9815738, 9815738, 9815738]을 내놓는다.

[예제 9-5]의 해법은 두 번째 인자로 idx를 전달한다. idx는 0부터 nbr_parallel_blocks-1 까지의 값이다. 이런 고유한 인자의 조합을 사용해서 캐시가 각각의 양수를 저장하게 한다. 따라서 두 번째 실행하면 첫 번째 실행과 똑같은 값을 얻지만, 기다리지 않고 결과를 바로 얻을 수 있다.

이런 캐시는 Memory에 따라 설정된다. Memory는 함수 결과를 영속화해 저장할 폴더를 받는다. 영속화한 내용은 파이썬 세션이 달라져도 유지된다. 호출하는 함수를 변경하거나, 캐시 폴더의 파일을 비우면 캐시가 다시 생성된다.

이때 데코레이션이 된 함수(예제에서는 estimate_nbr_points_in_quarter_circle_with_idx)를 변경해야 캐시가 갱신된다는 점에 유의하라. 데코레이션된 함수가 호출하는 하위 함수를 변경해도 캐시가 갱신되지는 않는다.

예제 9-5 Joblib을 사용해 결과 캐시하기

```
...
from joblib import Memory

memory = Memory("./joblib_cache", verbose=0)

@memory.cache
def estimate_nbr_points_in_quarter_circle_with_idx(nbr_estimates, idx):
    print(f"Executing estimate_nbr_points_in_quarter_circle with \
            {nbr_estimates} on sample {idx} on pid {os.getpid()}")
    ...

if __name__ == "__main__":
    ...
    nbr_in_quarter_unit_circles = Parallel(n_jobs=nbr_parallel_blocks) \
        (delayed(
            estimate_nbr_points_in_quarter_circle_with_idx) \
        (nbr_samples_per_worker, idx) for idx in range(nbr_parallel_blocks))
    ...
```

[예제 9-6]은 최초 호출에 19초가 걸린다. 두 번째 호출은 같은 원주율 근삿값을 구하는 데 몇분의 일초 정도 걸린다. 이 예제 실행에서 근삿값은 [9817605, 9821064, 9818420, 9817571, 9817688, 9819788, 9816377, 9816478]이었다.

예제 9-6 결과를 캐시하므로 두 번째 호출은 비용이 0이다

```
$ python pi_lists_parallel_joblib_cache.py
Making 12,500,000 samples per 8 worker
Executing estimate_nbr_points_in_... with 12500000 on sample 0 on pid 10672
Executing estimate_nbr_points_in_... with 12500000 on sample 1 on pid 10676
Executing estimate_nbr_points_in_... with 12500000 on sample 2 on pid 10677
Executing estimate_nbr_points_in_... with 12500000 on sample 3 on pid 10678
Executing estimate_nbr_points_in_... with 12500000 on sample 4 on pid 10679
Executing estimate_nbr_points_in_... with 12500000 on sample 5 on pid 10674
Executing estimate_nbr_points_in_... with 12500000 on sample 6 on pid 10673
Executing estimate_nbr_points_in_... with 12500000 on sample 7 on pid 10675
Estimated pi 3.14179964
Delta: 19.28862953186035

$ python %run pi_lists_parallel_joblib_cache.py
Making 12,500,000 samples per 8 worker
Estimated pi 3.14179964
Delta: 0.02478170394897461
```

Joblib은 수많은 multiprocessing 기능을 간단한(가독성은 약간 떨어지지만) 인터페이스에 담아준다. 이안은 multiprocessing의 이점을 살려주는 Joblib을 사용하기로 결정했고, 여러분도 그렇게 하기를 권장한다.

9.3.3 병렬 시스템의 난수

좋은 난수 시퀀스를 만들기는 어려워서 이를 직접 만들려 한다면 틀리기 쉽다. 병렬 실행에 적합한 난수 시퀀스를 만들기는 더 어렵다. 이때는 병렬 프로세스에서 만들어내는 난수가 반복되거나 상관관계가 있는지도 고려해야 한다.

[예제 9-1]에서는 파이썬의 내장 난수 발생기를 사용하며, 다음 절의 [예제 9-7]에서는 numpy의 난수 발생기를 사용한다. 두 예제 모두 포크된 프로세스에서 난수 발생기의 시드seed를 지정한다. 파이썬의 random 예제에서 각 시드는 multiprocessing의 내부에서 관리한다. 즉 포크

하는 과정에서 random이 네임스페이스 안에 있다면, 새로운 프로세스에서 강제로 시드를 새로 설정한다.

> **TIP** 함수 호출을 병렬화할 때는 numpy의 시드를 설정하라. 앞으로 살펴볼 numpy 예제에서는 난수를 명시적으로 설정해야 한다. numpy 사용 시 난수 시퀀스의 시드를 설정하지 않으면 포크한 프로세스들이 똑같은 순서로 난수를 생성한다. 그래서 겉으로는 잘 작동하는 것처럼 보이지만, 내부에서는 모든 병렬 프로세스가 똑같은 결과를 내놓는다!

병렬 프로세스에서 사용하는 난수의 품질에 신경이 쓰인다면, 직접 연구해보기를 권한다. **아마도** numpy와 파이썬의 난수 발생기로 충분할 것이다. 그러나 중요한 결괏값이 난수의 품질에 따라 달라질 수 있다면(예를 들어 의학이나 금융 관련 시스템) 난수를 더 공부해보기를 바란다.

파이썬 3에서는 메르센 트위스터 알고리즘(https://oreil.ly/yNINO)을 사용한다. 이 알고리즘은 주기가 길어서 오랫동안 난수가 반복되지 않는다. 또한, 다른 언어에서도 사용하는 알고리즘이라 테스트가 많이 이뤄졌고, 스레드에서 사용해도 안전하다. 아마도 암호학적인 목적에는 적합하지 않을 것이다.

9.3.4 넘파이 사용하기

이번 절에서는 numpy 사용법을 다룬다. 우리의 다트 던지기 문제는 numpy의 벡터화 연산에 이상적으로 들어맞는다. numpy를 사용하면 앞에서 봤던 파이썬 예제보다 25배 정도 더 빠르게 원주율을 추정할 수 있다.

같은 문제를 푸는 데 numpy가 순수한 파이썬보다 더 빠른 주된 이유는 다음과 같다. 개별적으로 관리하고 주소를 처리해야 하는 수많은 고수준 파이썬 객체를 만들어내는 대신, 아주 저수준에서 RAM의 연속된 블록에 같은 타입의 객체를 만들고 조작하기 때문이다.

numpy 쪽이 캐시에 훨씬 더 적합한 덕에 하이퍼스레드 4개에서도 약간의 성능 향상을 얻을 수 있다. 더 커다란 파이썬 객체는 캐시를 효율적으로 활용하지 못하므로 순수 파이썬 버전에서는 이런 이득이 없었다.

[그림 9-8]에서 다음 세 가지 시나리오를 볼 수 있다.

- multiprocessing을 사용하지 않는다('순차적'이다).

- 스레드를 사용한다.

- 프로세스를 사용한다.

순차 버전과 단일 작업자 버전은 성능이 같다. numpy와 스레드를 함께 사용해도 부가비용이 들지 않는다(그리고 작업자가 하나밖에 없다면 성능 향상도 없다).

여러 프로세스를 사용하면 추가된 각 CPU가 100% 활용되는 모습을 볼 수 있다. 그 결과는 [그림 9-3], [그림 9-4], [그림 9-5], [그림 9-6]에서 본 그래프와 닮았다. 하지만 numpy를 사용하는 코드가 훨씬 더 빠르다.

흥미롭게도, 스레드를 사용한 버전에 스레드를 더 추가하면 **더 빨라진다**. 사이파이 위키 (http://wiki.scipy.org/ParallelProgramming)의 논의처럼, GIL과 별도로 동작하는 numpy는 스레드를 사용해 성능을 약간 더 개선할 수 있다.

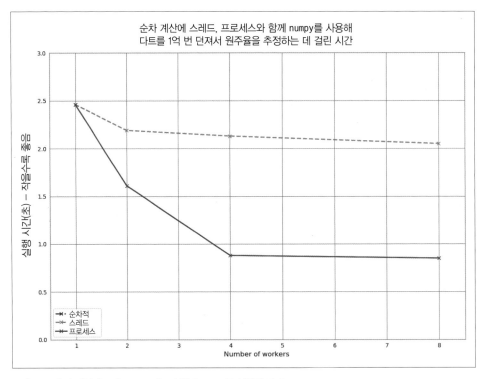

그림 9-8 순차 계산에 스레드, 프로세스와 함께 numpy를 사용한 결과

순수한 파이썬 예제에서와 마찬가지로, 여러 프로세스를 사용하면 속도가 빨라질 것임을 예측할 수 있다. CPU를 2개 사용하면 속도가 2배가 되고, 4개 사용하면 4배가 된다.

[예제 9-7]은 코드를 벡터화한 모습이다. 함수 호출 시 난수 발생기의 시드를 설정한다는 부분에 유의하라. 스레드를 사용한 버전은 각 스레드가 동일한 난수 발생기를 공유하고 이에 순차적으로 접근하므로 이런 과정이 불필요하다. 프로세스를 사용한 버전에서는 새로운 프로세스가 포크로 생성되어, 포크된 프로세스가 모두 **동일한 처음 상태**에서 시작한다. 따라서 모든 프로세스의 난수 생성기가 같은 순서의 난수를 반환한다!

> **TIP** 포크된 각 프로세스에서 seed()를 호출하면 프로세스마다 임의의 시드가 설정되므로 서로 다른 고유한 순서로 난수를 발생하도록 보장할 수 있다. 난수 생성을 병렬화할 때 생길 수 있는 문제점은 9.3.3 '병렬 시스템의 난수'을 참고하라.

예제 9-7 numpy를 사용해 원주율 추정하기

```
def estimate_nbr_points_in_quarter_circle(nbr_samples):
    """벡터화한 numpy 배열을 사용해 원주율을 계산한다"""
    np.random.seed() # 프로세스마다 시드를 설정해야 한다는 점을 기억하라
    xs = np.random.uniform(0, 1, nbr_samples)
    ys = np.random.uniform(0, 1, nbr_samples)
    estimate_inside_quarter_unit_circle = (xs * xs + ys * ys) <= 1
    nbr_trials_in_quarter_unit_circle = np.sum(estimate_inside_quarter_unit_circle)
    return nbr_trials_in_quarter_unit_circle
```

잠깐 코드를 분석해보면, 다중 스레드에서 실행할 때는 random 호출이 약간 더 느리고 (xs * xs + ys * ys) <= 1 호출이 더 잘 병렬화된다. 내부 상태 변수가 파이썬 객체이므로 난수 생성기 호출은 GIL 때문에 묶여있다.

이를 이해하기 위한 과정은 단순하지만 신뢰할만하다.

1 numpy와 관련된 줄을 모두 주석 처리한다. 그 후 순차적 버전을 스레드를 **사용하지 않고** 실행한다. 여러 번 실행하면서 __main__에서 time.time()을 사용해 실행 시간을 기록한다.

2 한 줄을 추가(먼저 xs = np.random.uniform(...)을 추가했다)한 다음, 여러 번 실행하면서 다시 실행 시간을 기록한다.

3 다음 줄을 추가(이번에는 ys = ...)하고, 다시 실행하고, 실행 시간을 기록한다.

4 nbr_trials_in_quarter_unit_circle = np.sum(...) 줄을 추가하고 시간 측정을 반복한다.

5 프로세스를 다시 반복 실행하되 이번에는 스레드를 4개 사용한다. 앞의 1~4의 과정을 반복한다.

6 스레드가 없을 때와 4개일 때 각 단계의 실행 시간의 차이를 비교한다.

우리는 코드를 병렬로 실행하기에 `line_profiler`나 `cProfile` 같은 도구를 사용하기는 어렵다. 여러 설정을 사용해 진짜 실행 시간을 측정하고 차이를 비교하는 과정을 반복하려면 인내가 필요하지만, 결과를 도출하기 위한 확실한 증거를 얻을 수 있다.

> **NOTE_** `uniform` 호출의 순차적인 특성을 이해하고 싶다면, numpy의 mtrand 소스 코드(https://oreil.ly/HxHQD)를 살펴보고 mtrand.pyx에서 `uniform` 호출을 추적해 보라. numpy의 소스 코드를 살펴본 적이 없는 독자에게는 이 과정이 좋은 연습이 될 수 있다.

numpy를 빌드할 때 어떤 라이브러리를 사용하느냐에 따라 몇 가지 병렬화 기회를 살릴 수도 있다. numpy를 빌드에 사용한 하위 라이브러리(예를 들어 인텔의 수학 커널 라이브러리Math Kernel Library나 오픈블라스OpenBLAS의 사용 여부)에 따라서 서로 다른 성능 향상 특성을 관찰하게 될 것이다.

`numpy.show_config()`를 사용해 여러분이 사용하는 `numpy`의 설정을 검토할 수 있다. 여러 가능성이 궁금한 독자라면 스택오버플로StackOverflow에서 이와 관련된 수행 시간을 측정한 예를 살펴보라(http://bit.ly/BLAS_benchmarking). 일부 `numpy` 호출만이 외부 라이브러리의 병렬화에서 이익을 얻는다.

9.4 소수 찾기

다음으로, 아주 큰 범위의 수에서 소수를 검사하는 방법을 살펴보자. 전체 범위에서 어느 위치에 있느냐에 따라 부하가 달라지고 여러 수의 소수 여부를 검사하는 작업의 복잡도를 예측할 수 없다는 점에서 원주율 문제와는 성격이 다르다. 소수성을 판별하는 순차적인 함수를 작성하고 가능한 인수의 집합을 각각의 프로세스에 넘겨 검사할 수 있다. 이 문제는 당황스러울 정도로 병렬적이다. 이는 공유해야 할 상태가 전혀 없다는 의미다.

`multiprocessing` 모듈을 사용하면 부하를 쉽게 제어할 수 있다. 따라서 계산에 필요한 자원을 활용(또는 오용!)하려면 작업 큐를 어떻게 튜닝할 수 있는지를 검토하고, 자원을 조금 더

효율적으로 사용할 수 있는 쉬운 방법을 탐구해 보려 한다. 즉 미리 정해진 자원 집합에 복잡도가 달라지는 여러 작업을 효율적으로 배분해서 **부하를 균등화**할 방법을 살펴볼 것이다.

1.2.1 '이상적인 컴퓨팅 vs. 파이썬 가상 머신'에서 살펴본 알고리즘을 조금 개선해서 짝수를 발견하면 함수를 빠르게 종료하게 했다. [예제 9-8]을 보자.

예제 9-8 파이썬으로 소수 찾기

```
def check_prime(n):
    if n % 2 == 0:
        return False
    for i in range(3, int(math.sqrt(n)) + 1, 2):
        if n % i == 0:
            return False
    return True
```

이 방법으로 소수를 판별한다면 부하가 얼마나 달라질까? [그림 9-9]는 10,000부터 1,000,000까지 n을 증가해가면서 소수 여부를 검사하는 데 걸리는 시간이 얼마나 늘어나는지를 보여준다.

수는 대부분 소수가 아닌 합성수다. 이런 수를 그림에 점으로 표시했다. 그중 일부는 검사 비용이 적게 들지만 나머지는 여러 가지 인수를 검사해야만 한다. 소수는 x로 표시했으며, 진하고 두꺼운 띠를 형성한다. 소수는 합성수보다 검사 비용이 많이 든다. n이 증가하면서 검사해야 하는 인수의 범위가 n의 제곱근으로 늘어나며 검사에 걸리는 시간이 길어진다. 소수의 시퀀스는 예측할 수 없다. 따라서 특정 범위의 수에 들어가는 예상 비용을 확실히 알 수 없다(추정할 수는 있겠지만 복잡도를 확신할 수는 없다).

이 그림은 순간적인 변동을 없애기 위해 각 n을 200번 검사해서 가장 빠른 결과를 취해 그렸다. 결과를 한 번만 검사하면 다른 프로세스의 영향으로 시스템 부하에 차이가 생겨 분산이 커진다. 많이 검사해서 그중 가장 빠른 값을 택하면 최선의 결과를 얻을 수 있다.

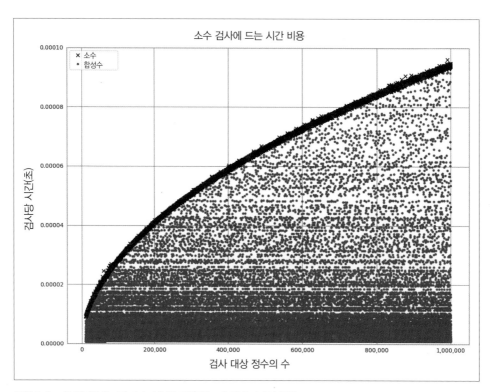

그림 9-9 n이 증가함에 따라 소수 여부를 검사하는 데 걸린 시간의 변화

작업을 프로세스 풀에 분산하면 얼마나 많은 작업이 각 작업자에 넘어갔는지를 정확히 알 수 없다. 모든 작업을 균등하게 배분해서 한 번에 넘겨 처리하거나, 작업을 수많은 단위로 구분해서 빈 코어에 전달할 수 있을 것이다. 이를 chunksize 매개변수를 사용해 제어한다. 작업 단위를 크게 만들면 통신 부가비용이 줄고, 작업 단위를 작게 만들면 자원 할당을 더 세밀하게 제어할 수 있다.

소수 검색 프로그램의 작업 단위는 check_prime으로 검사할 수 n개다. chunksize를 10으로 설정하면 각 프로세스가 정수 10개로 이뤄진 목록을 한 번에 하나씩 처리한다.

[그림 9-10]은 chunksize를 1(작업당 검사할 수가 1개)부터 64(작업당 검사할 수가 64개)까지 늘려가며 그 효과를 보여준다. 크기가 작은 작업을 많이 사용하면 유연성은 높지만 통신에 따른 부가비용이 커진다. 코어 4개를 모두 효율적으로 활용하지만 각 작업과 결과를 통신 파이프 하나로 전달해야 하니 파이프가 병목이 된다. chunksize를 두 배로 키워서 2로 만들

면, 통신 파이프를 두고 벌이는 경쟁이 줄어들어 작업이 두 배 더 빨리 해결된다. chunksize를 키우면 계속 실행 시간이 빨라지리라 예상할지도 모르겠다. 하지만 그림에서 볼 수 있듯이, 한계 수확이 줄어들기 시작하는 지점에 곧 도달한다.

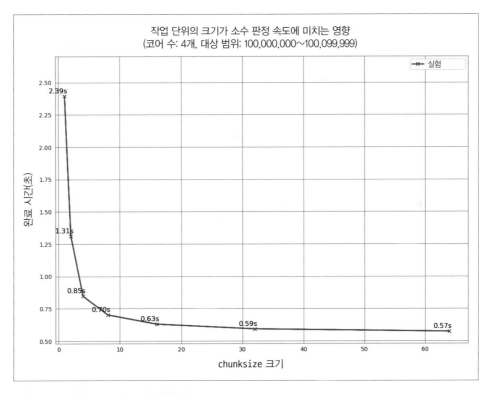

그림 9-10 적절한 chunksize 값 선택하기

성능이 떨어지기 시작하는 시점까지 chunksize 값을 계속 올린다. [그림 9-11]에서는 작업 단위의 범위를 확장해서 작업 단위가 매우 큰 경우까지 보여준다. 작업 단위가 큰 쪽에서 최악의 수행 시간은 chunksize가 **50000**일 때의 1.08초다. 10만 개의 항목을 작업 단위 2개로 나눴으므로 코어 4개 중 2개가 계속 유휴 상태다. chunksize가 **10000**일 때는 작업 단위를 10개 만들어서 4개씩 병렬로 두 번 처리한 다음, 나머지 2개를 처리한다. 마지막 처리 시 코어 2개가 쉬게 되어 자원을 비효율적으로 사용한다.

최적의 해법은 전체 작업을 총 코어 수로 나눈 값이다. multiprocessing은 기본적으로 이렇게 동작하며, 그림에서는 '기본값'이라는 점이 이를 표현한다.

일반적으로는 기본 동작을 사용해도 충분하다. 실질적인 이득이 있으리라 예상할 때만 튜닝해야 하며, 이때 여러분의 가설을 기본 동작과 비교해 검증해 봐야만 한다.

몬테 카를로 방식의 원주율 프로그램과 달리, 소수를 판별하는 계산은 복잡도가 변화하며 때로는 작업이 빨리 끝나기도 하고(짝수의 판별이 가장 빨리 끝난다), 때로는 큰 소수를 처리해야 한다(검사에 훨씬 긴 시간이 필요하다).

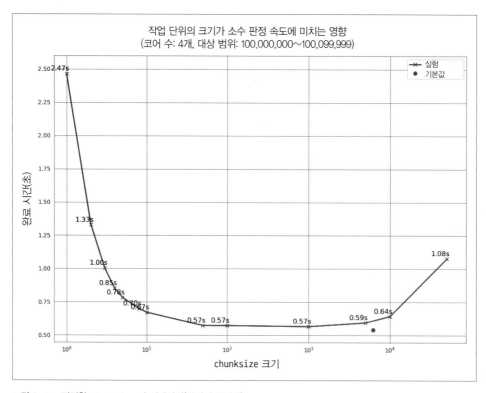

그림 9-11 적절한 chunksize 값 선택하기(앞에서 어어짐)

작업 순서를 임의로 뒤섞으면 어떻게 될까? [그림 9-12]에서 볼 수 있듯이, 이 문제에서는 성능을 2% 정도 더 쥐어짤 수 있었다. 순서를 임의로 뒤섞으면 작업열의 마지막 작업이 다른 작업보다 시간이 더 걸릴 확률이 줄어들고, 그에 따라 오직 한 코어만 계산하게 될 가능성도 줄어든다.

chunksize를 10000으로 설정한 앞의 예제처럼 작업 부하를 가용 자원의 수에 맞춰 분배하지 못하면 효율이 떨어진다. 앞의 예에서는 3단계로 작업을 진행했다. 첫 두 단계는 자원을 100% 활용했지만 마지막 단계는 오직 50%만 활용했다.

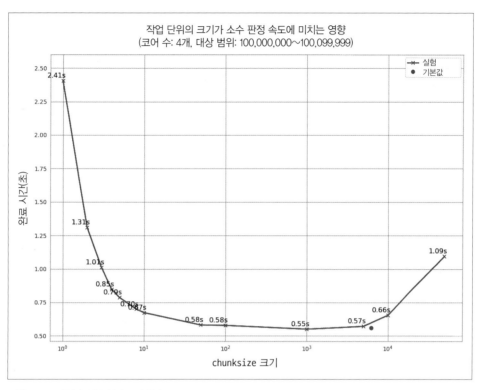

그림 9-12 작업 순서를 임의로 뒤섞기

[그림 9-13]은 작업 단위의 개수를 코어 개수와 잘못 맞춰 발생하는 이상한 효과를 보여준다. 잘못된 설정은 가용 자원을 효율적으로 활용하지 못하게 한다. 작업 단위를 단 하나만 만들면 전체 실행 시간이 가장 길고, 2개로 만들면 코어 4개 중 2개는 활용되지 않는 식이다. 작업 단위가 4개일 때만 모든 자원을 활용한다. 하지만 다섯 번째 작업 단위를 추가하면, 다시 자원의 일부를 덜 활용하게 된다. 즉 코어 4개가 각자 하나의 작업 단위를 처리한 다음에는 오직 한 코어만 다섯 번째 작업 단위를 처리한다.

작업 단위의 개수를 늘릴수록 효율이 더 높아진다(작업 단위가 29개와 32개일 때의 차이는 약 0.03초다). 일반적으로는 각 작업의 실행 시간이 들쑥날쑥할 때 작은 작업을 많이 만들면 자원을 더 효율적으로 활용한다.

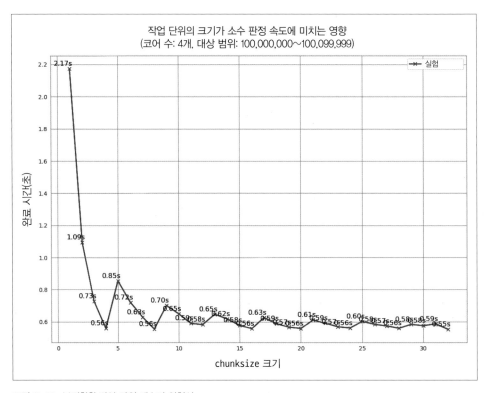

그림 9-13 부적합한 작업 단위 개수의 위험성

다음은 당황스러울 정도로 병렬적인 문제에 `multiprocessing`을 효율적으로 사용하기 위한 전략들이다.

- 작업을 독립적인 작업 단위로 나눠라.
- 작업자가 처리하는 시간이 작업에 따라 달라진다면, 작업 순서를 임의로 재배치하는 것을 고려하라(다른 예로는 길이가 서로 다른 파일들을 처리하는 작업이 있다).
- 작업 큐를 정렬해서 가장 느린 작업을 먼저 처리하는 전략도 좋다.
- chunksize를 조정할 타당한 이유가 없다면 기본값을 사용하라.
- 물리 코어의 개수와 작업의 개수를 서로 맞춰라(다시 말하지만, chunksize의 기본값은 이를 고려한 값이다. 다만 기본값은 하이퍼스레드도 사용하는데, 실제로 여기서 얻는 이득은 거의 없다).

기본적으로 `multiprocessing`은 하이퍼스레드를 추가 코어로 인식한다. 따라서 이안의 노트북에서 프로세스를 8개 할당하지만, 그중 4개만 100% 속도로 실행된다. 하이퍼스레드 때문에 추가된 프로세스 4개는 속도 향상에 별로 도움이 되지 않으면서 귀중한 RAM을 점유할 수도 있다.

Pool을 사용하면 미리 정의된 작업 단위를 가용 코어에 나눌 수 있다. 하지만 부하가 동적으로 가해진다면 이 방식이 그다지 도움이 되지 않는다. 특히 시간이 지나면서 새로운 부하가 도착하는 상황에는 더욱더 그렇다. 이런 종류의 부하를 다룰 때는 다음 절에서 소개하는 Queue를 사용하면 좋다.

9.4.1 작업 큐

multiprocessing.Queue 객체는 피클 가능한 파이썬 객체를 프로세스 간에 전송할 수 있는 영속적이지 않은 큐를 제공한다. 각 객체를 전송하려면 피클화해야 하고, 소비자에서는 이를 다시 언피클해야 하므로 이 과정에는 부가비용이 든다(락 관련 연산 비용도 든다). 다음 예제에서는 이런 비용을 무시할 수 없음을 보여준다. 하지만 큰 작업을 처리할 때에는 보통 이런 통신 부가비용을 허용한다.

큐는 사용하기 쉽다. 이 예제에서는 처리 대상 수의 목록을 소비하면서 소수인지를 검사하고, 확인한 소수 목록을 다시 definite_primes_queue를 통해 전달한다. 이 방식을 1, 2, 4, 8개의 프로세스를 사용해 실행하면서, 같은 범위를 하나의 프로세스보다 여러 프로세스로 처리할 때 실행 시간이 더 길어짐을 확인해보자.

큐는 원시 파이썬 객체를 사용해 프로세스 간 통신을 많이 수행하게 해준다. 이는 상태 정보가 많은 객체를 여기저기 전달하는 경우에는 유용할 수 있다. 하지만 큐는 영속성을 제공하지 않으니 실패(예를 들어 전원이 꺼지거나 하드 드라이브가 손상된 경우)하면 안 되는 작업에는 사용하지 않아야 한다.

[예제 9-9]는 check_prime 함수를 보여준다. 기본적인 소수 검사는 이미 익숙할 것이다. (처리할 작업이 생길 때까지) 무한 루프를 돌면서 possible_primes_queue.get()을 호출해 큐에서 항목을 하나 가져온다. Queue 객체가 항목 접근을 동기화하므로 한 번에 오직 한 프로세스만 항목을 가져올 수 있다. 큐에 작업이 없다면 .get()은 새 작업이 들어올 때까지 블록된다. 소수를 찾으면 definite_primes_queue의 put을 통해 부모 프로세스에 돌려보낸다.

```
FLAG_ALL_DONE = b"WORK_FINISHED"
FLAG_WORKER_FINISHED_PROCESSING = b"WORKER_FINISHED_PROCESSING"


def check_prime(possible_primes_queue, definite_primes_queue):
    while True:
        n = possible_primes_queue.get()
        if n == FLAG_ALL_DONE:
            # 모든 결과를 결과 큐에 보냈음을 표시하는 플래그
            definite_primes_queue.put(FLAG_WORKER_FINISHED_PROCESSING)
            break
        else:
            if n % 2 == 0:
                continue
            for i in range(3, int(math.sqrt(n)) + 1, 2):
                if n % i == 0:
                    break
            else:
                definite_primes_queue.put(n)
```

플래그를 2개 만들었다. 하나는 작업이 더는 없다는 사실을 전달할 때 부모 프로세스가 사용하는 포이즌 필이고, 다른 하나는 작업자가 포이즌 필을 받아 스스로 종료함을 확인하기 위한 플래그다. 첫 번째 포이즌 필은 처리 루프를 확실히 종료하는 데 사용하므로 센티넬 sentinel(http://en.wikipedia.org/wiki/Sentinel_value)이라고도 한다.

작업 큐와 원격 작업자를 다룰 때 이와 같은 플래그를 사용하면 유용하다. 포이즌 필이 적절한 시간 안에 보내졌고 자식들이 스스로 종료한다는 응답을 돌려줬는지를 확인할 수 있기 때문이다. 여기서 그 과정을 다루지는 않지만, 코드에 시간 검사를 추가하는 작업은 간단하다. 이런 플래그를 수신했는지는 디버깅 시 로그에 남기거나 출력할 수 있다.

[예제 9-10]은 Manager에서 Queue 객체를 만든다. 포크한 프로세스를 포함해 Process 객체의 목록을 만들어내는 (이미 익숙한) 과정을 사용할 것이다. 큐 두 개를 인자로 보내면 multiprocessing이 큐의 동기화를 처리한다. 새 프로세스가 시작되면 possible_primes_queue에 작업 목록을 넘기고, 실행을 끝낼 때는 각 프로세스에 포이즌 필을 하나씩 전달한다. 작업은 FIFO 순으로 소비하며, 포이즌 필은 마지막에 전달한다. 새로운 프로세스는 큐에 작업이 들어올 때까지 기다려야만 하니, check_prime에서는 블록되는 .get()을 사용한다. 플래

그를 사용한 덕에 작업을 추가하고, 결과를 처리한 다음, 더 많은 작업을 추가하고, 나중에 포이즌 필을 보내서 작업자가 생명을 마감하도록 신호를 보낼 수 있다.

예제 9-10 IPC를 위한 큐 2개 만들기

```python
if __name__ == "__main__":
    parser = argparse.ArgumentParser(description="Project description")
    parser.add_argument(
        "nbr_workers", type=int, help="Number of workers e.g. 1, 2, 4, 8"
    )
    args = parser.parse_args()
    primes = []

    manager = multiprocessing.Manager()
    possible_primes_queue = manager.Queue()
    definite_primes_queue = manager.Queue()

    pool = Pool(processes=args.nbr_workers)
    processes = []
    for _ in range(args.nbr_workers):
        p = multiprocessing.Process(
            target=check_prime, args=(possible_primes_queue,
                                      definite_primes_queue)
        )
        processes.append(p)
        p.start()

    t1 = time.time()
    number_range = range(100_000_000, 101_000_000)

    # 전달되는 작업 큐에 작업을 추가한다
    for possible_prime in number_range:
        possible_primes_queue.put(possible_prime)

    # 포이즌 필을 추가해서 원격 작업자를 중단한다
    for n in range(args.nbr_workers):
        possible_primes_queue.put(FLAG_ALL_DONE)
```

[예제 9-11]에서는 definite_primes_queue의 .get()을 호출하는 다른 루프를 시작해서 결과를 소비한다. finished-processing 플래그가 있으면, 종료한다는 신호를 보낸 프로세스의 개수를 센다. 반면 종료 플래그가 설정되지 않았다면 새로운 소수가 있는 것이므로, 이

를 primes 리스트에 추가한다. 모든 프로세스에서 종료한다는 신호를 받고 나면 루프를 종료한다.

예제 9-11 큐 2개를 사용해 IPC하기

```
processors_indicating_they_have_finished = 0
    while True:
        new_result = definite_primes_queue.get()  # 결과를 기다리면서 블록된다
        if new_result == FLAG_WORKER_FINISHED_PROCESSING:
            processors_indicating_they_have_finished += 1
            if processors_indicating_they_have_finished == args.nbr_workers:
                break
        else:
            primes.append(new_result)
    assert processors_indicating_they_have_finished == args.nbr_workers

    print("Took:", time.time() - t1)
    print(len(primes), primes[:10], primes[-10:])
```

피클링과 동기화 때문에 Queue를 사용하려면 상당한 부가비용이 든다. [그림 9-14]에서처럼, Queue 없이 프로세스 하나로 처리하는 방식이 둘 이상의 프로세스를 사용하는 쪽보다 훨씬 더 빠르다. 우리 예제는 작업 자체의 부하가 매우 작아서 이런 현상이 발생한다. 전체 작업에서 통신에 드는 시간이 큰 비중을 차지하기 때문이다. Queue를 사용하면 프로세스가 2개일 때가 하나일 때보다 약간 빠르지만, 4개나 8개가 되면 더 느리다.

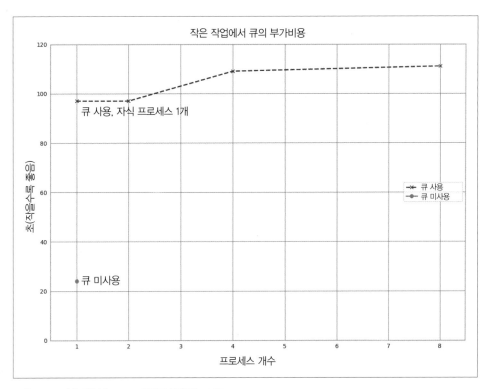

그림 9-14 작은 작업에 Queue 객체를 사용하는 비용

통신량은 적은데 작업을 완료하기까지 오랜 시간이 걸린다면(적어도 1초의 상당한 부분을 차지) Queue를 사용하는 방법이 정답일 것이다. 여러분은 통신 비용이 어느 정도인지 검사해서 이 접근 방법이 유용한지를 검증해야만 한다.

작업 큐에서 불필요한 절반(모든 짝수. check_prime은 짝수를 즉시 거부한다)을 제거한다면 어떤 일이 벌어질지 궁금할 수도 있다. 입력 큐의 크기를 반으로 만들면 실행 시간도 반으로 줄어든다. 하지만 여전히 큐를 사용하지 않는 단일 프로세스 예제보다 느리다! 통신 비용이 본 예제에서 가장 중요한 요소라는 사실이 이 실험 결과를 통해 더 명확해졌다.

큐에 비동기적으로 작업 추가하기

주 프로세스에 Thread를 추가해서 possible_primes_queue에 작업을 비동기적으로 공급할 수 있다. [예제 9-12]의 feed_new_jobs 함수는 이전의 __main__ 함수와 같은 작업 설정 단계를 수행하지만 별도의 스레드를 사용한다.

```
def feed_new_jobs(number_range, possible_primes_queue, nbr_poison_pills):
    for possible_prime in number_range:
        possible_primes_queue.put(possible_prime)
    # 원격 프로세스를 종료시키기 위해 포이즌 필을 추가한다
    for n in range(nbr_poison_pills):
        possible_primes_queue.put(FLAG_ALL_DONE)
```

이제 [예제 9-13]에서 __main__은 possible_primes_queue를 사용하는 Thread를 설정한 다음, 작업을 시작하기 **전에** 결과 취합 단계로 옮겨간다. __main__ 스레드가 처리 결과를 다루는 동안, 비동기적인 작업 공급기는 외부에서 (예를 들어 데이터베이스나 I/O 위주의 통신에서) 공급되는 작업을 소비할 수도 있다. 이는 입력 시퀀스와 출력 시퀀스를 미리 만들어 놓을 필요가 없다는 의미다. 즉 입력과 출력을 모두 그때그때 처리할 수 있다.

예제 9-13 스레드를 사용해 비동기적으로 작업을 공급하게 만들기

```
if __name__ == "__main__":
    primes = []
    manager = multiprocessing.Manager()
    possible_primes_queue = manager.Queue()

    ...

    import threading
    thrd = threading.Thread(target=feed_new_jobs,
                            args=(number_range,
                                  possible_primes_queue,
                                  NBR_PROCESSES)) # NBR_PROCESS는 프로세서 코어 개수다
    thrd.start()

    # 결과를 처리한다
```

강건한 비동기 시스템을 원한다면, tornado 같은 외부 라이브러리나 asyncio를 써야 한다. 이런 접근 방법에 관해서는 8장을 살펴보라. 여기서 살펴본 예는 출발점이 될 수는 있지만, 실용적으로 볼 때 아주 단순한 시스템에만 어울리며 프로덕션 시스템보다 교육에 적합하다.

비동기 시스템을 만들려면 인내심이 매우 뛰어나야 한다는 점을 **명심해라**(디버깅하다 보면 결

국 머리를 쥐어뜯게 된다). 우리가 제안하는 방식은 다음과 같다.

- 'KISS^{Keep It Simple, Stupid}(멍청아, 단순하게 해!)' 원칙을 적용한다.
- 가능하면 직접 만든 비동기 시스템(예를 들면 우리 예제)은 사용하지 않는다. 복잡도가 계속 커지며 유지보수하기 점점 어려워진다.
- 앞 장에서 설명한 gevent처럼 특정 문제 해결용으로 이미 검증된 성숙한 라이브러리를 사용한다.

더 나아가, 큐의 상태를 외부에서 감시할 수 있는 외부 큐 시스템(10.7절 '강건한 프로덕션 클러스터링을 위한 NSQ'에서 다룬 NSQ나 ZeroMQ, 셀러리^{Celery} 등)의 사용을 강력히 추천한다. 이렇게 하면 생각할 부분이 더 늘어나기는 하지만, 디버깅 효율이 높아지고 프로덕션 시스템에서 시스템을 더 잘 관찰할 수 있으므로 결국 시간이 절약된다.

> **TIP** 회복탄력성^{resilience}을 위해 작업 그래프 사용을 고려해 보라. 오래 실행되는 큐를 사용하는 데이터 과학 작업은 비순환 그래프로 이뤄진 작업 파이프라인으로 지정하면 잘 작동하는 경우가 많다. 강력한 라이브러리로 Airflow(https://airflow.apache.org/)와 Luigi(http://oreil.ly/rBfGh)가 있다. 업계에서도 이들을 자주 사용하며 임의의 작업 체이닝, 온라인 감시, 유연한 규모 확장을 지원한다.

9.5 프로세스 간 통신을 사용해 소수 검증하기

소수는 인수가 1과 자기 자신밖에 없는 수다. 가장 흔한 인수는 당연히 2다(모든 짝수는 소수가 아니다). 그리고 3, 5, 7 같은 작은 소수는 9, 15, 21 등의 더 큰 합성수의 인수가 된다.

주어진 큰 수가 소수인지 검증하라는 요청을 받았다고 하자. 아마도 검색해야 할 인수의 범위가 상당히 클 것이다. [그림 9-15]는 1천만까지의 합성수에 대한 각 인수의 출현 빈도다. 작은 인수가 나타날 가능성이 큰 인수보다 훨씬 더 크지만, 예측 가능한 패턴은 없다.

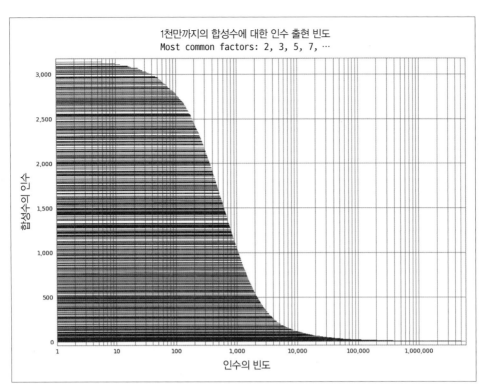

그림 9-15 합성수에 대한 인수의 빈도

새로운 문제를 정의해보자. 수가 **몇 개** 있고, 우리는 CPU 자원을 효율적으로 사용해 각 수가 소수인지 한 번에 하나씩 검사하려 한다. 검사해야 하는 수가 커다란 수 하나뿐일 수도 있다. 이런 형태의 검사에 코어를 하나만 사용하는 것은 합리적이지 않다. 대신 작업에 많은 코어를 배당하고 싶다.

이번 절에서는 15자리 수 1개와 18자리 수 4개를 사용한다.

- 작은 합성수: 112,272,535,095,295
- 큰 합성수 1: 100,109,100,129,100,369
- 큰 합성수 2: 100,109,100,129,101,027
- 소수 1: 100,109,100,129,100,151
- 소수 2: 100,109,100,129,162,907

작은 합성수와 큰 합성수를 사용하여, 우리가 선택한 프로세스가 소수를 빠르게 검사할 수 있고 합성수를 검사할 때도 느려지지 않음을 검증하려 한다. 이때 주어진 수가 소수인지 합성수인지 모른다고 가정한다. 따라서 모든 용례에서 가능하면 가장 빠른 결과를 원한다.

> **NOTE_** 이 책의 1판을 읽었다면, C파이썬 3.7의 실행 시간이 C파이썬 2.7보다 **약간 느리다**는 점에 놀랐을 수도 있다. 심지어 1판에서는 더 느린 노트북에서 C파이썬 2.7을 실행했다. 여기 있는 코드는 현재 C파이썬 3.x가 C파이썬 2.7보다 느린 엣지 케이스다. 이 코드는 정수 연산에 의존하는데, C파이썬 2.7의 시스템은 정수와 '큰' 정수를 혼합해 사용한다(큰 정수는 임의 크기의 정수를 처리할 수 있지만 속도가 느리다). C파이썬 3.x는 모든 연산에 '큰' 정수만 사용한다. '큰' 정수의 구현은 최적화됐지만, 특정 상황에서는 여전히 예전의 (그리고 좀 더 복잡한) 구현보다 더 느리다.
>
> 우리는 어떤 '종류'의 정수가 사용 중인지 걱정할 필요가 없다. 그 대가로 C파이썬 3.7에서는 약간의 속도 저하를 감수해야 한다. 하지만 C파이썬 3.x가 C파이썬 2.7보다 여러모로 더 빠르므로, 이 예제는 여러분의 코드에 영향을 주지 않을 법한 마이크로벤치마크일 뿐이다. 정수 연산이 실행 시간의 대부분을 차지하는 상황이 아니라면 이를 걱정하지 않아도 된다. 그리고 정수 연산에만 의존하는 경우라면 PyPy를 강력히 추천한다. PyPy는 이런 속도 저하가 없다.

협력을 하려면 비용이 들기 마련이다. 데이터를 동기화하고 공유 데이터를 검사하는 데는 상당히 큰 비용이 든다. 지금부터 작업을 중재해주는 방법을 몇 가지 살펴보자.

여기서는 어느 정도 특화된 메시지 전달 인터페이스^{message passing interface}(MPI)를 다루지는 **않는다**. 대신 파이썬에 기본 포함된 내장 모듈과 (아주 흔하게 사용되는) 레디스를 살펴본다. MPI 사용을 고려하는 독자라면, 자신이 무엇을 원하는지 이미 이해할 것이다. MPI4PY(`http://bit.ly/MPI4PY_proj`)가 좋은 출발점이다. 컴퓨터를 몇 대를 사용하는지와 관계없이, 수많은 프로세스가 협력하는 상황에서 레이턴시를 제어하고 싶다면 MPI4PY가 이상적인 기술이다.

지금부터 살펴볼 시험에서는 테스트를 각각 20번씩 실행한 뒤 가장 적게 걸린 시간을 선택해서 각 방식의 최고 속도를 측정한다. 우리는 여러 예제에서 다양한 기법을 활용해 플래그(보통 1바이트)를 공유했다. **Lock** 같은 기본 객체를 사용할 수도 있겠지만, 락을 사용하면 오직 1Bit의 상태만 공유할 수 있다. 그래서 원시 타입을 공유하여 더 복잡한 상태도 공유할 수 있음을 알려주고자 한다(다만 이 예제에서는 더 복잡한 상태가 필요하지는 않다).

상태를 공유하면 모든 것이 **복잡해지는** 경향이 있음을 명심하자. 상태를 공유하다 보면 머리를 쥐어뜯는 상태에 빠질 수 있다. 주의를 기울이고 가능한 모든 것을 단순하게 유지하도록 노력하라. 단순성을 유지하지 못하면, 개발자가 문제를 해결하기 위해 보내야 하는 시간이 자원을 덜 효율적으로 공유해서 생기는 시간적 손해보다 커질 수도 있다.

우선 결과를 논의한 다음에 코드를 살펴보자.

[그림 9-16]은 IPC를 사용해 소수 판단을 더 빨리 수행하는 첫 번째 접근 방식을 보여준다. 이 벤치마크는 순차 버전으로, 프로세스 간 통신을 전혀 사용하지 않는다. 따라서 다른 시도는 최소한 이 방식보다는 더 빨라야 한다.

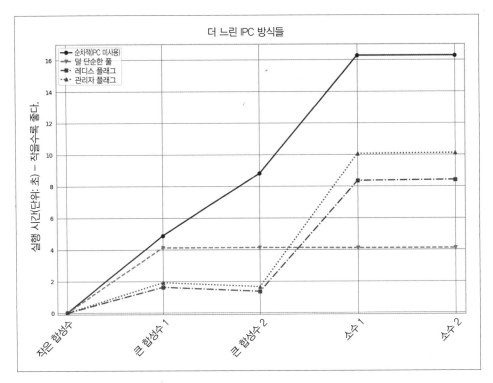

그림 9-16 IPC를 사용해 소수를 판정하는 느린 방법들

덜 단순한 풀을 사용한 버전은 예측할 수 있는 (그리고 좋은) 속도를 보인다. 이 방식은 속도가 충분히 빠른 데다가, 이를 능가하는 방식을 생각해내기도 쉽지 않다. 고성능 해법을 찾아볼 때 뻔해 보이는 방식이라고 간과해서는 안 된다. 때로는 뻔하지만 만족스러운 성능을 보이는 해법만으로도 충분하다.

덜 단순한 풀을 사용한 방법은 검사 대상 수의 잠재적인 인수를 가용 CPU에 골고루 분배한 다음, 작업을 각 CPU에 밀어 넣는다. CPU 중 어느 하나가 인수를 찾으면 그 CPU는 빨리 작업을 마치지만 그 사실을 다른 CPU에 전달하지는 않는다. 다른 CPU들은 자신이 맡은 범위를 모두 처리할 때까지 작업을 계속한다. 이는 18자리 수(우리 예제에서 더 큰 수 4개)가 소수인지 여부와 관계없이 모두 같은 시간 걸린다는 의미다.

레디스나 Manager를 사용한 해법은 통신 부가비용 때문에 큰 수의 인수를 계산할 때 더 느리다. 이들은 인수를 발견해서 검색을 중단해야 하는지를 알려주는 플래그를 공유한다.

레디스를 사용하면 상태를 서로 다른 파이썬 프로세스뿐 아니라 다른 도구나 컴퓨터와도 공유할 수 있다. 심지어 상태를 웹 브라우저로 보여줄 수도 있다(이런 방식은 원격 모니터링에서 유용하다). Manager는 multiprocessing의 일부로, 파이썬 객체(원시 타입, list, dict 등)에 대한 고수준 동기화를 제공한다.

공유 플래그를 검사하는 부가비용이 들기는 하지만, 큰 합성수에서는 인수를 발견하자마자 검색을 빨리 마치도록 신호를 보내서 절약하는 시간이 부가비용보다 훨씬 더 크다.

하지만 소수에서는 인수를 찾을 수 없으니 검사를 일찍 마칠 방법이 없다. 따라서 공유 플래그를 검사하는 데 가장 큰 비용이 들어간다.

> **TIP** 조금만 생각해봐도 충분할 때가 많다. 여기서는 소수 검증 작업을 더 빠르게 하는 다양한 IPC 기반의 해법을 살펴보고 있다. '코드를 타이핑하는 데 드는 시간'과 '감소한 실행 시간' 측면에서 볼 때, 첫 번째 단계(단순한 병렬 처리)가 가장 적은 노력으로 가장 큰 성능 향상을 가져다준다. 그보다 성능을 더 개선하려면 상당한 추가 실험이 들어간다. 항상 궁극적인 실행 시간을 생각하라. 특히 애드훅ad hoc 작업이라면 더 그렇다. 한 번만 처리하면 되는 작업이라면 주말에 작업을 돌려두는 편이 코드를 최적화하느라 시간을 소비하는 것보다 나을 수도 있다.

[그림 9-17]은 약간의 노력만으로 상당히 빠른 결과를 얻을 수 있음을 보여준다. 덜 단순한 풀을 사용한 결과가 여전히 성능 측정의 기준이지만, RawValue와 MMap(메모리 맵)을 사용한 결과는 앞에서 봤던 레디스나 Manager를 사용한 결과보다 훨씬 빠르다. 이제 가장 빠른 해법을 도입하고 (이해하기 약간 더 어렵게) 코드를 변경하여 최적에 가까운 MMap 해법을 만들어보자. 이렇게 만든 최종 버전은 덜 단순한 풀 버전보다 합성수를 더 빠르게 처리하며 소수에서는 거의 비슷한 속도를 보인다.

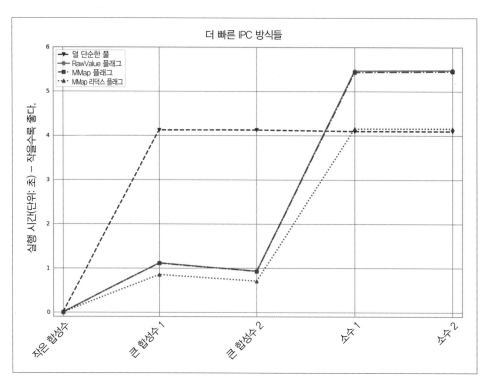

그림 9-17 IPC를 사용해 소수를 판정하는 빠른 방법들

다음 절에서는 파이썬에서 IPC를 활용해 이런 협력적인 검색 문제를 해결하는 다양한 방법을 살펴보려 한다. 여러분이 'IPC는 상당히 쉽지만, 비용을 수반한다'라는 사실을 깨닫기를 바란다.

9.5.1 순차적 해법

앞에서 사용한 순차적인 인수 검사 코드부터 시작해보자(예제 9-14). 이미 언급했듯이, 인수가 큰 합성수는 병렬로 검사하면 가능한 인수 공간을 더 효율적으로 검색할 수 있다. 그래도 역시 비교할 기준점으로는 순차적 방식이 최고일 것이다.

```
def check_prime(n):
    if n % 2 == 0:
        return False
    from_i = 3
    to_i = math.sqrt(n) + 1
    for i in range(from_i, int(to_i), 2):
        if n % i == 0:
            return False
    return True
```

9.5.2 단순한 풀 해법

단순한 풀 해법은 multiprocessing.Pool을 사용하며, 9.4절 '소수 찾기'와 9.3절 '프로세스와 스레드를 사용해 원주율 추정하기'와 비슷하게 포크한 프로세스 4개를 사용한다. 소수 여부를 검사할 수가 있고, 그 수에 대해 가능한 인수의 범위를 4가지 하위 범위의 튜플로 나눠서 풀에 전달한다.

[예제 9-15]에서는 새로운 메서드 create_range.create를 사용한다(상당히 지루한 부분이라 자세히 설명하지는 않는다). 이 메서드는 작업 공간을 같은 크기의 영역으로 나눈다. ranges_to_check의 각 항목은 검색할 최대와 최솟값의 쌍이다. 숫자 18개로 이뤄진 최초의 합성수(100,109,100,129,100,369)를 프로세스 4개를 사용해 검사할 때 인수의 범위는 ranges_to_check == [(3, 79_100_057), (79_100_057, 158_200_111), (158_200_111, 237_300_165), (237_300_165, 316_400_222)]이다 (여기서 316,400,222는 100,109,100,129,100,369에 1을 더한 값의 제곱근이다). 먼저 __main__에서 Pool을 만든다. 그 후 check_prime은 맵을 사용해 소수일 가능성이 있는 각각의 수 n에 대한 ranges_to_check를 분할한다. 결과가 False라면 인수를 찾았다는 뜻이니 소수가 아니다.

예제 9-15 단순한 풀 해법

```
def check_prime(n, pool, nbr_processes):
    from_i = 3
    to_i = int(math.sqrt(n)) + 1
    ranges_to_check = create_range.create(from_i, to_i, nbr_processes)
    ranges_to_check = zip(len(ranges_to_check) * [n], ranges_to_check)
```

```
        assert len(ranges_to_check) == nbr_processes
        results = pool.map(check_prime_in_range, ranges_to_check)
        if False in results:
            return False
        return True

    if __name__ == "__main__":
        NBR_PROCESSES = 4
        pool = Pool(processes=NBR_PROCESSES)
    ...
```

[예제 9-16]의 check_prime을 변경해서 검사할 대상 범위의 최솟값과 최댓값을 받게 했다. 가능한 모든 인수로 이뤄진 완전한 리스트를 전달할 필요가 없다. 범위를 정의할 수 있는 최댓값과 최솟값만 전달하는 방식으로 메모리와 시간을 절약한다.

예제 9-16 check_prime_in_range

```
def check_prime_in_range(n_from_i_to_i):
    (n, (from_i, to_i)) = n_from_i_to_i
    if n % 2 == 0:
        return False
    assert from_i % 2 != 0
    for i in range(from_i, int(to_i), 2):
        if n % i == 0:
            return False
    return True
```

Pool을 사용해 작은 합성수를 검증하면 0.1초가 걸린다. 이는 순차적 해법의 0.000002초에 비하면 엄청나게 긴 시간이다. 그런데도 전반적으로는 속도가 빨라진다. 한 예에서만 결과가 좋지 않다면 별문제가 아니라고 받아들일지도 모르겠다. 하지만 더 작은 합성수를 다수 검사해야 한다면 어떨까? 우리는 이런 속도 저하도 피할 수 있다. 다음에는 덜 단순한 풀 해법을 살펴보자.

9.5.3 덜 단순한 풀 해법

앞에서 본 해법은 작은 소수를 검증할 때 비효율적이다. 작은(18자리 미만) 합성수를 다룰 때 순차적 방식보다 더 느릴 수 있다. 이는 분할된 작업을 보내는 오버헤드와 아주 작은 인수(이런 인수가 발생할 가능성이 크다)를 찾았는데도 그 사실을 알지 못한다는 점 때문이다. 작은 인수를 발견한 프로세스는 다른 더 큰 인수 검색이 끝날 때까지 기다려야만 한다.

작은 인수를 발견했다는 신호를 다른 프로세스에 전달할 수도 있다. 하지만 이런 일이 매우 자주 일어나므로 통신에 따른 부가비용이 많이 늘어난다. [예제 9-17]의 해법은 더 실용적인 접근 방법을 택한다. 가능성이 큰 작은 인수를 순차적으로 빠르게 검사한 다음 병렬 검색을 시작한다. 상대적으로 더 비싼 병렬 연산을 시작하기 전에 미리 순차 검사를 수행하는 방식은 병렬 연산의 비용을 일부 절약하려고 자주 사용하는 접근 방법이다.

예제 9-17 작은 합성수에 대해 단순한 풀 해법 개선하기

```python
def check_prime(n, pool, nbr_processes):
    # 가능성이 높은 인수를 큰 비용을 들이지 않고 검사한다
    from_i = 3
    to_i = 21
    if not check_prime_in_range((n, (from_i, to_i))):
        return False

    # 계속해서, 큰 인수들을 병렬로 검사한다
    from_i = to_i
    to_i = int(math.sqrt(n)) + 1
    ranges_to_check = create_range.create(from_i, to_i, nbr_processes)
    ranges_to_check = zip(len(ranges_to_check) * [n], ranges_to_check)
    assert len(ranges_to_check) == nbr_processes
    results = pool.map(check_prime_in_range, ranges_to_check)
    if False in results:
        return False
    return True
```

이 해법의 속도는 모든 테스트에서 원래의 순차 검색 속도와 비슷하거나 더 빠르다. 이 방식을 우리의 새로운 벤치마크로 삼자.

이 Pool 방식이 소수를 검사하는 최적의 방법이라는 점은 중요하다. 소수라면 검색을 빨리 끝낼 방법이 없다. 검색을 마치기 전에 모든 인수를 빠짐없이 직접 살펴봐야 하기 때문이다.

이런 인수를 더 빨리 검사할 방법은 없다. 어떤 방식이든 복잡도를 추가하면 명령어도 늘어나며, 모든 인수를 검사하는 이런 경우에는 결국 가장 많은 명령어를 실행하게 된다. 이 방식과 최대한 가까운 결과를 어떻게 달성할 수 있는지는 9.5.7 'mmap을 플래그로 사용하기'에서 다양한 mmap 해법을 논의하며 살펴보자.

9.5.4 Manager.Value를 플래그로 사용하기

multiprocessing.Manager()를 사용하면 고수준 파이썬 객체를 프로세스 간에 매니지드 managed 공유 객체로 활용할 수 있다. 저수준 객체들은 프록시proxy 객체로 감싼다. 감싸고 안전성을 보장하면서 속도가 느려지는 대신 엄청난 유연성을 얻을 수 있다. 정수나 부동소수점 수 같은 저수준 객체와 리스트, 사전 등을 모두 공유할 수 있다.

[예제 9-18]에서는 Manager를 만들고 1바이트(문자) 크기의 manager.Value(b"c", FLAG_CLEAR) 플래그를 만들었다. 문자열이나 수를 공유하고 싶다면 ctypes의 원시 타입(이는 array.array의 원시 타입과 같다) 중 어느 타입으로든 만들 수 있다.

FLAG_CLEAR와 FLAG_SET을 바이트에 할당했음에 주의하라(각각은 순서대로 b'0'과 b'1'이다). 바이트임을 명시적으로 표현하려고 앞에 b를 붙였다(일반 문자열을 사용한다면 여러분의 환경이나 파이썬 버전에 따라 유니코드나 일반 문자열 객체가 기본값이 될 수 있다).

이제 인수를 찾았다는 신호를 모든 프로세스에 보내 검색을 빨리 마칠 수 있다. 어려운 점은 플래그를 읽는 비용과 플래그로 검색을 빨리 끝내서 절약하는 시간 사이의 균형 잡기다. 플래그가 동기화되니 이를 너무 자주 검사하지는 말라(그렇게 하면 부가비용이 많이 늘어난다).

예제 9-18 Manager.Value 객체를 플래그로 전달하기

```
SERIAL_CHECK_CUTOFF = 21
CHECK_EVERY = 1000
FLAG_CLEAR = b'0'
FLAG_SET = b'1'
print("CHECK_EVERY", CHECK_EVERY)

if __name__ == "__main__":
    NBR_PROCESSES = 4
    manager = multiprocessing.Manager()
    value = manager.Value(b'c', FLAG_CLEAR)  # 1바이트 문자
```

```
    ...
```

이제 check_prime_in_range는 공유 플래그를 인식하며, 플래그를 검사해서 다른 프로세스에서 인수를 발견했는지 확인할 것이다. 아직 병렬 검색을 시작하지는 않았지만, [예제 9-19]에서처럼 플래그를 지워야만 한다. 순차 검사에서 인수를 발견하지 못했다면 순차 검사가 끝난 다음에도 플래그가 여전히 거짓으로 남아있어야 한다.

예제 9-19 Manager.Value로 플래그 지우기

```python
def check_prime(n, pool, nbr_processes, value):
    # 가능성이 높은 인수를 큰 비용을 들이지 않고 검사한다
    from_i = 3
    to_i = SERIAL_CHECK_CUTOFF
    value.value = FLAG_CLEAR
    if not check_prime_in_range((n, (from_i, to_i), value)):
        return False

    from_i = to_i
    ...
```

공유 플래그는 얼마나 자주 검사해야 할까? 검사를 하면 내부 루프에 명령이 더 들어가고, 검사 시 더 큰 비용을 들여 공유 변수를 보호하는 락을 획득해야 하니 매번 비용이 든다. 우리가 선택한 해법은 1,000번 반복할 때마다 검사하는 방법이다. value.value가 FLAG_SET인지 검사해서 그렇다면 검색을 중단한다. 검색 도중 인자를 찾아냈다면 value.value = FLAG_SET으로 설정한 후 종료한다(예제 9-20).

예제 9-20 Manager.Value 객체를 플래그로 넘기기

```python
def check_prime_in_range(n_from_i_to_i):
    (n, (from_i, to_i), value) = n_from_i_to_i
    if n % 2 == 0:
        return False
    assert from_i % 2 != 0
    check_every = CHECK_EVERY
    for i in range(from_i, int(to_i), 2):
        check_every -= 1
        if not check_every:
            if value.value == FLAG_SET:
```

```
            return False
        check_every = CHECK_EVERY

    if n % i == 0:
        value.value = FLAG_SET
        return False
return True
```

이 코드에서 1,000번 반복했는지는 check_every 지역 카운터를 사용해서 검사한다. 사실 이런 방식은 읽기는 편해도 최적의 속도를 내지는 못한다. 이번 절의 마지막 부분에서 이 부분을 가독성은 조금 떨어지지만 훨씬 더 빠른 방식으로 바꾼다.

공유 플래그를 검사한 총횟수가 궁금한 독자도 있을 것이다. 더 큰 소수 2개의 경우, 네 프로세스에서 플래그를 총 316,405회 검사했다(다음에 살펴볼 예제에서도 검사 횟수는 똑같다). 락 때문에 검사마다 부가비용이 발생해서 전체 비용은 상당히 커진다.

9.5.5 레디스를 플래그로 사용하기

레디스는 인메모리 키/값 저장소 엔진이다. 레디스는 자체 락을 제공하며 각 연산은 원자적이다. 따라서 파이썬(또는 어떤 언어든) 안에서는 락 사용을 걱정할 필요가 없다.

레디스를 사용하면 언어와 무관한 데이터 저장소를 만들 수 있다. 즉 레디스와 인터페이스하는 언어나 도구라면 데이터를 서로 호환되는 방식으로 공유할 수 있다는 의미다. 파이썬, 루비, C++, PHP 등의 언어 사이에서 데이터를 똑같이 쉽게 공유할 수 있다. 데이터를 한 컴퓨터에서 지역적으로 공유하거나 네트워크를 통해 공유할 수도 있다. 다른 컴퓨터와 공유하고 싶다면 레디스에서 기본 제공하는 localhost의 공유 설정을 바꾸기만 하면 된다.

레디스를 사용하면 다음과 같은 것을 저장할 수 있다.

- 문자열의 리스트
- 문자열의 집합
- 문자열을 정렬한 집합
- 문자열의 해시

레디스는 모든 것을 RAM에 저장하고 디스크에 스냅샷을 저장하며(저널링 옵션 사용), 레디스 클러스터 사이에 마스터/슬레이브 복제를 지원한다. 레디스를 사용하면 클러스터에서 부하를 공유할 수 있다. 이렇게 하면 여러 컴퓨터가 상태를 읽거나 쓸 수 있고, 레디스는 고속 중앙 집중 데이터 리포지터리 역할을 한다.

앞에서 파이썬 플래그를 사용한 것과 완전히 같은 방식으로 플래그를 텍스트 문자열로 읽거나 쓸 수 있다(레디스의 모든 값은 문자열이다). 우리는 외부 레디스 서버와 통신할 StrictRedis 인터페이스를 전역 객체로 선언한다. check_prime_in_range 내부에서 새로운 연결을 만들 수도 있지만, 이는 더 느리고 사용할 수 있는 레디스 핸들 개수의 제한을 넘길 수도 있다.

레디스 서버의 통신 방식은 사전과 비슷하다. rds[SOME_KEY] = SOME_VALUE로 값을 저장하고 rds[SOME_KEY]로 값을 읽는다.

[예제 9-21]은 앞에서 본 Manager 예제와 매우 비슷하다. 다만 지역 Manager 대신 레디스를 사용한다. 접근 비용은 비슷하다. 레디스가 다른(더 복잡한) 자료구조도 지원한다는 사실을 기억하라. 레디스는 강력한 저장소 엔진이지만 여기서는 단지 플래그를 저장하는 데 사용한다. 여러분이 그 구조에 익숙해지기를 바란다.

예제 9-21 외부 레디스 서버를 사용해 플래그 공유하기

```
FLAG_NAME = b'redis_primes_flag'
FLAG_CLEAR = b'0'
FLAG_SET = b'1'

rds = redis.StrictRedis()

def check_prime_in_range(n_from_i_to_i):
    (n, (from_i, to_i)) = n_from_i_to_i
    if n % 2 == 0:
        return False
    assert from_i % 2 != 0
    check_every = CHECK_EVERY
    for i in range(from_i, int(to_i), 2):
        check_every -= 1
        if not check_every:
            flag = rds[FLAG_NAME]
            if flag == FLAG_SET:
```

```
                return False
            check_every = CHECK_EVERY

        if n % i == 0:
            rds[FLAG_NAME] = FLAG_SET
            return False
    return True


def check_prime(n, pool, nbr_processes):
    # 가능성이 높은 인수를 큰 비용을 들이지 않고 검사한다
    from_i = 3
    to_i = SERIAL_CHECK_CUTOFF
    rds[FLAG_NAME] = FLAG_CLEAR
    if not check_prime_in_range((n, (from_i, to_i))):
        return False

    ...
    if False in results:
        return False
    return True
```

데이터가 파이썬 인스턴스의 밖에 저장됨을 확인하려면 명령줄에서 redis-cli를 실행(예제 9–22)한 다음 redis_primes_flag라는 키에 저장된 값을 살펴볼 수 있다. 반환된 항목은 정수가 아니라 문자열이다. 레디스가 반환하는 모든 값은 문자열이므로, 이를 파이썬에서 조작하려면 먼저 적절한 타입으로 변환해야 한다.

예제 9-22 redis-cli

```
$ redis-cli
redis 127.0.0.1:6379> GET "redis_primes_flag"
"0"
```

레디스가 파이썬 세계의 바깥에 존재한다는 점은 데이터를 레디스로 공유할 때의 가장 큰 장점이다. 그래서 여러분 팀의 비非파이썬 개발자들도 이해할 수 있고, 이를 위한 다양한 도구도 존재한다. 개발자들이 여러분의 코드를 읽는 동안(꼭 코드를 실행하거나 디버깅하지 않고도) 그 상태를 볼 수 있으며, 어떤 일이 벌어지는지 쫓아갈 수 있다. 레디스를 사용해서 생기는 통신 부가비용에도 불구하고, 팀의 속도라는 관점에서 볼 때 이는 큰 이득이다. 프로젝트가 레디스에 추가로 의존하게 되긴 하지만, 이 도구가 널리 쓰이며 매우 안정되었고 유명하다는 점을 고려해야 한다. 레디스는 여러분의 무기고를 더 강력하게 만들어 줄 도구다.

레디스는 다양한 설정 옵션을 지원한다. 벤치마크 문서에는 소켓을 사용하는 편이 훨씬 더 빠를 수 있다고 쓰여 있지만, 기본적으로는 TCP 인터페이스를 사용한다(우리도 이를 사용한다). 또한, 다른 설정 옵션을 사용하는 쪽이 더 빠를 가능성이 크지만(다만 그에 따라 선택할 수 있는 통신 수단도 제한된다), TCP/IP를 사용하면 네트워크를 통해 서로 다른 운영체제 사이에서 데이터를 공유할 수 있다고도 언급한다.

레디스 문서(`http://redis.io/topics/benchmarks`)의 설명은 다음과 같다.

> 서버와 클라이언트 벤치마크 프로그램을 같은 컴퓨터에서 실행할 때, TCP/IP 루프백과 유닉스 도메인 소켓을 모두 사용할 수 있다. 플랫폼에 따라 다르지만, 리눅스 같은 유닉스 도메인 소켓의 시간당 처리율이 TCP/IP 루프백보다 약 50% 더 많다. 레디스 벤치마크의 기본 동작은 TCP/IP 루프백을 사용하는 것이다. TCP/IP 루프백 대비 유닉스 도메인 소켓의 성능상 이점은 파이프라인을 심하게 사용할수록(예를 들어 긴 파이프라인) 감소하는 경향이 있다.

레디스는 업계에서 널리 사용하며 성숙하고 믿을만한 시스템이다. 이 도구에 익숙하지 않은 독자라면 레디스를 꼭 살펴보라. 레디스가 여러분의 고성능 툴킷에서 한 자리를 차지하게 될 것이다.

9.5.6 RawValue를 플래그로 사용하기

`multiprocessing.RawValue`는 바이트의 `ctypes` 블록을 감싸는 얇은 래퍼다. `RawValue`는 동기화 요소를 제공하지 않으므로 처리에 추가되는 부분이 거의 없어서, 검색 시 프로세스 사이에 플래그를 설정하는 가장 빠른 방법이 될 수 있다. 이 방식은 다음에 설명할 `mmap` 예제만큼 빠르다(명령어가 약간 추가되어서 아주 조금 느릴 뿐이다).

다시 `ctypes` 기본 요소를 사용할 수도 있다. 기본 타입 객체의 배열을 공유하기 위해 `RawArray`를 사용하는 방법도 있다(이는 `array.array`와 비슷하게 동작한다). `RawValue`를 사용하면 락을 피할 수 있다. 따라서 가장 빠르지만 원자적인 연산은 할 수 없다.

일반적으로 파이썬이 IPC에서 제공하는 동기화를 피한다면, 완전히 실패할 것이다(또 한 번

머리를 쥐어뜯는 상황이 된다). **하지만** 이 문제에서는 여러 프로세스가 동시에 플래그를 설정한다고 해도 문제 되지 않는다. 플래그가 한 방향으로만(False에서 True로) 바뀌고, 검색을 그만둬도 되는지 확인하려고 플래그 값을 읽을 뿐이기 때문이다.

병렬로 검색하는 동안에는 플래그의 상태를 절대 재설정하지 않으니 동기화가 필요치 않다. 하지만 이런 원칙을 여러분의 문제에 항상 적용할 수는 없다는 사실을 알아둬라. 동기화를 사용하지 않으려면 반드시 명확한 이유가 있어야 한다.

Value의 암묵적인 락은 원자적인 연산을 지원하지 않는다. 따라서 공유 카운터를 갱신하는 등의 일을 하고 싶다면, Value의 문서를 보고 value.get_lock()과 컨텍스트 관리자를 함께 사용하라.

[예제 9-23]은 앞의 Manager 예제와 매우 비슷하다. 유일한 차이는 RawValue를 1문자(바이트) 플래그로 만들었다는 점뿐이다.

예제 9-23 RawValue를 만들어서 전달하기

```
if __name__ == "__main__":
    NBR_PROCESSES = 4
    value = multiprocessing.RawValue('b', FLAG_CLEAR)  # 1바이트 문자
    pool = Pool(processes=NBR_PROCESSES)
    ...
```

multiprocessing이 제공하는 데이터 공유 기능이 깔끔하게 설계된 덕분에 매니지드값과 가공하지 않은 값을 유연하게 사용할 수 있다.

9.5.7 mmap을 플래그로 사용하기 (1)

드디어 바이트를 공유하는 가장 빠른 방식에 도달했다. [예제 9-24]는 mmap 모듈을 사용한 메모리 매핑(공유 메모리) 해법을 보여준다. 공유 메모리 블록의 바이트들은 동기화되지 않으며 부가비용도 매우 적다. 이들은 파일처럼 작동한다(여기서는 파일과 유사한 인터페이스를 제공하는 메모리 블록이다). 특정 위치를 찾아서 순차적으로 읽거나 써야만 한다. 보통은 커다란 파일의 일부를 (메모리 매핑된) 뷰로 제공하는 데 mmap을 사용한다. 하지만 우리는 첫 번째 인자로 파일 번호 대신 -1을 전달해서 익명 메모리 블록이 필요함을 알린다. 읽기 전용이나 쓰기 전용 접근을 지정할 수도 있지만 우리는 기본값(양쪽 모두 지원)을 사용한다.

```python
sh_mem = mmap.mmap(-1, 1)  # 플래그를 위해 1바이트를 메모리 매핑한다


def check_prime_in_range(n_from_i_to_i):
    (n, (from_i, to_i)) = n_from_i_to_i
    if n % 2 == 0:
        return False
    assert from_i % 2 != 0
    check_every = CHECK_EVERY
    for i in range(from_i, int(to_i), 2):
        check_every -= 1
        if not check_every:
            sh_mem.seek(0)
            flag = sh_mem.read_byte()
            if flag == FLAG_SET:
                return False
            check_every = CHECK_EVERY

        if n % i == 0:
            sh_mem.seek(0)
            sh_mem.write_byte(FLAG_SET)
            return False
    return True




def check_prime(n, pool, nbr_processes):
    # 가능성이 높은 인수를 큰 비용을 들이지 않고 검사한다
    from_i = 3
    to_i = SERIAL_CHECK_CUTOFF
    sh_mem.seek(0)
    sh_mem.write_byte(FLAG_CLEAR)
    if not check_prime_in_range((n, (from_i, to_i))):
        return False

    ...
    if False in results:
        return False
    return True
```

mmap은 자신이 표현하는 파일을 이리저리 이동하는 여러 가지 방법을 지원한다(find, readline, write 등). 우리는 이를 가장 기본적인 방식으로 사용한다. 즉 데이터를 읽거나 쓰기 전에 메모리 블록의 시작 부분으로 seek한 다음, read_byte나 write_byte를 명시적으로 사용해 1바이트만 읽거나 쓴다.

데이터를 해석하거나 락을 걸 때 발생하는 파이썬의 부가비용이 없다. 운영 체제에서 직접 바이트를 다룬다. 따라서 이 방식이 가장 빠른 통신 방식이다.

9.5.8 mmap을 플래그로 사용하기 (2)

앞의 mmap의 결과가 가장 좋지만, 가장 비용이 많이 드는 소수에 대해서는 단순한 풀 방식으로 돌아가야만 한다. 목표는 내부 루프에서 빨리 빠져나올 수 없는 상황이 있음을 인정하고 관련 없는 비용을 최소화하는 것이다.

이 절은 조금 더 복잡한 해법을 제시한다. 우리가 본 플래그를 기반으로 하는 모든 방식을 마찬가지로 변경할 수 있지만, 여전히 mmap을 사용한 결과가 가장 빠를 것이다.

앞의 예제에서는 CHECK_EVERY를 사용했다. 이는 check_next 지역 변수의 값을 감시하고, 감소시키며, 조건에 맞는지를 판단해야 한다는 뜻이다. 이런 연산은 반복할 때마다 약간의 시간을 추가한다. 큰 소수를 검증할 때는 이런 추가적인 관리 비용이 30만 회 이상 발생한다.

[예제 9-25]에 적용한 첫 번째 최적화에서는 카운터를 감소시키는 대신 목푯값을 사용하면 내부 루프에서 불리언 연산만을 수행하면 된다는 사실을 알 수 있다. 이렇게 하면 (인터프리터 방식인 파이썬에서는 상당히 느린) 감소 연산을 제거할 수 있다. 이런 최적화는 C파이썬 3.7에서 테스트하면 잘 작동하지만, 더 똑똑한 컴파일러(예를 들어 PyPy나 사이썬)에서는 그리 효과적이지 않다. 큰 소수로 테스트해보니 이 단계에서 0.1초가 빨라졌다.

예제 9-25 값비싼 로직을 최적화해서 없애기 시작함

```python
def check_prime_in_range(n_from_i_to_i):
    (n, (from_i, to_i)) = n_from_i_to_i
    if n % 2 == 0:
        return False
    assert from_i % 2 != 0
    check_next = from_i + CHECK_EVERY
    for i in range(from_i, int(to_i), 2):
```

```
        if check_next == i:
            sh_mem.seek(0)
            flag = sh_mem.read_byte()
            if flag == FLAG_SET:
                return False
            check_next += CHECK_EVERY

        if n % i == 0:
            sh_mem.seek(0)
            sh_mem.write_byte(FLAG_SET)
            return False
    return True
```

또한, [예제 9–26]처럼 루프를 2단계의 프로세스로 펼쳐서 이 카운터가 표현하는 로직을 전부 대체할 수 있다. 먼저 외부 루프에서 예상 범위를 다루되 증분값을 CHECK_EVERY로 한다. 그리고 새로운 내부 루프가 check_every 로직을 대치한다. 내부 루프는 가능한 인수의 일부만을 처리하고 루프를 끝낸다. 이는 if not_check_every: 검사와 동등하다. 이를 앞에서 사용한 sh_mem 로직과 함께 사용해서 조기 종료 플래그를 검사할 수 있다.

예제 9-26 값비싼 로직을 최적화해서 없애기

```
def check_prime_in_range(n_from_i_to_i):
    (n, (from_i, to_i)) = n_from_i_to_i
    if n % 2 == 0:
        return False
    assert from_i % 2 != 0
    for outer_counter in range(from_i, int(to_i), CHECK_EVERY):
        upper_bound = min(int(to_i), outer_counter + CHECK_EVERY)
        for i in range(outer_counter, upper_bound, 2):
            if n % i == 0:
                sh_mem.seek(0)
                sh_mem.write_byte(FLAG_SET)
                return False
        sh_mem.seek(0)
        flag = sh_mem.read_byte()
        if flag == FLAG_SET:
            return False
    return True
```

속도에 끼치는 영향은 극적이다. 합성수 판단 속도도 빨라졌지만, 소수를 검사할 때 거의 덜 단순한 풀 버전만큼 빨라졌다는 점이 더 중요하다(이제는 단지 0.1초 느리다). 프로세스 간 통신을 하는 데 드는 추가 작업이 상당하다는 사실을 고려해보면 이는 매우 흥미로운 결과다. 하지만 이 결과는 C파이썬에만 해당하며 컴파일러를 사용한다면 성능 향상을 기대하기 어렵다.

이 책의 초판에는 루프를 펼치고 전역 객체를 가리키는 지역 참조를 만들어서 가독성을 희생하며 성능을 쥐어짜는 예제가 있었다. 파이썬 3에서는 이 예제가 속도를 약간 느리게 만들어서 여기서는 삭제했다. 이런 결과는 성능이 좋은 프로그램을 만들기 위해 넘어야 하는 단계가 줄어들었다는 뜻이므로, 우리는 이 결과에 만족한다. 게다가 특정 구현에 의존해 변경한 코드보다는 지금까지 살펴본 코드가 유지보수하기 더 좋다.

> **TIP** 여기서 본 예제들은 PyPy에서도 잘 작동한다. 게다가 PyPy에서는 C파이썬에서보다 7배 정도 더 빠르다. 때로는 C파이썬이라는 토끼굴로 들어가 더 깊이 들여다보기보다 다른 런타임을 검토해보는 편이 더 낫다.

9.6 multiprocessing과 넘파이 데이터 공유하기

큰 numpy 배열로 작업할 때, 그 데이터를 복사하지 않고 여러 프로세스가 읽고 쓰도록 공유할 수 있는지 궁금할 것이다. 약간 성가시지만 그렇게 할 수 있다. 이 데모는 스택오버플로에 올라온 pv라는 사용자의 글에서 착상한 것이다.[3]

> **WARNING_** 이 방법을 사용해 BLAS, MKL, Accelerate, ATLAS의 동작을 다시 만들어서는 안 된다. 다중 스레드 지원도 이런 라이브러리가 제공하는 기본 요소다. 게다가 여러분이 직접 만든 새 루틴보다 원래 라이브러리가 더 잘 검증된 상태일 것이다. 다중 스레드 지원을 활성화하려면 설정을 변경해야 할 수도 있지만, 여러분 스스로 코드를 작성하는 데 시간을 투자하기 전에 (그리고 디버깅으로 시간을 낭비하기 전에) 이런 라이브러리를 통해 공짜로 속도 향상을 얻을 수 있는지 살펴보는 편이 낫다.

큰 행렬을 프로세스 간에 공유하면 몇 가지 이점을 얻을 수 있다.

- 복사본이 **하나**밖에 없으므로 RAM 낭비가 없다.
- 큰 RAM 블록을 복사하는 데 드는 시간 낭비가 없다.

----

3 http://bit.ly/Python_multiprocessing

- 프로세스 사이에 부분적인 결과를 공유할 수 있는 가능성이 생긴다.

9.3.4 '넘파이 사용하기'에서 본 numpy를 사용한 원주율 추정 예제를 떠올려보면, 난수 생성이 순차적인 프로세스라는 문제가 있었다. 여기서 우리는 여러 프로세스가 큰 배열 하나를 공유하면서 배열을 여러 부분으로 나눠서 각 프로세스가 난수로 각 부분을 채워 넣는 일을 생각할 수 있다. 이렇게 하면 단일 프로세스가 전체를 난수로 채워 넣을 때보다 빨리 난수로 꽉 찬 블록을 얻을 수 있다.

이를 검증하기 위해 앞으로 살펴볼 데모 프로그램에서는 순차적 프로세스에서 큰(10,000 × 320,000 항목) 난수 배열을 만들고, 행렬을 네 부분으로 나눠서 각 부분에 대해 병렬로 난수를 호출하도록 했다(두 경우 모두 한 번에 한 행씩 처리한다). 순차 프로세스는 15초가 걸리지만 병렬 버전은 4초가 걸린다. 병렬화한 난수 생성의 위험성을 알고 싶다면 9.3.3 '병렬 시스템의 난수'를 다시 살펴보라.

이 절의 나머지 부분에서는 검증하기 쉬우면서 요점을 잘 보여주는 더 단순화한 프로그램을 사용할 것이다.

[그림 9-18]은 이안의 노트북에서 htop이 출력한 결과다. 그 결과에는 부모(PID 27628)와 자식 프로세스 4개가 있고, 프로세스 5개가 모두 10,000 × 320,000 항목으로 이뤄진 하나의 numpy 더블 배열을 공유한다. 이 배열의 복사본은 하나당 25.6GB를 차지하며, 노트북의 RAM은 32GB뿐이다. htop 결과 상단의 Mem을 보면 최대 31.1GB의 RAM이 있음을 알 수 있다.

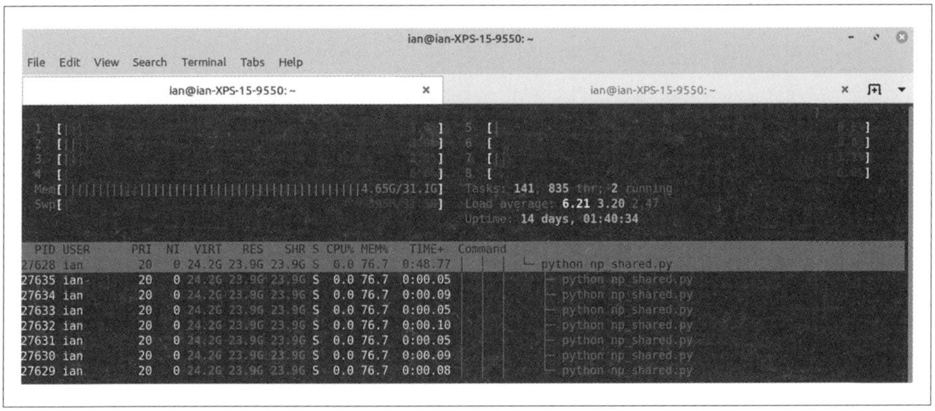

그림 9-18 RAM과 스왑 사용량을 보여주는 htop 결과

이 데모를 이해하기 위해 먼저 콘솔의 출력을 살펴본 다음에 코드를 볼 것이다. [예제 9-27]는 부모 프로세스를 시작한다. 부모 프로세스는 크기가 10,000 × 320,000인 25.6GB짜리 더블 배열을 할당해서 0으로 채운다. 10,000개 행의 색인을 작업자 함수에 인자로 넘기면, 작업자는 이제 320,000개 열에 작업을 수행할 것이다. 배열을 이미 할당했으니 그 배열의 항목들을 인생, 우주, 그리고 모든 것의 해답(42이다!)으로 채워 넣을 것이다.[4] 작업자가 우리의 예상대로 작업을 잘 수행했는지는 변경된 배열을 검사해서 특정 행이 0으로 채워지지 않았는지를 살펴보면 알 수 있다.

예제 9-27 공유 배열 설정하기

```
$ python np_shared.py
Created shared array with 25,600,000,000 nbytes
Shared array id is 139636238840896 in PID 27628
Starting with an array of 0 values:
[[ 0.  0.  0. ...,  0.  0.  0.]
 ...,
 [ 0.  0.  0. ...,  0.  0.  0.]]

Original array filled with value 42:
[[ 42.  42.  42. ...,  42.  42.  42.]
 ...,
 [ 42.  42.  42. ...,  42.  42.  42.]]
Press a key to start workers using multiprocessing...
```

[예제 9-28]에서는 이렇게 만든 공유 배열에 작업을 수행하는 네 개의 프로세스를 시작한다. 배열의 복사본은 하나도 만들지 않는다. 각 프로세스는 메모리에서 똑같은 큰 블록을 보게 되며 그 블록에서 작업을 수행할 대상 색인만 다를 뿐이다. 작업자는 몇천 줄마다 현재의 색인과 PID를 출력하므로 작업자의 활동을 관찰할 수 있다. 작업자가 하는 일은 단순하다. 현재 항목이 여전히 기본값으로 설정되었는지 확인하고(이를 통해 다른 프로세스가 그 부분을 변경했는지를 알 수 있다), 그 값을 현재의 PID로 덮어쓴다. 작업을 마치고 나면 부모 프로세스로 돌아와서 배열을 다시 출력한다. 이번에는 배열이 42가 아니라 PID로 채워진다.

---

4 역자주_ 더글러스 애덤스의 『은하수를 여행하는 히치하이커를 위한 안내서』(책세상, 2004)에 나온 말이다.

예제 9-28 공유한 배열에 대해 worker_fn 실행하기

```
worker_fn: with idx 0
  id of local_nparray_in_process is 139636238840896 in PID 27751
 worker_fn: with idx 2000
  id of local_nparray_in_process is 139636238840896 in PID 27754
 worker_fn: with idx 1000
  id of local_nparray_in_process is 139636238840896 in PID 27752
 worker_fn: with idx 4000
  id of local_nparray_in_process is 139636238840896 in PID 27753
 ...
 worker_fn: with idx 8000
  id of local_nparray_in_process is 139636238840896 in PID 27752

The default value has been overwritten with worker_fn's result:
[[27751. 27751. 27751. ... 27751. 27751. 27751.]
 ...
 [27751. 27751. 27751. ... 27751. 27751. 27751.]]
```

마지막으로 [예제 9-29]에서는 Counter를 사용해서 배열의 각 PID 빈도를 확인할 수 있다. 작업을 똑같이 배분했으니 PID 4개가 모두 같은 횟수만큼 나오리라 예상한다. 항목이 32억 개 있는 배열에서는 PID 4개가 각각 8억 번씩 등장한다. 표 형태의 출력은 PrettyTable(`https://pypi.python.org/pypi/PrettyTable`)을 사용해 만들었다.

예제 9-29 공유 배열의 결과 검증하기

```
Verification - extracting unique values from 3,200,000,000 items
in the numpy array (this might be slow)...
Unique values in main_nparray:
+---------+-----------+
|   PID   |   Count   |
+---------+-----------+
| 27751.0 | 800000000 |
| 27752.0 | 800000000 |
| 27753.0 | 800000000 |
| 27754.0 | 800000000 |
+---------+-----------+
Press a key to exit...
```

모든 작업을 마쳤으니 이제 프로그램을 종료하면 배열도 삭제된다.

리눅스에서는 ps와 pmap을 사용해서 각 프로세스의 내부를 들여볼 수 있다. [예제 9-30]은 ps의 결과를 보여준다. 이 명령의 각 부분을 설명하면 다음과 같다.

- ps는 프로세스 정보를 표시한다.
- -A는 모든 프로세스를 나열한다.
- -o pid,size,vsize,cmd는 PID, 크기 정보, 명령어 이름을 표시한다.
- grep은 결과 중에서 우리 데모와 관련된 부분만 걸러내 표시한다.

출력에서 부모 프로세스(PID 27628)와 포크한 자식 프로세스 4개를 볼 수 있다. 결과는 htop에서 본 것과 비슷하다. pmap을 사용해 각 프로세스의 메모리 맵을 보고, -x를 지정해서 확장된 출력을 요청할 수 있다. grep의 s- 패턴을 사용해서 공유라고 표시된 메모리 블록의 목록을 살펴본다. 부모 프로세스와 자식 프로세스 사이에 25,000,000KB(25.6GB)의 블록이 공유됨을 알 수 있다.

예제 9-30 pmap과 ps를 사용해 운영체제가 프로세스를 어떻게 보는지 조사하기

```
$ ps -A -o pid,size,vsize,cmd | grep np_shared
27628 279676 25539428 python np_shared.py
27751 279148 25342688 python np_shared.py
27752 279148 25342688 python np_shared.py
27753 279148 25342688 python np_shared.py
27754 279148 25342688 python np_shared.py

ian@ian-Latitude-E6420 $ pmap -x 27628 | grep s-
Address          Kbytes    RSS    Dirty Mode   Mapping
00007ef9a2853000 25000000 25000000 2584636 rw-s- pym-27628-npfjsxl6 (deleted)
...
ian@ian-Latitude-E6420 $ pmap -x 27751 | grep s-
Address          Kbytes    RSS    Dirty Mode   Mapping
00007ef9a2853000 25000000 6250104 1562508 rw-s- pym-27628-npfjsxl6 (deleted)
...
```

multiprocessing.Array를 사용해 공유할 메모리 블록을 1차원 배열로 할당한다. 그 후 이 배열에 대해 numpy 배열을 인스턴스화하면서 2차원 배열로 모양을 바꾼다. 이제 numpy로 한 번 감싼 메모리 블록이 생겼다. 이를 프로세스 간에 공유할 수 있고, 일반적인 numpy 배열인

것처럼 사용할 수 있다. 여기서는 numpy 대신 multiprocessing.Array가 RAM을 관리한다.

[예제 9-31]에서 각각의 포크한 프로세스가 전역 main_nparray에 접근할 수 있음을 알 수 있다. 각 프로세스에 numpy 객체의 복사본이 있지만, 그 객체들이 접근하는 하부의 바이트들은 공유 메모리에 있다. 우리의 worker_fn은 (idx로) 선택된 행을 현재 프로세스의 식별자로 덮어쓸 것이다.

예제 9-31 multiprocessing을 사용해 numpy 배열 공유하기

```
import os
import multiprocessing
from collections import Counter
import ctypes
import numpy as np
from prettytable import PrettyTable

SIZE_A, SIZE_B = 10_000, 320_000  # 24GB

def worker_fn(idx):
    """ 공유한 np 배열의 idx 행에 어떤 작업을 수행한다"""
    # 다른 프로세스가 이미 이 값을 변경하지 않았는지 확인한다
    assert main_nparray[idx, 0] == DEFAULT_VALUE
    # 하위 프로세스의 내부에서는 PID와 배열의 id를 출력해서
    # 복사본을 사용하는 것이 아님을 확인한다
    if idx % 1000 == 0:
        print(" {}: with idx {}\n  id of local_nparray_in_process is {} in PID {}"\
              .format(worker_fn.__name__, idx, id(main_nparray), os.getpid()))
    # 배열에 대해 어떤 작업이든 가능하다. 여기서는 대상 행의 모든 항목에
    # 프로세스의 PID 값을 저장하도록 만든다.
    main_nparray[idx, :] = os.getpid()
```

[예제 9-32]의 __main__에서는 세 가지 중요한 단계를 거친다.

1 공유 multiprocessing.Array를 만들고 이를 numpy 배열로 변환한다.

2 배열을 기본값으로 설정한 다음, 배열에 병렬적으로 작업을 수행할 프로세스 네 개를 만든다.

3 프로세스에서 돌아온 다음, 배열의 내용을 검증한다.

일반적으로, 여러분은 arr = np.array((100, 5), dtype=np.float_)와 같은 명령을 사용해서 한 프로세스 안에서 numpy 배열을 설정하고 그 배열을 사용해 작업할 것이다. 단일 프

로세스라면 그래도 좋다. 하지만 이 데이터를 여러 프로세스가 동시에 읽고 쓰기 위해 공유할 수는 없다.

이 문제는 바이트로 이뤄진 공유 블록을 만들어 해결할 수 있다. 공유 블록을 만드는 한 가지 방법은 `multiprocessing.Array`를 만드는 것이다. 기본적으로 이 Array는 동시 변경을 막는 락으로 둘러싸여 있다. 하지만 여기서는 접근 패턴을 주의 깊게 만들었으니 락이 필요치 않다. 명시적으로 `lock=False`를 지정해서 이를 다른 팀원에게도 명확히 알려주면 좋다.

`lock=False`를 지정하지 않으면 바이트 블록에 대한 참조가 아니라 객체에 대한 참조를 얻게 된다. 이때는 `get_obj()`를 호출해 바이트를 얻어야 한다. `.get_obj()`를 호출하면 락을 우회하게 된다. 결국 처음부터 락을 사용하지 않는다는 사실을 명시하지 않을 이유가 없다.

다음으로 `frombuffer`를 사용해서 이 공유 블록의 주변을 numpy 배열로 감싼다. `dtype`은 지정하지 않을 수도 있지만 바이트를 넘긴다면 타입을 명시해야 한다. `reshape`을 호출해서 바이트를 2차원 배열로 다룰 수 있게 한다. 기본적으로 배열의 항목은 0으로 설정된다. [예제 9-32]는 `__main__` 전체를 보여준다.

예제 9-32 numpy 배열을 공유하도록 설정하는 `__main__`

```python
if __name__ == '__main__':
DEFAULT_VALUE = 42
NBR_OF_PROCESSES = 4

# 바이트로 이뤄진 블록을 만들고 이를 지역 numpy 배열로 reshape한다
NBR_ITEMS_IN_ARRAY = SIZE_A * SIZE_B
shared_array_base = multiprocessing.Array(ctypes.c_double,
                                          NBR_ITEMS_IN_ARRAY, lock=False)
main_nparray = np.frombuffer(shared_array_base, dtype=ctypes.c_double)
main_nparray = main_nparray.reshape(SIZE_A, SIZE_B)
# 복사가 이뤄지지 않았음을 확인한다
assert main_nparray.base.base is shared_array_base
print("Created shared array with {:,} nbytes".format(main_nparray.nbytes))
print("Shared array id is {} in PID {}".format(id(main_nparray), os.getpid()))
print("Starting with an array of 0 values:")
print(main_nparray)
print()
```

각 항목을 새로운 DEFAULT_VALUE로 설정해서 각 프로세스가 처음 시작할 때 만든 데이터 블록과 같은 블록을 사용함을 확인한다. [예제 9-33]의 상단에서 이를 볼 수 있다(인생, 우주, 그리고 모든 것의 답을 사용할 것이다). 그런 다음 프로세스의 Pool을 만들고(여기서는 4개) map을 호출해 처리 대상 행의 색인 목록을 각 프로세스에 전달한다.

예제 9-33 multiprocessing을 사용해 numpy 배열을 공유하기 위한 __main__

```
# 지역 numpy 배열을 통해 데이터를 변경한다
main_nparray.fill(DEFAULT_VALUE)
print("Original array filled with value {}:".format(DEFAULT_VALUE))
print(main_nparray)

input("Press a key to start workers using multiprocessing...")
print()

# 전역 numpy 배열의 메모리 블록을 공유할 프로세스 풀을 만든다
# 그 후, 하위 데이터 블록의 참조를 공유해서 새로운 프로세스에서도
# numpy 배열 래퍼를 만들 수 있도록 한다
pool = multiprocessing.Pool(processes=NBR_OF_PROCESSES)
# worker_fn에 행 색인들을 전달하는 map을 수행한다
pool.map(worker_fn, range(SIZE_A))
```

병렬 처리를 마치고 나면 부모 프로세스로 돌아와서 결과를 검증한다(예제 9-34). 검증 단계에서는 배열을 1차원 뷰를 통해서(뷰는 배열을 복사하지 **않는다**. 단지 2차원 배열을 순서대로 순회하는 1차원 뷰를 만들 뿐이다) 각 PID의 빈도를 센다. 마지막으로 각 PID의 빈도가 예상과 일치하는지 확인하는 assert 검사를 한다.

예제 9-34 공유한 결과를 검증하기 위한 __main__

```
print("Verification - extracting unique values from {:,} items\n in the numpy \
        array (this might be slow)...".format(NBR_ITEMS_IN_ARRAY))
# main_nparray.flat은 배열의 내용을 순회한다. 이때 복사본을 만들지 않는다
counter = Counter(main_nparray.flat)
print("Unique values in main_nparray:")
tbl = PrettyTable(["PID", "Count"])
for pid, count in list(counter.items()):
    tbl.add_row([pid, count])
print(tbl)
```

```
total_items_set_in_array = sum(counter.values())

# 배열의 모든 항목이 DEFAULT_VALUE와 다른지 검사한다
assert DEFAULT_VALUE not in list(counter.keys())
# 배열의 모든 항목을 셌는지 검사한다
assert total_items_set_in_array == NBR_ITEMS_IN_ARRAY
# 모든 프로세스가 작업을 했는지를 확인하기 위해서,
# 유일한 키가 NBR_OF_PROCESSES 만큼 있는지 살펴본다
assert len(counter) == NBR_OF_PROCESSES

input("Press a key to exit...")
```

방금 1차원 바이트 배열을 만들어서 이를 2차원 배열로 변환하고, 그 배열을 4개의 프로세스 사이에 공유했다. 그리고 각각의 프로세스가 메모리상의 같은 블록을 동시에 처리하도록 만들었다. 이런 처리 방식을 사용하면 여러 코어로 병렬화할 수 있을 것이다. **같은** 데이터 지점에 동시에 접근하는 경우에 유의하라. 동기화 문제를 해결하려면 `multiprocessing`이 제공하는 락을 사용해야 하지만 이렇게 하면 코드가 느려진다.

9.7 파일과 변수 접근 동기화하기

다음 예제에서 여러 프로세스가 상태를 공유하고 변경하는 방식을 살펴보자. 이번에는 네 프로세스가 공유 카운터를 정해진 횟수만큼 증가시킨다. 동기화를 하지 않으면 횟수가 틀려진다. 만약 데이터를 긴밀히 공유한다면, 항상 데이터 읽기와 쓰기를 동기화할 방법이 필요하다. 그렇지 않으면 결국 오류가 발생한다.

일반적으로 동기화 방식은 사용하는 운영체제에 따라 달라지며 사용하는 언어에 따라서도 달라진다. 여기서는 파이썬 라이브러리를 사용하는 파일 기반의 동기화와 파이썬 프로세스 간에 정수 객체를 공유하는 방법을 살펴본다.

9.7.1 파일 락 걸기

파일을 읽고 쓰는 작업은 이 절에서 다루는 데이터 공유 예제 중에서 가장 느리다.

[예제 9-35]의 첫 번째 work 함수를 보자. 이 함수는 지역 카운터를 기준으로 반복한다. 각 반복에서 파일을 열고 기존 값을 읽어서 1을 증가시킨 다음에 새로운 값으로 기존 값을 덮어쓴다. 첫 번째 반복에서 파일은 비거나 존재하지 않는다. 따라서 예외가 발생하는데, 이때는 값이 0이라고 간주한다.

TIP 이는 단순화한 예제다. 실전에서는 컨텍스트 관리자를 사용해 with open(파일 이름, "r") as f로 파일을 열어야 한다. 이렇게 하면 컨텍스트 안에서 예외가 발생해도 파일 f가 제대로 닫힌다.

예제 9-35 락이 없는 work 함수

```python
def work(filename, max_count):
    for n in range(max_count):
        f = open(filename, "r")
        try:
            nbr = int(f.read())
        except ValueError as err:
            print("File is empty, starting to count from 0, error: " + str(err))
            nbr = 0
        f = open(filename, "w")
        f.write(str(nbr + 1) + '\n')
        f.close()
```

이 예제를 한 프로세스로 실행하자. 결과는 [예제 9-36]과 같다. work는 1,000번 불렸으며, 예상한 대로 아무런 데이터 손실 없이 횟수를 제대로 센다. 맨 처음 값을 읽을 때는 파일이 비어서 int() 호출 시 invalid literal for int() 오류가 발생한다(빈 문자열을 인자로 int()를 호출했기 때문이다). 이 오류는 오직 한 번만 발생한다. 그다음부터는 정상적인 값을 읽어서 정수로 변환한다.

예제 9-36 락 없이 한 프로세스에서 파일 기반의 횟수 세기를 실행한 경우 타이밍

```
$ python ex1_nolock1.py
Starting 1 process(es) to count to 1000
File is empty, starting to count from 0,
error: invalid literal for int() with base 10: ''
Expecting to see a count of 1000
count.txt contains:
1000
```

이제 같은 work 함수를 네 개의 프로세스로 동시에 실행해보자. 아무런 락이 없으니 조금 이상한 결과가 나오리라 예상할 수 있다.

TIP 다음 코드를 살펴보기 전에, 두 프로세스가 동시에 같은 파일을 읽거나 쓰려할 때 발생하는 오류를 **두 가지** 예상할 수 있는가? 이 코드의 두 가지 주된 상태(각 프로세스의 실행 시작과 각 프로세스의 일반적인 실행 상태)를 생각해보라.

[예제 9-37]을 보면 문제점을 알 수 있다. 첫째, 각 프로세스가 처음 실행될 때는 파일이 비어서 각각 0부터 개수를 세기 시작한다. 둘째, 한 프로세스가 값을 쓰고 있으니 다른 프로세스는 정수로 변환할 수 없는 중간 결과를 얻을 수 있다. 이때 예외가 발생하며 다시 0이 기록된다. 즉 카운터가 계속 재설정되는 결과를 낳는다! 두 프로세스가 파일에 \n과 두 개의 값을 동시에 기록하면, 왜 세 번째 프로세스가 잘못된 데이터를 읽을 수도 있는지 이해되는가?

예제 9-37 락 없이 네 프로세스에서 파일 기반의 횟수 세기를 실행한 경우의 타이밍

```
$ python ex1_nolock4.py
Starting 4 process(es) to count to 4000
File is empty, starting to count from 0,
error: invalid literal for int() with base 10: ''
# 이런 오류가 많이 발생함
File is empty, starting to count from 0,
error: invalid literal for int() with base 10: ''
Expecting to see a count of 4000
count.txt contains:
112

$ python -m timeit -s "import ex1_nolock4" "ex1_nolock4.run_workers()"
2 loops, best of 5: 158 msec per loop
```

[예제 9-38]은 네 프로세스에서 work를 호출하는 multiprocessing 코드다. map을 사용하는 대신 Process 객체의 리스트를 만들었다. 여기서는 Process의 기능을 활용하지 않지만, 이 객체를 사용하면 각 프로세스의 내부 상태를 살펴볼 수 있다. http://bit.ly/Process-based 문서를 보고 Process를 사용해야 하는 이유를 배워두길 바란다.

```python
import multiprocessing
import os

...
MAX_COUNT_PER_PROCESS = 1000
FILENAME = "count.txt"
...

def run_workers():
    NBR_PROCESSES = 4
    total_expected_count = NBR_PROCESSES * MAX_COUNT_PER_PROCESS
    print("Starting {} process(es) to count to {}".format(NBR_PROCESSES,
                                              total_expected_count))

    # reset counter
    f = open(FILENAME, "w")
    f.close()

    processes = []
    for process_nbr in range(NBR_PROCESSES):
        p = multiprocessing.Process(target=work, args=(FILENAME,
                                              MAX_COUNT_PER_PROCESS))
        p.start()
        processes.append(p)

    for p in processes:
        p.join()

    print("Expecting to see a count of {}".format(total_expected_count))
    print("{} contains:".format(FILENAME))
    os.system('more ' + FILENAME)

if __name__ == "__main__":
    run_workers()
```

fasteners 모듈(https://oreil.ly/n8ZlV)을 사용하면 한 번에 한 프로세스만 쓰고 다른 프로세스들은 기다리도록 동기화할 수 있다. 따라서 전체 프로세스는 더 느리게 실행되지만 오류가 발생하는 일은 없다. [예제 9-39]에서 결과가 올바로 출력되는 모습을 볼 수 있다. 이 락 방식은 파이썬에만 해당하므로, 이 파일을 들여다보는 다른 프로세스는 이 파일에 걸린 '락'에 개의치 **않을** 수도 있음에 유의하라.

```
$ python ex1_lock.py
Starting 4 process(es) to count to 4000
File is empty, starting to count from 0,
error: invalid literal for int() with base 10: ''
Expecting to see a count of 4000
count.txt contains:
4000
$ python -m timeit -s "import ex1_lock" "ex1_lock.run_workers()"
10 loops, best of 3: 401 msec per loop
```

fasteners를 사용하면 단지 @fasteners.interprocess_locked 데커레이터 한 줄만 늘어
난다(예제 9–40). 파일 이름은 무엇이든 상관없다. 하지만 여러분이 잠그고 싶은 파일과 비슷
한 이름을 사용하면 명령줄에서 디버깅할 때 조금 더 편하다. 내부 함수를 바꿀 필요가 없다는
점에 유의하라. 데커레이터가 호출될 때마다 락을 획득하며, 락을 얻지 못하면 work 내부로 들
어가지 않고 락을 얻을 때까지 대기한다.

예제 9-40 락을 사용한 work 함수

```python
@fasteners.interprocess_locked('/tmp/tmp_lock')
def work(filename, max_count):
    for n in range(max_count):
        f = open(filename, "r")
        try:
            nbr = int(f.read())
        except ValueError as err:
            print("File is empty, starting to count from 0, error: " + str(err))
            nbr = 0
        f = open(filename, "w")
        f.write(str(nbr + 1) + '\n')
        f.close()
```

9.7.2 값에 락 걸기

multiprocessing 모듈은 프로세스 간에 파이썬 객체를 공유하는 방법을 몇 가지 제공한다. 원시 파이썬 객체를 낮은 통신 부가비용을 들여서 공유할 수도 있고, Manager를 사용해 고수준 파이썬 객체(사전, 리스트 등)를 공유할 수도 있다(하지만 동기화 비용 때문에 데이터 공유 속도가 상당히 느려진다).

여기서 우리는 multiprocessing.Value 객체(http://bit.ly/value_doc)를 사용해 프로세스 사이에 정수를 하나 공유할 것이다. Value에는 락이 있지만, 여러분이 원하는 락과는 상당히 다를 것이다. 동시 읽기와 쓰기를 막지만, 원자적인 값 증가를 제공하지는 **않는다**. [예제 9-41]은 이를 보여준다. 프로그램이 잘못된 카운터 값으로 끝난다. 이는 앞에서 봤던 동기화를 사용하지 않는 파일 기반 예제와 비슷하다.

예제 9-41 락을 사용하지 않아서 잘못된 카운터 값이 나옴

```
$ python ex2_nolock.py
Expecting to see a count of 4000
We have counted to 2340
$ python -m timeit -s "import ex2_nolock" "ex2_nolock.run_workers()"
20 loops, best of 5: 9.97 msec per loop
```

데이터 오염은 없었지만 갱신 도중 일부가 사라졌다. 이런 접근 방법은 한 프로세스에서만 Value를 쓰고 다른 여러 프로세스는 그 값을 소비하기만 하는(즉 값을 변경하지는 않는) 작업에만 적합하다.

Value를 공유하는 코드를 [예제 9-42]에 준비했다. 먼저 데이터 타입과 초깃값을 지정해야 한다. 여기서는 Value("i", 0)을 사용했는데, i는 부호가 있는 정수를, 0은 기본값을 의미한다. 이 설정은 Process 객체에 인자로 전달되어 프로세스들 사이에 공유되는 메모리 블록에 저장된다. .value를 사용해서 Value의 원시 객체에 접근한다. 여기서 우리가 그 위치의 메모리값을 1 증가시키려 한다는 사실을 기억하라. 이 연산이 원자적이기를 기대했지만, 사실 Value가 이를 지원하지 않아서 마지막 카운트값은 예상보다 더 작은 값이 된다.

예제 9-42 락 없이 수를 세는 코드

```python
import multiprocessing

def work(value, max_count):
    for n in range(max_count):
        value.value += 1

def run_workers():
...
    value = multiprocessing.Value('i', 0)
    for process_nbr in range(NBR_PROCESSES):
        p = multiprocessing.Process(target=work, args=(value, MAX_COUNT_PER_PROCESS))
        p.start()
        processes.append(p)
...
```

multiprocessing.Lock을 추가하면 카운터가 제대로 동기화된다(예제 9-43).

예제 9-43 Lock을 사용해 Value에 쓰기를 동기화하기

```
# 변경에 대해 락을 걸었지만, 원자적이지는 않다.
$ python ex2_lock.py
Expecting to see a count of 4000
We have counted to 4000
$ python -m timeit -s "import ex2_lock" "ex2_lock.run_workers()"
20 loops, best of 5: 19.3 msec per loop
```

[예제 9-44]에서는 컨텍스트 관리자(`with lock`)를 사용해 락을 얻었다.

예제 9-44 컨텍스트 관리자를 사용해 Lock 획득하기

```python
import multiprocessing


def work(value, max_count, lock):
    for n in range(max_count):
        with lock:
            value.value += 1


def run_workers():
```

```
...
    processes = []
    lock = multiprocessing.Lock()
    value = multiprocessing.Value('i', 0)
    for process_nbr in range(NBR_PROCESSES):
        p = multiprocessing.Process(target=work,
                                    args=(value, MAX_COUNT_PER_PROCESS, lock))
        p.start()
        processes.append(p)
...
```

컨텍스트 관리자를 사용하지 않고 acquire와 release 사이에 값을 증가시키는 코드를 넣으면 속도가 약간 더 빨라진다. 하지만 이 코드는 컨텍스트 관리자를 사용한 코드보다 가독성이 낮다. 컨텍스트 관리자를 사용해서 가독성을 높이기를 권장한다. [예제 9-45]의 코드 조각은 Lock 객체의 acquire와 release를 쓰는 방법을 보여준다.

예제 9-45 컨텍스트 관리자 대신 직접 락을 제어하기

```
lock.acquire()
value.value += 1
lock.release()
```

Lock은 우리가 원하는 수준의 정밀도를 제공하지 않으므로 기본 락을 사용하면 시간을 약간 낭비하게 된다. [예제 9-46]처럼 Value를 RawValue(http://bit.ly/RawValue_doc)로 바꾸면 속도가 빨라진다. 이런 변경으로 바이트코드에 어떤 변화가 생기는지 궁금하다면, 이 주제에 관한 엘리 벤더스키Eli Bendersky의 블로그 글을 읽어보라(http://bit.ly/shared_counter).

예제 9-46 RawValue와 Lock 방식이 더 빠름을 보여주는 콘솔 출력

```
# RawValue 관련 락은 없다
$ python ex2_lock_rawvalue.py
Expecting to see a count of 4000
We have counted to 4000
$ python -m timeit -s "import ex2_lock_rawvalue" "ex2_lock_rawvalue.run_workers()"
50 loops, best of 5: 9.49 msec per loop
```

RawValue를 사용하려면 Value를 RawValue로 바꾸기만 하면 된다(예제 9-47).

예제 9-47 RawValue 정수를 사용한 예

```
...
def run_workers():
...
    lock = multiprocessing.Lock()
    value = multiprocessing.RawValue('i', 0)
    for process_nbr in range(NBR_PROCESSES):
        p = multiprocessing.Process(target=work,
                                    args=(value, MAX_COUNT_PER_PROCESS, lock))
        p.start()
        processes.append(p)
```

원시 객체의 배열을 공유할 때는 multiprocessing.Array 대신 RawArray를 사용할 수도 있다.

지금까지 단일 컴퓨터에서 여러 프로세스로 작업을 배분하고, 각 프로세스 사이에 플래그나 동기화된 데이터를 공유하는 여러 방법을 살펴봤다. 하지만 데이터를 공유하면 골치가 아플 수 있다는 점을 기억하라. 따라서 가능하면 공유를 피하는 편이 낫다. 컴퓨터가 상태 공유 시 발생하는 모든 엣지 케이스를 처리하도록 만들기는 어렵다. 다중 처리 문제를 디버깅해야 하는 상황을 처음 마주하는 순간, 사람들이 왜 이런 상황을 되도록 피하라고 조언하는지 깨닫게 될 것이다.

속도가 약간 느리더라도 여러분의 팀원들이 이해하기 더 쉬운 코드를 작성하도록 고민하라. 상태 공유에는 레디스와 같은 외부 도구를 사용해서, 개발자가 **아닌** 사람도 실행 중인 시스템의 내부를 살펴볼 수 있게 하라. 이는 병렬 시스템에서 무슨 일이 벌어지는지를 팀원들이 언제든 파악할 수 있도록 하는 훌륭한 방법이다.

성능을 높이려 이리저리 비튼 파이썬 코드는 경험이 적은 팀원에게 어려울 수 있음을 항상 염두에 둬야 한다. 그들은 어려운 코드를 두려워하거나 망가뜨리기 십상이다. 팀의 속도를 높게 유지하려면 (코드의 속도를 약간 희생해서라도) 이런 문제를 피하라.

9.8 마치며

이번 장에서는 많은 내용을 다뤘다. 먼저, 당황스러울 정도로 병렬적인 문제 두 가지를 살펴봤다. 한 가지는 복잡도를 예측할 수 있는 문제이고, 다른 하나는 복잡도를 예측할 수 없는 문제다. 10장에서 클러스터링을 살펴볼 때 이 예제들을 다시 사용할 것이다.

다음으로, `multiprocessing`이 지원하는 Queue 기능과 그 부가비용을 살펴봤다. 일반적으로는 외부 큐 라이브러리를 사용해서 큐의 상태를 더 투명하게 만들기를 권장한다. 가능하다면 피클된 데이터 대신 읽기 쉬운 형식을 사용해서 디버깅하기 쉽게 만들어야 한다.

또한, IPC도 다뤘다. IPC를 효율적으로 사용하기가 얼마나 어려운지와 (IPC를 사용하지 않는) 단순한 병렬 해법을 사용하는 편이 합리적일 수 있음을 알았기 바란다. 더 많은 코어를 장착한 더 빠른 컴퓨터를 사는 방법이 기존 컴퓨터를 최대한 활용하려고 IPC를 시도하는 것보다 훨씬 실용적인 해법이다.

`numpy` 행렬의 복사본을 만들지 않고 병렬로 공유하는 방식은 일부 문제에서만 중요하다. 하지만 그런 경우라면 공유하는 일은 정말로 중요하다. 프로세스 사이에 데이터를 복사하지 않고 공유 중인지를 확실히 하려면 코드를 몇 줄 더 쓰고 완전성을 검사해야 한다.

마지막으로, 파일과 메모리 락을 사용해서 데이터 오염을 방지하는 방법을 살펴봤다. 이는 심각하고 추적하기 어려운 오류의 근원이다. 여기서는 튼튼하고 가벼운 해법 몇 가지를 보여줬다.

다음 장에서는 파이썬을 사용한 클러스터링을 살펴볼 것이다. 클러스터를 사용하면 단일 컴퓨터에서의 병렬성을 넘어 여러 컴퓨터의 CPU를 활용할 수 있다. 하지만 이 길로 들어서면 디버깅 고통의 신기원을 열게 된다. 여러분의 코드뿐 아니라 다른 컴퓨터에서도 오류가 생길 수 있다(설정 오류, 하드웨어 오류 등). Parallel Python 모듈을 사용해 원주율 추정 데모를 병렬화하는 방법과 IPython 클러스터를 사용해서 IPython 안에서 연구 코드를 실행하는 방법을 보여줄 것이다.

## CHAPTER 10

클러스터와 작업 큐

이 장에서 배울 내용

- 클러스터가 유용한 이유
- 클러스터링에 드는 비용
- multiprocessing 해법을 클러스터를 사용한 해법으로 바꾸는 방법
- IPython 클러스터의 작동 방식
- Dask와 Swifter를 사용한 팬더스 병렬화 방법
- NSQ가 강건한 프로덕션 시스템 구축에 도움이 되는 이유

일반적으로 함께 협력해서 공통의 과업을 해결하는 컴퓨터의 모음을 **클러스터**라 한다. 외부에서는 클러스터가 커다란 단일 시스템처럼 보일 수 있다.

1990년대에는 지역 네트워크에 연결된 여러 일반 PC를 사용해서 클러스터화한 처리를 제공하는 개념이 유명해졌다. 이를 베오울프^{Beowulf} 클러스터(`http://en.wikipedia.org/wiki/Beowulf_cluster`)라 한다. 구글은 자체 데이터 센터에서 (특히 맵리듀스^{MapReduce} 작업에) 일반 PC로 구성된 클러스터를 사용해서 이런 방식을 더 유행시켰다(`http://en.wikipedia.org/wiki/Google_platform`). 이런 확장의 다른 극단으로, 탑 500^{top 500} 프로젝트(`http://en.wikipedia.org/wiki/TOP500`)는 매년 가장 강력한 컴퓨터 시스템의 순위를 발표한다. 일반적으로 이런 시스템은 모두 클러스터화한 설계로 만들었으며 대부분 리눅스를 사용한다.

아마존 웹 서비스Amazon Web Services (AWS)는 클라우드상에 프로덕션 클러스터를 만들거나 온 디맨드 클러스터(머신러닝처럼 일시적으로 수행하는 과업에 유용하다)를 만드는 데 자주 사용한다. AWS에서는 128개의 가상 CPU와 최대 3,904GB의 RAM이 있는 컴퓨터를 시간당 최대 39달러 정도(서울 리전 기준)에 대여할 수 있다. 비용을 더 지불하면 GPU를 여러 개 대여할 수도 있다. 계산량이 많은 작업에 AWS의 임의 클러스터 기능을 검토해 보려면 10.6.1절 'IPython Parallel을 사용해 연구 지원하기'와 ElastiCluster 패키지를 살펴보라.

서로 다른 계산 작업에는 서로 다른 클러스터 설정, 크기, 용량이 필요하다. 이 장에서 일반적인 시나리오를 몇 가지 정의할 것이다.

클러스터화한 해법을 살펴보기 **전에** 다음을 수행했는지 확인하라.

- 시스템을 프로파일해서 병목이 어딘지 판별했는가?

- Numba나 사이썬 같은 컴파일러를 활용해봤는가?

- Joblib이나 `multiprocessing`으로 단일 컴퓨터에서 멀티 코어를 활용해봤는가(코어가 더 많은 더 큰 기계에서 시도해봤는가)?

- RAM을 덜 사용하기 위한 기법을 활용해봤는가?

시스템을 한 컴퓨터('한 컴퓨터'라고 했지만, 실제로는 RAM이나 CPU가 아주 많은 큰 컴퓨터일 수도 있다)에 한정시킨다면 삶이 더 편해질 것이다. 제품이 정말 **많은** CPU를 요구하거나, 데이터를 디스크에서 가져와 병렬 처리하는 능력이 필요하거나, 복원력이 높고 응답이 빨라야 한다면 클러스터로 옮겨가라. 대부분의 연구 시나리오는 복원력이나 규모 확장성이 필요하지 않고 몇몇 사용자만 사용하므로, 가장 간단한 해법이 가장 합리적인 해법일 수도 있다.

큰 컴퓨터 하나만 사용하면 네트워크를 사용하는 복잡성이 없이 Dask 등의 도구로 팬더스나 평범한 파이썬 코드를 쉽게 병렬화할 수 있다는 이점이 있다. Dask는 여러 컴퓨터로 이뤄진 클러스터를 제어해서 팬더스, 넘파이, 순수 파이썬 문제를 병렬화할 수도 있다. Swifter는 Dask를 활용해 일부 멀티 코어 단일 컴퓨터 문제를 자동으로 병렬화할 수 있다. 이 장의 뒷부분에서 Dask와 Swifter도 다룬다.

10.1 클러스터링의 이점

클러스터의 가장 분명한 이점은 계산 요구사항에 맞춰 시스템을 쉽게 키울 수 있다는 점이다. 데이터를 더 많이 처리해야 하거나 답을 더 빨리 얻어야 한다면, 단지 더 많은 컴퓨터(또는 **노드**)를 추가하면 된다.

컴퓨터를 추가하면 신뢰성도 높일 수 있다. 각 컴퓨터의 구성 요소는 어느 정도 실패할 확률이 있다. 설계를 잘한다면 구성 요소를 여러 개 사용해서 클러스터가 동작을 멈추지 않도록 만들 수 있다.

또한 클러스터를 사용해 동적으로 규모를 변경하는 시스템을 만들 수도 있다. 일반적인 용례는 웹 요청이나 관련 데이터를 처리(사용자의 사진 크기를 변경하거나, 비디오를 트랜스코딩하거나, 음성을 인식해 자막으로 만드는 등)하는 여러 서버를 클러스터화하고, 하루 중 수요가 늘어나는 특정 시간대에 더 많은 서버를 활성화하는 것이다.

컴퓨터를 활성화하는 속도가 수요가 변하는 속도를 따라갈 수 있는 한, 동적인 스케일링은 균일하지 않은 사용 패턴을 다루는 매우 비용 효율적인 방법이다.

> **TIP** 클러스터를 만들 때 들어가는 노력 대비 이득을 고려하라. 클러스터로 병렬화해서 얻을 수 있는 이익이 매력적으로 보이겠지만, 그것을 구성하고 유지보수하는 데 드는 비용도 꼭 고려해야 한다. 프로덕션 환경에서 장시간 실행하는 프로세스나 자주 반복 실행하는 연구개발 작업은 클러스터가 잘 맞는다. 하지만 변동이 심하고 단기적인 연구개발 작업에는 클러스터가 적합하지 않다.

클러스터링의 또 다른 이점은 지리적으로 클러스터를 분리하더라도 여전히 중앙에서 제어할 수 있다는 점이다. 홍수나 정전 등으로 특정 지역에 문제가 생기더라도 다른 클러스터는 계속 동작한다. 만약 남은 클러스터만으로 요구를 다 처리하지 못한다면 더 많은 처리 단위를 배당할 수 있다. 또한 클러스터는 서로 다른 소프트웨어 환경(예를 들어 서로 다른 운영체제 버전이나 처리 소프트웨어)을 실행하게 해준다. 이렇게 하면 전체 시스템의 강건성을 높일 **수도 있지만**, 이는 전문가 수준에서 다룰 주제다!

10.2 클러스터링의 단점

클러스터화한 해법으로 옮겨가려면 사고방식을 바꿔야 한다. 이는 9장에서 소개한 순차 코드에서 병렬 처리 코드로 옮겨갈 때 필요했던 종류의 발상의 전환을 말한다. 이제부터 두 대 이상의 컴퓨터를 사용하면 어떤 일이 벌어질지를 염두에 둬야 한다. 예컨대 컴퓨터 사이에는 레이턴시가 있으며, 다른 컴퓨터가 작동 중인지 알아야 하고, 모든 컴퓨터가 여러분이 작성한 소프트웨어의 같은 버전을 실행하도록 관리해야 한다. 시스템 관리가 아마도 가장 큰 도전일 것이다.

또한, 여러분이 구현할 알고리즘에 서로 떨어져 동작하지만 동기화해야 하는 추가 요소가 더해지면 어떤 일이 벌어질지 심사숙고해야 한다. 이런 추가 계획에 신경을 많이 쓰다 보면 핵심 과업에서 주의가 분산되기 마련이다. 프로그램이 커지면 전담 엔지니어를 추가해야 할 수도 있다.

> **NOTE_** 이 책에서 한 컴퓨터를 효율적으로 사용하는 일에 집중하려 노력한 이유는 여러분이 컴퓨터 여러 대보다 한 대를 다루는 일이 더 쉽다고 믿기 때문이다(하지만 클러스터를 다루는 일이 **훨씬** 재미있을 수 있다. 다만 클러스터 시스템이 깨지기 전까지만…). 수직 방향의 규모 확장(RAM이나 CPU 추가 구매)이 가능하다면, 그 방법을 클러스터링보다 먼저 시도해볼 만하다. 물론 주어진 일이 수직 규모 확장으로 처리할 수 있는 범위보다 클 수도 있고, 한 컴퓨터를 사용하는 편리함보다 클러스터를 사용해서 얻을 수 있는 강건성이 더 중요할 수도 있다. 하지만 여러분이 혼자 이 작업을 수행한다면, 대부분의 시간을 클러스터링 자체에 쏟아부어야 할 수도 있음을 염두에 두기 바란다.

클러스터를 설계할 때는 각 컴퓨터의 설정이 다를 수도 있음을 기억해야 한다. 각각의 부하도 다르고 시간도 다를 수 있다. 각 컴퓨터에 어떻게 올바른 데이터를 넣을 것인가? 노드 사이에 작업과 데이터를 옮기는 데 드는 레이턴시가 문제인가? 작업 중간에 부분적인 결과를 서로 주고받아야 하는가? 여러 작업을 실행하는 중에 어떤 프로세스가 실패하거나, 어떤 컴퓨터가 죽거나, 일부 하드웨어가 자신을 지워버리면 어떤 일이 벌어지는가? 이런 문제를 고려하지 않는다면 실패할 것이다.

여러분은 장애를 **용인할 수 있다**는 점도 고려해야만 한다. 예를 들어 콘텐츠 기반의 웹 서비스에 99.999%의 신뢰성이 필요하지는 않다. 어떤 작업이 실패하여(예컨대 그림이 적절한 시간 안에 표시되지 않음) 사용자가 페이지를 다시 로딩하더라도 이런 일은 이미 모두에게 익숙하기에 큰 문제가 아니다. 비록 여러분이 사용자에게 그런 해법을 제공하려고 의도하지는 않았지만, 약간의 장애를 받아들이면 엔지니어링과 관리 비용이 줄어든다. 하지만 빈도가 높은 주식 거래 시스템에 장애가 생긴다면 주식 시장이 입는 피해 비용은 상당할 것이다!

고정된 인프라를 유지하는 비용도 만만치 않다. 컴퓨터를 구매하는 비용은 상대적으로 싸지만 사용하는 동안 여러 문제가 발생한다. 소프트웨어 자동 업데이트에 문제가 생기고, 네트워크 카드가 고장 나며, 디스크에 쓰기 오류가 발생하고, 전원 공급 장치에서 (데이터에 문제를 일으키는) 순간적인 고전압이 발생하고, 우주선cosmic ray이 RAM 모듈의 Bit를 뒤집을 수도 있다. 더 많은 컴퓨터를 사용할수록 이런 문제 해결에 허비하는 시간도 늘어난다. 머지않아 이를 해결할 수 있는 시스템 엔지니어를 영입하려고 추가 예산을 확보해야 할 것이다. 클라우드 기반의 클러스터를 사용하면 이런 문제 중 상당수를 완화할 수 있다. 비용은 더 들지만 적어도 하드웨어 유지보수를 신경 쓸 필요는 없어진다. 또한, 일부 클라우드 회사들은 임시 계산 자원을 저렴하게 판매하는 스팟 가격spot-priced 인스턴스를 제공하기도 한다(http://bit.ly/spot-instances)

클러스터를 사용하다 보면 시스템이 꺼졌을 때 전체 시스템을 안전하게 재시작하는 방법을 아무도 문서화하지 않을 가능성이 점점 커진다. 재시작 계획을 문서화하지 않는다면, 결국 최악의 상황에 그런 문서를 작성하게 될 수도 있다(저자 중 한 명은 이런 문제를 크리스마스이브에 디버깅한 적도 있다. 이런 크리스마스 선물을 바라는 사람은 아무도 없다!). 이때 여러분은 시스템의 각 부분이 제 속도를 내도록 만드는 데 얼마나 오랜 시간이 걸리는지 배우게 될 것이다. 클러스터의 각 부분을 부팅하고 처리 작업을 시작하는 데 몇 분씩 걸린다. 순차적으로 실행해야 하는 부분이 10개라면, 전체 시스템을 콜트 스타트cold start하는 데 1시간이 걸릴 수 있다. 그 결과, 한 시간 분량의 백로그 데이터를 처리해야만 하는 상황이 될 수도 있다. 여러분의 시스템은 이 거대한 데이터를 제시간에 처리할 수 있는가?

해이한 행동은 값비싼 실수의 원인이 되고, 복잡하고 예측하기 어려운 동작은 예측하기 어려운 값비싼 결과를 야기한다. 심각한 클러스터 장애 사례를 두 가지 살펴보며 우리가 어떤 점을 배울 수 있는지 논의해보자.

10.2.1 형편없는 클러스터 업그레이드 전략으로 4억 6천2백만 달러를 손해 본 월스트리트

2012년, 고빈도 거래 기업인 나이트 캐피털Knight Capital은 클러스터의 소프트웨어 업그레이드 중 발생한 버그로 4억 6천2백만 달러를 손해 봤다(http://bit.ly/Wall_Street_crash). 해당 소프트웨어는 고객의 요청보다 더 많은 주식을 주문했다.

업그레이드된 소프트웨어는 오래된 플래그를 기존과 다른 목적으로 사용했다. 작동 중인 8대의 기기 중 7대는 업그레이드되었지만, 여덟 번째 기기는 예전 코드를 사용하여 잘못된 거래가 이루어졌다. 증권거래위원회는 나이트 캐피털에 업그레이드를 검토하는 별도의 기술자가 없었으며 업그레이드를 검토하는 프로세스도 없었다는 사실을 지적했다.

이 실수에는 두 가지 원인이 있는 것으로 보인다. 첫 번째는 소프트웨어 개발 프로세스에서 불필요한 기능을 제거하지 않았다는 점이다. 따라서 오래된 코드가 계속 남아 있었다. 두 번째는 업그레이드가 완전히 성공했는지를 확인하는 수동 검토 프로세스가 없었다는 점이다.

기술적 부채는 언젠가 갚아야만 하는 비용을 추가한다(여유가 있을 때 시간을 들여서 부채를 없애야 한다). 코드를 작성하고 리팩토링할 때 단위 테스트를 항상 사용하라. 시스템 업그레이드 시 따라야 하는 점검 목록이 없고 여러분과 함께 업그레이드를 살펴볼 사람도 없다면, 값비싼 장애가 발생할 수 있다. 비행기 조종사가 이륙 시 점검 목록을 하나하나 따르는 데에는 다 이유가 있다. 그렇게 하면 누구도 중요한 단계를 생략할 수 없다. 그 단계를 전에 얼마나 많이 해봤느냐는 아무런 관계가 없다!

10.2.2 스카이프가 겪은 24시간 동안의 전 세계 서비스 장애

스카이프는 2010년 24시간 동안 전 세계적인 장애를 겪었다(http://bit.ly/Skype_outage). 스카이프는 내부적으로 P2P 피어 투 피어 네트워크가 지탱한다. 시스템의 한 부분(오프라인 인스턴트 메시지를 처리하는)에 과부하가 걸리면 윈도우 클라이언트에서의 응답이 늦어진다. 윈도우 클라이언트 버전 중 일부는 이렇게 지연된 응답을 제대로 처리하지 못하고 죽어버렸다. 결국 공개된 슈퍼노드supernode 중 25%를 포함해서 실행 중이던 전체 클라이언트의 약 40%가 죽었다. 슈퍼노드는 네트워크에서 데이터를 라우팅하는 데 필수다.

라우팅 기능의 25%가 멈추면서(대치되기는 했지만 그 속도가 느렸다) 전체적인 네트워크가 큰 압박을 받았다. 죽어버렸던 윈도우 클라이언트 노드들이 재시작하며 네트워크에 다시 합류하려 시도하면서, 이미 과부하 상태인 시스템에 수많은 트래픽을 추가했다. 슈퍼노드에는 너무 많은 부하가 걸리면 백오프back-off하는 기능이 있었다. 그래서 트래픽이 폭증하자 스스로 종료하기 시작했다.

24시간 동안 스카이프를 거의 사용할 수 없었다. 복원 프로세스는 늘어난 트래픽을 감당할 수 있도록 구성한 '메가-슈퍼노드'를 수백 개 설정하는 일부터 시작했다. 그 후 수천 개를 더 추가했다. 다음날이 돼서야 네트워크가 회복됐다.

이는 스카이프에게 엄청나게 당혹스러운 사건이었다. 스카이프는 그 후 며칠에 걸쳐 긴박히 피해를 최소화하는 데 초점을 맞췄다. 음성 통화를 하려는 고객들은 다른 선택지를 찾아야만 했으며, 이는 분명 경쟁자들에게 요긴한 마케팅 기회였을 것이다.

복잡도와 발생했던 장애의 확산 과정을 고려해보면, 이런 종류의 실패를 예측하고 대응 계획을 세우기는 어려웠을 것이다. 스카이프 네트워크의 모든 노드에 문제가 생기지 않았던 이유는 소프트웨어 버전과 플랫폼이 달랐기 때문이다(균일한 시스템보다는 비균일 네트워크를 사용할 때 신뢰성 측면에서 이점이 있다).

10.3 일반적인 클러스터 설계

일반적으로 어느 정도 비슷한 수준의 컴퓨터로 애드혹 지역 클러스터를 구축하는 것부터 시작한다. 이런 클러스터에 오래된 컴퓨터를 추가해도 되는지 궁금할 수도 있다. 오래된 CPU는 보통 전력을 많이 소모하면서도 매우 느리게 작동하므로, 새로운 고사양 컴퓨터와 비교하면 여러분이 기대하는 만큼 도움이 되지 않는다. 내부 클러스터를 사용하려면 운용 인력이 필요하다. 아마존의 EC2(http://aws.amazon.com/ec2/)나 마이크로소프트 애저Azure(http://azure.microsoft.com/en-us/), 혹은 학술 기관에서 운영하는 클러스터라면, 하드웨어 지원은 해당 클러스터를 제공하는 회사에서 담당한다.

처리 요구사항이 잘 정의됐다면 사용자 정의 클러스터를 설계하는 편이 합리적일 수 있다. 아마도 기가비트 이더넷 대신 인피니밴드InfiniBand를 사용하거나, 여러분의 읽기, 쓰기, 복원성 관런 요구사항을 충족하기 위해 특별히 설정된 RAID 드라이브를 사용할 수도 있다. 일부 컴퓨터에서는 CPU와 GPU를 조합하거나 그냥 CPU만 사용할 수도 있다.

거대한 분산 처리 클러스터가 필요할 수도 있다. 예를 들면 세티앳홈SETI@home과 폴딩앳홈Folding@home에서 네트워크 컴퓨팅에 사용하는 버클리 오픈 인프라스트럭처BOINC 시스템(http://bit.ly/Berkeley_decentralized)이 있다. 거대한 규모의 분산 처리 클러스터가 필요할 수도 있다. 이들도 중앙 집중된 조정 시스템을 공유하지만, 프로젝트에 계산 노드를 언제든 임의로 넣거나 뺄 수 있다.

이렇게 설계한 하드웨어 위에 여러 가지 다른 소프트웨어 아키텍처를 운영할 수 있다. 작업 큐가 제일 일반적이고 이해하기 쉬운 구조다. 보통 작업이 큐에 들어간 다음 프로세서가 소비한다. 처리 결과는 다시 큐에 들어가서 추가 처리하거나 최종 결과로 활용할 수 있다(예컨대 데이터베이스에 추가). 메시지 전달 시스템은 약간 다르다. 메시지를 메시지 버스에 태우면 다른 컴퓨터들이 이를 소비할 수 있다. IPC를 활용해 각 프로세스가 서로 통신하는 시스템은 더 복잡하다. 이런 시스템은 잘못 설정할 가능성이 높아서 엉망진창이 되기 십상이므로 전문가 수준의 소프트웨어 구조라 생각해야 한다. IPC는 정말 필요할 때만 선택하기 바란다.

10.4 클러스터화한 해법을 시작하는 방법

클러스터화한 시스템을 시작하는 가장 쉬운 방법은 한 컴퓨터에서 작업 서버와 작업 프로세서를 함께 돌리는 것이다(CPU마다 작업 프로세서를 하나씩 할당한다). CPU 위주의 작업에는 CPU마다 하나의 작업 프로세서를 실행하고, I/O 위주의 작업에는 한 CPU에서 여러 작업 프로세서를 실행하라. 만약 RAM을 많이 사용하는 작업이라면 RAM을 다 써버리지 않도록 주의하라. 하나의 프로세서만을 사용해 잘 작동하는 단일 컴퓨터 해법을 만든 다음에 프로세서를 추가하라. 여러분이 작성한 코드가 예측 불가능한 방식으로 실패하도록 해서(예컨대 1/0을 실행하거나, kill -9 <pid>로 작업자를 죽이거나, 모든 기기가 꺼지도록 전원 플러그를 빼서) 시스템이 얼마나 강건한지 확인하라.

분명 이보다 더 무거운 테스트도 하고 싶어질 텐데, 코딩 오류를 검사할 수 있는 테스트나 인공적인 예외 상황이 많은 단위 테스트를 추천한다. 이안은 프로세서에서 작업을 실행하는 동안 외부 프로세스가 조직적으로 중요한 프로세스를 죽이는 등의 예기치 못한 상황을 만들고, 이런 상황에서 모니터링 프로세스가 깔끔하게 작업을 재시작할 수 있는지 확인하기를 좋아한다.

작업 프로세서를 하나 만들었다면, 두 번째 프로세서를 추가하라. RAM을 너무 많이 쓰지는 않는지 확인하라. 예전보다 작업을 2배 빠르게 처리하는가?

이제 두 번째 컴퓨터를 추가해서 새로 추가한 컴퓨터에서는 작업 프로세서를 하나 돌리고, 조정자 역할을 하는 기존 컴퓨터에서는 작업 프로세서를 실행하지 않는다. 이렇게 만든 시스템이 조정자 컴퓨터에서 작업 프로세서를 실행한 때만큼 빠른가? 그렇지 않다면 이유는 무엇인가? 레이턴시가 문제가 되는가? (컴퓨터 간) 설정이 다른 부분이 있는가? CPU, RAM, 캐시 크기 등 하드웨어에 차이가 있는가?

다음으로는 다른 컴퓨터를 아홉 대 추가하고 처리 작업이 이전보다 10배 정도 빨리 끝나는지 살펴보라. 그렇지 않다면 이유는 무엇인가? 네트워크 충돌이 발생하면서 전체 처리 속도를 늦추지는 않는가?

컴퓨터를 부팅할 때 클러스터 구성 요소를 시작하는 작업의 신뢰성을 높이기 위해서, 크론 cron 작업, 서커스Circus (https://circus.readthedocs.org/en/latest/), 슈퍼바이저드 supervisord (http://supervisord.org/)를 사용하고는 한다. 서커스와 슈퍼바이저드 모두 파이썬 기반이며 수년 전부터 사용했다. 크론은 오래된 방식이지만, 필요에 따라 하위 프로세스를 포크하는 모니터링 프로세스 등을 시작하는 스크립트를 실행하는 목적으로만 사용한다면 신뢰성이 매우 높다.

신뢰성 높은 클러스터를 만들었다면 넷플릭스Netflix의 카오스 몽키Chaos Monkey (https://github.com/Netflix/SimianArmy)와 같은 임의 프로세스 킬러killer 도구를 사용할 수도 있다. 이런 도구는 시스템의 일부를 죽여서 회복성resiliency을 테스트하게 해준다. 프로세스와 하드웨어는 언제든 죽을 수 있으니, 적어도 여러분이 예측할 수 있는 오류가 발생했을 때 시스템이 견뎌낼 수 있는지를 알아두는 것도 나쁘지 않다.

10.5 클러스터 사용 시 고통을 피하는 방법

이안은 클러스터화한 시스템을 묶어주는 일련의 작업 큐가 부서져 멈추는 고통스러운 경험을 했다. 후반의 큐가 소비되지 못하다가 결국 넘치기 시작했다. 그래서 컴퓨터 중 일부는 RAM을 모두 사용했고, 그에 따라 프로세스도 죽어버렸다. 앞부분의 큐는 처리됐지만 그 결과를 다음 큐에 전달할 수가 없어서 결국 망가져버렸다. 마지막에는 첫 번째 큐까지 꽉 찼지만 더는 소비되지 않아서 멈춰버렸다. 그 이후로는 데이터 공급자가 결국엔 버려질 데이터를 생산하며 아까운 자원만 낭비하는 꼴이 되어버렸다. 여러분은 클러스터가 죽을 수 있는 여러 가능성(구성 요소들이 죽을지 안 죽을지가 아니라, 죽는다면 어떤 일이 생길지를 고려하라)과 어떤 일이 벌어질지를 고려하는 시나리오를 작성해야 한다. 데이터를 잃게 될 것인가(그리고 그런 일이 벌어진다면 문제가 되는가)? 미처리 데이터가 많이 남아서 뒤처리가 어렵지는 않을까?

디버깅하기 쉬운 시스템을 만드는 것이 **어쩌면** 더 빠른 시스템을 만드는 것보다 중요할 수도 있다. 엔지니어링 시간과 중단 시간의 비용이 **어쩌면** 가장 비용이 큰 부분일 수도 있다(여러분이 미사일 방어 체계 프로그램을 개발한다면 그렇지 않겠지만, 스타트업이라면 아마 그럴 것이다). 저수준의 압축된 이진 프로토콜을 사용해서 몇 바이트를 아끼는 대신, JSON으로 사람이 읽을 수 있는 표현을 써서 메시지를 전달하라. 메시지를 보내고 해석하는 데 약간의 부가비용이 들지만, 핵심 컴퓨터에 불이 나서 데이터베이스 중 일부만 남았다면 시스템 복원 작업을 할 때 중요한 메시지를 빠르게 읽을 수 있다는 사실에 기뻐할 것이다.

반드시 시스템에 배포하는 시간과 비용이 적게 들도록 하라. 운영체제 업데이트나 여러분 소프트웨어의 업데이트 모두 말이다. 클러스터에서 무언가를 변경할 때마다 여러분은 이랬다 저랬다 하면서 응답을 이상하게 만들 수 있는 위험에 시스템을 노출하는 것이다. 패브릭Fabric(`http://www.fabfile.org/`), 솔트Salt(`https://salt.readthedocs.org/en/latest/`), 셰프Chef(`http://www.getchef.com/`), 퍼핏Puppet(`http://puppetlabs.com/`), 데비안Debian의 `.deb`, 레드햇RedHat의 `.rpm`, 아마존 머신 이미지(`http://en.wikipedia.org/wiki/Amazon_Machine_Image`) 등의 배포 시스템을 꼭 사용하라. 전체 클러스터를 업그레이드할 수 있는 업데이트를 튼튼하게 배포할 수 있다면, 어려울 때 스트레스를 아주 많이 줄일 수 있다.

실증적인 보고가 중요하다. 클러스터의 성능을 자세히 알려주는 보고서를 **매일** 누군가에게 이메일로 보내라. 이메일이 오지 않았다면 무슨 일이 벌어졌다는 유용한 단서가 된다. 이런 상황을 더 빠르게 통지해주는 조기 경보 시스템이 필요할 수도 있다. 이런 용도로는 핑덤Pingdom (`https://www.pingdom.com/`), 서버덴서티ServerDensity (`https://www.serverdensity.com/`) 등이 특히 유용하다. 어떤 이벤트가 일어나지 않을 때 반응하는 데드맨 스위치dead man's switch (`http://www.deadmansswitch.net/`)도 든든한 뒷받침이 된다.

팀원들에게 클러스터의 상태를 보고하도록 만들어도 굉장히 도움이 된다. 이는 웹 애플리케이션 안의 관리자 페이지일 수도 있고, 별도의 보고서일 수도 있다. 이런 목적에는 갱글리아Ganglia (`http://ganglia.sourceforge.net/`)가 매우 유용하다. 저자는 문제를 발견했을 때 여분의 PC에서 스타 트랙 엘카즈Star Track LCARS와 비슷한 인터페이스가 실행되며 '적색경보!' 소리를 내는 것을 본 적이 있다. 이런 장치는 사무실 전체의 주의를 환기하는 효과가 있다. 시스템의 부하를 보여주려고 아두이노Arduino로 구식 보일러 기압계와 비슷한 아날로그 장치를 움직이도록 만든 것을 본 적도 있다(바늘이 움직일 때 근사한 소리도 났다!). 모든 사람이 '정상 상태'와 '불금에 밤샘 작업을 해야 하는 상태' 사이의 차이를 알아챌 수 있게 해주는 매우 유용한 보고다.

10.6 두 가지 클러스터링 솔루션

이 절에서는 IPython Parallel과 NSQ를 소개한다.

IPython 클러스터는 한 대의 멀티 코어 컴퓨터에서 사용하기가 매우 쉽다. 많은 연구자가 IPython을 셸로 사용하므로 이를 자연스럽게 병렬 작업을 제어하는 용도로 사용할 수 있다. 클러스터를 만들려면 시스템 관리 지식이 조금 필요하다. IPython Parallel을 사용하면 원격 클러스터(예컨대 아마존 AWS와 EC2)를 지역 클러스터처럼 쉽게 사용할 수 있다는 큰 이점이 있다.

NSQ는 프로덕션에 바로 사용할 수 있는 큐 시스템이다. NSQ는 영속성을 제공하며(따라서 컴퓨터가 죽으면 작업을 다른 컴퓨터가 가져갈 수 있다), 규모 가변성을 지원하는 강력한 메커니즘을 제공한다. 이런 훌륭한 기능으로 인해 시스템 관리와 엔지니어링 기술을 살짝 더 많이 요구한다. 하지만 NSQ는 단순하고 사용하기 쉽다는 점에서 눈에 띈다. 카프카kafka (`https://kafka.apache.org/`) 등 다양한 큐 시스템이 존재하지만, NSQ처럼 진입장벽이 낮은 시스템은 없다.

10.6.1 IPython Parallel을 사용해 연구 지원하기

IPython 클러스터 지원은 IPython Parallel을 통해 이뤄진다(https://oreil.ly/SAV5i). IPython이 지역과 원격 처리 엔진의 인터페이스가 되어 데이터를 여러 엔진에 보내고 작업을 원격 컴퓨터에 밀어 넣을 수 있다. 원격 디버깅도 가능하며 선택적으로 메시지 전달 인터페이스message passing interface(MPI)도 지원한다. 이와 같은 ZeroMQ 통신 메커니즘은 주피터 노트북 인터페이스도 뒷받침한다.

이는 연구 목적에 적합하다. 작업을 지역 클러스터의 컴퓨터에 보낼 수 있고, 문제가 발생하면 서로 상호작용하며 디버깅할 수 있으며, 데이터를 여러 컴퓨터에 보내고, 결과를 수집할 수 있다. 이 모든 과정을 대화식으로 진행할 수 있다. PyPy도 IPython과 IPython Parallel을 실행한다는 점을 기억하라. 이 조합은 (여러분이 numpy를 사용하지 않는다면) 매우 강력하다.

내부적으로 ZeroMQ를 메시지 전달 미들웨어로 사용한다. ZeroMQ는 설계상 어떤 보안도 제공하지 않음에 유의하라. 지역 네트워크에서 클러스터를 구축한다면 SSH 인증을 사용하지 않을 수 있다. 보안이 필요하다면 SSH를 완전히 지원하기는 하지만, 설정해야 할 것이 조금 많아진다. 즉 신뢰할 수 있는 지역 네트워크를 시작하고, 각 구성 요소들이 어떻게 작동하는지를 배워가면서 하나씩 구축해 나가야 한다.

프로젝트는 네 가지 요소로 나뉜다. **엔진**은 IPython 커널을 확장한 것이다. 엔진은 동기화된 파이썬 인터프리터로 코드를 실행한다. 이런 엔진을 여럿 실행해서 병렬 계산을 하도록 만들 것이다. **컨트롤러**는 엔진에 대한 인터페이스를 제공한다. 컨트롤러는 작업 배분을 담당하고 작업 스케줄러를 제공하는 **직접** 인터페이스와 부하 분산 인터페이스를 제공한다. **허브**hub는 엔진, 스케줄러, 클라이언트를 계속 추적한다. **스케줄러**는 엔진의 동기적인 특성을 감춰주며 비동기 인터페이스를 제공한다.

노트북에서 `ipcluster start -n 4` 명령으로 엔진을 4개 시작한다. [예제 10-1]에서는 IPython을 시작하고 지역 `Client`가 지역 엔진 4개를 사용할 수 있는지 살펴본다. `C[번호]` 형태로 각각의 엔진에 접근할 수 있으며, 각 엔진에 함수를 적용했다. 여기서는 `callable`을 인자로 받는 `apply_sync` 대신 인자를 받지 않고 문자열을 반환하는 `lambda`를 사용했다. 모든 지역 엔진은 각각 함수를 실행하고 동일한 결과를 반환하게 된다.

예제 10-1 IPython에서 지역 엔진을 사용할 수 있는지 검사하기

```
In [1]: import ipyparallel as ipp

In [2]: c = ipp.Client()

In [3]: print(c.ids)
[0, 1, 2, 3]

In [4]: c[:].apply_sync(lambda: "Hello High Performance Pythonistas!")
Out[4]:
['Hello High Performance Pythonistas!',
 'Hello High Performance Pythonistas!',
 'Hello High Performance Pythonistas!',
 'Hello High Performance Pythonistas!']
```

여기서 만든 엔진은 빈 상태다. 모듈을 지역에서 임포트한다고 해도 원격 엔진에 그 모듈이 자동으로 임포트되지는 않는다.

sync_imports 컨텍스트 관리자를 사용하면 지역과 원격에서 모듈을 깔끔하게 임포트할 수 있다. [예제 10-2]에서는 지역 IPython과 그에 연결된 네 엔진에서 모두 import os를 수행한다. 그 후 다시 apply_sync를 사용해서 각 엔진의 PID를 가져온다.

원격 임포트를 수행하지 않았다면 원격 엔진이 os 모듈을 사용할 수 없으니 NameError가 발생했을 것이다. 또한 execute를 사용하면 원격 엔진에서 모든 파이썬 명령을 실행할 수 있다.

예제 10-2 원격 엔진에 모듈 임포트하기

```
In [5]: dview=c[:]  # 직접 뷰다(부하 분산 뷰가 아니다)

In [6]: with dview.sync_imports():
   ....:     import os
   ....:
importing os on engine(s)

In [7]: dview.apply_sync(lambda:os.getpid())
Out[7]: [16158, 16159, 16160, 16163]

In [8]: dview.execute("import sys")  # 명령을 원격 실행하는 또 다른 방법
```

데이터를 엔진에 집어넣고 싶을 것이다. [예제 10-3]처럼 push 명령을 사용해서 사전을 전달하고 각 엔진의 전역 네임스페이스에 그 사전을 추가할 수 있다. 이에 대응해서 원소를 가져오는 pull 명령도 있다. 키를 지정하면 각각의 엔진에서 그 키에 대응하는 원소를 반환한다.

예제 10-3 데이터를 엔진에 밀어 넣기

```
In [9]: dview.push({'shared_data':[50, 100]})
Out[9]: <AsyncResult: _push>

In [10]: dview.apply_sync(lambda:len(shared_data))
Out[10]: [2, 2, 2, 2]
```

[예제 10-4]에서는 네 엔진을 사용해 원주율을 추정한다. 이번에는 @require 데커레이터를 써서 random 모듈을 엔진에 임포트한다. 직접 뷰를 사용해 작업을 각 엔진에 보내면 결과가 모두 돌아올 때까지 함수 호출이 블록된다. 그 후 [예제 9-1]에서 했듯이 원주율을 추정한다.

예제 10-4 지역 클러스터를 사용해 원주율 추정하기

```
import time
import ipyparallel as ipp
from ipyparallel import require

@require('random')
def estimate_nbr_points_in_quarter_circle(nbr_estimates):
    ...
    return nbr_trials_in_quarter_unit_circle

if __name__ == "__main__":
    c = ipp.Client()
    nbr_engines = len(c.ids)
    print("We're using {} engines".format(nbr_engines))
    nbr_samples_in_total = 1e8
    nbr_parallel_blocks = 4

    dview = c[:]

    nbr_samples_per_worker = nbr_samples_in_total / nbr_parallel_blocks
    t1 = time.time()
    nbr_in_quarter_unit_circles = \
```

```
        dview.apply_sync(estimate_nbr_points_in_quarter_circle,
                         nbr_samples_per_worker)
    print("Estimates made:", nbr_in_quarter_unit_circles)

    nbr_jobs = len(nbr_in_quarter_unit_circles)
    pi_estimate = sum(nbr_in_quarter_unit_circles) * 4 / nbr_samples_in_total
    print("Estimated pi", pi_estimate)
    print("Delta:", time.time() - t1)
```

[예제 10-5]는 코드를 네 지역 엔진에서 실행한다. [그림 9-5]에서 볼 수 있는 것처럼 노트북에서 약 20초가 걸린다.

예제 10-5 IPython에서 지역 클러스터를 사용해 원주율 추정하기

```
In [1]: %run pi_ipython_cluster.py
We're using 4 engines
Estimates made: [19636752, 19634225, 19635101, 19638841]
Estimated pi 3.14179676
Delta: 20.68650197982788
```

IPython Parallel은 여기서 본 것보다 훨씬 더 많은 기능을 제공한다. 물론, 비동기 작업과 훨씬 큰 입력 범위에 대한 매핑도 가능하다. MPI를 지원해서 효율적으로 데이터를 공유할 수 있다. 9.3.2 'multiprocessing을 Joblib으로 바꾸기'에서 소개한 Joblib 라이브러리도 곧 소개할 Dask와 함께 IPython Parallel을 백엔드로 사용할 수 있다.

IPython Parallel의 특별히 강력한 기능 하나는 아마존의 EC2와 같은 클라우드 서비스나 슈퍼컴퓨터를 포함하는 더 큰 클러스터 환경에서도 사용할 수 있다는 점이다. ElastiCluster 프로젝트(https://elasticluster.readthedocs.io/)는 IPython 같은 공통 병렬 처리 환경을 제공하며 AWS, 애저, 오픈스택OpenStack 등에 이를 배포할 수 있다.

10.6.2 Dask로 팬더스 병렬화하기

Dask는 노트북의 단일 코어부터 멀티 코어 컴퓨터, 더 나아가 클러스터의 수천 개의 코어까지 규모가 변할 수 있는 병렬화 해법 스위트를 제공하는 목표가 있다. 이를 '아파치 스파크 라이트Apache Spark lite'라고 생각하라. 아파치 스파크의 모든 기능(복제 쓰기와 다중 기기 페일오버failover

기능 포함)이 필요하지 않고 두 번째 계산 및 저장소 환경도 필요 없다면, Dask가 RAM보다 더 큰 데이터를 처리할 수 있는 병렬화 해법을 제공해 줄 수 있다.

작업 그래프는 일련의 계산 시나리오를 지연 계산하는 방식으로 구성된다. 이런 시나리오에는 작은 데이터 셋부터 아주 큰 데이터 셋까지 지원하는 순수 파이썬, 과학기술 계산 파이썬, 머신 러닝 등이 포함된다.

백bag

bag은 구조화되지 않았거나 반쯤 구조화된 데이터를 병렬 계산할 수 있게 해준다. 이런 데이터로는 텍스트 파일, JSON, 사용자 정의 객체 등이 있다. `map`, `filter`, `groupby`를 리스트나 집합 같은 일반 파이썬 객체에 대해 지원한다.

배열

array는 RAM보다 더 크고 분산된 numpy 연산을 수행하게 해준다. 여러 일반적인 연산(일부 선형 대수 함수 포함)을 지원한다. 단일 코어가 아니면 효율적으로 실행할 수 없는 연산들(예를 들어 정렬이나 여러 선형 대수 연산)은 지원하지 않는다. 넘파이가 스레드를 잘 지원하므로 스레드를 사용해 연산을 수행한다. 따라서 병렬화된 연산을 하는 동안 데이터를 복사할 필요가 없다.

분산 DataFrame

dataframe은 RAM보다 더 크고 분산된 팬더스 연산을 수행하게 해준다. 내부에서는 인덱스로 분할된 부분적인 DataFrame을 표현하는 데 팬더스를 쓴다. 연산은 `.compute()`를 통해 지연 계산된다는 점을 제외하면 팬더스 연산과 아주 비슷해 보인다. `groupby-aggregate`, `groupby-apply`, `value_counts`, `drop_duplicates`, `merge` 함수를 지원한다. 기본적으로는 스레드를 사용하지만 팬더스는 넘파이보다 GIL에 따른 제약을 좀 더 받는다. 따라서 프로세스나 분산 스케줄러Distributed scheduler 옵션을 검토해 봐야 할 수도 있다.

Delayed

delayed는 임의의 파이썬 함수 체인을 지연 계산하자는 아이디어(9.3.2 'multiprocessing을 Joblib으로 바꾸기'에서 소개함)를 확장한다. `visualize()` 함수가 작업 그래프를 그려서 문제 분석을 도와준다.

퓨처

지연 계산을 하고 작업 추가나 삭제를 지원하지 않는 delayed와 달리 Client 인터페이스는 작업을 즉시 실행하고 계산하게 해준다. Future 인터페이스는 작업 간의 협력을 지원하는 Queue와 Lock을 제공한다.

Dask-ML

사이킷런과 비슷한 인터페이스를 제공해서 규모 가변성 있는 머신러닝을 지원한다. Dask-ML은 일부 사이킷런 알고리즘에 클러스터 지원을 제공하고, 일부 알고리즘(예: linear_model 셋)을 Dask로 재구현해서 빅데이터 학습을 지원한다. Dask-ML은 아파치 스파크 분산 머신러닝 툴킷과의 간격을 좁혀주고, XGBoost와 텐서플로를 Dask 클러스터에서 사용할 수 있게 지원한다.

팬더스 사용자에게는 Dask가 RAM보다 더 큰 데이터셋과 멀티 코어 병렬화라는 두 가지 용례에 도움이 된다.

데이터셋이 팬더스가 RAM에 넣을 수 있는 크기보다 크면, 이 데이터셋을 Dask가 행을 기준으로 나눠서 **분산 DataFrame**이라는 분할된 DataFrame으로 묶어준다. 이런 DataFrame은 각각의 인덱스로 나뉘며, 각 파티션에서 연산의 일부를 수행할 수 있다. 예를 들어 수 GB의 CSV 파일이 많이 모인 데이터 셋이 있고, 모든 파일에서 value_counts를 계산하려 한다고 가정해보자. Dask가 각 DataFrame(파일당 하나)에 value_counts를 수행하고 결과를 묶어서 개수의 집합 하나로 만들어준다.

두 번째 용례는 노트북의 멀티 코어를 (클러스터에서 활용하는 것만큼 쉽게) 활용하는 것이다. 지금부터 이 용례를 살펴보려 한다. [예제 6-24]에서 DataFrame의 행 안에 든 값에 대한 직선의 기울기를 여러 방법으로 계산했다. 이제 가장 빠른 두 가지 방법을 살펴보고 이 둘을 Dask를 사용해 병렬화해 보자.

> **TIP** Dask와 다음 절에서 설명할 Swifter는 (apply 호출에서 흔히 사용하는) 부수효과가 없는 모든 함수에 적용할 수 있다. 이안은 큰 DataFrame의 여러 텍스트 열에서 수치나 텍스트 지표를 계산할 때 Dask를 이런 식으로 사용한다.

Dask를 쓸 때는 DataFrame에서 만들어낼 **파티션**의 수를 지정해야 한다. 경험상 파티션 개수를 정할 때는 모든 코어를 사용할 수 있도록 최소한 코어 개수만큼은 만들어야 한다. [예제

10-6]에서는 파티션을 8개 요청한다. dd.from_pandas를 사용해 일반 팬더스 DataFrame을 똑같은 크기의 Dask 분산 DataFrame 8개로 변환한다.

우리에게 익숙한 ddf.apply를 분산 DataFrame에 적용할 수 있다. 이때 ols_lstsq를 지정하고, 선택적으로 원하는 반환 타입을 meta 인자로 지정할 수 있다. Dask에서는 compute()을 호출하여 계산해야 하는 시점을 명시해야 한다. 여기서는 스케줄러로 디폴트인 threads 대신 processes를 사용해서 파이선 GIL을 피해 여러 코어에 작업을 분산한다.

예제 10-6 Dask를 사용해 여러 코어에서 직선의 기울기 계산하기

```
import dask.dataframe as dd

N_PARTITIONS = 8
ddf = dd.from_pandas(df, npartitions=N_PARTITIONS, sort=False)
SCHEDULER = "processes"

results = ddf.apply(ols_lstsq, axis=1, meta=(None, 'float64',)). \
            compute(scheduler=SCHEDULER)
```

이안의 노트북에서 파티션 8개(4 코어와 4 하이퍼스레드)를 사용해 [예제 10-6]과 같이 ols_lstsq를 실행하면, 이전의 단일 스레드 apply 실행 시간인 6.8초를 1.5초로 단축할 수 있다. 속도가 거의 5배 빨라진다.

예제 10-7 Dask를 사용해 여러 코어에서 직선의 기울기 계산하기

```
results = ddf.apply(ols_lstsq_raw, axis=1, meta=(None, 'float64',), raw=True). \
            compute(scheduler=SCHEDULER)
```

[예제 10-7]과 같이 8개의 파티션을 사용해 ols_lstsq_raw를 raw=True와 함께 실행하면, 이전의 단일 스레드 apply 실행 시간인 5.3초를 1.2초로 단축시킬 수 있다. 이 또한 거의 5배 빨라진다.

또한 7.9.1 'Numba를 사용해 팬더스에서 넘파이 컴파일하기'의 컴파일된 Numba 함수를 raw=True와 함께 사용하면 실행 시간이 0.58초에서 0.3초로 줄어든다. 추가로 2배 더 빨라진다. 넘파이 배열을 팬더스 DataFrame에 사용하는 함수를 Numba로 컴파일한 경우도 아주 약간의 노력으로 Dask에서 잘 작동한다.

Dask에서 Swifter를 사용해 apply 병렬화하기

Dask 위에 만들어진 Swifter(https://oreil.ly/1SOcL)는 아주 간단한 세 가지 호출 (apply, resample, rolling)을 사용한 병렬화를 제공한다. 내부에서 Swifter는 DataFrame 의 하위 샘플을 추출해서 함수 호출을 벡터화하는 시도를 한다. Swifter는 이 방식이 잘 작동 하면 그대로 적용하고, 작동은 하지만 느리다면 Dask를 사용해 멀티 코어상에서 실행한다.

Swifter는 휴리스틱을 사용해서 코드 실행 방식을 결정하므로, Swifter를 사용하지 않을 때보 다 코드가 느려질 수 있다. 하지만 한 번 사용해보는 데 드는 '비용'은 코드 한 줄뿐이다. 따라서 충분히 검토해볼 만하다.

Swifter는 Dask로 얼마나 많은 코어를 사용할지와 이를 평가하는 데 얼마나 많은 행을 샘플링 할지 스스로 결정한다. 그 결과 [예제 10-8]에서는 df.swifter...apply()가 df.apply를 호출한 일반적인 호출과 똑같아 보인다. 이번에는 진행 표시줄을 비활성화했지만, 주피터 노트 북에서 tqdm 라이브러리를 사용해도 진행 표시줄이 잘 작동한다.

예제 10-8 Dask를 사용해 여러 코어로 직선 기울기 계산하기

```
import swifter

results = df.swifter.progress_bar(False).apply(ols_lstsq_raw, axis=1, raw=True)
```

Swifter로 파티션 설정을 하지 않고 ols_lstsq_raw를 호출하면 앞에서 본 단일 스레드 예제 의 실행 시간 5.3초가 1.6초로 줄어든다. 이 함수와 데이터셋은 조금 전에 살펴본 (약간 더 긴) Dask 해법만큼 실행 속도가 빠르지는 않지만, 코드 단 한 줄만으로 속도를 3배 빠르게 만든 다. 다른 함수나 데이터셋에 적용하면 결과가 달라질 것이다. 하지만 성능을 높일 수 있는지 쉽 게 알아볼 수 있으니 시도해볼 만한 가치가 있다.

RAM보다 큰 DataFrame을 위한 Vaex

Vaex(https://vaex.io/)는 RAM보다 더 큰 데이터의 계산을 지원하는 팬더스 DataFrame 과 비슷한 구조를 제공하는 새로운 라이브러리다. Vaex는 팬더스와 Dask의 특징을 한 패키 지 안에 깔끔하게 넣었다.

Vaex는 지연 계산을 사용해 열 결과를 그때그때 계산한다. Vaex는 사용자가 요청하는 행에 속한 열만 계산한다. 예를 들어 행이 10억 개인 데이터에서 두 열 사이의 합계를 요청하고, 결과로 **샘플**을 하나만 요청한다고 가정해보자. 이때 Vaex는 요청받은 행의 데이터만 손대고 샘플링하지 않는 나머지 행의 합계는 아예 계산하지 않는다. 대화식 작업이나 시각화를 바탕으로 데이터를 조사할 때는 이런 접근 방법이 아주 효율적일 수 있다.

팬더스의 문자열 지원은 C파이썬에서 왔고, GIL에 의해 제한된다. 그리고 문자열 객체들은 메모리상에 여기저기 흩어져 있는 큰 객체이며, 벡터화한 연산을 지원하지 않는다. Vaex는 자체 문자열 라이브러리를 사용해 팬더스와 비슷한 인터페이스를 제공하면서 충분히 빠른 문자열 기반 연산을 제공한다.

문자열을 많이 처리하거나 RAM보다 더 큰 데이터셋을 사용한다면 Vaex를 꼭 평가해보라. 일반적으로 `DataFrame`의 부분집합에 대해서 작업을 진행한다면, Dask를 팬더스 `DataFrame`에 적용하기보다 Vaex의 암시적인 지연 계산이 여러분의 워크플로를 더 간단하게 만들 수 있다.

10.7 강건한 프로덕션 클러스터링을 위한 NSQ

프로덕션 환경에서는 지금까지 언급한 것보다 훨씬 더 강건한 솔루션이 필요하다. 클러스터를 매일 운용하는 상황에서는 일부 노드를 사용할 수 없게 되거나, 코드가 오류로 중단되거나, 네트워크가 망가지거나, 그 외의 일어날 가능성이 있는 수천 가지 문제 중 어떤 일이 벌어질 것이기 때문이다. 앞에서 다룬 시스템들은 모두 명령을 내리는 컴퓨터가 한 대뿐이고, 그 명령을 읽어서 실행하는 컴퓨터가 미리 정해져 있다는 데 문제가 있다. 이보다는 여러 참가자가 메시지 버스를 통해 서로 통신하는 시스템이 더 나을 것이다. 이렇게 하면 메시지를 만들어내는 컴퓨터와 소비하는 컴퓨터를 임의로 언제든 변경할 수 있다.

NSQ는 이런 문제의 간단한 해법이다(https://github.com/bitly/nsq). NSQ는 고성능 분산 메시징 플랫폼으로, 고GO 언어로 작성되었지만 데이터 형식이나 언어와는 무관하다. 다양한 언어용 라이브러리가 존재하며, NSQ의 기본 API가 REST라서 HTTP 호출만 가능하다면 사용할 수 있다. 더 나아가 JSON, 피클, `msgpack` 등 어떤 형태로든 원하는 형식으로 메시지를 보낼 수 있다. 하지만 더 중요한 것은 메시지 배달을 근본적으로 보장해주며, 큐와 출판자/구독자publisher/subscriber 혹은 pub/sub라는 단순한 두 디자인 패턴을 사용해 이 모든 기능을 제공한다는 점이다.

> **NOTE_** NSQ를 선택한 이유는 사용하기 쉽고 전반적인 성능도 좋기 때문이다. 우리 목적에 가장 도움이 되는 장점은 NSQ가 클러스터상의 큐와 메시징에서 고려해야 할 내용을 명확히 보여준다는 점이다. 하지만 ZeroMQ, 아마존 SQS, 셀러리, 레디스 등이 여러분의 애플리케이션에 더 적합할 수도 있다.

10.7.1 큐

큐는 메시지를 위한 버퍼의 일종이다. 메시지를 처리 파이프라인의 다른 부분에 전달하고 싶을 때 큐에 메시지를 보낸다. 큐는 메시지를 저장했다가 다른 작업자가 요청하면 해당 메시지를 그 작업자에 내어준다. 분산 처리에서 생산자와 소비자 사이의 불균형이 존재할 때 큐가 가장 유용하다. 불균형이 생기면, 단지 생산과 소비 비율이 같아질 때까지 소비자를 추가하면 된다. 또한 메시지를 소비해야 하는 컴퓨터가 작동을 멈춰도 메시지가 손실되지 않고 다른 소비자가 나타날 때까지 큐에 남는다. 따라서 메시지 배달을 보장할 수 있다.

예를 들어 사용자가 웹 사이트의 새 상품을 평가할 때마다 새로운 상품을 추천하고 싶다고 하자. 큐가 없다면 추천을 담당하는 서버가 얼마나 바쁜가와는 관계없이 '평가'라는 동작이 직접 '추천 상품 재계산' 동작을 시작할 것이다. 갑자기 수천 명이 상품을 평가한다면, 추천 서버는 너무 많은 요청을 받아서 타임아웃을 발생시키기 시작하고, 자신에게 들어온 요청 메시지를 잃어버리며, (일반적으로는) 결국 요청에 더 응답할 수 없게 된다.

반면 큐가 있다면 추천 서버가 준비되었을 때만 추가 작업을 요청할 것이다. 새로운 '평가' 동작은 새 작업을 큐에 넣고, 추천 서버는 작업을 수행할 준비가 된 경우에만 새 작업을 큐에서 가져와서 처리할 것이다. 이런 설정 하에서 평소보다 많은 사용자가 상품을 평가한다면, 큐가 차오르기 시작하며 추천 서버를 위한 버퍼 역할을 담당하게 된다. 그래서 큐가 빌 때까지, 즉 모든 메시지를 처리할 때까지 추천 서버의 부하는 변화가 없을 것이다.

이때 큐에 작업이 압도적으로 많이 들어오면 엄청나게 많은 메시지를 저장해야 하는 잠재적인 문제가 있다. NSQ는 다수의 저장소 백엔드를 제공하는 방식으로 이를 해결한다. 메시지 양이 메모리 용량을 초과하면 메시지를 디스크에 저장한다.

10.7.2 출판자/구독자

출판자/구독자는 누가 어떤 메시지를 받을지를 표현한다. 데이터 출판자는 특정 주제의 데이터를 밀어 넣을 수 있고 데이터 구독자는 서로 다른 데이터 피드feed를 구독할 수 있다. 출판자가 정보를 밀어 넣으면 모든 구독자에게 그 정보가 전달된다(각 구독자는 원본 메시지와 동일한 복사본을 받는다). 이를 종이 신문처럼 생각해봐도 좋다. 많은 사람이 특정 신문을 구독할 수 있으며 새로운 날짜의 신문이 나오면 모든 구독자가 동일한 복사본을 받는다. 또한 신문을 만드는 사람은 그 신문이 누구에게 전달될지 전혀 알 필요가 없다. 그 결과 출판자와 구독자는 서로 분리된다. 프로덕션 환경에서도 네트워크 구성이 변할 수 있으니 출판자/구독자 방식은 시스템의 강건성 면에서 상당히 유리하다.

또한 NSQ는 **데이터 소비자**라는 개념을 추가했다. 동일한 데이터를 구독하는 데 여러 프로세스가 관심을 보일 수 있다. 새로운 데이터가 도착할 때마다 모든 구독자가 데이터의 복사본을 받는다. 하지만 한 번의 구독으로는 단 하나의 소비자만이 그 데이터를 볼 수 있다. 다시 종이 신문에 비유해서, 신문을 구독한 집에 여러 사람이 산다고 가정해보자. 출판자가 그 집에 신문을 한 부 배달하면(한 부만 구독했기 때문이다), 그 집에서 가장 먼저 가져가는 사람이 데이터를 읽게 된다. 각 구독자 그룹에 속하는 소비자들은 자신이 볼 수 있는 메시지에 동일한 처리를 수행한다. 하지만 소비자가 여럿 존재할 수 있으니 전체 풀의 처리 능력은 그만큼 높아진다.

이런 출판자/구독자/소비자 패러다임을 [그림 10-1]처럼 표현할 수 있다. '클릭됨'이라는 주제에서 새로운 메시지가 출판된다면, 관련한 모든 구독자(그림에서는 '측정', '스팸_분석', '아카이브'가 여기 해당하며, NSQ의 용어로는 **채널**이라 한다)는 복사본을 받는다. 각 구독자는 소비자 하나 이상으로 이뤄지고, 이런 소비자는 해당 메시지에 반응하는 실제 프로세스를 표현한다. '측정' 구독자에 속한 오직 한 소비자만이 새로 도착한 메시지를 보고, 다음 메시지는 또 다른 소비자에게 전달되는 식으로 처리가 계속된다.

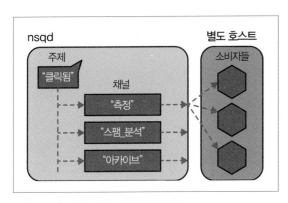

그림 10-1 NSQ의 구독자/출판자 구성도

메시지를 다수의 잠재적 소비자로 이뤄진 풀에 퍼뜨리면 부하 분산이 자동으로 이뤄진다는 이점이 있다. 어떤 메시지를 처리하는 데 상당한 시간이 필요하다면, 해당 소비자는 그 작업을 완료할 때까지 NSQ에 추가 메시지를 받을 준비가 됐다는 신호를 보내지 않을 것이다. 따라서 (원래의 소비자가 처리할 준비가 될 때까지는) 그 이후 도착하는 메시지는 다른 소비자에 전달된다. 또한, 특정 구독자 그룹의 처리 능력을 유지한 채 기존 소비자의 연결을 끊거나(해당 소비자가 의도적으로 그럴 수도 있고 오류 때문일 수도 있다) 새로운 소비자를 클러스터에 연결할 수 있다. 예를 들어 '측정' 관련 처리에 시간이 상당히 걸리고 요청을 만족시키지 못할 때가 많다면, 단지 해당 구독자 그룹의 소비자 풀에 새로운 프로세스를 추가하기만 하면 더 많은 처리 능력을 부여할 수 있다. 반대로 대부분의 프로세스가 유휴 상태(즉 아무 메시지도 받지 않음)라는 사실을 발견한다면, 쉽게 소비자 일부를 구독 풀에서 제거할 수 있다.

무엇이든 데이터를 출간할 수 있다는 사실도 알아야 한다. 소비자가 단순히 소비만 할 필요는 없다. 때로 한 주제에서 데이터를 가져온 소비자가 그 데이터를 다른 주제에 다시 출간할 수도 있다. 실제로 소비와 출간의 사슬은 이런 종류의 분산 컴퓨팅 패러다임에서 중요한 워크플로이기도 하다. 소비자는 어떤 주제의 데이터를 읽어와서 변환한 다음, 변환한 데이터를 새로운 주제에 출간해서 다른 소비자가 또 다른 변환을 할 수 있게 해준다. 이런 방식으로 여러 주제는 서로 다른 데이터를 표현할 수 있고, 구독 그룹은 데이터에 대한 여러 다른 변환을 표현할 수 있으며, 이때 개별 메시지를 변환하는 실제 작업은 소비자가 담당한다.

게다가 이런 시스템에는 놀랄 만큼 중복이 많다. 각 소비자가 연결된 nsqd 프로세스가 많거나 특정 구독에 연결된 소비자가 많을 수 있다. 따라서 단일 장애점single point of failure이 존재하지 않으니 시스템을 구성하는 컴퓨터 중 일부가 사라지더라도 시스템이 강건할 수 있다. [그림 10-2]에서 이런 패러다임에 속한 어느 한 컴퓨터가 실행을 중단하더라도 전체 시스템이 여전히 메시지를 배달하고 처리할 수 있음을 볼 수 있다. 또한 NSQ는 자신을 중단시킬 때 아직 전달하지 못한 메시지를 디스크에 저장하므로 하드웨어의 손실이 재앙적인 수준이 아니라면 데이터 대부분을 손상되지 않은 채로 다시 배달할 수 있다. 마지막으로, 어떤 소비자가 특정 메시지에 응답하기 전에 실행을 중단하면 NSQ는 해당 메시지를 다른 소비자에게 재전달한다. 이는 소비자 중 일부가 죽더라도 특정 주제의 메시지는 적어도 한 번은 응답받게 됨을 의미한다.[1]

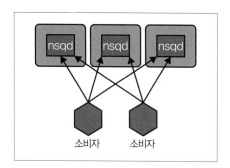

그림 10-2 NSQ 연결 구성도

10.7.3 분산 소수 계산

꼭 그래야 할 필요는 없지만, NSQ를 사용하는 코드는 보통 비동기적[2]이다(비동기성은 8장을 참고하라). 다음 예제에서는 여러 수를 담은 JSON 데이터로 이뤄진 메시지를 전달하는 주제인 numbers에서 값을 읽는 작업자 풀을 만들 것이다. 소비자는 이 주제를 읽고 주어진 수가 소수인지 판단해서, 소수 여부에 따라 그 사실을 다른 주제에 전달한다. 이때 primes와 non_primes라는 두 가지 주제를 사용한다. 다른 소비자들은 이 두 주제에 연결해서 추가적인 계산을 할 수 있다.[3]

---

1 AWS를 활용해 nsqd 프로세스를 예약한 인스턴스에서 실행하고, 소비자들은 스팟 인스턴스의 클러스터에서 실행할 때 이런 특징이 매우 도움이 된다.

2 비동기성은 NSQ가 소비자에게 밀기 기반pull-based 방식으로 메시지를 전달하는 프로토콜을 사용하기에 가능하다. 밀기 방식을 사용하면 사용자가 작성한 코드는 NSQ에 대한 연결에서 데이터 읽기를 비동기적으로 시도하면서 백그라운드로 내려가 있다가, 메시지가 들어오면 신호를 받고 다시 깨어난다.

3 이런 종류의 데이터 분석 연결 사슬을 파이프라이닝pipelining이라고 한다. 파이프라이닝은 동일한 데이터에 대해 여러 유형의 분석을 효율적으로 수행할 수 있는 방법이다.

앞에서 말했듯이 CPU 위주의 작업을 이런 식으로 처리하면 다양한 이점이 있다. 첫째, 강건성을 보장받을 수 있다. 프로젝트마다 강건성이 중요할 수도 있고 그렇지 않을 수도 있다. 하지만 더 중요한 것은 부하 분산이 자동으로 된다는 점이다. 이는 소비자 중 하나가 처리하는 데 오래 걸리는 수를 받았을 때 다른 소비자들이 나머지 빨리 끝나는 작업을 취할 수 있음을 의미한다.

주제와 구독자 그룹을 지정해 nsq.Reader 객체를 만들어서 소비자를 생성할 수 있다([예제 10-9] 참고). 또한 실행 중인 nsqd 인스턴스의 위치를 지정해야만 한다(이번 절에서는 다루지 않지만, nsqlookupd 인스턴스의 위치를 지정할 수도 있다). 추가로, **핸들러**handler를 지정한다. 핸들러는 단순히 해당 주제의 메시지가 도착하면 호출하는 함수이다. 생산자를 만들려면 nsq.Writer 객체를 생성하고 그 객체가 데이터를 기록할 대상 nsqd 인스턴스의 위치를 하나 이상 지정한다. 이렇게 하면 단지 주제 이름과 메시지를 지정함으로써 nsq에 비동기적으로 데이터를 쓸 수 있다.[4]

예제 10-9 NSQ를 사용해 소수 계산을 분산 처리하기

```python
import json
from functools import partial
from math import sqrt

import nsq

def is_prime(number):
    if number % 2 == 0:
        return False
    for i in range(3, int(sqrt(number)) + 1, 2):
        if number % i == 0:
            return False
    return True

def write_message(topic, data, writer):
    response = writer.pub(topic, data)
    if isinstance(response, nsq.Error):
```

---

4 HTTP 호출을 사용해 메시지를 직접 출간하는 방식도 어렵지는 않다. 하지만 nsq.Writer 객체를 사용하면 오류의 상당 부분을 아주 쉽게 처리할 수 있다.

```python
        print("Error with Message: {}: {}".format(data, response))
        return write_message(data, writer)
    else:
        print("Published Message: ", data)


def calculate_prime(message, writer):
    data = json.loads(message.body)

    prime = is_prime(data["number"])
    data["prime"] = prime
    if prime:
        topic = "prime"
    else:
        topic = "non_prime"

    output_message = json.dumps(data).encode("utf8")
    write_message(topic, output_message, writer)
    message.finish()  ❶

if __name__ == "__main__":
    writer = nsq.Writer(["127.0.0.1:4150"])
    handler = partial(calculate_prime, writer=writer)
    reader = nsq.Reader(
        message_handler=handler,
        nsqd_tcp_addresses=["127.0.0.1:4150"],
        topic="numbers",
        channel="worker_group_a",
    )
    nsq.run()
```

❶ 메시지를 다 보내면 NSQ에 신호를 보내야만 한다. 이는 메시지 배달이 실패했을 때 다른 독자에게 메시지가 다시 배달되지 않도록 막는다.

> **NOTE_** 메시지가 도착한 다음 메시지 핸들러에서 `message.enable_async()`를 호출하면 비동기로 메시지를 처리할 수 있다. 하지만 NSQ는 `tornado`의 IOLoop를 통해 예전 방식의 콜백을 사용한다는 점을 알아두라(8.2.3 'tornado' 참고).

지역 컴퓨터에서 **nsqd**의 인스턴스를 시작해서 NSQ 생태계를 구성한다.[5]

```
$ nsqd
[nsqd] 2020/01/25 13:36:39.333097 INFO: nsqd v1.2.0 (built w/go1.12.9)
[nsqd] 2020/01/25 13:36:39.333141 INFO: ID: 235
[nsqd] 2020/01/25 13:36:39.333352 INFO: NSQ: persisting topic/channel metadata
                                        to nsqd.dat
[nsqd] 2020/01/25 13:36:39.340583 INFO: TCP: listening on [::]:4150
[nsqd] 2020/01/25 13:36:39.340630 INFO: HTTP: listening on [::]:4151
```

이제 파이썬 코드(예제 10–9)의 인스턴스를 원하는 개수만큼 시작할 수 있다. 그리고 **nsq. Reader**를 인스턴스화할 때 사용한 **nsqd_tcp_address** 참조가 올바르다면, 다른 컴퓨터에서 실행 중인 파이썬 코드 인스턴스를 사용할 수도 있다. 이런 소비자들은 **nsqd**에 접속해서 **numbers** 주제로 메시지가 출간될 때까지 기다린다.

numbers 주제로 데이터를 출간하는 방법은 다양하다. 여기서는 명령줄 도구를 사용한다. 실제 시스템에 출간하거나 시스템의 데이터를 읽어오는 방식을 알면 데이터를 제대로 처리하는 방법을 이해하는 데에도 도움이 된다. 우리는 간단히 HTTP 인터페이스를 사용해서 메시지를 출간해보자.

```
$ for i in `seq 10000`
> do
>   echo {\"number\": $i} | curl -d@- "http://127.0.0.1:4151/pub?topic=numbers"
> done
```

이 명령을 실행하면 **numbers** 주제에 여러 다른 수로 이뤄진 메시지를 출간한다. 그와 동시에 모든 소비자가 메시지를 본 뒤 처리 중이라는 사실을 알리는 상태 메시지를 출력한다. 또한 각 수가 **primes**나 **non_primes** 주제에 출간된다. 따라서 다른 데이터 소비자를 이 두 주제에 연결해서 원래 데이터를 걸러낸 부분집합을 활용할 수 있다. 예를 들어 애플리케이션에서 소수만 필요하다면 **primes**에 연결하기만 해도 계산에 필요한 새로운 소수를 계속 공급받을 수 있다. 이 계산의 상태는 **nsqd**에 대한 HTTP 끝점 통계(**stats**)를 사용해 살펴볼 수 있다.

---

5 이 예제를 실행하기 위해, 제공받은 바이너리를 PATH 변수에 속한 디렉터리에 풀어서 설치했다. 10.9절 '도커'에서 설명한 대로 도커를 사용해서 최신 버전을 쉽게 설치할 수도 있다.

```
$ curl "http://127.0.0.1:4151/stats"
nsqd v1.2.0 (built w/go1.12.9)
start_time 2020-01-25T14:16:35Z
uptime 26.087839544s

Health: OK

Memory:
    heap_objects            25973
    heap_idle_bytes         61399040
    heap_in_use_bytes       4661248
    heap_released_bytes     0
    gc_pause_usec_100       43
    gc_pause_usec_99        43
    gc_pause_usec_95        43
    next_gc_bytes           4194304
    gc_total_runs           6

Topics:
    [non_prime    ] depth: 902   be-depth: 0    msgs: 902    e2e%:

    [numbers      ] depth: 0     be-depth: 0    msgs: 3009   e2e%:
        [worker_group_a        ] depth: 1926 be-depth: 0    inflt: 1
                                 def: 0    re-q: 0    timeout: 0
                                 msgs: 3009    e2e%:
            [V2 electron        ] state: 3 inflt: 1   rdy: 1   fin: 1082
                                 re-q: 0    msgs: 1083    connected: 15s

    [prime        ] depth: 180   be-depth: 0    msgs: 180    e2e%:

Producers:
    [V2 electron        ] msgs: 1082    connected: 15s
        [prime      ] msgs: 180
        [non_prime  ] msgs: 902
```

numbers 주제에는 worker_group_a라는 구독자 그룹이 하나 있고, 이 그룹에는 소비자가 단하나 있다. 이 구독자 그룹의 큐에는 1,926개나 되는 메시지가 있다. 메시지를 처리하는 속도보다 NSQ에 추가하는 속도가 더 빠르다는 뜻이다. 이는 소비자를 더 추가해서 메시지를 더빨리 처리하도록 해야 한다는 신호일 수 있다. 또한 이 특정 소비자는 15초간 연결돼 있었고, 1,083개의 메시지를 처리했으며, 현재 1개의 메시지를 처리 중임을 알 수 있다. 이런 상태를 제공하는 끝점은 NSQ 설정을 디버깅할 때 상당히 도움이 된다! 마지막으로 `primes`와 `non_primes` 주제를 살펴보면 구독자나 소비자가 없음을 확인할 수 있다. 이는 구독자가 들어와서 데이터를 요청할 때까지 메시지가 저장될 것임을 의미한다.

> **NOTE_** 프로덕션 시스템에서는 더 강력한 도구인 `nsqadmin`을 사용할 수 있다. 이는 웹 기반의 인터페이스를 제공하며 모든 주제/구독자/소비자의 아주 상세한 정보를 제공한다. 그리고 `nsqadmin`을 사용하면 쉽게 구독자나 주제를 일시 중지하거나 삭제할 수 있다.

메시지를 실제로 보려면 결과를 파일이나 데이터베이스에 기록하기만 하는 소비자를 새로 만들면 된다. 또는 `nsq_tail` 도구를 사용해 데이터를 살짝 가져와서 내용을 볼 수도 있다.

```
$ nsq_tail --topic prime -n 5 --nsqd-tcp-address=127.0.0.1:4150
2020/01/25 14:34:17 Adding consumer for topic: prime
2020/01/25 14:34:17 INF    1 [prime/tail574169#ephemeral] (127.0.0.1:4150)
                      connecting to nsqd
{"number": 1, "prime": true}
{"number": 3, "prime": true}
{"number": 5, "prime": true}
{"number": 7, "prime": true}
{"number": 11, "prime": true}
```

10.8 살펴볼 만한 다른 클러스터링 도구들

큐를 사용하는 작업 처리 시스템은 컴퓨터 관련 산업이 생기면서부터 존재해왔다. 컴퓨터가 매우 느렸고 처리할 작업은 많았기 때문이다. 그 결과 **수많은** 큐 관련 라이브러리가 만들어졌으며 그중 상당수는 클러스터 환경에서도 사용할 수 있다. 여러분에게 필요한 기능만을 지원하면서 추가 특성이 너무 많지 않고 커뮤니티 활동이 활발한 성숙한 라이브러리를 선택하기를 강력히 권한다.

라이브러리의 기능이 많아질수록 설정을 잘못해서 디버깅에 시간을 낭비하게 될 가능성도 커진다. 클러스터화한 해법을 찾으려 한다면 **일반적으로** 단순성을 목표로 잡아야 한다. 다음은 클러스터링 환경에서 많이 사용하는 도구들이다.

- ZeroMQ(https://zeromq.org/)는 저수준, 고성능 메시징 라이브러리로 노드 사이에 메시지를 주고받게 해준다. ZeroMQ는 처음부터 출판자/구독자 패러다임을 지원했고, 여러 유형의 전송방식(TCP, UDP, 웹소켓 등) 위에서 메시지를 보낼 수 있다. ZeroMQ는 아주 저수준이며 유용한 추상화를 그리 많이 제공하지는 않아서 조금 사용하기 어렵다. 그럼에도 불구하고 주피터, Auth0, Spotify 등 많은 곳에서 ZeroMQ를 쓴다!

- BSD 라이선스의 셀러리(http://www.celeryproject.org/)는 널리 사용 중인 비동기 작업 큐로, 분산 메시지 구조를 사용하며 파이썬으로 작성됐다. 셀러리는 파이썬, PyPy, Jython으로 포팅된다. 보통은 메시지 브로커로 RabbitMQ를 사용하지만 레디스나 몽고DB도 지원한다. 셀러리는 웹 개발 프로젝트에서 자주 사용한다. 12.10절 'Lanyard.com의 작업 큐'에서 셀러리에 관한 앤드류 갓윈의 설명을 읽을 수 있다.

- Airflow(https://airflow.apache.org/)와 Luigi(https://github.com/spotify/luigi)는 방향성 비순환 그래프를 사용해 의존관계가 있는 작업을 시퀀스로 만들고 신뢰성 있게 실행하며, 모니터링과 보고 서비스를 제공한다. 업계에서 데이터 사이언스 작업을 할 때 많이 쓰인다. 여러분이 직접 해법을 만들려고 시도하기 전에 한 번 살펴볼 것을 권장한다.

- 아마존의 단순 큐 서비스Simple Queue Service(SQS, http://aws.amazon.com/sqs/)는 아마존 웹 서비스(AWS)에 통합된 작업 처리 시스템이다. 작업 소비자와 생산자들은 AWS 안에서 실행되거나 외부에 있을 수 있다. 따라서 SQS는 시작하기 쉽고 클라우드에 통합하기도 편리하다. 다양한 언어에서 사용할 수 있는 라이브러리도 제공한다.

10.9 도커

도커(https://docker.com)는 파이썬 생태계에서 중요성이 매우 높지는 않다. 하지만 도커가 해결해주는 문제는 큰 팀이나 큰 클러스터를 다룰 때 아주 중요하다. 특히 도커는 여러분의 코드를 실행하고, 런타임 환경을 공유하고 제어하며, 팀원 사이에서 실행 코드를 쉽게 공유하고, 자원의 필요에 따라 클러스터 노드에 코드를 배포할 수 있는 재생산 가능한 환경을 제공한다.

10.9.1 도커의 성능

도커 안에서 실행하면 애플리케이션이 아주 느려진다고 오해하는 사람들이 많다. 종종 그럴 때가 있지만, 일반적으로는 사실이 아니다. 더 나아가 대부분의 성능 저하는 간단한 설정 변경만으로도 해결할 수 있다.

CPU와 메모리 접근 측면에서 도커(그리고 다른 모든 컨테이너 기반 해법)는 어떤 성능 저하도 가져오지 **않는다**. 도커는 코드가 평범하게 실행될 수 있는 호스트 운영체제 안에, 다른 실행 중인 프로그램과 별도의 제약사항을 가지는 특별한 이름공간을 만들기 때문이다. 근본적으로 도커 코드는 컴퓨터의 다른 모든 일반적인 프로그램과 똑같은 방식으로 CPU와 메모리에 접근한다. 하지만 자원 한계를 세밀하게 조절[6]하는 별도의 설정값들을 도커를 통해 지정할 수 있다.

이는 도커가 VMware나 VirtualBox와 같은 하드웨어 수준의 가상화가 아니라 운영체제 수준의 가상화 인스턴스이기 때문이다. 하드웨어 가상화를 하면 소프트웨어는 모든 자원 접근 시 부가비용이 붙는 '가짜' 하드웨어상에서 실행된다. 반면 운영체제 가상화는 '가짜' 운영체제상의 진짜 하드웨어를 사용한다. 리눅스의 cgroups 기능 덕분에 이 '가짜' 운영체제는 실행 중인 운영체제와 밀접히 연결되어 거의 아무런 부가비용 없이 실행될 가능성이 생긴다.

> WARNING_ cgroups는 리눅스 커널 기능이므로 여기서 설명한 성능 특성은 리눅스 시스템에 한정된다. 실제 macOS나 윈도우에서 도커를 실행하려면 먼저 하드웨어 가상화 환경에서 리눅스 커널을 실행해야 한다. 이 일련의 과정을 돕는 애플리케이션인 도커 머신은 VirtualBox를 사용한다. 따라서 이 과정에서 하드웨어 가상화가 이뤄진 부분의 부가비용이 눈에 띌 수 있다. 이 부가비용은 하드웨어 가상화가 필요 없는 리눅스 시스템에서는 크게 줄어든다.

예를 들어 [예제 6-17]에서 본 2D 확산 코드를 실행하는 간단한 도커 컨테이너를 만들어보자. 기준선을 만들기 위해 호스트 시스템의 파이썬을 실행해 벤치마크를 얻자.

```
$ python diffusion_numpy_memory2.py
Runtime for 100 iterations with grid size (256, 256): 1.4418s
```

---

6 예를 들어 이런 세부 설정을 사용해 프로세스가 접근할 수 있는 메모리의 양을 조절하거나, 어떤 CPU 또는 얼마나 많은 CPU에서 프로세스를 실행할지를 정할 수 있다.

도커 컨테이너를 만들려면 [예제 10-10]처럼 파이썬 파일인 diffusion_numpy_memory2.py
와 의존관계를 기술하는 pip 요구사항(예: requirements.txt) 파일, Dockerfile이 있어야
한다.

예제 10-10 간단한 도커 컨테이너

```
$ ls
diffusion_numpy_memory2.py
Dockerfile
requirements.txt

$ cat requirements.txt
numpy>=1.18.0

$ cat Dockerfile
FROM python:3.7

WORKDIR /usr/src/app
COPY requirements.txt .
RUN pip install --no-cache-dir -r requirements.txt

COPY . .
CMD python ./diffusion_numpy_memory2.py
```

Dockerfile은 우리가 기반으로 사용할 컨테이너에 관한 기술로 시작한다. 이런 기반 컨테이
너는 다양한 리눅스 기반의 운영 체제나 더 높은 수준의 서비스일 수 있다. 파이썬 재단은 모든
주요 파이선 버전에 공식 컨테이너(https://hub.docker.com/_/python)를 제공한다. 따라
서 원하는 파이썬을 굉장히 편하게 선택할 수 있다. 다음으로는 작업 디렉터리 위치를 정하고
(꼭 /usr/src/app일 필요는 없다), 요구사항 파일을 해당 디렉터리에 복사하고, RUN 명령을
사용해 (지역 컴퓨터에서 일반적으로 설정하는 식으로) 환경을 설정한다.

개발 환경을 일반적으로 설정하는 방법과 도커에 설정하는 방법의 가장 큰 차이는 COPY 명령
이다. 이 명령은 지역 디렉터리의 파일을 컨테이너로 복사한다. 예를 들어 requirements.txt
파일을 컨테이너에 복사해 pip install 명령이 작동하도록 한다. 마지막으로 Dockerfile
의 맨 뒤에 python ./diffusion_numpy_memory2.py를 넣어서 컨테이너가 이를 실행하게
한다.

이제 컨테이너를 빌드하고 실행할 준비가 됐다. 컨테이너에는 이름과 태그를 붙일 수 있다. 컨테이너 이름은 일반적으로 <사용자명>/<프로젝트-이름>[7] 형태다. 선택적으로 코드의 현재 버전을 설명하는 코드나 latest(기본값이라 태그를 지정하지 않으면 이 값이 지정된다)라는 태그를 사용할 수 있다. 버전 관리를 위해 항상 최신 빌드에 latest를 지정하고(새로운 빌드가 생길 때마다 덮어쓰게 된다) 나중에 이 버전을 쉽게 찾을 수 있도록 설명하는 태그를 붙이는 것이 관례다.

```
$ docker build -t high_performance/diffusion2d:numpy-memory2 \
               -t high_performance/diffusion2d:latest .
Sending build context to Docker daemon  5.632kB
Step 1/6 : FROM python:3.7
 ---> 3624d01978a1
Step 2/6 : WORKDIR /usr/src/app
 ---> Running in 04efc02f2ddf
Removing intermediate container 04efc02f2ddf
 ---> 9110a0496749
Step 3/6 : COPY requirements.txt ./
 ---> 45f9ecf91f74
Step 4/6 : RUN pip install --no-cache-dir -r requirements.txt
 ---> Running in 8505623a9fa6
Collecting numpy>=1.18.0 (from -r requirements.txt (line 1))
  Downloading https://.../numpy-1.18.0-cp37-cp37m-manylinux1_x86_64.whl (20.1MB)
Installing collected packages: numpy
Successfully installed numpy-1.18.0
You are using pip version 18.1, however version 19.3.1 is available.
You should consider upgrading via the 'pip install --upgrade pip' command.
Removing intermediate container 8505623a9fa6
 ---> 5abc2df1116f
```

----

7 컨테이너 이름에서 사용자명 부분은 만들어진 컨테이너를 리포지터리에 푸시할 때 유용하다.

```
Step 5/6 : COPY . .
 ---> 52727a6e9715
Step 6/6 : CMD python ./diffusion_numpy_memory2.py
 ---> Running in c1e885b926b3
Removing intermediate container c1e885b926b3
 ---> 892a33754f1d
Successfully built 892a33754f1d
Successfully tagged high_performance/diffusion2d:numpy-memory2
Successfully tagged high_performance/diffusion2d:latest

$ docker run high_performance/diffusion2d:numpy-memory2
Runtime for 100 iterations with grid size (256, 256): 1.4493s
```

앞의 실행 예에서 볼 수 있듯이, 도커 내부에서 실행하는 작업이 주로 CPU와 메모리에 의존할 때는 호스트 컴퓨터에서 실행하는 작업보다 느리지 않다. 하지만 세상에 공짜는 없기에, 때로는 도커 성능이 나빠지기도 한다. 도커 컨테이너 최적화에 관한 자세한 설명은 이 책의 범위를 벗어나지만, 고성능 코드가 포함된 도커 컨테이너를 만들 때 고려해야 할 다음 목록을 제공한다.

- 도커 컨테이너에 데이터를 너무 많이 복사하거나, 도커 빌드와 똑같은 디렉터리에 너무 많은 데이터를 함께 두는 일을 피하라. 앞의 docker build 명령 예제의 첫 번째 줄이 보여주는 것처럼 build context가 너무 크면 성능이 나빠진다(.dockerignore 파일로 이를 해결할 수 있다).

- 도커는 여러 파일 시스템 트릭을 사용해서 한 파일 시스템 위에 다른 파일 시스템을 추가하는 식으로 도커 내에서 사용할 파일 시스템 구조를 만들어 준다. 이렇게 하면 빌드를 캐시할 때는 좋지만 직접 호스트 파일 시스템을 다룰 때보다 속도가 느려진다. 데이터에 빠르게 접근해야 한다면 호스트 수준의 마운트 mount를 사용하거나, volumes를 읽기 전용으로 설정해서 사용할 인프라에 적합한 볼륨 드라이버를 선택하라.

- 도커는 모든 컨테이너가 사용할 가상 네트워크를 만든다. 이 네트워크는 도커에서 실행되는 서비스 대부분을 게이트웨이 뒤에 감추는 데 유용하지만 약간의 네트워크 부가비용이 발생한다. 대부분의 용례에서 이 부가비용은 무시할만하지만, 네트워크 드라이버를 변경해서 부가비용을 줄일 수도 있다.

- 도커 전용으로 만들어진 런타임 드라이버를 사용하면 GPU나 다른 호스트 수준의 장치에 접근할 수 있다. 예를 들어 nvidia-docker를 사용하면 도커 환경에서 쉽게 NVIDIA GPU에 연결할 수 있다. 일반적으로 --device 런타임 플래그를 사용해 디바이스를 사용할 수 있다.

항상 그렇듯이, 문제가 무엇인지 알아내고 쉽게 효율성을 높일 수 있는지 알아내려면 도커 컨테이너를 프로파일해야 한다. docker stats 명령어는 컨테이너의 현재 실행 시점 성능을 이해하는 데 도움이 되는 고수준의 뷰를 제공한다.

10.9.2 도커의 장점

지금까지 살펴본 내용에 따르면, 도커가 단지 성능 측면에서 경쟁력을 가지기 위해 여러 가지 새로운 문제를 추가하는 것처럼 보인다. 하지만 재현가능성이나 실행 환경의 신뢰성 덕분에 얻는 이익이 추가된 복잡도 인한 손해보다 훨씬 더 크다.

지역적으로는 이전에 실행한 도커 컨테이너에 접근할 수 있으면 빠르게 코드의 이전 버전을 다시 실행할 수 있다. 이때 의존관계나 시스템 패키지 등 런타임 환경의 변경을 걱정하지 않아도 된다([예제 10-11]은 간단한 `docker_run` 명령으로 실행할 수 있는 컨테이너 목록을 보여준다). 도커를 사용하지 않으면 성능 퇴행이 발생했을 때 실행 환경을 다시 재현하기 어려워서 테스트가 힘들지만, 도커가 있으면 굉장히 쉽게 과거 버전의 성능을 계속 테스트할 수 있다.

예제 10-11 이전 런타임 환경을 추적하기 위한 도커 태그 예제

```
$ docker images -a
REPOSITORY                        TAG               IMAGE ID
highperformance/diffusion2d       latest            ceabe8b555ab
highperformance/diffusion2d       numpy-memory2     ceabe8b555ab
highperformance/diffusion2d       numpy-memory1     66523a1a107d
highperformance/diffusion2d       python-memory     46381a8db9bd
highperformance/diffusion2d       python            4cac9773ca5e
```

컨테이너 레지스트리registry(https://oreil.ly/BaJhI)를 사용하면 더 편해진다. 도커 이미지를 저장하고 공유하는 작업을 (git과 비슷하게) `docker pull`과 `docker push`라는 간단한 명령어를 사용해 수행할 수 있다. 이런 명령을 사용하면 컨테이너를 공개된 장소에 넣어서 팀원들이 새로운 버전이나 변경된 버전을 받아서 즉시 실행할 수 있다.

> **NOTE_** 이 책은 도커 컨테이너를 공유해서 런타임 환경을 표준화하는 이점을 보여주는 훌륭한 예다. 이 책은 asciidoc이라는 마크업 언어로 쓰였는데, 이를 PDF로 변환하기 위한 도커 컨테이너를 저자들이 공유했다. 따라서 누구나 PDF 버전의 책을 신뢰성 있게 재생성할 수 있었다. 이런 표준화 덕분에 누군가가 책을 빌드하는 과정에 문제가 생기면 다른 사람이 이를 그대로 재현하며 디버깅을 도울 수 있어서 초판에서 낭비했던 시간을 많이 줄였다.

이 책의 프로젝트를 실행하고 싶다면 `docker pull highperformance/diffusion2d:latest`를 실행하는 편이 리포지터리를 복제하고 관련 설정을 모두 수행하는 일보다 훨씬 더 쉽다. 아주 깨지기 쉬운 시스템 의존관계가 있는 연구 코드에 도커를 사용하면 특히 더 유용하다. (의존관계가 모두 내부에 있는) 풀 가능한[pullable] 도커 컨테이너가 있으면 모든 설정을 생략하고 코드를 쉽게 실행할 수 있다. 따라서 코드를 더 쉽게 공유할 수 있고 코딩 팀은 더 효율적으로 협력할 수 있다.

마지막으로, 코드를 도커화하면서 쿠버네티스[kubernetes] (`https://kubernetes.io`)나 다른 유사 기술을 사용하면 실제 코드를 필요한 자원과 함께 실행할 때 도움이 된다. 쿠버네티스를 사용하면 노드로 이뤄진 클러스터를 만들고, 각 노드에 자원 이름으로 레이블을 붙이고, 노드에서 실행되는 컨테이너를 조율하며 관리할 수 있다. 쿠버네티스는 실행되는 인스턴스의 개수가 맞는지 확인해준다. 그리고 도커 가상화 덕분에 각 인스턴스에서 실행되는 코드는 모두 여러분이 도커에 저장한 환경과 똑같은 환경에서 실행된다. 클러스터 노드가 여러분의 워크스테이션과 같은 올바른 환경인지 보장하는 것은 클러스터로 작업할 때 가장 힘든 일에 속한다. 도커 가상화를 사용하면 이런 문제를 완전히 해결할 수 있다.[8]

10.10 마치며

지금까지는 프로파일링으로 코드의 느린 부분을 파악하는 방법, numpy를 사용해서 코드를 더 빠르게 만드는 방법, 다수의 프로세스나 컴퓨터를 사용하기 위한 여러 접근 방법을 살펴봤다. 또한 컨테이너 가상화를 사용해 코드 환경을 관리하고 클러스터 배포를 쉽게 하는 법도 배웠다. 이제부터 이 책의 마지막 장까지는 서로 다른 자료구조와 확률적인 접근 방법을 사용해서 RAM을 덜 사용하도록 만드는 여러 가지 방식을 살펴볼 것이다. 이런 방식을 익혀두면 클러스터를 사용하지 않고 가능한 한 데이터를 컴퓨터 한 대에 유지하고자 할 때 도움이 된다.

---

8 도커와 쿠버네티스를 시작할 때 도움이 되는 훌륭한 안내 문서를 `https://oreil.ly/l9jXD`에서 볼 수 있다.

## CHAPTER 11

RAM 덜 사용하기

이 장에서 배울 내용

- RAM을 덜 사용해야 하는 이유

- 원시 타입의 수를 많이 저장하는 데 numpy와 array가 더 좋은 이유

- 많은 텍스트 정보를 RAM에 효율적으로 저장하는 방법

- 1바이트로 1076(대략적으로!)을 세는 방법

- 블룸(Bloom) 필터의 정의와 이 필터가 필요한 이유

RAM이 부족해지기 전까지는 RAM을 얼마나 사용 중인지에 관심을 기울이는 일이 별로 없다. 하지만 코드를 더 큰 규모로 실행하다가 RAM이 부족해지면, 갑작스럽게 그 부분이 걸림돌이 된다. 실행 코드를 어떤 컴퓨터의 RAM 용량에 맞게 만든다는 것은 관리해야 할 컴퓨터가 줄어든다는 뜻이다. 또한 더 큰 프로젝트를 감당할 수 있는 용량을 계획할 수 있는 길이 생긴다는 의미이기도 하다. 희소한 자원인 RAM을 다 소모해버리는 이유를 알고 더 효율적으로 사용하는 방법을 고려한다면 규모 확장성 문제를 다룰 때 도움이 될 것이다. 우리는 메모리 프로파일러와 IPython 메모리 사용량 도구를 사용해 실제 메모리 사용을 측정하고 다른 도구를 사용해 객체 내부를 살펴보며 객체가 얼마나 많은 RAM을 사용하는지 추측할 것이다.

데이터를 압축할 수 있는 컨테이너를 활용해서 RAM을 절약하는 방법도 있다. 이번 장에서는 트라이trie(순서가 정해진 트리 자료구조)와 DAWGdirected acyclic word graph를 살펴본다. DAWG

는 문자열 1.2GB를 큰 성능 변화 없이 30MB 정도로 압축할 수 있다. 세 번째 접근 방법은 정확도를 희생해서 저장 장치 사용을 줄이는 것이다. 이를 위해 수를 '대략적으로' 세는 방법과 집합에 속하는지 아닌지를 '대강' 알아내는 방법을 살펴볼 것이다. 이런 기법을 사용하면 정확한 알고리즘을 사용할 때보다 RAM 사용량을 극적으로 줄일 수 있다.

RAM 사용량과 관련해 고려할 점은 "데이터에는 질량이 있다"는 개념이다. 데이터가 크면 클수록 옮기는 데 더 큰 비용이 든다. RAM 사용에 인색해지면 데이터를 더 빨리 소비할 수 있다. 데이터가 버스를 통해 더 빨리 전달되고 한정된 캐시에도 더 잘 들어맞기 때문이다. 또한 데이터를 저장하는 데 쓰는 오프라인 저장 장치(예컨대 하드디스크나 원격 데이터 클러스터)는 여러분의 컴퓨터보다 훨씬 느리다. 적절한 자료구조를 선택해서 되도록 모든 데이터를 한 컴퓨터에서 처리하도록 만들어라. 우리는 NumExpr을 사용해 더 직접적인 방법에 비해 데이터를 적게 전송하면서 넘파이와 팬더스로 계산을 효율적으로 수행할 것이다. 이를 통해 똑같은 크기의 RAM을 사용해도 더 큰 계산을 더 빨리 수행할 수 있다.

파이썬 객체가 사용하는 RAM 용량을 측정하기란 매우 어렵다. 내부적으로 파이썬 객체가 어떤 구조로 표현되는지 꼭 알 필요는 없다. 운영체제를 통해 몇 바이트가 할당됐는지 알아보면 프로세스에 할당된 전체 메모리 용량을 알 수 있다. 어느 경우든, 전체 메모리 사용량에서 각각의 파이썬 객체가 어느 정도의 비율을 차지하는지를 정확히 알 수는 없다.

일부 객체와 라이브러리는 내부에 할당된 크기를 정확히 보고하지 않는다. 또한 메모리 할당에 대해 전혀 알려주지 않는 외부 라이브러리를 감싸는 파이썬 라이브러리와 객체도 있다. 따라서 최선을 다해 사용량을 추정하는 수밖에 없다. 이번 장에서 설명하는 접근 방식은 전체적으로 RAM을 적게 사용하는 최선의 데이터 표현 방식을 결정하는 데 도움이 될 수 있다.

손실을 감수하면서 사이킷런에 문자열을 저장하는 몇 가지 방법과 자료구조에서 문자열을 세는 방법도 살펴볼 것이다. 이 방법은 JPEG로 압축한 이미지와 비슷하게 작동한다. 일부 정보를 잃지만(이때 잃어버린 데이터를 복구할 방법은 없다), 압축률이 엄청나다. 문자열에 해시를 사용하여 사이킷런의 자연어 처리 작업에 드는 시간과 메모리를 압축하고, RAM을 조금만 사용하면서 이벤트 개수를 아주 많이 셀 수 있다.

11.1 값비싼 원시 타입 객체

list와 같은 컨테이너에 원소를 수백, 수천 개 저장해서 작업할 때가 많다. 저장하는 원소의 개수가 많아지면 RAM 사용량이 문제가 된다.

원소가 1억 개인 list는 **원소가 모두 같은 객체일 때** RAM을 약 760MB 사용한다. 만약 서로 **다른** 객체(예컨대 유일한 정수)를 1억 개 저장한다면 RAM을 몇 기가바이트 사용할 수도 있다! 유일한 객체 하나마다 RAM을 할당해야 한다.

[예제 11-1]에서는 list에 정수 0을 많이 집어넣는다. 어떤 객체에 대한 참조 1억 개를 저장한다면 (해당 객체 인스턴스가 얼마나 큰지와 관계없이) list가 참조만 저장하므로, 여전히 약 760MB의 메모리 비용을 예상할 수 있다. memory_profiler 사용법이 잘 기억나지 않는다면 2.9절 'memory_profiler로 메모리 사용량 진단하기'를 살펴보라. 여기서는 IPython에서 %load_ext memory_profiler를 사용해서 새로운 매직 함수로 memory_profiler를 읽어 들인다.

예제 11-1 list에 같은 정수를 1억 개 저장하는 경우의 메모리 사용량 측정하기

```
In [1]: %load_ext memory_profiler  # %memit 매직 함수를 로드한다
In [2]: %memit [0] * int(1e8)
peak memory: 806.33 MiB, increment: 762.77 MiB
```

다음 예제에서 새로운 셀을 시작할 것이다. [예제 11-2]의 memit을 처음 호출한 결과에서 알 수 있듯이, 새로 시작한 IPython 셀은 RAM을 약 40MB 사용한다. 다음으로 유일한 수 1억 개로 이뤄진 임시 리스트를 만들어보면 메모리를 약 3.8GB 사용한다.

> **WARNING_** 실행 중인 프로세스에서는 메모리를 캐시할 수 있다. 따라서 **memit**을 사용해 메모리를 프로 파일할 때는 항상 파이썬 셀을 종료하고 다시 시작하는 편이 더 안전하다.

memit 명령이 끝나고 나면 임시 리스트 객체에 할당된 자원이 해제된다. 마지막으로 memit을 호출한 결과를 보면 메모리 사용량이 이전 수준으로 돌아간다는 사실을 알 수 있다.

예제 11-2 리스트에 1억 개의 서로 다른 정수를 저장하는 경우의 메모리 사용량 측정하기

```
# 메모리 상태를 초기화하기 위해 새로운 IPython 셀을 사용한다
In [1]: %load_ext memory_profiler
In [2]: %memit # 프로세스가 현재 소비 중인 RAM의 양을 보여준다
peak memory: 43.39 MiB, increment: 0.11 MiB
In [3]: %memit [n for n in range(int(1e8))]
peak memory: 3850.29 MiB, increment: 3806.59 MiB
In [4]: %memit
peak memory: 44.79 MiB, increment: 0.00 MiB
```

바로 이어서 `memit`을 실행해 원소가 1억 개 있는 리스트를 다시 만들면 이번에도 메모리를 약 3.8GB 사용한다는 사실을 알 수 있다(예제 11-3).

예제 11-3 1억 개의 서로 다른 정수를 다시 한번 저장하면서 메모리 사용량 측정하기

```
In [5]: %memit [n for n in range(int(1e8))]
peak memory: 3855.78 MiB, increment: 3810.96 MiB
```

다음으로는 array 모듈을 사용해서 비용을 덜 들이며 정수 1억 개를 저장하는 방법을 살펴볼 것이다.

11.1.1 원시 객체를 더 적은 비용으로 저장하는 array 모듈

array 모듈은 정수, 부동소수점 수, 문자와 같은 원시 타입의 데이터를 더 효율적으로 저장한다. 하지만 복소수나 클래스에 대해서는 그렇지 **않다**. array는 연속적인 RAM 블록을 만들어서 저장 대상 데이터를 집어넣는다.

[예제 11-4]는 정수(각 8바이트) 1억 개를 연속적인 메모리 청크에 저장한다. 전체적으로 프로세스는 메모리를 약 760MB 소비한다. 여기서 사용한 방식과 앞에서 본 유일한 정수들의 리스트 방식의 차이는 **3100MB – 760MB = 2.3GB**다. RAM을 상당히 절약한 것이다.

예제 11-4 760MB의 RAM을 사용해 정수 1억 개로 이뤄진 배열 만들기

```
In [1]: %load_ext memory_profiler
In [2]: import array
In [3]: %memit array.array('l', range(int(1e8)))
```

```
peak memory: 837.88 MiB, increment: 761.39 MiB
In [4]: arr = array.array('l')
In [5]: arr.itemsize
Out[5]: 8
```

array에 저장된 유일한 정수들은 파이썬 객체가 **아니라** 배열 내의 바이트라는 사실을 알아두
자. 그중 어떤 정수를 역참조한다면 새로운 파이썬 int 객체를 만들 것이다. 따라서 모든 배열
원소에 대해 계산을 수행한다면 전체적으로는 메모리를 절약하지 못한다. 그 대신 배열을 외부
프로세스에 전달하거나 원소 중 일부만을 사용하면 정수의 list를 사용할 때보다 RAM을 많
이 절약할 수 있다.

> **NOTE_** 사이썬을 사용해 큰 배열에 대해 작업하고 **numpy**에 대한 외부 의존관계를 만들고 싶지 않다면, 추
> 가 메모리 부가비용 없이 데이터를 array에 저장한 다음 사이썬에 그 배열을 넘길 수 있다.

array 모듈은 정밀도가 바뀌는 타입의 일부만을 지원한다(예제 11−5). 꼭 필요한 만큼의
RAM만 할당할 수 있도록 가능한 한 가장 낮은 정밀도를 선택하라. 바이트 크기는 플랫폼에 따
라 달라질 수 있다는 사실도 알아두자. 여기서 보여주는 크기들은 32Bit 플랫폼에서의 정보이
지만(**최소** 크기를 보여준다), 우리의 예제는 64Bit 노트북에서 실행한다.

예제 11-5 array 모듈이 제공하는 기본 타입들

```
In [5]: array.array? # help(array)와 비슷한 IPython 기능
Init signature: array.array(self, /, *args, **kwargs)
Docstring:
array(typecode [, initializer]) -> array

Return a new array whose items are restricted by typecode, and
initialized from the optional initializer value, which must be a list,
string, or iterable over elements of the appropriate type.

Arrays represent basic values and behave very much like lists, except
the type of objects stored in them is constrained. The type is specified
at object creation time by using a type code, which is a single character.
The following type codes are defined:

    Type code   C Type          Minimum size in bytes
    'b'         signed integer   1
```

```
'B'         unsigned integer    1
'u'         Unicode character   2 (see note)
'h'         signed integer      2
'H'         unsigned integer    2
'i'         signed integer      2
'I'         unsigned integer    2
'l'         signed integer      4
'L'         unsigned integer    4
'q'         signed integer      8 (see note)
'Q'         unsigned integer    8 (see note)
'f'         floating point      4
'd'         floating point      8
```

넘파이는 더 다양한 데이터 타입을 담을 수 있는 배열을 제공한다. 한 원소 당 바이트 수를 더 잘 제어할 뿐 아니라 복소수나 datetime 객체 등을 사용할 수 있다. complex128 객체는 원소 당 16바이트를 사용하며, 각 원소는 8바이트 부동소수점 수다. 파이썬의 배열에는 complex 객체를 저장할 수 없지만, numpy에서는 아무 노력을 하지 않아도 바로 저장된다. numpy에 관한 기억을 되살리고 싶다면 6장을 다시 살펴보라.

[예제 11-6]은 넘파이의 다른 기능을 보여준다. 원소의 개수, 각 원시 데이터의 크기, 내부의 RAM 블록이 차지하는 전체 메모리 용량 등을 질의할 수 있다. 이 용량에는 파이썬 객체로 인한 부가비용은 포함되지 않음을 기억하라(배열에 저장하는 데이터의 크기에 비하면, 보통 이 부가비용은 매우 적다).

TIP 0을 지연 할당할 때는 조심해야 한다. 다음 예제에서 zeros 호출은 RAM을 '영'만큼 쓰는 반면 ones 호출은 1.5GB를 사용한다. 두 호출 모두 결국에는 1.5GB의 비용이 들지만, zeros는 호출된 리스트를 사용할 때 비로소 RAM을 할당하므로 메모리 비용이 나중에 드러난다.

예제 11-6 numpy 배열에 더 복잡한 타입 저장하기

```
In [1]: %load_ext memory_profiler
In [2]: import numpy as np
# 주의: zeros는 지연 할당이라서 메모리 사용량이 잘못 보고된다!
In [3]: %memit arr=np.zeros(int(1e8), np.complex128)
peak memory: 58.37 MiB, increment: 0.00 MiB
In [4]: %memit arr=np.ones(int(1e8), np.complex128)
peak memory: 1584.41 MiB, increment: 1525.89 MiB
In [5]: f"{arr.size:,}"
```

```
Out[5]: '100,000,000'
In [6]: f"{arr.nbytes:,}"
Out[6]: '1,600,000,000'
In [7]: arr.nbytes/arr.size   # 배열 원소 크기를 알아내는 방법
Out[7]: 16.0
In [8]: arr.itemsize          # 배열 원소 크기를 알아내는 다른 방법
Out[8]: 16
```

일반 list를 사용해 많은 수를 저장하는 것은 array 객체를 사용하는 것보다 훨씬 덜 효율적이다. 더 많은 메모리 할당이 일어나서 시간이 더 걸린다. 큰 객체를 계산해야 하니 캐시에 덜 적합하며, RAM을 더 많이 사용하니 다른 프로그램에서 사용할 수 있는 RAM이 줄어든다.

하지만 파이썬에서 array의 내용에 대해 작업을 한다면 원시 객체가 임시 객체로 변환되면서 배열을 사용하는 이점이 사라질 수 있다. 다른 프로세스와 통신할 때 데이터를 담아두는 저장소로 배열을 사용하는 것이 배열의 가장 좋은 용례다.

수치 계산을 많이 한다면 numpy 배열이 확실히 더 좋은 선택이다. 지원하는 데이터 타입이 더 많고 빠른 특화 함수를 다양하게 제공하기 때문이다. 사이썬이나 Pythran은 numpy와 array를 모두 지원하지만, 프로젝트의 의존성을 줄이고 싶다면 numpy를 사용하지 않을 수도 있다. 하지만 Numba는 오직 numpy 배열만을 지원한다.

파이썬은 메모리 사용의 이해를 돕는 몇 가지 도구를 제공한다. 이에 관해서는 다음 절에서 살펴볼 것이다.

11.1.2 NumExpr을 사용해 넘파이에서 RAM 덜 사용하기

넘파이에서 큰 벡터화된 식(팬더스 내부에서도 이런 일이 벌어진다)은 복잡한 연산이 이뤄지는 도중에 큰 중간 배열을 만들어낼 수 있다. 이런 일은 눈에 띄지 않다가 메모리 부족 오류가 발생할 때만 자신을 드러낸다. 벡터가 크면 캐시에 잘 들어맞지 않으니 계산이 오래 걸린다. 캐시는 수 MB이거나 그보다 더 작을 수도 있지만, 큰 벡터는 몇백 MB나 GB 이상이므로 캐시를 효율적으로 쓸 수 없다. NumExpr은 중간 연산의 크기를 줄이고 속도를 높여주는 도구다(6.5절 참고).

또한 2.9절 'memory_profiler로 메모리 사용량 진단하기'에서는 메모리 프로파일러를 소

개했다. 여기서는 주피터 노트북이나 IPython 셀 안에서 줄 단위 메모리 변경을 보고하는 IPython 메모리 사용량 도구(https://oreil.ly/i9Vc3)를 메모리 프로파일러상에서 만든다. 이런 도구를 사용해 NumExpr이 어떻게 결과를 더 효율적으로 생성하는지를 검사하는 방법을 살펴보자.

TIP 팬더스를 사용할 때는 NumExpr을 선택해서 설치해야만 한다. 팬더스에 NumExpr을 설치하면 eval 호출을 더 빠르게 실행한다. 하지만 NumExpr을 설치하지 않았다고 해도 팬더스가 여러분에게 이를 경고하지 않는다는 점에 유의하라.

교차 엔트로피cross entropy 공식을 사용해서 머신러닝 분류 챌린지의 오류를 계산한다. **교차 엔트로피**(또는 **로그 손해**Log Loss)는 분류 챌린지에서 흔히 사용하는 지표로, 작은 오류보다 큰 오류를 더 많이 감점한다. 머신러닝에서는 훈련과 예측 단계에 문제의 각 줄에 대한 점수를 매겨야 한다.

$$-log P(yt \mid yp) = -(yt log(yp) + (1 - yt)log(1 - yp))$$

여기서는 [0, 1] 범위의 난수를 사용해 사이킷런이나 텐서플로 같은 패키지에서 얻은 머신러닝 시스템의 결과를 시뮬레이션한다. [그림 11-1]에서 오른쪽은 [0, 1] 사이의 자연로그를 보여주고, 왼쪽은 대상이 0 또는 1일 때 각 확률에 대한 크로스 엔트로피를 보여준다.

대상 **yt**가 1이면 공식의 전반부가 활성화되고 후반부는 0이 된다. 대상이 0이면 반대로 공식의 후반부가 활성화되고 전반부는 0이 된다. 머신러닝 알고리즘 내부에서 반복적으로 점수를 매겨야 할 때가 있다. 이때 점수를 매겨야 하는 모든 데이터 행의 결과를 계산해야 한다.

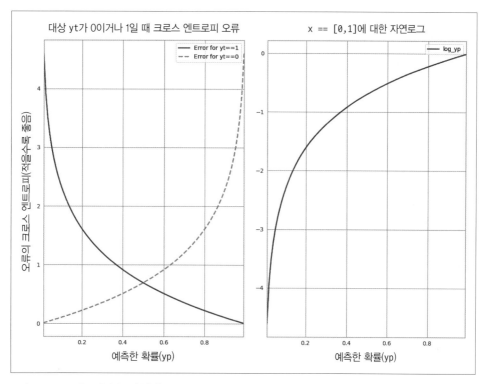

그림 11-1 0부터 1 사이의 yt('참'값)에 대한 교차 엔트로피

[예제 11-7]에서는 [0,1] 범위에서 난수를 2억 개 만들어 yp로 사용한다. yt는 바라는 참값(여기서는 1이 있는 배열)이다. 실제 애플리케이션에서는 yp가 머신러닝으로 생성된다. yt는 머신러닝 연구자가 제공하는 참값으로 0과 1이 뒤섞여 있으며, 우리가 학습시키려는 대상을 표현한다.

예제 11-7 큰 넘파이 배열을 사용할 때 감춰진 임시 배열의 비용

```
In [1]: import ipython_memory_usage.ipython_memory_usage as imu; import numpy as np
In [2]: %ipython_memory_usage_start
Out[2]: 'memory profile enabled'
In [3]: nbr_items = 200_000_000
In [4]: yp = np.random.uniform(low=0.0000001, size=nbr_items)
In [4] used 1526.0508 MiB RAM in 2.18s, peaked 0.00 MiB above current,
       total RAM usage 1610.05 MiB
In [5]: yt = np.ones(shape=nbr_items)
In [5] used 1525.8516 MiB RAM in 0.44s, peaked 0.00 MiB above current,
```

```
          total RAM usage 3135.90 MiB

In [6]: answer = -(yt * np.log(yp) + ((1-yt) * (np.log(1-yp))))
In [6] used 1525.8594 MiB RAM in 18.63s, peaked 4565.70 MiB above current,
          total RAM usage 4661.76 MiB

In [7]: del answer
In [7] used -1525.8242 MiB RAM in 0.11s, peaked 0.00 MiB above current,
          total RAM usage 3135.93 MiB
```

yp와 yt가 각각 1.5GB를 사용하므로 전체 RAM 사용량은 3.1GB가 넘는다. answer 벡터도 입력과 같은 차원이므로 추가로 1.5GB가 더 든다. 현재 RAM 사용량보다 최대 4.5GB를 더 사용하니 총사용량은 4.6GB면 되지만, 계산을 진행하는 중에 9GB가 넘는 메모리를 할당한다. 크로스 엔트로피 계산은 여러 임시 배열(특히 1 - yt, np.log(1 - yp)와 이들을 곱한 배열)을 생성한다. 컴퓨터에 메모리가 8GB밖에 없다면 메모리가 부족해서 계산 결과를 얻지 못한다.

[예제 11-8]에서는 같은 식을 numexpr.evaluate 안에 문자열로 넣는다. 이때 현재 사용량에서 최대 0GB를 더 사용하므로, RAM을 추가로 전혀 사용하지 않는다. 특히, 계산이 훨씬 더 빨리 끝난다. 앞에서 본 In[6]에서 직접 벡터 계산을 수행하는 데 18초가 걸렸지만, 여기서 NumExpr을 사용해 같은 계산을 수행하면 2.6초만 걸린다.

NumExpr은 긴 벡터를 더 짧고 캐시에 잘 들어맞는 작업 단위로 나누고 순차 처리한다. 따라서 지역적인 결과의 청크가 캐시에 적합한 형태로 계산된다. 이로 인해 RAM이 더 필요하지 않고 속도도 더 빨라진다.

예제 11-8 NumExpr이 벡터화된 계산을 캐시에 적합한 청크로 나눈다

```
In [8]: import numexpr
In [8] used 0.0430 MiB RAM in 0.12s, peaked 0.00 MiB above current,
          total RAM usage 3135.95 MiB
In [9]: answer = numexpr.evaluate("-(yt * log(yp) + ((1-yt) * (log(1-yp))))")
In [9] used 1525.8281 MiB RAM in 2.67s, peaked 0.00 MiB above current,
          total RAM usage 4661.78 MiB
```

[예제 11-9]를 보면 팬더스에서도 비슷한 이익을 얻을 수 있음을 알 수 있다. 앞에서 본 예제의 데이터와 같은 원소가 있는 `DataFrame`을 구성하고 `df.eval`을 사용해 NumExpr을 호출한다. 팬더스 내부 장치는 NumExpr을 위해 `DataFrame`을 풀어서^{unpack} 전체적으로는 RAM을 더 많이 사용한다. 내부에서 NumExpr은 여전히 결과를 캐시에 적합한 방식으로 계산한다. 여기서 팬더스와 함께 NumExpr도 설치했다는 점에 유의하라.

예제 11-9 가능하면 NumExpr을 사용하는 팬더스 eval

```
In [2] df = pd.DataFrame({'yp': np.random.uniform(low=0.0000001, size=nbr_items),
    'yt': np.ones(nbr_items)})
In [3]: answer_eval = df.eval("-(yt * log(yp) + ((1-yt) * (log(1-yp))))")
In [3] used 3052.1953 MiB RAM in 5.26s, peaked 3045.77 MiB above current,
    total RAM usage 6185.45 MiB
```

앞의 예제와 대조적으로 [예제 11-10]에서는 NumExpr을 설치하지 **않았다**. `df.eval` 호출은 파이썬 인터프리터를 호출하고 같은 결과를 계산하지만, 이번에는 34초가 걸리고(이전 실행 시간 5.2초와 비교해 보라) 최대 메모리 사용량도 훨씬 더 크다. 여러분이 NumExpr을 설치했는지 알아보려면 `import numexpr`을 해보라. 설치하지 않았다면 이 임포트가 실패할 것이다.

예제 11-10 NumExpr이 없는 팬더스에서 eval을 호출하면 느리고 비용도 많이 든다

```
In [2] df = pd.DataFrame({'yp': np.random.uniform(low=0.0000001, size=nbr_items),
    'yt': np.ones(nbr_items)})
In [3]: answer_eval = df.eval("-(yt * log(yp) + ((1-yt) * (log(1-yp))))")
In [3] used 3052.5625 MiB RAM in 34.88s, peaked 7620.15 MiB above current,
    total RAM usage 6185.24 MiB
```

큰 배열에 대한 복잡한 벡터 연산은 NumExpr을 사용하면 더 빠르다. 팬더스는 NumExpr을 설치하지 않아도 경고를 표시하지 않는다. 따라서 `eval`을 사용한다면 NumExpr 설치를 설정의 일부분으로 추가해두기 바란다. IPython 메모리 사용량 도구는 처리해야 할 큰 배열이 있을 때 RAM을 어디서 쓰는지 진단하는 데 도움이 된다. 이런 도구(NumExpr, 메모리 사용량 도구)를 활용하면 현재 컴퓨터에 장착된 RAM에 더 적합하게 메모리를 사용할 수 있으므로, 데이터를 분할하거나 더 많은 엔지니어링 노력을 기울이지 않아도 된다.

11.2 컬렉션이 사용하는 RAM 이해하기

파이썬에 각 객체가 사용하는 RAM 용량을 알아내는 방법이 궁금할 수도 있다. 파이썬의 `sys.getsizeof(obj)`를 호출하면 객체가 사용하는 메모리에 대해 **무언가** 알려줄 것이다(전부는 아니지만, 대부분의 객체가 이를 지원한다). 이 함수는 컨테이너에 대해서는 원하는 답을 제공하지 않으니 주의하라.

몇 가지 원시 타입부터 살펴보자. 파이썬의 `int`는 크기가 변하는 객체로 8바이트 C 정수보다 훨씬 큰 범위를 지원한다. 파이썬 3.7에서 0으로 초기화한 정수를 표현하는 기본 객체는 24바이트다. 수를 세기 시작하면 바이트가 더 늘어난다.

```
In [1]: sys.getsizeof(0)
Out[1]: 24
In [2]: sys.getsizeof(1)
Out[2]: 28
In [3]: sys.getsizeof((2**30)-1)
Out[3]: 28
In [4]: sys.getsizeof((2**30))
Out[4]: 32
```

내부에서는 계산하는 수의 크기가 이전 한도를 넘어설 때마다 4바이트를 추가한다. 이는 메모리 사용량에만 영향을 끼친다. 외부에서는 차이를 느낄 수 없다.

바이트 문자열에도 같은 실험을 해볼 수 있다. 빈 바이트 시퀀스는 33바이트를 차지하며 문자를 하나 추가할 때마다 비용이 1바이트씩 늘어난다.

```
In [5]: sys.getsizeof(b"")
Out[5]: 33
In [6]: sys.getsizeof(b"a")
Out[6]: 34
In [7]: sys.getsizeof(b"ab")
Out[7]: 35
In [8]: sys.getsizeof(b"abc")
Out[8]: 36
```

리스트는 다르게 동작한다. getsizeof는 리스트의 내용물을 고려하지 않고 리스트 객체 자체의 비용만 알려준다. 빈 리스트는 64바이트이며, 64Bit 노트북에서는 원소 하나당 8바이트를 추가한다.

```
# 예상과 달리 24바이트 이상을 추가하지 않고, 8바이트 단위로 추가한다
In [9]: sys.getsizeof([])
Out[9]: 64
In [10]: sys.getsizeof([1])
Out[10]: 72
In [11]: sys.getsizeof([1, 2])
Out[11]: 80
```

리스트 안에 바이트 문자열을 넣으면 더 명확해진다. 앞에서 바이트 문자열의 비용을 보고 예상할 수 있는 비용보다 getsizeof가 알려주는 비용이 훨씬 더 작다.

```
In [12]: sys.getsizeof([b""])
Out[12]: 72
In [13]: sys.getsizeof([b"abcdefghijklm"])
Out[13]: 72
In [14]: sys.getsizeof([b"a", b"b"])
Out[14]: 80
```

getsizeof는 비용 중 일부만을 보고하며 종종 부모 객체의 비용만을 알려준다. 앞에서 언급한 것처럼 모든 객체가 이 함수를 지원하지도 않는다. 따라서 유용성에 한계가 있다.

더 나은 도구는 pympler(https://oreil.ly/HGCj5)의 asizeof다. 이는 컨테이너의 계층 구조를 뒤져서 찾아낸 모든 객체의 크기를 최선을 다해 추정한 다음, 전체 합계를 돌려준다. 하지만 상당히 느리다는 단점이 있다.

asizeof는 추정이나 가정에 의존할 뿐 아니라 내부적으로 할당된 메모리도 측정할 수 없다 (예컨대 C 라이브러리를 감싸는 모듈은 C 라이브러리가 할당한 메모리 크기를 보고하지 않을 수도 있다). 이 함수는 대략적인 지침으로만 사용하라. 저자들은 관심 대상인 컴퓨터가 사용하는 메모리 크기를 정확하게 알려주는 memit을 더 선호한다.

asizeof가 큰 리스트에 대해 추정한 크기를 검토해보자. 여기서는 정수를 천만 개 사용한다.

```
In [1]: from pympler.asizeof import asizeof
In [2]: asizeof([x for x in range(int(1e7))])
Out[2]: 401528048
In [3]: %memit [x for x in range(int(1e7))]
peak memory: 401.91 MiB, increment: 326.77 MiB
```

memit을 사용해서 프로세스의 메모리 사용량이 얼마나 늘었는지를 살펴보면 이 추정치를 검증할 수 있다. 여기서는 두 수치가 매우 비슷하다. memit은 문장을 실행하는 동안 운영체제가 보고하는 RAM 사용량의 스냅샷을 찍지만, asizeof는 객체에 자신의 크기를 물어본다(객체가 제대로 응답하지 않을 수도 있다). 정수 천만 개로 이뤄진 리스트는 RAM을 320~400MB 사용한다고 결론 내릴 수 있다.

일반적으로 asizeof가 memit보다 느리다. 하지만 작은 객체를 분석할 때는 asizeof가 유용할 수도 있다. memit은 프로세스의 메모리 사용량을 추정하기보다 실제로 측정하므로, 실세계의 애플리케이션에서 아마 더 유용할 것이다.

11.3 바이트와 유니코드

파이썬 3.x가 파이썬 2.x보다 더 좋은 점 하나(장점이 아주 많다!)는 파이썬 3.x에서는 유니코드가 기본이라는 점이다. 이전에는 바이트 문자열과 유니코드 객체(문자열 객체가 유니코드 객체다)를 혼합해 사용했으므로 데이터를 불러오거나 내보낼 때 골치 아픈 일이 많이 생겼다. 파이썬 3.x에서는 모든 문자열이 기본적으로 유니코드라서 바이트를 다루고 싶으면 명시적으로 byte 시퀀스를 만들어야 한다.

유니코드 객체는 파이썬 2.x보다 파이썬 3.x에서 RAM을 더 효율적으로 사용한다. [예제 11-11]에서 문자가 1억 개 있는 시퀀스를 바이트 컬렉션과 유니코드 객체로 만든다. 일반적으로 영문자, 숫자 등 아스키ASCII코드에 속한 기호만 사용하면 유니코드 객체(시스템 기본 인코딩이 UTF-8이라 가정한다)의 비용이 바이트 시퀀스와 같다. 아스키코드에 속하는 문자는 1바이트를 사용한다.

예제 11-11 파이썬 3.x에서는 유니코드 객체가 바이트 객체만큼 비용이 쌀 수도 있다

```
In [1]: %load_ext memory_profiler
In [2]: type(b"b")
Out[2]: bytes
In [3]: %memit b"a" * int(1e8)
peak memory: 121.55 MiB, increment: 78.17 MiB
In [4]: type("u")
Out[4]: str
In [5]: %memit "u" * int(1e8)
peak memory: 122.43 MiB, increment: 78.49 MiB
In [6]: %memit "Σ" * int(1e8)
peak memory: 316.40 MiB, increment: 176.17 MiB
```

이와 달리 시그마 문자(Σ)는 UTF-8에서 2바이트를 차지한다. PEP 393(http://www.python.org/dev/peps/pep-0393/) 덕에 파이썬 3.3에서는 유연한 유니코드 표현을 사용한다. 파이썬 3.3에서는 문자열에 속한 문자들의 범위를 관찰해서 낮은 수준의 문자(아스키 등)는 가능한 한 더 적은 바이트를 사용하도록 한다.

유니코드를 UTF-8로 인코딩하면 아스키 문자는 1바이트를 사용하며, 사용 빈도가 덜한 문자는 더 많은 바이트를 사용한다. 유니코드 인코딩과 유니코드 객체의 차이를 잘 모르는 독자는 넷 배첼더^{Net Batchelder}의 〈실용주의 유니코드, 또는 고통을 멈추는 방법?^{Pragmatic Unicode, or, How Do I Stop the Pain?}〉을 참고하라(http://nedbatchelder.com/text/unipain.html).

11.4 RAM에 많은 텍스트를 효율적으로 저장하기

텍스트를 처리하다 보면 RAM을 많이 차지해 문제가 되곤 한다. 하지만 이미 본 문자열인지 검사하거나 문자열의 빈도를 세야 한다면, 문자열을 디스크에서 넣고 페이징해서 가져오기보다는 RAM에 보관하는 편이 더 편리하다. 문자열을 안일하게 저장하면 비용이 많이 들지만, 트라이나 방향성 비순환 단어 그래프^{Directed Acyclic Word Graphs}(DAWG)로 저장하면 문자열 표현을 압축하면서도 빠르게 연산할 수 있다.

이런 고급 알고리즘을 사용하면 RAM을 상당히 절약할 수 있으니 서버를 더 늘릴 필요가 없을지도 모른다. 프로덕션 시스템에서는 비용을 크게 절감할 수도 있다. 이번 절에서는 트라이

를 사용해서 성능은 거의 그대로 유지한 채로 문자열 set의 크기를 1.2GB에서 30MB로 압축한다.

이 예제의 텍스트 셋은 위키백과의 일부를 가져와서 만들었다. 이 셋에는 영어 위키백과에서 가져온 서로 다른 토큰 1100만 개가 있으며, 디스크에서 총 120MB를 차지한다.

토큰은 원래 글의 공백을 기준으로 분리한다. 각각의 길이는 가변적이며 유니코드 숫자와 문자를 포함한다. 토큰 모양은 다음과 같다.

```
faddishness
'melanesians'
Kharálampos
PizzaInACup™
url="http://en.wikipedia.org/wiki?curid=363886"
VIIIa),
Superbagnères.
```

이 텍스트 예제를 사용해 유일한 단어의 인스턴스를 저장하는 자료구조를 얼마나 빨리 구축할 수 있는지 테스트한다. 그리고 알려진 단어(아주 드문 단어를 사용하려고 화가 알프레드 츠비벨Alfred Zwiebel의 이름에서 가져온 'Zwiebel'이라는 단어를 사용한다)를 얼마나 빠르게 찾을 수 있는지 살펴본다. 이런 알고리즘을 활용하면 "예전에 Zwiebel이라는 단어를 본 적이 있나?"와 같은 질문을 할 수 있다. 토큰 검색은 흔한 문제이며, 이런 문제는 빨리 처리하는 것이 중요하다.

> **NOTE_** 여기에서 본 컨테이너를 여러분의 문제에 적용하면 작동 방식이 달라질 수도 있다는 점에 유의하라. 각 컨테이너는 내부 구조를 서로 다른 방식으로 만들어낸다. 서로 다른 종류의 토큰을 넘기면 내부 구조를 만드는 시간에 영향을 주며, 토큰 길이가 달라지면 질의 처리 시간도 영향을 받는다. 항상 조직적인 방식으로 테스트하라.

11.4.1 토큰 1100만 개를 여러 컨테이너에 넣어보기

[그림 11-2]는 토큰이 1100만 개 있는 텍스트 파일(120MB 미가공 데이터)을 여러 컨테이너를 사용해 저장한 결과를 보여준다. x 축은 각 컨테이너의 RAM 사용량을 보여주고, y 축은 질

의 시간을 보여주며, 각 점의 크기는 그 구조를 구축하는 데 걸린 시간과 관계가 있다(클수록 시간이 오래 걸렸다는 의미다).

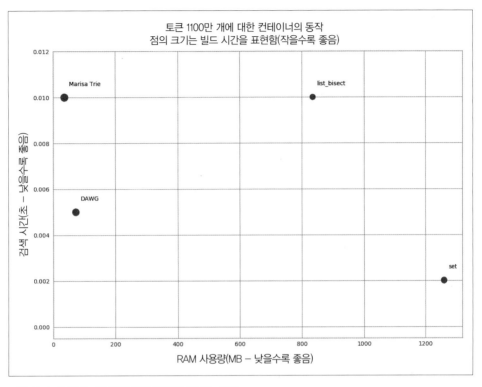

그림 11-2 DAWG, 트라이와 내장 컨테이너의 성능 비교

이 그림에서 볼 수 있듯이 set과 list는 RAM을 상당히 많이 사용한다. list는 RAM을 많이 쓰면서 느리기까지 하다! 이런 데이터셋에서는 마리사^Marisa 트라이가 RAM을 가장 효율적으로 사용한다. 한편 DAWG는 상대적으로 트라이보다는 RAM을 조금 더 쓰지만 실행 속도는 두 배 더 빠르다.

이 그림에는 (곧 소개할) 정렬을 사용하지 않는 단순한 list의 검색 시간은 없다. 시간이 너무 오래 걸리기 때문이다. 컨테이너마다 구축 시간이나 API 유연성 등의 트레이드오프가 서로 다르므로, 다양한 컨테이너를 사용해서 문제를 테스트해야 한다.

다음으로, 각 컨테이너의 행동 양식을 테스트하는 프로세스를 만들어보자.

리스트

가장 간단한 방법부터 시작하자. 토큰을 list에 넣고 O(n) 복잡도의 선형 검색을 사용해 질의할 것이다. 이미 언급했듯이 검색에 너무 오랜 시간이 걸려서 큰 예제에는 이를 적용할 수 없다. 따라서 훨씬 더 작은(토큰 50만 개) 예제를 사용해 이 기법을 보여주려 한다.

이제부터 볼 예제에서는 입력 파일에서 한 번에 하나의 유니코드 토큰을 뽑아오는 text_example.readers 제네레이터를 사용한다. 따라서 파일을 읽는 데 RAM을 거의 사용하지 않는다.

```python
print("RAM at start {:0.1f}MiB".format(memory_profiler.memory_usage()[0]))
t1 = time.time()
words = [w for w in text_example.readers]
print("Loading {} words".format(len(words)))
t2 = time.time()
print("RAM after creating list {:0.1f}MiB, took {:0.1f}s" \
        .format(memory_profiler.memory_usage()[0], t2 - t1))
```

이 list에 질의하면 얼마나 빨리 처리할지 궁금하다. 이상적으로는, 텍스트를 저장하되 질의하고 수정할 때도 별다른 손해가 없는 컨테이너를 찾고 싶다. 아는 단어를 여러 번 검색하면서 timeit으로 시간을 측정해 질의를 테스트한다.

```python
assert 'Zwiebel' in words
time_cost = sum(timeit.repeat(stmt="'Zwiebel' in words",
                              setup="from __main__ import words",
                              number=1,
                              repeat=10000))
print("Summed time to look up word {:0.4f}s".format(time_cost))
```

이 테스트 스크립트는 5MB의 원본 파일에서 가져온 텍스트를 리스트로 저장하는 데 약 34MB를 사용하고, 검색에 총 53초가 걸린다고 보고한다.

```
$ python text_example_list.py
RAM at start 36.6MiB
Loading 499056 words
```

```
RAM after creating list 70.9MiB, took 1.0s
Summed time to look up word 53.5657s
```

텍스트를 정렬하지 않는 list에 저장하는 것은 바람직하지 않다. O(n) 검색 시간은 비싸고 메모리 사용량도 많다. 이 방식은 세상에서 가장 나쁘다! 이를 다음에 볼 큰 데이터 셋에 적용하면, 다른 방식에서는 1초도 안 걸리는 검색에 25분 이상을 소비한다.

list를 정렬하고 bisect 모듈(http://bit.ly/bisect_mod)을 통해 이진 검색을 사용해서 검색 시간을 개선할 수 있다. 이 방법은 앞으로 다룰 여러 검색의 시간복잡도를 판단할 하위 기준선을 제공한다. [예제 11-12]에서는 list를 sort로 정렬하는 시간을 잰다. 여기서는 다시 토큰이 1100만 개 있는 큰 데이터셋을 사용한다.

예제 11-12 bisect를 사용하기 위한 준비인 sort 연산에 걸리는 시간 재기

```python
print("RAM at start {:0.1f}MiB".format(memory_profiler.memory_usage()[0]))
t1 = time.time()
words = [w for w in text_example.readers]
print("Loading {} words".format(len(words)))
t2 = time.time()
print("RAM after creating list {:0.1f}MiB, took {:0.1f}s" \
      .format(memory_profiler.memory_usage()[0], t2 - t1))
print("The list contains {} words".format(len(words)))
words.sort()
t3 = time.time()
print("Sorting list took {:0.1f}s".format(t3 - t2))
```

이제 앞에서와 같은 검색을 수행하되, bisect가 사용할 index 메서드를 추가한다.

```python
import bisect
...
def index(a, x):
    'Locate the leftmost value exactly equal to x'
    i = bisect.bisect_left(a, x)
    if i != len(a) and a[i] == x:
        return i
    raise ValueError
...
    time_cost = sum(timeit.repeat(stmt="index(words, 'Zwiebel')",
```

```
                                   setup="from __main__ import words, index",
                                   number=1,
                                   repeat=10000))
```

[예제 11-13]에서는 전체 데이터를 모두 적재했으므로 RAM 사용량이 앞의 예제보다 훨씬 크다. 정렬에는 0.6초가 더 걸리고 누적 검색 시간은 0.01초다.

예제 11-13 정렬된 리스트에 bisect를 사용하는 경우의 시간을 측정한 결과

```
$ python text_example_list_bisect.py
RAM at start 36.6MiB
Loading 11595290 words
RAM after creating list 871.9MiB, took 20.6s
The list contains 11595290 words
Sorting list took 0.6s
Summed time to look up word 0.0109s
```

이제 문자열 검색의 합리적인 최저 기준선을 만들었다. RAM 사용량은 871MB보다 적어야 하고, 전체 검색 시간은 0.01초보다 빨라야 한다.

셋

이 문제는 내장 set을 사용하면 분명 개선될 것이다. [예제 11-14]에서 set은 각 문자열을 해시 구조에 저장한다(복습이 필요하면 4장을 살펴보라). 해시는 원소를 찾을 때는 빠르지만, 각 문자열을 별도로 저장해야 하니 RAM을 많이 사용한다.

예제 11-14 set을 사용해 데이터 저장하기

```
words_set = set(text_example.readers)
```

[예제 11-15]에서 볼 수 있듯이 set은 list보다 RAM을 250MB 더 사용한다. 대신, 추가 index 함수나 중간 정렬 작업 없이도 아주 빠르게 검색해준다.

예제 11-15 set 예제 실행하기

```
$ python text_example_set.py
RAM at start 36.6MiB
RAM after creating set 1295.3MiB, took 24.0s
```

```
The set contains 11595290 words
Summed time to look up word 0.0023s
```

RAM이 비싸지 않다면, 이 방식이 가장 합리적인 첫 번째 접근 방법일 것이다.

다만 원 데이터의 **순서**는 유지되지 않는다. 여러분의 작업에서 순서가 중요할 때는 문자열을 사전에 키로 저장하면서 각 키에 대응하는 값으로 원래 순서를 저장할 수도 있다. 이를 통해 원데이터의 순서를 사전에 질의할 수 있다.

더 효율적인 트리 구조들

이런 문자열을 표현하면서 RAM을 효율적으로 사용하는 알고리즘을 몇 가지 소개한다.

[그림 11-3]는 트라이와 DAWG로 네 단어 'tap', 'taps', 'top', 'tops'를 표현한 것의 차이를 보여준다.[1] list나 set에서는 각 단어를 별도의 문자열로 저장한다. DAWG나 트라이는 문자열의 일부분만 저장하므로 RAM을 덜 사용한다.

이들의 주된 차이는 트라이가 공통의 접두사만을 공유하는 반면 DAWG는 공통의 접두사뿐아니라 접미사도 공유한다는 점이다. 공통 접두사나 접미사가 많은 (영어와 같은) 언어에서는 이런 방식이 반복을 많이 줄여준다.

정확한 메모리 작동 특성은 자료구조에 따라 달라진다. 보통 DAWG에서는 문자열의 처음부터 끝에 이르는 경로가 여럿 존재하기 때문에 키에 대한 값을 할당할 수 없다. 하지만 여기서 살펴보는 버전은 키와 값을 매핑할 수 있다. 트라이도 키와 값을 매핑할 수 있다. 일부 자료구조는 경로를 시작할 때 한꺼번에 만들어야 하지만, 다른 구조에서는 언제든지 갱신할 수 있다.

이런 자료구조의 큰 강점은 공통 접두사 검색 기능을 제공한다는 점이다. 즉 특정 접두사로 시작하는 모든 단어를 검색할 수 있다. 우리가 사용한 네 단어에서 'ta' 접두사를 검색하면 'tap'과 'taps'를 찾아온다. 더 나아가 각 단어를 그래프 구조에서 찾을 수 있으니 결과를 매우 빠르게 읽어온다. 예를 들어 DNA를 처리할 때 수백만 개의 짧은 문자열을 트라이를 사용해 압축하면 RAM 사용량을 효과적으로 줄일 수 있다.

---

1 이 예제는 '결정적인 비순환 유한 상태 오토마톤(DAFSA, http://en.wikipedia.org/wiki/Deterministic_acyclic_finite_state_automaton)'에 관한 위키백과 글에서 가져왔다. 이미지도 위키미디어 커먼즈에서 빌려왔다.

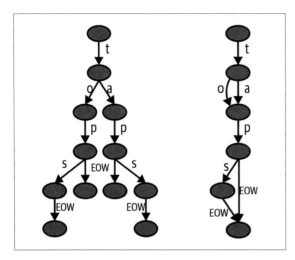

그림 11-3 트라이와 DAWG 구조(이미지 출처 http://bit.ly/Trie_and_DAWG)

이제부터는 DAWG와 트라이의 사용법을 자세히 살펴본다.

방향성 비순환 단어 그래프(DAWG)

방향성 비순환 단어 그래프(https://github.com/kmike/DAWG)(MIT 라이선스)는 공통의 접두사와 접미사가 있는 문자열을 효율적으로 표현하려고 시도한다.

2021년 1월 현재, DAWG를 파이썬 3.7에서 사용할 수 있게 해주는 풀 요청이 깃허브에 있다 (https://oreil.ly/6T5le).

[예제 11-16]에서 아주 단순한 DAWG 설정을 볼 수 있다. 이 구현에서는 DAWG를 만든 후에 변경할 수 없다. 구조를 만들려고 이터레이터를 읽기 때문이다. 생성 후 변경하지 못하니 용례가 한정된다. 변경이 필요하다면 DAWG 대신 트라이를 살펴봐야 한다. DAWG는 접두사 검색 등 다양한 질의를 지원한다. 또한, 영속성을 허용하며 정수 인덱스뿐만 아니라 바이트(바이너리 데이터)나 레코드(파이썬 객체)도 값으로 저장하도록 지원한다.

예제 11-16 DAWG를 사용해 데이터 저장하기

```
import dawg
...
    words_dawg = dawg.DAWG(text_example.readers)
```

[예제 11-17]에서 볼 수 있듯이 **생성 단계**에서 DAWG는 같은 문자열 셋에 대해 앞에서 본 set 예제보다 훨씬 적은 RAM을 사용한다. 입력 텍스트가 비슷하다면 압축률이 더 높아진다.

예제 11-17 DAWG 예제 실행하기

```
$ python text_example_dawg.py
RAM at start 38.1MiB
RAM after creating dawg 200.8MiB, took 31.6s
Summed time to look up word 0.0044s
```

더 중요한 것은 [예제 11-18]처럼 DAWG를 디스크에 영속화한 후 이를 다시 새 파이썬 인스턴스에서 읽어 들이면 RAM 사용이 극적으로 줄어든다는 점이다. 적재 후 디스크 파일과 메모리 사용량은 70MB다. 앞에서 만든 1.2GB짜리 set보다 압축률이 훨씬 높다.

예제 11-18 이전 세션에 구축한 DAWG를 불러오면 훨씬 더 RAM을 절약할 수 있다

```
$ python text_example_dawg_load_only.py
RAM at start 38.4MiB
RAM after load 109.0MiB
Summed time to look up word 0.0051s
```

보통 DAWG를 한 번만 생성하고 파일에서 여러 번 불러온다는 점을 고려해보면, 이 자료구조를 디스크에 영속화한 다음부터는 DAWG를 사용할 때마다 생성 비용을 만회할 수 있다.

마리사 트라이

마리사 트라이(https://github.com/kmike/marisa-trie, LGPL과 BSD 이중 라이선스)는 외부 라이브러리에 대한 사이썬 바인딩을 사용하는 정적 트라이(http://en.wikipedia.org/wiki/Trie)다. 정적이므로 한 번 만들고 나면 변경할 수 없다. DAWG와 마찬가지로 정수 인덱스를 값으로 저장할 수 있으며 바이트값과 레코드값도 저장할 수 있다.

값을 찾을 때 키를 사용할 수 있고 역으로도 가능하다. 같은 접두사를 공유하는 모든 키를 효율적으로 찾을 수 있다. 트라이의 내용은 영속화할 수 있다. [예제 11-19]는 예제 데이터를 마리사 트라이에 저장하는 코드다.

```
import marisa_trie
...
    words_trie = marisa_trie.Trie(text_example.readers)
```

[예제 11-20]에서 DAWG 예제보다 전체 검색 시간은 약간 더 느림을 알 수 있다.

예제 11-20 마리사 트라이 예제 실행하기

```
$ python text_example_trie.py
RAM at start 38.3MiB
RAM after creating trie 419.9MiB, took 35.1s
The trie contains 11595290 words
Summed time to look up word 0.0148s
```

트라이가 이 데이터 셋의 메모리를 더 절약할 수도 있다. 트라이를 디스크에 저장했다가 새로운 파이썬 프로세스에서 적재하면 검색은 약간 느리지만 디스크와 RAM 사용량은 대략 30MB로, 메모리를 DAWG의 절반만 사용한다(예제 11-21).

예제 11-21 이전 세션에 구축한 트라이를 불러오면 훨씬 더 RAM을 절약할 수 있음

```
$ python text_example_trie_load_only.py
RAM at start 38.5MiB
RAM after loading trie from disk 76.7MiB, took 0.0s
The trie contains 11595290 words
Summed time to look up word 0.0092s
```

자료구조를 구축한 다음에는 여러분의 애플리케이션에 따라 저장 크기와 검색 시간 사이의 트레이드오프를 구체적으로 검토해봐야 한다. 둘 중 하나가 '충분히 잘' 작동한다면 다른 구조를 검토하지 않고 다음 작업을 진행할 수도 있다. 여기서 살펴본 두 가지 구조 중에서는 (깃허브에서 별을 더 많이 받은) 마리사 트라이를 먼저 검토해보라고 권장한다.

프로덕션 시스템에서 트라이(그리고 DAWG) 사용하기

트라이와 DAWG의 자료구조는 멋진 이점을 제공하지만, 맹목적으로 선택하지 말고 벤치마크를 활용해 여러분의 문제에 어느 쪽이 더 적합한지 검증해봐야 한다. 문자열에 겹치는 부분이

많다면 RAM 사용을 개선할 수 있을 것이다.

트라이와 DAWG는 잘 알려지지 않았지만 프로덕션 시스템에 상당한 이점을 제공할 수 있다. 12.8절 '스메시에서의 대규모 소셜 미디어 분석'에 인상적인 성공 사례가 있다. (영국의 파이썬 소프트웨어 하우스인) 댑앱스DapApps의 제이미 매슈스Jamie Matthews도 고객에게 더 효율적이면서 값싸게 배포할 수 있는 클라이언트 시스템을 만들 때 트라이를 사용했다.

댑앱스에서 우리는 종종 복잡한 기술적인 구조의 문제를 더 작고 자기 완결적이면서 보통은 HTTP 로 통신하는 여러 구성 요소로 나눠서 해결하려고 시도하고는 한다. 이런 접근 방법('서비스 중심' 또는 '마이크로서비스' 구조라고 부른다)에는 다양한 이점이 있다. 그 이점에는 어느 한 구성 요소 의 기능을 다양한 프로젝트에 재사용하거나 공유할 가능성이 포함된다.

최종 소비자를 상대하는 고객은 우편번호 지오코딩geocoding 기능을 자주 요구한다. 이는 완전한 영 국 우편번호(예컨대 BN11AG)를 위도와 경도의 쌍으로 바꿔서 애플리케이션이 거리 측정 등의 공 간 계산을 수행하도록 만드는 작업이다.

지오코딩 데이터베이스는 기본적으로 단순한 문자열 사이의 매핑이며 개념적으로는 사전으로 표 현할 수 있다. 사전 키는 정규화한 형태(BN11AG)로 저장한 우편번호이며 값은 좌표를 표현한다 (우리는 지오해시 인코딩을 사용하지만, 간단히 50.822921, -0.142871처럼 콤마로 구분한 쌍을 생각하자).

영국에는 대략 백칠십만 개의 우편번호가 있다. 앞에서 보여준 파이썬 사전에 전체 데이터셋을 그냥 적재하면 메모리를 수백 MB 사용한다. 이 자료구조를 파이썬의 일반적인 피클 형식으로 디스크에 영구히 저장하려면 엄청난 저장 공간이 필요하다. 우리는 이를 더 잘 처리할 수 있음을 알았다.

우리는 메모리와 디스크에 저장하고 직렬화하는 여러 형식을 실험해봤다. 레디스나 레벨DBLevelDB 등을 써서 데이터를 외부에 저장하는 방법과 키/값 쌍을 압축하는 방법도 고려했다. 그러다가 트라 이를 사용하자는 아이디어가 떠올랐다. 트라이는 메모리상에서 많은 문자열을 표현할 때 매우 효 율적이며 이미 이를 구현해 둔 오픈 소스 라이브러리도 있어서(우리는 '마리사 트라이'를 선택했 다) 사용하기도 아주 간단하다.

그렇게 만든 애플리케이션은 (플라스크Flask 프레임워크로 만든 작은 웹 API까지 포함해도) 전체 영국 우편번호 데이터베이스를 표현하는 데 메모리를 단 30MB만 사용하며 대량의 우편번호 검색 요청을 편하게 처리한다. 코드는 단순하다. 서비스는 매우 가볍고 데이터베이스 의존성이나 외부 요구사항이 없으므로 헤로쿠Heroku와 같은 무료 호스팅 플랫폼에 어려움 없이 배포하고 실행할 수 있다. 우리가 구현한 것을 오픈 소스로 https://github.com/j4mie/postcodeserver/에 공개했다.

– 제이미 매슈스

DabApps.com의 기술 이사(영국)

DAWG와 트라이는 강력한 자료구조로, 준비하는 데 약간의 노력을 추가함으로써 RAM과 시간을 절약해준다. 많은 개발자가 이런 자료구조에 익숙하지 않을 테니, 이 코드를 여러분의 나머지 코드와 분리된 독립적인 모듈로 만들어서 유지보수를 단순화하라.

11.5 사이킷런의 FeatureHasher를 사용해 더 많은 텍스트 모델링하기

사이킷런은 파이썬에서 가장 잘 알려진 머신러닝 프레임워크로, 텍스트 기반 자연 언어 처리(NLP) 문제를 아주 잘 지원한다. 이번에는 유즈넷 아카이브에 올라간 공개 포스트를 미리 정해진 20가지 카테고리로 분류해보자. 이 예제는 받은 편지함을 두 가지 카테고리로 분류하는 스팸 분류 과정과 비슷하다.

텍스트 처리에서는 분석 대상 어휘가 폭발적으로 늘어난다는 점이 어렵다. 영어는 수많은 명사(사람이나 장소 이름, 의학적인 레이블, 종교 용어 등)와 동사(-ing로 끝나는 running, taking, making, talking 등 '진행형 단어')나 동사의 파생형(talk를 talked, talking, talks 등으로 바꾼 것) 등은 물론 다른 형태의 단어도 아주 많다. 구두점이나 대소문자는 단어 표현에 또 다른 뉘앙스를 더한다.

텍스트를 분리하는 강력하고 단순한 기법은 원본 텍스트를 **n-그램**n-gram으로 나누는 것이다. 보통 유니그램unigram, 바이그램bigram, 트라이그램trigram을 자주 쓴다(각각을 1-gram, 2-gram, 3-gram이라고 부른다). "there is a cat and a dog"라는 문장을 유니그램으로 나누면 'there', 'is', 'a' 등이 되고, 바이그램으로 나누면 'there is', 'is a', 'a cat' 등이 되며, 트라이그램으로 나누면 'there is a', 'is a cat', 'a cat and' 등이 된다.

이 문장에서는 유니그램이 7개, 바이그램이 6개, 트라이그램이 5개 나온다. 이 문장은 6가지 유일한 유니그램('a'가 두 번 나옴), 6가지 유일한 바이그램, 5가지 유일한 트라이그램으로 만들어진 어휘로 이뤄지며, 문장을 표현하는 어휘에는 총 17가지 원소가 있다. 이에서 알 수 있듯이, 문장을 표현하는 n-그램 어휘는 빠르게 늘어나며 일부 원소는 자주 쓰이고, 일부 원소는 드물게 쓰인다.

멈춤 단어 제거(a, the, of 등 사용 빈도는 아주 높지만 보통 정보가 없는 단어를 제거), 모든 문자를 소문자로 만들기, 자주 등장하지 않는 요소(구두점, 숫자, 괄호 등)를 무시하기 등 어휘 폭발을 제어하는 기법이 있다. 자연어 처리를 연습하다 보면 금방 이런 기법을 사용하게 된다.

11.6 DictVectorizer와 FeatureHasher

유즈넷 분류 작업을 살펴보기 전에, NLP 처리에 도움이 되는 사이킷런의 두 가지 특성 처리 도구부터 살펴보자. 첫 번째는 DictVectorizer로, 단어와 빈도로 이뤄진 사전을 입력받아 가변 너비 희소 행렬(11.7절 '사이파이의 희소 행렬'에서 다룬다)로 만들어준다. 두 번째는 FeatureHasher로, DictVectorizer의 입력과 같은 단어와 빈도수의 사전을 입력받아 고정 너비 희소 행렬을 반환한다.

[예제 11-22]는 "there is a cat"과 "there is a cat and a dog"라는 문장을 보여준다. 두 문장에는 공통적인 단어가 존재하며 둘 중 한 문장에서 'a'를 2번 사용한다. DictVectorizer는 fit 호출에서 문장을 받는다. 첫 번째 단계에서 DictVectorizer는 단어 리스트를 내부의 vocabulary_로 변환한다. 두 번째 단계에서는 각 단어에 대한 참조(vocabulary_안의 인덱스)와 빈도수가 들어있는 희소 행렬을 생성한다.

작업을 두 단계로 진행하면 한 단계로 진행하는 FeatureHasher보다 느리고 어휘를 저장하는데 RAM도 추가로 사용한다. 어휘를 구축하는 작업은 순차적일 때가 많다. 이 단계를 피하면 특성 해싱을 병렬화해서 시간을 줄일 여지가 생긴다.

예제 11-22 DictVectorizer를 사용한 무손실 텍스트 표현

```
In [2]: from sklearn.feature_extraction import DictVectorizer
   ...:
   ...: dv = DictVectorizer()
   ...: # ["there is a cat", "there is a cat and a dog"]의 단어 빈도수
   ...: token_dict = [{'there': 1, 'is': 1, 'a': 1, 'cat': 1},
   ...:               {'there': 1, 'is': 1, 'a': 2, 'cat': 1, 'and': 1, 'dog': 1}]

In [3]: dv.fit(token_dict)
   ...:
   ...: print("Vocabulary:")
   ...: pprint(dv.vocabulary_)

Vocabulary:
{'a': 0, 'and': 1, 'cat': 2, 'dog': 3, 'is': 4, 'there': 5}

In [4]: X = dv.transform(token_dict)
```

[그림 11-4]에서는 팬더스 DataFrame 뷰로 출력을 더 깔끔하게 만들었다. 각 열은 단어로 설정했다. 여기서는 행렬을 **조밀하게**dense 표현했다. 행 2개와 열 6개가 있으며, 셀 12개에는 숫자가 있다. 희소한sparse 표현에서는 빈도가 0인 원소는 저장하지 않고 10가지 빈도수만 저장한다. 말뭉치corpus가 더 크면 조밀한 표현에서는 더 큰 저장소가 필요하며, 그중 대부분에 0을 저장해서 낭비가 심하다. 따라서 조밀한 표현은 쓸모가 적다. NLP에서는 희소 표현법이 표준이다.

a	and	cat	dog	is	there
0	1	0	1	0	1	1
1	2	1	1	1	1	1

그림 11-14 팬더스 DataFrame으로 본 DictVectorizer가 변환한 출력

DictVectorizer의 특징 중에는 행렬을 넘기면 역방향으로 데이터를 처리해주는 기능이 있다. [예제 11-23]에서는 어휘를 사용해 원래의 빈도 표현을 되살린다. 원래의 문장을 되살리지는 **않는다**는 점에 주의하라. 첫 번째 예에서 단어 순서를 해석할 방법이 여럿 존재하기 때문이다("there is a cat"과 "a cat is there"은 모두 올바른 해석이다). 바이그램을 사용하면 단어 순서에 제한을 두기 시작할 수 있다.

예제 11-23 행렬 표현을 원래의 사전 표현으로 되돌리기

```
In [5]: print("Reversing the transform:")
   ...: pprint(dv.inverse_transform(X))

Reversing the transform:
[{'a': 1, 'cat': 1, 'is': 1, 'there': 1},
 {'a': 2, 'and': 1, 'cat': 1, 'dog': 1, 'is': 1, 'there': 1}]
```

FeatureHasher는 같은 입력을 받고 비슷한 출력을 내지만 한 가지 차이가 있다. FeatureHasher는 단어 리스트를 저장하지 않고 해시 알고리즘을 사용해 각 열에 토큰 빈도를 할당한다.

해시 함수는 4.1절 '사전과 셋의 작동 원리'에서 살펴봤다. 해시는 유일한 원소(여기서는 텍스트 토큰)를 숫자로 변환해준다. 이때 여러 유일한 원소가 같은 해시값으로 매핑될 수도 있다. 이를 충돌이라고 부른다. 많은 유일한 원소를 더 적은 표현으로 매핑하려면 충돌이 불가피하다. 해시 함수는 역방향 변환이 어렵다는 특징이 있다. 따라서 해싱한 값을 원래의 토큰으로 되돌릴 수는 없다.

[예제 11-24]에서는 폭이 10열로 고정된 행렬을 요청한다. 기본값은 원소가 1백만 개 있는 고정된 행렬이다. 하지만 여기서는 충돌을 살펴보기 위해 더 작은 행렬을 사용한다. 너비의 기본값인 원소 1백만 개는 다양한 애플리케이션에서 사용하기 적합한 값이다.

해시 과정은 빠른 MurmurHash3 알고리즘을 사용한다. 이 알고리즘은 각 토큰을 숫자로 변환한다. 이 숫자는 다시 우리가 지정한 범위로 변환된다. 범위가 넓을수록 충돌이 적다. 우리 예제의 10처럼 작은 값을 사용하면 충돌이 많아진다. 모든 토큰을 10개의 열 중 하나에 할당해야 하므로 문장을 많이 추가하면 충돌이 많아진다.

출력 X는 열 10개와 행 2개로 이뤄진다. 각 토큰은 한 열에 매핑되며, 해시 함수가 단방향이

라 어떤 열이 어떤 단어를 표현하는지 알 수 없으므로 출력을 입력으로 되돌릴 수 없다. 예제의 extra_token_dict를 보면 there와 is가 모두 8열로 매핑됐다고 추론할 수 있다. 8열만 값이 2이고 나머지 열은 모두 값이 0이기 때문이다.

예제 11-24 10열 FeatureHasher를 사용해 해시 충돌 관찰하기

```
In [6]: from sklearn.feature_extraction import FeatureHasher
   ...:
   ...: fh = FeatureHasher(n_features=10, alternate_sign=False)
   ...: fh.fit(token_dict)
   ...: X = fh.transform(token_dict)
   ...: pprint(X.toarray().astype(np.int_))
   ...:
array([[1, 0, 0, 0, 0, 0, 0, 2, 0, 1],
       [2, 0, 0, 1, 0, 1, 0, 2, 0, 1]])

In [7]: extra_token_dict = [{'there': 1, 'is': 1}, ]
   ...: X = fh.transform(extra_token_dict)
   ...: print(X.toarray().astype(np.int_))
   ...:
[[0 0 0 0 0 0 0 2 0 0]]
```

FeatureHasher와 DictVectorizer의 결과를 사용해 머신러닝시킨 경우를 비교해보면, 충돌이 발생함에도 불구하고 FeatureHasher가 만들어내는 표현법에도 신호가 충분히 남을 때가 많다(다만 기본 열 너비를 사용했다고 가정한다).

11.6.1 실제 문제에서 DictVectorizer와 FeatureHasher 비교

20개의 뉴스그룹 데이터셋을 모두 적용해 카테고리 20개로 나누면 카테고리마다 약 18,000개의 이메일이 들어간다. 'sci.med' 같은 카테고리는 상대적으로 독특하지만 'comp.os.ms-windows.misc'와 'comp.windows.x'에는 비슷한 용어가 담긴 이메일이 많이 있을 것이다. 머신러닝 작업은 테스트 셋의 각 원소를 20개의 뉴스그룹 중 하나에 속한 메시지로 올바로 식별하는 것이다. 테스트 셋에는 이메일이 약 4,000개 있다. 단어에서 일치하는 카테고리를 매핑하는 학습에 사용하는 훈련 셋은 약 14,000개의 이메일로 이뤄진다.

이 예제는 실질적인 학습 과정에서 필요한 내용 중 일부를 처리하지 **않는다**는 점에 유의하라.

뉴스그룹 메타데이터를 제거하지 않았으므로 우리가 시도한 결과에서 과적합^{overfit}이 발생할 수 있다. 이메일의 텍스트만으로 일반화하지 않고 메타데이터에 포함된 부가 정보가 인공적으로 점수를 높일 수 있다. 이메일을 임의로 뒤섞었다. 우리의 목표는 훌륭한 머신러닝 결과를 만들어내는 것이 아니다. 그 대신 손실이 일어나는 해시 표현법이 손실이 일어나지 않고 메모리를 더 많이 사용하는 표현법과 동등한 학습 결과를 낼 수도 있음을 보여준다.

[예제 11-25]에서는 문서 18,846개를 사용해 DictVectorizer와 FeatureHasher 그리고 유니그램, 바이그램, 트라이그램을 사용해 훈련 셋과 테스트 셋을 만든다. DictVectorizer가 만드는 훈련 셋 희소 행렬의 모양은 (14,134, 4,335,793)이고 이메일 14,134개를 토큰 4백만 개로 표현한다. 어휘를 만들고 훈련 데이터로 변환하는 데는 42초가 걸린다.

이 결과와 FeatureHasher를 비교해보자. FeatureHasher에서는 원소 너비가 1백만 개로 고정된 해시로 된 표현을 사용하며 변환에 21초가 걸린다. 두 경우 모두 약 980만 개의 0이 아닌 원소를 희소 행렬에 저장하므로 들어있는 정보의 양이 비슷하다. 해싱된 버전은 충돌이 일어나서 원소를 1만 개 덜 저장한다.

조밀한 표현을 사용하면 1천만 개의 열과 1만 4천 개의 행이 생긴다. 셀당 8바이트이고 전체 셀 수가 1400억 개이므로 RAM 요구량이 일반적인 컴퓨터가 제공하는 용량보다 훨씬 크다. 이 행렬 중 아주 일부만 0이 아니다. 따라서 희소 행렬을 사용하면 이런 RAM 소비를 줄일 수 있다.

예제 11-25 실제 머신러닝 문제에서 DictVectorizer와 FeatureHasher 비교하기

```
Loading 20 newsgroups training data
18846 documents - 35.855MB

DictVectorizer on frequency dicts
DictVectorizer has shape (14134, 4335793) with 78,872,376 bytes
 and 9,859,047 non-zero items in 42.15 seconds
Vocabulary has 4,335,793 tokens
LogisticRegression score 0.89 in 1179.33 seconds

FeatureHasher on frequency dicts
FeatureHasher has shape (14134, 1048576) with 78,787,936 bytes
 and 9,848,492 non-zero items in 21.59 seconds
LogisticRegression score 0.89 in 903.35 seconds
```

결정적으로, LogisticRegression 분류기에서 DictVectorizer가 제공하는 4백만 개의 열로 이뤄진 데이터로 훈련을 시키는 데 걸리는 시간이 FeatureHasher가 제공하는 1백만 개의 열로 이뤄진 데이터로 훈련할 때보다 30% 더 오래 걸렸다. 점수는 둘 다 0.89로, 이 예제에서 두 방식의 결과는 거의 같다.

FeatureHahser를 사용하면 훈련 행렬을 더 빠르게 구성하고, 어휘를 생성하거나 저장하지 않아도 되며, 더 일반적인 DictVectorizer 방법보다 빠르게 훈련시키면서도 테스트 셋에서 같은 점수를 달성할 수 있다. 이로 인해 해시화한 표현을 원래의 특징으로 되돌려서 디버깅하고 설명할 수는 없게 됐다. 하지만 우리는 종종 **왜** 이런 결정을 내렸는지 설명해야 하므로, FeatureHasher를 사용하면서 설명 능력을 잃게 되면 난감해질 수도 있다.

11.7 사이파이의 희소 행렬

앞 절에서는 희소 행렬을 사용하는 DictVectorizer를 활용해 큰 특징 표현을 만들었다. 희소 행렬은 일반 행렬 계산에도 사용할 수 있으며 희소 데이터로 작업할 때 아주 유용하다.

희소 행렬은 대부분의 원소가 0인 배열이다. 이런 유형의 배열에서 0이 아닌 값을 표현하고 '나머지 모든 값은 0'임을 표현하는 방법은 다양하다. 이런 메모리 절약과 더불어, 많은 알고리즘이 희소 행렬을 사용하는 특별한 방법을 제공해서 계산을 빠르게 수행하도록 한다.

```
>>> from scipy import sparse
>>> A_sparse = sparse.random(2048, 2048, 0.05).tocsr()
>>> A_sparse
<2048x2048 sparse matrix of type '<class 'numpy.float64'>'
        with 209715 stored elements in Compressed Sparse Row format>
>>> %timeit A_sparse * A_sparse
150 ms ± 1.71 ms per loop (mean ± std. dev. of 7 runs, 10 loops each)
>>> A_dense = A_sparse.todense()
>>> type(A_dense)
numpy.matrix
>>> %timeit A_dense * A_dense
571 ms ± 14.5 ms per loop (mean ± std. dev. of 7 runs, 1 loop each)
```

가장 간단한 구현은 사이파이의 COO배열이다. 이 배열에서 0이 아닌 값은 값의 위치와 함께 저장된다. 이는 0이 아닌 모든 값을 3개의 수를 사용해 저장해야 한다는 뜻이다. 행렬에서 0인 원소가 66% 이하라면, 표준 numpy 행렬일 때보다 데이터에 쓸 수 있는 메모리 공간이 줄어든다. 하지만 COO 행렬은 희소 행렬을 **만들** 때만 사용하고 실제 계산에서는 사용하지 않는다. 계산 목적으로는 CSR/CSC 방식(https://oreil.ly/nHc3h)을 더 선호한다.

[그림 11-5]에서는 밀도가 낮으면 희소 행렬이 조밀한 행렬보다 훨씬 더 빠르다는 사실을 알 수 있다. 게다가 희소 행렬이 메모리도 훨씬 더 적게 사용한다.

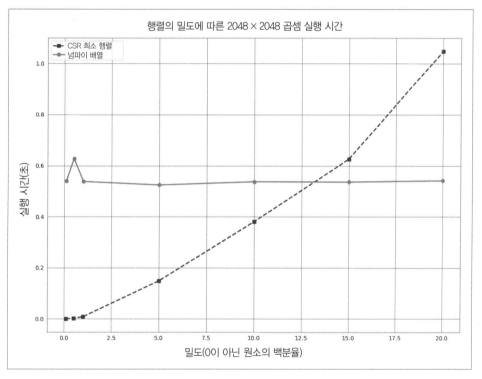

그림 11-5 희소 행렬과 조밀한 행렬의 행렬 곱 성능 비교

[그림 11-6]에서 조밀한 행렬은 항상 메모리를 32.7MB 사용한다($2048 \times 2048 \times 64Bit$). 하지만 밀도가 20%인 희소 행렬은 메모리를 10MB만 사용하여 약 70%를 절약한다! 희소 행렬의 밀도가 높아짐에 따라 벡터화와 더 나은 캐시 성능 덕분에 넘파이의 조밀한 행렬 쪽이 속도 면에서 우위를 차지한다.

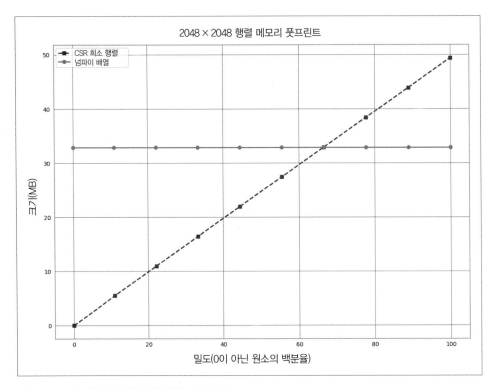

그림 11-6 희소 행렬과 조밀한 행렬의 메모리 풋프린트

메모리 사용량의 이런 극적인 감소는 속도가 빨라진 이유 중 하나다. 0이 아닌 원소에만 곱셈 연산을 수행할 뿐만 아니라(따라서 필요한 연산 횟수가 줄어든다), 결과를 저장하는 데 큰 메모리를 할당할 필요도 없다. 희소 행렬에서는 이런 두 요소가 성능을 밀어주고 끌어준다. 행렬에 효율적인 캐시와 벡터화를 사용하는 것은 수많은 0값이 포함된 계산을 수행하지 않는 것으로 상쇄된다.

코사인 유사도는 희소 행렬이 특히 뛰어난 연산이다. 앞 절에서 `DictVectorizer`를 만들 때처럼 실제로 두 텍스트 조각이 얼마나 비슷한지 살펴볼 때 코사인 유사도를 자주 사용한다. 일반적으로 이런 원소 대 원소 비교에서(특정 행렬 원소를 다른 행렬 원소와 비교해야 하는 경우) 희소 행렬이 특히 뛰어나다. `numpy` 호출은 일반 행렬을 쓰든 희소 행렬을 쓰든 같으므로 알고리즘 코드를 변경하지 않고도 희소 행렬을 사용했을 때의 이익을 벤치마크할 수 있다.

이런 결과가 인상적이지만, 희소 행렬에는 심각한 한계가 있다. 희소 행렬 지원 수준이 낮아서 특별한 희소 행렬 알고리즘이나 기본 연산만 수행하는 작업이 아니라면 지원 부족의 벽에 부딪히게 될 수 있다. 게다가 사이파이의 sparse 모듈은 여러 희소 행렬 구현을 제공하는데, 각 구현에는 서로 다른 장단점이 있다. 어떤 구현이 가장 쓰기 좋고 언제 이런 구현을 사용할지 알려면 전문가 수준의 지식이 필요하며 종종 요구사항이 서로 충돌하기도 한다. 따라서 여러분이 희소 행렬을 자주 사용하지 않을 가능성이 높다. 하지만 희소 행렬이 해결하려는 문제에 적합하다면 값을 매길 수 없는 도구가 될 수 있다.

11.8 RAM을 덜 사용하기 위한 팁

RAM에 넣지 않아도 되는 것은 넣지 말라. 어떤 것을 적재하든 RAM을 소비하게 된다. 데이터 중 일부만 적재하는 방법도 있다. 예를 들어 메모리 매핑한 파일(https://docs.python.org/2/library/mmap.html)을 사용할 수 있다. 또는 모든 데이터를 한 번에 다 적재하는 대신, 부분적으로 계산에 필요한 데이터만 적재하도록 제네레이터를 사용할 수도 있다.

수치 데이터로 작업한다면 대부분 numpy 배열을 사용하고 싶을 것이다. numpy 패키지는 기저의 원시 객체를 사용해 바로 작업을 수행하는 매우 빠른 알고리즘을 다양하게 제공한다. 수의 리스트를 사용하는 경우와 비교하면 RAM 사용량과 시간을 놀라울 정도로 많이 절약할 수 있다. 더 나아가 희소 배열을 처리해야 한다면 사이파이의 희소 배열 기능을 활용해 일반적인 numpy 배열 대신 축약된 특성 집합을 사용함으로써 메모리를 어마어마하게 절약할 수 있다.

문자열을 다룰 때 바이트 수준에서 작업해야 하는 특별한 이유가 없다면 bytes 대신 str을 사용하라. 무수히 많은 텍스트 인코딩을 직접 처리하는 힘든 작업을 UTF-8(또는 다른 유니코드 형식)이 해결해준다. 정적인 구조에 유니코드 객체를 많이 저장해야 한다면 이 장의 앞에서 설명한 DAWG나 트라이 구조를 사용할 수도 있다.

수많은 Bit 문자열을 다뤄야 한다면 numpy와 bitarray 패키지(https://pypi.python.org/pypi/bitarray/0.8.1)를 살펴보라. 둘 다 Bit를 바이트에 집어넣어서 효율적으로 표현한다. Bit 패턴을 효율적으로 저장해주는 레디스를 살펴보면 도움이 될 수도 있다.

PyPy 프로젝트는 균일한 자료구조를 더 효율적으로 표현하는 방식을 시험하고 있다. 그래서 동일한 원시 타입(예컨대 정수)의 리스트는 C파이썬의 동일한 자료구조보다 PyPy에서 훨씬 비용이 덜 들 것이다. 임베디드 시스템을 사용하는 독자라면, 마이크로 파이썬(http://micropython.org/) 프로젝트가 흥미로울 것이다. 이는 파이썬 3과 호환되면서 메모리 사용량이 아주 적은 파이썬을 구현하려는 프로젝트다.

RAM 사용량을 최적화하려면 벤치마크해야 한다는 점과 알고리즘을 변경하기 전에 단위 테스트 스위트를 만들어 두면 크게 도움이 된다는 점을 (거의 항상!) 지적하지 않을 수 없다.

문자열을 압축하고 수를 효율적으로 저장하는 방법을 살펴봤으니, 이제 저장 공간과 정확도를 서로 교환하는 방법을 살펴보자.

11.9 확률적 자료구조

확률적 자료구조를 사용하면 정확도를 낮추는 대신 메모리 사용을 상당히 줄일 수 있다. 또한 이런 자료구조에서 사용할 수 있는 연산의 종류는 set이나 트라이보다 훨씬 제한적이다. 예를 들어 2.56KB 메모리를 사용하는 하이퍼로그로그++$^{HyperLogLog++}$ 구조 하나는 오류율 1.625%로 최대 79억 개까지 유일한 원소의 개수를 셀 수 있다.

즉, 자동차 번호판의 유일한 번호를 셀 때 하이퍼로그로그++의 카운터가 654,192,028이라면 실제 개수는 643,561,407~664,822,648 사이임을 확신할 수 있다는 뜻이다. 만약 이 정도 정밀도로 부족하다면 메모리를 더 할당해서 정밀도를 높일 수 있다. 40.96KB를 더 할당하면 오류율이 1.625%에서 0.4%로 떨어진다. 참고로 이 데이터를 set에 저장한다면 부가비용이 없다고 가정해도 총 3.925GB가 필요하다.

한편, 하이퍼로그로그++ 구조는 번호판의 개수를 세고 이를 다른 set과 합치는 일만 할 수 있을 것이다. 따라서 미국의 모든 주마다 하나씩 자료구조를 할당하고 각 주에 유일한 번호판이 몇 개씩 있는지 알아냈다면, 모든 구조를 합쳐서 미국 전체의 번호판 개수를 계산할 수 있다. 하지만 주어진 번호를 이미 살펴봤는지를 상당한 정확도로 대답하거나 이미 살펴본 번호판의 예를 사용자에게 제공할 수는 없다.

확률적 자료구조는 해당 문제를 이해할 만한 시간이 있고, 엄청나게 큰 데이터셋 중 아주 좁은 범위의 문제에만 답하면 되는 기능을 프로덕션 환경에 넣고 싶을 때 아주 유용하다. 각각의 자료구조는 서로 다른 정확도로 각각 다른 유형의 질문에만 답할 수 있으므로, 요구사항을 잘 이해해야 적합한 구조를 찾아낼 수 있다.

> **WARNING_** 이 절에서는 널리 사용되는 확률적 자료구조의 근간이 되는 메커니즘을 자세히 설명한다. 이런 메커니즘을 이해하고 나면 알고리즘에서 이해한 메커니즘의 일부를 활용할 수 있다는 점에서 이 절이 유용하다. 확률적 자료구조를 방금 시작한 독자라면 내부를 살펴보기 전에 실전에서 사용된 예제(11.9.5 '실전 예제')를 살펴보면 도움이 될 것이다.

일반적으로 확률적 자료구조는 특정 질문들에 답하는 데 꼭 필요한 정보만을 포함하는 더 간결한 데이터 표현 방식을 찾아내는 형태로 작동한다. 이를 데이터의 일부를 잃어버리지만 중요한 부분은 보존하는 압축 방식인 손실 압축$^{lossy\ compression}$의 일종으로 생각해도 된다. 우리가 관심 있는 질문과 관련도가 낮은 데이터의 손실을 용인하는 손실 압축은 트라이 등에서 살펴본 비손실 압축보다 훨씬 효율적일 수 있다. 따라서 어떤 확률적 자료구조를 선택하느냐가 상당히 중요해진다. 즉 용례에 가장 적합한 정보를 보존하는 자료구조를 선택해야 한다.

더 깊이 들어가기 전에, 여기서 말하는 오류율$^{error\ rate}$은 **표준편차**로 정의한다는 점을 분명히 해두자. 표준편차는 가우스 분포를 표현할 때 나오는 용어로, 함수가 중심값에서 얼마나 넓게 펴져 있는지를 표현하는 지표다. 표준편차가 크다는 말은 중심에서 멀리 떨어진 값의 개수가 더 많다는 뜻이다. 확률적 자료구조에 대한 모든 분석은 확률적이라서, 확률적 자료구조의 오류율도 이런 식으로 확률적으로 정의할 수밖에 없다. 예를 들어 하이퍼로그로그++ 알고리즘의 오류가 $err = \frac{1.04}{\sqrt{m}}$라면, 이는 전체 중 68%는 오류율이 err보다 작고, 95%는 $2 \times err$보다 작으며, 99.7%는 $3 \times err$보다 작다는 뜻이다.[2]

11.9.1 1바이트 모리스 카운터를 사용해 대략적으로 개수 세기

초기 확률 카운터인 모리스 카운터(NSA와 벨랩에서 근무한 로버트 모리스$^{Robert\ Morris}$가 발명)를 사용해 확률적 개수 세기라는 주제를 소개한다. 이 카운터의 응용으로는 RAM이 한정된 환경(예컨대 임베디드 컴퓨터)에서 수백만 개의 객체 개수 계산하기, 대용량 데이터 스트림 이해하기, 이미지 및 음성 인식하기 같은 AI 분야를 들 수 있다.

---

2 이런 수는 가우스 분포의 68-95-99 규칙에서 온 것이다. 더 많은 정보는 위키백과를 참고하라(http://bit.ly/Gaussian).

모리스 카운터는 지수를 추적하고 지금까지의 개수를 (제대로 수를 저장하는 대신) $2^{지수}$ 형태로 저장한다. 따라서 **대략적인 규모**를 추정할 수 있다. 이 추정은 확률적인 규칙을 사용해 갱신된다.

지수를 0으로 설정해 시작한다. 카운터의 **값**을 요청받으면 pow(2, 지수)=1을 반환한다(예리한 독자는 이 값이 1만큼 차이가 남을 알 수 있을 것이다. 우리는 분명히 이것이 **추정** 카운터라고 이야기했다!). 카운터를 올려 달라는 요청을 받으면 난수를 만들고(이때 균등분포를 사용한다) random(0, 1) <= 1/pow(2, 지수)인지 검사한다. 처음에는 항상 참(pow(2,0) == 1)이다. 따라서 카운터를 증가시키고 지수를 1로 설정한다.

두 번째 카운터 증가 요청을 받으면 random(0, 1) <= 1/pow(2,1)인지 검사한다. 이 식은 50%의 확률로 참이다. 참이면 지수를 증가시킨다. 그렇지 않으면 이번 요청에 대해서는 지수를 증가시키지 않는다.

[표 11-1]은 각각의 첫 지수의 값을 1 증가시킬 확률을 보여준다.

표 11-1 모리스 카운터의 상세 정보

지수	pow(2,지수)	P(증가)
0	1	1
1	2	0.5
2	4	0.25
3	8	0.125
4	16	0.0625
...	...	...
254	2.894802e+76	3.454467e-77

부호가 없는 1바이트로 대략적으로 셀 수 있는 가장 큰 수는 math.pow(2,255) == 5e76이다. 실제 개수와의 차이는 값이 커짐에 따라 상당히 커질 것이다. 하지만 모리스 카운터를 쓰지 않으면 4바이트를 써야 하니, 1바이트만 사용하는 이 방식은 메모리를 엄청나게 절약해준다. [예제 11-26]은 간단한 모리스 카운터 구현을 보여준다.

```python
""" 여러 카운터를 지원하는 대략적인 모리스 카운터 """
import math
import random
import array

SMALLEST_UNSIGNED_INTEGER = 'B' # 1바이트 부호없는 문자


class MorrisCounter(object):
    """대략적인 카운터이다. 지수를 저장하며, 카운터는 대략 2^지수를 저장한다.
    https://en.wikipedia.org/wiki/Approximate_counting_algorithm 를 보라"""
    def __init__(self, type_code=SMALLEST_UNSIGNED_INTEGER, nbr_counters=1):
        self.exponents = array.array(type_code, [0] * nbr_counters)

    def __len__(self):
        return len(self.exponents)

    def add_counter(self):
        """새로운 0 카운터를 추가한다"""
        self.exponents.append(0)

    def get(self, counter=0):
        """카운터가 표현하는 대략적인 값을 계산한다"""
        return math.pow(2, self.exponents[counter])

    def add(self, counter=0):
        """카운터에 확률적으로 1을 추가한다"""
        value = self.get(counter)
        probability = 1.0 / value
        if random.uniform(0, 1) < probability:
            self.exponents[counter] += 1


if __name__ == "__main__":
    mc = MorrisCounter()
    print("MorrisCounter has {} counters".format(len(mc)))
    for n in range(10):
        print("Iteration %d, MorrisCounter has: %d" % (n, mc.get()))
        mc.add()

    for n in range(990):
        mc.add()
    print("Iteration 1000, MorrisCounter has: %d" % (mc.get()))
```

[예제 11-27]의 구현 방식으로는 처음 두 번만 카운터 증가에 성공하고 세 번째 시도는 실패했음을 볼 수 있다.[3]

예제 11-27 모리스 카운터 라이브러리 예제

```
>>> mc = MorrisCounter()
>>> mc.get()
1.0

>>> mc.add()
>>> mc.get()
2.0

>>> mc.add()
>>> mc.get()
4.0

>>> mc.add()
>>> mc.get()
4.0
```

[그림 11-7]에서 두꺼운 검은 선은 반복할 때마다 증가하는 일반적인 정수를 보여준다. 64Bit 컴퓨터에서 이는 8바이트 정수다. 1바이트 모리스 카운터의 변형 3가지는 점선으로 표시했다. y축은 각 반복의 실제 회수를 대략적으로 표현한 값이다. 각각의 흐름이 다르다는 사실과 함께 전체적인 추세를 알 수 있도록 카운터를 3개 준비했다. 세 카운터는 서로 완전히 독립적이다.

---

3 바이트 배열을 사용해서 카운터를 많이 만드는 더 제대로 된 구현은 https://github.com/ianozsvald/morris_counter 에 있다.

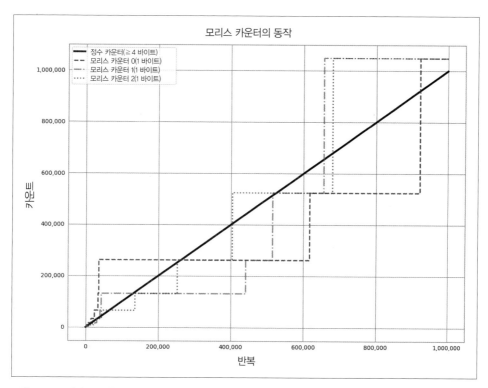

그림 11-7 1바이트 모리스 카운터 3개 vs. 8바이트 정수

이 그래프를 보면 모리스 카운터를 사용할 때 예상되는 오류를 어느 정도 알아챌 수 있을 것이다. 모리스 카운터 동작의 오류 특성에 관한 더 많은 정보를 웹에서 볼 수 있다(`http://bit.ly/Morris_error`).

11.9.2 K-최솟값

모리스 카운터에서는 우리가 넣은 원소에 관한 모든 정보를 잃어버린다. 즉 add("현석")을 했느냐 add("영근")을 했느냐와 관계없이 카운터의 내부 상태는 같다. 이런 추가 정보를 유용하게 사용하면 카운터가 유일한 원소만 세도록 할 수 있다. 유일한 원소만 센다면 .add("영근")을 수천 번 호출하더라도 카운터는 오직 1만 증가한다.

해시 함수의 특성을 활용해서 이런 동작을 구현할 것이다(해시 함수에 관한 자세한 설명은 4.1.4 '해시 함수와 엔트로피'를 보라).

활용하려는 주된 특성은 해시 함수가 입력을 **균일하게** 분배한다는 점이다. 예를 들어 문자열을 취해서 0과 1 사이의 수를 내놓는 해시 함수가 있다고 가정하자. 그 함수가 균일하다는 말은 문자열을 그 해시 함수에 넘겼을 때 0.5를 얻을 확률이나 0.2, 또는 다른 어떤 값을 얻을 확률이 모두 같다는 뜻이다. 또한, 많은 문자열을 해시 함수에 넘기더라도 해시값들이 균등한 간격으로 배치될 것이라는 뜻이기도 하다. 이상의 논리는 확률적인 주장임을 기억하라. 값이 항상 균등한 간격으로 배포되지는 않지만, 많은 문자열로 여러 번 실험을 반복하면 간격이 균등해지는 경향이 있다.

원소가 100개 있고 각각의 해시를 저장했다고 하자(해시는 0과 1 사이의 값이다). 간격이 균등하다는 의미는 "원소가 100개 있다"라고 말하는 대신 "모든 원소의 간격이 0.01이다"라고 말할 수 있다는 뜻이다. 여기서 마침내 K-최솟값 알고리즘[4]이 역할을 할 수 있다. 즉 우리가 지금까지 살펴본 유일한 해시값 중 가장 작은 값을 k개 유지한다면 해시값 사이의 전체적인 간격을 추정할 수 있고, 모든 원소의 개수가 몇 개인지 추론할 수 있다.

[그림 11-8]에서 원소를 계속 추가함에 따라 K-최솟값 구조(KMV라고도 부른다)의 상태가 어떻게 바뀌는지 볼 수 있다. 처음에는 해시값이 많지 않아서 유지하는 해시값 중 가장 큰 값도 상당히 크다. 원소를 계속 추가함에 따라 계속 보관해온 k개의 해시값 중 가장 큰 값이 점점 작아진다. 이런 방식을 사용하면 $O\left(\sqrt{\frac{2}{\pi(k-2)}}\right)$의 오류율을 얻을 수 있다.

---

4 베이어(Beyer), K., 하스(Haas), P.J., 라인발트(ReinWald) B., 시스마니스(Sismanis), Y., 게물라(Gemulla) R. "On synopses for distinct-value estimation under multiset operations." Proceedings of the 2007 ACM SIGMOD International Conference on Management of Data - SIGMOD '07, (2007): 199-210. doi:10.1145/1247480.1247504.

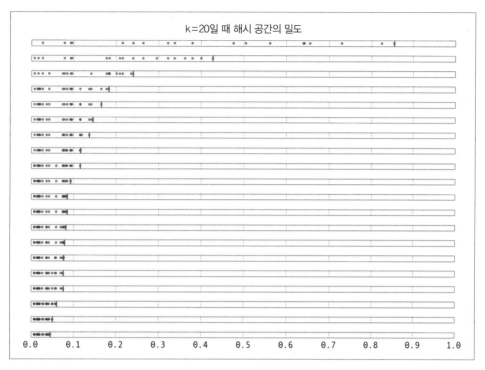

그림 11-8 KMV 구조에 저장된 값이 원소를 추가함에 따라 변화하는 모습

k가 클수록 사용 중인 해시 함수가 입력에 대해 완전히 균일하지 않다는 점이나 해시값이 운나쁘게 크게 나온 경우에 영향을 더 많이 받는다. 운이 나쁜 해시값의 예로는 ['A', 'B', 'C']를 해싱했는데 [0.01, 0.02, 0.03]가 나온 경우를 들 수 있다. 그 후 더 많은 값을 해싱하기 시작한다면 이 세 값보다 더 큰 값이 들어올 확률은 낮아진다.

더 나아가, 가장 작은 **유일한** 해시값만을 유지하므로 이 자료구조도 유일한 입력만을 고려하게된다. 가장 작은 해시값을 3개만 보관하고, 현재 [0.1, 0.2, 0.3]이 가장 작은 값이라고 하자. 해시값이 0.4인 원소를 추가하더라도 상태가 바뀌지 않음을 쉽게 알 수 있다. 마찬가지로해시값이 0.3인 원소를 추가해도 역시 상태가 바뀌지 않는다. 이런 특성을 **멱등성**idempotence이라고 한다. 이는 이 자료구조에서 같은 입력을 사용해 같은 연산을 반복하더라도 상태가 바뀌지 않는다는 뜻이다. 이와 반대의 예로는 append로 원소를 추가하면 항상 상태가 바뀌는 list를 들 수 있다. 멱등성의 개념은 모리스 카운터를 제외한 이번 절에서 다루는 모든 자료구조에적용된다.

[예제 11-28]은 아주 기본적인 K-최솟값 구현이다. 여기서 사용하는 **sortedset**은 셋과 마찬가지로 유일한 원소만을 담는다는 점을 알아둬야 한다. 이런 유일성 덕에 여기서 만든 **KMinValues** 구조는 힘들이지 않고 멱등성을 획득한다. 코드를 하나하나 쫓아가 보면 같은 입력을 두 번 이상 추가해도 **data** 속성은 변하지 않는다.

예제 11-28 간단한 KMinValues 구현

```
import mmh3
from blist import sortedset


class KMinValues:
    def __init__(self, num_hashes):
        self.num_hashes = num_hashes
        self.data = sortedset()

    def add(self, item):
        item_hash = mmh3.hash(item)
        self.data.add(item_hash)
        if len(self.data) > self.num_hashes:
            self.data.pop()

    def __len__(self):
        if len(self.data) <= 2:
            return 0
        length = (self.num_hashes - 1) * (2 ** 32 - 1) / \
                (self.data[-2] + 2 ** 31 - 1)
        return int(length)
```

파이썬 패키지 countmemaybe의 **KMinValues** 구현(https://github.com/mynameisfiber/countmemaybe)을 이용한 [예제 11-29]에서 이 자료구조를 어떻게 활용하는지 볼 수 있다. 이 구현은 [예제 11-28]과 매우 비슷하지만 합집합이나 교집합과 같은 다른 셋 연산도 모두 구현한다. 또한 '크기'와 '카디널리티cardinality'는 서로 바꿔 쓸 수 있는 용어라는 사실을 기억하라('카디널리티'는 집합 이론에서 비롯된 용어로 확률적인 자료구조를 분석할 때 더 많이 사용한다). 여기서 우리는 k 값을 많이 키우지 않더라도 5만 개의 원소에 대해 상대적으로 적은 오류를 내면서 다양한 집합 연산을 수행할 수 있음을 알 수 있다.

예제 11-29 countmemaybe의 KMinValues 구현

```
>>> from countmemaybe import KMinValues

>>> kmv1 = KMinValues(k=1024)

>>> kmv2 = KMinValues(k=1024)

>>> for i in range(0,50000):    ❶
      kmv1.add(str(i))
   ...:

>>> for i in range(25000, 75000):    ❷
      kmv2.add(str(i))
   ...:

>>> print(len(kmv1))
50416

>>> print(len(kmv2))
52439

>>> print(kmv1.cardinality_intersection(kmv2))
25900.2862992

>>> print(kmv1.cardinality_union(kmv2))
75346.2874158
```

❶ kmv1에 원소를 50,000개 넣는다.

❷ kmv2에도 원소를 50,000개 넣는다. 그중 25,000개는 kmv1에 넣었던 것과 같다.

> **NOTE_** 이런 알고리즘에서는 어떤 해시 함수를 선택하느냐가 추정의 품질에 큰 영향을 끼친다. 여기서 본 구현들은 문자열을 해시할 때 훌륭한 특성을 보여주는 **mumurhash3**의 파이썬 구현인 **mmh3**를 사용한다. 하지만 여러분의 데이터셋에 더 적합한 다른 해시 함수를 사용할 수도 있다.

11.9.3 블룸 필터

때로는 다른 종류의 집합 연산이 필요하다. 그럴 때는 새로운 유형의 확률적 자료구조를 도입해야 한다. **블룸 필터**Bloom filter는 "이 원소를 전에 본 적이 있나?"라는 질문에 답하기 위해 만들어졌다.[5]

블룸 필터는 서로 다른 여러 해시 함수를 사용한다. 어떤 값은 그 값을 여러 해시 함수로 해시한 결과로 이뤄진 정수 집합으로 표현할 수 있다. 값을 살펴볼 때마다 해당 정수 집합을 모두 저장한다고 하자. 새로 들어오는 값의 정수 집합이 저장해둔 정수 집합에 있다면, 그 값을 이미 살펴봤음을 상당히 자신할 수 있다.

자원을 효율적으로 사용하면서 이를 수행하기 위해 내부적으로 각 해시값을 리스트의 색인으로 사용한다. 예를 들어 초깃값을 False로 설정한 bool 리스트에 해시값이 [10, 4, 7]인 객체를 추가하면 리스트의 10, 4, 7번째 값을 True로 설정하는 식이다. 나중에 특정 객체를 이전에 살펴봤는지 알고 싶다면 리스트에서 해당 객체의 해시값들에 해당하는 위치의 값이 True인지 살펴보면 된다.

이 방법을 사용하면 결과가 거짓 음성false negative일 가능성은 없으며, 거짓 양성false positive이 될 비율을 조정할 수 있다. 즉 블룸 필터가 어떤 원소를 본 적이 없다고 답한다면, 그 원소를 전에 보지 못했다고 100% 확신할 수 있다. 반면 블룸 필터가 어떤 원소를 본 적이 있다고 답한다면, 실제로 그 원소를 본 적은 없지만 오류로 그렇게 대답할 확률이 존재한다. 이런 잘못된 결과가 나오는 이유는 해시 충돌이 발생해서 두 객체가 같지 않은데도 해시값이 같은 때가 종종 있기 때문이다. 하지만 실제 블룸 필터를 사용할 때는 오류 비율이 0.5% 미만이 되도록 설정한다. 그 정도 오류는 용인할만하다.

> **NOTE_** 서로 독립적인 두 해시 함수만 있다면 다양한 해시 함수를 시뮬레이션할 수 있다. 이런 방법을 **이중 해싱**double hashing이라 한다. 독립적인 해시를 반환하는 해시 함수가 두 개 있다면 다음과 같이 할 수 있다.
>
> ```
> def multi_hash(key, num_hashes):
>     hash1, hash2 = hashfunction(key)
>     for i in range(num_hashes):
>         yield (hash1 + i * hash2) % (2^32 - 1)
> ```

....

[5] Bloom, B.H. "Space/time trade-offs in hash coding with allowable errors." Communications of the ACM. 13:7 (1970): 422 – 426 doi:10.1145/362686.362692.

bool 리스트의 정확한 길이와 원소당 해시값의 개수는 필요한 용량과 오류율에 따라 정해진다. 통계적으로 봤을 때[6] 이상적인 값은 다음과 같다.

$$비트\_개수 = -용량 \times \frac{log(오류율)}{log(2)^2}$$

$$해시\_개수 = 비트\_개수 \times \frac{log(2)}{용량}$$

예를 들어 객체 5만 개를 거짓 양성 비율 0.05%로 저장하려면 저장 공간 791,015Bit와 해시 함수 11개가 필요하다. 이때 객체 자체의 크기는 관계가 없고, 거짓 양성 비율이 0.05%라 함은 이미 봤다고 한 객체 중 0.05%는 실제로는 보지 못했다는 뜻이다.

bool 값 하나를 1Bit로 표현하면 메모리 사용량을 줄일 수 있다(원래 bool은 4Bit를 차지한다). bitarray 모듈을 사용하면 쉽게 이를 달성할 수 있다. [예제 11-30]은 간단히 구현한 블룸 필터의 모습이다.

예제 11-30 간단한 블룸 필터 구현

```
import math

import bitarray
import mmh3


class BloomFilter:
    def __init__(self, capacity, error=0.005):
        """
        주어진 용량과 거짓 양성 비율에 따라 블룸 필터를 만든다
        """
        self.capacity = capacity
        self.error = error
        self.num_bits = int((-capacity * math.log(error)) // math.log(2) ** 2 + 1)
        self.num_hashes = int((self.num_bits * math.log(2)) // capacity + 1)
```

---

6 위키백과 글(http://bit.ly/Bloom_filter)은 블룸 필터의 특성에 관한 간략한 증명을 잘 서술했다.

```python
        self.data = bitarray.bitarray(self.num_bits)

    def _indexes(self, key):
        h1, h2 = mmh3.hash64(key)
        for i in range(self.num_hashes):
            yield (h1 + i * h2) % self.num_bits

    def add(self, key):
        for index in self._indexes(key):
            self.data[index] = True

    def __contains__(self, key):
        return all(self.data[index] for index in self._indexes(key))

    def __len__(self):
        bit_off_num = self.data.count(True)
        bit_off_percent = 1.0 - bit_off_num / self.num_bits
        length = -1.0 * self.num_bits * math.log(bit_off_percent) / self.num_hashes
        return int(length)

    @staticmethod
    def union(bloom_a, bloom_b):
        assert bloom_a.capacity == bloom_b.capacity, "Capacities must be equal"
        assert bloom_a.error == bloom_b.error, "Error rates must be equal"

        bloom_union = BloomFilter(bloom_a.capacity, bloom_a.error)
        bloom_union.data = bloom_a.data | bloom_b.data
        return bloom_union
```

블룸 필터의 용량으로 지정한 값보다 더 많은 원소를 넣으면 어떤 일이 벌어질까? 극단적으로는 bool 리스트의 값이 모두 True가 되어 모든 원소를 이미 살펴봤다고 답하게 된다. 이는 블룸 필터가 초기에 설정한 용량에 매우 민감하다는 의미이며, 스트림 데이터처럼 크기를 알 수 없는 데이터셋을 다루기에는 적합하지 않다는 뜻이다.

이를 처리하는 한 가지 방법은 **규모 확장성** 블룸 필터라는 변종들을 사용하는 것이다.[7] 이들은 여러 개의 블룸 필터를 연결하는 방식으로 동작한다. 이때 각 블룸 필터의 오류율을 미리 특정

7 Almeida, P. S., Baquero, C., Preguiça, N., and Hutchison, D. "Scalable Bloom Filters." Information Processing Letters 101, no 6(2007) 255–61, https://doi.org/10.1016/j.ipl.2006.10.007.

한 방식으로 서로 다르게 설정한다.[8] 이렇게 하면 전체 오류율을 보장하면서 용량이 더 필요할 때 단순히 새로운 블룸 필터를 추가해 늘릴 수 있다. 어떤 원소를 이전에 봤는지 판단하려면 해당 객체를 모두 찾을 때까지 모든 하위 블룸 필터를 차례로 확인하면 된다. [예제 11-31]은 이런 구조를 구현한 예다. 여기서 기반 기능은 앞에서 구현한 블룸 필터를 사용해 구현했으며, 카운터를 사용해 새로운 블룸 필터를 추가할 시점을 알아내는 일을 단순화했다.

예제 11-31 간단한 규모 확장성 블룸 필터 구현

```python
from bloomfilter import BloomFilter

class ScalingBloomFilter:
    def __init__(self, capacity, error=0.005, max_fill=0.8,
                 error_tightening_ratio=0.5):
        self.capacity = capacity
        self.base_error = error
        self.max_fill = max_fill
        self.items_until_scale = int(capacity * max_fill)
        self.error_tightening_ratio = error_tightening_ratio
        self.bloom_filters = []
        self.current_bloom = None
        self._add_bloom()

    def _add_bloom(self):
        new_error = self.base_error * self.error_tightening_ratio ** len(
            self.bloom_filters
        )
        new_bloom = BloomFilter(self.capacity, new_error)
        self.bloom_filters.append(new_bloom)
        self.current_bloom = new_bloom
        return new_bloom

    def add(self, key):
        if key in self:
            return True
        self.current_bloom.add(key)
        self.items_until_scale -= 1
        if self.items_until_scale == 0:
            bloom_size = len(self.current_bloom)
            bloom_max_capacity = int(self.current_bloom.capacity * self.max_fill)
```

----

8 블룸 필터들의 오류율은 실제로는 기하급수로 감소하게 설정한다. 이런 방식으로 모든 오류율을 곱하면 원하는 오류율을 얻을 수 있다.

```
        # 블룸에 중복값을 많이 더했을 수도 있다. 따라서 실제로 크기를 키워야 할지
        # 아니면 아직 여유 공간이 있는지 검사해야 한다.
        if bloom_size >= bloom_max_capacity:
            self._add_bloom()
            self.items_until_scale = bloom_max_capacity
        else:
            self.items_until_scale = int(bloom_max_capacity - bloom_size)
    return False

def __contains__(self, key):
    return any(key in bloom for bloom in self.bloom_filters)

def __len__(self):
    return int(sum(len(bloom) for bloom in self.bloom_filters))
```

규모 확장성 블룸 필터 외에 **타이밍**timing **블룸 필터** 방식도 있다. 이 변종은 자료구조에서 원소를 제외할 수 있어서 원소를 추가하기 위한 공간을 확보할 수 있다. 이 필터는 스트림을 다룰 때 특히 유용하다. 예를 들어 원소를 한 시간 후에 만료시키게 설정해두면 한 시간 안에 들어올 수 있는 최대 데이터양을 처리하기에 충분한 용량만 확보하면 된다. 블룸 필터를 이런 방식으로 사용하면 최근 한 시간 동안 어떤 일이 벌어졌는지를 살펴볼 수 있는 좋은 뷰view를 얻을 수 있다.

이 자료구조를 사용하면서 **set** 객체와 비슷하다는 생각이 들 것이다. 다음 코드는 규모 확장성 블룸 필터를 사용해 여러 객체를 추가하고 각각을 이전에 본 적이 있는지 검사한 다음, 실험적으로 거짓 양성 비율을 계산한다.

```
>>> bloom = BloomFilter(100)

>>> for i in range(50):
....:        bloom.add(str(i))
....:

>>> "20" in bloom
True

>>> "25" in bloom
True
```

```
>>> "51" in bloom
False

>>> num_false_positives = 0

>>> num_true_negatives = 0

>>> # 다음 수 중 어떤 것도 블룸 필터에 들어있으면 안 된다.
>>> # 필터에 들어있는 것을 하나 발견했다면, 그 응답은 거짓 양성이다.
>>> for i in range(51,10000):
....:       if str(i) in bloom:
....:           num_false_positives += 1
....:       else:
....:           num_true_negatives += 1
....:

>>> num_false_positives
54

>>> num_true_negatives
9895

>>> false_positive_rate = num_false_positives / float(10000 - 51)

>>> false_positive_rate
0.005427681173987335

>>> bloom.error
0.005
```

여러 원소의 집합을 하나로 합치기 위해 블룸 필터의 합집합을 구할 수도 있다.

```
>>> bloom_a = BloomFilter(200)

>>> bloom_b = BloomFilter(200)

>>> for i in range(50):
...:     bloom_a.add(str(i))
...:

>>> for i in range(25,75):
...:     bloom_b.add(str(i))
```

```
        ...:

>>> bloom = BloomFilter.union(bloom_a, bloom_b)

>>> "51" in bloom_a    ❶
Out[9]: False

>>> "24" in bloom_b    ❷
Out[10]: False

>>> "55" in bloom     ❸
Out[11]: True

>>> "25" in bloom
Out[12]: True
```

---

❶ 51이라는 값은 bloom_a 안에 없다.

❷ 이와 비슷하게, 24라는 값도 bloom_b 안에 없다.

❸ 하지만 bloom 객체는 bloom_a와 bloom_b의 모든 객체를 포함한다.

한 가지 주의할 점은 합집합을 만들려면 두 블룸 필터의 용량과 오류율이 같아야 한다는 것이다. 또한 합집합으로 만들어진 블룸 필터가 실제 사용하는 용량은 앞의 두 블룸 필터가 사용한 용량의 합만큼 커질 수 있다. 즉, 용량의 절반을 넘긴 두 블룸 필터의 합집합으로 만든 새 블룸 필터는 용량 초과로 더는 신뢰할 수 없다는 뜻이다!

> **NOTE_** 쿠쿠 필터Cuckoo filter(https://oreil.ly/oD6UM)는 블룸 필터와 비슷한 자료구조로, 블룸 필터와 비슷한 기능을 제공하면서 객체를 더 쉽게 삭제할 수 있게 해준다. 또한 쿠쿠 필터는 보통 부가비용이 더 적기 때문에 블룸 필터보다 공간을 더 적게 사용한다. 추적할 객체 수가 고정됐다면 쿠쿠 필터가 더 나은 선택이다. 하지만 부하 한계에 도달하면 성능이 급격히 나빠지고, 자료구조의 규모를 자동으로 확장할 방법이 없다(이는 규모 가변성 블룸 필터와 쿠쿠 필터가 다른 점이다).
>
> 메모리를 효율적으로 사용하면서 집합 내포 관계를 빠르게 판별하는 작업은 데이터베이스 연구에서 활발히 다루는 분야다. 쿠쿠 필터, 블루미어 필터Bloomier filter(https://arxiv.org/abs/0807.0928), Xor 필터(https://arxiv.org/abs/1912.08258) 등이 계속 나온다. 하지만 아직은 대부분의 애플리케이션에서 잘 알려지고 지원이 잘 되는 블룸 필터를 계속 사용하는 편이 더 낫다.

11.9.4 로그로그 카운터

로그로그LogLog 유형의 카운터(http://bit.ly/LL-type_counters)는 해시 함수의 개별 Bit를 난수처럼 생각할 수 있다는 깨달음에서 비롯되었다. 즉 해시의 첫 번째 Bit가 1일 확률은 50%이고, 처음 두 Bit가 01일 확률은 25%이며, 처음 세 Bit가 001일 확률은 12.5%이다. 이런 확률을 알고 0이 가장 많은 해시(즉, 발생할 확률이 가장 낮은 해시값)를 시작 부분에 위치시킨다면 지금까지 얼마나 많은 원소를 살펴봤는지 추정할 수 있다.

이 방법은 동전 던지기에 비유하면 쉽게 이해가 된다. 동전을 32번 던지면서 계속 앞면만 얻고 싶다고 하자. 우리가 32Bit 해시 함수를 사용하므로 32라는 수를 선택했다. 만약 동전을 한 번 뒤집어서 뒷면이 나왔다면, 지금까지 연속으로 앞면이 나온 횟수가 0번이니 0이라는 수를 저장할 것이다. 우리는 동전 던지기의 확률을 이미 알기에 앞면이 연속으로 가장 길게 나왔던 횟수가 0이라는 사실에서 이 실험을 $2^0 = 1$회 실행했다고 추측할 수 있다. 동전을 계속 던지다 보면 뒷면이 나오기 전에 연속으로 앞면이 10번 나타나는 상황이 나와서 10이라는 수를 저장할 것이다. 앞에서와 마찬가지의 논리를 사용하면 우리가 이 실험을 $2^{10} = 1024$회 실행했다고 결론 내릴 수 있다. 이 방식을 사용하면 동전을 던질 수 있는 최대 횟수까지 수를 셀 수 있다 (동전을 32번 던진다면 $2^{32} = 4,294,967,296$회다).

이 논리를 로그로그 유형의 카운터에 심어 넣기 위해, 각 해시값의 이진 표현을 입력으로 하고 최초의 1이 나타나기까지 얼마나 많은 0이 있는지 살펴본다. 해시값을 32번의 동전 던지기로 생각할 수 있다. 여기서 0은 앞면, 1은 뒷면이다(즉 000010101101은 뒷면이 처음 나오기 전에 앞면이 연속으로 4번 나왔다는 뜻이고, 010101101은 앞면이 한 번 나온 뒤에 뒷면이 나왔다는 뜻이다). 이 결과는 이 해시값이 나오기까지 몇 번이나 시도했는지 감을 잡도록 해준다. 이 시스템의 기반 수학은 모리스 카운터와 거의 같지만, '난수' 값을 난수 발생기 대신 실제 입력을 관찰해서 획득한다는 큰 차이가 있다. 이는 로그로그 카운터에 같은 값을 반복해서 넣어도 내부 상태가 바뀌지 않는다는 뜻이다. [예제 11-32]는 간단한 로그로그 카운터 구현을 보여준다.

예제 11-32 간단히 구현한 로그로그 레지스터

```
import mmh3

def trailing_zeros(number):
    """
```

오른쪽 끝부터 시작해서 32Bit 정수에서 가장 처음 1로 설정된 Bit의 색인을 반환한다.

```
>>> trailing_zeros(0)
32
>>> trailing_zeros(0b1000)
3
>>> trailing_zeros(0b10000000)
7
"""
    if not number:
        return 32
    index = 0
    while (number >> index) & 1 == 0:
        index += 1
    return index

class LogLogRegister:
    counter = 0
    def add(self, item):
        item_hash = mmh3.hash(str(item))
        return self._add(item_hash)

    def _add(self, item_hash):
        bit_index = trailing_zeros(item_hash)
        if bit_index > self.counter:
            self.counter = bit_index

    def __len__(self):
        return 2**self.counter
```

이 방식의 가장 큰 단점은 시작하자마자 카운터를 증가시키는 해시값을 입력으로 받으면 추정이 치우쳐버린다는 데 있다. 이는 첫 시도 만에 뒷면이 32번 나오는 상황과 비슷하다. 이를 해결하려면 여러 '동전 던지기 선수'가 동전을 동시에 던지게 해서 그 결과를 합쳐야 한다. 큰 수의 법칙law of large numbers은 더 많은 선수가 동전을 던질수록 어느 한 선수에서 비롯한 특잇값이 전체 통계에 영향을 덜 준다는 사실을 알려준다. 결과를 조합하는 구체적인 방법에 따라 로그로그 유형 방식 간의 근본적인 차이가 발생한다(클래식 로그로그, 슈퍼로그로그, 하이퍼로그로그, 하이퍼로그로그++ 등).

해시값의 앞부분 몇 개를 특정 선수에 할당하는 방식으로 '여러 명의 동전 던지기 선수'를 구현할 수 있다. 해시의 첫 4Bit를 사용한다면 2^4 = 16명의 선수가 있다는 뜻이다. 4Bit를 선수를 정하는 데 사용했으니, 값에는 나머지 28Bit만 사용할 수 있다(한 선수당 동전을 28회 던지는 것과 같다). 따라서 각 카운터는 최대 2^28 = 268,435,456까지만 횟수를 셀 수 있다. 또한, 선수가 몇 명이냐에 따라 추정을 정규화해주는 상수(알파)가 존재한다.[9] 이들을 한 데 합치면 정확도가 $1.05 / \sqrt{m}$인 알고리즘이 된다. 여기서 m은 사용할 레지스터(또는 동전 던지기 선수)의 개수다. [예제 11-33]은 로그로그 알고리즘의 간단한 구현이다.

예제 11-33 간단한 로그로그 구현

```python
import mmh3

from llregister import LogLogRegister

class LL:
    def __init__(self, p):
        self.p = p
        self.num_registers = 2 ** p
        self.registers = [LogLogRegister() for i in range(int(2 ** p))]
        self.alpha = 0.7213 / (1.0 + 1.079 / self.num_registers)

    def add(self, item):
        item_hash = mmh3.hash(str(item))
        register_index = item_hash & (self.num_registers - 1)
        register_hash = item_hash >> self.p
        self.registers[register_index]._add(register_hash)

    def __len__(self):
        register_sum = sum(h.counter for h in self.registers)
        length = (self.num_registers * self.alpha *
                2 ** (register_sum / self.num_registers))
        return int(length)
```

해시값을 바탕으로 비슷한 원소를 중복시키지 않을 뿐 아니라, 이 알고리즘에는 저장 장치와 정확도 사이의 절충 정도를 조절하는 매개변수가 있다.

__len__ 메서드는 모든 개별 로그로그 레지스터에서 추정한 값을 평균한다. 하지만 그 방식

---

9 기본 로그로그와 슈퍼로그로그 알고리즘에 관한 전체 설명은 http://bit.ly/algorithm_desc에 있다.

이 데이터를 조합하는 가장 효율적인 방법은 아니다! 때로 운 나쁜 해시값이 걸리면 어떤 레지스터는 큰 값을 내지만 다른 레지스터들은 낮은 값에 머물기 때문이다. 이로 인해서 사용한 레지스터의 개수가 m이라 할 때, $O\left(\frac{1.30}{\sqrt{m}}\right)$이라는 오류율밖에 달성할 수가 없다.

슈퍼로그로그[10]는 이런 문제를 수정하려고 만들어졌다. 이 알고리즘을 사용하면 레지스터 중 가장 낮은 70%만을 크기 추정에 사용하며, 각각의 값은 주어진 제약 규칙에 따른 최댓값으로 제한된다. 이런 변경을 추가하면 오류율을 $O\left(\frac{1.05}{\sqrt{m}}\right)$으로 떨어뜨릴 수 있다. 직관에 반하지만, 정보 중 일부를 무시함으로써 더 나은 추정을 얻었다!

마지막으로 2007년에 나온 하이퍼로그로그[11]는 개별 레지스터의 평균을 계산하는 방법을 변경하여 정확도를 높였다. 단순 평균을 구하는 대신, 통계적으로 로그로그 방식이 고려해야 하는 여러 가지 극단적인 경우를 고려한 구형 평균 방식spherical averaging scheme을 사용했다. 이를 통해 현재 가장 나은 오류율인 $O\left(\frac{1.04}{\sqrt{m}}\right)$을 달성했다. 또한, 이렇게 수정하면 슈퍼로그로그에서 필요했던 정렬 연산을 없앨 수 있다. 이렇게 하면 많은 원소를 추가해야 할 때 자료구조의 성능을 엄청나게 높일 수 있다. [예제 11-34]는 하이퍼로그로그를 간단하게 구현한 모습이다.

예제 11-34 하이퍼로그로그의 간단한 구현

```python
import math

from ll import LL

class HyperLogLog(LL):
    def __len__(self):
        indicator = sum(2 ** -m.counter for m in self.registers)
        E = self.alpha * (self.num_registers ** 2) / indicator

        if E <= 5.0 / 2.0 * self.num_registers:
            V = sum(1 for m in self.registers if m.counter == 0)
            if V != 0:
                Estar = (self.num_registers *
                        math.log(self.num_registers / (1.0 * V), 2))

        else:
```

10 Durand, M., Flajolet, P. "LogLog Counting of Large Cardinalities." Proceedings of ESA 2003, 2832 (2003): 605–617. https://doi.org/10.1007/978-3-540-39658-1_55

11 Flajolet, P., Fusy, É., Gandouet, O., 외. "HyperLogLog: the analysis of a near-optimal cardinality estimation algorithm." Proceedings of the 2007 International Conference on Analysis of Algorithms, (2007): 127–146.

```
                Estar = E
        else:
            if E <= 2 ** 32 / 30.0:
                Estar = E
            else:
                Estar = -2 ** 32 * math.log(1 - E / 2 ** 32, 2)
        return int(Estar)

if __name__ == "__main__":
    import mmh3

    hll = HyperLogLog(8)
    for i in range(100000):
        hll.add(mmh3.hash(str(i)))
    print(len(hll))
```

이보다 정확도를 더 높인 알고리즘은 하이퍼로그로그++뿐이다. 이 알고리즘은 상대적으로 많이 빈 자료구조의 정확도를 높인다. 여기에 원소를 일정 수준 이상으로 추가하면 표준 하이퍼로그로그로 바뀐다. 로그로그 유형의 카운터는 원소가 많아야 정확도가 높아지므로, 이 특성은 실제로 상당히 유용하다. 즉 원소가 적을 때의 정확도를 높여주어 활용 영역을 넓혀줄 것이다. 처음에는 작지만 더 정확한 하이퍼로그로그로 시작했다가 나중에 원래 요청한 더 큰 구조로 변환하는 방식으로 추가 정확도를 얻는다. 또한, 경험적으로 만들어낸 상수 몇 개를 크기 추정 시 함께 사용해서 쏠림 현상을 막는다.

11.9.5 실전 예제

지금까지 본 여러 자료구조를 더 잘 이해하기 위해, 먼저 유일한 키를 많이 포함한 데이터셋과 중복된 원소가 많은 데이터셋을 하나씩 만들 것이다. [그림 11-9]와 [그림 11-10]은 지금까지 본 자료구조에 이런 키를 넣으면서 주기적으로 "내부에 유일한 원소가 몇 개 있는가?"라는 질의를 던진 결과를 보여준다. 상태 변수를 더 많이 저장하는 자료구조(하이퍼로그로그나 KMinValues 등)일수록 더 좋다는 사실을 알 수 있다. 더 나쁜 통계도 더 튼튼하게 처리하기 때문이다. 반면, 모리스 카운터와 단일 로그로그 레지스터는 불운한 난수나 해시값이 단 한 번만 발생해도 오류율이 많이 증가한다. 하지만 대부분의 알고리즘에서 상태 변수의 개수가 보장 오류율에 직접적인 영향을 주므로, 이런 현상은 당연하다고 할 수 있다.

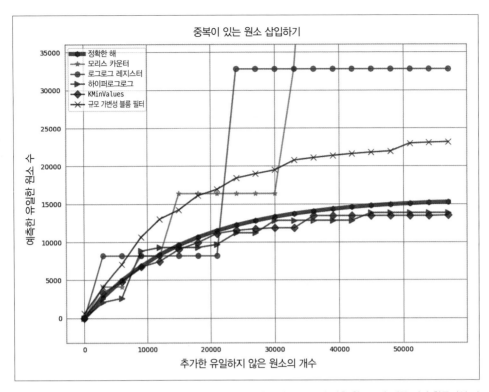

그림 11-9 반복되는 데이터에 대한 여러 통계적 자료구조의 성능 비교. 중복이 많은 원소 6만 개를 여러 확률적인 자료구조에 집어넣어서 그래프를 그렸다. 여기 그려진 데이터는 이 과정에서 각 구조가 유일한 원소 개수를 어떻게 예측하느냐를 보여준다.

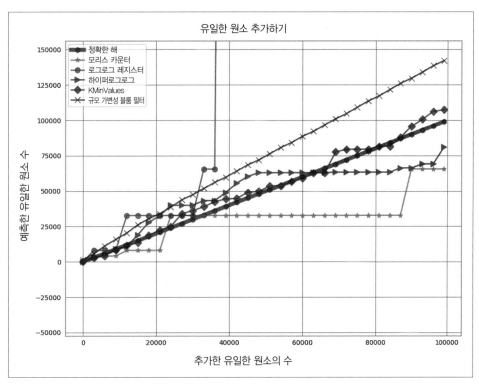

유일한 원소 추가하기

그림 11-10 유일한 데이터에 대한 각 확률적 자료구조의 결과 비교. 1부터 10만까지 정수를 여러 확률적인 자료구조에 집어넣어서 그래프를 그렸다. 여기 그려진 데이터는 이 과정에서 각 구조가 유일한 원소 개수를 어떻게 예측하느냐를 보여준다.

최고의 성능을 보이는(그리고 실제로 여러분이 사용할) 확률적 자료구조만 골라 그 용도와 대략적인 메모리 사용량을 [표 11-2]에 정리해보았다. 어떤 질문을 던지느냐에 따라 메모리 사용량이 크게 변한다는 사실을 알 수 있다. 이는 확률적인 자료구조를 사용하려면 처리할 데이터셋에서 어떤 질문의 답을 얻고 싶은지를 가장 먼저 고민해봐야 한다는 사실을 명확히 보여준다. 또한, 블룸 필터의 크기만 원소의 개수에 영향을 받는다는 사실을 기억하라. 하이퍼로그로그나 KMinValues의 크기는 **오직** 오류율에만 영향을 받는다.

표 11-2 주요 확률적 자료구조와 각 구조에서 사용할 수 있는 집합 연산 비교

	크기	합집합[12]	교집합	포함 여부 검사	크기[13]
하이퍼로그로그	예 $(O\left(\frac{1.04}{\sqrt{m}}\right))$	예	아니오[14]	아니오	2.704MB
KMinValues	예 $(O\left(\sqrt{\frac{2}{\pi(m-2)}}\right))$	예	예	아니오	20.372MB
블룸 필터	예 $(O\left(\frac{0.78}{\sqrt{m}}\right))$	예	아니오[15]	예	197.8MB

위키백과의 텍스트에서 만들어낸 데이터셋으로 더 현실적인 테스트를 해보았다. 간단한 스크립트를 실행하여 모든 글에서 다섯 글자 이상으로 이뤄진 모든 단일 단어 토큰을 추출했다. 우리의 질문은 "데이터셋 안에 유일한 토큰은 몇 개인가?"였다. 결과는 [표 11-3]과 같다.

표 11-3 위키피디아의 유일한 단어 개수를 추정한 결과

	원소 수	상대적 오류율	처리 시간[16]	자료구조 크기[17]
모리스 카운터[18]	1,073,741,824	6.52%	751초	5Bit
로그로그 레지스터	1,048,576	78.84%	1,690초	5Bit
로그로그	4,522,232	8.76%	2,112초	5Bit
하이퍼로그로그	4,983,171	−0.54%	2,907초	40KB
KMinValues	4,912,818	0.88%	3,503초	256KB
규모 가변성 블룸 필터	4,949,358	0.14%	10,392초	11,509KB
실젯값	4,956,262	0.00%		49,558KB[19]

이 실험의 요점은 코드를 최적화하면 속도와 메모리 사용량 면에서 놀라운 이익을 얻을 수 있다는 것이다. 이는 이 책 전반에 걸쳐 항상 사실이었다. 6.4.2 '선택적인 최적화: 고칠 부분 찾기'에서 코드를 최적화했을 때도 속도가 비슷하게 빨라졌다.

확률적 자료구조는 코드를 알고리즘적으로 특화하는 방법이다. 주어진 오류 한도 내에서 특정

---

12 오류율을 늘리지 않으면서 합집합 연산을 수행한다.

13 오류율 0.05%, 1억 개의 유일한 원소, 64Bit 해시 함수를 사용하는 자료구조의 크기다.

14 가능은 하지만, 정확도에서 상당한 불이익을 감수해야 한다.

15 가능은 하지만, 정확도에서 상당한 불이익을 감수해야 한다.

16 데이터셋을 디스크에서 읽어오는 시간을 제거하기 위해 처리 시간을 조정했고, 앞에서 설명한 간단한 구현들을 사용했다.

17 구현을 최적화하지 않았기 때문에 주어진 데이터의 크기에서 계산한 이론적인 크기다.

18 모리스 카운터는 중복된 입력을 하나로 처리하지 못하기 때문에 크기와 상대 오류율을 전체 값의 개수에 대한 비율로 계산했다.

19 데이터셋은 유일한 토큰만을 고려하면 49,558 KB, 모든 토큰의 전체 크기는 8.742 GB 임

질문의 답을 찾는 데 필요한 데이터만을 저장한다. 이처럼 주어진 정보의 일부만 처리하면 메모리를 더 적게 사용할 뿐 아니라, 해당 자료구조상에서 대부분의 연산을 더 빠르게 실행할 수 있다.

결과적으로 확률적 자료구조를 사용하든 하지 않든 간에, 항상 데이터에 던지고자 하는 질문을 염두에 두고, 그 구체적인 질문에 답하기 위해 데이터를 가장 효율적으로 저장할 방법을 고민해야만 한다. 그 결과 특정 형태의 리스트를 다른 것보다 더 자주 사용하고, 한 종류의 데이터베이스 인덱스를 다른 것보다 더 많이 사용하게 될 수도 있다. 혹은, 관련 데이터만 남기고 나머지를 모두 버리는 확률적 자료구조를 사용하게 될 수도 있다!

## CHAPTER 12

현장에서 얻은 교훈

이 장에서 배울 내용

- 성공적인 스타트업에서 대량의 데이터와 머신러닝을 다루는 방법

- 시스템을 안정적으로 유지해주는 모니터링과 배포 기술들

- 성공적인 CTO가 자신의 기술과 팀에서 배운 교훈

- PyPy의 배포 범위

이 장에서는 대량의 데이터를 다루며 속도가 결정적인 상황에서 파이썬을 사용 중인 여러 성공적인 기업의 사례를 소개한다. 해당 기업에서 다년간 근무한 핵심 인물들이 사례를 작성했다. 이들은 자신의 기술적인 선택뿐만 아니라 그 과정에서 어렵게 얻은 지혜도 공유해주었다. 초판과 같은 제목을 유지하면서, 우리 분야의 전문가들이 들려준 새로운 이야기를 네 가지 추가했다. 초판에 포함된 이야기에는 '(2014)'를 덧붙였다.

12.1 특성 엔진으로 피처 엔지니어링 파이프라인 흐름 만들기

솔다드 갈리Soledad Galli (`trainindata.com`)

> 솔다드 갈리는 트레인 인 데이터Train in Data 설립자이자 수석 데이터 과학자이다. 그녀는 재무와
> 보험 분야의 경력이 있고 2018년 데이터 리더십 상을 받았으며, 2019년 링크드인에서 데이터
> 과학과 분석 분야의 '탑 보이스Top Voices'로 뽑혔다. 솔다드는 지식을 공유하고 다른 사람들이 데
> 이터 과학에서 성공하도록 돕는 데 열정적이다.

트레인 인 데이터는 숙련된 데이터 과학자와 AI 소프트웨어 엔지니어들이 이끄는 교육 프로
젝트다. 우리는 프로 개발자가 코딩과 데이터 과학기술을 향상시키고 머신러닝의 모범 사례
를 도입하도록 돕는다. 우리는 머신러닝 해법의 적용에 도움이 되는 고급 온라인 강좌를 만들
었다. 이는 머신러닝과 AI 소프트웨어 엔지니어링, **피처 엔진**Feature-engine (`https://feature-engine.readthedocs.io/`)과 같은 오픈 소스 라이브러리 강좌다.

12.1.1 머신러닝을 위한 피처 엔지니어링

머신러닝 모델은 다양한 입력 변수를 받아서 예측을 출력한다. 예를 들어 재무나 보험에서는
채무 상환의 우도likelihood, 대출 신청 내용이 허위일 확률, 사고 후 자동차의 수리 혹은 교체 여
부 등을 예측하는 모델을 만든다. 우리가 수집해서 저장하거나 서드 파티 API에서 얻은 데이터
는 보통 머신러닝 모델을 학습시키거나 예측을 반환하기에 적합하지 않다. 그래서 머신러닝 알
고리즘에 집어넣기 전에 변수를 엄청나게 변환해야 한다. 이런 변수 변환의 모음을 **피처 엔지니
어링**feature engineering이라고 부른다.

피처 엔지니어링에는 빠진 데이터를 산입impute하고, 범주형 변수를 인코딩하고, 수치형 변수를
변환 또는 이산화하고, 특성들을 똑같은 스케일scale로 만들고, 여러 특성을 조합한 새로운 변수
를 만들고, 날짜에서 정보를 추출하고, 트랜잭션 데이터를 하나로 합치고, 시계열time series이나
텍스트, 이미지에서 특성을 파생시키는 등의 작업이 포함된다. 따라서 피처 엔지니어가 조직에
서 머신러닝을 만들고 소비할 때는, 머신러닝 모델만이 아니라 머신러닝 파이프라인 전체에 관
해 이야기하는 것이다. 이런 파이프라인 중 상당 부분은 피처 엔지니어링과 데이터 변환으로
이뤄진다.

12.1.2 피처 엔지니어링 파이프라인 배포 작업의 어려움

많은 피처 엔지니어링 변환은 데이터에서 매개변수를 학습한다. 나는 하드코딩한 매개변수가 있는 설정 파일을 사용하는 조직을 봤다. 이런 파일은 융통성이 떨어지고 유지보수가 어렵다(모델을 재교육할 때마다 설정 파일에 새 매개변수를 넣어야 한다). 고성능 피처 엔지니어링 파이프라인을 만들려면 매개변수를 자동으로 학습하고 저장할 수 있는 알고리즘을 개발하는 것이 좋다. 이를 한 객체로 저장하고 불러들이게 하면 이상적이다.

트레인 인 데이터에서는 연구 환경에서 머신러닝 파이프라인을 개발하고 프로덕션 환경에 배포한다. 이런 파이프라인은 복제할 수 있어야 한다. 재현가능성은 기존 머신러닝 모델과 똑같은 모델을 만들어 내는 능력이다. 이렇게 복제한 두 모델은 같은 데이터가 주어졌을 때 같은 출력을 반환해야 한다. 연구와 프로덕션 환경에서 같은 코드를 활용하면 재작성할 코드의 양을 최소화하고 재현가능성을 높여서 머신러닝 파이프라인을 원활하게 배포할 수 있다.

피처 엔지니어링 변환을 테스트해야 한다. 각 피처 엔지니어링 과정의 단위 테스트는 알고리즘이 원하는 출력을 내놓는지 검증한다. 프로덕션에서 광범위하게 코드를 리팩토링해서 단위 테스트와 통합 테스트를 추가하려면 시간이 아주 많이 걸리고, 코드에 버그를 만들어낼 가능성도 있고, 연구 단계의 테스트 부족으로 생긴 버그를 뒤늦게 발견할 수도 있다. 프로덕션에서 코드 리팩토링을 최소화하려면 연구 단계에서 엔지니어링 알고리즘을 개발할 때 단위 테스트를 도입하는 편이 더 낫다.

여러 프로젝트에서 같은 피처 엔지니어링 변환을 사용한다. 같은 기법을 다른 코드로 구현하는 일을 막고(이런 일은 데이터 과학자가 많은 팀에서 자주 일어난다), 팀 성능을 높이며, 모델 개발 속도를 높이고, 모델이 동작하도록 만드는 일을 더 편하게 하려면 이미 만들어서 테스트한 코드를 재사용해야 한다. 가장 좋은 방법은 인하우스 패키지를 만드는 것이다. 패키지를 만들려면 테스트 및 문서 작성이 필요하므로 시간이 걸릴 수 있다. 하지만 장기적으로는 패키지화하는 편이 더 효율적이다. 패키지를 만들면 이미 개발해서 테스트를 마친 코드와 기능을 재사용하면서 코드를 개선하고 새로운 기능을 점진적으로 추가할 수 있기 때문이다. 패키지 개발은 버전 관리를 통해 추적할 수 있고, 오픈 소스로 커뮤니티에 공유해서 개발자와 조직의 명성을 높일 수도 있다.

12.1.3 오픈 소스 파이썬 라이브러리의 능력 활용하기

확실히 자리를 잡은 오픈 소스 프로젝트나 철저히 개발한 인하우스 라이브러리를 사용해야 한다. 이런 라이브러리는 다음과 같은 이유로 더 효율적이다.

- 잘 개발한 프로젝트는 보통 문서화도 철저하게 한다. 따라서 코드의 각 부분이 달성하려는 목표가 무엇인지 명확하다.

- 안정된 오픈 소스 패키지에서는 버그가 생기지 않도록 막고, 변환이 원하는 결과를 달성하는지 확인하며, 재현가능성을 최대화하는 테스트가 이뤄진다.

- 안정된 프로젝트는 커뮤니티에서 널리 사용하며 입증되었으니 코드 품질 측면에서 심리적인 안정을 얻을 수 있다.

- 연구와 프로덕션 환경에서 같은 패키지를 사용할 수 있어서 배포 중에 코드를 리팩토링하는 일을 최소화할 수 있다.

- 패키지는 버전이 명확하므로 머신러닝 파이프라인을 개발할 때 사용한 버전을 프로덕션에 배포하여 재현가능성을 보장하면서 새 버전에 기능을 추가할 수 있다.

- 오픈 소스 패키지는 공유할 수 있으니 여러 조직이 서로 협력해 도구를 개발하기 편하다.

- 오픈 소스 패키지는 숙련된 개발자들이 관리하지만, 커뮤니티를 통해서 패키지와 코드의 품질을 높여주는 새로운 아이디어나 기능을 추가할 수 있다.

- 안정된 오픈 소스 라이브러리를 사용하면 직접 코딩하지 않아도 된다. 따라서 팀 성능, 재현가능성, 협업의 정도가 높아지는 동시에 모델 연구와 배포에 걸리는 시간을 줄일 수 있다.

사이킷런(https://oreil.ly/j-4ob), 카테고리 인코더(https://oreil.ly/DtSL7), 피처툴즈Featuretools(https://oreil.ly/DOB7V) 등의 오픈 소스 파이선 라이브러리는 피처 엔지니어링 기능을 제공한다. 나는 오픈 소스 파이썬 패키지인 피처 엔진(https://oreil.ly/CZrSB)을 만들었다. 이는 기존 기능을 확장하고 머신러닝 파이프라인 생성과 배포를 원활하게 해준다. 또한 피처 엔지니어링 과정에 필요한 도구를 대부분 제공하고, 별개의 여러 특성 공간에 다양한 변환을 구현하도록 지원한다.

12.1.4 피처 엔지니어링 파이프라인의 개발과 배포를 원활하게 하는 피처 엔진

피처 엔지니어링 알고리즘은 데이터에서 매개변수를 자동으로 학습하고 연구나 프로덕션 환경에서 사용하기 쉬운 데이터 형식을 반환한다. 그리고 여러 프로젝트에 도입하기 쉽도록 다양한 기본 변환 알고리즘을 포함한다. 피처 엔진은 이런 요구사항을 모두 충족하도록 설계했다. 피처 엔진 변환자(즉 피처 엔지니어링 변환을 구현하는 클래스)는 데이터에서 매개변수를 학습하고 저장한다. 또한 연구 단계에서 데이터 분석과 시각화에 적합한 팬더스 `DataFrame`을 반환한다. 피처 엔진은 배포를 쉽게 할 수 있도록 한 객체 안에 한쪽 끝에서 다른 쪽 끝에 이르는 전체 엔지니어링 파이프라인을 만들고 저장하도록 지원한다. 그리고 다른 프로젝트에 쉽게 적용할 수 있도록 다양한 특성 변환을 포함한다.

피처 엔진은 빠진 데이터를 산입하고, 범주형 변수를 인코딩하고, 수치형 변수를 변환하거나 이산화하고, 이상값^outlier을 제거하거나 가리는 등 여러 기능을 제공한다. 각 변환자는 자신이 변경해야 하는 변수 그룹을 학습하거나 지정받을 수 있다. 따라서 변환자가 전체 데이터프레임을 받을 수 있지만 그중에 선택된 변수 그룹만 변경하므로, 별도로 다른 변환자를 사용하거나 데이터프레임을 나눈 뒤 결과를 합치려고 수동으로 작업할 필요가 없다.

피처 엔진 변환자는 사이킷런의 `fit/transform` 메서드를 사용하며 더 많은 엔지니어링 테크닉을 포함하도록 이런 메서드를 확장한다. `fit/transform` 기능은 피처 엔진 변환자를 사이킷런 파이프라인 안에서 사용할 수 있게 해준다. 따라서 피처 엔진을 사용하면 전체 머신러닝 파이프라인을 한 객체 안에 넣어 이를 디스크에 저장하거나 불러올 수 있고 메모리에 넣어 실시간으로 점수를 볼 수도 있다.

12.1.5 새 오픈 소스 패키지 적용 돕기

아무리 좋은 오픈 소스 패키지라 해도 아무도 그 존재를 모르거나 커뮤니티에서 사용법을 쉽게 이해하지 못하면 성공할 수가 없다. 성공적인 오픈 소스 패키지를 만들려면 성능이 좋으면서 테스트가 잘 되어있고, 제대로 문서를 제공하며, 유용한 코드를 작성하고, 커뮤니티가 이 패키지의 존재를 알게 하며, 사용자들이 패키지를 도입하도록 장려하고, 개발자 커뮤니티를 끌어들이는 등의 과정이 필요하다. 사용자는 새로운 기능을 제안할 수 있고, 개발자 커뮤니티는 더 많은 기능을 추가하며, 문서를 개선하고, 코드 품질을 높이면서 성능을 끌어올릴 수 있다. 즉 패키지 개발자가 코드를 개발하는 시간과 공유 전략을 설계하고 실행하는 시간을 배분해야 한다는 뜻이다. 여기서는 나와 다른 패키지 개발자들에게 유용했던 전략을 소개한다.

안정된 오픈 소스 기능을 활용해서 커뮤니티에 새 패키지의 적용을 촉진할 수 있다. 사이킷런은 파이선 머신러닝에서 기준이 되는 라이브러리다. 따라서 사이킷런 fit/transform 기능을 새로운 패키지에 적용하면 커뮤니티가 이 패키지를 쉽고 빠르게 적용할 수 있다. 사용자가 이미 fit/transform 구현에 익숙하니 패키지를 배우는 학습곡선이 짧아진다. fit/transform을 활용하는 패키지로는 케라스Keras(`https://keras.io/`), (아마도 가장 유명한) 카테고리 인코더, 피처 엔진이 있다.

사용자는 패키지를 어떻게 사용하고 공유하는지 알고 싶어 한다. 따라서 코드 리포지터리에 이런 조건을 선언한 라이선스를 넣어라. 사용자는 코드 기능 예제와 설명도 원한다. 코드의 독스트링에 기능과 사용 예제를 넣는 작업은 좋은 출발점이지만 이로는 충분하지 않다. 유명한 패키지들은 코드 기능, 사용 예제, 반환하는 출력, 설치 지침, 패키지를 얻을 수 있는 채널(PyPI, conda 등), 시작하는 방법, 변경 로그changelog 등이 포함된 추가 문서(이런 문서를 ReStructuredText(`https://docutils.sourceforge.io/rst.html`)를 사용해 생성할 수도 있다)를 제공한다. 좋은 문서는 사용자가 소스 코드를 읽지 않고도 라이브러리를 사용할 수 있도록 해야 한다. 머신러닝 시각화 라이브러리인 엘로브릭Yellowbrick(`https://oreil.ly/j96lT`)의 문서가 좋은 예다. 피처 엔진에도 이런 방식을 도입했다.

어떻게 하면 패키지를 더 많은 사람에게 노출할 수 있을까? 어떻게 잠재적 사용자를 만날 수 있을까? 온라인 과정을 가르치면 사람들을 만날 수 있다. 특히 유명한 온라인 학습 플랫폼에서 가르치면 더 도움이 된다. 또한 리드 더 독스Read the Docs(`https://readthedocs.org/`)에 문서를 출간하고, 유튜브 튜토리얼을 만들고, 밋업이나 미팅에서 패키지를 소개하면 패키지를 더 많이 노출할 수 있다. 스택 오버플로, 스택 익스체인지, 큐오라처럼 유명한 사용자 네트워크에서 관련 질문에 답하면서 패키지 기능을 제시해도 좋다. 피처툴즈와 엘로브릭 개발자는 이런 네트워크를 활용했다. 패키지 전용 스택 오버플로 이슈 리스트를 만들고 사용자의 질문을 받으며 패키지를 활발하게 유지보수한다는 사실을 알려라.

12.1.6 오픈 소스 라이브러리의 개발과 유지 그리고 기여 장려하기

패키지가 성공적이고 의미 있으려면 활발한 개발자 커뮤니티가 필요하다. 개발자 커뮤니티는 전체 기능과 문서, 개발 방향을 살펴보는 개발자나 메인터이너 한 명이나 (이상적으로는) 한 그룹으로 이뤄진다. 활발한 커뮤니티는 임의의 기여자를 허용하고 환영한다.

패키지를 개발할 때는 코드 유지보수성을 고려해야 한다. 코드가 단순하고 짧을수록 유지보수하기도 쉽고 기여자나 메인테이너를 유치하기도 쉽다. 피처 엔진은 사이킷런 기반의 변환을 활용해서 개발과 유지보수를 단순화한다. 사이킷런은 개발자가 새 변환자를 만들 수 있는 다양한 기반 클래스와 함께 API를 제공한다. 게다가 사이킷런 API는 패키지 사이의 호환성과 변환자가 예상하는 결과를 반환하는지 확인하는 다양한 테스트를 제공한다. 이런 기능을 활용하면 피처 엔진 개발자와 메인테이너는 피처 엔지니어링 기능에만 초점을 맞출 수 있고, 기반 코드 유지보수는 더 큰 사이킷런 커뮤니티가 담당한다. 물론 이런 방식에도 트레이드오프가 있다. 사이킷런이 기반 기능을 바꾸면 피처 엔진 라이브러리도 최신 사이킷런과 호환하도록 변경해야만 한다. 사이킷런을 사용하는 다른 오픈 소스 패키지로는 옐로브릭과 카테고리 인코더가 있다.

개발자의 협업을 장려하기 위해 NumFOCUS(`https://numfocus.org/`)는 행동 수칙을 만들고 포용과 다양성을 장려하기를 권장한다. 프로젝트를 공개해야 하는데, 이는 새로운 기여자가 프로젝트 개발에 참여할 때 지킬 지침과 함께 코드를 공개적으로 호스팅해야 하며 토론 포럼은 메일링 리스트나 슬랙 채널 등을 통해 대중의 참여를 보장해야 한다는 뜻이다. 일부 오픈 소스 파이썬 라이브러리가 자신만의 행동 수칙을 제공하지만, 옐로브릭이나 피처 엔진은 파이썬 커뮤니티 행동 수칙(`https://oreil.ly/8k4Tc`)을 따른다. 피처 엔진을 포함하는 대부분의 오픈 소스 프로젝트는 깃허브에 공개 호스팅된다. 기여 지침은 새로운 기여자가 도움을 줄 수 있는 방법을 알려준다. 예를 들어 버그를 수정하거나, 새로운 기능을 추가하거나, 문서를 개선해서 프로젝트에 이바지할 수 있다. 또한 기여 지침은 새로운 개발자에게 기여 사이클^{contributing cycle}, 리포지터리를 포크하는 방법, 기여 브랜치에서 작업하는 방법, 코드 리뷰 사이클의 운영 방법, 풀 요청^{pull request}을 보내는 방법도 알려준다.

협업을 하면 코드 품질과 기능을 개선하고, 새 기능을 추가하며, 문서를 개선함으로써 라이브러리의 품질과 성능을 높일 수 있다. 문서의 오타를 신고하거나 예상하는 결과를 내놓지 않는 코드를 보고하거나 새 기능을 요청하는 등 간단한 기여도 있다. 오픈 소스 라이브러리에서 협업을 하는 작업자는 더 유명해지는 동시에 새로운 엔지니어링 및 코딩 기법을 접하며 기술을 향상시킬 수 있다.

최고 수준의 개발자만이 오픈 소스 프로젝트에 기여할 수 있다고 생각하는 개발자나 데이터 과학자가 많다. 나도 마찬가지여서 기여하거나 새 기능을 요청하기를 주저했다. 심지어 오픈 소스를 사용하면서 어떤 기능이 빠졌는지 명확히 알았는데도 말이다. 하지만 최고의 개발자만 기여할 수 있다는 생각은 사실이 아니다. 어떤 사용자든 라이브러리에 기여할 수 있고, 패키지 메인테이너는 기여자를 좋아한다.

간단한 기여도 피처 엔진에 도움이 되었다. `.gitignore`에 한 줄을 추가하거나, 문서의 오타를 링크트인 메시지로 신고하거나, 직접 오타를 고쳐서 PR을 보내거나, 사이킷런의 새 버전이 발생시킨 경고 메시지를 강조해 알려주거나, 새 기능을 요구하거나, 단위 테스트를 추가하는 등의 기여를 예로 들 수 있다.

기여하고 싶지만 경험이 없다면 패키지 리포지터리의 이슈 목록을 살펴보라. 이슈는 우선순위에 따라 코드 변경 내용을 나열한다. 이슈에는 '코드 개선', '새 기능', '버그 수정', '문서' 등의 레이블이 붙어있다. 처음에는 '처음 시도해보기 좋음', '새로운 기여자에게 적합함' 같은 태그가 붙어있는 이슈를 찾아봐도 좋다. 이런 이슈는 일반적으로 코드를 적게 변경해도 되고, 이를 통해 기여 사이클에 익숙해질 수 있다. 그 후 더 복잡한 코드 변경에 도전해보자. 쉬운 이슈만 해결하더라도 소프트웨어 개발, 깃, 코드 리뷰 사이클에 관해 많이 배울 수 있다.

피처 엔진은 현재 평이한 코드 구현으로 이뤄진 작은 패키지다. 피처 엔진은 내부를 살펴보기 쉽고 의존관계도 거의 없으므로 오픈 소스에 기여할 출발점으로 적합하다. 오픈 소스에 기여하려는 독자가 있다면 주저하지 말고 나에게 연락하라. 행운을 빈다!

12.2 고성과 데이터 사이언스 팀

린다 우루추투Linda Uruchurtu (Fiit)

린다 우루추투는 Fiit에서 일하는 선임 데이터 과학자이자 소프트웨어 엔지니어다. 2013년부터는 중소규모 스타트업이 데이터를 사용해 제품을 만들도록 도왔다. 그녀는 운송, 소매, 건강, 의료 등 다양한 산업계의 분석, 통계, 머신러닝, 제품 개발 경험이 있다.

린다는 캠브리지 대학에서 이론물리학 박사학위를 취득했다. 그녀는 PyData 런던의 강사이자 리뷰어이며, 2017년부터 PyData 런던의 리뷰 위원회 의장이다.

데이터 과학팀은 다른 기술팀과 다르다. 어디서 어떤 문제를 다루느냐에 따라 일의 범위가 상당히 다르기 때문이다. 하지만 팀이 '왜'와 '어떻게'라는 질문에 답해야 하든, 잘 작동하는 ML 서비스를 제공하기만 하면 되든 간에, 결과를 성공적으로 내놓으려면 이해 관계자들을 행복하게 해줘야 한다.

이렇게 하기가 어려울 수 있다. 대부분의 데이터 과학 프로젝트는 어느 정도 불확실성이 있으며 관계자들의 유형이 다르기에 '행복'이 여러 가지를 의미할 수 있다. 어떤 관계자는 최종 결과에만 관심이 있는 반면 다른 관계자는 부수적인 효과나 공통 인터페이스에 더 관심이 많을 수도 있다. 일부는 기술적인 배경이 없어서 프로젝트의 구체적인 내용을 다 이해하지 못할 수도 있다. 여기서는 내가 프로젝트를 진행하고 결과물을 산출하는 방법을 달라지게 한 교훈을 몇 가지 공유한다.

12.2.1 작업 일정 잡기

아마 "얼마나 오래 걸릴까?"가 데이터 과학 팀장이 가장 자주 듣는 질문일 것이다. 다음과 같은 상황을 머릿속에 그려보자. 경영진은 프로젝트 매니저(PM)이나 산출물에 책임이 있는 관계자에게 어떤 문제를 해결하라고 요청한다. PM은 팀에 가서 이 정보를 전달하고 팀원들에게 해법을 계획하라고 한다. PM이나 다른 관계자가 이런 질문을 한다. "얼마나 걸릴까요?"

우선, 팀은 해법의 범위를 더 잘 정의하기 위해 다음과 같은 질문을 던져야 한다.

- 이것이 왜 문제인가?
- 이 문제를 해결하면 어떤 효과가 있는가?
- (이 문제가) 해결됐다는 말이 어떤 뜻인가?
- 앞에서 말한 정의를 만족하는 최소한의 해법은 무엇인가?
- 해법을 더 빨리 검증할 방법이 있는가?

이 목록에 "얼마나 오래 걸리는가?"라는 질문은 없다는 사실에 주목하라.

이 전략은 2단계이다. 첫 단계에서는 일정 시간 동안 이런 질문을 던지면서 하나 이상의 해법을 제안하라. 이 해법에 동의하면, 이와 관련한 작업 계획이 끝나면 일정을 제공할 수 있다는 사실을 PM이 이해 관계자에게 설명해야 한다.

12.2.2 해법 발견과 계획

팀은 정해진 시간 안에 해법을 찾아야 한다. 다음으로는 어떤 일을 해야 할까? 팀은 가설을 만들어내고 탐사 작업이나 빠른 프로토타이핑을 실행하면서 계속 잠재적인 해법을 찾아내 유지하거나 기각해야 한다.

선택한 해법에 따라서는 다른 팀이 관계자가 될 수도 있다. 개발팀도 관리하는 API에 요구사항이 있거나, 서비스의 소비자가 될 수 있다. 제품, 운영, 고객 서비스 등의 팀은 시각화와 보고서를 사용할 것이다. PM 팀은 이런 팀들과 함께 자기 팀의 아이디어를 논의해야 한다.

일반적으로 이런 과정이 먼저 이뤄져야 팀에서 각 선택지에 얼마나 많은 불확실성과 위험이 있는지 파악하기 쉽다. PM은 이제 어떤 선택지를 가장 선호하는지 평가할 수 있다.

선택지를 고르고 나면 PM이 산출물과 마일스톤의 일정을 정할 수 있다. 여기서 유용한 질문은 다음과 같다.

- 산출물을 충분히 검토하고 테스트할 수 있는가?
- 작업이 다른 팀의 작업에 의존한다면, 지연이 생기지 않도록 작업 일정을 잡을 수 있는가?
- 팀이 중간 마일스톤에서 가치를 제공할 수 있는가?
- 불확실성이 상당히 큰 부분에서 위험을 줄일 방법이 있는가?

계획에서 파생된 작업별 업무량을 조절하고 기간을 정하면 예상 시간을 제공할 수 있다. 추가 시간을 허용하는 것도 좋은 생각이다. 어떤 사람들은 작업에 필요하다고 생각하는 시간보다 두세 배를 할당하기도 한다.

데이터 수집이나 데이터셋 구축, 테스트, 검증 등을 포함한 일부 작업을 과소평가하거나 단순화하는 일이 많다. 모델을 만드는 데 필요한 좋은 데이터를 얻는 일이 처음 생각보다 더 복잡하고 비용이 많이 들 수 있다. 한 가지 방법은 프로토타이핑을 작은 데이터셋으로 시작하고 개념증명proof of concept이 끝날 때까지 추가 수집을 미루는 것이다. 여기서도 결과의 정확성과 재현가능성을 보장하는 테스트가 토대가 돼야 한다. 입력을 예상할 수 있는가? 처리 파이프라인에서 오류가 끼어드는가? 출력이 올바른가? 언제나 단위 테스트와 통합 테스트를 해야 한다. 마지막으로, 실세계에서의 검증이 특히 중요하다. 모든 작업에서 현실적인 추정을 고려하라.

이런 식으로 접근하면 팀이 '시간'에 관한 질문에 답할 수 있을 뿐 아니라, 어떤 일이 어떻게 진행되는지 누구나 이해할 수 있는 마일스톤이 있는 계획을 세울 수 있다.

12.2.3 예상과 산출물 관리하기

산출물이 나오는 데 걸리는 시간에 영향을 끼치는 문제가 많다. 다음과 같은 요소에 주의를 기울여 팀 프로젝트에서 예상되는 다양한 문제를 관리하라.

조금씩 늘어나는 범위

작업 범위가 미묘하게 달라지면서 초기 계획보다 더 많은 작업이 필요해지는 현상이다. 짝코딩이나 검토가 이런 현상을 감소시킬 수 있다.

비기술적 작업 과소평가

토론, 사용자 리서치, 문서화 등의 작업을 잘 모르면 쉽게 과소평가할 수 있다.

가용성

팀 멤버의 일정 변경이나 참여가 불가능해지는 등의 일로 지연이 생길 수 있다.

데이터 품질 문제

작업 데이터셋이 좋은지 확인하는 것부터 편향을 찾아내는 일에 이르기까지, 데이터 품질은 복잡한 문제를 일으키거나 종종 작업 결과를 버리게 할 수도 있다.

대안

예상치 못한 문제가 발생하면 대안을 찾아보는 편이 합리적일 수 있다. 하지만 매몰 비용^{sunk cost} 때문에 팀이 이런 결정을 내리기를 주저할 수도 있고, 이로 인해 작업이 지연되어 팀이 자신이 하는 일에 관해 잘 모른다는 인상을 줄 수 있는 위험이 있다.

테스트 부족

데이터 입력이 갑자기 바뀌거나 데이터 파이프라인에 버그가 있으면 기존 가정을 무효화할 수 있다. 처음부터 프로젝트 전반에 걸쳐 테스트하면 팀의 속도가 높아지고 결국에는 테스트로 인한 이익을 돌려받을 수 있다.

테스트나 검증의 어려움

가설을 테스트하고 검증하는 데 시간이 부족하다면 일정이 지연될 수 있다. 가정이 바뀌면 테스트 계획도 바꿔야 할 수 있다.

매주 문제를 찾아내고 작업을 추가하거나 제거해야 할지 논의하는 개선 계획 세션을 만들어라.

개선 계획 세션은 PM이 최종 관계자들에게 업데이트하기에 충분한 정보를 제공한다. 우선순위 변경도 같은 속도로 일어나야 한다. 어떤 작업을 예상보다 빨리 끝낼 가능성이 있다면 이를 앞으로 당겨야 한다.

중간 산출물, 특히 프로젝트 범위를 벗어나는 가치를 제공하는 중간 산출물은 작업을 계속해서 정당화해준다. 이런 산출물이 있으면 팀이 집중할 수 있고 사기 진작에도 도움이 되며, 관계자들에게도 프로젝트가 진행되는 중이라는 느낌을 줄 수 있다. 전략을 계속해서 다시 세우고 반복해서 검토하며 조정하는 과정은 팀이 방향을 명확히 인지하면서 자유롭게 일할 수 있게 해준다. 또한 이해 관계자들이 프로젝트를 계속 지원할 수 있도록 충분한 정보와 가치를 제공할 수 있다.

새로운 프로젝트에 도전하는 동안 높은 성과를 유지하고 싶다면, 여러분의 데이터 과학팀의 주 초점을 가벼운 최소 기능 제품minimum viable product(MVP) 해법(스크립트나 파이썬 노트북을 생각하라)을 제공해서 데이터의 불확실성과 비즈니스 필요의 불확실성에서 비롯한 위험을 줄이는 데 맞춰야 한다. 개발 중에 발견한 내용이나 비즈니스 요구의 변경 때문에 맨 처음 만든 MVP는 처음 생각했던 개념과 다르거나 더 가벼울 수 있다. 검증이 이뤄진 다음에만 프로덕션 준비 버전을 진행해야 한다.

발견과 계획 과정은 아주 중요하니 반복이라는 관점에서 생각하라. 발견 단계는 항상 진행돼야 하며, 외부 이벤트가 항상 계획에 영향을 미칠 수 있다는 사실을 염두에 둬라.

12.3 Numba

발렌틴 해넬(http://haenel.co)

발렌틴 해넬은 오랫동안 '데이터를 위한 파이썬Python for Data' 사용자이자 개발자였다. 그는 2008년 유로사이파이EuroSciPy 컨퍼런스에서 처음 들었던 트래비스 올리판트Travis Oliphant의 넘파이에 관한 기조연설을 여전히 기억한다. 그때부터 그는 활성화된 뉴런을 간단히 모델링하고 (계산 신경과학 석사 논문을 쓰는 동안) 인지와 관련된 실험의 데이터를 평가하는 데 파이썬을 사용해 왔다. 그 이후로 그는 80개 이상의 오픈 소스 프로젝트에 공헌했다. 발렌틴은 현재 Numba 프로젝트의 오픈 소스 개발자로 아나콘다에서 일한다.

발렌틴 해닐은 이 글에 생산적인 논의와 조언과 피드백을 제공해준 3명의 Numba 핵심 개발자(스튜어트 마키발드Stuart Archibald, 시우 관 람Siu Kwan Lam, 스탄 시버트Stan Seibert)에게 감사를 표한다.

Numba는 수치 계산에 초점을 맞춘 파이썬을 위한 오픈 소스 JIT 함수 컴파일러다. 2012년 컨티넘 애널리틱스(현재는 아나콘다)에서 처음 만들었으며, 그 후 깃허브에서 수많은 기여자가 있는 성숙한 오픈 소스 프로젝트로 성장했다. Numba의 주된 용례는 수치 및 과학 계산 파이썬 코드의 가속화다. 주 진입 점은 `@jit` 데커레이터로, 이를 컴파일이 필요한 구체적인 함수(이상적으로는 애플리케이션의 병목 지점인 함수)에 적용하면 된다. Numba는 이런 함수를 JIT 컴파일한다. 이는 함수를 최초 실행 시 컴파일한다는 뜻이다. 그 이후로 타입이 같은 인자를 전달해 함수를 실행하면 컴파일된 버전을 사용해 원래 버전보다 빠르게 작동한다.

Numba는 파이썬만 컴파일하지 않고 넘파이를 인식해서 넘파이를 사용하는 코드도 컴파일한다. 내부에서 Numba는 LLVM 프로젝트(`https://llvm.org/`)에 의존한다. 이는 잘 알려진 프로젝트로, 재사용할 수 있고 모듈화된 컴파일러와 툴체인 기술의 모음이다. 마지막으로 Numba는 완전한 파이썬 컴파일러는 아니다. Numba는 파이썬과 넘파이의 일부분만 컴파일할 수 있다. 하지만 Numba가 컴파일할 수 있는 범위는 다양한 애플리케이션에서 유용하게 사용할 수 있을 만큼 충분히 크다. 더 많은 정보를 원하면 Numba 문서(`https://numba.pydata.org/`)를 찾아보라.

12.3.1 간단한 예제

간단한 예제로 Numba를 사용해 주어진 수(N)까지의 모든 소수를 찾아내는 고대 그리스 알고리즘에 대한 파이썬 구현을 가속해보자. 이 알고리즘 이름은 에라토스테네스의 체sieve of Eratosthenes다. 알고리즘은 다음과 같은 방식으로 작동한다.

- 우선 길이가 N인 불리언 배열을 true 값으로 초기화한다.
- 최초의 소수인 2부터 시작한다. N 이하인 2의 배수(2는 제외)를 모두 지운다. 즉 불리언 리스트에서 해당 정수 위치의 값을 false로 바꾼다.
- 리스트에서 방금 처리한 소수(2)보다 더 큰 값 중에 지워지지 않은 최초의 값(여기서는 3)으로 진행해서 이 값의 배수(이 값 자체는 제외)를 모두 지운다.

- 리스트에서 지워지지 않은 최초의 값을 찾아서 배수를 지우는 작업을 N에 도달할 때까지 진행한다.

- N에 도달했을 때 지워지지 않은 모든 수가 N보다 작은 소수의 집합이다.

합리적으로 효율적인 파이썬 구현은 다음과 비슷하다.

```python
import numpy as np
from numba import jit

@jit(nopython=True)  # jit 데커레이터만 추가하면 된다
def primes(N=100000):
    numbers = np.ones(N, dtype=np.uint8)  # 불리언 집합을 초기화한다
    for i in range(2, N):
        if numbers[i] == 0:  # 이전에 지워진 수다
            continue
        else:  # 지워지지 않은 수(소수)다. 배수를 모두 지운다
            x = i + i
            while x < N:
                numbers[x] = 0
                x += i
    # 모든 소수를 반환한다. 수에 해당하는 위치의 값이 1인 수가 소수이다
    return np.nonzero(numbers)[0][2:]
```

이 코드를 sieve.py라는 파일에 저장하고 %timeit을 사용해 코드를 마이크로벤치마크할 수 있다.

```
In [1]: from sieve import primes

In [2]: primes()  # run it once to make sure it is compiled
Out[2]: array([    2,     3,     5, ..., 99971, 99989, 99991])

In [3]: %timeit primes.py_func()  # 'py_func'에는
                                  # 원래의 파이썬 구현이 있다
145 ms ± 1.86 ms per loop (mean ± std. dev. of 7 runs, 10 loops each)

In [4]: %timeit primes()  # 이 실행이 Numba로 컴파일한 버전을 벤치마크한다
340 µs ± 3.98 µs per loop (mean ± std. dev. of 7 runs, 1000 loops each)
```

속도가 대략 4백 배 정도 빨라진다. 여러분이 얻는 속도 향상은 다를 수 있다. 어쨌든 여기에는 흥미로운 점이 몇 가지 있다.

- 컴파일은 함수 수준에서 일어난다.
- @jit 데커레이터를 추가만 하면 Numba가 함수를 컴파일하도록 지시할 수 있다. 타입 어노테이션을 변수에 붙이는 등 함수 소스 코드를 바꾸지 않아도 된다.
- Numba는 넘파이를 인지한다. 따라서 이 구현의 모든 넘파이 호출을 지원하며 성공적으로 컴파일할 수 있다.
- 컴파일된 함수의 py_func 속성을 참조하면 원래의 순수 파이썬 함수도 사용할 수 있다.

이 알고리즘에는 교육용으로는 덜 적합하지만 더 빠른 버전도 있다. 구현은 흥미가 있는 독자들에게 남긴다.

12.3.2 모범 사례와 권장 사항

Numba에서 가장 중요한 권장 사항은 가능하면 노파이썬^{nopython} 모드를 사용하라는 점이다. 이 모드를 활성화하려면 앞에서 본 소수 구하기 알고리즘처럼 nopython=True 옵션을 @jit 데커레이터에 지정해야 한다. 또는 @njit 데커레이터 별명을 사용해도 된다. from numba import njit로 임포트해 사용할 수 있다. 노파이썬 모드에서 Numba는 최적화를 최대한 시도하고 성능을 크게 높일 수 있다. 하지만 이 모드는 제한이 아주 많다. 컴파일이 성공하려면 Numba가 여러분이 작성한 함수 내의 모든 변수 타입을 추론할 수 있어야 한다.

@jit(forceobj=True)라고 지정해 객체 모드를 사용할 수도 있다. 이 모드에서 Numba는 코드를 컴파일할 수 있는지를 결정할 때 아주 너그러워지고, 이로 인해 최소한의 최적화만 진행한다. 이는 성능 개선에 나쁜 영향을 끼칠 가능성이 높다. Numba의 잠재력을 완전히 활용하려면 노파이썬 모드를 사용해야만 한다.

객체 모드를 쓸지 말지 결정하지 못했다면 객체 모드 블록을 사용하는 방법도 있다. 코드 중 일부만 객체 모드에서 실행해야 할 때 이런 방법이 유용하다. 오래 실행되는 루프가 있고 프로그램의 현재 진행 상황을 표시하려면 문자열 형식화를 사용해야 한다고 가정하자. 예를 들면 다음과 같다.

```
from numba import njit, objmode

@njit()
def foo():
    for i in range(1000000):
        # 계산을 수행한다
        if i % 100000 == 0:
            with objmode:  # 객체 모드로 들어간다
                           # 객체 모드에서는 'format'을 쓸 수 있다
                print("epoch: {}".format(i))

foo()
```

사용하는 변수 타입에 유의하라. Numba는 다른 데이터 타입에 대한 넘파이 배열과 넘파이 뷰를 잘 처리한다. 따라서 가능하면 넘파이 배열을 우선적인 자료구조로 사용하라. 튜플, 문자열, 이넘, 정수, 실수, 불리언 등의 간단한 스칼라 타입도 어느 정도 잘 지원한다. 상수 전역 변수는 문제없지만, 나머지 데이터는 함수의 인자로 전달해야 한다. 불행히도 파이썬 리스트와 사전은 그리 잘 지원하지 못한다. 이는 주로 이런 타입이 불균일하다는 점 때문이다. 파이썬 리스트나 사전이 서로 다른 타입의 원소를 저장할 수 있는데(예를 들어 한 리스트 내부에 정수와 실수, 문자열 원소가 있을 수 있다), Numba가 컴파일을 하려면 컨테이너의 원소가 모두 같은 타입이어야 해서 문제가 생긴다. 하지만 리스트와 사전은 파이썬 언어에서 많이 사용하는 기능이고 파이썬 프로그래머가 가장 먼저 배우는 내용이기도 하다.

Numba의 타입 컨테이너가 이런 단점을 완화해준다. typed-list와 typed-dict이 타입 컨테이너다. 이들은 파이썬 리스트와 사전 중에 균일한 타입의 버전만을 뜻한다. 즉 타입 컨테이너 안에는 오직 한 가지 타입의 원소만 들어갈 수 있다는 뜻이다. 예를 들어 어떤 typed-list 안에는 정숫값만 들어갈 수 있다. 이런 제약을 제외하면 타입 컨테이너는 파이썬의 리스트나 사전과 비슷하고 API도 굉장히 비슷하다. 또한 타입 컨테이너를 일반 파이썬 코드나 Numba로 컴파일한 함수 안에서 사용할 수 있고, Numba로 컴파일한 함수에 인자로 넘기거나, Numba로 컴파일한 함수에서 반환할 수도 있다. 타입 컨테이너는 numba.typed 하위 모듈에서 사용할 수 있다. 다음은 typed-list의 간단한 예다.

```
from numba import njit
from numba.typed import List

@njit
def foo(x):
    """ x를 복사하고 복사한 결과에 11을 덧붙인다 """
    result = x.copy()
    result.append(11)
    return result

a = List() # 새로운 typed-list 만들기
for i in (2, 3, 5, 7):
    # 내용을 typed-list에 추가한다.
    # typed-list의 타입은 맨 처음 추가된 원소에 따라 추론된다.
    a.append(i)
b = foo(a) # 함수를 호출한다. 11을 추가한다. b에는 11이 포함된다.
```

Numba의 파이썬 지원에는 한계가 있지만, 이런 한계를 다시 생각해보면 Numba에서도 신경 쓰지 않고 안전하게 쓸 수 있는 기능으로 이해할 수도 있다. 두 가지 구체적인 예가 생각난다. 첫 번째는 함수 호출이고 두 번째는 for 루프다. Numba는 하부의 LLVM 라이브러리에서 **인라이닝** 기법을 사용해 함수 호출 부가비용을 최적화한다. 이는 컴파일이 되는 동안 인라이닝할 수 있는 함수 호출을 모두 그 함수가 호출됐을 때 실행될 코드 블록으로 바꾼다는 뜻이다. 그 결과 가독성이 높고 이해하기 좋은 코드를 만들려고 큰 함수를 많은 작은 함수로 바꿔도 성능에 거의 영향이 없다.

파이썬은 for 루프가 느리다는 비난을 많이 받는다. 많은 사람이 (for 루프를 쓰는) 파이썬 프로그램의 성능을 높이려고 시도하기보다는 리스트 내포나 넘파이 배열 같은 다른 구성 요소를 사용하라고 권장한다. Numba는 이런 제한을 받지 않는다. 컴파일한 Numba 함수 안에서 for 루프를 사용해도 아무 문제가 없다. 다음을 보자.

```
from numba import njit

@njit
def numpy_func(a):
    # 넘파이의 sum을 Numba에서 구현한 것을 사용한다.
    # 파이썬에서도 빠르게 작동한다.
    return a.sum()
```

```
njit
def for_loop(a):
    # 배열에 간단한 for 루프를 사용한다.
    acc = 0
    for i in a:
        acc += i
    return acc
```

이제 코드를 벤치마크해보자.

```
In [1]: ... # 앞의 코드를 임포트한다

In [2]: import numpy as np

In [3]: a = np.arange(1000000, dtype=np.int64)

In [4]: numpy_func(a)  # 코드에 문제없는지 체크 및 컴파일
Out[4]: 499999500000

In [5]: for_loop(a)  # 코드에 문제없는지 체크 및 컴파일
Out[5]: 499999500000

In [6]: %timeit numpy_func(a)  # 넘파이 함수를 컴파일한 버전
174 µs ± 3.05 µs per loop (mean ± std. dev. of 7 runs, 10000 loops each)

In [7]: %timeit for_loop(a)     # for 루프를 컴파일한 버전
186 µs ± 7.59 µs per loop (mean ± std. dev. of 7 runs, 1000 loops each)

In [8]: %timeit numpy_func.py_func(a)  # 순수 넘파이 함수
336 µs ± 6.72 µs per loop (mean ± std. dev. of 7 runs, 1000 loops each)

In [9]: %timeit for_loop.py_func(a)     # 순수 파이썬 for 루프
156 ms ± 3.07 ms per loop (mean ± std. dev. of 7 runs, 10 loops each)
```

결과를 보면 Numba를 컴파일한 쪽은 컴파일하지 않은 쪽과 비슷한(그래도 차이가 2배나 난다) 성능 특성을 보이는 반면, 순수 파이썬 for 루프 구현은 컴파일한 쪽보다 훨씬(800배) 더 느리다.

넘파이 배열식을 for 루프로 다시 작성할 생각이라면, 그렇게 하지 말라! 앞의 예제에서 봤듯이, Numba는 넘파이 배열과 관련 함수를 완벽하게 잘 처리한다. 사실 Numba에는 감춰진 비밀 무기가 있다. 바로 **루프 퓨전**^{loop fusion}이라는 최적화다. Numba는 배열식 연산에서 주로 이 기법을 수행한다. 예를 살펴보자.

```
from numba import njit

@njit
def loop_fused(a, b):
    return a * b - 4.1 * a > 2.5 * b

In [1]: ... # 위 코드를 임포트한다

In [2]: import numpy as np

In [3]: a, b = np.arange(1e6), np.arange(1e6)

In [4]: loop_fused(a, b)  # 함수를 컴파일한다
Out[4]: array([False, False, False, ...,  True,  True,  True])


In [5]: %timeit loop_fused(a, b)
643 µs ± 18 µs per loop (mean ± std. dev. of 7 runs, 1000 loops each)

In [6]: %timeit loop_fused.py_func(a, b)
5.2 ms ± 205 µs per loop (mean ± std. dev. of 7 runs, 100 loops each)
```

결과를 보면 Numba로 컴파일한 버전이 순수 넘파이 버전보다 8배 빠르다. 무슨 일이 벌어진 걸까? Numba가 없으면 배열식이 for 루프 여럿으로 바뀌고 메모리에서 임시 배열이 생성된다. 간단히 말해서 배열식의 산술 연산마다 임시 배열에 대해 for 루프를 수행해야 한다. 그리고 각 루프의 결과가 메모리상의 임시 변수에 저장돼야 한다. 루프 퓨전은 여러 루프에 걸쳐 있는 산술 연산을 하나의 루프로 합쳐준다. 따라서 결과를 계산하는 데 필요한 메모리 크기와 총 메모리 검색 횟수 모두 줄어든다. 실제로 루프 퓨전이 일어난 버전은 다음과 비슷한 모습이 된다.

```
import numpy as np
from numba import njit

@njit
def manual_loop_fused(a, b):
    N = len(a)
    result = np.empty(N, dtype=np.bool_)
    for i in range(N):
        a_i, b_i = a[i], b[i]
        result[i] = a_i * b_i - 4.1 * a_i > 2.5 * b_i
    return result
```

이 코드를 실행하면 루프 퓨전 예제와 비슷한 성능 특성을 볼 수 있다.

```
In [1]: %timeit manual_loop_fused(a, b)
636 µs ± 49.1 µs per loop (mean ± std. dev. of 7 runs, 1000 loops each)
```

마지막으로, 처음에는 순차 실행을 목표로 진행하되 병렬 실행을 염두에 두고 코드를 작성하라고 권장한다. 처음부터 오직 병렬 버전만이 목표한 성능 특성을 달성할 수 있다고 가정하지 말라. 대신 깔끔한 순차적 구현을 개발하는 데 먼저 집중하라. 병렬화를 하고 나면 추론하기가 힘들고 문제를 디버깅하기도 어려워진다. 순차 버전을 사용한 결과에 만족하지만 여전히 코드를 병렬화할 방법을 알아보고 싶다면, Numba가 @jit 데커레이터에서 제공하는 parallel=True 옵션을 사용하고 병렬 범위인 prange를 사용해 병렬화한 루프를 쉽게 만들수 있다.

12.3.3 도움 얻기

2020년 초부터 Numba에서는 깃허브 이슈 트래커(https://oreil.ly/hXGfE)와 지터 챗(https://oreil.ly/8YGl1)을 주요 의사소통 채널로 적극적으로 권장해왔다. 실제로 여기서 모든 일이 벌어진다. 메일링 리스트와 트위터 계정도 존재하지만 트래픽이 적고 대부분은 새로운 릴리스 및 다른 중요한 프로젝트 뉴스를 발표할 때 쓰인다.

12.4 최적화 vs. 생각

빈센트 D 워머댐Vincent D. Warmerdam, GoDataDriven의 선임 엔지니어(Http://koaning.io)

이 이야기는 잘못된 문제를 풀던 팀에 관한 이야기이다. 우리는 효과적인지를 따지지 않고 효율성을 최적화했다. 나는 이 이야기가 다른 사람들에게 타산지석이 되길 바란다. 이는 실제로 일어난 일이지만, 등장하는 사람이나 회사 등을 익명으로 유지하려고 세부 사항을 모호하게 이야기하거나 일부 내용을 바꿨다.

나는 일반적인 운송 문제가 있는 고객에게 컨설팅을 제공했다. 고객은 창고에 도착할 수 있는 트럭의 수를 예측하고 싶어 했다. 이에 관한 훌륭한 비즈니스 사례가 있었다. 운송 수단의 개수를 알면 그날 작업 부하를 처리하는 데 얼마나 많은 인력이 필요할지 알 수 있었다.

계획 부서는 이 문제를 (엑셀을 사용해) 해결하려고 수년간 노력했다. 이들은 알고리즘이 상황을 개선하리라는 데 회의적이었다. 우리가 해야 할 일은 머신러닝이 여기서 도움이 될지 알아보는 것이었다.

처음에는 이 문제가 어려운 시계열 문제처럼 보였다.

- 창고가 여러 나라에 있어서 고려해야 할 휴일이 (정말로!) 많았다. 주말에는 창고를 운영하지 않으니 휴일의 영향은 요일에 따라 달라질 수 있었다. 어떤 휴일은 수요가 증가하고 다른 휴일은 창고가 문을 닫는다는 뜻이었다(때로는 3일간의 주말[1]이 발생하기도 했다).
- 계절에 따른 교대 시간 변동은 없었다.
- 공급 업체는 시장에 빠르게 들어왔다 빠져나갔다.
- 시장이 계속 변해서 계절적인 패턴도 계속 바뀌었다.
- 창고가 많았고 각 창고가 별도의 건물이기는 했지만, 서로 다른 창고에 도착하는 트럭의 수 사이에 서로 연관 관계가 있다고 믿을만한 이유가 있었다.

[그림 12-1]의 다이어그램은 장기적인 경향과 계절의 영향을 계산할 수 있는 알고리즘 처리 과정을 보여준다. 계획 부서는 우리에게 휴일이 가장 어려운 부분이라고 경고했다. 관련 특성을 수집하느라 많은 시간을 보낸 후 우리는 주로 휴일을 처리하는 데 초점을 맞춘 시스템을 구축했다.

---

1 역자주_ 금요일이나 월요일이 휴일이면 연속으로 3일간 쉴 수 있는데, 이런 3일간의 휴일을 영어로는 long weekend라고 한다.

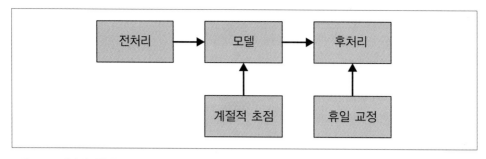

그림 12-1 계절의 영향과 장기적인 경향

따라서 이터레이션을 하면서 더 많은 피처 엔지니어링을 수행하고 알고리즘을 설계했다. 창고별로 시계열 모델을 계산하고 그 결과를 휴일과 요일에 바탕을 둔 휴리스틱 모델로 후처리하는 지점에 도달했다. 주말 직전의 휴일은 주말 직후의 휴일과 다른 교대 시간을 만들어내는 듯했다. 여러분도 예상하다시피 [그림 12-2]처럼 단순히 격자 검색을 적용하면 이 계산에는 비용이 상당히 많이 든다.

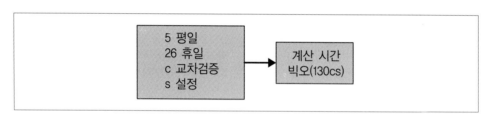

그림 12-2 변화가 많아 계산 시간이 오래 걸린다

과거 측정값의 감소, 계절의 영향, 정규화 매개변수, 여러 창고 간의 상관관계를 처리하는 방법 등 정확히 추정해야만 하는 효과가 많았다.

1개월 먼저 예측해야 한다는 점은 우리에게 도움이 되지 않았다. 다른 어려운 점은 비용 함수였다. 비용 함수가 이산적이었다. 계획 부서는 오류 제곱 평균을 신경 쓰지(또는 인정하지) 않았다. 계획 부서는 예측 오류가 100대를 넘는 날의 수에만 관심이 있었다.

이 모델에서 통계적인 문제뿐 아니라 성능상의 문제도 나타났다는 사실을 여러분도 상상할 수 있을 것이다. 이런 문제를 막으려고 우리는 더 간단한 머신러닝 모델을 사용했다. 이렇게 해서 이터레이션 속도를 높였기에 피처 엔지니어링에 초점을 맞출 수 있었다. 몇 주가 지나자 데모를 할 수 있는 버전이 나왔다. 휴일을 제외하고는 아주 잘 작동하는 모델을 만들었다.

모델은 개념 증명 단계에 들어갔다. 모델이 어느 정도 잘 작동했지만 현재 계획 부서가 사용하는 방법보다 크게 좋지는 않았다. 계획 부서의 결과와 이 모델이 서로 일치하지 않을 때 계획 부서가 대응할 수 있게 해주는 용도로는 쓸모가 있었다. 하지만 모델이 자동으로 계획을 세워도 아무도 편해지지 않았다.

그 후 일이 벌어졌다. 고객과 함께 일하는 마지막 날, 다른 동료에게 업무를 인수하기 직전이었다. 분석가와 커피 코너에 앉아서 다른 프로젝트 이야기를 하던 중에 데이터베이스에서 현재 사용 가능한 테이블을 검토하기 시작했다. 그러다가 분석가가 나에게 '카트' 테이블을 설명했다(그림 12-3).

나: 카트 테이블? 거기에 뭐가 들어있어요?

분석가: 카트 주문이 모두 들어있어요.

나: 공급 업체가 창고에서 카트를 사나요?

분석가: 아니요. 사실 공급 업체는 카트를 빌려요. 보통은 상품을 카트에 담아서 창고로 보내기 3~5일 전에 미리 카트를 빌립니다.

나: 모든 공급자가 이런 식으로 일을 하나요?

분석가: 거의 그렇죠.

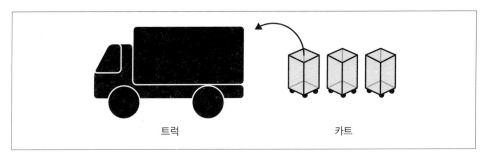

트럭　　　　　카트

그림 12-3 이 문제를 해결하는 데 결정적인 단서가 되는 정보를 포함하는 카트

나는 가장 중요한 성능 문제를 발견했다. 우리는 잘못된 문제를 풀었다. 이 문제는 머신러닝 문제가 아니었다. 그냥 SQL 문제였다. 빌린 카트의 수는 회사가 얼마나 많은 트럭을 보내야 할지를 상당히 잘 보여주는 튼튼한 프록시였다. 단지 며칠 전에 빌려 간 카트 수를 모두 합산하고 트럭 한 대에 실리는 카트 수로 나누면, 며칠 후 벌어질 일에 대한 타당한 추정치를 얻을 수 있었다. 이 문제를 더 일찍 깨달았다면 (전혀 필요 없는) 거대한 격자 검색을 위한 코드를 최적화할 필요가 없었을 것이다.

비즈니스 사례를 현실을 반영하지 못하는 분석 문제로 해석하기 쉽다. 이를 방지하는 작업은 성능을 개선하는 데 상상 이상으로 큰 도움을 줄 것이다.

12.5 어댑티브 랩의 소셜 미디어 분석, 소마(2014)

벤 잭슨Ben Jackson (adaptivelab.com)

어댑티브 랩Adaptive Lab은 고객의 제품 개발과 혁신을 도와주는 기업으로 런던의 테크 시티Tech City에 있다. 우리는 제품 설계 및 배포에 린lean 방식과 사용자 중심적인 방법을 사용하며 스타트업부터 대기업에 이르기까지 다양한 회사와 협력한다.

유고브YouGov는 세계적 시장 조사 기업으로, 전 세계 사람들의 생각과 행동에 대한 통찰과 연속적이고 정확한 데이터 라이브 스트림의 제공을 목표로 한다. 그리고 우리가 그들에게 바로 그런 것을 제공했다. 어댑티브 랩은 소셜 미디어에서 실제로 벌어지는 여러 논의를 모니터링하고 (설정 가능한) 다양한 주제에서 사용자가 느끼는 감정에 관한 통찰을 얻는 방법을 설계했다. 우리는 확장성 있는 실시간 시스템을 파이썬으로 구축했다. 이 서비스는 대용량 스트리밍 정보를 획득해서 처리한 후, 무한정 저장하며 필터링할 수 있는 강력한 인터페이스를 통해 다양한 정보를 제공한다.

12.5.1 어댑티브 랩에서의 파이썬

파이썬은 우리의 핵심 기술이다. 우리는 성능이 중요한 애플리케이션에 파이썬을 사용한다. 또한 파이썬 개발 역량을 갖춘 고객과 일할 때면 우리도 항상 파이썬으로 작업해서 이를 고객이 사내에서 수행할 수 있도록 한다.

파이썬은 작고 독립적이며 오래 실행해야 하는 데몬에 이상적이다. 그리고 장고django와 피라미드pyramid처럼 유연하고 풍부한 기능을 제공하는 웹 프레임워크와 함께 사용하면 더 좋다. 파이썬 커뮤니티는 번성하고 있으며 오픈 소스 도구도 아주 다양하다. 따라서 우리 개발자들은 새롭고 혁신적인 요소를 만들고 사용자의 문제를 해결하는 일에만 초점을 맞출 수 있다.

어댑티브 랩은 파이썬으로 만들었지만 언어에 구애받지 않도록 구축한 여러 도구를 모든 프로젝트에 재사용한다. 예를 들어 서버 프로비저닝provisioning(요청에 따라 서버를 설정하고 제공함)에는 솔트스택SaltStack을 사용하고, 장시간 실행되는 프로세스를 관리하기 위해 모질라Mozilla의 서커스를 사용한다. 우리에게 익숙한 언어로 작성된 오픈 소스 도구를 사용하면 문제가 발생했을 때 직접 해결할 수 있고 그 해법으로 커뮤니티에 이바지할 수 있다는 장점이 있다.

12.5.2 소마의 설계

소셜 미디어 분석Social Media Analytics, SoMA(소마) 도구는 매 순간 생성되는 대량의 소셜 미디어 데이터를 감당할 수 있어야 하고, 많은 정보를 실시간으로 읽고 쓸 수 있어야 한다. 다양한 데이터 저장소와 검색 엔진을 검토한 다음, 우리는 일래스틱서치Elasticsearch를 실시간 문서 저장소로 선택했다. 이름에서 알 수 있듯이 일래스틱서치는 규모 가변성이 높으면서도 사용하기 쉽고 검색뿐 아니라 통계적인 응답 등 다양한 기능을 제공하여 우리의 목적에 딱 들어맞는다. 일래스틱서치 자체는 자바로 만들어졌지만 (잘 설계된 최신 시스템들이 그렇듯이) 좋은 API를 제공하고 파이썬 라이브러리와 튜토리얼도 훌륭하다.

우리가 설계한 시스템은 레디스의 셀러리를 큐로 사용해서 처리나 인덱싱과 무관하게 많은 양의 데이터 스트림을 원하는 개수의 다른 서버에 빠르게 전달한다. 복잡한 전체 시스템의 각 구성 요소는 작고 단순하며 단독으로도 작동할 수 있도록 설계했다. 각 구성 요소는 감정 파악용 대화 분석이나 일래스틱서치에 인덱싱하기 위해 문서를 준비하는 등의 한 가지 작업에 집중한다. 이 중 몇 가지는 모질라의 서커스를 사용해 데몬으로 작동하도록 설정했다. 서커스는 그 모든 프로세스를 시작하고 운용하면서 개별 서버에서 규모를 확장하거나 축소한다.

솔트스택은 복잡한 클러스터를 정의하고 제공하며, 모든 라이브러리와 언어, 데이터베이스, 문서 저장소의 설정을 처리한다. 또한 명령줄에서 임의의 작업을 실행해주는 파이썬 도구인 패브릭을 사용한다. 서버를 코드로 정의하면 프로덕션 환경에 완전히 들어맞고 설정의 버전을 제어할 수 있으며, 모든 것을 한 곳에 저장할 수 있는 등의 여러 이점이 있다. 또한 서버 정의 자체가 클러스터가 요구하는 설정이나 의존관계의 문서 역할도 한다.

12.5.3 개발 방법론

우리는 프로젝트에 새로 참여한 사람이 코드를 빠르게 추가하고 자신 있게 배포할 수 있게 하는 것을 목표로 한다. 베이그런트^{Vagrant}를 사용해 복잡한 시스템을 프로덕션 환경과 완전히 동등한 가상 머신에서 지역적으로 빌드할 수 있게 한다. 새로 온 사람은 `vagrant up`을 실행하기만 해도 작업에 필요한 의존관계를 모두 설정할 수 있다.

애자일 방식으로 함께 계획을 세우고 구조적인 결정을 논의하며 작업 추정치에 대한 합의를 끌어낸다. 소마에는 스프린트^{sprint}마다 '기술적 부채'를 고치는 작업을 몇 개씩 추가하기로 했다. 또한 시스템을 문서화하는 작업도 포함시켰다(프로젝트가 계속 커지면서 결국 관련 지식을 보관하는 용도로 위키를 구축했다). 팀원들은 작업마다 다른 팀원의 코드를 검토해서 온전성을 검증^{sanity check}하고 피드백을 제공하며 시스템에 추가될 새로운 코드를 이해했다.

테스트 스위트를 잘 만들어두면 변경한 코드가 시스템의 기존 기능을 망가뜨리지 않을 것이라 확신하는 데 도움이 된다. 수많은 요소로 이뤄진 소마와 같은 시스템에서는 통합 테스트가 필수다. 스테이징^{staging} 환경이 있으면 새로운 코드의 성능을 테스트해볼 수 있다. 특히 소마에서는 프로덕션 수준의 큰 데이터셋으로 테스트를 할 때만 문제가 발생하는지 알아내고 이를 해결할 수 있다. 따라서 그런 대량의 데이터를 별도의 환경에서 재현해야 할 때가 많았다. 아마존 EC2는 이를 수행할 수 있는 유연성을 제공한다.

12.5.4 소마 유지보수

소마 시스템은 중단 없이 실행되며 처리하는 데이터양도 매일 늘어난다. 데이터 스트림의 최고점을 감당하고, 네트워크 문제나 소마가 의존하는 다른 서드파티 서비스에서 일어나는 다양한 문제를 처리해야만 한다. 이런 일을 쉽게 하기 위해 소마는 가능하면 스스로 문제를 고칠 수 있도록 설계됐다. 서커스를 사용한 덕분에, 문제가 생겨 중단된 프로세스는 다시 살아나서 자신을 중단시켰던 그 작업을 계속 수행할 수 있다. 작업은 프로세스가 자신을 처리할 때까지 큐에 머물며 시스템이 복구되는 동안 작업이 쌓일 수 있도록 충분한 대기 공간을 제공한다.

우리는 서버 덴서티^{Server Density}(`https://www.serverdensity.com/`)를 통해 많은 소마 서버를 모니터링한다. 서버 덴서티는 간단하게 설정할 수 있지만 상당히 강력하다. 문제가 발생할 가능성이 있으면 미리 지정한 엔지니어의 전화로 메시지를 전달해서 그 가능성이 실제 문제로

악화되지 않게 적시에 처리할 수 있다. 서버 데스티니를 사용하면 파이썬으로 전용 플러그인을 쉽게 작성할 수 있다. 예를 들면 일래스틱서치의 동작 중 어떤 측면이 발생하면 바로 경고를 보내도록 설정할 수 있다.

12.5.5 동료 엔지니어를 위한 충고

무엇보다도 여러분과 여러분의 팀은 실제 환경에 배포할 코드가 완벽하게 작동하리라 확신하며 안정감을 느낄 수 있어야 한다. 이런 경지에 도달하려면 거꾸로 일해야만 한다. 즉 안정감이 들 때까지 시스템의 모든 구성 요소에 시간을 들여야 한다. 배포를 단순하고 쉽게 만들라. 스테이징 환경을 사용해 실제 데이터로 성능을 테스트하라. 커버리지가 높은 견고하고 훌륭한 테스트 스위트를 꼭 만들라. 새로운 코드를 기존 시스템에 결합하는 프로세스를 구현하라. 기술적 부채를 나중에 갚으려 하지 말고 빠르게 처리하라. 기술적인 인프라를 더 강화하고 프로세스를 개선할수록 여러분의 팀이 더 행복해지고 올바른 해법을 도출할 가능성도 커진다.

견고한 코드 기반과 생태계가 아직 준비되지 않았는데도 사업부에서 코드를 빨리 적용하라고 압력을 넣는다면, 결국 문제가 있는 소프트웨어를 만들어낼 뿐이다. 코드를 점진적으로 개선하고 외부에 서비스를 제공하는 데 필요한 테스트와 운영을 위한 시간을 확보하라. 그런 압력을 밀어내고 시간을 버는 것은 여러분의 몫이다.

12.6 RadimRehurek.com의 딥러닝 플라이 만들기(2014)

라딤 레후렉(radimrehurek.com)

이안이 파이썬과 최적화에 관한 '현장에서 얻는 교훈'을 써달라고 부탁하자마자 생각했다. "구글의 C 코드보다 더 빠른 파이썬 코드를 작성하는 방법을 이야기해주자!" 이는 구글이 딥러닝을 널리 선전하는 데 활용한 머신러닝 알고리즘에 관한 이야기이다. 구글은 대강 만든 파이썬 구현보다 12,000배 더 빠른 머신러닝 알고리즘을 만들었다. 물론 누구나 나쁜 코드를 작성한 다음 훨씬 빠르게 개선했다고 자랑할 수 있다. 하지만 내가 작성한 최적화된 파이썬 코드는 놀랍게도 구글의 C 코드보다도 거의 4배나 더 빠르게 실행됐다! 내부를 들여다볼 수 없는, 엄격하게 프로파일해서 최적화한 C 프로그램보다 4배나 빨랐다는 이야기이다.

하지만 '기계 수준'의 최적화 교훈을 이야기하기 전에 '인간 수준'의 최적화에 관한 몇 가지 일반적인 조언부터 시작할 것이다.

12.6.1 스위트 스팟

나는 머신러닝에 초점을 맞춘 작은 컨설팅 사업을 운영한다. 나와 동료들은 기업이 매출을 창출하거나 비용을 절감(또는 두 가지 다)할 수 있도록 광대한 데이터 분석의 세계를 이해하도록 돕는다. 우리는 고객이 데이터(특히 텍스트 데이터) 처리를 효과적으로 할 수 있는 시스템을 설계하고 구축하도록 돕는다.

고객은 거대한 다국적 기업부터 초기 스타트업까지 다양하다. 각각의 프로젝트가 다르며, 새로운 시스템을 고객의 기존 데이터 흐름과 파이프라인에 연결하는 데 각기 다른 기술 스택이 필요하다. 그래서 우리는 파이썬을 더 선호한다. 이미 아는 사람도 많지만, 쓸모없는 코드가 없도록 한다는 파이썬의 개발 철학과 유연성, 그리고 풍부한 라이브러리 생태계 덕분에 파이썬이 가장 이상적인 선택이다.

먼저, 몇 가지 유용한 '현장에서 얻은 교훈'을 적어본다.

소통, 소통, 소통하라

당연한 말이지만, 누차 강조할 만한 가치가 있다. 접근 방법을 결정하기 전에 고객의 문제를 (사업적으로) 더 높은 수준에서 이해하라. 고객이 무엇이 필요하다고 생각하는지를 선입견 없이 들어라(고객이 문제를 해결해보려고 검색 엔진에서 무엇을 검색했는지와 고객이 가능하다고 생각하는 일을 기반으로 대화를 시작하라). 실제로 고객에게 필요한 것을 명확히 알 수 있을 때까지 들어야 한다. 해결책을 검증할 방법을 미리 합의하라. 나는 이 과정을 구불구불한 긴 길을 닦아가는 과정으로 시각화하고는 한다. 출발점을 정확히 정하고(문제 정의, 사용 가능한 데이터의 출처), 최종 지점을 바르게 설정하면(평가 방법, 해법의 우선순위) 중간의 경로는 절로 들어맞기 마련이다.

유망한 기술에 주목하라

이해하기 쉽고 튼튼한 신생 기술이 있다고 하자. 이 기술이 추진력을 얻기 시작했을 뿐 아직 업계에서 유명하지 않다면 고객(또는 여러분)에게 큰 가치를 제공할 수 있다. 예를 들어 일래스틱서치는 몇 년 전까지만 해도 잘 알려지지 않은 새로운 오픈 소스 프로젝트였다. 하지만 나는 그 접근 방식이 견고하다고 판단해서(아파치 루씬^{Lucene} 위에 구축됐으며 복제와 클러스터 샤딩 등을 제공한다) 고객에게 사용을 권했다. 우리는 곧 일래스틱서치를 핵심으로 하는 검색 시스템을 만들었다. 그때 고려했던 다른 대안들(대형 상용 데이터베이스)보다 라이선스, 개발, 유지보수에 드는 비용을 상당히 절약할 수 있었다. 더 중요한 이점은 새롭고 유연하며 강력한 기술 덕분에 제품이 경쟁 우위에 설 수 있었다는 점이다. 지금은 일래스틱서치가 기업 시장에 들어왔으므로 더는 경쟁 우위를 가져다주지 못한다. 다시 말해 누구나 그것을 알고 사용한다. 올바른 타이밍, 즉 '스위트 스팟^{sweet spot}[2]'을 잘 선택한다면 가치/비용 비율을 최대화할 수 있다.

단순하게 만들어, 멍청아! (Keep It Simple, Stupid!, KISS)

이 또한 당연한 말이다. 가장 좋은 코드는 유지보수할 필요가 없는 코드다. 간단한 코드로 시작해서 필요할 때마다 개선하라. 나는 "한 가지 일만 하되, 그 일을 잘하라"라는 유닉스 철학을 따르는 도구를 선호한다. 한 지붕 아래 상상할 수 있는 모든 것이 깔끔하게 맞물려 돌아가도록 집어넣은 거대한 프로그래밍 프레임워크가 매력적으로 느껴질 수 있다. 하지만 결국에는 그 거대한 프레임워크조차 상상하지 못했던 무언가가 필요해지고, (개념적으로) 단순해 보이는 변경이 결국 연쇄 과정 속에서 (프로그래밍적인) 악몽으로 끝나는 날이 오기 마련이다. 거대한 프로젝트나 그 프로젝트가 제공하는 모든 것을 포함하는 API는 자신의 무게를 이기지 못하고 무너지기 마련이다. 모듈화되고 특정 기능에 초점이 맞춰져 있으면서, 모듈 간의 API가 가능한 한 작고 복잡하지 않은 도구를 사용하라. 성능 문제로 어쩔 수 없는 경우를 제외하고는, 간단하고 눈으로 관찰할 수 있는 공개된 텍스트 형식을 추구하라.

데이터 파이프라인의 온전성을 수동으로 검사하라

데이터 처리 시스템을 최적화할 때 긴밀하게 연결된 파이프라인을 사용하고 효율적인 이진 데이터 형식을 사용하며 압축된 I/O를 고집하는 '이진법적 사고'에 머무를 수가 있다. (타입을 제외하고는) 시스템에 흐르는 데이터를 볼 수 없고 검증하지도 못하므로 무언가 완전히 잘못될 때까지는 데이터가 보이지 않는 상태로 남는다. 그런 상황에서 디버깅을 시작하게 된다. 나는 몇 가지 간단한 로그 메시지를 여기저기 심어서 데이터가 여러 내부 처리 지점에서 어떤 모양인지 보여주게 만들기를 권장한다. 이는 좋은 실무 습관이다. 멋지지는 않지만, 유닉스의 head 명령과 비슷하게 데이터 지점을 몇 군데 선택해서 시각화할 수 있으면 된다. 이렇게 하면 앞에

---

2 역자주_ 원래는 테니스, 골프, 탁구 등의 운동 용어로, 라켓으로 공을 맞힐 때 최고의 효과를 얻기 위해 여러 가지 요소를 고려한 최적 지점을 의미한다.

서 말한 디버깅 시점에 도움이 된다. 또한 사람이 읽을 수 있는 형태로 데이터를 보다 보면 (심지어 모든 게 아주 잘 돌아갈 때도) "아하!"하는 깨달음의 순간을 자주 경험할 수 있다. 이상한 토큰화다! 입력이 항상 latin1으로 인코딩되어 들어온다고 약속했었는데! 이 언어 관련 문서가 왜 거기 있지? 텍스트 파일을 처리하는 파이프라인으로 이미지 파일이 흘러 들어가 버렸네! 이런 정보가 자동화된 타입 검사나 고정된 단위 테스트가 제공하는 정보보다 더 나은 통찰을 제공해서, 각 구성 요소의 경계를 벗어나는 문제의 힌트를 제공하는 때가 종종 있다. 실제 세계의 데이터는 지저분하다. 꼭 예외나 오류를 일으키지 않더라도, 빨리 지저분한 부분을 잡아내라. 항상 지나치다 싶을 정도로 정보를 많이 제공하는 쪽을 택하라.

유행에 조심히 대응하라

고객이 X에 대해 자주 들었다며 꼭 X가 있어야 한다고 말해도, 실제로 고객에게 X가 필요하다는 의미는 아니다. 이는 기술적인 문제라기보다는 마케팅 측면의 문제일 수 있다. 따라서 두 측면을 주의 깊게 잘 구분해서 적절히 대응해야 한다. X는 유행에 따라 변하기 마련이다. 최근의 X는 빅데이터라 할 수 있다.

사업적인 얘기는 이만하면 충분하다. 이제, 파이썬으로 어떻게 word2vec을 C보다 더 빠르게 만들었는지 이야기할 것이다.

12.6.2 최적화에서 배운 교훈들

word2vec(https://code.google.com/p/word2vec/)은 딥러닝 알고리즘으로, 비슷한 단어나 어구를 감지할 수 있다. 텍스트 분석이나 검색 엔진 최적화search engine optimization(SEO) 분야에서 재미있는 응용을 할 수 있으며, 구글이라는 빛나는 이름이 붙어있어서 여러 스타트업과 기업이 이 새로운 도구를 사용해 이익을 얻으려고 모여들었다.

불행히도 사용할 수 있는 유일한 코드는 구글이 직접 C로 만든 오픈 소스 리눅스 명령줄 도구뿐이었다. 최적화가 잘된 도구지만 사용하기는 쉽지 않았다. 내가 word2vec을 파이썬으로 포팅하려고 결심한 가장 큰 이유는 word2vec을 다른 플랫폼으로 확장해서 고객을 위해 통합하고 확장하기 더 쉽게 만들기 위해서다.

자세한 내용은 여기서 중요하지 않다. 하지만 유용한 유사도 모델을 만들어내려면 많은 양의 입력 데이터를 사용해 word2vec을 훈련하는 단계가 필요하다. 예를 들어 구글 엔지니어들은 구글뉴스GoolgeNews 데이터셋을 사용해 약 1조 개의 단어로 word2vec을 훈련했다. 이런 규모의 데이터셋은 한꺼번에 RAM에 들어갈 수 없으니, 꼭 메모리 효율적인 접근 방법을 취해야 한다.

나는 단순하지는 않지만(여기서 '단순하다'는 것은 RAM에 다 들어갈 수 있다는 의미다) 페타바이트 단위의 맵리듀스 컴퓨터 클러스터를 대여할 만큼 크지도 않은 종류의 메모리 최적화 문제를 해결하기 위한 머신러닝 라이브러리인 gensim(http://radimrehurek.com/gensim/)을 개발해왔다. 실제 세계의 문제 중 놀랄 만큼 많은 사례가 이런 '테라바이트' 범위에 속하며, word2vec도 그런 범주에 속한다.

자세한 내용은 내 블로그에 설명해뒀다(http://bit.ly/RR_blog). 여기서는 최적화에 관한 몇 가지 교훈을 설명한다.

데이터를 스트림으로 만들고, 메모리 사용량에 주의하라

한 번에 하나의 입력 데이터 지점에만 접근하고 처리해서 메모리 사용량을 일정하고 적게 만들라. 성능을 위해 내부적으로 스트림화된 데이터 지점(word2vec에서는 문장)을 묶어서 커다란 덩어리(예를 들어 한 번에 문장 100개)로 처리할 수도 있지만, 고수준의 스트림화한 API는 강력하고 유연한 추상화라는 사실이 증명됐다. 파이썬 언어는 내장 제네레이터를 사용해서 이런 패턴을 매우 자연스럽고 우아하게 지원한다. 이는 문제와 기술의 진정으로 아름다운 조화다. 데이터가 항상 매우 작을 것이라는 사실을 알거나 나중에 프로덕션 버전을 다시 구현해도 개의치 않을 경우가 아니라면, 모든 것을 RAM에 넣는 알고리즘이나 도구는 피하라.

파이썬의 풍부한 생태계의 이점을 살려라

나는 numpy를 사용해 word2vec을 읽기 쉽고 깔끔하게 포팅하는 일부터 시작했다(numpy는 6장에서 다뤘다). 짧게 다시 말하자면, numpy는 놀라운 라이브러리로, 파이썬의 과학기술 커뮤니티를 이루는 주춧돌이자, 파이썬에서 수를 다루는 경우 사실상 표준이다. numpy의 강력한 배열 인터페이스와 메모리 접근 패턴, 그리고 일반 벡터 연산을 엄청나게 빨리 수행해주는 BLAS 루틴을 감싼 기능을 활용하면 간결하고 깔끔하면서 빠른 코드를 만들 수 있었다(대강 만든 파이썬 코드보다 수백 배는 더 빠르다). 보통은 여기서 중단하지만 나는 최적화를 계속 진행했다. '수백 배 더 빠른' 속도도 구글의 최적화된 C 코드보다 20배 더 느렸기 때문이다.

자주, 많이 쓰이는 핫스팟을 프로파일하고 컴파일하라

word2vec은 전형적인 고성능 계산 애플리케이션으로, 그 안의 몇 줄짜리 루프 하나가 전체 훈련 시간의 90%를 차지한다. 여기서 나는 외부 파이썬 라이브러리인 사이썬을 접착제처럼 사용해서 단일 코어 루틴(대략 20줄)을 C로 다시 작성했다. 나는 사이썬이 기술적으로 뛰어나기는 하지만 개념적으로는 특별히 편리한 도구라고 생각하지 않는다. 사이썬은 기본적으로 파이썬, numpy, C를 비직관적으로 섞어둔, 그 자체로 함정과 별난 점이 있는 새로운 언어를 배우는 것과 비슷해 보인다. 하지만 파이썬의 JIT 기술이 성숙할 때까지는 사이썬이 아마도 가장 나은 선택일 것이다. 핫스팟을 사이썬으로 컴파일한 결과, 나의 파이썬 word2vec 포팅 버전의 속도가 원래의 C 코드와 비슷해졌다. 깔끔한 numpy 버전에서 시작해서 얻는 추가적인 이점은, 더 느리지만 제대로 작동하는 원래의 버전과 비교하면서 공짜로 프로그램의 정확성을 검사할 수 있다는 점이다.

BLAS를 알라

numpy의 산뜻한 특징 하나는 가능하면 BLAS[3]를 감싸서 사용한다는 점이다. 저수준의 루틴이 많이 있다. 그중에는 프로세서 개발사(인텔, AMD 등)가 특정 프로세서의 성능을 최대한 뽑아내려고 어셈블리, 포트란, C 등으로 최적화한 것도 있다. 예를 들어 axpy BLAS 루틴을 호출하면 `vector_y += scalar * vector_x` 연산을 일반적인 컴파일러가 명시적인 `for` 루프로 만들어 처리할 때보다 훨씬 빠르게 계산한다. word2vec 훈련을 BLAS 연산으로 표현함으로써 속도가 4배 빨라졌고 C 코드로 작성한 word2vec의 속도를 넘어설 수 있었다. 이겼다! 공정하게 말하자면 C 코드도 BLAS를 사용할 수 있으니 이 부분은 파이썬만의 강점이라고는 할 수 없다. numpy는 단지 이와 같은 부분을 두드러지게 해주고, 쉽게 그 이점을 살리게 해준다.

병렬화와 멀티 코어

gensim에는 몇몇 알고리즘의 분산 클러스터 구현이 있다. word2vec은 훈련 알고리즘을 미세한 단위로 실행해야 하므로 한 컴퓨터에서 다중 스레드를 선택했다. 또, 스레드를 사용하면 파이썬의 다중 처리가 특정 BLAS 라이브러리와 결합할 때 특히 잘 발생하곤 하는 실행 없는 포크fork without exec POSIX 문제를 피할 수 있다. 핵심 루틴이 이미 사이썬으로 만들어져 있어서 CPU 위주의 작업에서 다중 스레드 사용을 쓸모없게 만드는, 파이썬의 GIL(전역 인터프리터

---

3 역자주_ 기본 선형대수 서브프로그램Basic Linear Algebra Subprograms이라는 뜻으로, 원래는 포트란에서 선형대수 등을 처리하기 위해 정의한 표준 라이브러리였으나, 현재는 다양한 언어로 된 구현체가 존재한다.

락, 7.8.1 '한 컴퓨터에서 OpenMP를 사용해 병렬화하기' 참조)을 해제할 수 있었다. 이를 통해 코어가 4개인 컴퓨터에서 속도가 추가로 3배 빨라졌다.

정적 메모리 할당

이제 우리는 초당 수만 개의 문장을 처리할 수 있다. 훈련도 상당히 빨라져서 새로운 numpy 배열을 생성(각각의 스트림화한 문장에 대해 malloc을 호출함)하는 등의 사소한 일이 전체 작업을 느리게 만든다고 느껴진다. 그 해법으로 (포트란처럼) '작업' 메모리를 정적으로 미리 할당하고 그 메모리를 전달했다. 눈에서 눈물이 흘렀다. 여기서 얻은 교훈은 가능하면 애플리케이션 로직이나 북키핑bookkeeping을 깔끔한 파이썬 코드에서 수행하고, 최적화해야 할 핫스팟만을 눈에 불을 켜고 최적화하라는 점이다.

문제에 따른 고유 최적화

원래의 C 구현은 배열을 특정 메모리 경계에 정렬하거나 특정 함수를 미리 계산해서 메모리에 캐시하는 등 구체적인 마이크로 최적화를 포함한다. 과거의 추억을 떠올리게 하는 부분이지만, 최근의 복잡한 CPU 명령어 파이프라인, 메모리 캐시 계층구조, 수치 연산 프로세서 등과 함께 사용한다면 이런 최적화에서 명확한 이득을 얻기 어렵다. 주의 깊게 프로파일해 보면 몇 퍼센트 성능 향상을 확인할 수 있지만, 복잡해지는 코드를 고려하면 그다지 가치가 없다. 여기서 얻은 교훈은, 어노테이션과 프로파일링 도구를 사용해서 최적화가 부족한 부분을 알아내라는 점이다. 해당 분야의 전문 지식domain knowledge을 활용해서 성능을 정확도로(또는 그 역방향으로) 어떻게 바꿀 수 있는지 알고리즘적으로 추정하라. 하지만 그런 추정을 그냥 믿어서는 안 된다. 반드시 프로덕션 수준의(또는 실제) 데이터를 활용해 프로파일하라.

12.6.3 정리

적합한 곳을 최적화하라. 내 경험으로는 문제의 범위, 우선순위, 고객의 사업 목표와의 연결 (일명 '사람 수준'의 최적화)을 완전히 확신할 수 있을 정도로 충분한 의사소통은 불가능하다. '기술적인 부분'에 빠져서 길을 잃기보다는 고객의 핵심 문제에 답을 제시하도록 하라. 그리고 소매를 걷고 열심히 할 만한 일에만 노력을 기울이라!

12.7 Lyst.com의 대규모 머신러닝(2014)

세바스찬 트렙카[Sebastjan Trepca] (lyst.com)

> Lyst.com은 런던에 위치한 패션 추천 엔진이다. Lyst의 스크랩, 정리, 모델링 프로세스를 활용
> 해 새로운 패션에 관해 배우는 사용자 수가 매달 2백만 명이 넘는다. Lyst는 2010년 설립됐으며
> 2천만 달러가 넘는 투자를 유치했다.
>
> 세바스찬 트렙카는 Lyst 설립자 중 한 명이며 현재 CTO다. 그는 장고를 사용해 사이트를 만들
> 었고, 그의 팀은 파이썬을 사용해서 새로운 아이디어를 빠르게 테스트할 수 있었다.

파이썬과 장고는 사이트를 만든 이래로 계속 Lyst의 핵심이었다. 내부 프로젝트가 커감에 따라
파이썬으로 만든 프로젝트 구성 요소 중 일부는 성숙해가는 시스템을 지탱하기 위해 다른 도구
나 언어로 대체해왔다.

12.7.1 클러스터 설계

클러스터는 아마존 EC2에서 실행한다. 다 합치면 컴퓨터가 100대 정도 있으며 그중에는 CPU
성능이 우수한 최신 C3 인스턴스도 있다.

큐는 레디스와 PyRes로 만들고, 메타데이터 저장에도 레디스를 사용한다. 데이터 형식은 사람이
이해할 수 있도록 주로 JSON을 사용한다. supervisord가 프로세스를 실행 상태로 유지한다.

일래스틱서치와 PyES를 사용해 모든 제품을 인덱싱한다. 일래스틱서치 클러스터는 7대의 컴
퓨터에 6천만 건의 문서를 저장한다. Solr도 검토했지만, 실시간 갱신 기능이 없어서 기각했다.

12.7.2 빠르게 움직이는 스타트업에서의 코드 진화

사업 아이디어를 빠르게 구현해 테스트해보는 편이 긴 시간을 투자해 한 번에 '완벽한 코드'를
작성하는 것보다 낫다. 코드가 유용하다면 이를 리팩토링할 수 있으며, 코드를 뒷받침하는 아
이디어가 나쁘다면 해당 코드나 관련 기능을 없애는 일이 그리 어렵지 않기 때문이다. 이로 인
해 많은 객체가 돌아다니는 복잡한 코드 기반이 만들어질 수도 있지만, 개발팀이 사업에 유용
한 코드를 리팩토링할 수 있는 한 그런 복잡성을 용인할 수 있다.

Lyst 내부에서는 독문자열을 많이 사용한다. 스핑크스^{Sphinx} 문서 시스템을 시도해봤지만 개발자들이 코드를 직접 읽는 쪽을 더 선호해서 결국 폐기했다. 프로세스나 큰 시스템은 위키를 사용해 문서화한다. 우리는 모든 것을 한 코드 기반에 집어넣는 대신, 아주 작은 서비스를 여러 개 만드는 작업을 시작했다.

12.7.3 추천 엔진 만들기

처음에는 numpy와 scipy를 사용해 추천 엔진을 작성했다. 그 후 사이썬을 사용해 성능 결정적인 부분의 속도를 높였다. 핵심 행렬 인수분해 연산을 모두 사이썬으로 작성해서 속도가 수십 배 빨라졌다. 사이썬을 사용하면 파이썬으로 성능이 좋은 numpy 배열의 루프를 작성할 수 있기 때문이다. 순수 파이썬에서는 numpy 배열을 메모리에 복사해야 하니 그런 연산이 극히 느리다. 문제는 numpy가 제공하는 멋진 행렬 인덱스 기능이다. 이 기능을 사용하면 항상 작게 나눈 배열의 데이터를 복사해야 한다. 데이터 복사가 필요 없거나 데이터 복사를 의도하지 않는다면 사이썬 루프가 훨씬 더 빠르다.

시간이 지남에 따라 시스템의 온라인 구성 요소(요청에 따라 추천을 계산하는 부분)를 검색 구성 요소인 일래스틱서치와 통합했다. 이 과정에서 일래스틱서치와 완전히 통합할 수 있도록 온라인 구성 요소를 자바로 번역했다. 이렇게 한 주된 이유는 성능이 아니라 추천 엔진을 검색 엔진의 모든 기능과 통합해서 비즈니스 규칙을 추천에 더 쉽게 적용하기 위해서였다. 자바 구성 요소 자체는 극히 단순하며 주로 효율적인 희소 벡터 내적을 구현한다. 더 복잡한 오프라인 요소는 파이썬으로 작성된 채로 남아있으며, 파이썬 과학기술 계산 스택의 표준적인 구성 요소를 사용 중이다(대부분은 파이썬과 사이썬이다).

우리의 경험에 비춰보면 파이썬은 단순한 프로토타이핑을 위한 언어 그 이상이다. 성능 결정적인 부분을 저수준에서 최적화한다면 보통은 개발 생산성을 떨어뜨리지만, numpy, 사이썬, weave(그리고 최근에는 Numba) 등의 도구 덕분에 파이썬의 표현력과 명확함을 유지한 채 매우 좋은 성능을 달성할 수 있다.

12.7.4 보고와 모니터링

보고에는 그래파이트Graphite를 사용한다. 그 덕분에 배포하자마자 성능 회귀 정보를 눈으로 관찰할 수 있다. 그래파이트를 활용하면 필요에 따라 쉽게 이벤트를 추가하거나 삭제하면서 상세 이벤트 보고서를 보고, 줌아웃해서 사이트 전체 현황을 조망하는 거시적 보고서를 살펴볼 수 있다.

내부적으로 성능 테스트를 위한 더 큰 인프라를 설계하고 있다. 그 안에는 새로 빌드한 사이트를 적절히 테스트하기 위한 용례와 대표적인 데이터가 있다.

또한 스테이징 사이트는 실제 방문자 중 일부에게 가장 나중 배포된 버전을 볼 수 있도록 하는 용도로도 활용한다. 버그나 성능 퇴행이 발생하더라도 일부 방문자에게만 영향을 주고, 해당 버전을 빠르게 폐기할 수 있다. 이렇게 하면 버그를 배포하더라도 처리하는 비용이 적게 들고 문제도 적게 일으킨다.

파이썬의 스택 트레이스를 검사하고 로그로 남기는 데는 센트리Sentry를 사용한다.

젠킨스Jenkins를 인메모리 데이터베이스 설정과 함께 지속적 통합continuous integration (CI)에 사용한다. 이를 통해 테스트를 병렬로 실행하여 버그가 있는 체크인을 개발자에게 빠르게 알려줄 수 있다.

12.7.5 몇 가지 조언

여러분이 구축하는 시스템의 효율을 추적할 수 있는 좋은 도구를 사용하고, 처음부터 엄청나게 실용적으로 접근하는 자세가 매우 중요하다. 스타트업은 시시각각 변화하며 엔지니어링도 진화한다. 처음에는 금맥을 찾을 때까지 항상 프로토타입을 만들고 코드를 지우는 일을 반복하는 엄청나게 탐색적인 방식으로 시작한다. 그다음 더 깊이 파고들기 시작해서 코드나 성능을 개선하는 등의 일을 진행한다. 그때까지는 빠른 반복과 좋은 모니터링과 분석이 전부다. 이는 계속 반복되어 온 뻔한 조언이지만, 많은 사람이 실제로는 그 중요성을 잘 깨닫지 못한다고 생각한다.

최근에는 기술이 그렇게까지 문제가 되지는 않는다고 생각한다. 그러니 여러분에게 잘 맞는 것을 사용하라. 하지만 나는 앱엔진AppEngine이나 헤로쿠 같은 호스팅 환경으로 옮겨가는 일에 대해서는 한 번 더 생각해볼 것이다.

12.8 스메시에서의 대규모 소셜 미디어 분석(2014)

알렉스 켈리[Alex Kelly] (sme.sh)

스메시[Smesh]에서 우리는 웹 전반에 걸쳐 다양한 API에서 데이터를 가져오는 소프트웨어를 만들고, 가져온 데이터를 걸러내고 처리한 다음 종합하며, 또한 그 데이터를 활용해서 다양한 고객의 요청에 맞는 앱을 구축한다. 예를 들어 우리는 빔리[Beemly]의 세컨드 스크린 TV 앱에 들어가는 트윗 필터링 및 스트리밍 기술을 제공하고, 모바일 네트워크 EE를 위해 브랜드와 광고 캠페인 모니터링 플랫폼을 제공하며, 구글을 위한 여러 가지 애드워즈[Adwords](구글 검색 광고) 데이터 분석 프로젝트를 진행한다.

이를 위해 우리는 다양한 스트리밍과 폴링 서비스를 실행하며, 트위터와 페이스북, 유튜브를 자주 폴링하고, 하루에 수백만 트윗을 처리하고 콘텐츠를 제공하는 여러 다른 서비스를 호스팅한다.

12.8.1 스메시에서 파이썬의 역할

우리는 파이썬을 집중적으로 활용한다. 플랫폼과 서비스의 대다수를 파이썬으로 구축했다. 파이썬에서 사용할 수 있는 라이브러리, 도구, 프레임워크가 다양하므로 우리가 진행하는 대부분의 작업에서 파이썬을 사용할 수 있다.

이런 다양성 덕분에 (바라건대) 목표에 가장 적합한 도구를 선택할 수 있다. 예를 들어 우리는 장고, 플라스크, 피라미드 각각을 사용한 앱을 만들어왔다. 각각 자신만의 장점이 있어서 우리는 당면한 과제에 가장 알맞은 앱을 선택할 수 있다. 작업 관리에 셀러리를 사용하며, AWS와의 상호작용에 보토[Boto]를 사용하고, 데이터 필요에 따라 PyMongo, MongoEngine, redis-py, Psycopg 등도 사용한다. 이 목록은 계속해서 길어지고 있다.

12.8.2 플랫폼

주 플랫폼은 데이터 입력, 필터링, 종합 및 처리를 위한 훅[hook]과 다양한 핵심 기능을 제공하는 중앙 파이썬 모델로 이뤄져 있다. 프로젝트별 코드는 이 코어에서 기능을 임포트하고 각 애플리케이션의 요구에 따라 더 구체적인 데이터 처리와 뷰 로직을 구현한다.

지금까지는 이런 구조가 잘 작동했으며, 이를 사용해 큰 노력 기울이지 않고도 다양한 출처에서 데이터를 입수해 처리하는 꽤 복잡한 애플리케이션을 구축할 수 있었다. 하지만 이 구조에도 단점이 있다. 각 앱이 공통 코어 모듈에 의존하므로 코어에 속한 코드를 변경하거나 코어를 사용하는 모든 앱이 항상 최신 상태를 유지하도록 하는 작업이 상당히 커질 수 있다.

우리는 현재 이 코어 소프트웨어를 재설계해서 더 서비스 지향 아키텍처(SOA)적인 방식으로 움직이려는 프로젝트를 진행 중이다. 이런 아키텍처 변경을 수행하기에 적절한 시점을 찾아내는 일은 플랫폼이 성장함에 따라 대부분의 팀이 직면하게 되는 큰 도전 과제다. 구성 요소를 개별 서비스로 구축하려면 부가비용이 든다. 또한 각 서비스를 구축하는 데 필요한 깊은 지식은 초기 개발 단계를 거친 후에야 얻어지기도 한다. 이때 이미 구축한 아키텍처가 당면한 문제를 해결하는 데 장벽이 되기도 한다. 아무쪼록 우리가 아키텍처적 선택 사항을 다시 살펴보고 더 나은 시스템을 만들기에 적당한 시점을 선택했기를 바란다. 시간이 지나면 알게 될 것이다.

12.8.3 고성능 실시간 문자열 매칭

우리는 트위터 스트리밍 API에서 많은 데이터를 소비한다. 트윗을 스트림으로 가져오면서 입력 문자열을 주어진 키워드 집합에 매치시켜 각 트윗이 추적 중인 용어 중 어느 것과 관련 있는지 판단한다. 입력이 들어오는 속도가 느리거나 키워드 집합의 크기가 작다면 괜찮지만, 초당 수백 개의 트윗을 수백에서 수천 개의 키워드와 매치시키려면 문제가 어려워지기 시작한다.

또한 우리가 단지 트윗에 키워드 문자가 들어있는지에만 관심이 있는 것이 아니라는 점이 문제를 더 까다롭게 만든다. 단어 경계나 줄의 시작과 끝에 대한 복잡한 패턴 매칭과, 키워드 앞에 붙은 #이나 @ 문자도 고려해야 한다. 정규 표현식은 이런 매칭 관련 지식을 캡슐화하는 가장 효율적인 방법이다. 하지만 수천 개의 정규 표현식 패턴을 초당 수백 개의 트윗에 적용하면 계산량이 상당하다. 예전에는 신뢰할 수 있는 실시간 매칭을 위해서는 여러 작업 노드를 엮은 클러스터를 운영해야만 했다.

이것이 시스템의 주 병목이라는 사실을 알았기에, 우리는 매칭 시스템의 성능을 높이려고 다양한 시도를 했다. 정규 표현식을 단순화하고, 서버의 모든 CPU 코어를 확실히 사용할 수 있게 여러 프로세스를 실행하고, 모든 정규 표현식을 컴파일하고 제대로 캐시되도록 만들고, C파이썬 대신 PyPy에서 매칭 작업을 실행해 보는 등의 시도였다. 각각의 시도에서 성능이 약간씩 좋아졌지만, 우리는 약간이 아니라 수십 또는 수백 배 빠른 속도를 원했다.

각 매칭의 성능을 높이기보다 패턴 매칭을 시작하기 전에 문제 공간을 줄여야 했다. 따라서 처리할 트윗의 개수나 정규 표현식의 개수를 줄여야 했다. 우리가 관심 있는 입력이 바로 트윗들이니 그 수를 줄일 수는 없었다. 따라서 패턴의 수를 줄일 방법을 찾기 시작했다.

문자열 간의 패턴 매칭을 더 효율적으로 수행할 수 있도록 다양한 트라이 구조를 조사하기 시작했다. 그러다가 아호-코라식Aho-Corasick 문자열 매칭 알고리즘을 발견했다. 그 알고리즘이 우리에게는 가장 이상적임이 드러났다. 트라이는 정적이다. 즉 오토마톤automaton을 만들고 나면 새로운 원소를 추가할 수 없다. 다행히도 트위터 스트림을 처리하는 세션 안에서는 키워드가 정적이라 우리에게는 문제 되지 않았다. 추적할 키워드를 변경하면 어차피 API 접속을 끊고 재접속해야만 하니, 그때 아호-코라식 트라이를 재구축하면 된다.

아호-코라식 알고리즘을 사용해 문자열에 대한 입력을 처리하면 가능한 모든 매치를 동시에 찾을 수 있다. 이때 입력 문자열을 한 번에 한 문자씩 검사하면서 트라이에서 다음 단계의 노드를 찾아간다(그런 노드가 없을 수도 있다). 따라서 어떤 키워드가 트윗에 들어있는지 매우 빠르게 찾을 수 있다. 아호-코라식과 같은 순수한 문자열-문자열 매치가 정규 표현식에 들어있는 더 복잡한 로직에도 적용할 수 있는지는 여전히 분명하지 않았다. 하지만 적어도 아호-코라식 매치를 사전 필터로 사용할 수는 있다. 문자열에 존재하지 않는 키워드는 매칭될 수가 없으므로, 텍스트에 나타난 키워드를 기반으로 모든 정규 표현식 패턴 중에서 작은 부분집합만을 시도해보면 된다. 모든 입력에 대해 수백에서 수천의 정규 표현식 패턴을 검사하는 대신 대부분을 걸러내고 트윗마다 몇 가지 패턴만 처리하면 된다.

들어오는 트윗에 매치해야 할 패턴의 수를 10개 정도로 줄이자 우리가 원하던 속도를 얻을 수 있었다. 트라이의 복잡도와 입력 트윗의 평균 길이에 따라 우리가 만든 키워드 매칭 시스템은 이제 원래의 구현보다 10~100배 더 빠르게 작동한다.

정규 표현식 처리를 많이 하거나 패턴 매칭을 많이 해야 한다면, 접두사나 접미사 트라이의 여러 가지 변종을 자세히 살펴볼 것을 권한다. 그중에서 여러분의 문제를 엄청나게 빠르게 해결해 줄 방법을 발견할 수도 있을 것이다.

12.8.4 보고, 모니터링, 디버깅, 배포

우리는 파이썬 소프트웨어와 다양한 인프라를 지탱하는 여러 시스템을 유지한다. 이들 모두를 중단 없이 실행하기란 어려운 일이다. 다음은 그 과정에서 우리가 배운 교훈들이다.

여러분의 소프트웨어든 그 소프트웨어를 실행하는 인프라든 간에, 시스템 안에서 벌어지는 일을 실시간으로, 또 과거 이력까지 볼 수 있다면 정말 강력한 힘을 얻을 수 있다. 우리는 그래파이트와 collectd, statsd를 함께 사용해서 벌어지는 일을 멋진 그래프로 그렸다. 이를 통해 추세를 파악하고, 문제를 과거의 흐름부터 살펴보며 분석하여 핵심 원인을 찾을 수 있다. 아직 우리 시스템에 구현할만한 시간은 없었지만, 지표가 너무 많아 다 추적할 수 없을 정도라면 엣시Etsy의 스카이라인Skyline이 예상치 못한 문제를 발견하는 데 큰 도움을 준다. 다른 유용한 도구로는 센트리가 있다. 센트리는 여러 컴퓨터로 이뤄진 클러스터에서 발생한 예외를 추적하고 이벤트 로그를 남겨주는 훌륭한 시스템이다.

어떤 도구를 사용하든 배포는 만만치 않다. 우리는 퍼핏, 앤서블Ansible, 솔트를 사용해봤다. 이들은 모두 장단점이 있지만, 어느 도구도 복잡한 배포 문제를 마법처럼 사라지게 할 수는 없다.

고가용성이 필요한 일부 시스템을 위해서는 인프라를 지리적으로 분산된 클러스터에서 운영하며, 시스템 몇 개를 핫 스페어로 두고 DNS의 TTL 값을 작게 설정해 문제가 있을 시 바로 라이브 시스템과 전환하도록 했다. 전환이 항상 단순할 수는 없다. 특히 데이터의 일관성이 중요한 경우에는 더 그렇다. 다행히, 우리는 일관성이 크게 중요하지 않았기에 상대적으로 간단하게 만들 수 있었다. 그 덕분에 업데이트를 바로 라이브 시스템에 반영하지 않고 여분의 클러스터 중 한 곳에 먼저 반영해 테스트해보는, 상당히 안전한 배포 전략을 사용할 수 있다.

다른 사람들과 마찬가지로 우리도 도커(http://www.docker.com/)가 제공하는 가능성에 흥분하고 이것저것 시도해 보면서 어떻게 하면 도커를 배포 프로세스에 도입할 수 있을지 고민한다. 곧 모든 시스템 라이브러리와 바이너리 의존성까지 포함해서 우리 소프트웨어를 빠르게 배포할 수 있는 가볍고 재현 가능한 능력을 갖출 수 있을 것 같다.

서버 수준에서는 매일매일을 편하게 만들어주는 다양한 루틴 작업이 존재한다. 몬잇Monit은 여러 가지를 계속해서 주시하기에 유용하다. 업스타트Upstart와 supervisord를 사용하면 서비스를 실행하는 것이 덜 고통스럽다. 뮤인Munin은 완전한 그래파이트/collected 설정이 없을 때 시스템 수준의 그래프를 쉽게 그려준다. 또한 코로싱크Corosync/페이스메이커Pacemaker는 클러스터 상에서 서비스를 실행하는 경우(예를 들어 클러스터 전체가 아니라 일부에서만 실행해야 하는 서비스가 많은 경우) 좋은 해법이 될 수 있다.

단지 유행하는 단어만을 나열하지 않고 우리가 매일 사용하는 소프트웨어를 알려주려고 노력했다. 이런 도구는 시스템의 배포와 실행 효율에 실제로 큰 변화를 가져온다. 이미 이들에 대해 들어봤다면 여러분도 공유할 유용한 내용이 많이 있을 것이다. 나에게도 그런 정보를 알려주기 바란다. 아직 들어보지 못한 독자라면, 이 중 일부가 우리에게 도움이 된 것만큼 여러분에게도 도움이 되길 바란다.

12.9 성공적인 웹과 데이터 처리 시스템을 위한 PyPy(2014)

마르코 타시크Marko Tasic(`https://github.com/mtasic85`)

나는 파이썬 구현인 PyPy를 사용해 좋은 결과를 얻은 경험이 있어서, 작은 장난감 같은 프로젝트부터 속도가 필수인 중간 규모 프로젝트까지 적용할 수 있는 모든 곳에 PyPy를 사용해왔다. PyPy를 처음 사용한 프로젝트는 DNP3와 모드버스Modbus라는 프로토콜을 구현하는 프로젝트였다. 나중에는 압축 알고리즘을 구현할 때도 PyPy를 사용했는데, 모두가 그 속도에 놀랐다. 프로덕션에 가장 먼저 사용했던 버전은 PyPy 1.2로 (내가 제대로 기억한다면) 특별한 설정을 하지 않아도 JIT를 지원했다. 버전 1.4에서 버그가 많이 수정되고 속도가 더 빨라져서, 우리는 PyPy가 우리의 모든 프로젝트의 미래라고 확신할 수 있었다. 단지 PyPy를 다음 버전으로 업그레이드하기만 해도 속도가 2~3배 빨라진다는 사실은 놀라웠다.

나는 여기서 코드의 90%를 공유하지만 서로 별개인 두 프로젝트를 설명할 것이다. 하지만 설명을 쉽게 따라갈 수 있도록 둘 모두를 '그 프로젝트'라고 부를 것이다.

그 프로젝트에서는 신문, 잡지, 블로그를 수집하고, 필요하면 OCR(광학 문자 인식)을 적용한 다음 분류하고, 번역하고, 감정 분석sentiment analysis을 수행하고, 문서 구조를 분석한 다음, 나중에 검색할 수 있도록 색인화하는 시스템을 만들었다. 사용자는 사용할 수 있는 모든 언어로 키워드를 검색하고, 색인화한 문서의 정보를 가져올 수 있다. 검색은 언어를 넘나들 수 있어서 영어로 질문하고 프랑스어로 답을 받을 수도 있다. 또한 사용자는 키워드가 강조된 문서와 함께 그 문서가 차지하는 공간 및 출간물의 가격 정보를 함께 받는다. 더 복잡한 용례로는 보고서 생성을 들 수 있다. 예를 들면 사용자는 자신이 모니터링하는 신문, 잡지, 블로그에 실린 특정 기업 광고 비용의 자세한 정보를 표 형태로 볼 수 있다. 광고뿐 아니라, 어떤 글이 유료인지 또는 객관적인지를 '추측'하고, 글의 어조를 결정할 수 있다.

12.9.1 선결 조건

분명히 우리가 가장 선호하는 파이썬 구현은 PyPy였다. 데이터베이스는 카산드라와 일래스틱 서치를, 캐시 서버는 레디스를 사용했다. 셀러리를 분산 작업 큐(작업자)에 사용했고, 큐의 브로커로는 RabbitMQ를 썼다. 결과는 레디스 백엔드에 저장했다. 나중에 셀러리는 브로커와 백엔드용으로 레디스를 주로 사용했다. OCR 엔진으로는 테서랙트Tesseract를 채택했다. 언어 번역 엔진과 서버는 모세Moses[4]를 썼다. 웹사이트를 크롤링하는 데는 스크래피Scrapy를 사용했다. 전체 시스템의 분산 락에는 주키퍼ZooKeeper 서버를 사용했지만, 처음에는 레디스를 사용했었다. 웹 애플리케이션은 훌륭한 플라스크 웹 프레임워크와 플라스크–로그인Login, 플라스크–프린시펄Principal 등 플라스크의 여러 확장을 기반으로 만들었다. 플라스크 애플리케이션은 모든 웹 서버상의 거니콘Gunicorn과 토네이도tornado로 호스팅했고, 엔진엑스Nginx를 웹 서버에 대한 역프록시 서버로 사용했다. 코드의 나머지 부분은 우리가 작성했으며, 그 부분은 PyPy 상에서 실행되는 순수 파이썬 코드였다.

전체 프로젝트는 직접 구축한 오픈스택 사설 클라우드에 올렸으며, 요구사항에 따라 100개에서 1,000개 사이의 아크리눅스ArchLinux 인스턴스로 실행했다. 물론 인스턴스의 수는 동적으로 바꿀 수 있다. 전체 시스템은 앞에서 언급한 요구사항에 따라 6~12개월마다 대략 200TB의 저장소를 사용한다. OCR과 번역을 제외한 모든 처리를 우리가 작성한 파이썬 코드가 담당한다.

12.9.2 데이터베이스

카산드라, 일래스틱서치, 레디스에 대한 모델 클래스를 통합하는 파이썬 패키지를 개발했다. 그것은 간단한 ORM(객체–관계 맵퍼)으로 모든 것을 사전으로 매핑하거나, 데이터베이스에서 여러 레코드를 가져올 때는 사전의 리스트로 매핑한다.

---

4 역자주_ 성경에 나오는 유대인을 이집트(애굽)에서 구원해 낸 인물로, 영어 발음대로 적으면 '모지즈'정도 되겠지만, 우리나라에서는 모세라는 이름이 더 잘 알려져 있으므로 '모세'를 썼다.

카산드라 1.2가 복잡한 인덱스 질의를 허용하지 않아서, 그런 기능은 조인과 비슷한 질의를 사용해 지원했다. 하지만 최대 4GB까지의 작은 데이터셋은 대부분을 메모리에 데이터를 넣은 채로 처리해야만 하므로 복잡한 질의를 허용했다. PyPy는 균질 리스트를 메모리에 더 조밀하게 넣는 전략을 택했기 때문에, 심지어 C파이썬이 데이터를 메모리에 올리지 못하더라도 잘 작동했다. PyPy의 다른 이점은 데이터 조작이나 분석이 일어나는 루프에서 JIT 컴파일이 실행된다는 점이다. 우리는 루프 내부에서는 타입이 변경되지 않도록 코드를 작성했다. 그렇게 하면 JIT 컴파일 효과가 특히 더 좋아진다.

문서를 색인하고 빠르게 검색하려고 일래스틱서치를 사용했다. 일래스틱서치는 질의의 복잡도 면에서 매우 유연하며 사용하면서 큰 문제를 겪은 적도 없었다. 우리가 겪은 문제 하나는 문서를 갱신할 때 나타났다. 일래스틱서치는 빠르게 바뀌는 문서를 처리하도록 설계되지 않아서 그 부분을 카산드라로 이전할 수밖에 없었다. 다른 한계는 데이터베이스 인스턴스가 요구하는 메모리나 여러 패싯facet과 관련이 있었다. 하지만 그런 문제는 더 작은 질의를 사용하고 셀러리 작업을 사용해 데이터를 수동으로 처리하는 방식으로 해결할 수 있었다. 일래스틱서치 서버 풀과의 상호작용에 사용한 PyPy나 PyES 라이브러리에서는 한 번도 큰 문제를 마주친 적이 없다.

12.9.3 웹 애플리케이션

앞에서 말했듯이, 우리는 서드파티 확장과 플라스크 프레임워크를 사용했다. 처음에는 장고를 사용했지만, 요구사항이 자주 바뀌면서 플라스크로 변경했다. 이는 플라스크가 장고보다 더 낫다는 의미가 아니다. 다만 플라스크의 프로젝트 레이아웃이 매우 유연해서 우리에게는 장고보다 플라스크에서 코드를 따라가기가 더 쉬웠다. 거니콘을 WSGI(웹 서버 게이트웨이 인터페이스) HTTP 서버로 사용했으며, 그 I/O 루프를 토네이도를 사용해 실행했다. 이렇게 해서 웹 서버당 100개의 동시 연결을 지원할 수 있었다. 이는 예상보다는 적은 개수였는데, 그 이유는 시간이 오래 걸리는 사용자 질의가 많았기 때문이다. 사용자 요청에 따라 수많은 분석이 일어나며, 데이터는 사용자와 상호작용하면서 반환된다.

초기에는 웹 애플리케이션에서 글과 단어를 강조하는 데 파이썬 이미지 라이브러리PIL를 사용했다. 당시 PIL 관련 메모리 누수가 많아서 PyPy와 PIL 사이에 문제가 있었다. 그 후 관리가 더 잘 이뤄지는 필로우Pillow로 라이브러리를 바꿨다. 마지막으로, subprocess 모듈을 사용해 그래픽스매직GraphicsMagick과 상호작용하는 라이브러리를 직접 작성했다.

PyPy는 잘 작동하지만 결과는 C파이썬과 비슷한 수준이다. 이는 웹 애플리케이션이 보통 I/O 위주이기 때문이다. 하지만 PyPy에서 STM이 개발됨에 따라, 멀티 코어 인스턴스 수준에서 규모 가변성이 있는 이벤트 처리가 곧 가능해지리라 희망한다.

12.9.4 OCR과 번역

C파이썬 API에 의존하는 확장에 문제가 있어서 테서랙트와 모세를 위한 순수 파이썬 라이브러리를 작성했다. PyPy는 CPyExt를 통해 C파이썬 API를 잘 지원하지만, 우리는 내부적으로 벌어지는 일을 더 잘 제어하고 싶었다. 그 결과 C파이썬보다 약간 더 빠른 코드로 PyPy와 호환되는 솔루션을 만들었다. 더 빠르지 않은 이유는 대부분의 처리가 테서랙트와 모세의 C/C++ 코드 수준에서 일어나기 때문이다. 우리가 속도를 높일 수 있는 부분은 오직 출력 처리와 문서의 파이썬 구조를 만드는 부분뿐이었다. 이 단계에서는 PyPy와의 호환성에서 큰 문제가 없었다.

12.9.5 작업 배분과 작업자

셀러리를 사용하면 백그라운드에서 많은 작업을 실행할 수 있다. 전형적인 작업으로는 OCR, 번역, 분석 등이 있다. 전체를 하둡^{Hadoop}의 맵리듀스를 사용해 수행할 수도 있지만 프로젝트 요구사항이 자주 변경될 수 있음을 알았기에 셀러리를 선택했다.

작업자는 20개 정도이며 각각은 10~20개의 함수로 구성된다. 대부분의 함수는 루프나 여러 번 중첩된 루프를 포함한다. JIT 컴파일러가 잘 작동할 수 있도록 가능하면 타입이 변하지 않게 신경 썼다. 최종 결과는 C파이썬 대비 2~5배 빨랐다. 루프가 상대적으로 작고 반복을 2만~10만 번 정도만 수행하므로 속도가 더 빨라지지 않았다. 반복 횟수가 1백만 번 이상인 단어 수준의 분석에서는 10배나 빨랐다.

12.9.6 정리

가독성과 유지보수성이 필요한 대규모 소스 코드로 이뤄진 순수 파이썬 프로젝트에서 실행 속도가 중요하다면 PyPy가 탁월한 선택이다. 우리는 PyPy가 매우 안정적임을 경험했다. 우리가 만든 모든 프로그램은 정적이거나 균일한 타입을 사용해 장시간 실행했기에 JIT가 큰 역할을 할 수 있었다. 전체 시스템을 C파이썬에서 테스트해본 결과는 역시 놀랍지 않았다. 예상대로 PyPy를 사용하면 C파이썬보다 약 2배 빨라졌다. 지금까지 PyPy가 우리에게 제공해 온 모든 장점과 더불어, 앞으로 제공할 소프트웨어 트랜잭션 메모리(STM) 구현을 통해 파이썬 코드를 규모 가변성 있게 병렬 실행할 수 있으리라 기대한다.

12.10 Lanyrd.com의 작업 큐(2014)

앤드류 고드윈Andrew Godwin(`lanyrd.com`)

Lanyrd는 컨퍼런스를 사회적으로 찾아주는 웹사이트다. 사용자가 가입하면 소셜 네트워크의 사용자 정보(친구 그래프, 산업 분야, 지리적 위치 등)를 바탕으로 중요한 컨퍼런스를 제안한다.

사이트는 주로 원 데이터를 정제해서 사용자에게 보여줄 수 있는 무언가(기본적으로는 순위가 매겨진 컨퍼런스의 목록)로 바꾸는 일을 한다. 추천 컨퍼런스 목록은 이틀마다 한 번씩 갱신하며 종종 느려질 수 있는 외부 API를 사용하므로, 이 작업은 오프라인에서 수행해야 한다. 또한 사람들이 제공하는 링크의 썸네일을 가져오거나 이메일을 보내는 일처럼 시간이 오래 걸리는 다른 작업에는 셀러리 작업 큐를 사용한다. 보통 매일 10만 개의 작업이 큐에 들어가며, 종종 그보다 훨씬 많을 때도 있다.

12.10.1 Lanyrd에서 파이썬의 역할

Lanyrd는 첫날부터 파이썬과 장고로 만들어졌으며, 웹 사이트 자체, 오프라인 처리, 통계와 분석 도구, 모바일 백엔드 서버, 배포 시스템 등 사실상 모든 부분을 파이썬으로 작성했다. 파이썬은 매우 다재다능하고 성숙한 언어로, 굉장히 쉽고 빠르게 작성할 수 있다. 이는 파이썬의 풍부한 라이브러리와 읽기 쉽고 간결한 문법에 기인한다. 이런 문법 덕에 프로그램을 처음 작성할 때뿐 아니라, 프로그램을 변경하고 리팩터링하기도 쉽다.

우리가 작업 큐가 필요해진 시점에(상당히 앞 단계였다) 셀러리 작업 큐는 이미 성숙한 프로젝트였고, Lanyrd의 나머지 부분은 이미 파이썬으로 만들어져 있었다. 따라서 셀러리 채택은 매우 자연스러운 결정이었다. 시스템이 커지면서 이를 뒷받침하던 작업 큐를 결국 레디스로 바꿨지만, 일반적으로 셀러리는 규모 가변성이 꽤 좋았다.

스타트업인 우리는 한 걸음 전진하기 위해 어쩔 수 없이 기술적 부채를 안고 배포해야만 했다 (문제가 무엇이고 언제 발생할 수 있는지를 안다면 이는 꼭 나쁜 것은 아니다). 이런 부분에서 파이썬의 유연성은 환상적이다. 파이썬은 일반적으로 구성 요소 간의 느슨한 결합을 장려한다. 이는 '충분히 좋은' 구현인 상태로 배포한 다음 나중에 더 나은 버전으로 대치하기 쉽다는 뜻 이다.

과금 코드와 같이 중요한 부분은 단위 테스트를 철저히 해야 하지만, 사이트의 다른 부분이나 작업 큐 흐름(특히 디스플레이 관련 코드)은 종종 너무 빨리 바뀌어서 단위 테스트를 쓸모 있 게 만들기가 어려울 수 있다(단위 테스트가 너무 쉽게 깨진다). 대신 우리는 매우 기민한 접근 방식을 택해서 빠른 배포 시간(2분)과 탁월한 오류 추적 능력을 갖췄다. 따라서 버그를 발견하 면 5분 안에 고쳐서 다시 배포할 수 있다.

12.10.2 작업 큐의 성능 개선하기

작업 큐의 주요 문제는 시간당 처리율이다. 백로그가 늘어난다면 웹사이트가 계속 작동하더라 도 오래된 정보를 표시하기 시작한다. 목록은 갱신되지 않고 페이지의 내용이 잘못되며 이메일 은 몇 시간 동안 배달되지 못한다.

하지만 다행히도 작업 큐를 사용하면 확장성이 매우 뛰어나게 설계할 수 있다. 중앙 메시징 서 버(여기서는 레디스)가 감당할 수 있는 한, 작업 데몬을 몇 개라도 실행해 부하를 처리할 수 있다.

12.10.3 보고, 모니터링, 디버깅, 배포

우리는 작업 큐의 길이를 모니터링한다. 큐가 길어지면 작업자 데몬을 돌리는 서버를 하나 더 추가하면 된다. 셀러리는 이런 과정을 매우 쉽게 만들어준다. 우리 배포 시스템은 CPU 사용 률이 낮을 때 작업자 스레드 수를 늘리고, 새로운 작업자 서버도 30분이면 추가해준다. 덕분에 웹사이트의 응답이 너무 느려지는 일이 없다. 인프라에 여유가 충분하다면 부하가 급증해도 문 제를 찾아 수정할 시간적 여유가 있을 것이다. 물론 보통은 부하가 스스로 부드럽게 다시 내려 간다.

12.10.4 동료 엔지니어를 위한 조언

내가 하려는 가장 중요한 조언은 가능한 한 빠르게, 가능한 한 많은 것을 작업 큐(또는 이와 유사한 느슨하게 연결된 아키텍처)에 밀어 넣으라는 것이다. 처음에는 약간의 엔지니어링 노력이 필요하겠지만 시스템이 커져서 0.5초가 걸리던 작업에 0.5분이 걸리게 되면, 이런 작업이 여러분의 주 렌더링 스레드를 블록시키지 않았다는 사실에 기뻐할 것이다. 일단 그런 지점에 도달하면 반드시 평균 큐 레이턴시(어떤 작업이 큐에 들어와서 빠져나가기까지 걸리는 시간)를 면밀히 주시하고, 부하가 늘어날 때를 대비해 반드시 어느 정도의 여유 용량을 확보해두어야 한다.

마지막으로 서로 우선순위가 다른 작업 큐를 여러 개 유지하는 것도 좋은 전략이라는 사실을 알아두기 바란다. 이메일 보내기는 우선순위가 그리 높지 않다. 사람들은 이메일이 도착할 때까지 몇 분 정도 기다리는 일에 이미 익숙하다. 하지만 백그라운드에서 썸네일을 렌더링하는 동안 사용자에게 모래시계를 보여준다면, 그 작업에 높은 우선순위를 부여해야 한다. 사용자 경험을 나쁘게 만들 수 있기 때문이다. 10만 명에게 이메일을 보내느라 사이트의 썸네일 표시가 20분 동안 지연되는 사태를 바라지는 않을 것이다!

INDEX

ㄱ

가독성 **42**

가상 네트워크 **408**

감싯값 **120**

값 **111, 115**

강건성 **377**

강도 저감 **218**

개념 증명 **482**

개방 주소 해시 테이블 **112**

개선 계획 세션 **484**

갱글리아 **385**

거짓 양성 **456**

거짓 음성 **456**

검색 엔진 최적화(SEO) **502**

경계 조건 **148**

고성능 프로그래밍 **23**

공유 라이브러리 **247**

관례 **255**

관리자 **304**

교차 엔트로피 **418**

구독자 **396**

규모 확장성 블룸 필터 **458**

그래파이트 **508, 512**

그린렛 **272**

글로벌 인터프리터 락(GIL) **27**

기술적 부채 **498**

ㄴ

나이트 캐피털 **380**

난수 발생기 **320, 323**

넘파이 **416**

네임스페이스 **126, 128**

노파이썬 모드 **487**

ㄷ

다중 스레딩 **25**

다중 작업 **264**

단순 큐 서비스 **404**

단위 테스트 **41, 90, 94**

단일 장애점 **397**

대역폭 **31**

데드맨 스위치 **385**

데이터 과학 **480**

데이터 소비자 **396**

데이터 지역성 **183**

데이터 파이프라인 **501**

데커레이터 **56, 58**

도커 **404, 405, 407, 512**

도커의 장점 **409**

도커 컨테이너 **406, 408**

독문자열 **507**

독스트링 **41**

동기화 도구들 **304**

ㄹ

락 **369**

랩어라운드 검사 **220**

레디스 **341, 348, 351, 435, 497, 506, 514**

레벨DB **435**

레이턴시 **28, 378**

로그로그 카운터 **463**

로그 손해 **418**

로드 팩터 **116**

루프 **306**

루프 퓨전 **491**

리드 더 독스 **478**

리소스 캐싱 **109**

리스트 **97, 98, 103, 105, 114**

리스트 내포 **107, 135**

리스트 범위 검사 **220**

리팩터링 **39, 41**

린트 **42**

ㅁ

마리사 트라이 **427, 433**

마이너 페이지 폴트 **174**

마이크로서비스 **435**

INDEX

INDEX